W0250188

ANATOMIE D'UN ASSASSINAT

Philip Shenon

ANATOMIE D'UN ASSASSINAT

Dallas, 22 novembre 1963
L'histoire secrète de la mort de JFK

Traduit de l'anglais (Etats-Unis) par
Anatole Muchnik, Johan-Frédérik Hel Guedj
et Abel Gerschenfeld

DOCUMENTS

PRESSES DE LA CITÉ

Collection dirigée par Abel Gerschenfeld

Le Code de la propriété intellectuelle n'autorisant, aux termes de l'article L. 122-5, 2e et 3e a), d'une part, que les « copies ou reproductions strictement réservées à l'usage privé du copiste et non destinées à une utilisation collective » et, d'autre part, que les analyses et les courtes citations dans un but d'exemple et d'illustration, « toute représentation ou reproduction intégrale ou partielle faite sans le consentement de l'auteur ou de ses ayants droit ou ayants cause est illicite » (art. L. 122-4).
Cette représentation ou reproduction, par quelque procédé que ce soit, constituerait donc une contrefaçon, sanctionnée par les articles L. 335-2 et suivants du Code de la propriété intellectuelle.

Publié originellement en anglais par Henry Holt & Co. sous le titre :
A Cruel and Shocking Act : The Secret History of the Kennedy Assassination
© Philip Shenon, 2013
© Presses de la Cité, 2013, pour la traduction française
ISBN 978-2-258-10389-4

Presses de la Cité un département **place des éditeurs**

place des éditeurs

A la mémoire de mon père,
Peter Warren Shenon,
dont la gentillesse et le sens du fair-play
puisaient leur source dans la Californie
créée par Earl Warren

« L'assassinat de John Fitzgerald Kennedy, le 22 novembre 1963, fut un acte violent, cruel et choquant dirigé contre un homme, une famille, une nation et l'humanité tout entière. »

Rapport de la commission présidentielle
sur l'assassinat du président John F. Kennedy
24 septembre 1964

Question : Vous a-t-il dit quelque chose à propos de son voyage à Mexico ?

Marina Oswald : Oui, il m'a dit qu'il avait visité les deux ambassades, qu'on ne lui avait rien donné, que les gens là-bas étaient beaucoup trop – trop bureaucratiques.

Question : Lui avez-vous demandé ce qu'il avait fait le reste du temps ?

Mme Oswald : Oui, je crois qu'il m'a dit qu'il avait assisté à une corrida, qu'il avait passé la plus grande partie du temps dans des musées et qu'il avait visité la ville.

Question : Vous a-t-il parlé de gens qu'il aurait rencontrés là-bas ?

Mme Oswald : Non. Il a dit qu'il n'aimait pas les Mexicaines.

Témoignage de Marina Oswald
devant la commission Warren,
3 février 1964

SOMMAIRE

PROLOGUE

On ne saura jamais à quel moment exactement Charles William Thomas a envisagé pour la première fois de se suicider. Qui peut prétendre connaître la réponse à une telle question ? Des années plus tard, des enquêteurs du Congrès feront état de leurs soupçons quant aux raisons pour lesquelles ce diplomate, dont la carrière s'est déroulée essentiellement en Afrique et en Amérique latine, a mis fin à ses jours. Le 12 avril 1971 vers 16 heures, à Washington, au premier étage de la maison modeste qu'il loue avec sa famille près des berges du fleuve Potomac, il pointe un pistolet sur sa tempe[1]. Sa femme, qui se trouve au rez-de-chaussée, pense d'abord que la chaudière a explosé.

Thomas a de bonnes raisons d'être désespéré. Deux ans plus tôt, à quarante-sept ans, sa carrière au département d'Etat a subitement pris fin. Il ne comprendra jamais pourquoi on l'a forcé à quitter ce métier qu'il adore et où il excelle. « Avancez ou partez », telle est depuis toujours la devise du département d'Etat en matière de carrière, un peu comme chez les militaires. Si vous ne grimpez pas dans la hiérarchie, c'est fini. Et puisqu'on lui a refusé une promotion dans une ambassade ou à la direction d'un service à Washington, Thomas se retrouve « sélectionné pour le départ », dans le jargon de son administration. Après dix-huit heureuses années passées à sillonner le monde pour son pays, on lui annonce qu'il vient de perdre son emploi[2].

Selon sa femme, Cynthia, il pense d'abord qu'il s'agit d'une erreur. Ses états de service sont exemplaires, et une inspection récente a conclu qu'il est « l'un [de nos] meilleurs éléments », dont la promotion « n'a que trop tardé[3] ». Mais lorsque l'on est officiellement « sélectionné pour le départ », il n'y a pas de recours possible. Thomas est fier, et l'idée de faire appel ne lui viendrait pas à l'esprit, tant il trouverait cela dégradant. Il range ses affaires dans des cartons et se demande si à son âge il parviendra à entamer une nouvelle carrière.

Toutefois, avant de partir, il lui reste quelque chose à régler. Le 25 juillet 1969, il achève de taper un mémorandum de trois pages destiné au plus haut personnage de son administration, le secrétaire d'Etat lui-même, William P. Rogers[4]. Ses collègues lui auraient sans doute dit qu'un fonctionnaire de rang intermédiaire n'a pas à s'adresser directement au secrétaire d'Etat, mais il estime ne pas avoir le choix. Ce n'est pas de son emploi qu'il s'agit – de toute façon, il est déjà trop tard. Le mémo est en fait son ultime tentative pour résoudre le mystère le plus troublant de toute sa vie professionnelle. Le secrétaire d'Etat Rogers a un regard neuf, il a pris ses fonctions à peine cinq mois plus tôt, nommé par Richard Nixon après son élection. Thomas espère qu'il ne se fiera pas au jugement des diplomates de carrière qui depuis près de quatre ans font comme si l'histoire incroyable qu'il raconte n'existait pas.

En tête de chaque page de son mémorandum, Thomas tape – en le soulignant – le mot « CONFIDENTIEL ».

« Monsieur le secrétaire,

« Alors que je m'apprête à quitter le département d'Etat, je laisse une affaire en suspens dont je pense qu'elle mérite votre attention. »

Le mémorandum porte un titre : « OBJET : Enquête sur Lee Harvey Oswald à Mexico ».

Le ton est formel et poli, et cela lui correspond bien. Il signe Charles William Thomas, avec son deuxième prénom en toutes lettres, comme il le fait dans ses courriers officiels pour éviter toute confusion avec un autre Charles W. Thomas qui travaille au département d'Etat. Diplomate jusqu'au bout des ongles, Charles William Thomas compte le rester jusqu'au bout – il s'exprimera donc diplomatiquement. Son mémo contient des informations explosives sur des questions de sécurité nationale, et il ne veut surtout pas donner l'impression d'agir de manière irresponsable. Il ne tient pas du tout à laisser l'image d'un conspirationniste vociférant[5]. A la fin des années 1960, toutes sortes de « chercheurs de vérité » s'efforcent bruyamment de faire la une des journaux en colportant des théories sur l'assassinat du président Kennedy. Thomas ne veut pas se retrouver en leur compagnie dans les livres d'histoire – ni d'ailleurs dans les dossiers du personnel du département d'Etat. A aucun moment son mémorandum ne laisse transparaître les tourments qui le conduiront à se donner la mort deux ans plus tard.

Le secrétaire Rogers pourra prendre connaissance sans difficulté des détails de la carrière de Thomas, et il sera impressionné. Thomas est un self-made-man, un orphelin texan élevé par une de ses sœurs aînées à Fort Wayne, dans l'Indiana[6]. Il a été pilote de chasse dans la Navy durant la Seconde Guerre mondiale, puis s'est inscrit à l'université Northwestern, dans l'Illinois, où il a obtenu son diplôme de droit. Il a une grande facilité pour les langues et parle couramment le français et l'espagnol. Au fil des ans, il a acquis des compétences en allemand, en italien, en portugais et en créole, cette dernière langue lui ayant été particulièrement utile lorsqu'il a été en poste à Haïti. Après Northwestern, il poursuit des études en Europe et obtient un doctorat en droit à la Sorbonne. En 1951, il entre au département d'Etat et commence par être nommé à des postes difficiles en Afrique de l'Ouest, où en dépit de sévères crises de malaria, il laissera le souvenir d'une bonne humeur et d'un enthousiasme sans faille. Ses amis diront de lui qu'il était « le diplomate idéal » – un mètre quatre-vingts, blond, beau garçon, éloquent et charmant. Dès le début, tout le monde pense qu'il finira ambassadeur.

En 1964, Thomas se retrouve en poste à l'ambassade de Mexico, avec le rang de conseiller politique, pour une durée de trois ans. Dans les années 1960, Mexico est considéré comme un poste important, car la ville est une des plaques tournantes de la guerre froide, l'équivalent latino-américain de Berlin ou de Vienne. On y trouve d'importantes ambassades communistes, dont la soviétique et la cubaine sont les plus grandes d'Amérique latine. Les activités des diplomates cubains et soviétiques, ainsi que des espions se faisant passer pour des diplomates, sont suivies de près par les Etats-Unis avec l'aide des forces de sécurité mexicaines, en règle générale bienveillantes. La CIA pense que l'ambassade soviétique à Mexico est la base du KGB pour les « opérations mouillées » – les assassinats, dans le jargon de la CIA – dans cette partie du monde. (Il serait trop risqué de conduire ces opérations à partir de l'ambassade soviétique à Washington.) Mexico a déjà été le théâtre d'assassinats commandités par les Russes. En 1940, Staline y a expédié un tueur pour le débarrasser de son rival Léon Trotski, qui y vivait en exil.

La réputation de Mexico en tant que théâtre d'opérations de la guerre froide est définitivement scellée le jour où l'on apprend que Lee Harvey Oswald y a effectué un séjour quelques semaines avant l'assassinat du président John Fitzgerald Kennedy à Dallas, le vendredi 22 novembre 1963. Les premiers détails sur le voyage d'Oswald à Mexico filtrent dans la presse quelques jours après la mort du président, et ils donnent naissance aux toutes premières théories conspirationnistes sur l'implication de puissances étrangères. Tout le séjour d'Oswald dans la capitale, censé avoir duré six jours, est suspect. Oswald, un marxiste autoproclamé qui n'a jamais fait mystère de ses opinions même lorsqu'il servait dans les Marines, s'est rendu dans les ambassades soviétique et cubaine. Il semble qu'il ait tenté d'y obtenir des visas grâce auxquels il aurait pu faire défection vers Cuba. Cela aurait été sa deuxième tentative de ce type. Il a déjà tenté de renoncer une première fois à sa citoyenneté américaine lorsqu'il a décidé de s'installer en Union soviétique en 1959, mais il est rentré au pays trois ans plus tard, déçu par le communisme à la russe, avec sa corruption généralisée et sa bureaucratie labyrinthique. Peut-être Fidel Castro et ses partisans seront-ils plus fidèles aux idéaux de Marx.

En septembre 1964, la commission présidentielle dirigée par Earl Warren, le *chief justice* de la Cour suprême, c'est-à-dire son président, connue dès le départ sous le nom de « commission Warren », conclut qu'Oswald est bien l'assassin et qu'il a agi seul[7]. Dans son rapport final, établi au terme d'une enquête de dix mois, la commission de sept membres déclare qu'elle n'a pas découvert de preuves indiquant l'existence d'un complot, national ou international. « La commission n'a trouvé aucune preuve que quelqu'un a pu aider Oswald à planifier et à exécuter l'assassinat », proclame le rapport, qui laisse entendre qu'Oswald était mentalement instable et a pu agir en raison « d'un profond ressentiment contre toute autorité » et « d'un désir de s'assurer une place dans l'histoire ».

Alors que ses jours au département d'Etat touchent à leur fin en cet été 1969, telles sont les conclusions que Charles Thomas souhaite voir réexaminées. La commission Warren a-t-elle pu se tromper ? Le mémorandum qu'il adresse au secrétaire d'Etat Rogers rapporte des informations sur la visite d'Oswald à Mexico qui « risquent de rouvrir le débat sur la véritable nature de l'assassinat de Kennedy et porter atteinte à la crédibilité du rapport Warren... Dans la mesure où je suis le conseiller d'ambassade qui a recueilli ces renseignements, je me sens responsable de leur évaluation finale », explique-t-il. « Etant donné les circonstances, il est peu probable que des recherches supplémentaires aient lieu si elles ne sont pas ordonnées par un haut responsable à Washington. »

Ce que Thomas rapporte est si complexe qu'il se sent obligé de numéroter chaque paragraphe de son mémorandum. Il y inclut plusieurs documents remplis de références à des personnes et des endroits peu connus qui établissent la chronologie compliquée d'événements anciens. Mais le message principal est simple : la commission Warren a négligé – ou n'a jamais eu l'occasion d'examiner – des faits suggérant qu'un complot pour tuer Kennedy a peut-être été ourdi, ou du moins encouragé, par des diplomates et des espions cubains en poste dans la capitale mexicaine. Et Oswald aurait été introduit dans ce nid d'espions par une jeune sympathisante mexicaine de la révolution cubaine.

Cette femme, selon les informations que Thomas a recueillies, a même été brièvement sa maîtresse[8].

En rédigeant son mémo, Thomas comprend que ce qu'il raconte ait pu paraître invraisemblable – sinon absurde – à ses collègues du département d'Etat. Même si une partie seulement de ce qu'il raconte est vraie, comment la commission Warren a-t-elle pu passer à côté ?

Thomas livre l'identité de sa source principale : il s'agit d'Elena Garro de Paz, une romancière mexicaine qui a connu un certain succès au début des années 1960, et dont la célébrité a été amplifiée par son mariage à une gloire des lettres mexicaines, le poète et essayiste Octavio Paz, qui sera un jour prix Nobel de littérature. Garro, une femme vive à l'esprit mordant qui parle plusieurs langues et a vécu en Europe avant de rentrer au Mexique en 1963, a passé la quarantaine lorsqu'elle fait la connaissance de Thomas. Elle a étudié à Berkeley et, comme Thomas, à la Sorbonne.

Ils deviennent amis lors des soirées animées de la capitale mexicaine qu'ils fréquentent tous deux. Au mois de décembre 1965, Garro raconte au diplomate une bien étrange histoire : elle prétend avoir rencontré Oswald à l'automne 1963, lors d'une fête organisée par des sympathisants de la révolution cubaine.

Ça s'est passé lors d'une « twist party » – le tube de Chubby Checker était aussi un succès au Mexique – et Oswald n'était pas le seul Américain présent. Il était accompagné, toujours selon Garro, par deux jeunes « beatniks » américains. « Ils étaient amis, c'était clair, car le lendemain elle les avait aperçus ensemble dans la rue », écrit Thomas. Lors de la fête, Oswald portait un pull noir, « ne disait pas grand-chose et regardait souvent ses pieds », se souvenait Garro. Elle n'avait pas parlé aux deux Américains, et ne connaissait pas leurs noms. Elle avait appris qui était Oswald en voyant sa photo dans la presse mexicaine après l'assassinat.

Un diplomate cubain important était lui aussi présent lors de cette fête, Eusebio Azcue, le consul dont les services étaient chargés de délivrer les visas. Dans son mémorandum, Thomas rapporte qu'Azcue était aussi un espion, et que l'ambassade américaine pensait qu'il était un gradé important de la Dirección general de inteligencia, ou DGI, les services de renseignement cubains. C'est aux bureaux consulaires d'Azcue à Mexico qu'Oswald avait rendu visite dans l'espoir d'obtenir un visa cubain.

Garro, anticommuniste virulente, déteste Azcue. Avant l'assassinat de Kennedy, elle l'a déjà entendu exprimer à haute voix son souhait que quelqu'un tue le président américain, étant donné la menace qu'il représente pour la survie du régime de Castro. Azcue pense forcément à la crise des missiles de 1962 et à la tentative ratée d'invasion de la baie des Cochons, un an plus tôt. Garro se souvient d'avoir entendu Azcue soutenir, lors d'une autre soirée, que « la seule solution était de le tuer » – de tuer le président Kennedy.

A cette « twist party », rapporte Garro, participe aussi une ravissante Mexicaine de vingt-cinq ans qui travaille pour Azcue. Elle s'appelle Silvia Tirado de Duran, et c'est une cousine par alliance de Garro. Duran ne fait pas mystère de ses convictions socialistes et défend avec ferveur la révolution cubaine, raison pour laquelle elle a obtenu un emploi au consulat. En consultant l'exemplaire du rapport Warren qui se trouve dans la bibliothèque de l'ambassade, Thomas constate que Duran y est mentionnée des dizaines de fois. La commission a établi que c'est elle qui s'est occupée d'Oswald lors de ses visites à l'ambassade. Elle l'a aidé à remplir sa demande de visa et elle semble s'être mise en quatre pour lui. Son nom et son numéro de téléphone figurent dans un carnet trouvé dans les affaires d'Oswald.

Garro dit à Thomas qu'elle n'a jamais aimé Duran, d'une part en raison de ses opinions politiques, mais aussi à cause de ses mœurs légères. Duran a épousé un des cousins de Garro, mais il est de notoriété publique à Mexico qu'elle a eu une liaison torride deux ans plus tôt avec l'ambassadeur cubain, lui-même marié. L'ambassadeur lui aurait même proposé de quitter sa femme pour vivre avec elle. « Garro n'a rien à voir avec Duran, qu'elle déteste et considère comme une prostituée », écrit Thomas. (Il sera établi plus tard que la CIA surveillait Duran et l'ambassadeur ; l'Agence affirmera détenir les preuves de leur liaison.)

C'est seulement après l'assassinat, dit Garro, qu'elle apprend que Duran et Oswald ont eu une brève liaison. Garro raconte à Thomas que non seulement Duran a couché avec Oswald, mais qu'elle lui a présenté d'autres admirateurs de Castro, tant cubains que mexicains. C'est Duran qui a invité Oswald à la « twist party ». « Elle était sa maîtresse », insiste Garro. Elle dit à Thomas : « Tout le monde savait que Silvia Duran couchait avec Oswald. »

Thomas demande à Garro si elle a raconté cette histoire à quelqu'un d'autre. Elle lui explique qu'elle a gardé le silence pendant un an après l'assassinat, car elle craignait que cela ne menace leur sécurité, à elle et à sa fille de vingt-six ans, qui était aussi présente à la « twist party » et avait vu Oswald. Mais à l'automne 1964, après que les conclusions de la commission Warren avaient été rendues publiques, elle avait pris son courage à deux mains et avait raconté ce qu'elle savait à des gens de l'ambassade américaine. A sa grande surprise, elle n'avait plus entendu parler d'eux.

Dans son mémorandum, Thomas prend soin de reconnaître que tout cela n'est peut-être que l'invention d'une romancière de talent. Garro, il l'admet, a la réputation d'avoir une imagination fertile, et ses opinions politiques déforment peut-être sa perception des choses. Il se peut qu'elle ait pris quelqu'un d'autre pour Oswald. « Je savais que Garro était une sorte d'anticommuniste professionnelle qui voyait des complots derrière le moindre événement politique inhabituel », écrit Thomas. « Une enquête sérieuse sur ces allégations conclura peut-être que tout cela est dépourvu de fondement. » Pourtant, insiste-t-il, il est indispensable de se pencher à nouveau sur cette histoire. « Il serait facile et commode d'en faire fi en contestant la crédibilité de Mme Garro, une artiste au caractère emporté et volatil. Mais tout bien pesé, les faits dont je viens de faire état me semblent mériter un réexamen approfondi. »

Si l'on en croit son mémorandum, les supérieurs de Thomas à l'ambassade étaient au courant des affirmations de Garro, puisqu'elle leur avait déjà tout raconté. Thomas leur a adressé des rapports détaillés après chacune de ses conversations avec Garro, en 1965. Il a passé le jour de Noël à rédiger un autre mémorandum – daté du 25 décembre – rapportant ce qu'elle lui avait dit le matin même, lors d'une réception. Il a fait en sorte que chacun de ses mémorandums atterrisse sur le bureau de Winston « Win » Scott, le chef de la CIA à Mexico[9]. A cinquante-six ans, cet homme distingué dispose de sources au plus haut niveau du gouvernement mexicain – une brochette de présidents ont fait appel à sa protection et leurs principaux collaborateurs comptent parmi les informateurs les mieux payés de la CIA. Pour de nombreux responsables mexicains, Scott – qui est en poste depuis 1956 – a bien plus de pouvoir que tous les ambassadeurs réunis. Ses collaborateurs savent qu'il a aussi une influence considérable à Langley, en Virginie, le siège de la CIA, en partie à cause de la vieille amitié qui le lie à James Jesus Angleton, le directeur du contre-espionnage –

c'est-à-dire le « chasseur de taupes » en chef. Les deux hommes se connaissent depuis la création de l'Agence, en 1947.

Dans son mémorandum, Thomas raconte que Scott et d'autres personnes à l'ambassade n'ont pas donné suite à ses informations. Après avoir manifesté de l'intérêt, Scott a fait comme si tout cela n'existait pas, même lorsque Thomas l'a relancé une dernière fois, en 1967, alors qu'il s'apprêtait à rejoindre son nouveau poste, à Washington.

Thomas reconnaît que « même si toutes les allégations rapportées dans le présent mémorandum se révélaient exactes, elles ne suffiraient pas à établir l'existence d'un complot visant à assassiner le président Kennedy ». Mais il conclut sa lettre à Rogers par un avertissement : si ces allégations, qui n'ont été ni confirmées ni démenties, deviennent publiques, « ceux qui cherchent à discréditer le rapport Warren auront le champ libre pour spéculer sur leurs implications... La crédibilité du rapport Warren sera d'autant plus entamée si l'on apprend que ces allégations n'ont jamais fait l'objet d'une enquête alors même qu'elles étaient connues ».

Le dernier jour de Thomas au département d'Etat tombe le 31 juillet 1969, six jours après qu'il a remis son mémorandum adressé à Rogers. Les archives du département ne permettent pas de savoir ce qui s'est passé exactement, mais l'information est transmise à la CIA. Le 29 août, dans une lettre estampillée CONFIDENTIEL, le département demande à l'Agence d'évaluer les informations de Thomas. Le mémo de Thomas est joint à la lettre, ainsi que d'autres documents.

La réponse plutôt sèche de la CIA arrive un peu moins de trois semaines plus tard. En voici le texte intégral : « OBJET : Charles William Thomas. Référence est faite à votre mémorandum du 29 août 1969. Nous avons examiné les pièces jointes et ne voyons pas de motifs pour des actions supplémentaires. Une copie de cette réponse a été transmise au FBI et au Secret Service. » Le mémo est signé par Angleton, le directeur du contre-espionnage, et un de ses adjoints, Raymond Rocca. La rebuffade de la CIA est notifiée à Thomas, et les choses semblent s'arrêter là pour lui. Rien d'autre ne sera entrepris.

Après son suicide, deux ans plus tard, le *Washington Post* publie une nécrologie de 186 mots qui fait seulement allusion au fait qu'il s'est tué : « Selon la police, la mort serait due à des blessures par balle[10]. » (En fait, le certificat de décès parle d'une seule blessure, à la tempe gauche.) Après des démarches insistantes de sa famille, des enquêteurs du Congrès examineront son dossier et concluront que la « sélection pour le départ » de Thomas était due à une erreur administrative. Un important rapport d'évaluation professionnelle appuyant sa promotion était absent de son dossier, pour des raisons qu'on n'a jamais clairement expliquées.

Par la suite, les enquêteurs feront part de leur soupçon que d'autres facteurs étaient entrés en ligne de compte dans la décision de congédier Thomas, dont ses efforts insistants et malvenus pour obtenir que l'on s'intéresse aux allégations de Garro. « J'ai toujours pensé que ça avait à voir avec Oswald », dira un des enquêteurs du Congrès[11]. « Mais c'était impossible à démontrer. Si c'est à cause de Mexico qu'on l'a viré, la décision a été prise sans laisser de traces. » A Mexico, on chuchotait qu'un des adjoints de Win Scott à l'ambassade avait lancé une campagne de rumeurs visant à ternir la réputation de Thomas, pour des raisons que ses nombreux amis mexicains n'arrivaient pas à comprendre.

Birch Bayh, l'ancien sénateur de l'Indiana qui a présidé la commission spéciale du Sénat sur le renseignement de 1979 à 1981 aidera la famille de Thomas à obtenir le versement d'une partie de sa retraite[12], laquelle leur avait été refusée dans un premier temps, parce qu'il s'était suicidé. Selon Bayh, il est d'abord intervenu parce que Thomas avait grandi dans l'Indiana. Dans un entretien de 2013, il avouera sa perplexité face au renvoi de Thomas : « Ça n'avait aucun sens », dira-t-il, tout en insistant n'avoir jamais rien su du lien entre Thomas et l'assassinat de Kennedy. Selon lui, il n'y avait pas forcément de rapport avec ce qu'il avait appris – et essayé de tirer au clair – à Mexico. « Mais quelque chose est arrivé à Thomas, reconnaît Bayh. Il a été harcelé par son gouvernement, et il a fini par se suicider. »

En 2008, par un après-midi de printemps, mon téléphone a sonné dans les bureaux du *New York Times* à Washington. Au bout du fil, il y avait une personne que je n'avais jamais rencontrée – un avocat éminent dont la carrière avait commencé, près d'un demi-siècle plus tôt, avec l'enquête de la commission

Warren : « Vous devriez raconter notre histoire. Nous ne sommes plus tout jeunes, mais beaucoup d'entre nous sommes encore en vie, et c'est peut-être notre dernière chance de dire ce qui s'est vraiment passé[13]. » Il m'a expliqué qu'il avait eu envie de m'appeler parce qu'il avait lu les comptes rendus élogieux sur mon premier livre, qui raconte l'histoire de la commission d'enquête présidentielle sur les attentats du 11-Septembre. Mon interlocuteur m'a promis qu'il ferait tout son possible pour m'aider à écrire un récit du même type sur la commission Warren si j'acceptais de ne jamais dévoiler son nom. « Je ne veux pas qu'on me montre du doigt lorsque vous aurez découvert tous les trucs peu ragoûtants », a-t-il dit. Et il a ajouté : « L'histoire des coulisses de la commission est le meilleur roman policier que vous lirez jamais. »

C'est ainsi qu'a débuté pour moi une enquête de cinq ans sur l'histoire secrète de la plus importante et la moins bien comprise de toutes les enquêtes policières du XXe siècle – celle visant à élucider l'assassinat du président Kennedy. Le *chief justice* Earl Warren et les six autres membres de la commission étaient morts depuis bien longtemps lorsque je me suis attelé à l'écriture de ce livre – le dernier survivant, l'ancien président Gerald Ford, est décédé en 2006. Mais mon interlocuteur avait raison : la plupart des jeunes avocats qui ont mené l'enquête en 1964 étaient encore en vie. Et j'ai eu la chance que la plupart d'entre eux acceptent de me parler.

Mais le temps a malheureusement commencé à rattraper mes sources. Certains enquêteurs et d'autres figures importantes qui m'ont accordé des entretiens pour ce livre ne sont plus là, dont l'ancien sénateur de Pennsylvanie Arlen Specter. Ce livre est en quelque sorte leur testament. Je suis le dernier journaliste à avoir pu interviewer l'ancien agent spécial du FBI James Hosty, un témoin capital, puisqu'il était chargé de surveiller Oswald à Dallas dans les mois qui ont précédé l'assassinat[14]. C'est Hosty qui a dû faire face à la question la plus difficile : comment est-il possible que ni lui ni ses collègues n'aient réussi à arrêter Oswald ? Lors des entretiens qu'il m'a accordés peu avant sa mort en juin 2011, Hosty m'a répété avec insistance qu'il n'était que le bouc émissaire désigné par le FBI et la commission Warren pour masquer l'incurie et la duplicité de personnes plus haut placées.

Le titre américain de ce livre – *A Cruel and Shocking Act* – provient de la première phrase du rapport de la commission Warren : « L'assassinat de John Fitzgerald Kennedy le 22 novembre 1963 fut un acte violent, cruel et choquant dirigé contre un homme, une famille, une nation et l'humanité dans son ensemble[15]. » Mais si mon intention de départ était d'écrire la première véritable histoire de la commission Warren, le projet a fini par prendre une tout autre ampleur. A bien des égards, ce livre est le récit de ma découverte de tous les aspects de l'assassinat qui restent inconnus du public, et de l'incroyable masse de documents qui ont été occultés ou détruits – déchiquetés, brûlés, effacés – pour qu'ils ne parviennent pas à la commission. De hauts responsables de la CIA et du FBI ont décidé de cacher certaines informations dans l'espoir qu'on n'apprendrait jamais ce qu'ils savaient exactement au sujet d'Oswald et de la menace qu'il représentait. Ce livre démontre pour la première fois que des témoins importants ont été ignorés ou réduits au silence. Mon enquête m'a conduit dans des lieux et m'a fait rencontrer des gens dont je n'aurais jamais soupçonné l'importance pour la compréhension de la mort de Kennedy.

Je suis devenu victime de la double malédiction qui frappe quiconque enquête sur la mort de JFK : la surabondance *et* la pénurie d'informations. J'ai découvert, à ma très grande surprise, qu'une masse d'informations vitales avait disparu mais aussi qu'une incroyable quantité avait été préservée. Aujourd'hui, les archives sur l'assassinat accessibles au public sont si importantes – des millions de pages de documents officiels autrefois secrets – qu'aucun journaliste ou chercheur ne peut prétendre avoir tout lu. Des bibliothèques entières de documents n'ont pas encore été étudiées de près, cinquante après les faits qu'elles décrivent. Par exemple, je suis la première personne à avoir pu consulter librement les papiers de Charles Thomas, qui racontent entre autres son combat pour que l'histoire surprenante d'Oswald et de la « twist party » de Mexico soit prise au sérieux, et je n'ai eu accès à ces documents qu'en 2013.

Les archives de la commission Warren – dont l'intitulé officiel était « La commission présidentielle sur l'assassinat du président Kennedy » – occupent plus de 100 mètres cubes de rayonnages dans un bâtiment climatisé des Archives nationales situé à College Park, dans le Maryland, non loin de Washington[16]. Des milliers de pièces à conviction y sont entreposées, dont l'arme du crime, le fusil Mannlicher-Carcano de calibre 6,5 mm découvert au cinquième étage du Texas School Book Depository, qu'Oswald avait acheté par correspondance pour 21 dollars, et la balle gainée de cuivre retrouvée quasi intacte sur une civière de l'hôpital Parkland Memorial de Dallas le jour même de l'assassinat. Les enquêteurs – mais, détail essentiel, pas la commission – estimaient que la balle avait transpercé les corps du président et du gouverneur Connally, scénario qui est devenu célèbre sous le nom de « théorie de la balle unique ».

Le tailleur rose porté par Jacqueline Kennedy le jour de l'assassinat est aussi conservé dans ce bâtiment moderne aux allures de forteresse[17]. Ce tailleur, une copie américaine d'un modèle de chez Chanel, était une des tenues préférées du président (« Elle est ravissante dedans », avait-il dit à un ami). Il est conservé dans un réceptacle spécial, dans une pièce plongée dans l'obscurité dont la température (comprise entre 18,3 et 20 degrés Celsius) et l'humidité (40 %) sont maintenues constantes. L'air est changé six fois par heure afin de protéger le tissu délicat, qui est encore taché par le sang du président. On ne sait pas ce qu'est devenu le célèbre chapeau de la première dame, qui est resté longtemps sous la garde de son ancienne secrétaire personnelle. Dans une autre pièce maintenue à température constante (-4 degrés Celsius) est conservé un petit ruban de celluloïd, dont les Archives nationales pensent qu'il est le film le plus regardé de l'histoire du cinéma[18]. Ce bout de pellicule couleur 8 mm de la marque Kodak contient les 486 images prises par un fabricant de vêtements pour dames de Dallas, Abraham Zapruder, qui a saisi grâce à sa caméra amateur Bell & Howell l'instant terrible de l'assassinat.

Une bonne partie des papiers du *chief justice* Earl Warren se trouve à la bibliothèque du Congrès, à quelques minutes à pied du siège de la Cour suprême qu'il a présidée pendant seize ans[19]. Le *chief justice* est mort en 1974. S'il vivait, il serait surpris d'apprendre que des millions d'Américains le connaissent surtout à cause de la commission d'enquête et non à cause des verdicts historiques rendus par la Cour sous sa direction.

La décision de conserver la masse énorme de documents et de pièces à conviction recueillis par la commission a été prise pour rassurer l'opinion – c'est la preuve de la transparence de la commission et du bon déroulement de ses travaux. Les Archives nationales conservent à elles seules plus de cinq millions de pages de documents ayant trait à l'assassinat. Mais comme le reconnaîtront les historiens sérieux, même ceux qui défendent les conclusions de la commission, l'enquête était faussée dès le départ. La commission a commis de graves erreurs. Elle n'a pas poursuivi des pistes importantes et n'a pas entendu des témoins cruciaux en raison de limitations imposées par l'homme qui la présidait, le *chief justice* Warren lui-même. Souvent, Warren a paru plus soucieux de préserver l'héritage de son ami bien-aimé, le président Kennedy, et de sa famille que d'établir de manière indiscutable les faits entourant son assassinat.

L'histoire se montrera bien plus clémente envers les enquêteurs de la commission qui sont encore en vie, ainsi qu'envers son historien attitré, lesquels ont raconté comment les choses se sont réellement passées. Leur histoire représente une part importante de ce livre. Ces jeunes avocats avaient pour la plupart entre vingt et trente ans et avaient été recrutés dans les plus prestigieux cabinets d'avocats, bureaux de procureurs et universités du pays. Ils ont fait ensuite de longues carrières dans la justice et l'administration.

Ce livre a permis à plusieurs d'entre eux de se pencher à nouveau, pour la première fois, sur le travail de la commission. Beaucoup sont restés silencieux durant des décennies, par crainte d'être pris au piège de débats publics souvent impossibles à gagner avec les légions conspirationnistes. Ces hommes – la seule femme de l'équipe, Alfredda Scobey, est décédée en 2001 – n'éprouvent que fierté pour le travail qu'ils ont accompli. Mais ils ont été outrés de découvrir l'étendue de ce qu'on leur avait caché, et qui contribue à réécrire, encore aujourd'hui, l'histoire de l'assassinat de John Fitzgerald Kennedy.

PREMIÈRE PARTIE

22-29 novembre 1963

© Collection Everett

Le cercueil du président Kennedy dans la rotonde du Capitole, à Washington, le 25 novembre 1963

Chapitre premier

Domicile du commandant James Humes
Bethesda, Maryland
Samedi 23 novembre 1963

Quelques heures à peine ont passé depuis le retour de la dépouille présidentielle à Washington et les éléments matériels commencent déjà à disparaître. Le docteur James Humes, commandant de marine, brûle ses notes d'autopsie et le premier jet de son rapport. Par la suite[1], celui-ci se dira consterné qu'on ait pu y voir le premier acte d'un complot au plus haut niveau de l'Etat. Mais il reconnaîtra qu'il aurait dû se méfier : « Je suis le seul et unique responsable de la décision. Personne d'autre n'y a été mêlé. »

Vers 23 heures[2], le pathologiste de trente-huit ans s'installe dans le séjour de sa maison de Bethesda, non loin de Washington. Il pense en avoir pour plusieurs heures, car il s'agit de rédiger la version finale du rapport d'autopsie. Il allume un feu dans la cheminée, car il fait froid en cette soirée d'automne.

La veille au soir, c'est lui qui a dirigé l'équipe de trois pathologistes chargée de l'autopsie du président au Centre médical de la Navy, à Bethesda. Il n'a pas trouvé le temps dans la journée de samedi pour s'occuper de la paperasse. C'est donc seul, dans le calme de sa maison, qu'il cherche à présent l'énergie pour boucler son rapport. Il soumettra ensuite sa version finale à la signature de ses collègues ; la Maison-Blanche attend le rapport dimanche soir.

Humes est exténué. Il s'est bien ménagé quelques heures de sommeil dans l'après-midi, mais la nuit précédente a été blanche. « Je suis resté à la morgue de 19 h 30 à 5 h 30 du matin, déclarera-t-il. Je n'ai quitté la salle à aucun moment. »

C'est dans le terrible après-midi de vendredi que Humes, le plus gradé des pathologistes de Bethesda, apprend qu'il supervisera l'examen post mortem du président. La dépouille, lui a-t-on dit, arrivera dans les heures qui suivent. Dans un premier temps, Jacqueline Kennedy a rejeté l'idée même d'une autopsie ; l'image de son mari allongé sur l'acier froid d'une table de dissection lui est insupportable. « Ce n'est vraiment pas indispensable[3] », a-t-elle dit au médecin personnel du président, l'amiral George Burkley, dans l'avion présidentiel qui les ramenait à Washington. Elle a fait le voyage assise à côté du cercueil, à l'arrière, et Burkley, vieil et discret ami de la famille, lui a expliqué avec tact pourquoi il n'y a pas vraiment de choix : son époux a été assassiné, l'autopsie est une obligation légale[4]. Jacqueline Kennedy fait confiance depuis toujours à ce catholique pratiquant comme elle, et elle a cédé devant ses arguments, mais celui-ci lui a tout de même laissé le choix entre le Centre médical Walter Reed, dépendant de l'Armée de terre, à Washington, et l'hôpital de la Navy à Bethesda, seize kilomètres à peine séparant les deux établissements. Burkley a ajouté : « Evidemment, le président était un marin. »

« Bien sûr, a-t-elle répondu. Ce sera Bethesda. »

Cette décision laisse perplexes les médecins de Bethesda. Les pathologistes de Walter Reed ont une bien plus grande expérience qu'eux des blessures par balle, pour la simple raison que les fantassins en sont bien plus souvent victimes que les marins. Le commandant Thornton Boswell[5], autre pathologiste de la Navy devant seconder Humes, pense pour sa part que le choix de Bethesda est d'autant plus « idiot » que de meilleures solutions sont à portée de main. Selon lui, il aurait fallu confier la dépouille présidentielle à l'Institut de pathologie des forces armées, situé au cœur de Washington, qui se charge des autopsies médico-légales complexes pour tous les corps d'armée. Ni Humes ni Boswell ne sont diplômés en médecine légale, et ils n'ont aucune compétence particulière en matière de morts violentes ou suspectes, si bien qu'il faut leur adjoindre le Dr Pierre Finck, médecin légiste de l'Institut des forces armées[6], qui a le grade de lieutenant-colonel.

La seule raison qui plaide en faveur de Bethesda, c'est sa salle d'autopsie[7]. La morgue vient d'être entièrement rénovée et équipée de matériel médical et de communication sophistiqué. « Nous n'avions réinvesti les lieux que depuis deux mois, se souviendra Humes. Tout était flambant neuf. » La salle d'autopsie est spacieuse pour un hôpital militaire, 70 mètres carrés environ, avec au centre une table de dissection fixée au sol[8]. Elle peut aussi servir d'auditorium : le long d'un des murs court une estrade capable d'accueillir une trentaine d'observateurs – généralement des internes ou des médecins invités. A cela s'ajoute une caméra de télévision en circuit fermé qui permet de suivre la procédure à distance depuis la clinique médicale de la base aérienne Andrews, située de l'autre côté de la rue. (Humes regrettera plus tard que la caméra n'ait pas été mise en marche ce soir-là, car cela aurait coupé court aux « spéculations ridicules ».) La morgue est pourvue de vastes chambres froides pouvant contenir jusqu'à six corps, et des douches sont à la disposition des médecins. La nuit de l'autopsie présidentielle, les pathologistes utiliseront le moindre centimètre carré disponible.

Le corps du président arrive aux alentours de 19 h 30[9]. Le cercueil de bronze entre par la rampe de chargement donnant sur la rue. On en extrait délicatement le corps et – après l'avoir photographié et passé aux rayons X de la tête aux pieds – on le dépose sur la table d'autopsie, où il restera pendant la dizaine d'heures qui suit. Les blessures à la tête ne sont pas immédiatement apparentes car à Dallas on a recouvert la tête de draps. Une fois retirés les linges imbibés de sang, Humes ordonne qu'ils soient immédiatement lavés. « Il y avait un lave-linge à la morgue, et il les a tout de suite fourrés dedans », se souviendra Boswell. Dès le premier instant, Humes veille à ce que rien ne puisse être subtilisé et se retrouver exhibé un jour dans une fête foraine au fond du Kansas.

L'autopsie est « un vrai cirque », comme le dira Boswell par la suite, sans mâcher ses mots[10]. Des dizaines de personnes – médecins, infirmiers, radiologues et photographes médicaux, agents du Secret Service et du FBI, officiers et administrateurs de l'hôpital – se bousculent à l'intérieur de la morgue, d'autres se pressent devant la porte en espérant pouvoir y pénétrer.

Selon les pathologistes, les agents du Secret Service – dont certains étaient présents à Dallas ce jour-là – sont particulièrement agités. L'homme qu'ils ont juré de protéger au prix de leur vie a été tué. Leur désarroi est complet. « Ces types couraient dans tous les sens comme des poulets sans tête, on comprenait ce qu'ils vivaient », dira Boswell[11].

Burkley, le médecin du président, a accompagné le corps jusqu'à Bethesda, et dans un premier temps il s'efforce de prendre la direction des opérations. Il est contre-amiral, et peut donc en principe commander aux autres pathologistes, moins gradés que lui, mais il est interniste et cardiologue de formation, et ses recommandations se heurtent à une vive résistance de la part de Humes et des autres. Burkley commence par affirmer qu'une autopsie complète est inutile. L'assassin présumé a été appréhendé, sa culpabilité ne fait guère de doute et il est donc superflu de mutiler inutilement la dépouille présidentielle. Il sait que pour la levée du corps, avant l'enterrement, la famille Kennedy envisage d'exposer le cercueil ouvert[12]. Burkley estime que l'autopsie doit se limiter à « retrouver les balles », racontera Boswell.

Humes trouve l'attitude de l'amiral absurde : une autopsie bâclée risque de passer à côté d'éléments importants. Burkley n'insiste pas, mais il demande quand même qu'on se dépêche. « Le premier souci de George Burkley, c'était d'en finir rapidement », racontera Humes avec irritation. Burkley semble surtout soucieux d'épargner une trop longue attente à Mme Kennedy, qui se trouve avec Robert Kennedy, sa famille et ses proches dans la suite VIP au 17e étage de l'hôpital. Elle a annoncé qu'elle ne quittera pas Bethesda sans le corps de son mari. Ce qu'elle doit endurer fait frémir Humes ; il sait qu'elle porte encore le tailleur rose maculé de sang que l'on a aperçu à la télévision. (Elle a refusé de se changer. « Qu'ils voient ce qu'ils ont fait ! » a-t-elle lâché à Burkley comme un défi[13].) Mais quelle que soit sa sympathie pour Mme Kennedy, Humes ressent sa présence sur place comme un poids. « Nous étions soumis à une pression terrible et cela nous a posé bien des problèmes », se souviendra-t-il.

Burkley a une autre exigence, et sur ce point il refuse de céder[14]. Il fait promettre à Humes que le rapport d'autopsie ne comportera aucune mention d'un élément important concernant la santé du président, sans lien avec l'assassinat. Il veut qu'aucune référence ne soit faite aux glandes surrénales de Kennedy car il sait que leur examen ne manquera pas de révéler que le président – malgré des années de démentis – souffrait d'un mal chronique et possiblement mortel, la maladie d'Addison. Kennedy affichait peut-être le teint d'un homme en pleine santé, mais Burkley sait que cela était dû à la magie du maquillage et à toutes sortes d'astuces pour les caméras. La survie du président tenait à un supplément hormonal quotidien contenant de fortes doses de cette testostérone que ses glandes ne parvenaient pas à produire.

Pressé de se mettre à l'ouvrage, Humes accepte. « Il a promis à George Burkley de ne jamais évoquer les glandes surrénales tant qu'un seul membre de la famille Kennedy serait encore en vie, ou quelque chose dans le genre », dira Boswell[15], qui y consent également, bien qu'il s'agisse d'une violation flagrante des procédures. Plusieurs jours plus tard, Burkley présentera une autre demande secrète à Humes, concernant cette fois le cerveau du président, qui a été extrait de la boîte crânienne pendant l'autopsie[16]. Obéissant aux instructions de Burkley, Humes remettra à la Maison-Blanche le cerveau conservé dans un seau en inox rempli de formol, pour qu'il soit discrètement enterré avec le corps du président*. « Il m'a dit sans détour que sa décision était prise, il comptait remettre le cerveau à Robert Kennedy », se souviendra Humes[17].

Le soir de l'autopsie, d'autres événements viennent troubler le travail de Humes. Dans les heures qui suivent la mort du

* Le sort du cerveau présidentiel sera lui aussi entouré de mystère. En 1979, un groupe de parlementaires chargé de reprendre l'enquête sur l'assassinat du président, le House Select Committee on Assassinations, déclarera tenir de la bouche du Dr Burkley qu'il avait remis à l'ancienne secrétaire de Kennedy, Evelyn Lincoln, un seau en inox scellé contenant le cerveau, et que celle-ci l'avait remis aux Archives nationales, où il était resté quelque temps en 1964. Ensuite, le comité ne parviendra pas à retracer le parcours du cerveau avec certitude. Le rapport final fera part des soupçons de Burke Marshall, ancien professeur à la faculté de droit de Yale et représentant des exécuteurs testamentaires de Kennedy, selon lequel Robert Kennedy aurait fini par obtenir le cerveau et d'autres pièces pour « s'en débarrasser lui-même sans avoir à rendre de comptes à personne ». Selon Marshall, « Robert Kennedy craignait de voir un jour ces objets exposés dans une institution comme le Smithsonian, alors il s'en est débarrassé ». (House Select Committee on Assassinations, vol. VII, « Medical and Fierarms evidence », mars 1979.)

président, la crainte que l'assassinat ne soit le fruit d'un complot dont les instigateurs s'apprêteraient à frapper à nouveau est sur toutes les lèvres à Bethesda. Alors qu'ils se mettent au travail, Humes et son équipe entendent leurs collègues parler des Russes et des Cubains comme les commanditaires de l'assassinat : selon eux, Lyndon Johnson, président depuis quelques heures, pouvait être la prochaine cible.

Du coup, les médecins craignent pour leur propre sécurité[18]. Si conspiration il y a, les tueurs ne chercheront-ils pas à occulter les circonstances précises de la mort du président ? Et s'ils cherchaient à réduire au silence les pathologistes de Bethesda ou à s'emparer de leurs résultats pour les détruire ? « On se disait qu'il y avait peut-être un complot » derrière la mort du président, se souviendra Boswell. « On pouvait tous être tués. » Cette menace potentielle inquiète suffisamment le supérieur de Humes pour qu'il ordonne à Boswell de veiller à ce que ce dernier, qui doit rédiger le rapport d'autopsie, regagne son domicile en toute sécurité. « Je suis monté dans ma voiture, et j'ai suivi Jim Humes jusque chez lui », dira Boswell.

Quand Humes franchit enfin le seuil de sa maison, vers 7 heures du matin, il n'a pas le temps de reprendre ses esprits, et moins encore de dormir. Dans la matinée, son fils doit faire sa première communion – et Humes est bien décidé à y assister. Ensuite il doit retourner à Bethesda pour parler au téléphone avec les médecins de l'hôpital Parkland Memorial de Dallas, ceux qui ont vainement tenté de sauver la vie de Kennedy. Humes reconnaîtra qu'il aurait dû abandonner un instant la salle d'autopsie pour parler avec les médecins de Parkland, mais la pression était trop forte. « Il n'était pas question de quitter la salle, dira-t-il. Il faut bien saisir l'ambiance – l'ambiance d'hystérie – qui y régnait. Je trouve déjà épatant que nous ayons pu garder la tête froide[19]. »

La conversation téléphonique avec le Dr Malcolm Perry, le médecin-chef qui s'est occupé de Kennedy à Parkland, permet en tout cas de régler une question qui taraude Humes. La cause de la mort de Kennedy ne fait aucun doute – une bonne partie de l'hémisphère droit du cerveau a été arrachée, blessure béante immortalisée par d'horribles photos. Le mystère concerne la première balle, celle qui a frappé le président au sommet du dos ou dans la nuque, et qui aurait dû rester relativement intacte puisqu'elle n'a traversé que des tissus mous. Où est-elle passée ? Les médecins de Bethesda n'ont pas trouvé d'orifice de sortie. « J'avais passé le corps du président aux rayons X de la tête aux pieds, précisément parce que les projectiles se comportent parfois de façon très étrange dans le corps humain », dira Humes[20]. Il n'est pas rare qu'une balle décrive des zigzags après avoir pénétré les chairs, expliquera-t-il. « Elle pouvait s'être logée dans la cuisse, ou dans la fesse, vraiment n'importe où. » Au cours de l'autopsie est même évoquée l'hypothèse improbable que la balle a pu ressortir par l'orifice d'entrée pendant qu'on pratiquait un massage cardiaque sur le président – idée qui sera reprise telle quelle dans le rapport des agents du FBI ayant assisté à l'autopsie.

Au téléphone, Perry a une explication. Les médecins de Dallas ont pratiqué une trachéotomie sur le président pour lui permettre de respirer à l'endroit où se trouvait une petite blessure, sur la gorge, près du nœud de la cravate. La balle est peut-être ressortie par là. « Dès qu'il m'a dit ça, j'ai compris », racontera Humes[21]. C'est en toute vraisemblance la trachéotomie qui a détruit l'orifice de sortie. Les médecins ne savent toujours pas où cette balle a fini sa course, mais ils en connaissent au moins la trajectoire – elle a traversé de part en part le cou du président.

Ce samedi soir, en s'installant près de la cheminée de son séjour, Humes remarque les traces de sang – le sang du président – sur ses notes et sur le brouillon du rapport d'autopsie[22]. Il se souviendra plus tard avoir ressenti du dégoût.

Lentement, avec soin, il met ses notes au propre : « Je me suis installé et j'ai tout recopié mot à mot sur des feuilles blanches[23]. » Cela lui demande plusieurs heures, son exemplaire écorné du *Stedman's Medical Dictionary* sous le coude : pas question de remettre à la Maison-Blanche un rapport contenant la moindre faute d'orthographe.

Seul Humes sait pourquoi il fait ce qu'il fait ensuite. Veut-il corriger des fautes honteuses ? Préciser la localisation des blessures d'entrée et de sortie des balles ? Outre les références aux glandes surrénales du président, supprime-t-il autre chose ? A-t-il reçu des ordres ? Toujours est-il que Humes choisit de détruire tous les papiers en sa possession, à l'exception du nouveau projet de rapport. Les documents maculés de sang ne tomberont pas aux mains de « vampires ».

Des années plus tard, il admettra ne pas avoir calculé la portée de ses actes, qui ont pu contribuer à alimenter des théories conspirationnistes dont il ne se débarrassera plus jusqu'à la fin de sa carrière. « En voyant ces documents maculés de sang, je me suis dit que personne ne devait jamais mettre la main dessus[24]. »

Après un dernier coup d'œil aux papiers originaux, Humes se dirige vers la cheminée, où il jette le rapport d'autopsie original, qu'il regarde se consumer. Puis ses notes manuscrites subissent le même sort[25].

« Tout ce que j'avais, à l'exception du rapport final, je l'ai brûlé, dira-t-il. Je voulais qu'il ne reste rien. Un point c'est tout. »

Hôtel Executive Inn
Dallas, Texas
Samedi 23 novembre 1963

Dans la ville où le président a été tué, la destruction des éléments matériels commence dès le lendemain de l'assassinat. Vendredi, le jour même de l'assassinat, quelques heures après avoir appris l'arrestation de son mari, Marina Oswald se souvient des « photos idiotes » de Lee qu'elle a prises dans le jardinet de la modeste bicoque que le couple occupait l'été dernier à La Nouvelle-Orléans[26]. Lee, vêtu de noir, y affiche un sourire narquois tandis que dans une main il tient son fusil acheté par correspondance et de l'autre des numéros récents de deux revues d'extrême gauche, *The Militant* et *The Worker*. Il porte un pistolet à la ceinture. Le soir, après avoir été longuement interrogée par le FBI et la police de Dallas, Marina est autorisée à rentrer chez son amie Ruth Paine, qui l'héberge depuis plusieurs semaines.

Elle retrouve les clichés et les montre à sa belle-mère, Marguerite. C'est à peine si les deux femmes se connaissent – Oswald refuse de voir sa mère, qu'il dit détester – et elles ne sont à présent réunies qu'à cause de l'assassinat. Marina parle à peine quelques mots d'anglais.

« Mama, Mama », dit Marina en montrant les photos à sa belle-mère.

Choquée par ces images de son fils cadet arborant un fusil, Marguerite Oswald répond sans hésiter : « Cache-les. »

Marina dira qu'elle a obéi et glissé les photos dans sa chaussure.

Le lendemain, après avoir de nouveau passé plusieurs heures à répondre aux autorités, sa belle-mère lui demande où sont cachées les photos. Marina désigne ses chaussures. « Brûle-les », dit Marguerite, toujours selon sa belle fille. « Brûle-les tout de suite. »

Là encore, Marina assurera avoir fait ce qu'on lui disait. Ce soir-là, les deux femmes ont été installées par le Secret Service dans un petit motel près de l'aéroport, l'Executive Inn. Marina dépose les photos dans un cendrier, puis y met le feu. L'épais papier brûle mal, il faut plusieurs allumettes pour en venir à bout. Marguerite, quant à elle, assurera que Marina a pris seule la décision de détruire les photos, mais elle reconnaîtra avoir été présente. Elle précisera même que c'est elle – et non Marina – qui a vidé le cendrier dans les toilettes. « J'ai tiré la chasse, et les fragments carbonisés sont partis dans la cuvette, expliquera Mme Oswald. Nous n'avons pas échangé un mot[27]. »

FBI, antenne de Dallas
Dallas, Texas
Dimanche 24 novembre 1963

Ce week-end-là, le FBI aussi s'active à faire disparaître des éléments matériels. Dimanche vers 18 heures, l'agent spécial James Hosty est convoqué par son chef, l'agent spécial Gordon Shanklin, responsable de l'antenne de Dallas[28]. Shanklin lui indique une feuille de papier posée sur son bureau.

« Débarrasse-moi de ça, ordonne Shanklin. Oswald est mort, il n'y aura pas de procès. » Oswald a été abattu par Jack Ruby, à peine sept heures plus tôt, en plein commissariat central de Dallas ; la scène a été retransmise en direct à la télévision.

Désignant la feuille de papier du bout du nez, Shanklin réitère son ordre à Hosty, trente-neuf ans, agent du FBI depuis dix ans : « Débarrasse-moi de ça ! » Hosty ne se le fait pas dire trois fois. Il sait de quoi il s'agit – une note manuscrite déposée par Oswald en personne, au début du mois de novembre : « Si vous n'arrêtez pas d'embêter ma femme, je prendrai les mesures qui s'imposent. » La réceptionniste à qui Oswald a remis la note dira qu'il avait « l'air fou, vaguement dangereux ».

Hosty et Shanklin savent pertinemment ce qui leur arrivera si l'existence de cette note parvient aux oreilles de J. Edgar Hoover. Elle prouve que le FBI était en contact avec Oswald quelques jours avant l'assassinat, que Marina était connue du Bureau et qu'Oswald en personne s'était pointé à l'antenne de Dallas. L'existence du document semble prouver que le FBI, en la personne de Shanklin et Hosty, a raté une occasion d'arrêter Oswald avant qu'il n'assassine le président.

Le FBI surveille Oswald depuis des mois, et Shanklin et Hosty sont bien placés pour le savoir. Un dossier a été ouvert à son nom dès le mois de mars, au prétexte qu'il pouvait représenter une menace pour la sécurité nationale. Oswald est rentré d'Union soviétique l'année précédente, après y avoir vécu près de trois ans, et le FBI le soupçonne de travailler pour les Russes.

Shanklin ne lâche pas la note des yeux, il attend que Hosty s'en empare.

Hosty n'a pas vraiment le choix, beaucoup de choses sont en jeu pour lui – à commencer par l'avenir de sa femme et de ses huit enfants qui comptent sur ses 9 000 dollars de salaire annuel[29]. Au FBI, on obéit sans poser de questions, même lorsqu'il s'agit d'un ordre aussi grave qu'illégal comme celui consistant à détruire des traces laissées par l'homme qui vient d'abattre le président.

Hosty saisit la note, et parcourt les quelques mètres de couloir qui le séparent des toilettes. Il s'enferme dans une cabine, déchire le document et jette les morceaux dans la cuvette. Il actionne ensuite la chasse, attend un moment et tire de nouveau sur la lourde poignée de bois, histoire de s'assurer que tous les morceaux ont été évacués.

CHAPITRE 2

Cour suprême des Etats-Unis d'Amérique
Salle de conférences des juges
Washington
Vendredi 22 novembre 1963

Les coups légers frappés sur la lourde porte de chêne de la salle de conférences sont inhabituels[1]. Le personnel de la Cour suprême des Etats-Unis n'est autorisé à interrompre les juges pendant leur réunion du vendredi qu'en cas d'urgence ou d'événement extraordinaire, et il faut alors se contenter de leur glisser une note écrite.

Le président de la Cour, le *chief justice* Earl Warren, en poste depuis onze ans, a fini par comprendre que cette coutume, comme tant d'autres, vise à imposer un certain décorum à ce groupe de neuf hommes intransigeants – dont certains se vouent une profonde détestation – condamnés à passer ensemble le reste de leur vie professionnelle.

Le vendredi 22 novembre 1963, peu après 13 h 30, les juges entendent donc frapper à la porte. Conformément à la tradition, c'est le plus récemment nommé des juges, le « *justice* » Arthur Goldberg, qui ouvre. Il saisit la feuille qu'on lui tend, referme la porte et remet la note à Earl Warren. Sans dire un mot, comme frappé de stupeur, Warren lit le message dactylographié par sa secrétaire, Margaret McHugh. Puis il se lève et en fait la lecture à haute voix :

— « On a tiré sur le président à Dallas. On ignore la gravité de ses blessures[2]. »

Les membres de la Cour, « complètement abasourdis » selon les dires de Warren, lèvent la séance et regagnent leurs cabinets respectifs[3]. « On n'a pas dit grand-chose ; assommé par la nouvelle, chacun est allé suivre les événements à la radio. » (En fait, plusieurs juges se retrouvent avec leurs collaborateurs dans le cabinet du juge William Brennan, qui dispose d'un téléviseur et regarde la chaîne CBS.) Warren, lui, regagne son cabinet, où il écoute la radio « jusqu'au moment où il n'y a plus eu d'espoir, se souviendra-t-il. Au bout de trois quarts d'heure peut-être, la nouvelle de la mort du président est tombée – c'était incroyable ».

L'émoi de Warren et des juges prend un relief particulier : à peine trente-six heures plus tôt, ils étaient reçus par le président et Mme Kennedy dans les appartements privés, au deuxième étage de la Maison-Blanche. « Nous gardions le souvenir de cette réception chaleureuse et amicale, dira Warren. Nous avions passé une charmante soirée. » Le voyage présidentiel au Texas, prévu pour le lendemain matin, avait fait l'objet au préalable d'une vive discussion entre les juges[4].

Si les deux jours de cette tournée de collecte de fonds dans cinq villes agitent à ce point les milieux officiels de Washington, c'est que pour beaucoup elle est aussi risquée qu'inutile d'un point de vue politique. Le président pourrait être accueilli par des manifestations de droite, notamment à Dallas la conservatrice, qui héberge plusieurs groupes d'extrême droite et s'est fait une spécialité d'accorder à ses visiteurs politiques de premier plan un traitement discourtois, voire scandaleux. Un mois plus tôt, l'ambassadeur aux Nations unies, l'ancien sénateur Adlai Stevenson, a été conspué par des manifestants anti-ONU, et une ménagère hargneuse l'a frappé à la tête avec sa pancarte sur laquelle on pouvait lire : À BAS L'ONU. Pendant la campagne électorale de 1960, Lyndon Johnson, lui-même Texan et candidat à la vice-présidence aux côtés de Kennedy, a été assailli avec son épouse, Lady Bird, par des manifestants excités alors qu'ils traversaient le hall d'entrée de l'hôtel Adolphus à Dallas pour rejoindre un banquet de soutien qui se tenait dans la salle de bal. Un des manifestants brandissait une affiche de campagne de Johnson sur laquelle était écrit « SOURIS JUDAS », un autre avait craché sur Mme Johnson, qui dira que la demi-heure qu'il leur avait fallu pour traverser le hall avait été la plus effrayante de sa vie.

Lors de la réception à la Maison-Blanche, se souviendra Warren, « nous avions recommandé pour rire au président de se tenir sur ses gardes "là-bas dans le Sud, avec ces sauvages de Texans" mais l'idée d'un risque réel d'ennuis ne nous avait même pas effleurés[5] ».

Après la mort de Kennedy, les collègues du *chief justice* se souviendront de l'avoir vu au bord des larmes, les yeux rougis et boursouflés, plusieurs jours durant[6]. L'affection quasi paternelle que Warren vouait à Kennedy était de notoriété publique, C'était, selon ses mots, « comme perdre un de mes propres fils[7] ». « Les jours et les nuits qui ont suivi ont été un véritable cauchemar[8]. »

Une génération sépare le président de la nation de celui de la Cour suprême. Kennedy est mort à quarante-six ans ; Warren en a alors soixante-douze. En ce jeune homme, Warren a vu le leader visionnaire et progressiste – notamment en matière de justice sociale – qu'il avait lui-même espéré incarner à la Maison-Blanche quand il s'était présenté aux élections de 1952. En Californie, Warren a été un gouverneur très apprécié de 1943 à 1953, et s'il appartient depuis toujours au camp républicain, sa popularité ne se limite pas à son propre camp. Il tire une grande fierté d'avoir été confortablement élu trois fois avec les suffrages de la majorité des démocrates californiens.

Certaines de ses décisions de gouverneur ont fait scandale parmi les républicains conservateurs hostiles à l'impôt. Warren a massivement investi dans l'enseignement supérieur et les transports, et récolté à travers une hausse de la taxe sur les carburants plus d'un milliard de dollars en dix ans – une somme alors inédite à l'échelle d'un Etat – pour financer la construction des autoroutes ultramodernes qui allaient servir de modèle à l'échelon national. Après la Seconde Guerre mondiale, il a lancé une vague de travaux publics à la façon du New Deal pour enrayer le chômage, notamment celui des anciens combattants. Sa tentative d'instaurer une couverture médicale universelle pour les Californiens n'a échoué qu'à la suite d'une campagne particulièrement agressive de l'Association des médecins californiens, qui a qualifié son programme de « médecine socialisée ».

Tout au long des années 1940, Warren a bénéficié de sa bonne étoile ; en 1948, il a été désigné par son parti pour être candidat à la vice-présidence aux côtés du gouverneur de New York, Thomas E. Dewey. Après la défaite inattendue de Dewey face au sortant Harry Truman, Warren est rentré en Californie où il a envisagé sa propre candidature au Bureau ovale. Il a postulé à la nomination en 1952, mais ses plans ont été contrecarrés par un autre républicain californien de premier plan, le sénateur Richard M. Nixon, qui avait pris la tête d'une fronde en faveur du général Dwight D. Eisenhower. Celui-ci avait été élu à la Maison-Blanche avec Nixon pour vice-président. Les rapports entre Warren et Nixon resteront à jamais envenimés. En 1960, Warren avait été ravi de voir Kennedy l'emporter sur Nixon.

Warren a toutefois des raisons d'être reconnaissant à Eisenhower, qui l'a nommé à la Cour suprême comme il en avait fait la promesse pour le récompenser de son soutien lors de la présidentielle[9]. Eisenhower dirait ensuite que cette décision avait été sa « plus grosse bêtise », commentaire qui ferait les choux gras de la presse[10]. Il avait été particulièrement irrité par les jugements de la Cour résolument favorables aux droits et aux libertés civiques, à commencer par celui rendu en 1954 dans l'affaire *Brown v. Bureau of Education*, qui avait mis fin à la ségrégation raciale dans les écoles publiques du pays.

Pour Warren, l'élection de Kennedy avait tout changé. Le nouveau président s'était efforcé de nouer avec lui d'authentiques liens d'amitié. Warren et son épouse, Nina, étaient régulièrement invités à la Maison-Blanche, où les Kennedy leur avaient présenté le gratin de Hollywood et Palm Beach. Warren, fils de cheminot élevé dans la ville poussiéreuse et brûlée par le soleil de Bakersfield, était sous le charme de la présence rayonnante de Kennedy.

L'estime du président allait bien au-delà de simples invitations à dîner. Kennedy ne manquait pas une occasion de dire combien il admirait Warren et les décisions de sa Cour. Celui-ci lui en savait gré, notamment dans le contexte des réactions enflammées, souvent haineuses, qui accueillaient systématiquement ses jugements progressistes. S'étant attiré la vindicte d'une partie du pays, il avait fini par s'habituer aux menaces de mort qui lui parvenaient régulièrement. Au moment de l'assassinat de Kennedy, une campagne réclamant sa destitution était en cours depuis plusieurs années dans l'ensemble du pays. A Dallas, le jour de l'attentat, les affiches et les autocollants « Destituez Earl Warren ! » sont partout.

Quelques heures après l'assassinat, Warren publie une déclaration où perce sa suspicion que le président a été abattu pour avoir osé, comme lui-même, se dresser contre le racisme et l'injustice : « Un bon, un grand président est devenu le martyr de la haine et de l'amertume que distillent les bigots dans la vie de notre nation[11]. » La déclaration précède l'annonce, plus tard dans la journée, de l'arrestation de Lee Harvey Oswald, un habitant de Dallas âgé de vingt-quatre ans, employé d'un dépôt de livres scolaires situé sur Dealey Plaza[12].

Dans l'après-midi, Warren apprend que le nouveau président, Lyndon Baines Johnson, est en route pour Washington à bord d'Air Force One ; l'avion présidentiel transporte également le cercueil de bronze où repose le corps de son prédécesseur. La Maison-Blanche l'a convié, ainsi que les dirigeants du Congrès et les membres du cabinet Kennedy, à accueillir le nouveau président à la base aérienne Andrews, dans le Maryland, à quelques kilomètres de Washington. Vers 18 heures, l'œil sombre, Warren et son épouse regardent atterrir l'avion d'où émerge Johnson, suivi de Jacqueline Kennedy. Warren écrira plus tard qu'il a été « déchiré de voir le nouveau président accablé et la veuve du président défunt, portant encore les vêtements maculés de sang qu'elle avait sur elle au moment où son mari s'était effondré sur ses genoux ». Au pied de l'avion, Warren regarde le cercueil descendre lentement par une des portes arrière de l'appareil.

Le lendemain matin, il est convié avec les autres juges de la Cour suprême à une présentation du corps à la Maison-Blanche. Au moment de repartir, Mme Warren, qui l'a accompagné, fond en larmes. Warren ne rentre pas avec elle. De la Maison-Blanche, il se rend à la Cour, où il passera l'essentiel de la journée « à attendre la suite des événements ». Washington est une ville morte. « Tous les bâtiments officiels étaient fermés, écrira-t-il. On aurait dit que le monde s'était arrêté. »

La peur se mêle à la tristesse ambiante. Le Pentagone et les installations militaires autour de Washington sont en état d'alerte maximale, on redoute que l'attentat ne soit l'œuvre de l'Union soviétique ou de Cuba – un acte de guerre qui pourrait être le prélude à une attaque nucléaire. Pour certains, dont Johnson, l'atmosphère tendue, presque apocalyptique, ressemble à celle qui régnait à peine un an plus tôt, lors de la crise des missiles.

La suite du week-end restera floue dans le souvenir de Warren. Il se rappellera être rentré chez lui le samedi soir, dans l'appartement qu'il occupe au Sheraton Park Hotel et y avoir passé quelques heures devant la télévision à « écouter les histoires et les rumeurs folles qui encombraient les ondes ». Comme des millions d'Américains, c'est la première fois qu'il vit une tragédie nationale sur le petit écran. Il trouve « insoutenable » de rester assis, hébété, à se gaver d'images en noir et blanc, toujours les mêmes, dont celle d'Oswald menotté. « Mais il n'y avait rien d'autre à faire. » Aux environs de 21 heures ce soir-là, le téléphone sonne[13]. En entendant la voix douce et grave de Mme Kennedy qui l'appelle de la Maison-Blanche, Warren ne peut réprimer un frémissement. Elle lui demande s'il accepterait de prononcer l'éloge de son mari dans la rotonde du Capitole, le lendemain après-midi. « Je suis resté sans voix, se souviendra Warren. J'ai évidemment accepté. »

Il s'empare alors d'un bloc-notes et tente de rédiger le premier jet de son hommage, mais renonce aussitôt. Trop fatigué, trop bouleversé, il est incapable d'aligner deux phrases. Il se couche vers minuit, espérant trouver l'inspiration le matin venu. Levé avant 7 heures, Warren se remet au travail ; il craint de ne pas finir à temps. La cérémonie est prévue à 13 heures. Vers 11 h 20, il n'a toujours pas fini quand sa fille Dorothy fait irruption.

« Papa, on vient de tuer Oswald ! »

Il s'agace. « Voyons, Dorothy, n'écoute pas toutes ces rumeurs aberrantes, tu vas y perdre la tête. »

« Mais papa, répond-elle, je l'ai vu de mes yeux ! »

Warren se rue sur son téléviseur, et voit à son tour Oswald, menotté, entouré de policiers, se faire tirer dessus par Jack Ruby, un gérant de boîte de nuit de Dallas. On ignore si Oswald survivra à ses blessures.

Malgré ce nouveau choc, Warren reprend son bloc-notes. Il lui reste moins d'une heure pour boucler son texte et le faire taper à la machine. Grâce au concours de policiers qui, l'ayant reconnu, lui ouvrent la voie dans les embouteillages, les Warren parviennent à l'heure au Capitole. Le *chief justice* est l'un des trois intervenants de la cérémonie ; les autres représentent les deux chambres du Congrès : le président de la Chambre, John W. McCormack, du Massachusetts, et le chef de la majorité au Sénat, Mike Mansfield, du Montana, tous deux démocrates.

Les trois éloges funèbres sont brefs. Celui de Warren est de loin le plus vibrant et, de toute évidence, le plus personnel.

« John Fitzgerald Kennedy – un bon, un grand président, l'ami de toutes les personnes de bonne volonté, un homme convaincu de la dignité et de l'égalité de tous les êtres humains, un combattant de la justice, un apôtre de la paix – nous a été enlevé par la balle d'un assassin, commence-t-il. Peut-être ne saurons-nous jamais ce qui a pu inciter ce misérable égaré à commettre cet acte horrible, mais nous savons en revanche que les actes de ce type se nourrissent des forces de haine et de malveillance qui empoisonnent les cœurs des Américains. Voyez le prix dont nous payons un tel fanatisme[14] !

« Si nous aimons vraiment ce pays, si nous aimons vraiment la justice et la clémence, si nous souhaitons ardemment rendre cette nation meilleure pour ceux qui nous succéderont, le moins que nous puissions faire, c'est refuser la haine qui consume les individus. Est-ce trop espérer que le martyre de notre président bien-aimé adoucisse le cœur de ceux qui, sans aller jusqu'à l'assassinat, n'hésitent pas à répandre le venin qui en attise la pensée chez d'autres ? »

Warren est fier de son oraison, qu'il publiera dans ses Mémoires, mais pour certains, cet éloge passionné, inconditionnel de Kennedy n'a pas sa place dans la bouche d'un président de la Cour suprême, censé se placer au-dessus des partis. Aurait-il prononcé un tel éloge pour Eisenhower ? Probablement pas.

Robert Kennedy confiera plus tard à des amis qu'il n'a pas non plus apprécié le ton de Warren[15] : « Il était déplacé de parler de haine. » D'autres à Washington s'en offusquent encore plus. L'évocation des « forces de haine et de malveillance » et leur « venin » est ressentie comme une attaque par nombre d'adversaires de Kennedy au Congrès, notamment les ségrégationnistes sudistes qui se sont opposés à la législation sur les droits civiques. Leur irritation ne fait que croître lorsqu'il est établi que Lee Harvey Oswald est issu d'une mouvance politique aux antipodes de la leur. Si les premières informations qui circulent sont justes, Oswald était un marxiste qui avait fait défection pour aller vivre en Russie, un admirateur déclaré de Fidel Castro.

Le sénateur Richard Brevard Russell Jr., le démocrate géorgien qui préside la commission des forces armées, unanimement considéré comme un des hommes les plus puissants du Sénat, confie à certains collègues que l'éloge de Warren l'a fait grincer des dents[16]. Russell, certainement le plus brillant tacticien de sa génération en matière législative, est un ségrégationniste convaincu. Il a pour habitude de consigner ses pensées dans un tout petit carnet qu'il conserve dans la poche de son veston ; ces carnets sont ensuite rassemblés par sa secrétaire et classés. Dans l'une de ces notes, Russell qualifie l'éloge de Warren d'« acte d'accusation contre le Sud ».

La simple mention de son nom suffit à faire sortir Russell de ses gonds. Cela a commencé en 1954 avec l'affaire *Brown v. Bureau of Education*, que Russell a interprétée comme le premier acte d'une campagne de sape de ce qu'il appelle « le mode de vie sudiste ». Mais ses sentiments à l'égard du président défunt sont très différents. Quels qu'aient été leurs désaccords concernant les droits civiques, il a toujours eu de l'estime pour Kennedy. Certains journalistes se souviendront de l'avoir vu, le jour de l'assassinat, dans un hall du rez-de-chaussée du Sénat, penché au-dessus des télex d'Associated Press et de United Press International[17]. Les joues ruisselantes de larmes, Russell lisait tout haut les dépêches de Dallas à l'intention de ses collègues.

Si Russell, âgé de soixante-six ans, peut trouver quelque motif de réconfort ce jour-là, c'est dans le fait que l'homme qui occupera désormais le Bureau ovale compte parmi ses plus proches amis[18]. Pendant les années qu'ils ont passées ensemble au Sénat, Lyndon Johnson a été le plus dévoué de ses protégés. Le nouveau président appelle Russell « le vieux maître », et il le traite à la façon d'un oncle bienveillant. Il lui doit en grande partie sa carrière au Congrès. Une fois devenu chef de la majorité au Sénat, il s'est souvent rangé à ses côtés pour s'opposer aux grandes lois sur les droits civiques.

Bien vite, toutefois, Russell aura des motifs d'amertume à l'endroit de son ancien protégé. L'un des premiers actes présidentiels de Johnson sera de convaincre – ou plutôt de contraindre – son vieux collègue du Sénat de collaborer avec l'homme qu'il méprise plus que tout autre : Earl Warren.

Domicile de Robert Kennedy,
attorney general *des Etats-Unis d'Amérique*
McLean, Virginie
Vendredi 22 novembre 1963

A trente-huit ans, Robert Kennedy s'est fait un nombre impressionnant d'ennemis puissants. Ironie du destin, c'est l'un d'eux – le directeur du FBI, J. Edgar Hoover – qui lui apprend la nouvelle de l'assassinat de son frère[19].

Dès que l'antenne du FBI à Dallas l'informe de ce qui s'est passé à Dealey Plaza[20], Hoover demande à être mis en relation avec Hickory Hill, la luxueuse propriété de Kennedy dans les environs de Washington. C'est Ethel Kennedy, l'épouse de l'*attorney general*, qui répond. Son mari déjeune dans le patio avec Robert Morgenthau, *district attorney* à Manhattan. Les deux hommes discutent de la guerre contre le crime organisé. Il fait chaud pour un mois de novembre – l'*attorney general* a même piqué une tête dans la piscine pendant que Morgenthau bavardait avec Ethel.

Ethel tend le combiné blanc à son mari. « C'est Hoover. »

Kennedy se doute que c'est important : Hoover ne l'appelle jamais chez lui.

« J'ai de mauvaises nouvelles, dit Hoover. On a tiré sur le président. » Selon Hoover, les blessures du président sont graves, il rappellera dès qu'il en saura davantage.

Kennedy n'oubliera jamais le ton glacial de Hoover, qui lui annonce la chose comme s'il s'agissait d'une affaire quelconque[21].

Kennedy dira que Hoover « aurait été plus ému si on avait déniché un communiste à Howard* ».

Morgenthau gardera le souvenir d'un Kennedy horrifié, inconsolable, sombrant dans un chagrin absolu. Après avoir raccroché, il s'effondre dans les bras de sa femme, la main sur la bouche, comme pour étouffer un hurlement.

Ethel conduit son mari à l'étage, dans leur chambre, pour qu'il y attende une confirmation du Texas. Elle installe Morgenthau devant un téléviseur au rez-de-chaussée.

L'après-midi même, les plus proches collaborateurs du président défunt se présentent à Hickory Hill. Vers 14 heures (heure de Washington), une fois le décès annoncé, Robert Kennedy émerge de la chambre à coucher et descend l'escalier. Il salue un à un les conseillers et amis, reçoit leurs condoléances et les remercie en retour. A l'oreille de certains, il glisse des mots qui trahissent un lourd sentiment de culpabilité, comme s'il s'estimait d'une certaine façon responsable[22]. Il semble croire qu'un puissant ennemi du gouvernement Kennedy – et plus particulièrement du département de la Justice qu'il dirige – se cache derrière l'assassinat. « Il y a eu tant de haine, lâche-t-il à Ed Guthman, le porte-parole du département, l'un de ses plus proches collaborateurs. Je me doutais bien qu'ils finiraient par avoir l'un de nous. Mais je pensais que ce serait moi. » Plus tard, Guthman dira que Kennedy n'a pas précisé à qui il pensait[23].

Kennedy se confiera à une poignée d'amis. Dans un premier temps il craint que l'assassinat ne soit l'œuvre de la CIA. L'idée peut paraître absurde, mais il sait qu'au sein de l'Agence certains n'ont jamais pardonné à son frère l'affaire de la baie des Cochons. Le fiasco de 1961 a été provoqué par l'incompétence de la CIA, mais les anciens de l'Agence n'ont pas digéré la décision présidentielle de ne pas utiliser l'aviation quand l'opération a mal tourné. A la suite de cette débâcle, Kennedy a mis fin aux fonctions du directeur de l'Agence, Allen Dulles, et juré devant l'un de ses assistants qu'il « briserait la CIA en mille morceaux et qu'il les jetterait aux quatre vents[24] ».

* A l'instigation de Hoover, le FBI traque depuis des années les communistes au sein des principales universités américaines ; quelques-uns ont été débusqués à Howard, l'université noire de la capitale des Etats-Unis.

Dans l'heure qui suit l'attentat, Robert Kennedy téléphone à la CIA et convoque sur-le-champ à Hickory Hill John McCone, l'ancien industriel californien qui a succédé à Dulles. Lorsque McCone arrive, Kennedy fait quelques pas sur la pelouse avec lui. McCone lui offre ses condoléances, mais est stupéfait lorsque l'*attorney general* lui demande si la CIA a tué le président.

« J'ai demandé à McCone s'ils avaient tué mon frère, et je lui ai posé la question de façon qu'il ne puisse me mentir », se souviendra Kennedy[25].

McCone lui assure que l'Agence n'y est pour rien, il le jure sur sa foi – de catholique à catholique.

Kennedy accepte les dénégations de McCone. Mais si la CIA n'a pas tué le président, alors qui ? La liste des ennemis de Robert Kennedy est plus longue que celle de son frère, et beaucoup auraient eu les moyens d'envoyer un assassin au Texas. L'attentat n'a requis ni planification sophistiquée ni tireur exceptionnel – cela, au moins, est établi. Les premiers rapports suggèrent que son frère et Connally, le gouverneur du Texas, grièvement blessé dans la limousine présidentielle, étaient des cibles faciles car le cortège avançait au ralenti.

La Mafia ? Robert Kennedy en a fait une de ses cibles privilégiées – d'abord en tant que parlementaire, ensuite en tant qu'*attorney general*. Le coup a pu être commandité par un syndicaliste corrompu comme Jimmy Hoffa, le patron du syndicat des camionneurs, réputé pour ses méthodes de voyou et visé lui aussi par Robert Kennedy. Ou alors des sudistes rendus furieux par la politique en faveur des droits civiques.

Le président peut aussi avoir été victime d'un complot ourdi à l'étranger. Au cours des premières heures, rien de ce que dit Robert Kennedy ne laisse penser qu'il soupçonne l'Union soviétique ; Moscou sait bien que la nouvelle administration, quelle qu'elle soit, ne changera pas de politique à son égard. Cuba, en revanche, fait un suspect plus crédible. Pendant la crise des missiles, on a frôlé la guerre nucléaire. Et Robert Kennedy sait parfaitement, peut-être même mieux que son frère, que Fidel Castro avait de bonnes raisons de souhaiter la mort de John Kennedy.

Au lieu de laisser d'autres mener l'enquête, et pressentant peut-être le risque politique que poserait une investigation indépendante, Kennedy lance cet après-midi-là ses propres recherches[26]. Il appelle tout un réseau d'amis et d'alliés politiques à travers le pays ; après leur avoir fait promettre de garder le secret sur leur entretien, il leur demande de l'aider à faire la lumière sur l'assassinat de son frère. Il demande ainsi à Walter Sheridan, fidèle limier du département de la Justice, spécialiste du monde syndical, d'étudier une possible implication de Hoffa. Et il demande à Julius Draznin, éminent avocat de Chicago qui connaît du monde chez Cosa Nostra, de chercher à savoir si l'attentat a été commandité par la Mafia.

Dès le départ, Robert Kennedy ne semble pas vouloir se satisfaire de l'idée que Lee Harvey Oswald a agi de son propre chef.

CHAPITRE 3

Hôpital Parkland Memorial
Dallas, Texas
Washington
Vendredi 22 novembre 1963

Lyndon Johnson a le don de flairer les conspirations. Cela s'est souvent avéré utile dans la carrière politique qui l'a conduit du Texas à Washington, et à présent, dans des circonstances tragiques, jusqu'au Bureau ovale. Ce Texan méfiant de cinquante-cinq ans à l'ambition dévorante a des yeux dans le dos ; malheur aux téméraires qui conspirent contre lui. Johnson ne reculera devant rien pour les punir – le mensonge n'étant qu'un moindre recours. Il démasque toujours les complots et cela explique la paranoïa et le pessimisme qui sont sa marque de fabrique, même s'il ne le montre que très rarement en public. Ses trois années de vice-présidence n'ont pas manqué d'humiliations, mais il cache son ressentiment sous plusieurs couches d'un personnage que certains conseillers de Kennedy appellent avec une certaine cruauté « Tonton Péquenot » – le Texan mal dégrossi, qui chique du tabac, à mille lieues de la sophistication de la Nouvelle-Angleterre[1].

Son instinct politique ne voit pas toujours juste. A Dallas, dans la panique de ses premières minutes en tant que trente-sixième président des Etats-Unis, il est convaincu que l'assassinat de son prédécesseur est le signal de départ d'un complot communiste fomenté à l'étranger[2]. Son mandat se réduira-t-il à appuyer sur le bouton qui déclenchera l'apocalypse nucléaire ? Combien de temps avant les missiles ? se demande-t-il. « Je me disais, à qui le tour après le président ? »

Johnson pense qu'il est dans la ligne de mire. Sa propre limousine décapotable se trouvait deux voitures derrière celle du président. Une balle perdue aurait pu les atteindre, lui et Lady Bird, son épouse. D'ailleurs, son ami intime et protégé, John Connally, qui se trouvait dans la limousine, est grièvement blessé. Pendant quelques heures, on a cru qu'il ne survivrait pas à la balle de 6,5 mm qui l'a transpercé.

L'un des premiers ordres présidentiels de Johnson vise spécifiquement à protéger sa personne d'un nouvel attentat[3]. Une fois Kennedy déclaré mort, vers 13 heures, Johnson ordonne à Malcolm Kilduff, secrétaire de la Maison-Blanche, également du voyage, de ne pas livrer l'information à la presse tant que le nouveau couple présidentiel ne sera pas à bord d'Air Force One. Johnson redoute que le tueur ne rôde encore à sa recherche. « Nous ignorons s'il s'agit d'une conspiration communiste », dit-il à Kilduff. Les assassins sont peut-être « à mes trousses après avoir traqué le président Kennedy – nous n'en savons rien ».

Après avoir traversé Dallas à tombeau ouvert dans une voiture banalisée pour ne pas attirer l'attention, le nouveau président monte à bord d'Air Force One vers 13 h 40, heure de Dallas (il est une heure plus tard à Washington). Soixante-dix minutes se sont écoulées depuis les coups de feu à Dealey Plaza. Les agents du Secret Service « se sont rués à l'intérieur devant nous et ont fermé les volets et verrouillé les portes après notre passage », racontera Johnson[4].

Il éprouve un soulagement certain dès qu'il retrouve les attributs familiers du pouvoir, notamment les appareils de communication qui lui permettent de joindre n'importe qui dans le monde. Comme toujours, la simple présence d'un téléphone réconforte Johnson. Peu de politiciens passent autant de temps que lui au téléphone ; entre ses mains, le combiné est tour à tour instrument de séduction politique ou arme. Pendant ses années de présidence, nombre de ses conversations seront enregistrées et retranscrites – presque toujours à l'insu de ses interlocuteurs.

Alors que les agents du Secret Service le pressent de décoller, Johnson refuse de partir sans Jacqueline Kennedy[5]. Celle-ci ne veut pas quitter l'hôpital sans le corps de son mari, ce qui donne lieu à des tensions entre le Secret Service et le médecin légiste. (Celui-ci insiste pour que le corps reste en ville pour l'autopsie, comme l'exigent les lois du Texas ; les agents finissent par le bousculer, littéralement.) Les Johnson attendent trente-cinq minutes dans la plus grande tension que le corbillard transportant Mme Kennedy et le cercueil se rangent enfin sur le tarmac, à côté du Boeing.

Juste avant le décollage, un juge fédéral de Dallas, Sarah Hughes, une amie des Johnson qui lui doit son poste, monte à bord pour la cérémonie d'investiture. Johnson prête serment aux côtés d'une Mme Kennedy pétrifiée par la douleur. Le photographe de la Maison-Blanche immortalise la scène et a à peine le temps de descendre de l'avion avant la fermeture des portes ; il doit remettre au plus vite la photo à l'Associated Press et à d'autres agences pour montrer à la terre entière que la passation des pouvoirs a bien eu lieu[6]. Quelques instants plus tard, l'appareil file sur la piste et, selon le souvenir des passagers, s'envole quasiment à la verticale. Deux heures et onze minutes plus tard, il atterrit à la base aérienne Andrews, dans le Maryland.

Dans la soirée, alors que Jacqueline et Robert Kennedy attendent la fin de l'autopsie à l'hôpital naval de Bethesda, Johnson s'emploie déjà avec détermination à prendre les commandes du pays. Ses conseillers sont impressionnés par l'aisance dont il fait preuve pendant ces premières heures d'exercice du pouvoir. Après les sept minutes d'hélicoptère séparant l'aéroport de la Maison-Blanche, il fait un passage éclair dans le Bureau ovale, estimant sans doute qu'il serait mal vu de s'y installer tout de suite[7]. Il traverse ensuite une rue barrée pour gagner les bureaux de la vice-présidence d'où il passe une longue série d'appels téléphoniques.

Il y reçoit aussi le briefing militaire du secrétaire à la Défense Robert McNamara. Les premières informations sont rassurantes. On n'a détecté aucun signe de mouvement de troupes en Union soviétique ni chez aucun adversaire étranger, mais l'armée américaine reste en état d'alerte jusqu'à nouvel ordre.

Les nouvelles de Dallas sont moins bonnes. Rien ne démontre qu'Oswald avait des complices, mais le FBI et la CIA connaissent certains détails troublants de son passé, notamment le fait que quatre ans plus tôt il ait voulu émigrer en Union soviétique et renoncer à sa citoyenneté américaine. Depuis son retour, en 1962, le FBI surveille le couple Oswald. La CIA a elle aussi surveillé Oswald de près lors d'un voyage à Mexico en septembre ; le motif du séjour n'a pas été éclairci.

Très vite, Johnson annonce qu'il poursuivra la politique de l'administration Kennedy et qu'il entend conserver le cabinet au complet ; il tient à ce que chacun sache que son poste n'est pas menacé. Johnson ne cesse de répéter la même formule : « J'ai besoin de vous, plus encore que le président Kennedy[8]. »

Pendant ses premières heures de présidence, Johnson multiplie les efforts pour réconforter Robert Kennedy – et sollicite ses conseils. Mais s'il espère que le choc de Dallas améliorera leurs rapports, il se trompe. L'*attorney general* déteste Johnson depuis toujours, et cela ne changera pas, même s'il accepte de rester à son poste. A la différence de son frère aîné, toujours d'humeur égale, toujours disposé à faire la paix avec ses anciens adversaires, Robert Kennedy a la rancœur tenace, à la limite de l'irrationalité. Il semble même puiser des forces dans l'affrontement avec des hommes de la trempe de Jimmy Hoffa, J. Edgar Hoover ou Johnson. En privé, il dit que ce dernier est un être « méchant, amer, dépourvu de scrupules – un animal à bien des égards[9] ». Il est consterné que Johnson – un homme « incapable de parler vrai » – succède à son frère.

Vers 19 heures, Johnson appelle J. Edgar Hoover. Rien d'étonnant à cela : le directeur du FBI détient forcément les dernières informations concernant l'enquête. Mais ce n'est pas la seule raison – Johnson ne manque pas de lui rappeler leur vieille amitié. On l'oubliera par la suite, mais en novembre 1963, la carrière politique de Johnson est menacée par une enquête sur une affaire de corruption impliquant un lobbyiste de Washington qui a fait partie de ses proches au Sénat. Certains volets de cette enquête dépendent du FBI.

Bobby Baker, le lobbyiste en question, est surnommé « Little Lyndon ». On l'accuse d'avoir soudoyé certains législateurs et tenu un prétendu club – le « Quorum Club » – qui servait de façade à un réseau de prostitution pour membres du Congrès et de la Maison-Blanche. Le scandale menace aussi bien le président défunt que Johnson. Les activités extraconjugales de Kennedy sont connues de Hoover, qui surveille de près l'enquête, selon laquelle Baker aurait tenté d'arranger une liaison entre Kennedy et une belle Allemande de l'Est dont il se murmure qu'elle est une espionne communiste.

Une semaine plus tôt, Baker a livré certains secrets à la plume la plus célèbre, la plus crapoteuse et aussi la plus redoutée de Washington, Andrew « Drew » Pearson. La chronique que tient ce dernier dans plusieurs journaux – « The Washington Merry-Go-Round » (Le manège de Washington) – mêle scoops politiques sérieux et ragots salaces (souvent infondés) à propos des puissants. Pearson dispose d'informateurs dans tous les milieux, y compris les plus hautes sphères de l'Etat, conseillers de la Maison-Blanche et membres du cabinet compris. Certains lui fournissent des informations parce qu'ils le craignent ; d'autres parce qu'ils apprécient son combat contre la corruption et l'hypocrisie de la capitale. A son crédit, Pearson a très vite critiqué le sénateur Joseph McCarthy.

Parmi les admirateurs de Pearson se trouve Earl Warren, qui est en fait l'un de ses meilleurs amis – amitié dont le chroniqueur ne se prive pas de faire étalage dans ses papiers. Chaque fois que Warren a été critiqué en raison des décisions de la Cour suprême en matière de droits civiques et de libertés individuelles, Pearson a pris sa défense. Les deux hommes sont proches au point de passer leurs vacances ensemble. En septembre, Pearson a raconté sa croisière estivale en Méditerranée à bord d'un yacht en compagnie de Warren et de son épouse. Comme Pearson travaille toujours, même en vacances, Warren a eu l'occasion d'assister à ses entretiens avec Khrouchtchev, puis avec le maréchal Tito.

L'après-midi du jeudi 21 novembre, moins de vingt-quatre heures avant l'attentat, Pearson a rencontré Bobby Baker à Washington[10]. Au cours de ce premier entretien, le lobbyiste a déballé son linge sale. « Bobby confirme que le président a eu des liaisons avec beaucoup de femmes », écrira Pearson dans son journal intime. L'une de ces femmes – une collaboratrice de premier plan de Jacqueline Kennedy – « a fait poser des micros sous son lit par la propriétaire de son appartement pour les soirs où Jack dormait avec elle », écrit encore le chroniqueur.

Johnson aussi est dans son collimateur. Dans la colonne censée paraître ce dimanche-là – le 24 novembre –, Pearson dénonce ses liens financiers avec le lobbyiste. Dans son journal intime, il annonce « un papier particulièrement explosif » sur une possible affaire de corruption concernant un contrat de 7 milliards de dollars confié à une société texane, General Dynamics, dans laquelle Baker et Johnson auraient trempé.

S'il veut survivre au scandale Baker et à tout ce que peuvent contenir les cahiers de Pearson, Johnson sait pertinemment – et ce depuis avant la mort de Kennedy – qu'il a besoin de l'aide de Hoover.

Johnson et Hoover sont bons amis, du moins si l'on s'en tient aux canons cyniques de l'amitié politique à Washington. Depuis le début de sa carrière, le premier n'a cessé de courtiser le second ; mieux que personne à Washington, il sait ce que représente son soutien. Aux yeux de millions d'Américains, Hoover est l'incarnation de l'ordre public ; les sondages montrent qu'il demeure l'un des hommes les plus appréciés du pays, plus que la plupart des présidents qu'il a servis.

En outre, Johnson est parfaitement conscient du danger que représente Hoover pour tout politicien qui a quelque chose à cacher. Il sait que ce vieux crocodile de soixante-huit ans connaît les secrets des personnages publics – politiques, financiers, sexuels – et fait toujours planer la menace de leur révélation, par calcul ou par caprice.

Au fil des ans, les efforts de Johnson pour s'attirer l'amitié de Hoover ont frôlé la flagornerie, à un point parfois comique. En 1942, il a acheté une demeure située dans le même pâté de maisons que celle de Hoover – pure coïncidence, selon lui – dans le quartier huppé de Forest Hills[11]. Les deux hommes ont été voisins pendant près de vingt ans. Hoover a vu grandir les deux filles de Johnson, et il lui est même souvent arrivé de se joindre à la famille pour le petit déjeuner dominical. « Nous étions voisins – je sais qu'il aimait mon chien », dira Johnson.

Cet amour partagé des chiens restera l'un des grands axes de l'amitié du président et de Hoover. Quand l'un des beagles de Johnson mourra, en 1966, Hoover lui en offrira un autre. Et le président nommera ce nouveau compagnon « J. Edgar[12] ».

En mai 1964, six mois après avoir été propulsé à la présidence, alors que Hoover est sur le point d'être atteint par la limite d'âge, Johnson signera un ordre exécutif l'autorisant à ne pas prendre sa retraite. « La nation ne peut se passer de vous », dira le président. Les motifs de Johnson pour conserver Hoover à son poste ne sont pas purement patriotiques, admettra-t-il en privé : « Mieux vaut l'avoir à l'intérieur de la tente en train de pisser vers l'extérieur que l'inverse[13]. »

Lors de leurs conversations dans les semaines suivant l'assassinat, Johnson assure Hoover – encore et encore, jusqu'à l'obsession – de son amitié. « Vous êtes bien plus que le chef du FBI, lui déclare-t-il au téléphone fin novembre. Vous êtes mon frère et mon ami personnel, et vous l'êtes depuis vingt-cinq ou trente ans... J'ai plus confiance en votre jugement qu'en celui de n'importe qui d'autre[14]. »

Le jour de l'assassinat, Johnson regagne son domicile tard dans la nuit. Il dort un peu – moins de quatre heures, se souviendra-t-il – avant de retourner à la Maison-Blanche, le lendemain matin. Cette fois, il prend possession du Bureau ovale – ce qui ne manque pas de scandaliser Robert Kennedy, qui trouve cela prématuré. Johnson demande à la secrétaire du président Kennedy, Evelyn Lincoln, d'évacuer les lieux dans la demi-heure pour que son propre secrétariat puisse les investir. Mme Lincoln, en larmes, obtempère[15].

Vers 9 h 15 ce samedi matin, Johnson reçoit le directeur de la CIA, John McCone, qui dans son compte rendu fait état de nouvelles alarmantes : à Mexico, Oswald a été en contact avec des diplomates des ambassades soviétique et cubaine. En fin de journée, McCone appellera Dean Rusk, le secrétaire d'Etat, pour l'alerter de la situation à Mexico, et notamment des possibles retombées diplomatiques de l'arrestation, à la demande de la CIA, d'une certaine Silvia Duran, une jeune employée mexicaine du consulat cubain, qui a rencontré Oswald.

Vers 10 heures du matin, Johnson s'entretient de nouveau avec Hoover, et leur conversation est cette fois enregistrée par le dispositif du Bureau ovale qu'employait aussi Kennedy pendant sa présidence[16]. Pour des raisons que n'éclairciront pas les Archives nationales lorsqu'elles dresseront plus tard l'inventaire de ces enregistrements, la bande a été effacée, il n'en reste aujourd'hui qu'une transcription officielle.

Au moment de décrocher le combiné, Johnson pense forcément que Hoover dispose de toutes les informations disponibles concernant l'assassinat. En vérité, la retranscription de cet appel, publiée des années plus tard, révèle que le compte rendu de Hoover n'est qu'un ramassis d'inexactitudes. Beaucoup de ses adjoints le savent bien : le directeur du FBI n'est jamais aussi bien informé qu'il prétend l'être, il se donne rarement la peine de prendre connaissance de tous les faits, mais personne ou presque n'a le courage de le corriger. Hoover tient si fort à son image d'omniscience qu'il recourt souvent à des spéculations et des demi-vérités. Il semble absolument incapable de dire « je ne sais pas ».

« Je voulais juste vous informer d'un fait qui me paraît extrêmement important dans cette affaire », commence Hoover. « Cet homme, à Dallas » – Oswald – a été inculpé dans la nuit de l'assassinat du président, mais « les éléments dont on dispose à cette heure ne sont pas très, très solides. » Et d'ajouter : « En l'état actuel, le dossier n'est pas assez solide pour obtenir une condamnation. »

Pas assez solide pour une condamnation ? C'est la première contrevérité prononcée par Hoover, qui semble vouloir ainsi inciter Johnson à croire que – quelle que soit la vérité – on ne peut pas compter sur la police de Dallas pour mener l'enquête sans le FBI. Or la police de Dallas et le FBI possèdent déjà largement de quoi prouver la culpabilité d'Oswald. Ce dernier est en garde à vúe, et plusieurs témoins sont en mesure de l'identifier comme étant vraisemblablement l'homme armé d'un fusil que l'on a aperçu à la fenêtre du Texas School Book Depository, et certainement en tout cas comme ayant été présent sur les lieux du meurtre d'un policier peu après l'assassinat du président. Le fusil de fabrication italienne identifié comme l'arme du crime – acheté par correspondance auprès d'une armurerie de Chicago par un certain « A. Hidell », pseudonyme souvent employé par Oswald, notamment pour ouvrir une boîte postale à Dallas – a été retrouvé au Texas School Book Depository. En outre, au moment de son arrestation, Oswald avait sur lui un pistolet également acquis par « A. Hidell » auprès du même armurier. Selon les premiers indices, c'est ce pistolet qui a servi à tuer le policier, J. D. Tippit. Dans le portefeuille d'Oswald, on a trouvé une fausse carte d'identité au nom de « A. Hidell », ornée de la photo d'Oswald.

Hoover dit à Johnson – et pour une fois, c'est vrai – que le fusil acheté par correspondance l'a été au moyen d'un mandat de 21 dollars : « Quand on pense qu'il suffit de 21 dollars pour tuer le président des Etats-Unis... » Puis il enchaîne plusieurs affirmations inexactes. Il dit à Johnson qu'on a trouvé les documents au nom de Hidell « dans la maison où il vit – celle de sa mère » (faux : Oswald n'a pas vu sa mère depuis plus d'un an). Le fusil, dit Hoover, a été « retrouvé au cinquième étage du bâtiment d'où sont partis les coups de feu » (exact), mais « les balles ont été tirées depuis le quatrième étage (faux), et on a retrouvé trois douilles par terre » (faux). Il dit aussi qu'après l'assassinat, Oswald s'est enfui jusqu'à un cinéma à l'autre bout de la ville « où il a échangé des coups de feu avec l'agent de police » avant de se faire arrêter (faux : Tippit a été abattu à plusieurs rues du cinéma).

Johnson demande : « Que sait-on concernant sa visite à l'ambassade soviétique de Mexico en septembre ? »

La réponse de Hoover, lorsqu'elle sera rendue publique des années plus tard, suscitera une avalanche de théories conspirationnistes. A l'instant où il parle, les éléments transmis par la CIA dont dispose Hoover sont encore fragmentaires et contradictoires. Cela ne l'empêche pas d'affirmer au président que quelqu'un s'est fait passer pour Oswald à Mexico, avant de suggérer qu'Oswald avait peut-être un complice. Hoover dit que le voyage à Mexico est « extrêmement confus pour une raison précise : nous avons ici l'enregistrement et la photographie de l'homme qui s'est présenté à l'ambassade soviétique sous le nom d'Oswald ». Hoover fait référence à une photo prise par une caméra de surveillance de la CIA où l'on voit un homme – la CIA avouera s'être trompée en le prenant pour Oswald – devant l'ambassade soviétique de Mexico. « Sur cette photo et sur l'enregistrement, la voix de l'homme et son apparence ne correspondent pas. Autrement dit, il semble qu'une deuxième personne se soit présentée à l'ambassade soviétique. » A partir d'informations dont il aurait dû savoir qu'elles étaient très fragmentaires, Hoover laisse entendre au président qu'il y a eu une conspiration pour tuer Kennedy impliquant un double d'Oswald qui a été vu dans une importante ambassade soviétique et qui a parlé avec des agents soviétiques.

Hoover se trompe peut-être souvent, mais pas sur un point : on ne peut pas faire confiance à la police de Dallas. Le lendemain – dimanche 24 novembre –, une succession de fautes graves rend possible l'assassinat d'Oswald au moment de son transfert du commissariat central vers la prison du comté. Une foule de journalistes, de photographes et d'équipes de télévision se pressent dans le parking souterrain. Le FBI et la police ont reçu des menaces de mort, mais les mesures de sécurité sont tellement insuffisantes que Jack Ruby parvient à se faufiler parmi les journalistes, armé d'un revolver Colt Cobra de calibre 38. Il tire sur Oswald presque à bout portant, sous l'œil des caméras qui diffusent la scène en direct.

Oswald est emmené à l'hôpital Parkland, dans la salle des urgences où le président Kennedy est mort deux jours plus tôt. A 13 h 07, il est déclaré mort.

Parmi les dizaines de millions d'Américains qui assistent ce jour-là à l'exécution en direct d'Oswald se trouve le doyen de la faculté de droit de Yale, Eugene Rostow, un démocrate influent dont le frère, Walt, a été le conseiller de Kennedy à la sécurité nationale[17]. Rostow se dit qu'il se doit d'intervenir. Il comprend – immédiatement, dira-t-il – que l'assassinat d'Oswald va saper la confiance de l'opinion dans l'Etat, peut-être pour plusieurs générations. Le public, se dit-il, sera privé de la « catharsis et de la protection émotionnelle » d'un procès qui aurait permis de répondre aux questions concernant la culpabilité d'Oswald et à celle, cruciale, d'éventuelles complicités. Déjà les présentateurs avancent qu'on a peut-être tué Oswald pour l'empêcher de parler.

Peu avant 15 heures, Rostow appelle la Maison-Blanche et demande à parler à Bill Moyers, ex-pasteur texan de vingt-neuf ans qui est entré en politique et deviendra l'un des plus proches conseillers de Johnson. Rostow invite Moyers à convaincre le président de la nécessité de mettre en place une commission aux pouvoirs étendus pour faire la lumière sur « tout ce qui a trait à l'assassinat du président ». Dans l'enregistrement de la conversation, Rostow ne fait référence à Oswald que par l'expression « ce salopard ».

« Dans la situation actuelle, maintenant que ce salopard a été tué, je suggère qu'on désigne très vite une commission de citoyens éminents, bipartisane, au-dessus des clivages politiques – faisant appel non pas à des juges de la Cour suprême mais à des personnalités comme Tom Dewey », dit Rostow, citant le nom de l'ancien gouverneur républicain de New York. Il suggère de désigner l'ancien vice-président Richard Nixon. Selon Rostow, il faut constituer « une commission de sept ou neuf membres – dont peut-être Nixon, je ne sais pas ».

Rostow dit à Moyers que la création d'une commission est peut-être le seul moyen de convaincre le public de la vérité sur ce qui s'est produit. « Parce que l'opinion, mondiale et américaine, est à présent tellement désorientée par le comportement de la police de Dallas qu'elle ne croit plus à rien. » Moyers exprime son accord avec Rostow et promet de transmettre la suggestion au président.

Dans un premier temps, Johnson rejette l'idée ; son instinct lui dit qu'il faut laisser faire le Texas. (La Maison-Blanche et le département de la Justice ont été sidérés d'apprendre que l'assassinat d'un président ne constitue pas, à cette époque, un crime fédéral. Si Oswald était en vie, son procès se déroulerait selon la loi texane.) Johnson semble plus confiant que ses conseillers dans la capacité des forces de l'ordre de son Etat. Il confie à un ami qu'il n'aime pas l'idée de « parachuter » des individus depuis Washington pour trouver le coupable d'un assassinat survenu dans les rues de Dallas[18].

Au bout de quatre jours, Johnson finit par changer d'avis. Les théories conspirationnistes commencent à se répandre et il le sait. Il écrira plus tard qu'une fois Oswald mort « l'indignation de la nation a viré au scepticisme et au doute... L'atmosphère était empoisonnée, il fallait l'assainir[19] ». Il finit par adopter l'idée d'une commission sur le modèle proposé par Rostow, à une importante différence près. Rostow est persuadé qu'aucun juge de la Cour suprême ne doit y être mêlé ; chaque fois que ses membres ont pris part à des enquêtes externes, la réputation de la Cour en a pâti. Johnson, lui, pense qu'un seul homme peut présider cette commission : le *chief justice* lui-même, Earl Warren.

« Il fallait que la commission soit bipartisane, et j'ai senti qu'elle devait être conduite par un républicain dont la compétence et l'impartialité en matière judiciaire seraient indiscutables », écrira Johnson. Il connaît mal Warren, mais il sait que c'est un républicain respecté, voire apprécié, par bon nombre de démocrates, ainsi que par la presse de Washington, et notamment Drew Pearson, plus puissant et menaçant que jamais. « Je n'étais pas un intime du président de la Cour suprême, écrira Johnson. Nous n'avions jamais passé dix minutes en tête à tête, mais il incarnait à mes yeux la justice et l'impartialité. »

CHAPITRE 4

Commissariat central de Dallas
Dallas, Texas
Samedi 23 novembre 1963

Un de ses enfants est accusé d'avoir tué le président des Etats-Unis, mais ce qui frappe avant tout les journalistes et les policiers qui rencontrent Marguerite Oswald dans les heures suivant l'arrestation de Lee Harvey Oswald, c'est qu'elle n'est ni en état de choc, ni affligée. Elle est excitée. Le fait d'avoir un rôle à jouer dans ce grand drame national semble la galvaniser.

Dans un premier temps, il est sans doute difficile pour les journalistes dépêchés à Dallas d'insinuer que cette aide-soignante de cinquante-six ans se réjouit de sa situation. D'un seul coup elle a accédé à la notoriété mondiale et cherche à vendre l'histoire de son fils au plus offrant. On perçoit bien chez elle des moments de réelle angoisse : parfois, le plus souvent devant les caméras, Mme Oswald fond en larmes à la première question sur son fils ou sur sa propre situation. Relevant alors ses épaisses lunettes pour se tamponner les yeux, elle se tapote doucement la tête pour s'assurer qu'aucune mèche ne s'échappe de son chignon.

N'empêche, si elle ne prend pas littéralement plaisir à l'attention qu'on lui porte, Mme Oswald s'électrise à l'idée que bientôt son nom sera connu partout. On verra sa photo et on s'en souviendra. Comme son cadet, elle meurt d'envie de laisser sa marque, elle veut qu'on s'intéresse à elle. « Je suis quelqu'un d'important », déclare-t-elle quelques jours après l'assassinat, sans plaisanter. « Je suis parfaitement consciente que moi aussi je ferai partie de l'histoire. »

En revanche, Mme Oswald est moins pressée d'évoquer ses rapports avec ses trois fils, en particulier de Lee. L'année dernière, Lee a rompu toute relation avec elle. Il l'a aussi privée de tout contact avec June, la petite fille d'un an et demi qu'il a eue avec Marina. Mme Oswald n'a appris que l'après-midi de l'arrestation de son fils que Marina a accouché d'une deuxième fille, Rachel. Elle trouve bien cruel de découvrir l'existence de Rachel lorsque Marina arrive avec son bébé d'un mois au commissariat central.

Lee Oswald estimait manifestement que sa mère n'avait que ce qu'elle méritait – ses enfants n'avaient jamais vraiment eu de raison de l'aimer. L'abandon est une habitude chez Mme Oswald ; c'est le fil rouge de sa vie. Deux de ses trois maris ont divorcé, et l'un d'eux l'a accusée de cruauté mentale[1]. Le troisième, Robert, père de Lee, un percepteur de primes d'assurances, a succombé à un infarctus deux mois avant sa naissance, en 1939. Quand ses fils étaient petits, elle les a abandonnés pendant de longues périodes. A trois ans, Lee a rejoint ses frères dans un orphelinat luthérien de La Nouvelle-Orléans, le Bethlehem Children's Home, pendant que Mme Oswald cherchait un emploi d'infirmière et un nouveau mari[2]. Les trois garçons n'ont pas été placés en adoption pour autant : elle disait qu'elle les reprendrait dès que ses finances le permettraient – même si, à trois ans, c'était difficile à comprendre pour Lee.

Cela fait quelques années que Mme Oswald n'a presque plus de rapports avec son aîné, John Pic, le demi-frère de Lee, qui stationne avec l'Air Force à San Antonio. Elle ne voit pas souvent Robert non plus, âgé de vingt-neuf ans, qui vit pourtant avec son épouse tout près de là, à Denton. Quand Robert aperçoit sa mère au commissariat central de Dallas, il est frappé par l'absence « de toute tension émotionnelle » alors que Lee vient peut-être d'assassiner le président. Ce qui prédomine, dira-t-il, c'est le souci de sa personne.

« J'ai eu le sentiment que mère se disait qu'on allait enfin faire attention à elle, se souviendra Robert. Elle avait une opinion exagérément élevée de ses capacités et de son importance. » Sa mère « avait aussitôt compris qu'on ne la traiterait plus jamais comme une femme ordinaire, obscure, insignifiante[3] ».

Dès ces premières heures, Robert sent le risque que fait peser sa mère sur l'enquête. Il admet tout de suite pour sa part que Lee est peut-être bien l'assassin du président. Il sait que son jeune frère peut être violent et a soif de notoriété. Cela ne semble pas poser de problème à sa mère, en revanche. L'assassinat, se dit Robert, lui offre enfin un auditoire international pour débiter – et si possible monnayer – ses théories délirantes à propos des activités d'« agent » de l'Etat de Lee.

Robert a toujours été exaspéré par l'aptitude de sa mère à paraître rationnelle, voire convaincante, lors de brefs échanges. Il craint que les enquêteurs et les journalistes ne gobent tout ce qu'elle leur dira.

L'après-midi de l'assassinat, c'est Bob Schieffer, vingt-six ans, journaliste au *Fort Worth Star Telegram*, qui conduit Mme Oswald à Dallas[4]. Elle a appelé la rédaction du journal local pour exiger qu'on l'accompagne.

« Madame, nous ne sommes pas une compagnie de taxis, lui a répondu Schieffer au téléphone. Et de toute façon, il y a eu un attentat contre le président. »

« Je sais, a répondu la dame avec le plus grand naturel. C'est mon fils qui est soupçonné d'en être l'auteur. »

Schieffer et un collègue ont sauté dans une voiture et se sont rendus sur les chapeaux de roue chez Mme Oswald.

« C'était une petite femme au visage rond qui portait d'énormes lunettes à monture en écaille et un uniforme blanc d'infirmière », se souviendra Schieffer. « Elle était bouleversée, mais d'une manière bizarre. » Pendant le trajet, dira-t-il, « elle semblait moins se préoccuper de la mort du président et du rôle que son fils avait pu jouer que de sa propre personne ». Elle parle compulsivement de sa crainte que Marina, sa belle-fille, ne « s'attire toute la sympathie et que personne ne "se soucie de la mère" qui finira probablement dans la misère. J'ai mis cela sur le compte d'un stress bien compréhensible, et n'ai pu me résoudre à reprendre ses propos égoïstes dans l'article que j'ai écrit plus tard dans la journée. J'aurais sans doute dû le faire ». Plus tard, Schieffer, qui fera une longue carrière à la télévision, conclura que la mère d'Oswald était « dingue ».

A leur arrivée au commissariat central de Dallas, on les fait attendre dans une petite pièce – Schieffer se dit qu'elle ressemble à une salle d'interrogatoire. Marina Oswald les y rejoint dans l'après-midi. Les deux femmes ne se sont pas vues depuis plus d'un an, et comme Marina ne parle quasiment pas un mot d'anglais, elles n'ont – littéralement – pas grand-chose à se dire.

Marina sort tout juste d'un premier interrogatoire par la police et le FBI ; elle est terrifiée. Ce qu'elle redoute par-dessus tout, c'est qu'on la sépare de ses enfants et qu'on l'arrête, alors qu'elle ne cesse de répéter à ses interrogateurs – par l'intermédiaire d'un interprète – qu'elle n'était au courant de rien. Sa peur est bien compréhensible : en Union soviétique, on l'aurait immédiatement emprisonnée. « C'est comme ça que ça se passe en Russie, expliquera-t-elle. Même si votre mari est innocent, ils vous arrêtent en attendant de faire toute la lumière[5]. »

Marina comprend que les soupçons convergent sur elle : on a bien du mal à croire qu'elle ne savait rien de ce que tramait son mari, elle y a peut-être même participé. Marina Nikolaïevna Prusakova est russe. Elle est entrée aux Etats-Unis à la suite d'un mariage hâtif avec un renégat qui n'a jamais fait mystère de son adhésion au marxisme. Oswald n'a jamais renié cet engagement, pas même après être revenu dans son pays tant détesté en 1962. En outre, l'un des oncles de Marina travaille pour le ministère russe de l'Intérieur, à Leningrad.

Robert, son beau-frère, la soupçonne presque aussitôt. Le jour de l'assassinat, il se dit qu'elle y est peut-être pour quelque chose, mais très vite cela lui paraît improbable. Question de logique. Si les Russes ont mis sur pied une conspiration pour assassiner Kennedy, pourquoi se servir de ce petit bout de femme, manifestement pétrifiée, qui parle à peine l'anglais ? Pourquoi l'auraient-ils donnée en mariage à ce marginal qui n'a pas été long à lui coller deux enfants ?

Dans les jours qui suivent, les soupçons de Robert se tournent ailleurs – vers la discrète Ruth Paine, qui a hébergé Marina, et son mari, Michael Paine, ingénieur en aéronautique de trente-cinq ans. Les Paine sont séparés depuis quelques mois, mais ils maintiennent des rapports cordiaux, ne serait-ce que pour le bien-être de leurs deux enfants. Ruth, trente et un ans, enseigne le russe et a rencontré Marina dans la communauté locale d'expatriés. Elle vit à Irving, dans la banlieue de Dallas. C'est à cause des principes de charité que lui impose sa foi de quaker, dit Ruth, qu'elle héberge gracieusement Marina.

Robert Oswald reconnaîtra plus tard qu'il n'avait aucune preuve d'un quelconque rapport des Paine avec l'attentat – parce qu'il n'y en avait tout simplement pas, admettra-t-il. Mais le couple dérangeait, surtout Michael, dont Robert fait la connaissance au commissariat central dans les heures qui suivent l'assassinat. « Je ne saurais pas dire pourquoi exactement, mais j'ai comme une impression. J'ignore pourquoi ou comment, mais M. et Mme Paine sont mêlés à cette affaire », déclarera-t-il aux enquêteurs[6]. « Sa poignée de main est vraiment molle, on dirait un poisson. Il y a dans son aspect général, son visage, et plus particulièrement ses yeux quelque chose que je qualifierais de distant. Même quand il vous regarde, il ne vous regarde pas vraiment. » C'est donc sur la base d'une poignée de main molle et d'un regard fuyant que Robert Oswald décide de mettre fin à tout contact – cela s'avérera définitif – entre Marina et les Paine. Ce faisant, il n'hésite pas à priver sa belle-sœur d'une amie russophone qui aurait pu l'aider à faire face aux ennuis qui s'annoncent.

Robert n'est que le premier d'une longue liste d'hommes qui entrent dans la vie de Marina après l'assassinat – certains pour lui venir en aide, d'autres pour profiter d'une jeune femme dont le physique passe rarement inaperçu. En photo, elle est belle comme une vedette de cinéma, sauf lorsqu'elle sourit et laisse voir les marques de l'incompétence des dentistes soviétiques.

Après l'assassinat de son mari, on installe Marina et ses enfants – ainsi que sa belle-mère et Robert – dans un motel de la banlieue de Dallas, l'Inn of the Six Flags, pour les mettre à l'abri. Le gérant de l'hôtel, James Martin, un homme galant de trente et un ans, accepte avec joie de les accueillir. C'est la morte-saison, il y a donc de la place pour les Oswald et les agents du Secret Service qui les protègent.

Martin ne met pas longtemps à sympathiser avec la jeune veuve. Thanksgiving tombe le jeudi suivant, et il invite les Oswald à partager le dîner familial avec son épouse et leurs trois enfants. (Il n'invite pas Marguerite Oswald – un oubli, dira-t-il – parce qu'elle est rentrée chez elle à Fort Worth.) « Ils allaient passer un triste Thanksgiving, la vie dans ces chambres était assez étouffante », se souviendra Martin. Marina et Robert acceptent.

Quelques jours plus tard, sans consulter sa femme, Martin propose à Marina d'emménager avec ses enfants dans la maison familiale, qui compte trois chambres à coucher. « Le Secret Service s'inquiétait du sort de Marina après le motel. Ils ne savaient pas où la caser et n'avaient pas la moindre idée d'où elle irait, expliquera Martin. Je leur ai dit que s'ils ne trouvaient rien, je serais heureux de les accueillir chez moi. »

Marina s'installe aussitôt dans la chambre de l'un des enfants Martin, qui rejoint ses parents dans la leur. James Martin ne lui demande rien, du moins pas au début. Mais deux semaines plus tard, il lui offre ses services d'agent à plein-temps, contre dix pour cent des dizaines de milliers de dollars de contrats que lui proposent déjà les médias et les éditeurs – alors qu'on n'est qu'à la fin du mois de novembre. Marina accepte. Martin trouve un avocat pour la représenter, qui prendra aussi ses dix pour cent.

Marina dira plus tard qu'elle était naïve, qu'elle a accepté l'aide de ces gentils Américains qui semblaient savoir ce qu'ils faisaient. Elle s'imagine qu'ils vont l'aider à rebâtir sa vie. Sa méconnaissance de l'anglais ne la rend que plus dépendante à leur égard.

Bientôt, Martin lui fait comprendre qu'il souhaite faire d'elle sa maîtresse. Selon Marina, ses avances ont commencé dès le jour de leur rencontre, ou presque. Le jour du nouvel an 1964, alors que sa femme est absente, Martin met un disque du crooner Mario Lanza et lui déclare sa flamme[7]. Son manège durera plusieurs semaines. « Il n'arrêtait pas de me prendre dans ses bras et de m'embrasser dès que sa femme ou le Secret Service avaient le dos tourné. »

Marguerite Oswald aussi voit de nouveaux visages surgir dans sa vie. Début décembre, comme son numéro figure dans l'annuaire et qu'elle répond à tous les appels, elle décroche et entend une certaine Shirley Harris Martin (sans lien de parenté avec le gérant du motel de Dallas) se présenter comme une femme au foyer de quarante-deux ans, mère de quatre enfants, résidant à Hominy, dans l'Oklahoma, qui est persuadée que le président a été victime d'un complot[8].

Depuis l'assassinat, elle empile dans son garage des journaux et des magazines sur la question – tout ce qu'elle réussit à trouver, dit-elle. Fervente lectrice d'Agatha Christie, elle a enfin trouvé une énigme à sa mesure : qui a vraiment tué le président ? Très vite, elle entre en rapport avec d'autres personnes qui, aux quatre coins du pays, partagent son obsession.

« J'ai appelé Marguerite Oswald pour la première fois en décembre 1963, se souviendra-t-elle. C'était un sacré personnage. » Après s'être présentée, Mme Martin lui demande si elle a lu un article du *National Guardian*, un hebdomadaire new-yorkais de gauche, consacré à son fils.

L'article, intitulé « Oswald est-il innocent ? Le point de vue d'un juriste », examine les charges pesant sur son fils, ou plutôt leur absence. Son auteur s'appelle Mark Lane, c'est un pénaliste new-yorkais, ancien parlementaire de l'Etat de New York. Mme Oswald n'a pas lu l'article, mais elle a hâte de le faire. Quand elle reçoit la copie que lui adresse Shirley Martin par la poste, elle est très excitée, et appelle aussitôt l'auteur. « Mme Oswald m'a demandé si je pouvais la rencontrer à Dallas car elle souhaitait que je les représente, elle et son fils », racontera Lane, qui ajoutera qu'elle lui avait dit qu'il était « la seule personne dans le pays » à s'interroger sur la culpabilité de son fils[9]. Il est surpris – et intrigué. Quelques jours plus tard, Lane s'envole pour le Texas, où il fait la connaissance de Mme Oswald et propose de l'aider à prouver l'innocence de son fils.

Mme Oswald a trouvé son champion. Et Lane a trouvé une cliente en or.

CHAPITRE 5

Maison-Blanche
Bureau ovale
Washington
Vendredi 29 novembre 1963

Tout de suite après l'assassinat de Kennedy, Lyndon Johnson sait que certains le soupçonneront d'y être mêlé. Les faits troublants sont à la fois trop évidents et trop nombreux. Le président a été abattu dans les rues d'une ville du Texas, son assassin présumé a subi le même sort dans la même ville deux jours plus tard, et l'ancien vice-président aux dents longues – lui-même texan – occupe à présent le Bureau ovale. Déjà, le département d'Etat a signalé que dans certaines capitales étrangères, il se murmure que Johnson a commandité la mort de son prédécesseur.

A vrai dire, l'incroyable mauvais goût exhibé par Johnson au fil des ans a de quoi alimenter les soupçons. Quand il était encore vice-président, il a multiplié les plaisanteries sur les chances que Kennedy meure en fonction – insinuant lourdement qu'un assassinat ou un accident lui ouvrirait la voie. Clare Booth Luce, ancien membre du Congrès et épouse de Henry Luce, le fondateur de *Time*, se souvient d'avoir demandé à Johnson lors du bal inaugural de 1960 pourquoi il avait accepté la vice-présidence. Elle n'a jamais oublié sa réponse désinvolte : « Clare, j'ai vérifié ; un président sur quatre est mort en fonction. Et je suis joueur, ma chérie. » Il s'est permis le même type de commentaire auprès d'autres personnes[1].

Johnson supporte mal l'idée que Dallas reste dans les mémoires comme la ville où le jeune et beau président a été assassiné, et que l'image de son Texas chéri en soit ternie, sans doute pour longtemps. La nuit de l'assassinat, Lady Bird a confié à son mari que la réputation de leur Etat serait peut-être sauvée – grâce à un tour pervers du destin – par le fait que leur bon ami le gouverneur Connally avait été blessé[2]. La gravité de son état atténuerait quelque peu les rumeurs d'une conspiration d'origine texane. Lady Bird a ajouté qu'elle aurait été prête à recevoir la balle elle-même, à la place de Connally, pour préserver l'honneur du Texas. « Si seulement ça avait pu être moi. »

Tout cela ne fait que conforter Johnson dans sa volonté de voir Warren prendre les rênes de l'enquête. Son nom donnera immédiatement de la crédibilité à la commission. Le *chief justice* compte de nombreux détracteurs, mais on le sait honnête et politiquement indépendant, ce qui contribuera à persuader l'opinion qu'on ne lui cache rien. « Il fallait absolument sortir la nation de cette tragédie sanglante, dira Johnson. L'intégrité personnelle de Warren était un élément-clé permettant de garantir que rien ne serait laissé de côté et que les conclusions seraient crédibles. »

Dans l'après-midi du vendredi 29 novembre, Johnson demande à Nicholas Katzenbach, *attorney general* adjoint, et à Archibald Cox, avocat général des Etats-Unis, de rencontrer Warren pour le convaincre de conduire la commission[3]. En tant qu'avocat général, Cox plaide régulièrement devant la Cour suprême, et il s'est acquis le respect du *chief justice*. Le sentiment est réciproque. Cox a qualifié Warren de « plus grand *chief justice* depuis John Marshall[4] ».

Leur échange manque de prendre fin avant même d'avoir commencé. Les visiteurs n'ont pas fini de parler que déjà Warren rejette la demande du président. « Je leur ai dit que le président prenait une sage décision en créant une commission de ce type, mais que je n'étais pas disponible », se souviendra Warren[5].

Il rappelle à Katzenbach et à Cox les ennuis qui se sont toujours ensuivis lorsque des membres de la Cour ont accepté des missions extérieures. Le juge Owen Roberts avait présidé la commission sur l'attaque de Pearl Harbour et avait été vertement critiqué pour cela, tout comme Robert Jackson, qui avait siégé un an à Nuremberg en 1945. A l'époque, le *chief justice* Harlan Fiske Stone avait qualifié le procès d'« escroquerie » et accusé Jackson de participer à un « lynchage[6] ».

Warren raccompagne ses visiteurs et leur laisse le soin de porter la mauvaise nouvelle à la Maison-Blanche. « Katzenbach et Cox sont repartis, et j'ai pensé que la chose était entendue », racontera-t-il.

En vérité, rien n'est réglé, comme Warren ne tardera pas à le découvrir. Johnson est décidé à le faire changer d'avis. « Très tôt dans la vie, j'ai appris qu'il faut souvent faire l'impossible pour aboutir à ses fins, dira le président. Il n'y avait aucun doute dans mon esprit qu'il fallait persuader le président de la Cour suprême que son devoir était d'accepter la présidence de la commission[7]. »

Vers 15 h 30 ce jour-là, le président fait prier Warren de le rejoindre à la Maison-Blanche – tout de suite[8]. On n'explique pas à Warren la raison de la convocation, mais on lui dit que l'affaire est « très urgente », se souviendra-t-il. La Maison-Blanche lui envoie une limousine.

Warren est sur le point de subir pour la première fois de sa vie ce qu'on appelle depuis longtemps au Capitole le « traitement Johnson[9] ». C'est un puissant mélange de flatterie, d'argumentation, de mensonges et de menaces, une méthode que Johnson a mise au point au Congrès pour faire céder n'importe qui. Cela fonctionne parce que son culot – totalement inattendu, presque indigne – sidère la cible au point qu'elle n'a d'autre choix que capituler.

Johnson a souvent démontré par le passé qu'il est prêt si nécessaire à faire pleurer le plus digne des individus. En ce qui concerne Warren, il compte lui expliquer qu'il est le dernier rempart qui protège le peuple des Etats-Unis de l'Apocalypse.

« On m'a fait entrer, dira Warren de son arrivée au Bureau ovale, nous étions seuls, et il m'a exposé sa proposition[10]. »

Johnson demande à Warren de changer d'avis. L'enquête sur l'assassinat doit être conduite par un homme de sa stature. Il s'inquiète des « histoires folles et des rumeurs qui agitent non seulement notre pays, mais aussi le reste du monde[11] ».

Johnson donne les noms des six autres personnes qu'il souhaite nommer à la commission : la liste est imposante. Deux sénateurs – le démocrate Richard Russell, le « géant de Géorgie », et le républicain John Sherman Cooper, du Kentucky, un modéré respecté, ancien ambassadeur en Inde. Deux membres de la Chambre, le démocrate Hale Boggs, de Louisiane, chef du groupe démocrate, un proche de Kennedy, et le républicain Gerald R. Ford, du Michigan. Et enfin deux personnalités de premier plan qui, selon Johnson, lui ont été recommandées par Robert Kennedy : l'ancien directeur de la CIA Allen Dulles et l'ancien président de la Banque mondiale John J. McCloy.

Selon Warren, le président lui dit en avoir déjà parlé aux autres, qui « accepteront si j'assume moi-même la présidence[12] ». Le mot « si » a son importance, précise Johnson ; les six ont dit qu'ils n'accepteront *que si* Warren accepte de les diriger. Le président insinue qu'en refusant, ce dernier met en danger la constitution même d'une commission. Johnson se souviendra avoir dit à Warren : « Toutes ces nominations sont subordonnées au fait que la présidence soit confiée au *chief justice.* »

Warren est à la fois flatté et surpris que Russell – le plus important ségrégationniste du Sénat – soit disposé à mettre leurs différends de côté et insiste pour que la présidence de la commission lui soit confiée. Mais il refuse toujours. Il expose ses raisons, répétant les mêmes arguments qu'il a donnés plus tôt à ses visiteurs du département de la Justice[13].

Johnson l'écoute – puis il fait monter la pression. La question est simple, dit-il : Warren est-il prêt à faire courir au monde le risque d'une Troisième Guerre mondiale ? Pis encore, souhaite-t-il vraiment en être le responsable ? Dans le souvenir de Warren, les termes employés par le président sont aussi peu nuancés que cela.

« Vous secouez la tête, lui dit Johnson. Mais il s'agit d'une affaire aussi importante pour votre pays que la décision de prendre part à la Première Guerre mondiale », ce qui lui permet de rappeler à Warren ses états de service. « Je ne vous donnerai pas l'ordre d'accepter cette mission, comme vous aviez reçu celui de remplir votre devoir en 1917. Je préfère en appeler à votre patriotisme. »

Johnson se souviendra avoir dit : « Ces fous sont en train d'accuser Khrouchtchev, Castro, tout le monde d'avoir tué

Kennedy. » S'il y a la moindre vérité dans la thèse d'un complot communiste, ou si l'enquête sur l'assassinat est mal conduite et que de fausses accusations sont lancées contre un gouvernement étranger, il y aura de quoi déclencher une guerre nucléaire. Il parle à Warren des rumeurs en provenance de Mexico selon lesquelles Oswald aurait touché 6 500 dollars de l'Etat castriste pour tuer Kennedy. « Vous imaginez bien quelle serait la réaction mondiale si cela venait à se savoir », dit le président.

Johnson explique qu'il vient de parler avec le secrétaire de la Défense, McNamara : celui-ci estime qu'un affrontement nucléaire entre les Etats-Unis et l'Union soviétique ferait des dizaines de millions de victimes américaines dès la première frappe[14]. « Si Khrouchtchev frappe le premier, il tuera peut-être 39 millions d'entre nous au cours de la première heure, et nous en tuerons peut-être 100 millions au cours de l'heure suivante », dit-il, suggérant que le sort de tous ces individus est entre les mains de son interlocuteur[15]. « Vous pourriez avoir à répondre de ces 39 millions de personnes. Je suppose que ce n'est quand même pas ce que vous souhaitez. »

Il fait appel au sens patriotique de Warren : « Vous avez combattu pendant la Première Guerre mondiale, mais rien de ce que vous avez pu faire sous l'uniforme n'est comparable à ce que vous pouvez faire pour votre pays en ces heures dramatiques[16]. Le président des Etats-Unis vous dit que vous êtes le seul à pouvoir prendre la situation en main. Vous ne pouvez pas refuser[17]. »

Johnson se souviendra que Warren a « dégluti un grand coup puis il a dit "Désolé, monsieur le président, c'est non" ».

Non sans une certaine cruauté, Johnson ne sera pas peu fier d'avoir poussé Warren aux larmes : « Les larmes lui sont venues tout simplement... comme ça. C'était inouï. »

Il n'existe pas d'enregistrement connu de cet entretien dans le Bureau ovale, mais si l'on en croit le récit des intéressés, le président a menti effrontément en affirmant que les autres membres de la commission n'accepteraient d'y participer que si Warren en prenait la présidence. La vérité, c'est qu'à l'exception de Russell, Johnson n'avait encore parlé à personne[18].

Johnson a appelé Russell vers 16 h 30, peu avant sa rencontre avec Warren, et il s'est efforcé de le convaincre d'intégrer la commission. Mais Russell a immédiatement refusé, expliquant qu'il était trop pris par ses activités au Sénat. Par ailleurs, sa santé n'est pas bonne ; à soixante-six ans, Russell souffre d'emphysème depuis des années.

Lors de ce premier contact, Johnson a demandé à Russell de lui soumettre des noms de candidats possibles[19]. Il a précisé qu'il essaierait peut-être de recruter un membre de la Cour suprême, ajoutant toutefois qu'il ne pensait pas pouvoir y parvenir. Le nom de Warren n'a pas été prononcé de toute la conversation téléphonique. « Je ne pense pas pouvoir obtenir un membre de la Cour, mais je vais essayer », a-t-il dit, négligeant de mentionner que Warren – à ce moment précis – était déjà en route pour la Maison-Blanche.

Quelques heures plus tard, vers 21 heures, Johnson appelle Russell à nouveau. Il a deux informations désagréables à lui donner. D'abord, il va bel et bien figurer dans cette commission malgré ses protestations. Ensuite, la commission sera conduite par nul autre qu'Earl Warren, que Russell dépeint depuis longtemps à ses électeurs géorgiens comme le mal personnifié[20].

Soucieux de ne pas prendre de risques, Johnson décide de mettre Russell devant le fait accompli. Avant de l'appeler, il demande au bureau de presse de la Maison-Blanche de publier un communiqué annonçant la création de la commission et la liste de ses membres, dont Russell.

Johnson trouve le sénateur chez lui, en Géorgie, où il passe quelques jours après Thanksgiving.

« Dick ? » commence doucement Johnson[21].

« Oui ? »

« Désolé de vous déranger à nouveau, je voulais juste vous informer que j'ai annoncé la chose. »

Russell : « Annoncé quoi ? »

Johnson : « Annoncé la commission spéciale. »

Le président se lance dans la lecture du communiqué de presse et en arrive rapidement à la liste des membres de la commission, dont Russell, lequel apprend que Warren en sera le président.

Il est estomaqué par la duplicité de Johnson. « Voyez-vous, monsieur le président, je sais que je n'ai pas à vous rappeler tout mon dévouement, mais je ne peux tout simplement pas faire partie de cette commission... Je serai incapable de servir sous l'autorité de Warren. » C'est une affaire personnelle, explique-t-il. « Je n'aime pas cet homme. Je n'ai aucune confiance en lui. »

Johnson l'interrompt. « Dick, c'est déjà annoncé, et vous servirez aux côtés de n'importe qui si le bien de l'Amérique l'exige. Les retombées de cette affaire sont infiniment plus importantes qu'il n'y paraît. » Comme il l'a fait devant Warren, Johnson déballe l'estimation de McNamara selon laquelle 40 millions d'Américains pourraient perdre la vie dans une confrontation nucléaire si jamais l'assassinat de Kennedy menait à la guerre.

« Si j'ai proposé la présidence à Warren, c'est parce que c'est le premier magistrat du pays, et il faut impliquer les plus hauts représentants du pouvoir judiciaire, dit-il. Si je vous sollicite, c'est parce que vous avez le même tempérament, et que vous seriez prêt à tout pour votre pays. Et ne cherchez pas à me faire croire que vous ne pouvez pas collaborer avec quelqu'un. Vous pouvez tout faire.

« Vous n'avez jamais tourné le dos à votre pays, poursuit Johnson. Vous serez mon homme au sein de cette commission. Et vous ferez ce que je vous demande. Ne me dites pas ce que vous pouvez et ne pouvez pas faire. Je ne peux pas vous jeter en prison. Et je ne vais pas vous coller le FBI sur le dos. Mais nom de Dieu vous allez accepter. C'est moi qui vous le dis. »

Russell : « C'est-à-dire, je sais bien, monsieur le président, mais vous auriez dû me dire que vous alliez nommer Warren. »

Johnson ment alors à Russell comme il a menti à Warren quelques heures auparavant. « Je vous l'ai dit. Je vous ai dit aujourd'hui que j'allais nommer le *chief justice*, quand je vous ai appelé. »

Russell sait qu'il lui ment, la transcription de l'appel en témoigne. « Non, vous ne me l'avez pas dit », dit-il.

Johnson : « Si. »

Russell : « Vous avez dit que vous feriez venir quelqu'un de la Cour suprême. Vous ne m'avez pas dit que vous le désigneriez *lui*. »

Johnson : « Je l'ai supplié comme je vous supplie à présent. »

Russell : « Vous n'avez pas à me supplier. Vous n'aviez qu'à me le dire, cela aurait suffi. »

Johnson : « Non, c'est déjà fait. C'est annoncé... bon sang. »

Annoncé ? Russell comprend enfin ce qu'a fait Johnson : le communiqué de presse où figure son nom a déjà été rendu public par la Maison-Blanche.

Russell : « Vous voulez dire que vous avez fait savoir que... »

Johnson : « Oui, je l'ai annoncé... C'est déjà dans les journaux, et vous en êtes, et vous serez mon homme à bord. »

Russell : « J'ai l'impression que vous êtes en quelque sorte en train de profiter de moi, monsieur le président. »

Johnson : « Je ne suis pas en train de profiter de vous. »

Johnson semble soudain se rappeler à qui il s'adresse – Russell est son mentor en politique, il est plus proche de lui que de sa propre famille. Il le prie de ne pas oublier tout ce qu'il peut faire pour lui à présent qu'il est président : « Un peu que je vais profiter de vous, mon ami, c'est vous qui m'avez fait, et je ne l'oublie pas... je suis un protégé de Russell, et je n'oublie jamais mes amis. »

Russell : « Nom d'un chien, je n'aime vraiment pas Warren. »

Johnson : « Bien sûr que non, mais vous l'aimerez avant que ça ne soit fini. »

Russell : « Je n'ai aucune confiance en lui. »

Johnson : « Eh bien vous lui ferez confiance, nom de Dieu ! Vous composerez avec lui. Maintenant... Maintenant, au nom du ciel, il me faut un homme à moi dans cette commission. Et j'en tiens un. »

Russell capitule : « Si c'est pour le pays, vous savez bien que je vais le faire, et je vais le faire pour vous. Mais je prie le bon Dieu que la prochaine fois vous soyez un tout petit peu plus pondéré et délicat. Mais cette fois, évidemment, si vous avez fait ça, je vais y aller, jusqu'au bout, et je vais dire que je trouve que c'est une idée formidable. » Il prononce ces derniers mots sur un ton lourdement sarcastique.

Avant de raccrocher, Russell fait un dernier reproche à Johnson. « Je crois que vous avez eu tort de prendre Warren, et je suis certain que vous vous trompez en me prenant moi, mais nous ferons l'un et l'autre de notre mieux. »

« Je pense aussi que vous ferez de votre mieux, répond le président. Vous êtes l'un et l'autre des Américains de cette trempe-là. Bonsoir. »

A la Cour suprême, le lendemain, Warren est bien obligé de s'expliquer devant ses collègues[22]. Il confiera plus tard à Drew Pearson que tous les juges sauf Goldberg, le dernier nommé, étaient outrés : « Tous l'ont engueulé sauf Arthur Goldberg[23]. » Les juges William Brennan et John Marshall Harlan critiquent son hypocrisie et ne se privent pas de lui rappeler qu'il dit depuis toujours que « les membres de la Cour doivent s'en tenir à leur tâche et ne pas accepter de responsabilités à l'extérieur. » Warren sait que la colère de ses pairs est légitime. Lui-même s'en veut, il le reconnaîtra.

DEUXIÈME PARTIE

Enquête

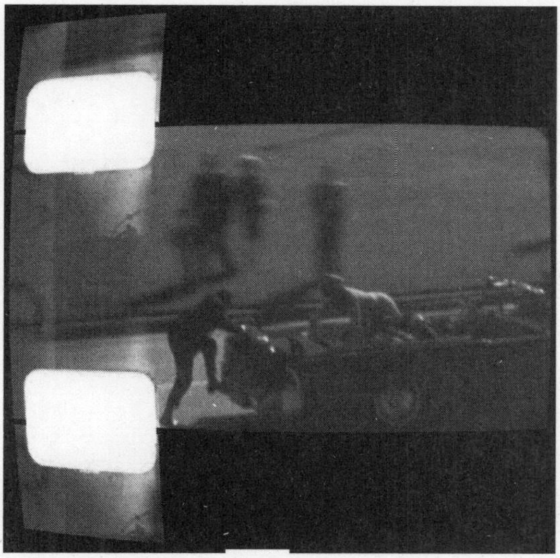

© The Sixth Floor Museum at Dealey Plaza

Image n°371 du film Zapruder, 22 novembre 1963

CHAPITRE 6

Cabinet d'Earl Warren, chief justice
Cour suprême
Washington
Décembre 1963

Earl Warren s'attend à passer un triste Noël – et un nouvel an épouvantable. Ses enfants raconteront que l'assassinat de Kennedy a bouleversé leurs parents comme aucun autre événement de leur vie. « Ils ne pouvaient pas y croire », dira Robert Warren, le benjamin[1]. « Ça les a changés. » Selon son frère, Earl Jr., les traits de leur père étaient « très marqués ». Comme il a accepté de présider la commission, « il a revécu chaque seconde de la tragédie... C'était vraiment cruel ».

Ce Noël-là, Warren préférerait de loin fuir Washington et passer les fêtes de fin d'année chez lui, en Californie, avec ses enfants, ses petits-enfants et ses vieux amis, et profiter du climat clément, parfois même chaud, qui peut régner en décembre à San Francisco. Il ne s'habitue pas aux rudes hivers de Washington. Depuis sa nomination à la Cour suprême, il passe toutes ses vacances en Californie. Mais il a cédé au président Johnson et se doute bien qu'il ne quittera pas la capitale. Il faut mettre la commission sur pied, tout en continuant à s'occuper de la Cour suprême. Parmi les cas qu'elle devra trancher l'année prochaine, il y a *New York Times v. Sullivan*, qui concerne le premier amendement, celui qui garantit la liberté d'expression. L'audience doit avoir lieu le 6 janvier. Plusieurs autres dossiers importants, dont les audiences ont eu lieu à la fin de l'année 1963, attendent un jugement. Neuf jours à peine avant l'assassinat, la Cour a entendu les plaidoiries dans *Reynolds v. Sims*, un cas majeur concernant le droit de vote. La décision obligera les cinquante Etats à adopter le suffrage universel pour l'élection de leurs parlementaires.

Fort heureusement, à soixante-douze ans, Warren est encore en bonne santé. Il est fier de sa vigueur, de sa capacité de travail intacte, alors que bon nombre de ses anciens collègues prennent le chemin de la retraite. Quelques-uns de ses vieux amis californiens ont malheureusement déjà disparu.

En acceptant de diriger la commission, Warren s'est lesté de deux emplois à plein-temps. Il est déterminé à ne réduire sous aucun prétexte ses activités à la Cour. Après une décennie passée à y siéger – il a célébré son dixième anniversaire en tant que *chief justice* en octobre –, Warren sent que l'institution est en train de transformer le pays, de le pousser vers un avenir plus juste et plus libre. La Cour l'a emporté sur les bigots et les réactionnaires qui, selon lui, ont d'une certaine façon créé le climat qui a conduit à l'assassinat de Kennedy. L'empreinte qu'il laissera à ce poste s'annonce plus conséquente qu'il n'aurait pu l'espérer en accédant à la Maison-Blanche.

Johnson a promis à Warren des moyens illimités. Il aura tous les fonds dont il aura besoin pour embaucher du personnel, louer des bureaux et faire face aux dépenses de l'enquête. Mais quelqu'un doit se charger de recruter des collaborateurs, de trouver les bureaux, et ces responsabilités reposent à présent sur ses épaules. On attend de lui qu'il continue de diriger la Cour tout en créant et en conduisant l'équivalent d'une petite agence fédérale d'investigation sur l'assassinat du président – laquelle, si elle ne faisait pas bien son travail, pourrait précipiter le pays dans la guerre.

Warren sait qu'il a besoin d'aide et se tourne vers Warren Olney, son fidèle assistant depuis les débuts de sa carrière. Olney, cinquante-neuf ans, lui aussi originaire de Californie, est entré au service de Warren en 1939, quand celui-ci était *district attorney* d'Oakland. Il a le profil typique des hommes de confiance de Warren – fidèle, discret, progressiste mais fondamentalement apolitique. Il voit en Warren le serviteur public idéal. Olney est « un homme intègre à qui je confierais ma vie », dit Warren. Olney l'a suivi à Washington. De 1953 à 1957, il a été *attorney general* adjoint à la division criminelle du département de la Justice ; de fait, il a été le premier procureur pénal de l'administration Eisenhower. A la Justice, Olney a laissé son empreinte en matière de droits civiques – comme Warren l'a fait à la Cour. Il a pris part à la rédaction de la Loi sur les droits civiques de 1957, le premier grand texte de ce type à être approuvé par le Congrès depuis la fin de la guerre de Sécession. En 1958, il est devenu directeur du Bureau administratif des tribunaux américains, l'organisme responsable de la logistique du système judiciaire fédéral, poste qui lui a permis de rester en contact étroit avec Warren.

A peine sorti du Bureau ovale, Warren appelle Olney pour lui demander de le rejoindre à la commission, où il se chargera du suivi de l'enquête avec le titre de juriste en chef. Tant que dureront les travaux de la commission, ce sera un emploi à plein-temps – l'affaire de deux ou trois mois, lui dit Warren. A son grand soulagement, Olney accepte.

Warren n'a pas encore rencontré les autres membres de la commission, mais il ne doute pas qu'ils accueilleront cette désignation avec enthousiasme. A Washington, la réputation d'Olney n'est plus à faire, il est unanimement respecté par ses anciens collègues du département de la Justice. Tout cela ne doit être qu'une formalité.

Mais Hoover voit les choses autrement. Les archives du FBI ne permettent pas de savoir comment il a eu vent des intentions de Warren, mais quelques jours après la conversation entre les deux hommes, le chef du FBI est déjà au courant et lance une campagne agressive pour y faire barrage. Et il veille à ce que Warren ne soit pas informé.

Olney s'est fait des ennemis au FBI. Son zèle en faveur des droits civiques n'est pas du goût du Bureau ; Hoover, notamment, considère que les dirigeants de ce mouvement, en particulier le révérend Martin Luther King, sont des subversifs, sinon des communistes. Du coup, Olney est à ses yeux un personnage « hostile », et il l'appelle avec mépris le « protégé de Warren » – c'est ce qui ressort des archives du FBI.[2]

La campagne contre Olney témoigne de la dégradation des rapports entre Hoover et Warren en vingt-cinq ans de fréquentation. Dans les années 1940, lorsqu'il était gouverneur de Californie, Warren a entretenu une certaine proximité – une amitié, pensait-il – avec Hoover, ce qui lui a valu de figurer sur la très convoitée « liste des correspondants spéciaux » du FBI, les représentants des pouvoirs publics dignes de bénéficier de son aide. Quand le gouverneur Warren se rendait à Washington, le FBI mettait à sa disposition une voiture avec chauffeur, par exemple[3]. La proximité des deux hommes était telle que Warren n'avait pas hésité à demander au FBI d'enquêter sur un jeune homme qui courtisait l'une de ses filles.

Mais en 1953, lorsque Warren a été nommé à la Cour suprême et que celle-ci s'est mise à rogner les pouvoirs du FBI, en renforçant notamment les droits des suspects dans les affaires criminelles, les rapports avec Hoover se sont refroidis – et ne se sont jamais réchauffés. A présent les deux hommes se détestent. Warren confiera plus tard à Drew Pearson que selon lui Hoover avait employé pendant des années des « méthodes dignes de la Gestapo », notamment en réalisant des écoutes illégales dans d'importantes enquêtes criminelles – pratiques auxquelles la Cour suprême a fini par mettre fin[4].

« Je me souviens du temps d'avant-guerre, quand J. Edgar Hoover disposait de sept cents hommes et faisait du bon boulot », dira Warren à Pearson en 1966 dans une interview pour un portrait destiné au magazine *Look*. « Aujourd'hui il dispose de sept mille hommes et le pouvoir lui est monté à la tête. Le Congrès lui donne tout ce qu'il demande et il n'est soumis à aucun type de contrôle. » Plus loin, il fait part de sa crainte que l'on réunisse un jour le FBI et la CIA en une seule grande agence : « Nous aurions alors un vrai Etat policier. » (Par la suite, sans doute conscient d'être allé trop loin dans ses propos, Warren demandera à Pearson de renoncer à publier l'article.)

Dans un premier temps, Hoover est opposé à la création d'une commission d'enquête. Ce sera « un cirque », dit-il à Johnson au téléphone le 25 novembre[5]. On comprend sa réaction. Le FBI n'aime pas qu'on regarde par-dessus son épaule. La création d'une commission d'enquête entraînera une avalanche de questions sur l'incapacité du Bureau à déceler la menace représentée par Oswald, alors que celui-ci avait été surveillé par les antennes de Dallas et de La Nouvelle-Orléans, plusieurs mois avant l'assassinat. Hoover confie ses craintes à ses adjoints : les critiques formulées par une commission pourraient mettre en péril l'existence même du Bureau.

Mais le 29 novembre, lorsque Johnson l'appelle pour lui annoncer qu'il entend bien créer une commission, Hoover ne regimbe pas. L'enregistrement de la conversation montre qu'il a accepté la décision sans piper mot, se disant peut-être que le président veillera aux intérêts du FBI. On ne trouve pas trace non plus d'une protestation directe de Hoover auprès de Johnson concernant la désignation de Warren.

En revanche, Hoover voit rouge dès qu'il entend parler d'Olney[6]. Discrètement, ses adjoints contactent les membres de la commission – sauf Warren – pour les avertir qu'Olney est perçu par le Bureau comme hostile à la conception que se fait Hoover du maintien de l'ordre. Voici ce qu'écrit le directeur adjoint du FBI, Cartha « Deke » DeLoach : il est « indispensable qu'un certain nombre d'interlocuteurs informent confidentiellement les membres de la commission présidentielle, à l'exception de Warren, des antécédents d'Olney », et de sa « pitoyable personnalité ».

Warren programme la première réunion de la « commission présidentielle sur l'assassinat du président Kennedy » – son nom officiel – pour le jeudi 5 décembre à 10 heures du matin[7]. Elle se tiendra dans une salle de conférences fastueuse des Archives nationales (les Archives ont accepté d'accueillir la commission en attendant que celle-ci trouve à se loger). En arrivant ce jour-là, le *chief justice* ignore que sa première grande décision a déjà été sabordée par le FBI.

Avant même la réunion, on perçoit déjà que les rapports de la commission avec le FBI ne seront pas simples. Hoover refuse sèchement qu'un haut responsable du FBI vienne rendre compte de l'avancement de l'enquête à Dallas, comme le demande la commission. Le FBI préfère se faire représenter par l'*attorney general* adjoint Nicholas Katzenbach, qui doit faire partie des présents[8].

Mais la défiance du Bureau est encore plus manifeste quand il organise une série de fuites au profit de ses journalistes préférés. Le 3 décembre, deux jours avant la réunion, l'agence Associated Press fait savoir que le FBI est sur le point de boucler un « rapport complet » qui désigne Oswald comme « l'assassin unique et sans complice du président Kennedy[9] ». Selon ces informations, que l'AP attribue à des « sources gouvernementales », le FBI a établi qu'Oswald – « agissant seul » – a tiré trois balles sur la limousine présidentielle depuis le Texas School Book Depository. La première et la troisième balle ont atteint Kennedy, la deuxième a frappé Connally. Des informations similaires parviennent à d'autres organes de presse.

Plusieurs membres de la commission voient dans ces articles une manœuvre du FBI, sans doute de Hoover lui-même, visant à installer dans l'opinion l'idée qu'il n'y a pas eu de complot – en tout cas pas un complot que le FBI aurait été en mesure de faire échouer. Le FBI cherche manifestement à imposer certaines conclusions avant que les faits aient pu être examinés.

« Je n'ai jamais rien vu d'aussi scandaleux », dit à ses collègues le démocrate de Louisiane Hale Boggs. « Cela vient forcément du FBI[10]. » Les fuites ne peuvent provenir que du procureur général adjoint Katzenbach et de ses hommes : « Je ne vois personne d'autre[11]. »

La réunion commence par une tournée de poignées de main entre les sept membres de la commission et Katzenbach[12]. Puis chacun prend place autour d'une longue et belle table en bois ; la seule autre personne présente est un sténographe pour consigner les débats. Les transcriptions des séances à huis clos de la commission, classées top secret, resteront inaccessibles pendant plusieurs décennies.

« La tâche que nous entreprenons est triste et solennelle, commence Warren. Je suis sûr que chacun d'entre nous préférerait être ailleurs qu'ici. Mais elle est aussi d'une grande importance[13]. » Le président Johnson « a raison de vouloir faire en sorte que l'opinion connaisse tous les détails de cette sinistre affaire, autant qu'il est humainement possible de le faire, poursuit-il. Je suis honoré qu'il ait estimé que vous comme moi sommes capables d'accomplir une mission de cet ordre, et je l'aborde avec un grand sentiment d'insuffisance et d'humilité parce que la seule idée d'examiner ces détails jour après jour me donne la nausée. »

Il décrit ensuite leur mission telle qu'il la conçoit[14]. Il faut limiter la portée de l'enquête, pense-t-il, et finir le travail aussi vite que possible. En fait, le terme « enquête » ne correspond pas vraiment à ce qu'il propose. La commission doit s'en tenir à l'examen des éléments recueillis par le FBI, le Secret Service et d'autres organismes concernant l'assassinat ; sa responsabilité consistera à s'assurer que ces enquêtes ont été correctement menées. Quel que soit en privé son sentiment à l'égard de Hoover, Warren semble estimer que l'on peut faire confiance au FBI pour élucider ce qui s'est passé.

« Notre travail consiste avant tout à évaluer les indices, et non à les débusquer, et je pense que, dans un premier temps au moins, nous pouvons partir du principe que les rapports des différentes agences sont dignes de confiance », dit-il[15]. Pour lui, il ne faudra pas tenir d'audiences publiques, et la commission ne devra pas chercher à se doter du pouvoir d'assignation, qui réclamerait l'approbation du Congrès. Il estime aussi qu'il ne sera pas nécessaire de recruter une équipe d'enquêteurs. « Je ne vois aucune raison de faire doublon avec les dispositifs du FBI ou du Secret Service. »

Si on la dotait du pouvoir d'assignation[16] et si elle tenait des audiences publiques, explique Warren, la commission serait assaillie par des détraqués « qui croient tout savoir des grandes conspirations » et exigeront de témoigner. « Si nous avons le pouvoir d'assigner, nous devrons l'utiliser[17]. Tout le monde aura le droit de nous dire : "Ecoutez-moi, j'ai un témoignage à apporter..." Et s'il s'agit d'hurluberlus, de cinglés, nous serons coincés. » Si d'aventure la commission refusait d'entendre ces « cinglés », « ils raconteront partout que nous étouffons l'affaire[18] ». La boîte aux lettres de Warren à la Cour déborde déjà du courrier – parfois menaçant, souvent rédigé d'une écriture minuscule et brouillonne – que lui envoient toutes sortes de détraqués soucieux de révéler la vérité à propos de l'assassinat du président[19].

Là-dessus, Warren se cale dans son siège pour entendre ce que les autres ont à dire. Il paraît convaincu que ses collègues – dont la plupart sont aussi sollicités que lui par leurs activités respectives – vont percevoir le bon sens de sa proposition.

Mais ils lui tiennent tête – parfois à la limite de la grossièreté. Malgré sa qualité de *chief justice*, qui dans tout autre contexte lui vaut une grande déférence, Warren découvre que beaucoup de ces hommes entendent traiter d'égal à égal avec lui. Plusieurs d'entre eux – le sénateur Russell, John McCloy et Allen Dulles en particulier – exercent leur pouvoir à Washington depuis plusieurs décennies, bien avant l'arrivée de Warren. Et celui-ci a toutes les raisons de se méfier de Gerald Ford, élu pour la première fois au Congrès en 1948, à cause de son amitié pour Richard Nixon, son vieil ennemi.

McCloy, soixante-huit ans, avocat, diplomate et banquier, a été un conseiller écouté des présidents depuis Franklin Roosevelt. L'année passée, le magazine *Esquire* l'a surnommé « le grand patron de l'establishment de la côte Est ». Il est le premier à s'insurger[20]. Il insinue que Warren serait bien sot de faire confiance aux agences officielles pour enquêter sur leurs propres défaillances. McCloy n'emploie pas le mot « dissimulation » pour décrire le type d'enquête sur eux-mêmes que mèneront le FBI et le Secret Service, mais on voit bien qu'il le pense[21].

« Nous sommes en présence d'un possible cas de culpabilité du Secret Service et du FBI, dit-il. La nature humaine étant ce qu'elle est », on peut s'attendre à ce que les agences produisent des rapports « complaisants » à propos de ce qui s'est passé[22].

Warren se trompe aussi en ce qui concerne le pouvoir d'assignation, poursuit McCloy[23]. Il faut que la commission puisse contraindre les témoins à comparaître et les agences à livrer leurs informations. Privée de ce pouvoir, elle se retrouvera désarmée. L'enquête implique une obligation dépassant « la simple évaluation des rapports des agences... Je crois que si nous n'avons pas le droit d'exiger la présentation de documents, d'exiger la comparution de témoins quand nous en avons besoin, la réputation générale de cette commission risque d'en souffrir[24] ». Boggs et Ford approuvent[25].

Manifestement désarçonné, Warren ne livre pas bataille. « Si vous pensez tous que nous devons absolument disposer du pouvoir d'assignation, je n'y vois pas d'inconvénient », dit-il[26].

C'est ensuite le tour de Russell de s'insurger contre l'idée que la commission n'a pas besoin d'enquêter[27]. « Il faudra bien que quelqu'un » épluche la masse de papier que le FBI, le

Secret Service et d'autres ne manqueront pas d'envoyer, dit-il. « J'espère que nous disposerons d'une équipe – pas une armée, mais une équipe d'hommes compétents, susceptibles de rédiger un rapport capable de résister à la critique la plus rigoureuse. »

Il rappelle à Warren le risque que l'enquête fait courir à chacun des membres de la commission : s'ils ne disposent pas des moyens de faire la lumière sur l'assassinat et d'en exposer clairement les éléments aux yeux du public, l'histoire ne le leur pardonnera pas[28]. Quoi qu'ils aient accompli par ailleurs au cours de leur longue carrière, c'est leur participation à la commission qui restera dans les mémoires. « La réputation de chacun de nous est en jeu », dit Russell, qui comme les autres en veut à Johnson. « Franchement, mon estime pour le président a baissé depuis qu'il m'a embarqué dans cette commission... Je lui ai dit que je ne voulais pas en faire partie, que je refusais, mais il ne m'a pas laissé le choix. »

McCloy suggère que l'on recrute un juriste « sacrément compétent » pour diriger l'équipe[29], ce qui permet à Warren d'avancer son candidat : Warren Olney. Le *chief justice* passe quelques minutes à décrire son parcours, et certifie que « personne parmi (ses) connaissances n'est plus honorable[30] ». Olney, ajoute-t-il, est « un type doté de réelles capacités... On ne trouvera pas dans le pays quelqu'un ayant son expérience pour accomplir ce type de tâche[31] ».

Après des louanges si appuyées, quiconque contesterait la désignation d'Olney ferait injure au *chief justice*. C'est pourtant ce qui se produit, et c'est Ford qui mène la charge. Le candidat est peut-être « une excellente recommandation », mais sa proximité avec Warren est de notoriété publique – le FBI y a discrètement veillé – et « l'ancienneté de vos liens risque, même si c'est injuste, de conduire certains à dire que le premier magistrat règne sur la commission. Le rapport sera alors perçu comme étant le sien, pas le nôtre[32].

« Je ne veux pas d'une commission divisée, dit Ford. Je ne veux pas que ce soit votre commission, ni celle de la moitié ou d'une partie d'entre nous[33]. »

McCloy ne se prononce pas sur les qualifications d'Olney, mais il est d'accord avec Ford pour dire qu'il faut un juriste en chef pour superviser l'enquête. « Il nous faut le meilleur parmi les meilleurs. A titre personnel, je souhaiterais examiner moi-même la candidature d'Olney[34]. »

Sentant que Warren prend mal cette contestation, Boggs, toujours bon compagnon, vole à son secours. « J'estime que le président doit pouvoir compter sur un collaborateur avec lequel il se sente tout à fait à l'aise. Il doit pouvoir s'appuyer sur un homme ayant sa confiance totale, absolue[35]. »

Warren s'exprime une dernière fois en faveur d'Olney – mais si celui-ci n'est pas retenu, il faudra trouver quelqu'un ayant son talent, son expérience et d'immédiatement disponible. Il veut un homme qui connaisse le fonctionnement interne des organismes de maintien de l'ordre et de l'appareil d'Etat, qui ne mette pas « des mois et des mois à trouver son chemin » dans la capitale[36]. Il pose la question en des termes personnels : « Si je ne dispose pas d'un juriste en chef que je connaisse très bien, avec lequel je puisse me mettre au travail dès le premier jour, je sais déjà que je ne verrai pas ma famille à Noël. Il faudra que je sois présent tous les jours, parce qu'on ne débarque pas comme ça à Washington en espérant s'y retrouver[37]. »

La réunion prend fin à 12 h 45, après quasiment trois heures de débats, et on décide de se revoir le lendemain après-midi[38].

Le lobbying discret du FBI s'avère payant, car lorsque la commission se retrouve le lendemain la désignation d'Olney est déjà enterrée. Ford, Dulles et McCloy font part à Warren de leurs réserves, le deuxième annonce tenir de source sûre que le prétendant est « à couteaux tirés avec J. Edgar Hoover[39] ». Warren cède. « Je ne désignerai personne qui n'ait la pleine confiance de la commission, dit-il. En ce qui me concerne, la question de la nomination de M. Olney au poste de juriste en chef est close[40]. »

McCloy a appelé des amis à Washington et Wall Street pour leur demander des noms de juristes expérimentés susceptibles de faire de bons candidats[41]. Le nom de J. Lee Rankin, qui a été juriste en chef de l'*attorney general* de l'administration Eisenhower, a été cité à plusieurs reprises. Il exerce à présent à New York. « Rankin est apparemment un homme de haute moralité, d'une grande intégrité », dit-il.

Warren est soulagé d'entendre ce nom[42]. Rankin, cinquante-six ans, originaire du Nebraska, est un visage familier, amical. Ses fonctions d'avocat général l'ont conduit à représenter le gouvernement devant la Cour suprême dans bon nombre d'affaires au cours des années 1950[43]. Il a notamment plaidé au nom du département de la Justice dans *Brown v. Board of Education*, dans laquelle des parents d'élèves de Topeka, au Kansas, réclamaient la déségrégation de leurs écoles[44]. « Nous le connaissons bien à la Cour suprême car il a plaidé lui-même dans toutes les grandes affaires importantes, dit Warren. C'est un homme formidable... Un être d'une grande humanité[45]. » Rankin, ajoute-t-il, n'a « rien d'un politique[46] ».

Pour Russell, puisque Warren et McCloy sont du même avis, la commission doit désigner Rankin[47]. Les autres membres n'élèvent aucune objection. Warren appellera Rankin le soir même.

Avant de clore la séance, McCloy soulève une autre question[48]. Jusqu'à présent, les débats se sont focalisés sur le FBI, le Secret Service et les informations que ces deux agences devront remettre à la commission. Mais qu'en est-il de la CIA ? Quelqu'un a-t-il approché la CIA pour déterminer ce qu'elle sait de l'assassinat – et des voyages d'Oswald en Russie et à Mexico ?

« Pas moi, en tout cas, répond Warren, pour la simple raison qu'on ne m'a pas laissé entendre que la CIA savait quoi que ce soit à ce sujet[49]. »

« Bien sûr que si », rétorque McCloy, comme pour souligner la grande naïveté du *chief justice*, qui s'imagine que la CIA ne sait rien d'intéressant sur Oswald[50]. Enfonçant le clou, il ajoute : « Ne faut-il pas leur poser la question ? »

« Bien entendu », répond Warren, qui a compris que sa réponse précédente était idiote. « Nous devons leur poser la question[51]. »

CHAPITRE 7

Bureaux de Gerald R. Ford
Chambre des Représentants
Washington
Jeudi 12 décembre 1963

C'est Gerald Ford qui demande à voir le directeur adjoint du FBI, Cartha « Deke » DeLoach[1]. Il l'invite à passer à son bureau dans la matinée du jeudi 12 décembre, une semaine après la première réunion de la commission. Ford a une proposition à faire au Bureau. « Dès le départ, il m'a dit qu'il souhaitait me parler en toute confidentialité, écrira DeLoach à Hoover dans la journée. Je lui ai dit que cela allait de soi. »

Pendant toute sa carrière parlementaire, Ford, comme Lyndon Johnson et bien d'autres, n'a pas ménagé ses efforts pour être en bons termes avec le FBI. Le Bureau a fini par le considérer comme un ami fiable, notamment dès qu'il s'agit de rameuter les soutiens de Hoover lorsque celui-ci présente ses demandes budgétaires annuelles. Ford appartient à la puissante commission de la Chambre, qui décide de la répartition du budget fédéral. En tant que membre de la commission Warren, Ford trouve une nouvelle occasion de marquer sa fidélité.

« Jerry » Ford, cinquante ans, natif du Michigan, se présente à ses électeurs comme un des leurs – un citoyen du Midwest comme tant d'autres, humble, bien élevé, affable[2]. Au Capitole, il est réputé pour son bon sens et sa bonne humeur, et les démocrates admirent ses compétences en politique étrangère.

Mais ses collègues connaissent une facette de sa personnalité que les électeurs du Michigan ne voient que rarement – celle du politicien à l'ambition dévorante, parfois implacable, qui choisit ses amis et ses alliés en fonction de leur utilité pour sa carrière. En 1948, il est entré à la Chambre en battant le candidat démocrate sortant. Dès ses premiers pas au Parlement, Ford a surpris son équipe en évoquant ouvertement son souhait d'être un jour élu « Speaker » (président) de la Chambre. Après une dizaine d'années, il a pris la direction du groupe parlementaire républicain – devenant le numéro trois du parti au Congrès – après avoir battu le sortant, qui occupait le poste de longue date. On a dit que son ami Richard Nixon, candidat républicain à la présidentielle de 1960, avait failli le choisir comme colistier.

A peine arrivé à Washington, en 1949, Ford faisait déjà des appels du pied au FBI. Au cours d'une prise de parole remarquée cet hiver-là, il avait réclamé une augmentation de salaire pour Hoover[3] ; l'amendement budgétaire rédigé par ses soins prévoyait une hausse de 25 % – soit un bond de 14 000 à 17 500 dollars par an, ce qui ferait de lui l'un des personnages les mieux payés du gouvernement fédéral*. Selon Ford, Hoover était un héros national, qui en méritait chaque centime : « La gratification monétaire que propose mon amendement, après de longues années de bons et loyaux services, n'est qu'une faible compensation au regard de son inestimable contribution. »

Près de quinze ans plus tard, Ford voit dans sa nomination à la commission Warren un tremplin vers une notoriété nationale – et l'occasion de renforcer ses liens avec Hoover. Par la suite, Ford répétera inlassablement qu'il a résisté un temps à l'invitation du président Johnson en raison de ses lourdes responsabilités à la Chambre. La publication, des décennies plus tard, des conversations téléphoniques de Johnson à la Maison-Blanche révélera que Ford a accepté l'offre sans hésiter.

Pour le FBI, cela veut dire qu'il disposera d'un interlocuteur précieux – et au besoin d'un allié – au cœur de l'enquête. Dans un rapport interne rédigé peu après l'annonce de la composition de la commission, Hoover dit qu'on peut compter sur Ford pour « veiller aux intérêts du FBI ».

---

* Compte tenu de l'inflation, cela représente 171 000 dollars en 2013.

En fait, l'intéressé souhaite aller encore plus loin, comme il l'explique à DeLoach dans son bureau. Il propose de devenir l'informateur secret du FBI au sein de la commission – notamment pour permettre au Bureau de garder l'œil sur Warren. Le FBI est-il intéressé ?

« Ford m'a dit qu'il n'est pas très heureux de la façon dont Warren exerce sa présidence », écrira DeLoach plus tard ce jour-là dans une note qui atterrira directement sur le bureau de Hoover[4]. « Selon lui, Warren a déjà commis une erreur en cherchant à créer une "commission d'un seul homme" en désignant Warren Olney, qui est son protégé, comme juriste en chef. »

Ford raconte à DeLoach que lors des débats initiaux de la commission, certains, dont lui-même, se sont opposés à cette nomination. « Warren a âprement résisté », raconte Ford à DeLoach, mais « un compromis a été trouvé quand le nom de Rankin a surgi ». Le rapport dit que Ford ignore – ou feint de ne pas savoir – que le FBI a monté une campagne contre la candidature d'Olney.

Ford fait alors sa proposition à DeLoach. « Ford a indiqué qu'il me tiendrait régulièrement informé des activités de la commission, écrit DeLoach. Il m'a aussi demandé la permission de m'appeler de temps en temps pour régler les questions qu'il serait amené à se poser concernant l'enquête. Je l'y ai vivement encouragé. Il a répété que nos rapports devront, évidemment, rester confidentiels. Nous entretenons avec le représentant Ford d'excellentes relations depuis de nombreuses années. »

Hoover a de quoi exulter, et pas seulement concernant cette proposition. Il a désormais la certitude que plusieurs membres de la commission sont disposés à tenir tête à son président.

« Bien joué », écrit-il au bas du rapport de DeLoach.

L'ancien numéro trois du FBI, William Sullivan, qui sera contraint quelques années plus tard à une retraite anticipée à la suite d'une brouille avec Hoover, se souviendra de l'excitation de ce dernier après la proposition de Ford, qui protégera le FBI en « le tenant pleinement informé de ce qui se passait à l'intérieur... C'était notre homme, notre informateur au sein de la commission Warren[5] ».

L'enquête sur l'assassinat de Kennedy promet d'être la plus grande enquête criminelle de l'histoire du Bureau, à en juger par le nombre d'agents et d'heures qui y sont consacrés. Elle est centralisée à Dallas, où sont provisoirement affectés des agents venus des quatre coins du pays. D'autres sont dépêchés à La Nouvelle-Orléans, où Oswald est né et où il a passé quelque temps en 1963, ainsi qu'à New York, où il a vécu une partie de son enfance, et à Mexico. Pourtant, sans doute dès les premiers jours et très certainement début décembre, Hoover semble déjà tenir pour acquis qu'Oswald est le seul coupable.

Le dimanche 24 novembre, quand Oswald est abattu, Hoover confie à Jenkins, l'un des plus proches collaborateurs de Johnson à la Maison-Blanche, que le FBI s'apprête à rédiger un rapport qui « persuadera l'opinion qu'Oswald est le véritable assassin[6] ». Ignorant l'avis de ses adjoints, il s'apprête à déclarer publiquement que ce dernier a agi seul. Le mardi 26 novembre, l'un des principaux collaborateurs de Hoover lui recommande par écrit de se garder de toute conclusion hâtive concernant l'assassinat, y compris de l'identification définitive d'Oswald en tant que coupable[7]. « Une affaire de cette ampleur ne peut être élucidée en une semaine. »

Dans le commentaire qu'il griffonne en haut de la page, Hoover ne cache pas son irritation : « Combien de temps faudra-t-il ? Il me semble que nous disposons déjà des éléments essentiels. » Trois jours plus tard, le 29 novembre, lors d'une conversation téléphonique il dit au président Johnson qu'il voudrait « boucler l'affaire aujourd'hui, mais ce ne sera probablement pas fait avant le début de la semaine prochaine[8] ».

Pronostic légèrement optimiste : c'est le lundi 9 décembre que le FBI remet à la commission Warren les cinq volumes d'un rapport de 400 pages qui, comme prévu, désigne Oswald comme l'unique assassin[9]. « Les éléments recueillis indiquent de façon concluante que l'assassinat du président Kennedy est l'œuvre de Lee Harvey Oswald, un marxiste avoué », peut-on y lire. Le FBI n'exclut pas complètement la possibilité d'une conspiration, mais selon le rapport rien ne permet de le penser. Le rapport laisse clairement entendre que le FBI avait placé Oswald sous surveillance en tant qu'espion soviétique en puissance mais que rien ne laissait supposer qu'il pouvait représenter une menace pour le président. Ce sont les conclusions de ce rapport qui ont fait l'objet de fuites en direction de la presse une semaine plus tôt.

Archives nationales
Washington
Lundi 16 décembre 1963

C'est à nouveau aux Archives que la commission tient sa troisième réunion, qui doit aborder le rapport du FBI[10].

Lee Rankin, nouveau juriste en chef, y participe, et Warren dit combien il est satisfait de savoir que c'est lui qui se chargera d'organiser l'enquête. « Depuis notre dernière réunion nous nous sommes beaucoup vus, et nous avons essayé de mettre un peu d'ordre dans tout ça[11]. »

Warren a d'autres bonnes nouvelles – il a trouvé des locaux au siège de l'Association nationale des anciens combattants, sur Maryland Avenue. Détail pratique, le bâtiment est à deux rues du siège de la Cour suprême et à quelques minutes à pied du Capitole. La commission disposera du quatrième étage – environ mille mètres carrés – et de la grande salle de conférences du rez-de-chaussée pour les auditions importantes. « C'est propre comme un sou neuf et cela me semble convenir à tous les égards », dit Warren.

Par ailleurs, la commission possède déjà son propre numéro de téléphone, et des standardistes et réceptionnistes ne vont pas tarder à arriver. Ce sera un réel soulagement pour les opératrices de la Cour suprême qui commencent à s'inquiéter des appels bizarres, parfois menaçants, d'individus prétendant détenir de sombres secrets concernant l'assassinat.

Warren fait également état de la bonne volonté dont on fait preuve à leur égard. L'Administration des services généraux, l'organisme fédéral chargé de la logistique, a détaché un administrateur chargé de mettre en place le système de paie et d'autres dispositifs comptables. Les Archives nationales ont mis à leur disposition un archiviste pour organiser le classement de la masse de documents, souvent « top secret » sinon plus confidentiels encore, sous lesquels ils crouleront bientôt. « De ce côté-là, les choses avancent aussi[12]. »

On en vient au rapport du FBI. La plupart des membres de la commission sont plutôt sévères à son égard. Warren et plusieurs autres le trouvent incomplet, confus et si mal écrit qu'on a du mal à suivre ; certains passages sont rédigés dans un style quasi télégraphique. « C'est truffé de fautes, on voit bien que ça n'a pas été relu », dit McCloy[13].

A ces inquiétudes concernant le rapport proprement dit s'ajoute l'irritation provoquée par la fuite d'un grand nombre de détails – ce dont le FBI semble être responsable – avant même que quiconque à la Maison-Blanche ou à la commission ait pu en prendre connaissance. « Messieurs, pour être tout à fait franc, j'ai lu ce rapport à deux ou trois reprises et je n'y ai rien trouvé que je n'aie pas déjà lu dans la presse », déplore Warren[14].

« Je suis tout à fait d'accord, répond Russell. Tout ce qu'on y trouve a été dit un jour ou l'autre dans la presse, un petit bout par-ci, un petit bout par-là. »

Les auteurs du rapport estiment clairement qu'Oswald a été le seul tireur, mais il manque beaucoup d'éléments sur les expertises médicales et les indices matériels relevés à Dealey Plaza. McCloy dit qu'il a lu et relu les passages concernant le fusil d'Oswald et la trajectoire des balles, mais ne comprend toujours rien aux preuves balistiques. « Cette histoire de balles me laisse perplexe, dit-il. C'est très insuffisant[15]. »

« On ne peut rien en tirer », renchérit Warren.

Boggs s'étonne que rien ou presque ne soit dit du gouverneur Connally ni de ses blessures quasi fatales. Le rapport du FBI le laisse avec « mille questions ».

Le rapport ne donne pas non plus des informations élémentaires sur le passé d'Oswald et ses voyages à l'étranger, notamment celui de l'automne, à Mexico. On y trouve une description sommaire de sa formation au maniement des armes chez les Marines. « Toutes sortes de questions se bousculent dans mon esprit, dit Boggs. C'était un tireur d'élite, par exemple. Où s'est-il entraîné[16] ? »

Les membres de la commission s'interrogent encore sur le caractère très embryonnaire des informations concernant Ruby, dont on raconte au Texas qu'il connaissait peut-être Oswald. « Ils se sont manifestement donné beaucoup de mal pour retracer la vie et les habitudes d'Oswald, dit Boggs, mais il n'y a pas grand-chose sur ce type, Ruby, ne serait-ce que sur ses déplacements, ce qu'il faisait, comment il a réussi à se faufiler – c'est invraisemblable. »

Même Ford, l'ardent défenseur du FBI, reconnaît que le document « n'est pas aussi approfondi qu'il devrait l'être[17] ».

Les insuffisances criantes du rapport conduisent Warren à changer d'avis sur la portée de leur mission. Une enquête bien plus vaste s'impose, qui demandera plus de temps, admet-il à contrecœur. Il faudra en outre exiger de toutes les instances officielles l'ensemble des « éléments bruts » concernant l'assassinat. En ce qui concerne le FBI, la commission devra revoir les milliers de témoignages et de rapports de relevé d'indices rédigés par les agents de Dallas et Washington, de même que tous ceux qu'ils établiront à l'avenir.

« Il nous faudra du temps pour digérer cette masse de documents, prévient Russell. Il nous faudra un camion[18]. »

« Oui, fait Warren. C'est sûr. »

En outre, Warren est à présent disposé à réunir une équipe sous les ordres de Rankin. Il préconise que l'on recrute « peut-être une demi-douzaine » de juristes expérimentés – ou des avocats chevronnés, que l'on ira chercher dans les grands cabinets – et qu'on leur adjoigne de jeunes avocats prometteurs qui se chargeront du gros des recherches[19].

Les jeunes travailleront à temps plein, et leurs partenaires plus expérimentés seront priés d'y consacrer le temps dont ils disposent ; on constituera des binômes, chacun ayant à sa charge un pan de l'enquête. L'un de ces binômes réalisera une étude biographique complète d'Oswald – « du jour de sa naissance jusqu'à l'heure de son assassinat », dit Warren. Un autre en fera autant pour Ruby.

Le principe est approuvé. Personne n'émet d'objection à l'idée d'embaucher des juristes – et pour le moment seulement des juristes – pour conduire l'enquête. Les sept membres de la commission, eux-mêmes tous juristes, semblent considérer qu'être diplômé en droit est la qualification requise pour intégrer l'équipe.

Concernant le rapport bâclé du FBI, Russell a le courage de dire tout haut ce que beaucoup pensent certainement tout bas : il est manifestement possible que l'on ne puisse faire confiance au FBI. Il n'est pas exclu que le Bureau, de bonne ou de mauvaise foi, ait déformé les faits concernant l'assassinat. L'un des membres de la commission, dit Russell, devra jouer « à l'avocat du diable avec ce rapport du FBI » – et avec tout ce qui leur sera communiqué par la CIA et d'autres organismes : il faut « éplucher et analyser chaque contradiction, chaque point faible, comme s'il s'agissait de les contester en justice[20] ». Au moins un membre de la commission devra évaluer les éléments « comme s'il avait l'intention de porter plainte contre J. Edgar Hoover ».

Ford soulève une question d'un autre ordre. Il voudrait s'assurer que les juristes recrutés n'auront pas d'opinions politiques trop marquées, qui risqueraient d'influencer l'enquête. « Cela me préoccupe vraiment, nous devons nous montrer très attentifs sur ce point », dit-il[21]. Le personnel de la commission doit être exempt de toute implication « avec un extrême ou l'autre ».

« Nous n'avons pas besoin d'idéologues, approuve Warren. Il nous faut des juristes, pas des idéologues. »

La discussion aborde ensuite d'autres questions laissées sans réponse dans le rapport du FBI. On s'interroge notamment à propos de Marina Oswald et de Ruth Paine. Selon le rapport, même si Oswald ne vivait pas avec sa famille, il a entreposé son fusil chez Mme Paine jusqu'au matin de l'assassinat.

Boggs craint que Marina ne soit tentée de prendre la fuite pour rentrer chez elle, en Russie. « C'est une citoyenne russe, elle peut très bien s'envoler », dit-il. Dulles aussi s'avoue « assez préoccupé » : il semblerait qu'elle ait écrit à l'ambassade soviétique de Washington avant l'assassinat pour s'informer des conditions d'un éventuel retour[22].

McCloy s'interroge pour sa part sur l'autre femme qui se trouve au cœur de l'enquête : Jacqueline Kennedy[23]. Tout en reconnaissant que cela pourra paraître déplacé, il estime que la commission doit l'entendre dans les plus brefs délais. L'ancienne First Lady est, à bien des égards, « le témoin central ». « C'est le principal témoin de l'impact des balles. Je ne pense pas qu'un interrogatoire en bonne et due forme soit nécessaire, mais elle était à côté du président au moment où il a été atteint. » Elle dispose peut-être d'informations uniques. Après tout, et si Kennedy lui avait fait part – et à elle seulement – d'inquiétudes quant au risque que représentait la visite à Dallas ? « Je crois vraiment qu'il serait étrange » de ne pas l'entendre.

McCloy, qui fréquente les mêmes cercles que les Kennedy à New York et Washington, sait que la jeune veuve évoque – librement – l'assassinat avec ses amis. Elle semble trouver du réconfort à faire part de certains détails particulièrement douloureux. « C'est extrêmement délicat, mais je crois savoir qu'elle serait tout à fait disposée à nous parler, explique-t-il. J'ai eu l'occasion d'aborder la question avec un membre de la famille. »

Comme ce sera souvent le cas dès qu'il s'agira de la famille Kennedy, Warren hésite[24]. La commission commence tout juste à s'organiser, souligne-t-il ; elle ne possède pas suffisamment d'informations pour « procéder à l'interrogatoire des témoins », et moins encore de l'ancienne First Lady. « Quand on veut parler avec quelqu'un comme Mme Kennedy, je pense qu'il faut savoir précisément ce que l'on souhaite obtenir d'elle. »

McCloy n'est pas d'accord ; il ne faut pas attendre. « Il s'écoulera un mois avant que nous en arrivions là, je trouve cela risqué. »

« Vous avez peur qu'elle oublie ? » demande Warren.

« Oui, répond McCloy. Notre esprit nous joue des tours. Aujourd'hui tout cela est clair dans sa tête, et je crois savoir qu'elle est physiquement capable de le faire[25]. » Il propose à la commission d'approcher Robert Kennedy quant à la bonne façon de procéder. « Parlons-en à Bobby. Il aura peut-être une idée. »

Warren refuse de s'engager sur les modalités – ou la date – d'une éventuelle audition de Mme Kennedy. Des années plus tard, McCloy y verra le signe annonciateur de l'attitude surprotectrice que le *chief justice* manifestera envers Jacqueline Kennedy et sa famille.

Dernier point à l'ordre du jour : comment gérer la meute de journalistes qui attend à l'entrée de la salle de conférences ? Russell, qui se frotte à la presse de Washington depuis quarante ans, déconseille de les laisser repartir sans leur donner un os à ronger. « Il faut les abreuver un peu, parce que c'est ce qu'ils attendent[26]. »

Warren approuve, si bien qu'à la fin de la séance, on fait entrer la presse. Il annonce l'installation de la commission dans le bâtiment de l'association des vétérans et évoque brièvement le recrutement de l'équipe de juristes. Il ajoute que la commission vient de commencer l'examen du rapport du FBI et qu'elle ne peut faire aucun commentaire sur son contenu pour l'instant, mais précise tout de même qu'elle prévoit de se faire communiquer la totalité des indices et des témoignages recueillis par le Bureau. « Comprenez bien que nous ne disposons pour l'instant que de rapports sommaires sur ce qui s'est passé – ils sont plus ou moins fragmentaires, dit-il aux journalistes. Nous allons nous pencher sur les éléments qui ont servi de base à ces rapports[27]. »

Après quelques minutes, il conclut la conférence de presse improvisée en souhaitant un joyeux Noël à chacun.

L'après-midi même, les agences de presse relaient les commentaires du *chief justice*. Dans les heures qui suivent, les dépêches sont sur le bureau de J. Edgar Hoover, qui est outré que Warren ait qualifié de résumé « fragmentaire » les nombreux volumes de son rapport. La commission est en place depuis à peine deux semaines et déjà, selon lui, son président émet des « critiques récriminatoires » et « nous cherche des poux dans la tête ». Le lendemain, il convoque James R. Malley, un responsable chevronné du FBI qui a été désigné pour servir d'agent de liaison avec la commission et lui communique ses instructions[28]. « Je veux que tous les rapports soient envoyés à la commission, aussi bien ceux qui sont sérieux que ceux dits "des cinglés". Je veux que rien ne leur soit caché, quel que soit le volume total... Puisque le *chief justice* les réclame, nous devons les lui donner. »

Bureaux de Gerald R. Ford
Chambre des Représentants
Washington
Mardi 17 décembre 1963

Le lendemain, Ford invite à nouveau le directeur adjoint du FBI dans ses bureaux, pour l'informer que Warren espère boucler l'enquête de la commission et publier son rapport « avant juillet 1964, quand la campagne présidentielle commencera à chauffer[29] ».

Les deux hommes évoquent aussi la fuite des conclusions du rapport du FBI – fuite dont les membres de la commission sont persuadés qu'elle a été orchestrée par le Bureau. « Cette fois encore, j'ai assuré à Ford que le FBI n'a autorisé aucune "fuite" d'aucun type », écrira DeLoach. Il suggère à Ford que cela vient d'ailleurs – « de l'*attorney general* adjoint Katzenbach et du département de la Justice, sinon de la commission elle-même. » Il laisse même entendre que Warren y est peut-être pour quelque chose, par le biais de son ami Drew Pearson. « J'ai dit à M. Ford que le président Warren est un proche de Drew Pearson et qu'il lui arrive de l'utiliser pour faire passer certaines idées auprès du public. »

Ford conclut l'entretien par une requête. Sa famille et lui s'apprêtent à partir dans le Michigan pour les fêtes de fin d'année. « Il souhaite emporter le rapport du FBI mais ne dispose d'aucun moyen de transport totalement sûr. Je lui ai dit que le directeur serait certainement d'accord pour lui prêter l'une des mallettes à combinaison qu'utilisent nos agents. Il a dit que ce serait idéal et qu'il apprécierait le geste. » La mallette sera livrée à Ford dès le lendemain, avec les compliments de Hoover.

CHAPITRE 8

Domicile de J. Lee Rankin
New York
Mardi 17 décembre 1963

Lee Rankin n'est pas du genre à tirer la couverture à lui. Chaque fois qu'il évoque son travail quand il officiait au département de la Justice, il salue le dur labeur de ses collègues et glisse sur son propre rôle en tant que juriste en chef des Etats-Unis. D'ailleurs ce n'est pas lui mais sa famille qui rendait publiques les menaces que lui valait son travail, comme ce soir à la fin des années 1950 quand une croix en feu a été plantée devant sa maison de la banlieue de Washington.

Son fils Roger s'était levé de table pour voir pourquoi les chiens de la famille aboyaient : « La croix devait faire 1,80 mètre, se souviendra-t-il des années plus tard. Elle se dressait là – une grande croix en flammes[1]. »

Lee Rankin n'avait pas manifesté la moindre crainte. « Il n'exprimait jamais ce type d'émotion – la peur ou l'inquiétude », racontera sa fille, Sara[2]. « Je crois bien ne l'avoir jamais vu inquiet. Il donnait toujours l'impression de maîtriser la situation. Il était réservé, effacé, calme. »

On n'avait jamais retrouvé les coupables, et les collègues de Rankin avaient mis cela sur le compte de son travail en faveur de l'extension des lois fédérales sur les droits civiques.

J. Lee Rankin – son premier prénom est James, mais il ne l'utilise jamais – a été recruté au département de la Justice par l'*attorney general* Herbert Brownell, originaire comme lui du Nebraska, qui avait pris part à la campagne présidentielle d'Eisenhower en 1952[3]. Rankin, quarante-sept ans, a d'abord occupé le poste d'*attorney general* adjoint en charge du conseil juridique, une fonction prestigieuse qui faisait de lui le juriste en chef du département. En 1956, il avait été nommé avocat général des Etats-Unis, ce qui faisait de lui le représentant du gouvernement devant la Cour suprême.

Dans une fonction comme dans l'autre, Rankin s'était trouvé à la pointe du combat qui opposait le département de la Justice aux groupes ségrégationnistes violents. Il avait participé à la rédaction des requêtes officielles favorables aux enfants noirs du Kansas dans l'affaire *Brown v. Bureau of Education.* Warren avait apprécié le style pragmatique et inébranlable affiché par Rankin devant la Cour suprême, notamment quand – avec sa silhouette élancée et ses lunettes qui lui donnaient un air de hibou docte – il plaidait pour l'extension des libertés individuelles et des droits civiques. En 1962, une fois revenu dans le privé à New York, il avait de nouveau plaidé devant la Cour en tant que représentant de l'American Civil Liberties Union dans l'affaire *Gideon v. Wainwright.* Dans un jugement historique, la Cour avait donné raison à l'ACLU et statué que tout accusé n'ayant pas les moyens de s'offrir les services d'un avocat devait pouvoir disposer d'un avocat commis d'office.

Le 6 décembre 1963, Warren appelle Rankin à New York pour lui offrir le poste de juriste en chef de la commission, et lui demande de se mettre immédiatement au travail. Par la suite, les deux hommes se souviendront que Rankin a commencé par protester – il est en train de s'établir à son compte et il lui sera difficile de s'absenter de New York. Il pense par ailleurs que certains membres de la commission – notamment Russell – verront d'un mauvais œil sa désignation en raison de son rôle dans *Brown v. Bureau of Education.* Mais Warren insiste : la commission approuve son choix à l'unanimité et il assure à Rankin « que cela ne durera pas plus de deux ou trois mois », racontera Rankin.

Warren et Rankin sont des républicains coulés dans le même moule – des progressistes particulièrement fiers d'appartenir au parti d'Abraham Lincoln. Tous deux admiraient le président Kennedy. « Mon père a été révolté par l'assassinat », se souviendra Sara Rankin. Tous deux tirent aussi une certaine fierté de leurs origines modestes ; ni l'un ni l'autre n'ont eu ce qu'on pourrait appeler une enfance privilégiée.

Rankin, diplômé en droit de l'université du Nebraska, a toujours travaillé dur, parfois jusqu'à l'obsession[4]. Gertrude, son épouse, le presse de dire non à Warren. Elle avoue à ses enfants avoir peur pour sa santé, comme à Washington, lorsqu'il rentrait à la maison avec un attaché-case rempli de papiers ; mille fois ses enfants ont eu la déception de le voir s'isoler le dimanche après-midi pour lire des rapports et préparer sa semaine.

Rankin est un perfectionniste, capable de demander à une secrétaire, avec la plus grande courtoisie, de retaper une lettre ou un rapport à cause d'une faute de frappe ; il n'aime pas l'aspect du correcteur liquide sur le papier. « Il fallait tout recommencer, dira sa fille Sara qui a parfois fait du secrétariat pour lui. Il fallait que la lettre soit parfaite, même si cela impliquait de la retaper quatre ou cinq fois[5]. »

Au temps où il était avocat général, Rankin avait avec Warren des rapports cordiaux mais formels. Cela tenait apparemment davantage à sa modestie et à sa timidité qu'à autre chose ; il refusait de se voir comme un intime du *chief justice*, qu'il révérait pourtant. A la commission, il estime qu'il ne va pas travailler avec Warren et les autres, mais plutôt *pour* eux. Il sera leur collaborateur, le juriste embauché pour cette mission. « Toutes les décisions importantes étaient du ressort de la commission, racontera-t-il. Je n'exerçais par moi-même aucune autorité[6]. » (La grande déférence de Rankin à l'égard de l'autorité et ses manières exquises expliquent peut-être pourquoi, à la différence de Warren Olney, qu'il a côtoyé au département de la Justice, il ne s'est pas attiré l'animosité de J. Edgar Hoover.)

Dans son appartement de Sutton Place, dans l'East Side de Manhattan, quelques heures après l'appel de Warren, Rankin s'empare d'un bloc-notes et esquisse un modèle possible d'organisation de l'enquête[7]. Warren accepte de le laisser partager son temps entre Washington et New York, étant entendu qu'il dirigera les travaux de la commission par téléphone quand il se trouvera à Manhattan. Bien vite, Rankin devient un habitué de la navette New York/Washington d'Eastern Airlines.

« Le lundi matin, il prenait le premier vol, se souviendra son fils aîné, Jim, et ne rentrait que le mercredi soir à la maison, sa mallette pleine à craquer. »

A Washington, Rankin prend ses quartiers à l'hôtel Madison, récemment inauguré, tout près de ses anciens bureaux au département de la Justice. Il se met aussitôt à l'ouvrage depuis sa chambre d'hôtel en attendant que la commission investisse ses nouveaux locaux.

Warren lui donne mandat pour embaucher une équipe de jeunes juristes, et se réserve un simple droit de veto. « Il me consultait de temps en temps, mais je l'ai laissé faire », dira Warren. Il lui dit tout de même de rechercher des hommes – il ne sera apparemment jamais question d'engager des femmes – provenant de différentes régions du pays, pas seulement de l'axe Boston-New York-Washington, qui fournit traditionnellement à l'administration ses meilleurs juristes. (Il n'a pas besoin de lui rappeler qu'eux-mêmes ne sont pas issus de l'axe en question.) Il veut « des hommes indépendants, sans connexions susceptibles de poser un jour un problème ».

C'est au département de la Justice que Rankin trouve l'une de ses premières recrues. Depuis l'assassinat, Robert Kennedy ne se montre pas souvent dans ses bureaux ; ses collaborateurs voient bien qu'il est trop accablé par le deuil pour accomplir autre chose que le strict minimum. C'est donc son adjoint, Nicholas Katzenbach, qui assure l'intérim, et il nomme un jeune avocat prometteur de la division criminelle âgé de trente-deux ans, Howard Willens, pour servir de liaison entre le département et la commission. On explique à Willens, un natif du Michigan, diplômé de Yale, que sa mission durera plusieurs mois.

Le mardi 17 décembre, Willens se présente au siège de la commission[8]. Immédiatement impressionné par le sens des responsabilités du jeune homme, Rankin lui demande s'il est disposé à travailler à plein-temps – à la fois pour assurer la liaison avec le département de la Justice et en tant que membre de son équipe. Trois jours plus tard, Willens est embauché avec l'accord de Katzenbach.

Interrogé des années plus tard, Willens contestera énergiquement que cette double appartenance ait pu représenter un conflit d'intérêts, même si la commission pouvait être amenée à enquêter sur certaines décisions de politique étrangère auxquelles Robert Kennedy avait été mêlé, notamment à propos de Cuba. « Personne ne peut sérieusement prétendre que le département de la Justice sous Bobby Kennedy ait eu d'autre souci dans cette enquête que celui de rassembler de la façon la plus méticuleuse et honnête toutes les informations disponibles », répondra Willens[9]. C'est pourtant bien ce que soutiendront certaines voix critiques au sein de la commission.

Rankin lui demande de l'aider à chercher d'autres jeunes juristes, et Willens appelle certaines connaissances au département de la Justice et dans divers grands cabinets d'avocats pour dresser une liste de candidats. Ses recherches laissent vite transparaître ses affinités avec Yale, ainsi que les nombreux amis qu'il compte parmi les anciens de la grande rivale, Harvard, comme dans une poignée des meilleures universités. « J'admets volontiers qu'il y avait une certaine prédominance de juristes de Yale et Harvard », dira-t-il plus tard en commentant la composition de l'équipe[10].

Rankin tient à engager un grand juriste noir. Très attaché à sa réputation de défenseur des droits civiques, il sait qu'il passera pour un hypocrite – avec Warren – si la commission n'engage que des avocats blancs. William Coleman, de Philadelphie, est le candidat idéal et la suggestion séduit Warren. A quarante-trois ans, Coleman, sorti parmi les premiers de sa promotion à Harvard, a été le premier clerc noir de la Cour suprême, où il a rejoint le juge Felix Frankfurter en 1948. Outre qu'il est un avocat d'affaires réputé – qui finira par représenter un nombre important de grandes entreprises, dont les automobiles Ford –, Coleman a joué un rôle important dans les coulisses du mouvement des droits civiques. Il a contribué à la rédaction des conclusions décisives dans le cas *Brown v. Bureau of Education*.

Rankin demande aussi à son ami Norman Redlich, trente-huit ans, professeur de droit à la New York University, de devenir son premier adjoint. Les deux hommes ont fait connaissance deux ans plus tôt lorsque Redlich a proposé à Rankin, qui venait à peine d'arriver à New York, d'assurer des cours dans son université.

Redlich possède les qualités précises qu'il cherche chez un adjoint, et cela ne le dérange pas que ce fiscaliste originaire du Bronx n'ait pas la moindre expérience du droit pénal ni du travail d'investigation[11]. Quelques jours plus tard, Redlich prend le chemin de Washington – son université est fermée jusqu'en janvier, date à partir de laquelle il fera la navette entre Washington et New York.

Par la suite, Rankin dira qu'il n'avait pas oublié la recommandation de Ford – approuvée par Warren : le personnel de la commission ne devait avoir aucun lien avec des extrémistes d'aucun bord. En ce qui concerne Redlich, le problème ne se pose pas, puisqu'il a le même type de profil que Rankin et Warren. Diplômé de Yale, c'est un farouche partisan des libertés et des droits civiques. Son engagement ne date pas d'hier : un an avant de finir son lycée à Williamstown, dans le Massachusetts, il a organisé une manifestation contre le coiffeur de la rue commerçante de la ville qui refusait les clients noirs. Le salon a fini par céder[12].

Par la suite, Rankin affirmera n'avoir absolument rien su de l'engagement passé de Redlich dans des groupes de défense des libertés civiques considérés par J. Edgar Hoover comme des organisations de façade du Parti communiste. Il apprendra – trop tard et à son grand regret – que le FBI possède un épais dossier sur Redlich et ses liens avec des organisations « subversives ».

CHAPITRE 9

Cabinet d'Earl Warren
Cour suprême
Washington

L'enveloppe scellée provient de l'hôpital naval de Bethesda[1]. Selon l'inventaire dressé par le FBI, il y a quarante clichés de l'autopsie, tous de format 10×13, – vingt-deux en couleur, et dix-huit en noir et blanc[2].

En quatorze ans passés au poste de *district attorney* du comté d'Oakland, combien de photos de ce genre Warren a-t-il eues entre les mains – des centaines, des milliers ? A la brigade criminelle d'Alameda County, on savait choisir (de préférence l'estomac vide) les photos que l'on pourrait montrer à un jury sans risquer des évanouissements.

Warren estime avoir le cœur bien accroché. Mais les photos de l'autopsie sont terribles. « J'ai vu les photos dès que Bethesda nous les a envoyées, et elles étaient si épouvantables que j'ai mal dormi pendant plusieurs nuits », écrira-t-il[3]. Le pire, confie-t-il à un ami, c'est la tête du président, « fendue, quasiment béante ». Le crâne est « désintégré ».

Quelques semaines à peine après l'assassinat, il est consterné d'apprendre par la presse qu'on projette à Dallas et ailleurs d'ouvrir des « musées » commémoratifs. « Le président était à peine enterré et déjà certains esprits malades recueillaient des reliques de l'assassinat », écrira Warren. Les promoteurs de ces musées – des « aboyeurs de fête foraine », dira-t-il – ne cachent pas leur souhait de racheter à l'Etat les armes d'Oswald pour en faire le clou de leur exposition. Warren se souviendra avoir lu qu'ils « offraient dix mille dollars pour le seul fusil... ils essayaient aussi d'acheter à la famille d'Oswald ses vêtements, le revolver avec lequel il avait abattu l'agent Tippit, et plusieurs objets provenant du Texas School Book Depository, et ils étaient même intéressés par les vêtements du président Kennedy. Forcément, ils avaient aussi l'œil sur les photos de l'autopsie. »

A présent qu'il les a vues, Warren ne s'interroge pas longtemps sur ce qu'il convient d'en faire*. C'est bien simple : il faut les mettre sous clé, pour toujours, sauf décision contraire de la famille Kennedy. Nul hormis la famille n'aura le droit de les voir – pas même les membres et le personnel de la commission. Il ordonne que toutes les photos de l'autopsie, ainsi que toutes les radiographies, soient envoyées au département de la Justice, où elles seront sous le contrôle de Robert Kennedy.

Si Warren est convaincu que la commission peut se passer des photos et des radios, c'est parce que les médecins qui ont conduit l'autopsie pourront toujours venir témoigner et que la commission dispose de leur rapport, qui comporte les croquis à main levée des blessures du président. Il décrète donc que les photos et les radiographies n'ont pas de valeur particulière. La commission, dit-il, fera appel au « témoignage expert des médecins qui ont conduit l'autopsie pour établir la cause du décès, les points d'entrée, de sortie et la trajectoire des balles ».

D'autres images atroces du jour de l'assassinat échappent en revanche au contrôle de Warren. Le public a déjà pu voir certains fragments de l'incroyable film amateur tourné par Abraham Zapruder, cinquante-huit ans, fabricant de vêtements pour dames à Dallas, qui a saisi le moment de l'assassinat avec sa petite caméra Bell & Howell « Zoomatic ». Il se tenait près d'une des pelouses de Dealey Plaza, à quelques mètres du Texas

* Dans ses Mémoires, publiés à titre posthume en 1977, Warren révèle qu'il avait examiné les photos pendant l'enquête de la commission, mais il ne dit pas quand cela s'est passé exactement, en 1963 ou 1964.

School Book Depository, un endroit que les journalistes ne tarderont pas à désigner du nom de « talus herbeux » (*grassy knoll*).

Le lundi 9 décembre, l'attaché de presse de Warren à la Cour suprême, Bert Whittington, reçoit l'appel d'un représentant du magazine *Life*, qui a acheté le film à Zapruder. Dans un numéro spécial d'hommage à John F. Kennedy paru une semaine plus tôt, *Life* a reproduit trente photogrammes tirés du film, une séquence qui commence au moment où la limousine présidentielle s'engage lentement dans Elm Street et passe devant le Texas School Book Depository. En noir et blanc, les clichés montrent l'instant précis où le président est atteint, apparemment au cou, et celui où il s'effondre sur les genoux de sa femme ; ensuite, on voit la First Lady qui tente de se hisser sur le coffre de la voiture, dans ce que le magazine qualifie de « pathétique appel au secours ».

Life ne dit rien de ce qu'il a été décidé de ne pas montrer – notamment que les vingt-six secondes du film sont bien plus horribles et que celui-ci est en couleur. Plus particulièrement, le magazine a choisi de ne pas reproduire l'image de l'instant où une balle frappe le président à la tête, faisant exploser le côté droit de son cerveau en une brume sanguinolente rosâtre. « Nous avons estimé que la publication de cette image atroce serait un affront inutile pour la famille Kennedy et la mémoire du président », se souviendra Richard Stolley, le responsable de *Life* qui a négocié l'achat du film.

Dans une note, Whittington informe Warren que le magazine souhaite faire don à la commission d'une copie intégrale du film, en couleur. Warren lui retourne sa note avec une mention manuscrite lui demandant de prendre immédiatement contact avec *Life* en les remerciant pour leur collaboration. « Nous aurons certainement besoin de le visionner et le leur ferons savoir », écrit-il.

Quelques jours plus tard, une copie du film de Zapruder arrive à Washington, et Warren voit de ses yeux ce que le magazine a sagement choisi de ne pas montrer à ses lecteurs.

Siège de la commission présidentielle
sur l'assassinat du président John F. Kennedy
Washington
Décembre 1963

Fin décembre, Rankin et Willens – dont l'autorité croît de jour en jour – fixent la composition de l'équipe, constituée au départ de quinze juristes. La plupart travailleront en tandem – un « juriste senior » et un « juriste junior », plus jeune et moins expérimenté.

Avec l'approbation de Warren, Rankin et Willens définissent six domaines d'investigation. Le premier concernera la chronologie de tous les événements survenus entre le moment où le président Kennedy a quitté la Maison-Blanche, le 21 novembre, et celui où son corps a été ramené, peu avant l'aube du samedi 23 novembre. Le deuxième domaine concernera les indices permettant d'établir – de façon concluante, espère-t-on – l'identité de l'assassin, vraisemblablement Oswald. Le troisième sera celui de la reconstitution de la vie d'Oswald. Le quatrième étudiera l'hypothèse d'une conspiration étrangère, et en particulier l'implication possible de l'Union soviétique et de Cuba. Le cinquième dressera la biographie de Jack Ruby et s'intéressera aux liens possibles entre lui et Oswald. Le sixième enfin concernera la protection du président par le Secret Service, ainsi que l'historique des méthodes employées par les forces de l'ordre pour les précédents présidents.

Warren n'a pas trop de mal à trouver des avocats réputés susceptibles de servir de « juristes senior ». C'est le type de professionnel que Rankin et lui-même côtoient depuis des décennies. William Coleman se chargera du domaine numéro 4 – celui de la « conspiration » – car il a une expérience en matière de politique étrangère. Récemment nommé auprès de l'Agence pour le contrôle des armes et le désarmement que vient de créer le gouvernement, il possède déjà toutes les autorisations officielles en matière de documents secrets.

Rankin recommande Francis Adams, cinquante-neuf ans, avocat d'affaires de Manhattan qui a été chef de la police de la ville de New York au milieu des années 1950, et Warren propose le nom d'Albert Jenner, cinquante-six ans, associé du puissant cabinet Raymond, Mayer, Jenner & Block, de Chicago. L'un et l'autre acceptent ; Adams, qui a de l'expérience en matière de criminologie, se voit attribuer le domaine numéro 1, la chronologie de l'assassinat, et Jenner le numéro 3, celui de l'enquête sur le passé d'Oswald.

Warren tient aussi à engager un vieil ami de Californie, Joseph Ball, soixante et un ans, qui compte parmi les plus brillants pénalistes et enseigne à la faculté de droit de l'université de la Californie du Sud. Pour Warren, Ball est le démenti vivant de la thèse, très répandue parmi les avocats de l'Est, selon laquelle leurs confrères de la côte Pacifique seraient moins talentueux ou moins sophistiqués. Ball s'occupera du domaine numéro 2, et cherchera à déterminer si Oswald est bien l'assassin.

Déjà bien loti en avocats de la côte Est, de l'Ouest et du Midwest, Warren voudrait que le Sud soit aussi représenté. Le député Boggs lui suggère le nom d'un natif comme lui de la Louisiane : Leon Hubert, ancien procureur de La Nouvelle-Orléans qui enseigne le droit à l'université Tulane. Hubert, cinquante-deux ans, exerce dans un cabinet privé. On lui confie le domaine numéro 5, celui de la biographie de Ruby.

Bureaux du district attorney *de Philadelphie*
Philadelphie
Mardi 31 décembre 1963

A trente-trois ans, Arlen Specter est l'étoile montante de Philadelphie, sa ville adoptive[4]. En juin 1963, il est devenu un héros local – en tout cas au bureau du *district attorney,* dont il est l'un des adjoints – pour avoir fait condamner pour racket certains des plus puissants dirigeants du syndicat des camionneurs de sa ville. Il a fait si forte impression que Robert Kennedy l'a fait venir à Washington pour lui proposer de l'assister dans l'enquête sur Jimmy Hoffa, le dirigeant national des camionneurs. Specter a décliné l'offre parce qu'il entendait postuler au poste de *federal attorney* de Philadelphie.

Auprès de ses collègues comme de ses adversaires, Specter passe pour avoir un aplomb hors du commun, qui frôle souvent l'arrogance. L'intéressé conteste mollement ce portrait.

C'est la veille du nouvel an qu'il reçoit un appel de la commission[5]. Vers 17 h 30, il est encore au bureau, « et cherche une excuse pour avoir dû rentrer si tard à la maison », se souviendra-t-il. Sa femme, Joan, a invité des amis à réveillonner. La voix au bout du fil est celle de Howard Willens, un ancien camarade de Yale. Willens travaille depuis deux semaines à la commission, et il presse Specter de prendre part à l'enquête.

Specter refuse, en raison des batailles en appel qui l'attendent dans l'affaire des camionneurs. Mais le soir venu, alors que la fête bat son plein, il change d'avis. Quand il raconte l'appel de Willens à sa femme et à ses invités, ceux-ci – à sa grande irritation, avouera-t-il plus tard – répondent comme un seul homme que son devoir est d'accepter. « Tous étaient très excités de me voir partir à la guerre – tous voulaient qu'Arlen Specter verse jusqu'à sa dernière goutte de sang. » Il rappelle Willens et accepte son offre[6].

Deux semaines plus tard, Specter se présente à Washington et trouve la ville enfouie sous la neige. Il est reçu par son ancien camarade de fac, qui le présente à Lee Rankin. Ce dernier, se souviendra-t-il, est « paternel, avec une voix douce et une pointe d'humour ». Après lui avoir décrit l'organigramme de l'équipe, Rankin lui explique que, étant donné son jeune âge, il sera forcément le partenaire junior du tandem qu'il intégrera. Puisqu'il fait partie des premières embauches, Specter a le privilège du choix ; il choisit le domaine numéro 1, qui s'intéressera aux dernières heures de la vie de Kennedy – et à l'assassinat proprement dit. « C'est celui qui m'a paru le plus attirant », dira-t-il. Specter ne compte pas passer la nuit à Washington ; il a prévu de dormir dans son lit, à Philadelphie, alors il entasse dans sa mallette les premiers rapports d'enquête sur l'assassinat et regagne la gare pour prendre le train qui le ramènera chez lui. Il se dit que « ces papiers [l']occuper[ont] pendant une bonne partie de la semaine à venir ». Il annonce à Rankin qu'il sera de retour à Washington – à plein-temps cette fois – la semaine suivante.

Dans le train, il s'assied à côté d'une place vide « pour pouvoir lire les documents à l'abri des regards ». Il parvient rapidement au rapport d'autopsie : « En parcourant le détail atroce des blessures du président, en particulier sa blessure à la tête, j'ai eu la nausée et ça m'a déprimé. »

Et encore ne s'agit-il, pour l'essentiel, hormis quelques croquis, que de mots sur du papier. Specter préfère ne pas penser à ce qu'il ressentira lorsqu'il aura l'occasion - sous peu, vraisemblablement - d'inspecter les photos de l'autopsie et les radiographies. En tant que *district attorney*, il sait la valeur de ces clichés. Dans une enquête sur un homicide, les photos de l'autopsie et les radiographies sont des éléments essentiels - elles constituent souvent la meilleure, la plus concrète des preuves en ce qui concerne le crime et l'identité de son auteur.

CHAPITRE 10

Davis, Graham & Stubbs, avocats
Denver, Colorado
Janvier 1964

En ce début de 1964, David Slawson, trente-deux ans, collaborateur de l'un des plus grands cabinets d'avocats de Denver, est très pris par ses clients[1]. Il a beaucoup de travail, sans être débordé pour autant : ses collègues chez Davis, Graham & Stubbs admirent sa capacité à s'immerger, presque totalement, dans une tâche complexe et à l'exécuter rapidement. A la différence des autres, ce diplômé de Harvard n'a pas besoin de rester au bureau jusqu'à pas d'heure pour répondre à l'attente de ses clients ; il aime être rentré chez lui à 17 heures, si possible. Même l'assassinat de Kennedy ne l'a pas fait dévier. Slawson a pourtant aimé ce président dont la mort le touche profondément. En 1960, il s'est joint à sa campagne électorale à la demande de son éminent collègue, Byron « Whizzer » White, qui l'a pris sous son aile dès son arrivée au cabinet. White, démocrate de toujours, a dirigé la campagne de Kennedy dans le Colorado. Quelques jours après l'élection, il a quitté Denver pour rejoindre Robert Kennedy au département de la Justice ; en 1962, il a été nommé à la Cour suprême.

Slawson avait espéré suivre White à Washington. Avec ce président glamour et la ribambelle de stars qui l'entouraient à la Maison-Blanche, la capitale du pays était, pour beaucoup de jeunes avocats ambitieux, plus attirante que jamais. Mais c'est la mort de Kennedy qui vaudra à Slawson son billet pour Washington.

Tout commence début janvier, quand il reçoit l'appel d'un inconnu – Howard Willens. Willens a été aiguillé sur lui par un ami commun. Il lui demande s'il souhaiterait faire partie de la commission et Slawson accepte sans hésiter ; il lui faut juste obtenir l'accord de ses associés. Pour Slawson, cela ne fait pas de doute : l'enquête sur « ce qui s'est vraiment passé » à Dallas sera forcément palpitante[2].

A son grand soulagement, ses associés donnent immédiatement leur feu vert, étant entendu qu'il s'absentera deux ou trois mois au plus. Il prend alors ses dispositions pour se rendre à Washington sans délai. Rien ne le retient : il n'est pas marié et n'a pas de petite amie régulière, seul son travail le lie à Denver.

Il lit tout ce qu'il trouve dans la presse locale sur l'assassinat et la commission avant son départ. Il se procure même quelques numéros du *New York Times* – pas une mince affaire à Denver à cette époque – où il apprend que la commission sera organisée en équipes d'enquêteurs, chacune se penchant sur un aspect particulier de l'assassinat. Sa curiosité est particulièrement attisée par celle qui se penchera sur la possibilité d'une conspiration étrangère.

Pour beaucoup de ses nouveaux collègues, le tandem chargé de la « conspiration » n'est pas le plus attrayant. Le FBI semble penser qu'Oswald a agi seul, et la tâche risque d'être impossible. Peu importe, Slawson s'estime idéalement taillé pour la mission. Il imagine que ce sera, au fond, un casse-tête logique où il faudra extraire des réponses d'un tout petit nombre d'informations concrètes, si tant est qu'il y en ait. Il ne sait pas grand-chose des intrigues de la guerre froide, hormis ce qu'il lit dans la presse, mais il pense que si les Russes ou les Cubains sont impliqués, ils auront forcément cherché à dissimuler ou à détruire le moindre indice incriminant.

Slawson aime les casse-tête depuis son enfance. Il sait faire le vide dans son esprit pour démêler un problème complexe de maths ou de sciences, sans faire appel à des images ou à des diagrammes : tout se passe dans sa tête. Cette aptitude lui a donné de grandes facilités pour les mathématiques et les sciences. A un moment il a envisagé de devenir physicien, et a suivi un cursus scientifique à Amherst College, où il a fini premier de sa promotion, en 1953. En dépit de sa grande timidité, qui le poursuivra toute sa vie, il était apprécié parce qu'il avait de la classe, au point d'être élu délégué de sa promotion. Slawson est ensuite entré à Princeton en pensant y étudier la physique. Il n'oubliera jamais le frisson qu'il a éprouvé en apercevant Albert Einstein dans la rue. « Parfois, quand on passait, il était là. »

Ce qui change la vie de Slawson – et le détourne de la science – c'est le spectacle auquel il assiste en 1954. Fasciné, il suit la retransmission à la télévision des Army-McCarthy Hearings – les auditions du Sénat qui ont mis fin au maccarthysme et à la chasse aux sorcières. Slawson est ébloui par Joseph Welch, l'avocat représentant l'armée, qui tient tête au sénateur. Le grand moment, c'est lorsque Welch demande à McCarthy : « N'avez-vous donc aucune décence, monsieur ? » Slawson a compris qu'il voulait devenir avocat, comme Welch, et se coltiner aux grandes questions de notre temps. « Voilà ce que je veux faire », se souviendra-t-il avoir pensé. Il s'interrogeait déjà sur la solitude du métier de physicien. « J'aimais la physique, dira-t-il, mais je passerais ma vie cloîtré, à résoudre des équations mathématiques complexes. Ce n'était pas ce que je voulais faire. »

Un an plus tard, son master en poche, Slawson quitte Princeton et devance l'appel sous les drapeaux. C'est encore en uniforme qu'il se présente à la faculté de droit de Harvard, où il est admis. La bourse accordée aux soldats lui permet de payer ses études et il décroche son diplôme parmi les premiers de sa classe, ce qui lui vaut une place de rédacteur à la célèbre *Harvard Law Review*. Slawson a l'embarras du choix parmi les propositions de grands cabinets de New York, mais il a envie d'une destination plus modeste, dans une petite ville, avec une nature accueillante. Sa passion des sports de montagne fait de Denver un choix naturel.

Chez Davis, Graham & Stubbs, parce qu'il a l'œil pour dénicher les jeunes talents, Byron White demande qu'on lui confie Slawson. Sur un terrain de football ou dans un prétoire, « Byron était une superstar », se souviendra Slawson. C'est White qui fait de lui un sympathisant de Kennedy. Aux primaires démocrates de 1960, il voulait voter pour Adlai Stevenson, mais son mentor l'a vivement invité à revoir son choix. « Il m'a donné tout un tas de trucs à lire sur Kennedy, je les ai lus, et j'ai dit d'accord, je change mon vote. » White s'arrange alors avec le cabinet pour que son jeune protégé puisse travailler à temps partiel à la campagne de Kennedy.

Le 22 novembre, jour de l'assassinat, Slawson est au bureau ; une secrétaire abasourdie lui apprend qu'on vient de tirer sur le président. Lorsque tombe l'annonce officielle du décès, le cabinet ferme pour la journée. « On a dit à tout le monde de rentrer à la maison », racontera Slawson, qui habite tout près. « J'étais bouleversé. Je crois bien que je suis rentré en larmes. » Deux jours plus tard, il assiste en direct à l'assassinat d'Oswald à la télévision et se dit que c'en est vraiment trop. Il n'a pas pensé un instant à une conspiration – ni lors de la mort du président, ni lors de celle de son assassin. « Je me suis juste dit que le monde était devenu fou. »

Une semaine après l'appel de Willens, Slawson emprunte la longue route qui sépare le Colorado de Washington dans la Buick Sedan que lui a prêtée son père. « C'était un de ces trucs immenses, avec des ailerons, vraiment pas mon style. » Il atteint la capitale dans la soirée du dimanche 19 janvier – c'est la première fois qu'il se trouve dans la capitale – et prend une chambre dans un motel bon marché. Le lendemain matin, en manteau, costume et cravate, il se rend à la commission. On lui présente Willens et Rankin, et ceux-ci lui annoncent d'emblée qu'il sera le partenaire junior du tandem affecté à la « conspiration », sous les ordres de William Coleman. Slawson est ravi ; c'est exactement ce qu'il voulait.

Slawson ne connaît pas Coleman, mais il est impressionné d'apprendre que son équipier est sorti premier de Harvard et qu'il a participé à l'affaire *Brown v. Board of Education*. C'est la première fois qu'il collabore avec un avocat noir. Slawson ne se souviendra pas d'avoir été intimidé par l'ampleur de la tâche qui les attend. Ils doivent déterminer si un Etat étranger – très probablement l'Union soviétique ou Cuba – vient de tuer le président des Etats-Unis, acte qui pourrait facilement déclencher une guerre nucléaire. « Je n'avais pas froid aux yeux, dira Slawson. J'étais plutôt excité. » La plupart de ses nouveaux collègues partagent le même sentiment. « Je pense n'avoir jamais douté de mes aptitudes intellectuelles, dira-t-il. Je crois qu'on était tous dans le même cas. »

Il se met aussitôt au travail. Cet après-midi-là, on lui demande de recevoir un individu qui prétend détenir des informations sur l'existence d'une conspiration. Il rencontre un homme aux cheveux blancs, élégant, d'une cinquantaine d'années et à l'air à peu près cohérent. « Je ne voulais pas le rembarrer, parce que le type avait peut-être quelque chose à dire », se souviendra Slawson. Mais deux heures plus tard, à bout de nerfs, il a compris qu'il a « un paranoïaque en face de [lui] ». Selon l'homme, le secret de l'assassinat de Kennedy est inscrit sur un papier enfoui sous un rocher quelque part en Suisse. « Il voulait qu'on l'accompagne en Suisse, où il nous montrerait le rocher », racontera Slawson.

Ensuite, Slawson s'en veut d'avoir perdu son temps à écouter ces délires. Il ne tarde pas à découvrir que l'expérience a été utile. L'une des premières leçons qu'il apprend au sein de la commission, c'est que beaucoup d'individus apparemment sérieux sont en fait « complètement siphonnés ».

Slawson se souviendra avoir rencontré Coleman un vendredi, lors de ce qui deviendra la visite hebdomadaire de ce dernier à Washington. Les deux hommes formeront une équipe soudée, qui ne connaîtra pas l'ombre d'une friction. Comme plusieurs « juristes seniors », Coleman prévoit de travailler sur l'enquête à temps partiel. Il a prévenu Warren et Rankin que ses apparitions à Washington seront forcément sporadiques. L'essentiel des recherches et du travail de rédaction sera assuré par Slawson, qui ne demande pas mieux.

Au début, Slawson n'avait pas d'opinion préconçue sur la question d'une conspiration internationale, à la différence de Coleman : « Dans un premier temps, j'ai vraiment pensé que c'était les Russes ou les Cubains », dira ce dernier, se rappelant sa crainte que les découvertes de l'enquête ne déclenchent une guerre[3].

Pendant plusieurs semaines, Slawson abandonne rarement le petit bureau qu'il occupe au quatrième étage de l'immeuble de l'association des vétérans. Il a des milliers de pages à engloutir. Tout le personnel croule sous les dossiers confidentiels du FBI et de la CIA – souvent estampillés « top secret ».

Sa focalisation sur la possibilité d'une conspiration étrangère va l'obliger à étudier de près la CIA et son fonctionnement, bien plus que ses collègues. La perspective d'être bientôt amené à rencontrer de vrais espions le ravit.

Slawson pense que la commission dispose d'un atout formidable en la personne d'Allen Dulles, qui a dirigé la CIA de 1953 jusqu'à son renvoi, en 1961, après le fiasco de la baie des Cochons. La retraite forcée de Dulles n'avait pas vraiment entamé ses rapports avec le président Kennedy. « Il avait pris son renvoi très dignement, et n'avait jamais cherché à se défausser sur quiconque, dira plus tard Robert Kennedy. Le président l'appréciait énormément, et moi aussi[4]. » Selon le président Johnson, c'est Robert Kennedy qui a recommandé l'embauche de Dulles par la commission.

Pour Slawson, si la CIA possède des informations associant Oswald à une conspiration, Dulles saura s'y prendre pour les obtenir. Mais il n'a pas encore fait sa connaissance. Quand ils se rencontrent enfin, Slawson est surpris par l'apathie et la détérioration mentale de l'ancien patron de l'espionnage. Avec « sa raie au milieu de sa chevelure grise, sa moustache soigneusement taillée, ses costumes en tweed et ses lunettes ovales sans monture », il ressemble à un « directeur de pensionnat », pour reprendre les termes de Richard Helms, son ancien adjoint[5]. Mais en ce début de l'année 1964, Slawson trouve que Dulles ressemble surtout à un maître d'école pas très en forme, qui a largement dépassé l'âge de la retraite.

Depuis la baie des Cochons, Dulles, qui a soixante-dix ans, a pris un coup de vieux. Robert Kennedy se souviendra que lors de ses derniers jours à la CIA on aurait dit un « cadavre ambulant. Il souffrait de la goutte, marchait avec difficulté, et se prenait constamment la tête dans les mains[6] ». La goutte le tourmente toujours ; il lui arrive souvent de déambuler en pantoufles dans les bureaux de la commission parce que ses chaussures lui font trop mal. Des années plus tard, apprenant tout ce que Dulles savait vraiment – et qu'il a peut-être caché à la commission –, Slawson persistera à vouloir conserver de lui une bonne image. Il préférera penser qu'après l'humiliation de son renvoi, le vieil homme avait tout simplement oublié bon nombre des grands secrets dont il avait été autrefois le dépositaire.

CHAPITRE 11

Central Intelligence Agency
Langley, Virginie
Samedi 23 novembre 1963

Dans les heures qui suivent l'assassinat, le numéro deux de la CIA, le directeur adjoint Richard Helms, se dit qu'il faut mettre un peu d'ordre dans la pêche frénétique aux informations en cours dans son quartier général. Le directeur, John McCone, qui n'est pas à l'origine un professionnel du renseignement, se fait une joie de laisser les grandes décisions concernant l'enquête à Helms, espion de métier et vrai patron de l'Agence. Le lendemain du drame, ce dernier choisit trente analystes de Langley pour recueillir des informations sur Oswald et toute trace d'une implication éventuelle de puissances étrangères. Lors d'une réunion avec ses adjoints, Helms annonce qu'il confie la direction de l'équipe à John Whitten, quarante-trois ans, vieux briscard qui s'est souvent occupé d'opérations spéciales[1].

Le nom de Whitten ne dirait rien à la plupart de ses collègues, en tout cas pas à ceux qui pourraient être amenés à avoir affaire à lui[2]. En effet, la CIA s'efforce de limiter au maximum la diffusion de sa véritable identité, et dans les notes internes il apparaît toujours sous le pseudonyme de John Scelso.

Lorsque le président Johnson crée la commission d'enquête, une semaine après l'assassinat, Whitten, un type parfois abrupt qui a démarré dans le renseignement en tant que spécialiste des interrogatoires, se voit attribuer la responsabilité des contacts avec la commission[3]. A l'époque, il dirige depuis près de huit mois les opérations spéciales au Mexique et en Amérique centrale. Sa branche est connue sous le nom de WH-3 – la troisième branche de la division des services secrets couvrant l'hémisphère occidental (Western Hemisphere). Elle chapeaute les opérations d'espionnage dans la zone s'étendant de la frontière mexicaine au Panamá.

Comme tant d'autres de ses collègues, Whitten n'est pas rentré chez lui le 22 novembre[4]. Il a passé la nuit à l'Agence et a aidé à rassembler les informations sur Oswald. C'est à ce moment qu'il a découvert le dossier créé sur lui à la suite de son passage à l'Est en 1959 puis de son retour aux Etats-Unis trois ans plus tard. Il n'y accorde pas trop d'importance, et trouve bien plus intéressants les rapports des collègues qui ont surveillé Oswald à Mexico lors de son mystérieux séjour en septembre.

Lors de la réunion du 23 novembre, Helms annonce que Whitten disposera de « pouvoirs étendus » et que toute information concernant l'assassinat devra lui être adressée, même si cela ne correspond pas aux voies habituelles de la remontée d'informations[5]. Whitten sera « responsable de l'enquête, et aucun employé de l'Agence ne devra discuter de l'assassinat avec des personnes extérieures, y compris la commission Warren et le FBI, hors de [sa] présence[6] ». Whitten pense que Helms lui confie cette mission[7] parce qu'il a « conduit ces dernières années plusieurs grandes opérations d'une importance capitale, qui ont donné les bons résultats, si vous voyez ce que je veux dire[8] ».

Parmi les participants à cette réunion[9] se trouve James Jesus Angleton, directeur du contre-espionnage – le « chasseur de taupes » chargé de déjouer les tentatives d'infiltration. Sa simple présence dérange toujours Whitten. Les deux hommes se sont opposés à de nombreuses reprises au cours de leur carrière[10], notamment lorsque Whitten dirigeait des opérations impliquant Angleton à un titre ou un autre. « Aucun patron de l'Agence n'a jamais su s'y prendre avec lui », dira Whitten[11].

A quarante-cinq ans, Angleton est un personnage inquiétant, secret. Whitten le considère comme quelqu'un de néfaste[12], un homme qui voit des complots d'infiltration communiste partout. On raconte que la paranoïa d'Angleton est née après la trahison de Kim Philby, l'agent double britannique qui était aussi son grand ami. Sa « phobie des conspirations et sa soupçonnite exacerbée » étaient franchement « bizarres », se souviendra Whitten[13]. Diplômé de Yale, élevé en Europe, Angleton se délecte de sa réputation d'excentrique anglophile amateur d'orchidées et de poésie[14]. Il a aussi le goût du secret, au point que personne – pas même Helms, son patron – ne semble savoir ce qu'il fabrique. Il se repaît de la confusion – ou, selon Whitten, du chaos – qu'il suscite. Paraphrasant T.S. Eliot, Angleton décrit volontiers l'art de l'espionnage comme une « jungle des miroirs ».

« Tout ce que faisait Angleton était entouré de secret, racontera Whitten. Il m'est arrivé plusieurs fois dans ma carrière d'avoir à conduire, à analyser ou à vérifier certaines de ses enquêtes. Cela a toujours été une expérience déplaisante – très déplaisante. » Lorsque Helms ou quelqu'un d'autre lui demande de remonter les bretelles à Angleton, Whitten ne le fait jamais sans appréhension. « J'y allais avec ma police d'assurance en poche, et je me demandais à chaque fois si je n'aurais pas mieux fait de rédiger mon testament[15]. »

L'influence d'Angleton ne se limite pas au contre-espionnage. Il doit une partie de son pouvoir aux bons rapports qu'il entretient avec J. Edgar Hoover. Quelle que soit la rivalité entre la CIA et le FBI, les deux hommes partagent une même obsession du péril communiste en général et soviétique en particulier. « Il avait avec Hoover des rapports extrêmement étroits », dira Whitten[16]. En retour, il fait « tout son possible » pour protéger le FBI, dont il ne supporte pas qu'on le critique. « L'une des raisons pour lesquelles Helms m'a confié l'affaire était la trop grande proximité d'Angleton avec le FBI », dira Whitten[17]. « Le FBI savait se serrer les coudes pour protéger ses propres intérêts. Hoover et les autres ne voulaient pas être la cible de critiques, ils voulaient avoir les faits en main avant tout le monde[18]. »

L'influence d'Angleton s'étend jusqu'à certaines antennes importantes de la CIA à l'étranger, que dirigent des amis ou des protégés comme Winston Scott, le chef de la station de Mexico. Ils étaient tous les deux proches d'Allen Dulles[19].

Whitten reconnaîtra avoir tiré une certaine satisfaction de l'irritation d'Angleton à propos de l'enquête sur Oswald[20]. « Dans un premier temps, M. Angleton n'avait pas prise sur l'enquête, et cela lui déplaisait profondément, se souviendra Whitten. Il n'a pas du tout apprécié qu'on me la confie. »

Croyant pouvoir compter sur le soutien sans faille de Helms, Whitten entreprend de reconstituer l'histoire d'Oswald et s'efforce de comprendre ce qui a pu l'inciter à assassiner Kennedy. Il épluche des piles et des piles de documents. « On croulait sous les dépêches, les rapports, les notes, les sous-entendus provenant du monde entier, et il fallait tout vérifier, racontera-t-il[21]. Nous ne faisions plus que ça, et une bonne partie de mes agents passait son temps à rechercher des noms, étudier des dossiers[22]. » Il y avait plein de « trucs tordus » sur Oswald, on l'accusait même d'avoir été en cheville avec des extraterrestres, se souviendra-t-il[23].

Whitten dira qu'il ne savait rien d'Oswald, pas même son nom, avant l'assassinat de Kennedy[24]. Pourtant, à l'automne, la station de Mexico avait répondu aux questions de la branche WH-3 et envoyé plusieurs dépêches à Langley à propos du séjour d'Oswald à Mexico, mais il affirmera ne pas s'en souvenir. Selon lui, cela n'avait rien d'étonnant puisqu'à l'époque Oswald passait pour un de ces « transfuges à la petite semaine », un de ces « tarés » qui débarquaient régulièrement dans la capitale mexicaine[25].

Selon Whitten, il n'était pas rare à l'époque que des soldats ou des employés de l'industrie américaine de la défense se présentent à l'ambassade soviétique à Mexico pour passer à l'Est ou vendre des secrets[26]. La station de la CIA les repérait en si grand nombre que Hoover, informé afin que le FBI puisse surveiller ces espions potentiels à leur retour aux Etats-Unis, « rougissait de plaisir à la seule évocation de la station de Mexico – c'était l'un des fleurons de notre coopération avec le FBI[27] ».

Whitten partage l'admiration de Hoover pour l'antenne de Mexico[28] – et plus particulièrement pour Scott, « le meilleur de nos chefs de station, qui dirigeait la meilleure station du monde ». Sous l'impulsion de Scott, la station a mis sur pied un réseau d'informateurs rémunérés dans l'appareil d'Etat mexicain et au sein des principaux partis politiques. Scott supervise aussi l'opération de surveillance électronique la plus importante et la plus sophistiquée du monde[29], qui comporte notamment la pose de micros dans des ambassades étrangères et des écoutes téléphoniques. Selon Whitten, toutes les lignes téléphoniques des ambassades soviétique et cubaine à Mexico étaient écoutées par la CIA – une trentaine en tout. Les deux ambassades étaient cernées par des caméras de surveillance[30].

Cela expliquait à ses yeux pourquoi certaines informations avaient mis si longtemps à remonter vers Langley à la suite de la visite d'Oswald[31]. Scott et ses hommes auraient été victimes de leur propre réussite. La station de Mexico croulait sous les photos et les enregistrements – qu'il fallait traduire en anglais et retranscrire.

Whitten se souviendra d'avoir immédiatement cherché la réponse à une question que la commission Warren et d'autres ne manqueraient pas de poser : étant donné les circonstances rocambolesques de sa défection en Union soviétique, Oswald avait-il jamais travaillé pour le compte de la CIA[32] ? La réponse, que Whitten dira ne pas avoir mis longtemps à trouver, est non. « Oswald était le type même d'individu que l'Agence n'aurait jamais envoyé derrière le rideau de fer ou ailleurs... Oswald était depuis toujours profondément déséquilibré sur le plan émotionnel. »

Whitten dira avoir reçu de Helms l'instruction de coopérer pleinement avec la commission Warren sans pour autant divulguer les moyens par lesquels la CIA se procure ses informations – les « sources et méthodes », dans le jargon de l'Agence. La commission n'est donc pas informée de l'existence des programmes de surveillance électronique, du moins au début. « Nous leur donnions absolument tout tant que nous avions la certitude de ne pas avoir à révéler la façon précise dont nous obtenions nos informations », se souviendra Whitten[33]. La CIA ne souhaite pas révéler le dispositif en place à Mexico car cela pourrait alerter les Soviétiques et les Cubains. « Nous avions peur de compromettre définitivement nos capacités », dira Whitten[34]. « Cette discrétion ne répondait pas à des motifs inavouables. Nous ne trouvions pas cela d'une pertinence vitale et nous voulions protéger nos sources[35]. »

La frénésie règne au siège de la CIA dans les heures suivant l'assassinat gagne aussi la station de Mexico, alors située au dernier étage de l'ambassade américaine, sur le Paseo de la Reforma, une artère importante au cœur de la capitale mexicaine. Scott sait déjà quelles questions vont lui poser Langley et Washington[36]. Quelques semaines plus tôt, la station a mené une opération de surveillance intensive de l'homme qui selon toute vraisemblance vient d'abattre le président des Etats-Unis[37]. Pendant plusieurs jours, elle a secrètement enregistré les conversations téléphoniques d'Oswald – ou celles le concernant – et l'Agence cherche à déterminer si ses caméras de surveillance l'ont filmé lors de ses visites aux ambassades soviétique et cubaine. Certaines transcriptions d'écoutes, estampillées « urgentes », sont remontées directement jusqu'au bureau de Scott, ce dont témoignent ses archives. La CIA – et plus particulièrement sa station de Mexico – aurait-elle pu faire quelque chose pour arrêter Oswald ?

Scott est un pilier de la maison[38]. Mathématicien de formation, il venait de commencer son doctorat à l'université du Michigan, dans les années 1940, quand le FBI l'a détourné de ses études pour mettre son talent mathématique au service de la cryptographie. Pendant la Seconde Guerre mondiale, il a fait partie de l'Office of Strategic Services, l'ancêtre de la CIA. A l'OSS, il a noué de solides liens d'amitié avec plusieurs espions – notamment Angleton, Dulles et Helms – qui ont tous participé à la création de la CIA en septembre 1947.

Parmi les adjoints de Scott à Mexico, peu sont aussi proches qu'Anne Goodpasture[39], une autre ancienne de l'OSS[40]. Pendant la Seconde Guerre mondiale, elle a été envoyée en Birmanie avec une autre agente de l'OSS, Julia McWilliams, qui se ferait connaître plus tard en écrivant des livres de cuisine sous son nom de femme mariée, Julia Child. Plus tard, Anne Goodpasture niera avoir été proche d'Angleton[41], mais dans l'Agence tout le monde sait que c'est lui qui l'a envoyée à Mexico, impressionné par ses performances lors d'une précédente opération. Scott, l'ami d'Angleton, a accepté de l'accueillir en 1957, un an après sa propre prise de fonctions.

A la station de Mexico, on la prend souvent pour une secrétaire ou une sténo, et elle dira avoir toujours été heurtée par le sexisme de cette supposition[42]. En vérité, c'est une collaboratrice de tout premier plan – l'« assistante personnelle » ou le « bras droit » de Scott, selon ses propres termes. Ce n'est pas une agente de terrain – l'essentiel de son travail s'accomplit entre les murs de l'ambassade américaine – mais elle connaît l'art de l'espionnage, y compris la façon d'ouvrir une enveloppe sans laisser de trace[43]. Son amitié avec Scott est d'autant plus naturelle qu'ils sont tous deux originaires du Sud ; elle-même vient du Tennessee. L'un et l'autre sont à la fois très sociables et très discrets. (Parmi les petits secrets d'Anne Goodpasture, il y a celui de son âge, qui n'apparaît que rarement dans les documents la concernant. Au moment de l'enquête sur Oswald, ses collègues lui donnent une cinquantaine d'années, comme à Scott.) « C'était un gentleman du Sud, dira-t-elle de lui. Je sentais qu'il aimait se considérer comme un intellectuel... Il avait une façon particulière de s'habiller, toujours en costume sombre et chemise blanche[44]. »

Malgré leur profonde estime réciproque, c'est bien Scott qui commande et qui, en dernier ressort, détient les secrets. Au sein de la station, les informations remontent jusqu'à lui et lui seul, de façon obsessionnelle, se souviendra-t-elle. « Il conservait ses propres archives, à l'écart de celles de la station, réparties entre plusieurs coffres-forts dans son bureau ainsi qu'un autre, plus grand, chez lui », dira-t-elle. « Win ne faisait confiance à personne[45]. » Scott a plusieurs autres adjoints, « mais ils ne l'étaient qu'en titre, parce que Win était toujours là » et qu'il « prenait toutes les décisions ».

Anne Goodpasture éprouve de la sympathie et du respect pour Scott, mais elle ne le croit pas toujours sincère dans les informations qu'il transmet à Langley. C'est, à ses yeux, la raison pour laquelle il passe de longues journées à son bureau – c'est le seul moyen de maîtriser la circulation de l'information et de veiller à ce que personne n'ait la moindre chance de détecter ses cachotteries. « Ils auraient constaté qu'il exagérait probablement certaines choses, dira-t-elle. Il lui arrivait souvent de modifier les chiffres. Un journal parlait d'une foule de 500 personnes, et il ajoutait un zéro. »

Anne Goodpasture raconte que Scott devient particulièrement anxieux – et même paranoïaque – après l'assassinat de Kennedy, et plus encore après la création de la commission

Warren. Il lui dit très clairement – tout comme à ses autres adjoints – qu'il a l'intention de contrôler dans le moindre détail les échanges entre la station et la commission. Avec le temps, il ira encore plus loin, et deviendra soudain muet comme une carpe dès qu'il sera question d'Oswald[46]. Après l'assassinat, le sujet disparaît tout simplement de leurs échanges : quand la commission pose à la CIA des questions qui supposent une réponse de Mexico, Scott s'en occupe personnellement. Il ne parle jamais du contenu de ces questions à Anne Goodpasture, pas plus qu'il ne laisse ses collègues chercher des informations dans les archives de la station. Quand les questions arrivent, il se fait apporter le dossier Oswald, trouve la réponse et transmet lui-même l'information à Langley. Anne Goodpasture ne témoignera jamais devant la commission Warren et ne sera jamais interrogée, alors qu'elle a participé à l'opération de surveillance d'Oswald. Scott, elle le sait, répondra en personne à toutes les questions.

CHAPITRE 12

Central Intelligence Agency
Langley, Virginie
Décembre 1963

Whitten et les trente hommes de son équipe pensent connaître les grandes lignes de la vie d'Oswald. Ils commencent même à entrevoir ce qui a pu l'inciter à tuer le président.

Whitten rédige un rapport récapitulatif[1] – une vingtaine de pages, se souviendra-t-il – à usage purement interne. Il pense qu'Oswald était un « dingue castriste » qui a probablement agi seul[2]. En dépit des contacts d'Oswald avec l'ambassade cubaine à Mexico, Whitten ne découvre aucun indice d'une quelconque implication du régime de Castro[3]. Whitten est un spécialiste de l'Amérique latine ; il connaît bien Cuba, et ne croit pas que Castro aurait risqué la survie de son régime en confiant une telle tâche à un jeune homme instable. S'il y avait quoi que ce soit d'autre à trouver à Mexico, Scott l'aurait trouvé[4].

Alors qu'il met la dernière main à son rapport, Whitten est consterné – mais non surpris, dira-t-il – d'apprendre qu'Angleton conduit sa propre enquête sur Oswald et qu'il en discute avec ses amis du FBI[5]. « C'était une violation flagrante des ordres de Helms », dira Whitten. Il pose directement la question à Angleton qui, à son grand étonnement, se fait un plaisir de confirmer la véracité des rumeurs, comme s'il était au-dessus des décisions de Helms[6]. Il reconnaît que le FBI le tient au courant de l'évolution de l'enquête. Il rencontre aussi leur ancien patron, Allen Dulles, qui fait partie de la commission[7]. Whitten s'en plaint auprès de Helms, qui lui fait comprendre qu'il n'interviendra pas dans leur dispute. Helms évite systématiquement de se heurter au difficile Angleton. Comme il l'explique à Whitten, si Angleton fait des histoires, « tu n'as qu'à lui dire toi-même » d'arrêter[8].

Whitten s'inquiète : et si Angleton avait des informations différentes, peut-être meilleures, que celles que le Bureau lui communique[9] ? Ses craintes prennent corps lorsqu'on le convie à prendre connaissance dans le bureau de Nicholas Katzenbach, l'adjoint de Robert Kennedy, des quatre cents pages du premier rapport du FBI. Whitten est furieux d'avoir été berné par le FBI. Le Bureau lui a bien transmis quelques bribes, mais il apprend par exemple que plus tôt dans l'année Oswald a tenté d'assassiner Edwin Walker, un général à la retraite qui est une des figures de l'extrême droite de Dallas.

Whitten découvre aussi qu'Oswald tenait une sorte de journal et que le FBI a découvert qu'il entretenait des rapports avec des militants castristes, notamment un groupe très actif connu sous le nom de Fair Play for Cuba Committee[10]. Alors qu'il vivait à La Nouvelle-Orléans, Oswald a prétendu être le président de la section locale. En août, il a été arrêté lors d'une échauffourée avec des militants cubains anticastristes.

Whitten n'oubliera jamais son sentiment d'« humiliation » à la lecture du rapport. Alors qu'il vient de remettre un dossier présenté comme un portrait minutieux d'Oswald, il prend conscience qu'en raison des « très nombreuses informations » du FBI, son propre travail est « à la fois dépassé et redondant ». Son rapport « ne sert à rien[11] ».

Angleton en profite pour le mettre définitivement hors circuit. Il le prend violemment à partie en présence de Helms et de ses adjoints : son rapport est « tellement truffé d'erreurs qu'il [est] hors de question de le transmettre au FBI ». Whitten tente de se défendre : de toute évidence, le FBI s'est gardé de communiquer des informations qu'il aurait dû partager sans réfléchir. Angleton ne fait même pas semblant de l'écouter et poursuit sa charge. « Il m'a taillé en pièces », dira Whitten[12].

Angleton recommande énergiquement que le dossier Oswald soit retiré à Whitten et confié à sa propre équipe de contre-espionnage – et plus particulièrement à l'un de ses plus fidèles adjoints, Raymond Rocca. Et Helms accepte. Sans autre forme de procès, il annonce avec le détachement qui le caractérise que l'enquête sur Oswald est intégralement transférée au service d'Angleton, qui se chargera désormais des rapports de l'Agence avec la commission Warren[13].

Whitten constate avec stupeur que Helms a manifestement surmonté ses craintes concernant la proximité entre Angleton et Hoover[14]. Il semble même soudain pressé de voir le FBI et la CIA travailler la main dans la main. « Helms voulait confier l'enquête à quelqu'un qui était dans les petits papiers du FBI, se souviendra Whitten avec amertume. Je ne l'étais pas ; Angleton si. »

En interne, Helms explique que ce passage de témoin est une mesure administrative de bon sens[15] – comme si quoi que ce soit concernant l'assassinat pouvait relever de mesures administratives. Whitten est un spécialiste du Mexique et de l'Amérique centrale, or l'enquête s'étend à présent bien au-delà de l'Amérique latine – jusqu'à l'Union soviétique et des régions du monde dont Angleton possède une meilleure connaissance[16]. « L'enquête déborde largement du Mexique, alors cela n'avait pas grand sens de la laisser aux mains de celui qui supervisait la station de Mexico », dira Helms des années plus tard.

Richard MacGarrah Helms a toujours eu le don de faire passer pour ordinaires, voire ennuyeuses, les choses les plus extraordinaires. En tant que directeur adjoint à la planification, il supervise toutes les opérations clandestines de la CIA dans le monde. A cinquante ans, avec ses cheveux gominés, ses costumes impeccables et sa diction distinguée, c'est le stéréotype du gentleman espion. Ce fils d'un industriel de l'aluminium a fait ses études secondaires en Suisse et parle couramment le français et l'allemand. Il est venu à l'espionnage pendant la Seconde Guerre mondiale en servant dans le renseignement naval, d'où il s'est orienté vers l'OSS, puis la CIA. Il est réputé pour son pragmatisme et son humour pince-sans-rire. Il conclut toutes les conversations en disant : « Allez, au boulot[17]. »

Il fait état depuis le début de sa volonté de coopérer pleinement avec Warren. « L'Agence avait l'intention de faire tout son possible pour aider, et même un peu plus s'il le fallait[18]. » Mais sa définition d'une coopération totale comporte une nuance de taille. La CIA répondra à toute demande émanant de la commission Warren – « quand ils demandaient quelque chose, on le leur donnait » – mais ne prendra jamais l'initiative de livrer des informations ne concernant pas directement Oswald ou l'assassinat. Pour Helms, coopération totale ne veut pas dire mise à disposition de tous les dossiers. Il sait que ce choix risque de lui valoir un jour des critiques mais il l'assume[19].

David Slawson ignore tout de ces querelles internes[20]. Il est encore novice mais a déjà fort à faire : Coleman ne pense pas passer plus d'un jour par semaine à Washington, et il a compris qu'il devra se charger de la plus grande partie du travail.

Il est sidéré par le nombre de documents estampillés « secret » ou « top secret » qu'on lui confie : comme les autres jeunes juristes, il ne dispose pas des autorisations requises[21]. Il a été décidé, sans doute par Warren et Rankin, que les jeunes collaborateurs pourront avoir accès aux documents confidentiels sans passer par le processus de qualification habituel. Slawson et ses collègues se gardent bien de poser la moindre question quant à cette décision.

Les documents de la CIA qu'on lui transmet ont été rassemblés par John Whitten mais Slawson ne se souviendra pas de l'avoir rencontré, ni même d'avoir entendu son nom. Pas plus qu'il n'entendra parler d'Angleton ni du tri effectué par ce dernier parmi les informations transmises à la commission. En revanche, dans les jours qui suivent son arrivée à Washington, il fait la connaissance de Raymond Rocca.

Slawson se dit que la CIA a bien fait de confier la responsabilité des rapports avec la commission à ce battant qui passe le voir presque tous les jours. « J'ai appris à l'apprécier et à lui faire confiance, dira Slawson. Il était très intelligent, et semblait vouloir jouer franc jeu[22]. » Au point que Slawson finit par conclure que si la CIA cache quelque chose à la commission, elle le cache aussi à Rocca.

Agé de quarante-six ans, natif de San Francisco, Rocca a étudié l'histoire à Berkeley et ressemble aux autres agents de la CIA que l'on peut croiser à la commission[23] : élégants, distingués et éloquents, ils tranchent avec leurs homologues du FBI et du Secret Service, plus besogneux, plus col bleu. Slawson dira que l'anticommunisme virulent de Rocca, sa certitude que « les communistes étaient à l'origine de tous les problèmes » ne le dérangeait pas, mais l'amusait plutôt[24]. Dès qu'il est question de Castro, Rocca frise l'apoplexie. « Un jour, on parlait de Cuba, et il a bondi en hurlant : "Fidel Castro ? Cet homme, c'est le mal. Le mal absolu." »

Slawson comprend bientôt qu'il n'a d'autre choix que de faire confiance à Rocca et à la CIA. C'est à peu près le seul moyen dont dispose la commission pour se procurer des informations indispensables concernant l'Union soviétique, Cuba et d'autres ennemis extérieurs ayant pu être mêlés à la mort de Kennedy. « On n'aurait pas pu enquêter sur les opérations de renseignement à l'étranger sans passer par la CIA », se souviendra Slawson. Il met au point des manières détournées pour vérifier si l'agence de renseignement dit vrai. Par exemple, il réclame un même document officiel à toutes les agences qui pourraient l'avoir reçu. Si un rapport est destiné à la CIA et au département d'Etat, il le réclame aux deux. Si l'un ne lui remet pas une copie, l'autre le fera peut-être. Slawson reconnaîtra que cela lui plaisait de fréquenter des espions et d'être au fait de certains secrets. A l'époque, les romans et les films d'espionnage font leur entrée dans la culture populaire – *James Bond 007 contre Dr No*, le premier film adapté d'un roman d'Ian Fleming, sorti en 1962, est un succès planétaire.

En janvier, la CIA organise une sorte de réunion d'information sur le KGB et ses tentatives d'assassinat, à laquelle Slawson participe. Il en ressort avec la conviction que l'assassinat de Kennedy ne ressemble pas du tout à une opération du KGB. « On nous a expliqué les méthodes des espions russes pour tuer. » Tous les assassinats commis par le KGB hors de l'Union soviétique sont passés en revue. « Lee Harvey Oswald ne collait pas du tout. Si les Russes décidaient de tuer quelqu'un, ils veillaient à ne pas pouvoir être démasqués. L'assassinat était maquillé en mort naturelle ou en accident. »

Conformément à la promesse de partager avec la commission tout ce que la CIA sait de l'assassinat, Rocca et d'autres agents abreuvent Slawson d'informations archi-confidentielles. Très vite, Rocca fait part au jeune juriste d'une information dont il ne parle à personne, pas même aux membres de la commission, du moins pas immédiatement : « Il y a eu une défection, lui annonce sombrement Rocca. Une défection qui pourrait s'avérer très importante. » Un officier du KGB de rang intermédiaire, Youri Nosenko, vient de passer à l'Ouest et se trouve à présent entre les mains de la CIA. Nosenko prétend avoir lu tous les dossiers du KGB sur Oswald, et selon lui ils prouvent qu'Oswald n'a pas été recruté par le KGB – il n'était pas un espion soviétique. « On n'a pas fini de l'interroger, dit Rocca, mais s'il dit vrai, les Soviétiques seront exonérés de toute implication dans l'assassinat. »

A Langley, toutes les informations concernant Oswald et l'assassinat atterrissent désormais sur le bureau d'Angleton, y compris celles obtenues à Mexico par Winston Scott. Comme Whitten, Angleton tient Scott pour un espion exemplaire.

Sous la direction d'Angleton, l'enquête change radicalement d'orientation. Pour des raisons qu'il n'expliquera jamais vraiment, il abandonne la piste d'une conspiration cubaine. En revanche, il se focalise résolument sur celle de l'URSS, reflet de son éternelle obsession. Angleton considère sans doute que Castro est dangereux, mais pour lui Cuba n'est qu'un second couteau dans le contexte général de la guerre froide. Trois analystes de contre-espionnage ont été choisis parmi les hommes d'Angleton pour collaborer avec Rocca ; tous sont des spécialistes du KGB.

Castro ne cesse pas pour autant d'obséder d'autres personnes à la CIA. Sous Kennedy, l'Agence a créé une unité spéciale, le Special Affairs Staff, ou SAS, dont le but est la conduite d'opérations clandestines visant à renverser Castro. Le SAS dispose de ses propres analystes qui, sans dépendre d'Angleton, sont censés collaborer avec ses équipes[25]. Comme le révélera plus tard une enquête parlementaire, Angleton court-circuitera le SAS, à qui il n'adressera jamais la moindre demande concernant une possible implication cubaine.

Le 20 février, Angleton reçoit une nouvelle inquiétante[26]. Il apprend qu'au moins trente-sept documents ont disparu du dossier sur Oswald constitué par la CIA avant l'assassinat. Parmi les pièces manquantes se trouvent sept notes du FBI, deux documents du département d'Etat et vingt-cinq câbles de la CIA. Quelques semaines plus tard, lorsque les membres de la commission Warren sont conviés à venir consulter les dossiers à Langley, l'équipe d'Angleton affirmera que ceux-ci sont complets. Les archives de la commission montrent que, du moins pendant un certain temps, celle-ci ne se doute pas que des dizaines de documents concernant Oswald se sont volatilisés.

CHAPITRE 13

Cabinet d'Earl Warren
Cour suprême
Washington
Janvier 1964

Pendant un moment, Earl Warren a cru qu'Oswald faisait peut-être partie d'une conspiration internationale. Tout de suite après l'assassinat, lorsqu'il a appris qu'il était parti en URSS, un scénario impliquant les Soviétiques lui a paru possible. « Le seul élément qui m'a fait envisager une conspiration, c'est qu'Oswald était parti en Russie », se souviendra-t-il[1].

Mais dès que les premiers rapports de police, accablants pour Oswald, sont connus, son instinct d'ancien *district attorney* prend le dessus et chasse définitivement de son esprit l'idée d'une conspiration. Il est désormais persuadé qu'Oswald a agi seul. Le crime est certes monstrueux, il a changé le cours de l'histoire, mais sur bien des points Oswald lui rappelle les jeunes voyous violents, impulsifs et souvent déséquilibrés qu'il a poursuivis à Oakland dans les années 1920. Il connaît l'esprit des criminels : Oswald n'a eu besoin de personne pour assassiner le président.

Moins d'une semaine après le drame, il ne croit plus à quelque conspiration que ce soit : « Dès que j'ai appris qu'Oswald travaillait au Texas School Book Depository, dès que j'ai su comment il s'était éclipsé – c'était le seul employé à avoir disparu – dès qu'on a trouvé le fusil et les douilles, j'ai considéré que la trame générale était établie[2]. » Il soulignera avec insistance n'avoir jamais fait part de son opinion à l'équipe de la commission afin de ne pas influencer l'enquête. Rankin dira pour sa part n'avoir jamais entendu Warren exclure l'hypothèse d'une conspiration : « La seule chose que je l'ai entendu dire, c'est qu'il fallait trouver la vérité[3]. »

Les jeunes recrues de la commission abonderont dans le même sens : ils n'ont jamais rien entendu qui aurait pu laisser croire que Warren estimait qu'Oswald avait agi seul. Cela n'aurait d'ailleurs pas manqué d'en décevoir certains, qui sont venus à Washington pour dénicher une conspiration, et brûlent de la dévoiler. « Je partais du principe qu'il y avait eu conspiration[4] », dira David Belin, trente-cinq ans, avocat à Des Moines, recruté sur les conseils d'un juriste de l'administration Johnson, Roger Wilkins. Tous deux ont fréquenté l'université du Michigan dans les années 1950 (Belin est sorti premier de sa promotion en 1954, Wilkins deviendra un journaliste reconnu et un dirigeant du mouvement des droits civiques). Belin penche pour un complot inspiré par Fidel Castro pour se venger de Kennedy après la baie des Cochons et la crise des missiles. « Je trouvais la thèse du complot très probable, Lee Harvey Oswald n'était peut-être pas le véritable assassin, n'en déplaise au FBI, et Ruby l'avait sans doute tué pour le faire taire[5] », se souviendra Belin. Sa mission en tant que juriste junior du tandem du domaine numéro 2, celui chargé d'établir l'identité du ou des assassins, l'enchante. Avec son partenaire senior, l'avocat californien Joseph Ball, ils sont au cœur de la traque.

Au début, Burt Griffin, trente et un ans, ancien *federal attorney* à Cleveland, croit aussi à une conspiration. Il pense que certains groupes racistes, bien décidés à mettre fin à l'action de Kennedy en faveur des droits civiques, ont pu faire le coup. « Je pensais que c'était l'œuvre de ségrégationnistes sudistes », racontera-t-il des années plus tard[6]. Diplômé de Yale, Griffin est le benjamin de l'équipe. Il a été recommandé à Howard Willens par un ami commun. Contrairement à la plupart de ses autres collègues, il connaît Washington, où il a travaillé trois ans plus tôt en tant que clerc d'un juge de la cour d'appel fédérale. Sa femme et lui adorent la ville et sont ravis d'y revenir. « J'ai appelé à la maison pour annoncer à ma femme que nous retournions à Washington et elle a commencé à faire les valises avant que j'aie raccroché. »

Griffin voulait faire carrière dans le journalisme ou la politique, mais ses excellents résultats l'ont finalement décidé à s'inscrire en droit[7]. Il avait détesté : « Les professeurs se fichaient pas mal de l'enseignement ; tout ce qui les intéressait, c'était leur ego. » Ses notes brillantes lui avaient néanmoins permis de collaborer à la revue juridique de l'université. Il avait fini quatrième de sa promotion : « Je me suis dit que j'avais peut-être un certain talent pour ça », dira-t-il. Il a ensuite passé deux ans au bureau du procureur fédéral de Cleveland, sa ville natale. Son travail consistait à mettre au jour des méfaits, un peu comme le journaliste d'investigation qu'il avait rêvé d'être, avec l'avantage de pouvoir traîner les gens devant les tribunaux. Il avait adoré.

Lorsqu'il débarque à la commission, Griffin constate avec étonnement que la plupart de ses collègues n'ont aucune expérience en matière pénale ou policière. Il est le seul des juristes juniors à avoir déjà eu affaire au FBI, et il met tout le monde en garde : le Bureau n'est pas toujours compétent ni sincère. En tant que *federal attorney* dans l'Ohio il a eu l'occasion de travailler avec l'antenne de Cleveland, et il n'a pas gardé un bon souvenir de J. Edgar Hoover ni de l'agence qu'il dirige. « C'était une bande de bureaucrates, dira-t-il. Leur prétendue efficacité est une légende. » S'il y a eu une conspiration un tant soit peu sophistiquée pour tuer le président, Griffin n'est pas persuadé que le FBI sera capable de la mettre au jour. « Sauf en tombant dessus par hasard. »

Mais ses doutes vont encore plus loin. Très vite, il pense que le Bureau tente de cacher la vérité pour couvrir ses propres manquements dans la surveillance d'Oswald avant l'attentat. Selon lui, le Bureau, pour se couvrir, est capable de faire porter le chapeau au seul Oswald, quelle que soit la vérité. « Je pensais que le FBI était capable d'un coup tordu[8] », dira-t-il. Il n'est pas le seul à le penser à la commission. Certains juristes sont « très excités » à l'idée de débusquer une conspiration, ne serait-ce que parce que cela nuirait à J. Edgar Hoover, qu'ils méprisent. « Nous étions bien décidés à prouver que le FBI se trompait – nous allions démasquer une conspiration, dira Griffin. Nous serions les héros de la nation. »

Nommé juriste junior dans le tandem du domaine numéro 5, celui chargé d'enquêter sur le passé de Jack Ruby, Griffin partage son bureau avec son supérieur, Leon Hubert. Ils sont à l'étroit, dans environ dix mètres carrés ; leurs bureaux sont disposés côte à côte[9]. Griffin a la surprise de retrouver un ancien camarade de fac, David Slawson. « J'étais très admiratif de Slawson, Phi Beta Kappa, délégué des étudiants. C'était un honneur de me trouver là avec lui[10]. » Il découvre aussi que l'équipe compte beaucoup d'anciens de Yale, comme lui, notamment Arlen Specter et les deux principaux adjoints de Rankin, Willens et Redlich.

Dans un premier temps, Griffin trouve Rankin scrupuleux et bosseur, mais il le juge sévèrement en tant que meneur d'hommes. « Silencieux, timide, il manquait presque d'assurance », et il ne fait pas mystère de vouloir obéir à Warren sans poser de questions ou presque. Ses deux adjoints, en revanche, sont tout sauf timides. Redlich est même arrogant, et cherche à asseoir son autorité sur les jeunes juristes, alors qu'il est à peine plus âgé qu'eux. Et il ne cache pas ses convictions de gauche. En décembre, un mois après l'assassinat, il signe une pétition publiée par le magazine *The Nation* appelant les Etats-Unis à engager des négociations pour mettre fin au conflit avec Castro.

Griffin comprend que Redlich partage sa méfiance à l'égard de Hoover et du FBI[11] lorsque ce dernier fait part de ses craintes que le Bureau ne conclue hâtivement à la culpabilité d'Oswald en raison de ses convictions marxistes : « Redlich avait une vision politique du FBI. Pour lui c'était un organisme conservateur décidé à épingler quiconque n'était pas du même bord. »

Les réunions de l'équipe ressemblent par moments à un rassemblement d'anciens élèves de l'Ivy League, ce qui témoigne de la préférence de Willens pour les diplômés de la crème des universités. Si jamais ils se plantent, plaisantent les juristes, leurs profs de Harvard et Yale devront rendre des comptes. Au début il y a autant d'anciens de Yale que de Harvard, mais au fil des mois ces derniers seront de plus en plus nombreux. Sont diplômés de Harvard : Slawson et Coleman ; Samuel Stern, trente-quatre ans, avocat de Washington qui a été clerc de Warren à la Cour suprême et travaille à présent chez Wilmer, Cutler & Pickering ; et Melvin Eisenberg, premier de sa promotion en 1959, collaborateur du grand cabinet de New York Kaye Scholer.

Stern se chargera seul du domaine numéro 6, l'évaluation du Secret Service et de son comportement à Dallas, ainsi qu'une étude générale de la manière dont a été assurée la protection des présidents dans l'histoire du pays. C'est le seul juriste junior qui n'a pas de partenaire senior. Warren et Rankin estiment que la question peut être traitée par un seul homme, et le *chief justice* connaît la qualité de son travail.

Eisenberg travaille depuis peu chez Kaye Scholer, et il sait qu'une absence, même temporaire, risque de compromettre son accession au statut d'associé, mais il dira avoir sauté sur l'occasion qui lui était proposée de se joindre à la commission. « Ça s'est passé comme avec ma femme, se souviendra-t-il. J'ai tout de suite eu envie de l'épouser[12]. » La vie au sein d'un grand cabinet l'ennuie un peu. « A Harvard, j'étais au centre du monde, et là, je me retrouvais à rédiger des requêtes » – pour des avocats qu'il connaissait à peine. Il a même songé à quitter le droit pour devenir professeur d'anglais.

Eisenberg devient l'adjoint de Redlich, qui croulera bientôt sous une masse de documents car il a décidé de lire le moindre bout de papier qui parvient à la commission avant de l'attribuer à un membre de l'équipe. Pour sa première mission d'importance, Eisenberg se métamorphose en criminologue – empreintes digitales, balistique, acoustique, témoignages oculaires – afin de déterminer quels indices méritent l'attention de la commission. Totalement dépourvu d'expérience du travail policier, il se plonge dans les livres. La Bibliothèque du Congrès est à deux rues de là, alors il se fait apporter une sélection des meilleurs ouvrages sur le sujet.

Les juristes partagent pour la plupart les mêmes penchants politiques : ils votent démocrate, se considèrent progressistes et ont soutenu le président Kennedy. L'exception s'appelle Wesley James Liebeler,[13] Jim pour ses amis, un avocat d'affaires new-yorkais de trente-deux ans, recommandé par le doyen de la faculté de droit de l'université de Chicago, dont il est diplômé. Originaire de Langdon, dans le Dakota du Nord, élevé sur les terres agricoles des Grandes Plaines, Liebeler est un républicain bon teint qui ne se prive jamais d'annoncer qu'il votera pour le sénateur Barry Goldwater aux prochaines présidentielles. Mais il reconnaît que son conservatisme s'arrête à sa vie privée, ce dont il ne manque jamais de se vanter non plus, au grand amusement de ses collègues. C'est un libertin autoproclamé qui, quelques jours après son arrivée à Washington, fait savoir à qui veut bien l'entendre qu'il compte profiter de son séjour dans la capitale pour assouvir sa soif de conquêtes féminines. Une épouse et deux enfants l'attendent à New York, mais cela ne semble pas constituer un obstacle.

Liebeler est nommé juriste junior du tandem chargé du domaine numéro 3. Avec son partenaire senior, Albert Jenner, ils enquêteront sur la vie d'Oswald. Dès le départ, Liebeler se montre moins respectueux que ses collègues envers Rankin, Redlich et Willens. Il fait ainsi part à Specter de son inquiétude que Willens n'ait été nommé pour servir de « sous-marin » à Robert Kennedy – dont il chercherait à protéger les intérêts[14].

Rankin est frappé par la réticence de Warren et de certains membres de la commission à évoquer – ne serait-ce qu'en privé – l'hypothèse d'un complot international. Cette prudence est pourtant compréhensible ; une telle découverte conduirait immanquablement à une crise majeure, voire à la guerre.

Rankin dira avoir été rassuré de constater que les jeunes juristes ne partageaient pas cette crainte ; pour eux, ce qui comptait, c'était les faits. Il se souviendra de conversations sur ce qui se produirait « si on découvrait une conspiration impliquant l'Union soviétique ou Cuba, etc. », sur le risque que cela ne débouche sur une confrontation nucléaire. Ils ne semblaient pas troublés par les conséquences éventuelles de ce qu'ils pourraient découvrir. « Ils voulaient établir la vérité sans se soucier des conséquences, qu'elles soient bonnes ou mauvaises, dira Rankin. Peut-être leur jeunesse les rendait-elle inconscients du danger ? » Il observe aussi une réelle détermination à faire toute la lumière – en particulier chez les juristes junior, ceux qui commencent tout juste leur carrière – car tout le monde sait que leur « réputation sera ruinée » s'ils se prêtent à quelque manipulation que ce soit.

Slawson gardera en mémoire des discussions inquiètes lorsque la rumeur a couru au début que l'assassinat avait été l'œuvre d'éléments incontrôlés de la CIA ou que le président Johnson était impliqué. Certains avaient même craint pour leur sécurité personnelle si on mettait au jour une conspiration au cœur de l'appareil d'Etat. Mais tous sont d'accord : s'ils découvrent la preuve que l'assassinat de Kennedy a été un coup d'Etat, il faudra tout rendre public le plus vite possible – ne serait-ce que pour se prémunir contre toute tentative d'étouffement.

Le lundi 20 janvier, Warren convoque la première réunion de l'équipe au complet. Le *chief justice*, qui n'a rien perdu de ses talents de politicien malgré les années passées à la tête de la Cour suprême, séduit d'emblée les jeunes juristes en évoquant leur tâche « avec chaleur et conviction », se souviendra Griffin. Warren insiste aussi sur le fait que leur « seule allégeance est envers la vérité ». Il fait le récit de sa rencontre avec Johnson dans le Bureau ovale, et explique comment celui-ci l'a convaincu. La commission, dit Warren, doit mettre fin aux rumeurs qui agitent le pays – y compris celle d'une implication de Johnson lui-même : « Le président m'a affirmé que les rumeurs les plus invraisemblables circulent ici et à l'étranger. Certaines pourraient conduire à la guerre et coûter 40 millions de vies au pays. »

Warren fixe un délai pour la remise du rapport final. Il voit mal comment il pourrait être bouclé avant la fin du procès de Jack Ruby, qui doit se tenir en février à Dallas. Mais il faut que tout soit terminé avant la campagne présidentielle de l'automne : « Sinon, une fois celle-ci commencée, les rumeurs et les spéculations repartiront de plus belle. » Il fixe donc la date au 1er juin, dans cinq mois à peine.

CHAPITRE 14

Salle de rédaction du Dallas Morning News
Dallas, Texas
Janvier 1964

Hugh Aynesworth, trente-deux ans, reporter au *Dallas Morning News*, s'intéresse aussi aux conspirations[1]. Depuis l'assassinat, aucun journaliste du Texas n'a obtenu autant de scoops que lui et au cours des mois suivants la commission Warren devra faire face plus d'une fois aux conséquences de ses révélations.

Aynesworth a d'abord douté qu'Oswald ait pu agir tout seul[2]. Il pense d'abord à un complot soviétique. Lorsqu'il apprend qu'en 1962 l'URSS a autorisé Oswald à regagner les Etats-Unis avec sa jolie femme russe, ses soupçons se renforcent. « Qu'on autorise quelqu'un à sortir aussi vite d'URSS, qui plus est avec une femme russe, c'était impossible. » Mais il est vrai que ses soupçons reposent essentiellement sur l'idée – nulle part aussi enracinée qu'à Dallas la conservatrice – que la fourberie des dirigeants du Kremlin est sans limites.

Ses concurrents se feraient arracher la langue plutôt que de l'admettre, mais Aynesworth a toujours plusieurs longueurs d'avance. Il s'est trouvé sur les lieux de chaque événement important du drame, à commencer par l'assassinat. Il était à Dealey Plaza lorsque les coups de feu ont retenti ; il était dans le cinéma où Oswald a été capturé l'après-midi même, et deux jours plus tard il se tenait à quelques mètres d'Oswald dans les sous-sols du commissariat central quand Ruby a fendu la foule pour l'abattre.

Aynesworth est conscient du risque qu'a pris Kennedy en venant au Texas[3] : Dallas mérite amplement à ses yeux sa réputation de ville haineuse truffée de racistes et d'extrémistes. Il s'était dit que Kennedy tomberait peut-être sur une vilaine manifestation. « Je n'ai jamais imaginé qu'ils le tueraient, je me disais qu'ils trouveraient moyen de l'embêter en lui jetant quelque chose. »

Le journaliste n'est pas particulièrement fier du journal qui l'emploie, car il fait souvent appel aux plus bas instincts de ses lecteurs. Le *News* participe de l'esprit d'intolérance qui a contribué à l'assassinat. « J'étais mal à l'aise parce que les éditoriaux de mon journal avaient vraiment participé à la chose, au même titre que d'autres facteurs », dira-t-il[4]. « Sa ligne politique extrémiste consternait et embarrassait une partie de la rédaction, dont moi-même. »

Le *News* appartient à la très conservatrice famille Dealey[5] – George Dealey, le fondateur du journal en 1926, ayant même donné son nom au lieu de l'assassinat. Le *News* s'est toujours montré particulièrement féroce envers Kennedy. A l'automne 1961, Ted Dealey, directeur de la publication et fils de George, faisait partie d'un groupe de patrons de presse texans conviés à une rencontre avec Kennedy à la Maison-Blanche. Il avait saisi l'occasion pour lire une déclaration hostile au président en le regardant droit dans les yeux : « Vous et votre administration êtes des femmelettes », lui avait-il dit. Nous avons besoin « d'un homme sachant monter à cheval pour conduire le pays. Au Texas comme dans le Sud en général, nous sommes nombreux à penser que vous êtes tout juste bon à monter sur le tricycle de Caroline* ».

Le matin de l'assassinat, le journal a publié sur une pleine page bordée de noir une publicité payée par un groupe d'extrême droite accusant le président d'avoir ordonné au département de la Justice de « ménager les communistes, les compagnons de route et les gauchistes ». Jacqueline Kennedy se souviendra qu'au moment d'arriver à Dallas, son mari lui a montré l'annonce en ajoutant : « Bienvenue chez les dingues[6]. »

* Prénom de la fille du président Kennedy. (*N.d.T.*)

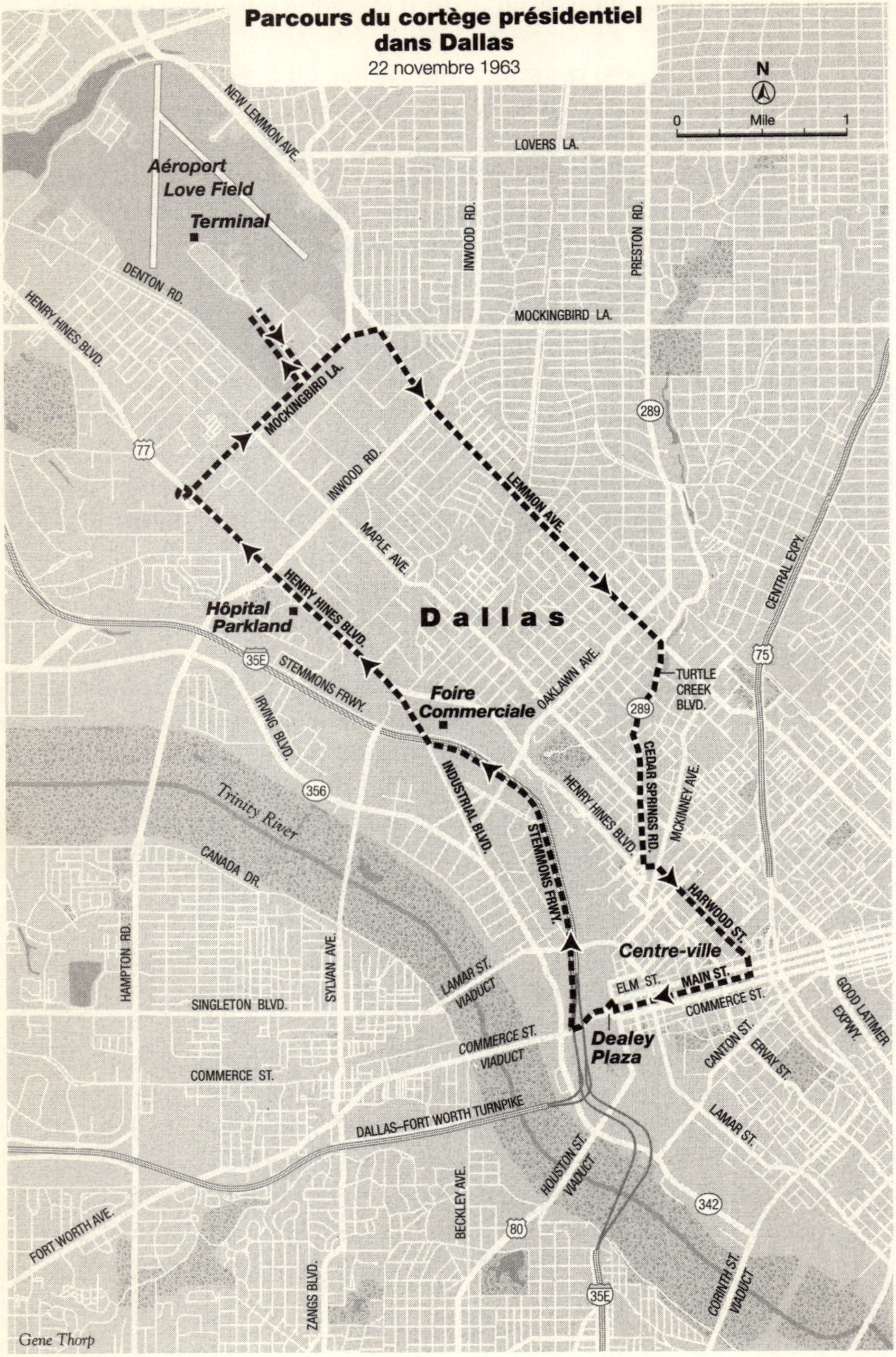
Parcours du cortège présidentiel
dans Dallas
22 novembre 1963
N
0
Mile
1
NEW LEMMON AVE.
LOVERS LA.
Aéroport
Love Field
Terminal
DENTON RD.
HENRY HINES BLVD.
INWOOD RD.
PRESTON RD.
MOCKINGBIRD LA.
MOCKINGBIRD LA.
289
77
INWOOD RD.
LEMMON AVE.
MAPLE AVE.
CENTRAL EXPY.
Hôpital
Parkland
HENRY HINES BLVD.
Dallas
35E
STEMMONS FRWY.
OAKLAWN AVE.
75
TURTLE
CREEK
BLVD.
IRVING BLVD.
Foire
Commerciale
289
CEDAR SPRINGS RD.
356
Trinity River
INDUSTRIAL BLVD.
STEMMONS FRWY.
HENRY HINES BLVD.
MCKINNEY AVE.
CANADA DR.
HARWOOD ST.
Centre-ville
HAMPTON RD.
SYLVAN AVE.
LAMAR ST.
VIADUCT
ELM ST.
MAIN ST.
COMMERCE ST.
GOOD LATIMER
EXPWY.
SINGLETON BLVD.
COMMERCE ST.
VIADUCT
Dealey
Plaza
CANTON ST.
ERVAY ST.
COMMERCE ST.
DALLAS–FORT WORTH TURNPIKE
LAMAR ST.
HOUSTON ST.
VIADUCT
342
FORT WORTH AVE.
BECKLEY AVE.
80
ZANGS BLVD.
35E
CORINTH ST.
VIADUCT
Gene Thorp

Aynesworth a tout ce qu'il faut pour faire un bon journaliste, à commencer par une mémoire phénoménale, des manières exquises et une élocution mélodieuse qui inspire confiance[7]. Malgré son visage poupin, il n'a pas froid aux yeux, comme en témoigne une grande cicatrice à la gorge, fruit d'une bagarre avec un cambrioleur qui s'était introduit chez lui à l'époque où il travaillait pour l'agence UPI à Denver. Un de ses confrères texans lui avait dit un jour admirativement qu'elle lui donnait l'air « d'un croisement d'Andy Hardy* et Al Capone ».

Le jour de l'assassinat, Aynesworth n'a aucune raison de se trouver à Dealey Plaza. Au journal, il tient la rubrique Aviation et espace – considérée comme le poste le plus prestigieux du journal, en raison de la proximité du tout nouveau centre spatial de la NASA à Houston – et ce n'est donc pas lui qui couvre la visite présidentielle. Il est là en tant que spectateur, pour voir Kennedy et sa star de femme. Quand les coups de feu éclatent, il se dit : « Mon Dieu, c'est pour de vrai », et se met aussitôt au travail.

Comme il n'a pas son bloc-notes sur lui[8], il utilise une facture d'électricité qu'il trouve dans sa poche arrière. Il n'a pas de stylo non plus, alors il achète pour 50 cents son « gros crayon noir, comme on en utilise à l'école » à un gamin qui se trouve là. La gomme du crayon est ornée d'un drapeau américain.

« J'étais journaliste, je savais faire parler les gens », racontera Aynesworth. Et il est tout de suite clair que les coups de feu – il en a entendu trois, distinctement – ont été tirés depuis le Texas School Book Depository. « Je me souviens de trois ou quatre personnes montrant du doigt les étages supérieurs du bâtiment. »

Il voit la police se précipiter vers un homme affolé, sur le trottoir devant l'immeuble, qui semble leur donner une description de l'assassin. Ce témoin – il s'agit de Howard Brennan, un chauffagiste qui porte encore son casque de chantier – explique qu'il se trouvait sur le trottoir d'en face lorsqu'il a vu

* Personnage de fiction interprété par Mickey Rooney dans de nombreuses comédies sentimentales entre le milieu des années 1930 et la fin des années 1950. Andy Hardy est le modèle du chic type américain ordinaire, croyant, patriote et tolérant. (*N.d.T.*)

un homme armé d'un fusil se pencher à une des fenêtres du Texas School Book Depository. « Le type avait vraiment très peur, c'était visible », dira Aynesworth de Brennan, lequel, remarquant que des journalistes tendent l'oreille, devient encore plus agité. « Il a demandé à la police de nous éloigner[9]. »

Trois quarts d'heure plus tard, Aynesworth entend dans le grésillement d'une radio de la police qu'un agent nommé J. D. Tippit vient d'être abattu dans le quartier d'Oak Cliff, à l'autre bout de la ville. Aynesworth se dit aussitôt que cela est certainement lié à l'assassinat, saute dans une voiture et se précipite à Oak Cliff, où il parle à diverses personnes qui ont été témoins du meurtre.

Helen Markham, quarante-sept ans, est serveuse au restaurant Eatwell, à deux pas de l'endroit. Elle a vu l'assassin – elle identifiera plus tard Oswald dans les locaux de la police – dégainer un pistolet et ouvrir le feu sur Tippit au moment où ce dernier descendait de voiture. « Le plus étonnant, raconte-t-elle à Aynesworth, c'est qu'il ne s'est pas enfui après avoir tiré. Il n'avait l'air ni affolé ni apeuré. Il a juste joué un peu avec son pistolet et m'a regardée. » Puis, dit Mme Markham, il s'est éloigné d'un pas pressé[10].

Quelques minutes plus tard, Aynesworth s'engouffre derrière les policiers dans un cinéma tout proche, le Texas Theatre, en pleine projection[11]. Des témoins ont signalé qu'un homme correspondant à la description d'Oswald s'est précipité à l'intérieur sans payer sa place. Aynesworth est présent lorsque la police investit le cinéma, allume les lumières et arrête Oswald, qui dans un premier temps résiste et tire un pistolet de sa ceinture. On l'emmène après une échauffourée, alors qu'il crie : « Je proteste contre cette brutalité policière. »

Le surlendemain, le dimanche 24 novembre, le jeune journaliste a prévu de prendre un peu de repos mais sa femme le pousse à se rendre au commissariat central, pour assister au transfert d'Oswald vers la prison du comté. Il se trouve à moins de cinq mètres de lui quand Ruby lui loge une balle dans le ventre

Il connaît Ruby, c'est un gérant de night-club qui cherche toujours à se faire mousser et copine avec la police (dans l'espoir de grappiller un peu de protection) et avec la presse

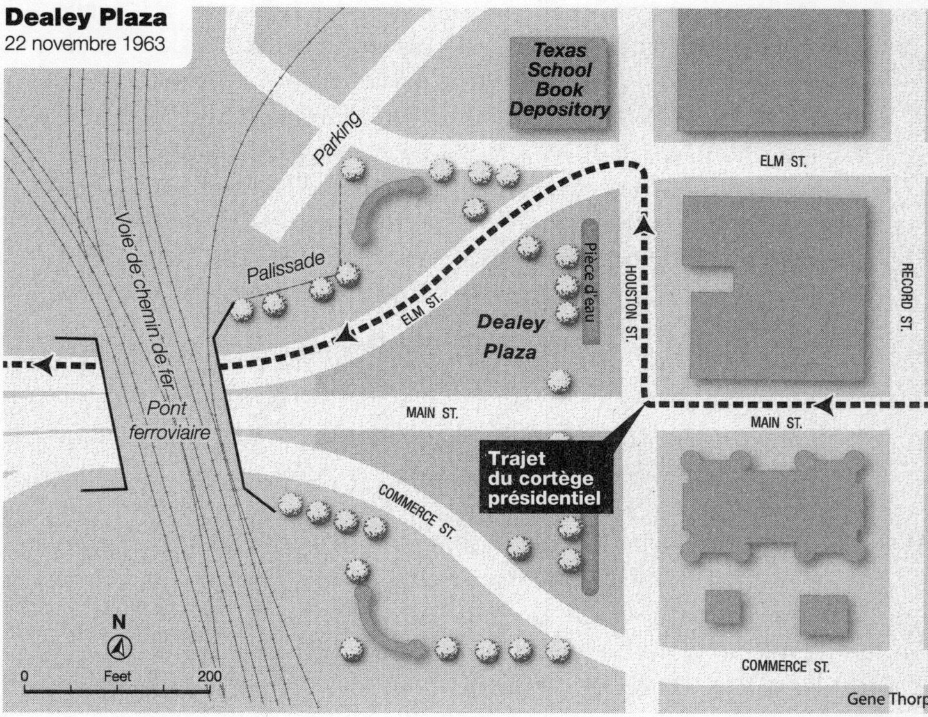

Dealey Plaza
22 novembre 1963
Texas School Book Depository
Parking
ELM ST.
Palissade
Voie de chemin de fer
Pont ferroviaire
ELM ST.
Dealey Plaza
Pièce d'eau
HOUSTON ST.
RECORD ST.
MAIN ST.
MAIN ST.
Trajet du cortège présidentiel
COMMERCE ST.
COMMERCE ST.
N
0
Feet
200
Gene Thorp

(dans l'espoir de grappiller un peu de publicité). « C'était un dingue. Un fanfaron – toujours à essayer de caser sa photo ou celle de ses strip-teaseuses dans le journal[12]. » Au *News*, on le considère comme un « emmerdeur » et un « minable ». Aynesworth racontera que Ruby s'installait à la cafétéria du quotidien et « observait les allées et venues en faisant semblant de lire après avoir percé un petit trou dans son journal ». Personne n'a jamais compris ce qu'il surveillait exactement. Ruby a la réputation d'être violent, et porte toujours un pistolet sur lui. « A deux reprises, je l'ai vu tabasser des ivrognes. » L'accès à son Carousel Club se fait par un escalier très raide, dont Ruby se sert parfois comme d'une arme. « Un jour, après avoir flanqué une raclée à un type, il l'a jeté dans l'escalier. Le type s'est vraiment fait mal. »

Aynesworth est horrifié par l'assassinat d'Oswald, mais que Ruby en soit l'auteur ne le surprend pas[13]. « Si on m'avait demandé d'établir une liste des types de Dallas dont j'aurais dit qu'ils étaient capables de faire ça, Ruby aurait été en première position. »

Dans les heures qui suivent l'assassinat du président, Aynesworth commence à être sollicité par des inconnus qui prétendent posséder des informations secrètes liées à une conspiration contre le président. Ce n'est pas la première fois qu'il croise ce genre de personnages – « des barjots, des allumés » –, en général cela arrive deux ou trois fois par an. Mais là, il est « assailli ». Le premier se présente chez lui le soir même – « un drôle de petit bonhomme débraillé, assis devant ma porte[14] ». Délirant, l'homme affirme que le complot est l'œuvre d'une alliance entre le milliardaire ultraconservateur de Dallas H. L. Hunt et les Russes. Il est suivi d'un autre, le lendemain matin, « un grand type très maigre, qui empestait », lequel parvient à entrer dans la salle de rédaction. « Je vous apporte l'explication », dit-il à Aynesworth. L'homme relève le bas de son pantalon et exhibe un abcès épouvantable dont il prétend qu'il est lié à la conspiration. « C'est pour ça que j'ai la jambe dans cet état. »

Au fil du temps, Aynesworth constatera qu'il existe deux catégories de conspirationnistes. Il y a ceux qui espèrent en tirer un avantage financier en vendant une histoire à dormir debout. « Ça rapporte, dira Aynesworth. Personne ne paye pour connaître la vérité. La conspiration, en revanche, c'est rentable. » Et puis il y a ceux qui s'imaginent, ou qui croient vraiment, qu'ils ont joué un rôle dans le drame. C'est à cette catégorie qu'appartient Carroll Jarnagin, un avocat de Dallas qui affirme avoir vu Oswald et Ruby en grande conversation au Carousel Club, quelques jours avant l'assassinat[15]. Jarnagin, la quarantaine, est « un alcoolique invétéré qui rêve depuis toujours d'être quelqu'un… Il ne cherchait qu'à attirer l'attention ». Aynesworth, qui n'est pas naïf, ne fait pas grand cas de son histoire, d'autant que le bougre l'a déjà racontée à la police. Plus tard, Jarnagin échouera lamentablement à un examen au détecteur de mensonges.

En décembre, Aynesworth reçoit un appel de Mark Lane, l'avocat new-yorkais qui fait déjà parler de lui avec ses théories. Aynesworth a lu son article dans le *National Guardian* suggérant qu'Oswald était peut-être innocent, et il a repéré de nombreuses erreurs. « Il m'a dit qu'il représentait Oswald parce que ce dernier n'avait personne pour le faire[16]. Il s'est présenté comme un avocat important, qui savait tout un tas de choses importantes. » Aynesworth doute des intentions réelles de Lane mais, intrigué, il accepte de le recevoir chez lui le lendemain soir.

« Il a débarqué et m'a dit qu'il allait m'expliquer ce qui s'était vraiment passé », notamment le coup monté contre Oswald. Aynesworth est estomaqué lorsque Lane ose prétendre qu'il en sait plus long que lui. Il cherche à le convaincre qu'il n'a pas vu ce qu'il a vu de ses propres yeux à Dealey Plaza. Son attitude l'exaspère : « Lorsque quelqu'un vous explique que vous n'avez pas vu ce que vous avez vu, en général ça se passe mal. »

Assis à la table de la cuisine, Lane affirme qu'il ne fait « aucun doute » que Ruby et Oswald se connaissaient. Il doit s'entretenir dès le lendemain avec un témoin anonyme à la « mémoire limpide » qui les a vus au Carousel Club. Aynesworth comprend rapidement qu'il s'agit de l'avocat alcoolique Jarnagin. « Je lui ai parlé au téléphone, et il a vraiment l'air sérieux », dit Lane de son mystérieux témoin.

Au comble de l'exaspération, Aynesworth explique à l'avocat, point par point, qu'il déforme les faits, et qu'il trompe le public à propos de la mort du président.

« Et vous, comment connaissez-vous la vérité ? » demande Lane.

« Comment je la connais ? Je vais vous le dire. Je la connais parce que je suis en possession des déclarations des témoins, je sais exactement ce qu'ils ont raconté le jour de l'assassinat, où ils se trouvaient, leur identité, tout. »

Il évoque la pile de dépositions enregistrées par la police le jour de l'assassinat ; grâce à une fuite, Aynesworth les a en sa possession. Il les brandit à présent devant les yeux écarquillés de Lane. « Si je vous montre ça, poursuit-il, c'est seulement parce que votre article est truffé d'erreurs. Si vous souhaitez vraiment accorder un traitement équitable à Oswald au regard de l'histoire, je crois que vous devez savoir ce que l'enquête a révélé jusqu'ici. »

Lane lui demande s'il peut lui emprunter les dépositions pendant quelques jours. « Voulez-vous m'aider à découvrir la vérité ? Je dois rentrer à New York demain ou après-demain, est-ce que je peux vous emprunter ces dépositions ? »

Aynesworth accepte et ne tarde pas à le regretter. Quelques jours plus tard, lors d'une conférence de presse, Lane brandit les documents et affirme qu'il dispose d'informateurs anonymes qui, dès qu'il pourra rendre leur identité publique, rendront justice à Oswald.

« J'ai été très naïf, dira Aynesworth. J'ai commis une erreur. J'ai contribué à créer le monstre Mark Lane. Aucun doute là-dessus. »

D'autres journalistes texans moins talentueux qu'Aynesworth sollicitent son aide ; il passe pour une encyclopédie vivante sur le sujet. Parmi les plus insistants se trouve Alonzo « Lonnie » Hudkins, du *Houston Post*, qui l'appelle à tout bout de champ[17]. Lonnie n'est pas un grand journaliste mais c'était « le type le plus gentil du monde, dira Aynesworth. Tout le monde l'aimait. Il portait un fedora ». Il a déjà une opinion concernant l'assassinat : « Il avait décidé qu'il s'agissait d'une conspiration, et s'était mis en tête de le démontrer. »

Pendant un temps, Aynesworth supporte ses appels à l'aide. « Je me disais qu'il finirait par se lasser. Ensuite je n'ai plus entendu parler de lui pendant un moment. »

Mais les appels reprennent à la fin de décembre et Aynesworth décide de jouer un petit tour à son confrère de Houston. Hudkins lui demande ce qu'il sait d'une rumeur très répandue – et dépourvue de fondement aux yeux d'Aynesworth – selon laquelle Oswald aurait été un informateur du FBI.

« Tu as entendu parler de cette histoire ? » demande Hudkins.

Farceur, Aynesworth répond que c'est vrai. Oswald, dit-il, figurait bien sur les registres du personnel de Hoover. « Tu as son numéro d'immatriculation, n'est-ce pas ? » demande Hudkins avec un détachement qui laisse entendre que tout le monde le connaît.

Aynesworth attrape alors un des télégrammes qui traînent sur son bureau et lit une série de chiffres figurant dans l'entête.

« Oui, oui, c'est ça », répond Hudkins, manifestement persuadé d'avoir piégé son confrère. « C'est bien celui que j'ai. »

Ensuite, Aynesworth n'y pensera plus jusqu'au 1er janvier suivant, lorsque le *Houston Post* publie en première page un article signé Hudkins selon lequel Oswald aurait travaillé pour le FBI[18].

Aynesworth n'apprendra que plus tard, à sa stupéfaction, que sa petite plaisanterie a donné lieu à la première grande crise de la commission Warren – et sérieusement mis à mal les rapports entre celle-ci et le FBI.

L'équivalent d'Aynesworth à Washington en matière de scoops sur l'assassinat est Drew Pearson, l'ami d'Earl Warren.

Dans sa colonne du 2 décembre[19] – soit trois jours après la création de la commission – Pearson lâche une bombe : six agents du Secret Service faisant partie de l'équipe de protection du président sont sortis boire un verre la veille de l'assassinat. Selon Pearson, certains ont « picolé » jusqu'à 3 heures du matin, et « l'un d'eux a été vu en état d'ébriété ». « Des hommes ayant bu jusqu'à 3 heures du matin ne peuvent pas être sur le qui-vive ni dans la forme requise pour protéger qui que ce soit. »

L'article s'en prend aussi au FBI, qui, selon Pearson, n'a pas alerté le Secret Service du danger représenté par Oswald, surveillé pourtant depuis des mois. Il juge scandaleux qu'un homme « se prétendant marxiste et dont l'instabilité était manifeste n'ait pas été placé sous surveillance accrue le jour où le président se trouvait dans sa ville – l'une des plus anarchiques et intolérantes des Etats-Unis ». Pearson attribue ces manquements du FBI à sa « vieille rivalité » avec le Secret Service. « Ils feraient bien de cesser de se disputer quand la vie du président est en jeu. »

L'article met le feu aux poudres au sein du Secret Service – parce que Pearson dit vrai. Plusieurs agents sont bien sortis boire un verre la veille de l'assassinat, une faute professionnelle qui mérite le renvoi. Les règles du Secret Service interdisent de consommer la moindre goutte d'alcool dès lors qu'on est en déplacement avec le président. Le directeur du Secret Service, James Rowley, dira plus tard avec insistance qu'il a appris l'histoire en lisant l'article de Pearson, et qu'il a aussitôt envoyé l'un de ses adjoints au Texas pour faire toute la lumière. Mais dans un premier temps il ne prend aucune mesure disciplinaire contre les agents concernés, pas même à titre conservatoire. La moindre sanction aurait risqué de faire penser à l'opinion « qu'ils étaient responsables de l'assassinat du président – je trouvais cela injuste », se souviendra Rowley[20].

Dans son journal intime[21], Pearson révèle que l'histoire lui a été racontée par Thayer Waldo, journaliste au *Fort Worth Star Telegram* qui s'était dit que sa direction refuserait de publier une histoire aussi scandaleuse. « Thayer m'a dit qu'il se ferait virer si on apprenait qu'il était à l'origine de la fuite. »

Quelques jours plus tard, Pearson s'en prend à J. Edgar Hoover et au FBI dans un papier au vitriol[22]. Il y accuse le Bureau de « dissimuler » ce qu'il savait d'Oswald avant l'assassinat. « Le FBI n'a pas gardé l'œil sur Oswald quand le président Kennedy se trouvait à Dallas, pas plus qu'il n'a communiqué son nom au Secret Service. » Pearson accuse le FBI d'avoir organisé la fuite de son propre rapport préliminaire – rapport qui pour l'essentiel exonère le Bureau de toute erreur dans la gestion de l'enquête sur Oswald avant l'assassinat – pour couper l'herbe sous le pied de la commission Warren : « Ces faits, établis par l'enquête préliminaire sur la tragédie de Dallas, sont des plus troublants, et on comprend pourquoi le FBI s'est efforcé de communiquer sa propre version de l'affaire aux journaux avant que la commission présidentielle ait commencé à enquêter. »

Le même article tresse les louanges du *chief justice* et dévoile les pressions que le président Johnson a exercées dans le Bureau ovale pour le convaincre de prendre la présidence de la commission, détails connus des seuls Johnson et Warren. Pearson ne dit pas d'où il tient ces informations, mais pour Hoover et le FBI il est clair que c'est Warren qui le renseigne. Warren, écrira Pearson, « n'entendait pas laisser J. Edgar Hoover raconter sa version de la tragédie de Dallas avant que la commission ait pu se mettre au travail ».

CHAPITRE 15

Siège de la commission Warren
Washington
Janvier 1964

Les juristes recrutés par la commission qui débarquent à Washington se voient remettre une esquisse des conclusions du rapport final. Dès janvier, le dossier d'information que chaque nouvel arrivant trouve sur son bureau contient une synthèse de dix pages rédigée par Howard Willens à la demande de Lee Rankin[1]. Elaboré sur la base des premiers rapports du FBI, du Secret Service et de la CIA, ce récapitulatif admet qu'Oswald est l'assassin et que son passé, ainsi que ses motifs possibles, sont le cœur de l'enquête. « Un travail important nous attend, écrit Rankin dans le texte de bienvenue. Je sais que vous partagez mon souhait de l'accomplir avec rigueur, imagination et célérité[2]. » Il est demandé aux cinq tandems et à Sam Stern de dresser pour chaque domaine une liste des faits établis, et de faire des suggestions quant à la marche à suivre.

Rankin reconnaît que les bureaux de la commission sont « en désordre », et que des piles de documents arrivent jour après jour. Il promet d'y mettre de l'ordre. Des secrétaires seront bientôt là, ainsi qu'un archiviste qui mettra sur pied une salle de documentation. La commission a également décidé de s'adjoindre les services d'un psychiatre, en l'occurrence un ancien responsable du grand hôpital psychiatrique de la capitale, le St Elizabeth Hospital, pour qu'il l'éclaire sur l'état mental d'Oswald et de Ruby. Elle doit aussi s'adjoindre les services d'un historien qui participera à la rédaction du premier jet du rapport.

Le document établit clairement la fonction centrale de Norman Redlich, qui aura la haute main sur tous les documents et toutes les informations. Redlich est aussi chargé de préparer la comparution de Marina Oswald, le premier témoin convoqué par la commission, début février. La commission a déjà reçu du FBI un épais dossier concernant la veuve d'Oswald, et un rapport détaillé doit suivre sur Ruth Paine et son ex-époux Michael. On a aussi demandé au FBI une enquête poussée sur George de Mohrenschildt, l'ingénieur d'origine russe qui s'est lié d'amitié avec les Oswald à Dallas.

Rankin demande à toute l'équipe d'assister à la projection du film tourné par Abraham Zapruder qui doit avoir lieu un peu plus tard. La plupart ne connaît que les clichés publiés par *Life*, ce sera l'occasion de voir l'intégralité du film, dans toute son horreur, pour la première fois.

Les sept membres de la commission se retrouvent le 21 janvier. Ils ne se sont pas vus depuis plus d'un mois, et c'est la première fois qu'ils se réunissent dans leurs nouveaux locaux.

Warren commence par faire le point sur la constitution de l'équipe de juristes[3] ; il évoque l'arrivée de deux agents du fisc qui « traqueront le moindre dollar détenu et dépensé par Oswald, car nous ne savons pas d'où venait son argent ».

Gerald Ford est ravi d'apprendre que la commission a recruté l'un de ses compatriotes du Michigan, David Slawson, qui vient comme lui de Grand Rapids. « Son père, explique Ford, est un excellent avocat de ma ville[4]. » Warren dit qu'il n'a pas encore rencontré Slawson, mais que le juge de la Cour suprême Byron White l'a félicité. « Vous avez choisi l'un des meilleurs jeunes de mon ancien cabinet. »

John McCloy demande, à propos de William Coleman, le coéquipier de Slawson : « C'est lui, le type de couleur ? » Warren ne dit rien de la couleur de peau de Coleman, mais répète que c'est un « juriste formidable » et que la commission peut se féliciter de sa présence.

Warren aborde alors la question qui semble ne jamais quitter son esprit : quand conviendra-t-il de mettre un terme à l'enquête ?

« Il n'est pas trop tôt pour se mettre à réfléchir à une date de bouclage. Si la chose se prolonge, elle risque d'empiéter sur la campagne électorale, ce serait une mauvaise chose pour le pays[5]. » Comme il l'a déjà dit à l'équipe, il veut fixer la date butoir au 1er juin. « Les choses risquent de traîner si on ne fixe pas une date. »

Il reconnaît que le procès annoncé de Ruby pose un problème. La commission estime que l'enquête sur le terrain à Dallas devra se faire après le verdict. Warren pense que la présence des enquêteurs pourrait nuire à la défense de Ruby.

Pour des raisons du même ordre, il souhaite que Marina Oswald témoigne à Washington plutôt qu'à Dallas, où la présence de la commission pourrait provoquer un emballement médiatique intimidant pour la jeune veuve. Elle sera mieux protégée à Washington. Il demande à Russell s'il peut, en tant que président du Comité des forces armées du Sénat, obtenir un avion militaire pour transporter « ce petit bout de femme et ses bébés » jusqu'à la capitale. Dans un vol commercial, « elle subira les flashes et tout ça, ça pourrait la gêner et susciter chez elle de l'animosité envers la commission[6] ». Warren éprouve pour la jeune veuve – avant même de l'avoir rencontrée – des sentiments d'ordre paternel. Russell, qui a plus de pouvoir au Pentagone que la plupart des généraux à quatre étoiles, dit que cela ne posera « aucun problème ».

Marina Oswald est en passe de devenir le premier témoin à charge contre son défunt mari ; lors de ses interrogatoires par le FBI et la police, elle a dit sans trop se faire prier qu'elle estime que son mari a tué le président, et qu'il a agi seul. C'est la version qu'elle monnaye auprès de la presse, ce qui ne semble pas gêner outre mesure Warren, lequel paraît trouver cela normal puisqu'elle n'a pas d'autre source de revenus. Elle est en train de négocier la vente d'un manuscrit de cinquante feuillets où elle raconte sa vie et qui est en cours de traduction. « Visiblement, son avocat veut collaborer avec nous, dit Warren. Elle compte vendre son récit à un magazine, mais elle accepte de nous le faire lire avant que ça ne sorte dans la presse. »

Rankin précise que Marina a rejeté la proposition de Mark Lane d'assurer sa représentation juridique : « Elle n'a rien voulu avoir à faire avec lui. » Mais la commission n'a pas fini d'entendre parler de lui pour autant, car il a déjà annoncé qu'il représentera la mère d'Oswald.

En intégrant la commission, Rankin s'attendait à travailler en bonne entente avec J. Edgar Hoover. Malgré les violentes critiques adressées au directeur du FBI par ses nouveaux amis progressistes new-yorkais, il lui gardait tout son respect. Hoover appréciait Rankin aussi. En décembre, il a dit à ses adjoints qu'il se réjouissait de sa nomination. Hoover disait avoir eu « des relations de travail tout à fait cordiales avec M. Rankin sous Eisenhower[7] ».

Rankin sait depuis le début ce qui pourrait effrayer le FBI dans l'enquête de la commission, et il se doute que le Bureau risque de traîner les pieds pour leur passer toute information susceptible de le présenter sous un jour défavorable. Hoover, toujours prudent, insiste pour relire personnellement tout élément sensible devant être transmis à la commission. Et pourtant Rankin n'imagine pas un instant qu'Hoover et ses adjoints pourraient chercher à dissimuler quoi que ce soit : « Je n'ai jamais imaginé qu'il bloquerait ou ferait bloquer des informations. Jamais je n'ai pensé que le FBI pourrait mentir. »

Quelques semaines suffisent à lui faire comprendre à quel point il s'est trompé. « Ils nous mentent effrontément, dira-t-il, furieux. Jamais je n'aurais cru cela possible[8]. »

Les relations entre la commission et le FBI commencent à virer à l'aigre en décembre, lors des fuites sur le premier rapport orchestrées par le Bureau. A partir de là, racontera Rankin, les membres de la commission se méfient du FBI et décident « de faire très attention à tout ce qu'ils leur donneront ».

Les choses se dégradent bien plus sérieusement le mercredi 22 janvier, peu après 11 heures du matin, quand le téléphone sonne sur le bureau de Rankin. C'est l'*attorney general* du Texas, Waggoner Carr. Rankin n'oubliera jamais l'excitation de Carr. « Il a dit qu'il avait des informations dont nous devions prendre connaissance au plus vite, racontera Rankin. Selon une source confidentielle, Lee Harvey Oswald travaillait pour le FBI et percevait 200 dollars par mois depuis septembre 1962. »

Carr dit à Rankin qu'Oswald avait un numéro d'informateur – le 179 – et qu'il figurait encore sur la liste des salariés en novembre ; d'ailleurs, le jour de l'assassinat, il devait rencontrer un agent à l'antenne de Dallas. « Selon Carr, cette information était entre les mains de la presse et des avocats de Ruby. » Elle provient apparemment du bureau du *district attorney* de Dallas, Henry Wade.

Carr paraît sûr de son fait. Si cela s'avérait exact, le FBI serait en train de camoufler totalement sa relation avec l'assassin du président. Bien des années plus tard, Rankin se souviendra qu'une foule de questions lui ont traversé l'esprit : le FBI était-il au courant des projets d'Oswald ? Aurait-on pu faire quelque chose pour l'arrêter[9] ?

Il appelle aussitôt Warren, qui partage son inquiétude. Carr et Wade doivent être reçus au plus vite à Washington. Warren convoque une réunion d'urgence de la commission pour 17 h 30 le jour même.

Avant cette réunion, Rankin parle de nouveau avec Carr. « Il m'a dit que l'information provenait d'un journaliste » dont il ignorait le nom. « Il s'efforçait d'obtenir des informations plus concrètes. »

Quand on le prévient qu'il doit se rendre d'urgence à la commission, Ford est en pleine audience à la Chambre[10]. Il se demande ce qui peut bien motiver tant d'empressement. Il racontera qu'à son arrivée, cet après-midi-là, la tension dans la salle de conférences est à son comble : jamais, depuis qu'il est à Washington, il n'a « assisté à une réunion aussi tendue et silencieuse », se souviendra-t-il. Les membres de la commission s'installent autour de la grande table ovale, et Warren demande sombrement à Rankin de répéter en quelques mots ce qu'on lui a dit ce matin-là. Ford racontera la « stupéfaction » qui frappe l'assemblée lorsque Rankin explique qu'Oswald travaillait peut-être pour le FBI.

Cette nouvelle tombe à un moment où Ford, malgré ses liens avec le FBI, commence à nourrir quelques doutes concernant la manière dont le Bureau mène l'enquête. Les nouvelles rumeurs ne font que renforcer le soupçon qu'Oswald travaillait pour le FBI ou la CIA, malgré les démentis répétés des deux agences. Ford a examiné à la loupe le dossier sur le passé d'Oswald. Il a été frappé par le nombre de voyages qu'il a faits à l'étranger avant de mourir à vingt-quatre ans – le Japon et les Philippines quand il était dans les Marines, puis l'Europe, dont quasiment trois années en Union soviétique, et enfin le Mexique, à l'automne, brièvement[11]. Pour Ford, tout cela « ressemble plus aux tribulations d'un globe-trotter aisé qu'à l'existence fruste d'un ouvrier non qualifié ». Ces déplacements seraient-ils ceux d'un jeune espion ? Pour l'heure, il garde ses soupçons pour lui, mais se demande si la défection d'Oswald en Russie n'était qu'un subterfuge de la CIA ou du FBI pour l'envoyer en Union soviétique. Oswald est-il rentré ensuite au pays pour surveiller les gauchistes du comité Fair Play for Cuba ? « C'était peut-être un agent de la CIA, formé par le FBI, utilisé pour infiltrer Fair Play for Cuba, se souviendra Ford. Il aurait été idéal pour surveiller les partisans de Castro. »

D'autres trouvent ridicule l'idée qu'Oswald ait pu travailler comme espion pour qui que ce soit. Allen Dulles déclare qu'il ne croit pas une seconde que le FBI aurait pu envisager d'utiliser quelqu'un comme Oswald, étant donné son instabilité. « Personne ne choisirait un type comme ça, explique-t-il. Pour faire quoi ? Infiltrer le comité Fair Play for Cuba ? C'est bien la seule idée qui me vienne[12]. »

Rankin, pour sa part, avoue sa crainte qu'on ne sache jamais la vérité, quelle qu'elle soit. Si Oswald était un informateur du FBI, le Bureau pourra très bien le nier. Cela explique peut-être pourquoi le FBI tient tant à ce qu'Oswald soit l'unique assassin – il s'agit peut-être de court-circuiter l'enquête de la commission avant qu'elle ne découvre quelque chose qui pourrait nuire au Bureau ou le détruire. « Ils veulent qu'on laisse tomber », dit Rankin, qui ne cache plus sa méfiance[13]. « Ils ont trouvé leur homme. Il n'y a plus rien à faire. La commission confirme leurs conclusions, et tout le monde rentre à la maison, c'est fini. »

Rankin ajoute que Warren et lui estiment que les travaux de la commission seraient gravement menacés si ces allégations, vraies ou fausses, étaient rendues publiques : « Les gens vont penser qu'il y avait un complot et rien de ce que fera ou dira la commission ne les fera changer d'avis[14]. »

« Vous avez mille fois raison, convient Boggs. Les conséquences seraient dramatiques. » « Ce serait catastrophique », renchérit Dulles. C'est à ce moment-là que certains prennent conscience que tous leurs propos, y compris les spéculations sur d'éventuelles dissimulations du FBI, sont consignés. « Je n'aime pas trop que tout cela soit couché par écrit », dit Boggs, désignant du regard le sténographe assis à la table.

Dulles approuve : « Oui, ce compte rendu doit être détruit. Vous pensez vraiment qu'il faut conserver trace de tout ça ? »

Rankin leur rappelle que la commission, par souci de transparence, a promis de consigner par écrit tous ses débats. Soit, dit Dulles, mais dans ce cas « aucune des copies existantes de ces notes ne doit sortir d'ici ».

La séance est levée : il n'y a rien d'autre à faire en attendant que Warren et Rankin aient rencontré les deux Texans.

Le vendredi 24 janvier, la délégation texane, qui comprend le *state attorney* Carr et le *district attorney* Wade, arrive à Washington. La rumeur au sujet d'Oswald se répand à Dallas comme une traînée de poudre, accompagnée de détails incroyablement précis – le traitement de 200 dollars par mois, le matricule d'informateur. Wade ajoute qu'on raconte également qu'Oswald travaillait pour la CIA. Selon Carr et Wade, plusieurs journalistes propagent ces rumeurs, mais ils n'en citent qu'un nommément : Lonnie Hudkins, du *Houston Post*, victime du canular d'Aynesworth. De plus en plus inquiet, Warren décide de réunir à nouveau la commission le lundi suivant.

Pendant le week-end, la presse se fait l'écho de l'existence possible de liens entre Oswald et le FBI. Le *New York Times* parle de rumeurs et cite les démentis formels du FBI. Le magazine *The Nation* publie une liste détaillée des zones d'ombre concernant Oswald, notamment ses possibles relations avec le FBI ; l'article cite les papiers de Hudkins dans le *Houston Post*. Le magazine *Time* aborde aussi le sujet ; il a contacté McCloy pour lui demander un commentaire[15].

Lors de la réunion de lundi, Rankin annonce gravement que la commission doit décider d'une stratégie face aux rumeurs, ce qui revient à décider d'une stratégie face à Hoover. « Nous sommes en présence d'une sale rumeur, très nuisible pour la commission, dit Rankin. Il faut faire tout ce que nous pouvons pour la dissiper[16]. »

Warren et Rankin envisagent de demander à Robert Kennedy d'intervenir auprès de Hoover en tant que son supérieur hiérarchique[17]. Mais Willens, qui travaille toujours au département de la Justice, leur explique que l'*attorney general* semble lui aussi intimidé. Il ne souhaite pas interroger Hoover sur les rumeurs parce que « cela risque d'être embarrassant » et de « lui compliquer considérablement la tâche jusqu'à la fin de son mandat ».

Rankin suggère alors deux options. Il peut d'une part rencontrer Hoover au nom de la commission : « Je lui dirais franchement » que le FBI doit mener une enquête interne sur les rumeurs et remettre à la commission « tout document en sa possession permettant de prouver que rien de tout cela ne tient debout[18] ». Selon lui, « un simple démenti de Hoover » ne sera pas suffisant. L'autre possibilité, poursuit-il, serait que la commission mène sa propre enquête avant de rencontrer Hoover. On pourrait commencer par interroger Hudkins, puis des gens du FBI « en remontant tout droit » jusqu'au directeur.

Warren dit qu'il préfère la seconde option. « Je pense qu'il serait plus équitable de vérifier s'il s'agit de faits ou de fiction » avant d'en parler au directeur du FBI[19].

Boggs réalise subitement qu'en la personne de Dulles la commission compte un spécialiste qui a passé sa carrière à la CIA à s'occuper d'informateurs. Se tournant vers lui, il lui demande si à son époque la CIA disposait d'informateurs si confidentiels qu'il n'existait aucune trace écrite de leur collaboration.

« Il se peut qu'il n'existe aucune trace écrite », dit Dulles, et la commission doit se rendre à l'évidence que si Oswald a été un informateur du FBI, le Bureau peut le nier – il n'y aura alors aucun moyen d'établir la vérité. Lui-même n'aurait pas hésité à mentir, y compris aux membres du cabinet, pour protéger une source importante. En tant que premier espion du pays, il ne devait l'entière vérité qu'au président : « C'était mon patron. Je n'aurais pu le dire à personne d'autre, sauf autorisation du président. C'est arrivé. »

Hoover, poursuit-il, s'estime peut-être désormais dans la même situation et la commission n'a d'autre choix que d'accepter sa parole : « On ne peut pas savoir ce qu'il en est réellement. Moi je préfère croire M. Hoover. D'autres seront peut-être d'un autre avis. »

Même dans la confidentialité de la salle de conférences, Russell pèse soigneusement ses mots, comme s'il cherchait à se couvrir au cas où la transcription de la réunion serait rendue publique : « Aucun employé du gouvernement fédéral n'est aussi estimé du peuple américain que J. Edgar Hoover[20]. » Mais il convient avec Warren et les autres que la commission doit mener sa propre enquête.

« Nous pourrions nous contenter de joindre au dossier une déclaration sous serment de M. Hoover », ajoute-t-il. Mais la commission risque d'être sévèrement jugée par l'histoire si elle se contente de cela. « Il restera des milliers de petits saint Thomas incrédules, persuadés » que Hoover a menti et que la commission a laissé passer l'occasion « de tirer les choses au clair », prévient Russell.

Rankin s'inquiète de la réaction de Hoover : ne risque-t-il pas de penser « que nous sommes vraiment en train d'enquêter à son sujet » ?

Warren : « Si on lui dit que nous allons le faire sur place, c'est bien que nous enquêtons sur lui, n'est-ce pas[21] ? »

Rankin : « Il me semble que c'est implicite. »

Pour la première fois, la commission se demande ouvertement si elle peut faire confiance au FBI pour conduire une partie essentielle de l'enquête, étant donné sa détermination à établir qu'Oswald a agi seul.

« Ils ont décidé qu'Oswald est l'auteur de l'assassinat, que personne d'autre n'est impliqué », dit Rankin.

Russell : « Ils ont jugé l'affaire et prononcé un verdict sur tous ses aspects[22]. »

Boggs : « C'est exactement ça. »

Warren semble changer d'avis. Il penche à présent pour l'option consistant à envoyer Rankin chez Hoover pour le placer au pied du mur. Il explique ce qu'il attend de lui : « Allez voir M. Hoover et dites-lui : "M. Hoover, vous n'êtes pas sans savoir que des rumeurs persistantes circulent selon lesquelles Oswald aurait été un agent secret du FBI." » Rankin, ajoute-t-il, devra faire promettre à Hoover « de nous confier toutes les informations dont il dispose susceptibles de nous aider à faire toute la lumière sur la question. » La commission approuve à l'unanimité : Rankin se rendra chez Hoover le lendemain. La rencontre s'annonce houleuse, Rankin n'en est que trop conscient.

CHAPITRE 16

Bureau de J. Edgar Hoover, directeur du FBI
Washington
Mardi 28 janvier 1964

A 15 heures, Rankin pénètre dans les bureaux de Hoover. Il y est déjà venu, à de nombreuses reprises, à l'époque d'Eisenhower[1].

Certains adjoints de Hoover trouvent que les lieux manquent vraiment de décorum, avec les canapés râpés et défoncés destinés aux visiteurs. Cartha DeLoach dira du mobilier qu'il a été choisi délibérément : il est censé symboliser le « refus de toute frivolité[2] ». Dans une antichambre, derrière le bureau de Helen Gandy, l'immuable secrétaire de Hoover, se dressent les deux armoires grises ordinaires qui abritent les dossiers dits « officiels et confidentiels », trop sensibles pour être classés avec les autres. Ils contiennent des informations intimes compromettantes sur des centaines de politiciens et de personnages publics, y compris, comme on le découvrira plus tard, plusieurs membres de la commission Warren[3].

Le visiteur qui pénètre dans le deuxième bureau et découvre le visage de bouledogue renfrogné du directeur, campé dans son fauteuil, sur une estrade légèrement surélevée, a le sentiment de rencontrer « le grand et puissant Oz », comme le dira DeLoach[4]. C'est également voulu. Les employés du FBI ne sont « jamais à l'aise en sa présence. Les agents étaient impressionnés et terrifiés. Vous n'êtes qu'un rouage de l'immense mécanique universelle. Vous n'existez que par son bon vouloir. Il lui suffit de claquer des doigts pour vous faire disparaître[5] ».

Rankin s'assied, et il comprend très rapidement que si Hoover et lui ont jamais été proches, c'est fini. Il est devenu un ennemi – « hostile à sa personne et au FBI[6] ».

Rankin lui expose le motif de sa visite : la commission veut pouvoir démentir au plus vite les rumeurs selon lesquelles Oswald était un informateur du FBI. Elle souhaite traiter la question de manière à ne pas mettre le Bureau dans l'embarras, et surtout ne pas donner l'impression que « l'enquête s'oriente vers le FBI », dit-il.

Selon ses propres notes, Hoover, piqué au vif, réagit brutalement. Il est outré que l'on puisse insinuer que le FBI avait des relations avec un homme comme Oswald. L'idée même est grotesque : « J'ai dit à Rankin que Lee Harvey Oswald n'a jamais été un informateur ni un agent du FBI, que je voulais que cela soit dit en toutes lettres dans le rapport de la commission, et que j'étais prêt à le déclarer sous serment », écrira Hoover dans une note adressée à ses adjoints[7].

Hoover profite de l'occasion pour s'en prendre à la commission et à ses critiques publiques à peine voilées. Il en veut toujours à Warren d'avoir déclaré que le rapport du FBI contenait des informations « fragmentaires ». Il rappelle à Rankin la charge de travail extraordinaire que la commission impose à ses agents de Dallas et d'ailleurs. En effet, Rankin écrit quotidiennement à Hoover pour demander que le Bureau recherche tel témoin ou explore telle piste. Hoover « a évoqué les heures de travail que cela représentait, et à quel point cela encombrait le FBI », se souviendra Rankin, qui quitte les lieux en ayant pris conscience des miracles qu'il faudra accomplir dans les mois suivants pour ne pas entrer en « conflit ouvert » avec le FBI. Le Bureau « traînera les pieds » et est « mal disposé », forcément, mais la commission n'en dépendra pas moins de lui pour accomplir une bonne part du travail d'enquête[8].

Au sein du FBI, les détracteurs de Hoover – et même certains de ses plus fidèles adjoints – s'émerveillent de la capacité du directeur à invoquer les mêmes faits à l'appui de propos entièrement différents selon le public auquel il s'adresse. C'est un don que Hoover cultive depuis l'époque lointaine où il étudiait à la Central High School de Washington et était le champion de l'invincible équipe de débatteurs du lycée. Des décennies plus tard, il continue d'exprimer sa reconnaissance pour ce qu'il y a appris[9].

Cette remarquable aptitude est abondamment mise à contribution depuis l'assassinat de Kennedy. En public, Hoover explique de façon très convaincante que le FBI coopère pleinement avec la commission Warren. Le Bureau n'a rien à cacher, insiste-t-il, pour la bonne raison qu'il n'a pas commis de faute dans la surveillance d'Oswald avant l'assassinat. C'est aussi ce qu'il dit à la commission – ainsi qu'à la Maison-Blanche et à la presse : aucune faute grave n'a été commise. Oswald ne semblait pas représenter une menace, il n'était donc pas indispensable que le FBI alerte le Secret Service avant la visite de Kennedy. « Rien jusqu'au moment de l'assassinat ne pouvait laisser penser que cet homme était dangereux et pouvait attenter à la vie du président », déclarera Hoover sous serment devant la commission[10].

Mais en interne, Hoover tient un discours diamétralement opposé. Quelques jours après l'assassinat, il parvient à la conclusion que le FBI a effectivement cafouillé dans son enquête sur Oswald et que de nombreux agents et responsables méritent d'être sanctionnés. Fin novembre, il demande à l'Inspection interne, le chien de garde du FBI, de déterminer s'il y a eu « quelque déficience que ce soit dans l'enquête sur Oswald[11] ». La réponse lui parvient le 10 décembre, quand le chef de la division, le directeur adjoint James Gale, surnommé « le barracuda », rapporte que des fautes graves ont bien été commises par plusieurs employés, notamment des agents de Dallas et de La Nouvelle-Orléans qui n'ont pas surveillé Oswald d'assez près[12].

Gale recommande que des sanctions soient prises, mais il met Hoover en garde contre le risque que cela représente avant la fin de l'enquête de la commission Warren. Si le monde l'apprend, cela décrédibilisera le discours de Hoover qui répète à l'envi qu'aucune faute n'a été commise. Hoover choisit de ne pas tenir compte des réserves de Gale : « Nous ne pouvons pas laisser passer une incompétence aussi grossière et devons réagir sans attendre », lui écrit-il[13].

DeLoach presse Hoover de revenir sur sa décision. Si la nouvelle fuite dans la presse, elle sera perçue comme « l'aveu direct d'une négligence coupable ayant pu conduire à l'assassinat du président », écrit-il. Mais Hoover est bien décidé : « Je ne suis pas d'accord », note-t-il pour toute réponse.

DeLoach sait que Hoover recherche désespérément un bouc émissaire ; il faut pouvoir reprocher à quelqu'un le fait incontestable qu'un homme surveillé par le FBI lui a échappé assez longtemps pour abattre le président des Etats-Unis. « Les nuages s'amoncelaient à l'horizon, se souviendra DeLoach. Il n'allait pas endosser les reproches. Il a décidé de les répartir à la ronde[14]. »

En l'espace de quelques jours, dix-sept employés du FBI à Dallas, Washington et ailleurs sont sanctionnés pour « manquements liés à l'enquête sur Oswald ». Dans la liste figure James Hosty, l'agent chargé de l'enquête à Dallas. On explique aux concernés qu'entre autres fautes, ils n'ont pas inscrit le nom d'Oswald dans le « Security Index », un fichier interne que le Secret Service aurait forcément consulté avant la visite de Kennedy à Dallas.

Tout en prétendant le contraire en public, Hoover estime qu'Oswald aurait dû figurer dans ce registre – et parvenir ainsi au Secret Service. Cela a été « une énorme bêtise », écrira-t-il. « N'importe qui doté de capacités mentales normales aurait conclu qu'Oswald remplissait les conditions pour y figurer[15]. »

En revanche, Hoover est d'une cohérence totale à propos d'une autre question centrale de l'enquête. Il n'en démord pas : pour lui, Oswald a agi seul. Il l'a dit devant la commission : il n'y a pas « l'ombre d'un indice d'un complot, national ou international[16] ».

Il est convaincu de la thèse du tireur solitaire dès le lendemain de l'assassinat. Le 23 novembre, le FBI a transmis à toutes ses antennes un télex déclarant qu'Oswald était « le principal suspect » et que les agents du FBI pouvaient « reprendre les contacts habituels avec leurs informateurs et autres sources ». Autrement dit, l'assassin étant en garde à vue, les agents qui n'étaient pas directement concernés par l'enquête sur l'assassinat pouvaient vaquer à leurs occupations.

Les archives de Hoover suggèrent qu'après un moment d'incertitude perceptible lors de ses conversations téléphoniques avec Johnson en novembre, il n'a jamais sérieusement cru à l'implication de l'Union soviétique. Comme son vieil ami James Angleton à la CIA, le directeur est encore moins convaincu d'une implication cubaine, malgré les nombreuses questions en suspens concernant le voyage à Mexico et les liens avec des activistes castristes aux Etats-Unis. L'idée, bien installée à la CIA, prend aussi corps au FBI. La question d'une éventuelle implication soviétique dans l'assassinat aura été posée, mais on ne s'interroge pas vraiment sur Cuba. La Division du renseignement intérieur du FBI, qui supervise l'enquête sur Oswald, demande à une équipe de spécialistes de l'Union soviétique et du KGB basés à Washington de réexaminer les années passées par Oswald en URSS et les liens possibles avec des agents soviétiques aux Etats-Unis, et ils ne trouvent rien qui puisse étayer le soupçon d'un complot soviétique[17]. Mais comme l'établira par la suite l'enquête de la Chambre des représentants, rien de tel n'est demandé concernant Cuba ; les spécialistes du Bureau sont littéralement tenus à l'écart de l'enquête.

Interrogé à ce sujet des années plus tard, celui qui fut le principal expert du Bureau sur Cuba dira qu'on ne l'a jamais invité à la moindre réunion. Et qu'il ne s'est pas penché sur la question. Il reconnaîtra aussi n'avoir pas réexaminé les informations concernant les semaines ayant précédé l'assassinat pour vérifier si certains indices avaient pu échapper au FBI. Il ajoutera enfin n'avoir aucun souvenir de l'article d'un journaliste de l'agence Associated Press à Cuba paru le 7 septembre 1963, après une brève interview de Castro lors d'une réception donnée à l'ambassade du Brésil à La Havane[18]. Le président cubain lui avait dit être au courant des tentatives américaines pour l'assassiner, et se disait prêt à répliquer de la même façon : « Les dirigeants américains sont prévenus : s'ils aident des terroristes à préparer l'élimination de dirigeants cubains, eux-mêmes ne seront pas à l'abri. » Cette interview avait beaucoup intéressé le *New Orleans Times Picayune*, un journal qu'Oswald lisait assidûment quand il vivait à La Nouvelle-Orléans. Des années plus tard, l'expert cubain du FBI reconnaîtra qu'« avec le recul, cela ressemble incontestablement à un avertissement » que la vie de Kennedy pouvait être menacée.

L'information selon laquelle Hoover persiste à considérer qu'Oswald a agi seul parvient à Mexico, où une dizaine de ses agents et d'employés opèrent depuis l'ambassade américaine. Du coup, l'enquête du FBI sur le séjour d'Oswald à l'automne est bridée dès le départ. Le principal représentant du FBI à l'ambassade, Clark Anderson, avec vingt-deux ans d'ancienneté et le titre d'attaché juridique, a appris qu'Oswald était en ville quelques jours après son arrivée. En octobre, il a reçu un rapport détaillé de son homologue de la CIA, Winston Scott, sur les contacts d'Oswald avec les Cubains et les Soviétiques[19]. Anderson se souviendra de ne pas avoir posé de questions sur les moyens par lesquels la CIA avait eu vent des visites d'Oswald aux ambassades. En fait, Anderson, qui entretenait avec Scott des rapports cordiaux sans être intimes, affirmera qu'au moment de l'assassinat il ignorait tout du dispositif sophistiqué de surveillance photographique et d'écoutes installé par la CIA à Mexico. C'était l'affaire de la CIA, pas la sienne.

Le siège du FBI est au courant du voyage d'Oswald plusieurs semaines avant l'assassinat. Le 18 octobre, Anderson a transmis un rapport à Washington reprenant l'ensemble des informations, notamment sa rencontre le 28 septembre à l'ambassade soviétique avec un diplomate, Valery Vladimirovich Kostikov, réputé être un agent important du KGB[20]. Selon la CIA, Kostikov appartenait au 13e directorat, responsable des assassinats et des enlèvements à l'étranger, et opérait sous la couverture d'un membre ordinaire du personnel de l'ambassade.

Que savait vraiment la CIA des conversations entre Oswald et Kostikov ? Pourquoi cette information n'a-t-elle pas été aussitôt transmise par la direction du FBI à ses agents à Dallas en prévision de la visite de Kennedy ? On ne le saura sans doute jamais. La réponse tient sans doute en partie à la lourdeur bureaucratique du FBI ; les informations importantes y circulent souvent très lentement.

Quelques jours après l'assassinat, la direction du FBI semble perdre tout intérêt pour Mexico, à en juger par les rares demandes adressées à Anderson. Anderson se souviendra de maigres instructions explicites concernant ce qui méritait enquête à Mexico. Il ne s'est pas davantage senti incité à collaborer étroitement avec la CIA. Selon lui, Scott et lui n'ont jamais abordé la question de l'assassinat, sauf lors de réunions avec l'ambassadeur, Thomas Mann. « Je n'ai pas souvenir de la moindre réunion où l'on aurait mis toutes les pièces du puzzle sur la table », dira Anderson de ses contacts avec Scott[21]. « Scott n'a jamais évoqué la moindre enquête[22]. » Quant à l'enquête du FBI à Mexico, dira-t-il, elle s'est limitée pour l'essentiel à déterminer où s'était rendu Oswald et si quelqu'un l'avait accompagné. Même ce travail limité n'a pas permis de répondre à toutes les questions.

« Je ne pense pas que nous soyons parvenus à retracer ses pas pour chaque journée passée à Mexico », reconnaîtra encore Anderson[23]. Ses agents ont établi la date de son arrivée au Mexique (le samedi 26 septembre) et celle où il a franchi la frontière dans l'autre sens (le samedi 3 octobre), ainsi que le nom et l'emplacement de l'hôtel où il a occupé une chambre pour 1,28 dollar par jour. « On a pu identifier son entrée, sa sortie, et le lieu où il a dormi[24]. »

Anderson, qui a passé l'essentiel de sa carrière à l'étranger, notamment en tant que représentant du FBI à l'ambassade américaine de La Havane entre 1945 et 1955[25], dira que si quelque lien constituant une menace avait existé entre Oswald et les Cubains ou les Soviétiques, cela aurait été du ressort de la CIA, non du FBI.

Anderson et ses collègues du FBI n'ont peut-être pas nourri beaucoup de soupçons autour d'un complot ourdi à Mexico, mais d'autres à l'ambassade américaine ont pris cette idée au sérieux, notamment l'ambassadeur, Thomas Mann. En décembre, Anderson réclame l'aide de sa direction pour « calmer » l'ambassadeur, un diplomate de carrière de cinquante et un ans, proche du président Johnson ; c'est lui qui avait demandé en 1961 au président Kennedy de nommer Mann, spécialiste de l'Amérique latine et Texan d'origine, à l'ambassade de Mexico.

Mann dira avoir été tout de suite convaincu que Castro se cachait derrière l'assassinat, et que le séjour d'Oswald à Mexico était d'une façon ou d'une autre lié au complot. Il est désarçonné par le fait que ni le FBI ni la CIA ne partagent ses soupçons – ou du moins semblent ne vouloir rien faire. A plusieurs reprises, il expose à Scott et Anderson sa thèse d'une conspiration cubaine. Il veut en savoir plus au sujet de Silvia Tirado de Duran, la jeune employée mexicaine du consulat cubain « aux mœurs légères », qui a rencontré Oswald[26]. (Mann sait que des rapports font état de la liaison qu'elle aurait entretenue avec l'ancien ambassadeur de Cuba au Mexique.)

Mann a félicité Scott quand, le jour de l'assassinat, celui-ci a demandé aux autorités mexicaines d'interpeller et d'interroger la jeune femme. L'ambassadeur dit à des collègues qu'il a « le sentiment instinctif » que Silvia Duran ment quand elle affirme qu'avec Oswald il n'a été question que de sa demande de visa[27]. Anderson fait part des théories alarmistes de Mann au siège du FBI[28]. Dans une note envoyée à Washington deux jours après l'assassinat, il rapporte que, selon Mann, l'Union soviétique est « bien trop sophistiquée » pour être impliquée dans l'assassinat de Kennedy, mais que Castro est « assez stupide pour y avoir participé ». L'ambassadeur pense qu'Oswald s'est rendu au Mexique pour se ménager une « voie de sortie » après le crime. Selon la note d'Anderson, Mann souhaite que le FBI et la CIA fassent tout leur possible à Mexico « pour étayer ou réfuter » la thèse d'une connexion cubaine. Sur l'insistance de Mann, il propose lui-même dans un câble adressé au siège du FBI que « toutes les sources cubaines aux Etats-Unis soient sondées afin de confirmer ou réfuter » la théorie de l'ambassadeur. La proposition d'Anderson est immédiatement rejetée par la direction. « Ce n'est pas souhaitable », tranche Washington. « Cela ne ferait que relancer la rumeur. »

Le 26 novembre, Mann fait état d'informations surprenantes qui, selon lui, confirment ses soupçons. Gilberto Alvarado, un espion nicaraguayen âgé de vingt-trois ans résidant à Mexico, a appelé l'ambassade pour livrer un récit qui, s'il se révélait exact, démontrerait qu'Oswald a reçu de l'argent du gouvernement castriste[29]. Alvarado, qui a déjà eu des contacts avec la CIA, affirme s'être trouvé à l'ambassade cubaine en septembre quand un homme noir aux cheveux roux a remis plus de 6 500 dollars en espèces à Oswald, probablement à titre d'avance sur l'assassinat. Alvarado se trouvait là en mission secrète pour le compte du gouvernement violemment anticommuniste du Nicaragua.

Dans un câble urgent adressé au département d'Etat, Mann dit avoir été impressionné par les détails rapportés par Alvarado, notamment la description de « la désinvolture avec laquelle on aurait, selon lui, remis l'argent à Oswald[30] ». Cela correspond bien à l'idée méprisante qu'il a de Castro, « un extrémiste latin qui marche aux tripes plutôt qu'à la raison, et se fiche pas mal des risques encourus ».

Mann dispose d'autres informations alarmantes. Le 26 novembre, la CIA a secrètement enregistré une conversation téléphonique entre le président cubain Osvaldo Dorticós et l'ambassadeur au Mexique, Joaquín Armas, dans laquelle ce dernier rapporte les questions posées à Silvia Duran lors de son interrogatoire par les Mexicains, notamment si elle a eu des « relations intimes » avec Oswald et si celui-ci a reçu de l'argent. « Elle a tout nié », dit Armas au téléphone, manifestement soulagé[31]. Cela n'empêche apparemment pas Dorticós de se demander pourquoi les Mexicains posent des questions sur l'argent, comme s'il était vrai qu'Oswald avait été payé. Dans un câble à Washington, Mann estime que l'inquiétude de Dorticós « tend à corroborer le récit d'Alvarado à propos de la remise des 6 500 dollars[32] ».

Les affirmations d'Alvarado et les soupçons de Mann finissent par remonter jusqu'au Bureau ovale à la fin du mois de novembre. (Le président Johnson dira avoir parlé à Warren de la rumeur des 6 500 dollars lors de leur rencontre à la Maison-Blanche.) Les questions autour des propos d'Alvarado obsèdent l'ambassade américaine de Mexico pendant plusieurs jours, au point que Mann, inquiet de ne pas être pleinement informé par le FBI, demande à Washington d'envoyer un responsable de niveau plus élevé. Il veut que le Bureau prenne au sérieux l'enquête conduite à Mexico.

A Washington, Hoover s'empresse de disqualifier Mann et ses soupçons[33]. L'ambassadeur, écrit-il à un adjoint, est « l'un de ces prétendus investigateurs, un Sherlock Holmes » qui veut apprendre au FBI à faire son métier. Mais il a examiné les renseignements bruts concernant Alvarado et doit reconnaître que les allégations du Nicaraguayen demandent à être vérifiées. Si elles se révélaient exactes, concède-t-il, elles placeraient toute la question de l'assassinat sous « un jour entièrement nouveau ». Il accepte d'envoyer un superviseur de l'académie de Quantico, Laurence Keenan, qui ignore tout de l'enquête sur Oswald, mais a l'avantage de parler espagnol.

Keenan, qui est au FBI depuis une douzaine d'années, dira par la suite que c'était la mission la plus bizarre et la plus troublante de sa carrière[34]. A son insu, dira-t-il, il a fait partie d'un simulacre dont le but était d'empêcher d'établir la vérité sur la présence d'Oswald à Mexico, pour écarter tout risque de guerre nucléaire avec Cuba : « J'ai fini par comprendre que j'avais été manipulé. »

On lui annonce sa mission à 11 heures du matin le mercredi 27 novembre, et à 16 heures il est à bord d'un vol pour Mexico[35]. Avant son départ, il a eu droit à un « briefing sommaire » sur l'enquête ainsi que sur les déclarations d'Alvarado. Pour finir, on lui a dit qu'il avait « les pleins pouvoirs pour ce qui était du volet mexicain ».

« Je n'avais même ni passeport ni visa », dira-t-il. Sa femme lui apporte une valise et des vêtements de rechange au siège du FBI avant qu'il ne file pour l'aéroport. « Une voiture m'a conduit en trombe à l'aéroport, on a traversé les embouteillages grâce à une escorte, toutes sirènes hurlantes. »

A son arrivée à Mexico tard dans la nuit, il est accueilli par son vieil ami Anderson. Les deux hommes discutent « jusqu'au petit matin » de l'enquête. Keenan s'est fixé deux objectifs. D'abord, rencontrer Alvarado pour évaluer sa crédibilité. Ensuite, en ce qui concerne les inquiétudes de l'ambassadeur Mann, il s'efforcera de mettre la réputation du Bureau à l'abri « de toute accusation de négligence[36] ». Comme il le dira plus tard, il est là pour « couvrir le Bureau et calmer l'ambassadeur ».

Le lendemain matin, Keenan retrouve Scott et Mann dans le bureau de ce dernier. L'ambassadeur « estime qu'il s'agit clairement d'un complot et qu'il faut remuer ciel et terre pour savoir si les Cubains ont trempé dedans », racontera Keenan. Mann parle à nouveau de l'article d'Associated Press dans lequel Castro semblait menacer Kennedy.

Keenan répète à l'ambassadeur ce qu'on lui a expliqué la veille à Washington : le FBI estime qu'il n'y a pas eu de complot. « Toutes les informations que nous avons épluchées à Washington, à Dallas et ailleurs démontrent qu'il n'y a pas eu de complot », dit-il à Mann. « C'est manifestement l'œuvre d'un seul homme. »

Cela étant dit, il aimerait tout de même rencontrer Alvarado, pour « aller jusqu'au bout, explorer toutes les pistes ». Il s'adresse à Scott, qui a installé l'espion nicaraguayen dans l'une des planques dont la CIA dispose à Mexico. « J'aimerais vraiment rencontrer Alvarado, ou au moins lui parler au téléphone », dit-il. Keenan ne se souviendra pas de la réponse de Scott. « Il n'était pas très loquace. »

Keenan a un autre message de sa direction pour Mann : l'enquête sur les activités d'Oswald à Mexico n'est pas du ressort du FBI mais de la CIA.

L'après-midi même, quelques heures à peine après cette réunion, il reçoit un véritable coup de massue : il apprend que la CIA a décidé de livrer Alvarado aux autorités mexicaines pour interrogatoire sans laisser au FBI la possibilité de l'entendre. Cette décision, se souviendra-t-il, est « incontestablement » très inhabituelle. Pour autant, « rien ne me permet de conclure que la CIA a cherché à torpiller mon enquête ».

Keenan sait que sa mission n'a plus vraiment d'objet, d'autant qu'à présent la CIA dit que les affirmations d'Alvarado ne tiennent pas debout. Le 30 novembre, le gouvernement mexicain informe l'Agence qu'Alvarado s'est rétracté, qu'il admet avoir inventé cette histoire d'argent parce qu'il « hait Castro et que cette histoire, si elle avait pris, aurait incité les Etats-Unis à agir contre lui[37] ». Du coup, « la pression est retombée, se souviendra Keenan. Je n'avais vraiment plus rien à faire à Mexico. »[38] Il s'envole pour les Etats-Unis le 2 décembre, cinq jours après être arrivé, et n'entendra plus jamais parler de l'enquête sur Oswald. (Le jour de son retour à Washington, Alvarado, officiellement désavoué par les Mexicains et la CIA, prétend à nouveau qu'il a vu Oswald recevoir de l'argent. Selon l'espion nicaraguayen, il s'est rétracté seulement parce que les Mexicains ont menacé de le pendre au plafond « par les testicules ».)

Peu de temps après, on notifie à Keenan qu'il est nommé responsable de l'antenne du FBI de San Juan, à Porto Rico[39]. Un poste « fabuleux », dont il rêve. Il est attendu sur place quatre jours plus tard.

Son départ de Washington est si précipité qu'il n'a même pas le temps d'informer les responsables du FBI chargés de l'enquête sur Oswald de ce qu'il a appris à Mexico, notamment sur Silvia Duran. Elle est, lui a-t-on dit, un agent mexicain de deuxième rang « et travaille peut-être pour la CIA ». Comme le dira Keenan des années plus tard, Silvia Duran n'occupait pas un poste « très important » dans la hiérarchie de l'ambassade. « Je ne pense pas qu'elle ait jamais eu accès à des informations confidentielles. » Il ne se souviendra pas d'avoir entendu parler d'une relation entre Oswald et elle hormis leurs rencontres au consulat cubain. Pas plus qu'il ne se rappellera avoir pensé que si la CIA ne l'avait pas interrogée – ni autorisé le FBI à le faire – c'était parce qu'elle travaillait pour l'Agence.

Mann quitte lui aussi Mexico dans la précipitation[40]. Le 14 décembre, le président Johnson nomme son vieil ami conseiller aux affaires latino-américaines auprès du secrétaire d'Etat et fait également de lui son conseiller spécial. Avant son départ, Mann fait état de sa frustration concernant l'enquête ; il laisse entendre à ses collègues de l'ambassade qu'il a renoncé à savoir ce qui s'est produit à Mexico. Au moins sera-t-il à présent bien placé aux côtés du président si de nouveaux indices d'une conspiration venaient à surgir.

Dans l'un des derniers câbles qu'il transmet au département d'Etat en décembre, Mann écrit qu'il ne croit pas qu'il sera « possible de trouver quoi que ce soit de concluant sur la question fondamentale » d'un complot ourdi par les Cubains[41]. Des années plus tard, un journaliste le citera disant que le manque d'intérêt évident de la CIA et du FBI pour ce qui s'était passé à Mexico était « la chose la plus étrange dont il ait été le témoin[42] ».

CHAPITRE 17

Siège de la commission Warren
Washington
Janvier 1964

Francis Adams, l'ancien chef de la police new-yorkaise, se distingue des autres juristes par sa taille. A cinquante-neuf ans, il mesure plus d'un mètre quatre-vingts. Et Arlen Specter, qui lui est associé dans le tandem chargé de la reconstitution des événements, dira que ça ne s'arrêtait pas là. Adams paraît grand parce qu'il se fait aussi une haute idée de sa propre importance. C'est « l'archétype de l'avocat omnipotent de Wall Street », toujours persuadé de pouvoir imposer sa volonté à n'importe qui, se souviendra Specter[1].

Malgré cette arrogance, Specter finit par l'apprécier. Adams a beau afficher ouvertement son mépris pour tout ce qui n'est pas new-yorkais, le jeune natif du Kansas ne prend pas ombrage du chauvinisme de son partenaire, il le trouverait même plutôt amusant. Lors de leur première rencontre, Adams, parcourant le CV de Specter, a remarqué que le jeune juriste, fils d'un marchand ambulant ukrainien, était né à Wichita.

« Wichita ? » a alors sèchement demandé Adams. « Quelle mouche avait donc piqué votre mère à l'époque ? »

Adams se présente à Washington quelques jours après que Specter a pris ses fonctions au sein de la commission. Il lui explique qu'à son avis l'enquête ne traînera pas parce que la culpabilité d'Oswald est évidente. « Il a dit : “Cette affaire est un crime comme beaucoup d'autres" », se souviendra Specter.

Specter sait que la haute opinion de soi d'Adams n'est pas totalement dénuée de fondement. Au cours des dix-huit mois tumultueux de son mandat de chef de la police de New York, Adams a pris des mesures anticorruption historiques[2]. Il s'est attaqué à une vague naissante de criminalité en forçant des centaines de policiers réticents à quitter le confort de leur bureau pour patrouiller dans la rue, et cela lui a valu la reconnaissance de la population. Il a ensuite quitté la police pour devenir l'un des avocats les plus demandés et les mieux payés de la ville.

Specter se souviendra d'avoir déjeuné avec Adams près de Lafayette Square, à quelques rues de la Maison-Blanche, dans un restaurant français distingué (« Frank Adams ne fréquentait que ce type de restaurant[3] »). « Son tarif journalier de 2 500 dollars pour un procès » le lui permet, se vante-t-il. A l'annonce de cette « somme faramineuse », Specter manque de s'étrangler. Adams gagne plus en un jour que lui en un mois.

Mais à la commission, Adams ne trouve pas ses marques. La tâche s'annonce difficile. Specter et lui doivent établir une chronologie détaillée, à la seconde près, des événements ayant abouti à l'assassinat, et pour cela il leur faut éplucher et comprendre l'essentiel des expertises médicales et balistiques. Mais Adams n'a « pas le goût du détail », dira Specter. Dans son cabinet, il supervise cinq ou six associés qui préparent un dossier. A la commission, il n'y a personne d'autre. « Il n'avait pas l'habitude de travailler sur un projet à long terme avec un seul subordonné, encore moins un jeune », dira Specter.

Adams prend très vite certaines habitudes. Il arrive généralement après 11 heures. « Il bavardait un peu, feuilletait quelques dossiers et appelait son bureau avant de trouver une bonne raison de s'en aller », se souviendra Specter. Comme il le lui explique, une pile d'affaires urgentes l'attend à New York. « Adams m'a dit dès le départ qu'il devait plaider une grosse affaire antitrust à la mi-février – cinq semaines plus tard – et a insinué qu'il comptait avoir fini avant. » Le cabinet d'Adams possède une succursale à Washington, et il préfère y passer ses journées plutôt que dans le bureau exigu qu'il partage avec Specter.

Après quelques semaines, Adams disparaît pour de bon. Il viendra à la commission ponctuellement quelques jours en hiver et au printemps, et notamment en mars, pour entendre avec Specter la déposition des pathologistes de la marine qui ont autopsié le président. Ce jour-là, Specter est en train de présenter les médecins à Warren quand Adams entre dans la pièce. Il s'est fait si rare à la commission que le *chief justice* ne le reconnaît même pas.

« Bonjour, docteur », dit Warren à Adams, qui reste bouche bée.

« C'est la dernière fois qu'on a vu Frank Adams », racontera Specter.

La disparition d'Adams ne dérange pas vraiment Specter, que beaucoup de ses collègues décriront comme le jeune homme le plus sûr de lui qu'il leur ait été donné de rencontrer. « C'était une chance de ne pas devoir travailler avec quelqu'un, expliquera-t-il. Il ne me restait plus qu'à faire le travail. »

Après la première réunion de l'équipe, au mois de janvier, Warren aura peu de contact avec les jeunes juristes, ce qui en décevra beaucoup. C'est à Rankin et à ses deux adjoints de plus en plus influents – Redlich et Willens – qu'il délègue les responsabilités. Il ne voit pas beaucoup non plus les « chefs de tandem », si ce n'est son vieil ami Joseph Ball. Les deux hommes aiment évoquer ensemble leurs aventures judiciaires californiennes. « C'était l'un des meilleurs hommes que j'aie connus, dira Ball de Warren. Il était fort, physiquement, moralement et mentalement, et il avait une grande âme[4]. »

Warren arrive tôt le matin, vers 8 heures, et repart environ une heure plus tard pour la Cour suprême, à deux pas de là. Vers 17 heures, il revient et reste souvent plusieurs heures.

De tous les jeunes juristes, Specter est le seul qui le rencontre régulièrement – à cause de la disparition d'Adams. Membre unique de son tandem, Specter conduit personnellement bon nombre des principales auditions de témoins de la commission, auxquelles Warren assiste souvent. Specter entretient avec lui des rapports courtois, peut-être un peu distants. Warren a l'habitude d'être intimidant ; il aime être le centre de la conversation et si possible la conduire. Specter, toutefois, dira toujours qu'il n'a jamais été intimidé, et qu'il a su lui tenir tête quand cela s'imposait[5].

« Travailler pour Warren était très excitant, dira Specter des années plus tard. On sentait qu'on était en présence d'une figure historique. Mais être intimidé, pourquoi donc ? Il ne m'intimidait pas. Mais ça lui arrivait de m'énerver. »

Assez vite, Specter se lie avec David Belin – en partie, suppose ce dernier, parce que ce sont tous les deux des Juifs qui ont grandi dans une région, le Midwest, où les Juifs ne sont pas nombreux, et pas forcément bienvenus. Belin est du genre à se faire facilement des amis ; il est exubérant, déborde d'énergie et d'ambition, et se délecte de sa condition de « bouseux », de « péquenot » tombé chez les juristes de New York et Washington. Consterné par la désertion d'Adams, il conseille à Specter de protester. « Il aurait fallu demander à Adams de démissionner dès qu'on a compris qu'il n'allait pas assumer ses responsabilités », dira Belin[6]. Il est bien content pour sa part que son propre partenaire, Joseph Ball, s'investisse corps et âme. Ball s'est mis en congé de son cabinet, et le charme et l'abattage du Californien font qu'il est apprécié de tous. Specter gardera de Ball le souvenir d'un homme « à l'œil pétillant » qui « faisait se pâmer les femmes, même à soixante-deux ans[7] ».

Ball et Belin, qui sont censés trouver des preuves de la culpabilité d'Oswald, deviennent si proches que Rankin et ses adjoints se mettent à coller leurs noms comme s'ils ne faisaient qu'un – « Ball-Belin ». Très vite, Ball, Belin et Specter constatent que leurs recherches se recoupent, alors ils trouvent un moyen de se répartir les tâches. Les deux premiers « s'occuperaient des témoins présents sur les lieux de l'assassinat, sauf les membres du cortège présidentiel, dont je me chargerais moi-même », dira Specter, notamment le gouverneur Connally et les agents du Secret Service.

C'est à Specter qu'échoient les expertises médicales, notamment l'analyse des résultats de l'autopsie réalisée à l'hôpital de Bethesda. La détermination de l'origine des balles – vraisemblablement tirées par le fusil d'Oswald – fait partie du champ d'investigation de Ball et Belin. Quant à l'analyse scientifique des munitions, « nous avons décidé que la démarcation se ferait en suivant le parcours de la balle, dira Specter. Avant qu'elle ait quitté le magasin du fusil, elle revenait à Ball et

Belin. Une fois qu'elle avait frappé le président, c'était à moi de m'en charger. »

Les trois hommes passent les premiers jours de l'enquête à lire. Il faudra près d'un mois à Ball et Belin pour ingurgiter les masses de documents fournis par le FBI et le Secret Service. Infatigable, Belin met au point un système de fiches qui permet aux trois hommes de recouper les informations des différentes agences « pour ne pas avoir à tout lire deux fois », dira Ball.

Tous sont frappés par la certitude du FBI quant au nombre et à la séquence des coups de feu, d'autant que les indices balistiques leur semblent très confus. Selon le FBI, Oswald a tiré trois fois : la première balle a atteint Kennedy à la nuque, la deuxième a frappé Connally et la troisième – le coup fatal – a de nouveau atteint le président, à la tête. Mais les rapports du FBI ne permettent pas de savoir comment le Bureau est parvenu à cette conclusion.

Au bout du couloir, dans les locaux de la commission, Norman Redlich prépare l'audition de Marina Oswald, et mène pour cela des recherches exhaustives jusqu'à l'obsession. Il rédige des centaines de questions méritant d'être posées à la veuve d'Oswald[8]. Il tape à la machine la liste colossale de tous les événements importants de la vie de la jeune femme, par ordre chronologique, depuis sa naissance à Molotovsk, dans le nord de la Russie, le 17 juillet 1941, jusqu'à l'assassinat du président à Dallas. Il dresse le catalogue des questions que lui inspire chaque événement survenu au cours de ces vingt-deux années, en les classant en sous-catégories, à partir des informations qu'elle a données aux autres enquêteurs. On pourra l'interroger sur tout ce qu'elle a déjà dit au FBI et au Secret Service, mais aussi sur ce que d'autres ont dit d'elle.

Les questions de Redlich montrent qu'il soupçonne Marina de ne pas être une jeune veuve éplorée et innocente. Selon lui, elle pourrait être un agent secret recruté par son mari pour le compte de l'Union soviétique, ou qui aurait trompé l'ingénu Oswald pour entrer sur le sol américain avec des buts inavouables. « Si Lee avait si mauvais caractère, on comprend mal l'empressement de Marina à abandonner ses amis et sa famille pour partir vivre à l'étranger avec un mari difficile, note

Redlich. Nous devons découvrir si Marina est bien la "paysanne" simplette que tout le monde voit en elle. »

Il entend contester le portrait que Marina dresse d'elle-même, « l'épouse affligée qui voulait simplement aider cet homme instable » alors que le FBI et le Secret Service décrivent une femme froide capable d'humilier son mari devant des amis – même à propos de ses performances sexuelles. Les questions de Redlich s'intéressent aussi à la relation de Marina avec Ruth Paine. « Il a été suggéré à plusieurs reprises que le rôle de Mme Paine dans cette histoire n'est pas innocent », écrit-il, ajoutant que ces soupçons tiennent, en partie, au fait que les beaux-parents de Mme Paine sont des sympathisants de la gauche « radicale ». Le père de Michael Paine a été un dirigeant du Parti socialiste des Etats-Unis.

Rankin et Redlich invitent les autres juristes à leur soumettre des questions à poser à Marina, et plusieurs leur font parvenir de longues listes. Dans la note qu'il joint à la sienne, Specter prévient qu'il faut l'interroger aussi vite que possible car la commission n'aura peut-être pas d'autre occasion de le faire[9]. « Elle pourrait être victime d'un coup tordu, si elle cache quelque chose, on pourrait chercher à la faire taire. » Si le président et son assassin présumé ont été victimes d'un complot, la vie de Marina pourrait aussi être menacée.

Vu les fortes personnalités qui la composent, certains membres de l'équipe s'étonnent de la bonne entente qui y règne. Des amitiés se nouent qui, dans certains cas, dureront toute la vie. « Nous étions tout le temps fourrés chez les uns et les autres à échanger des informations, critiquer des théories et discuter la moindre conclusion, la moindre information », se souviendra Belin. Certains déjeunent ensemble quasiment tous les jours dans une cafétéria située à deux pas des bureaux. Souvent, ils dînent aussi dans les restaurants du quartier, et se livrent à ce que Specter appellera des « séances de brainstorming ».

Warren demande au directeur des Archives nationales, Wayne Grover, de lui conseiller un historien, et Grover lui répond qu'à sa connaissance les meilleurs se trouvent au département de la Défense[10]. Il recommande deux employés du Pentagone – l'un de l'armée de terre, l'autre de l'armée de l'air. Après avoir rencontré les deux candidats, Rankin opte pour celui de l'Air Force. Il s'appelle Alfred Goldberg, a quarante-cinq ans, et c'est un pince-sans-rire doté d'un instinct de journaliste. Goldberg a entamé sa carrière d'historien militaire sous l'uniforme en Europe, pendant la Seconde Guerre mondiale, avant d'obtenir un doctorat en histoire à l'université Johns Hopkins.

Goldberg rencontre Warren à la Cour suprême, et il le trouve « d'un abord facile – amical, plaisant. J'ai pu lui poser des questions. Je lui ai demandé pourquoi il avait besoin d'un historien, se souviendra-t-il. Et il m'a dit, textuellement, "je me méfie de tous ces avocats" ».

Il pense que Warren veut qu'il écrive une histoire de la commission, et que son travail consistera à tenir la chronique de l'enquête au jour le jour. Pas du tout, lui répond le *chief justice*. Ce qui l'intéresse, c'est d'avoir le point de vue d'un historien sur l'assassinat proprement dit, et il figurera parmi les rédacteurs et les correcteurs du rapport final de la commission. Warren, dira-t-il, ne voulait pas d'un document froidement juridique.

On lui attribue un bureau à côté de celui qu'occupent les deux inspecteurs des impôts qui s'efforcent d'y voir clair dans les finances d'Oswald. Il trouve leur travail fascinant, et les deux hommes, Edward A. Conroy et John J. O'Brien, se font une joie de lui expliquer comment ils procèdent. Ils recherchent tout indice pouvant laisser soupçonner qu'Oswald recevait de l'argent de l'étranger ou d'un autre groupe de conspirateurs. Goldberg est persuadé que si Oswald a dépensé un centime de plus que ses maigres revenus, cela n'échappera pas à ses voisins. Il comprend mieux à présent pourquoi les contribuables redoutent à ce point les contrôles fiscaux. « Ils ont retrouvé jusqu'aux tickets de caisse d'épicerie d'Oswald, ils ont tout trouvé, se souviendra-t-il. C'était remarquable. »

L'arrivée de Goldberg est accueillie plus fraîchement par d'autres membres de l'équipe. « Un certain nombre voyaient d'un mauvais œil la participation d'un non-juriste », dira-t-il. Redlich, en particulier, le bat froid, car il entend être le rédacteur et le correcteur principal du rapport final et tient à marquer son territoire. « J'ai eu le sentiment qu'il me maintenait à distance, dira Goldberg. Il s'est montré arrogant et autoritaire. »

Et puis il y a la redoutable secrétaire de Rankin, Julia Eide, qui était déjà à son service au département de la Justice. Elle protège son patron et veille à ce qu'on lui accorde tout le respect qui lui est dû. « Elle n'était pas facile, se souviendra Goldberg. Dès que j'ai pris la mesure du personnage, j'ai fait très attention à ne pas me trouver sur son chemin. »

Julia Eide est une femme intelligente et travailleuse, ce qui n'est pas le cas de bon nombre des secrétaires dont hérite la commission. Un certain nombre sont détachées du Pentagone, qui dispose d'un important vivier de personnel pourvu des autorisations de sécurité nécessaires. Chez les juristes, on pense que le département de la Défense et d'autres services ont profité de l'occasion pour se débarrasser de leurs plus mauvais éléments ; certaines savent à peine taper à la machine. « Elles étaient incompétentes, c'était le fond du panier », se souviendra David Slawson[11].

Estimant qu'ils n'y peuvent rien, la plupart des juristes ravalent leur irritation, sauf Jim Liebeler. Slawson n'oubliera jamais comment ce dernier a réussi à se faire très rapidement une réputation de type « amusant, courageux – et odieux ». Liebeler déboule dans le bureau de Rankin et exige le renvoi des secrétaires. « Nous ne pouvons pas travailler avec ces idiotes », lui lance Liebeler, qui sait pouvoir compter sur le soutien silencieux de tous.

Rankin peut difficilement le contredire, il n'est que trop conscient du problème. Poussé par Liebeler, il appelle la Maison-Blanche et laisse un message à McGeorge Bundy, le conseiller à la sécurité nationale du président Johnson. Quand celui-ci le rappelle, Slawson est présent : « Rankin lui a expliqué le problème, se souviendra-t-il, et Bundy a dit : "OK, ne quittez pas." Bundy a dû appeler le Pentagone sur un autre poste, puis il a repris Rankin. » Les nouvelles sont bonnes : « Je viens de demander au département de la Défense de vous envoyer vingt de leurs meilleures secrétaires dès demain matin. »

Le lendemain, comme promis, les secrétaires arrivent, prêtes à se mettre au travail. Slawson est émerveillé. Personne n'est surpris lorsque Liebeler s'attribue les services de l'une des meilleures, et des plus jolies.

Chapitre 18

Siège de la commission Warren
Washington
Lundi 3 février 1964

Marguerite Oswald est encore au bout du fil, ce qui ne présage rien de bon. Chaque fois que la mère d'Oswald appelle, ses interlocuteurs lèvent les yeux au ciel et font des mimiques, en particulier les malheureuses standardistes et secrétaires qui se trouvent en première ligne face à son harcèlement.

Ses appels en PCV depuis Fort Worth ont commencé en janvier, dès qu'elle a obtenu le numéro de téléphone de la commission. Cela pourrait même être comique si Mme Oswald n'avait le don pour capter l'attention de la presse. Ses charges contre la commission font la une des journaux, alors ses appels chargés de menaces sont toujours pris au sérieux.

La mère de l'homme qu'on accuse d'avoir tué le président est un excellent client pour les journalistes. Elle est toujours disponible, et ses propos font toujours de bonnes accroches. Même les titres les plus prestigieux, qui devraient se montrer circonspects et au moins signaler à leurs lecteurs que ses affirmations sont aisément réfutables, sont intarissables à son sujet et font mine de la croire quand elle prétend pouvoir prouver l'innocence de son fils.

Le 14 janvier, la menace Marguerite Oswald se précise encore. Lors d'une conférence de presse à Fort Worth, elle annonce qu'elle a pris Mark Lane pour avocat[1]. Ce dernier, dit-elle, accepte généreusement de renoncer à ses honoraires. Grâce à son soutien, elle entend se « battre jusqu'à [son] dernier souffle » pour que justice soit rendue à son fils. Par la même occasion, Mme Oswald et Lane annoncent qu'ils ont ouvert une boîte postale à Fort Worth – le n° 9578 – où on pourra envoyer toute information pouvant contribuer à établir l'innocence de Lee. Les dons en espèces sont également bienvenus.

Devant les micros, comme elle le fait depuis plusieurs semaines, Mme Oswald implore une fois encore sa belle-fille Marina de reprendre contact avec « Mama ». Elle dit lui avoir envoyé un mot à travers le Secret Service, qui continue de protéger la jeune veuve. Elle a rédigé son message en des termes très simples, pour que sa belle-fille russe puisse le comprendre : « Marina, Mama a du chagrin. Marina, Mama a besoin de vous voir, toi et les petits-enfants. Mama *doit* vous voir, toi et les petits-enfants. »

Elle en profite pour accuser le Secret Service de lui barrer l'accès à la famille de son fils : « Ils n'ont pas le droit de m'empêcher de parler à ma belle-fille et à mes petites-filles. » Lane va plus loin encore, il insinue que le Secret Service soumet Marina Oswald à un « lavage de cerveau » pour qu'elle incrimine son mari ; l'absence de communication entre Mme Oswald et sa belle-fille n'est qu'un des éléments du dispositif. Mme Oswald semble ignorer que ce n'est pas le Secret Service, mais son propre fils, Robert, qui insiste pour que l'on empêche tout contact entre Marina et sa mère « délirante ».

Dans la campagne de Mme Oswald pour innocenter son fils, personne ne représente un obstacle aussi important que sa veuve. Marina ne cesse d'affirmer que son mari a tué le président, et qu'il a très certainement agi seul. En janvier, elle autorise James Martin, son agent, à déclarer au *New York Times* que cette certitude l'a décidée à ne pas porter plainte pour négligence contre la ville de Dallas dans l'affaire de la mort de son mari[2].

Accompagnée de Martin et de son avocat, James Thorne, Marina se présente à Washington le dimanche 2 février, la veille de son audition. On l'installe au Willard Hotel, l'un des meilleurs établissements de la capitale, avec une vue imprenable sur Pennsylvania Avenue et le Capitole ; elle est à quelques minutes des bureaux de la commission. Marina est accompagnée de ses filles : June Lee, dite Junie, dont on fêtera les trois ans ce mois-là, et Rachel, à présent âgée de quatre mois.

Dès qu'ils apprennent l'arrivée de Marina, les journalistes envahissent l'hôtel[3]. Elle ne proteste pas, au contraire, elle semble s'amuser de la présence massive de ces reporters et photographes qui ont fait d'elle une célébrité internationale. « Que vous êtes bêtes, que vous êtes bêtes », répète-t-elle, souriante, aux photographes qui se pressent dans le hall du Willard. Elle est suivie partout par des agents du Secret Service, qu'elle a fini par considérer comme des protecteurs – peut-être même des amis.

Un journaliste du magazine *Time* qui la trouve attablée au restaurant Parchey's remarque son changement d'allure depuis l'assassinat. Sa coiffure a de toute évidence été refaite dans un salon de beauté – « ce que son défunt mari n'aurait jamais permis », souligne le magazine. Discrètement maquillée, elle fume en sirotant un vodka gimlet, qu'elle renvoie pour réclamer un cordial à la cerise. Protestant qu'elle n'a pas faim, elle touche à peine à son filet mignon aux champignons.

Lundi 3 février, à 10 h 30, la commission se réunit dans la salle de conférences du rez-de-chaussée du bâtiment de l'association des vétérans. Sont présents Warren et quatre membres de la commission : le sénateur Russell et John McCloy sont en retard. Selon les règles de la commission, le témoin peut exiger une audition publique, mais ni la veuve d'Oswald ni son avocat n'en ont fait la demande, et la presse attendra donc dehors.

« Mme Oswald, avez-vous fait bon voyage ? » demande Warren après avoir déclaré la séance ouverte ; ses propos sont traduits en russe par un interprète[4]. Elle hoche affirmativement la tête. Il lui demande alors de bien vouloir se lever et prêter serment.

C'est Rankin qui mène l'interrogatoire, lequel durera quatre jours, et il commence par lui demander quel est son nom complet.

« Je m'appelle Marina Nikolaïevna Oswald. Mon nom de jeune fille est Prusakova. »

Rankin remarque qu'il s'agit, à sa connaissance, de la quarante-septième fois que Marina est interrogée par les autorités depuis l'assassinat – jusque-là surtout par le FBI, le Secret Service et la police de Dallas. Il ne le dit pas, mais il sait, tout comme la plupart des membres de la commission, que souvent Marina n'a pas dit la vérité. La liste de ses mensonges est longue et embarrassante, à commencer par son affirmation selon laquelle elle ne savait rien de la tentative d'assassinat du général Edwin Walker par son mari, à Dallas, sept mois avant la mort du président. Elle a quand même fini par admettre qu'il lui avait tout raconté dans les moindres détails le soir même de la tentative ; cela avait donné lieu à une terrible dispute lors de laquelle elle avait menacé de le dénoncer si jamais il recommençait. Elle a aussi d'abord nié avec la plus grande fermeté savoir quoi que ce soit du séjour de son mari à Mexico. Mais elle a ensuite reconnu qu'elle était au courant depuis le début ; il lui avait même demandé quel cadeau elle voulait qu'il lui rapporte. Elle avait réclamé un bracelet artisanal en argent.

Rankin lui demande à présent si elle a quoi que ce soit à ajouter à ses précédentes déclarations : « Y a-t-il quelque chose d'inexact que vous souhaitiez rectifier ? »

« Oui, répond-elle. Je voudrais rectifier certaines choses, parce que je n'ai pas dit toute la vérité. »

Comme les précédentes déclarations n'étaient pas sous serment, dit-elle, elle s'était crue autorisée à être « moins précise ». Dans un premier temps, elle ne voulait pas croire que son mari avait tué le président et s'était efforcée de ne pas le compromettre – et de ne pas se compromettre elle-même – dans d'autres crimes, dont la tentative d'assassinat du général Walker. Ses mensonges, dit-elle, s'expliquent aussi par l'antipathie que lui inspiraient les agents du FBI qui l'interrogeaient. « Ils ne me donnaient pas envie d'être sincère. »

Rankin conduit ensuite un interrogatoire de plusieurs heures sur sa relation avec Oswald. Il lui demande ce qui l'a séduite chez ce jeune transfuge américain rencontré selon ses dires en mars 1961 lors d'un bal à Minsk, où il travaillait dans une usine de matériel électronique. « On n'y rencontre pas beaucoup d'Américains », dit-elle. Son futur époux avait l'air d'un homme « très soigné, très bien élevé... il semblait pouvoir faire un bon père de famille ». Après le bal, il avait demandé à la revoir, et elle avait accepté.

Oswald n'a pas tardé à lui faire part de son grand désenchantement. « Il avait le mal du pays, et regrettait presque d'être venu en Russie. » Il « disait beaucoup de choses positives » sur les Etats-Unis. « Il disait que sa maison était mieux chauffée et que la vie y était plus facile. »

A la fin avril 1961, quelques semaines seulement après leur rencontre, ils s'étaient mariés. Environ un mois plus tard, selon Marina, Lee lui a proposé de rentrer avec lui aux Etats-Unis. Au bout d'un an de marchandage avec la bureaucratie russe et le ministère de l'Intérieur, le couple avait reçu l'autorisation de quitter l'Union soviétique. En juin 1962, ils étaient rentrés au pays et s'étaient installés à Fort Worth, à proximité de la mère d'Oswald et de son frère Robert.

C'est là, dit Marina, qu'elle a découvert à quel point la famille de son mari était dysfonctionnelle : il haïssait sa mère et ne voulait entretenir avec ses deux frères que des contacts limités. Il a eu du mal à trouver du travail puis, quand il y est parvenu, à le garder. La plupart des emplois l'ennuyaient, dit-elle. Rapidement, leur couple avait battu de l'aile, Oswald était devenu distant et délirant, parfois même violent. Il la battait régulièrement, sa peau était couverte de bleus et, une fois, il lui avait mis un œil au beurre noir. « Je pense qu'il était très nerveux et... que d'une certaine manière ça le défoulait. »

Elevée dans une culture où les mauvais traitements infligés aux femmes sont monnaie courante, dit Marina, elle a pensé qu'elle y était peut-être pour quelque chose. « Parfois, c'était de ma faute », explique-t-elle. Elle avait donné à Oswald des motifs de jalousie ; il avait intercepté une lettre à un ancien petit ami en Russie où elle disait qu'elle aurait dû l'épouser lui plutôt qu'Oswald.

Son mari n'a jamais renoncé aux convictions marxistes qui l'avaient conduit en Russie – bien au contraire. Il lui répétait sans cesse qu'il cherchait une forme plus pure de marxisme et pensait l'avoir trouvée dans le régime de Castro. Il lui a confié son intention de partir à nouveau, cette fois pour Cuba. « Lee voulait se rendre à Cuba par tous les moyens. »

Il s'est acheté un fusil et s'entraînait au tir, laissant entendre qu'il s'en servirait pour détourner un avion sur Cuba. Il lui a proposé de l'accompagner, et d'emmener peut-être une arme à feu dans l'avion elle aussi. Elle a refusé, c'était de la folie. « Je lui ai dit que je n'irais pas avec lui – que je resterais ici. »

Il s'est rendu à Mexico, dit-elle, pour obtenir des visas qui permettraient à la famille de s'établir à Cuba. Son plan était semble-t-il de mentir à l'ambassade soviétique de Mexico en prétendant vouloir repartir en URSS. Avec son visa soviétique, il aurait obtenu des Cubains l'autorisation de faire escale à La Havane en route pour Moscou. En fait, selon Marina, Oswald comptait rester à Cuba. « Il voulait s'installer là-bas. Je sais qu'il n'avait aucune intention d'aller en Russie. »

Rankin veut en savoir davantage, il lui demande ce que son mari lui a dit d'autre sur ses activités dans la capitale mexicaine. Elle se souvient qu'il a mentionné une corrida et un peu de tourisme. C'est tout ? Jamais son mari n'avait exprimé le moindre intérêt pour d'autres femmes – « il n'aime pas les autres femmes » – mais il avait été très clair sur les Mexicaines : « Il m'a dit qu'il n'aimait pas les filles de là-bas », ajoute Marina, sans que Rankin ne la relance sur le sujet.

Pendant l'audition, elle ne cesse de répéter avec insistance, comme elle le fait depuis le premier jour, qu'elle ignorait complètement qu'Oswald projetait d'assassiner le président. En fait, elle croyait même que son mari appréciait Kennedy. « Je n'ai jamais entendu Lee dire de mal de lui. » Mais elle reste convaincue que son mari est coupable. Elle l'a tout de suite compris, dès qu'elle l'a vu au commissariat central de la police de Dallas l'après-midi du drame. « Je l'ai vu dans ses yeux, il l'avait fait. » Et elle est persuadée qu'il a agi seul – il n'y a pas eu de conspiration.

Elle pense qu'il a tué le président parce qu'il était hanté par l'idée de figurer dans les livres d'histoire, dit-elle. C'était un lecteur vorace, il passait des heures à la bibliothèque, aussi bien à Dallas qu'à La Nouvelle-Orléans, et empruntait souvent des biographies de personnages historiques, dont Kennedy. Lee Oswald voulait rester dans les mémoires, lui aussi. « Je suis parvenue à la conclusion qu'il voulait, d'une manière ou d'une autre, bonne ou mauvaise, réaliser quelque chose qui le ferait sortir du lot, qui lui permettrait d'entrer dans l'histoire. »

Elle laisse entendre avec regret qu'elle aurait peut-être pu empêcher l'assassinat si seulement elle s'était montrée plus perspicace la veille au soir, quand Oswald lui avait rendu visite chez Ruth Paine. Le couple était séparé depuis plusieurs semaines et, selon Marina, il avait plaidé pour une réconciliation et lui avait demandé de le rejoindre à Dallas avec les enfants. A un moment, raconte-t-elle, il avait fondu en larmes. Il « voulait juste qu'on fasse la paix ».

Elle avait bien l'intention de la faire, tôt ou tard, mais ce soir-là, elle n'avait pas voulu céder. « J'étais en colère... Quand il est parti se coucher, il était très contrarié. » Le lendemain matin, il a emporté son fusil, qu'il avait caché dans le garage de Ruth Paine, enveloppé dans une couverture.

Marina sait que sa belle-mère comparaîtra bientôt devant la commission, alors elle demande par avance pardon à Warren et aux autres pour ce qu'ils vont devoir endurer. « Je suis désolée du temps que vous allez y passer, parce que cela ne vous apportera que fatigue et dégoût, dit-elle. Quand vous l'aurez rencontrée, vous comprendrez. »

Sa belle-mère, dit-elle, a trouvé dans l'assassinat une occasion de gagner de l'argent. « C'est une obsession chez elle – l'argent, l'argent, toujours l'argent. » Marina sait que sa belle-mère lui en veut beaucoup de penser que Lee a assassiné le président. Si elle le pouvait, dit-elle, « elle m'arracherait les yeux ».

Le mardi 6 février à 17 h 50, après vingt heures de comparution sur quatre jours, la commission met un terme à l'interrogatoire de la veuve d'Oswald.

« Madame Oswald, vous avez été un témoin très coopératif, conclut chaleureusement Warren. Vous avez beaucoup aidé cette commission. »

« Il n'est pas facile de dire la vérité, répond-elle. Je vous suis très reconnaissante à tous, je ne pensais pas trouver tant d'amis parmi les Américains. »

« Vous en avez ici », lui assure Warren.

Après l'audition, il dit aux journalistes que Mme Oswald est « un petit bout de femme très courageuse ». Marina, de son côté, leur confie s'être attachée à Warren – il lui rappelle l'un de ses grands-pères.

Au Texas, scandalisée du traitement favorable accordé par la presse à la visite de sa belle-fille à Washington et à son témoignage, Marguerite Oswald contre-attaque.

Le 3 février, premier jour du témoignage de Marina, elle appelle le siège du Secret Service à Washington pour livrer des informations soi-disant compromettantes sur sa belle-fille[5]. Le Secret Service ne la rappelle pas mais fait savoir à la commission Warren que Mme Oswald s'agite.

Rankin, qui est occupé à interroger Marina, demande à Redlich de rappeler Mme Oswald, ce qu'il fait le lendemain. Redlich demande à une secrétaire d'écouter la conversation sur un autre poste et de la retranscrire.

« Bonjour madame Oswald, dit-il en se présentant comme l'adjoint de Rankin. Je vous téléphone suite à votre appel au Secret Service. »

« Oui », répond-elle.

« Vous dites posséder des informations au sujet desquelles vous voudriez que nous interrogions Marina. Je vous appelle à présent pour savoir si vous seriez disposée à me donner ces informations. »

Mme Oswald s'offusque de n'avoir affaire qu'à un subalterne. « Je ne livrerai mes informations qu'à M. Rankin ou à l'un des membres de la commission. Ne le prenez pas mal, mais j'en ai assez d'être trimballée de gauche à droite, je ne parlerai qu'à M. Rankin, à M. Warren ou au président des Etats-Unis. » Elle explique que, le Secret Service ne lui ayant pas retourné son appel la veille, elle a contacté une radio le matin même pour dénoncer cette tentative d'étouffement de la vérité. « Je n'ai d'autre choix que de tout rendre public. »

Elle affirme ensuite, comme elle le fera souvent, qu'elle est « menacée », avant de se lancer dans une tirade décousue sur les sacrifices qu'elle a endurés pour ses enfants et son pays, et sur le fait que personne ne veut l'entendre. « Si vous saviez ce que doit endurer une femme seule, j'ai été malmenée, dit-elle. Je tiens à dire mon mot dans tout ça, et le public, ici et à l'étranger, veut entendre ce que j'ai à dire. » Elle l'avertit sombrement qu'on lui cache la vérité sur Marina, qu'elle seule connaît. « Quoi que déclare ma belle-fille, il faut que je sois présente. Je ne l'accuse de rien. J'espère qu'elle est innocente, mais je n'ai la preuve de l'innocence de personne. »

Redlich l'écoute pendant un moment puis met un terme à la conversation. « Y a-t-il autre chose que vous souhaitiez dire ? »

« Je crois que j'ai tout dit pour l'instant. Je garde pour moi les informations importantes. Pour combien de temps ? Je l'ignore. »

Redlich informe ensuite Rankin que Mme Oswald menace de rendre publique Dieu sait quelle accusation alarmante sur sa belle-fille. Rankin et Warren conviennent aussitôt de convier Mme Oswald à Washington dans les plus brefs délais. Rankin la rappelle le lendemain et lui demande de se présenter devant la commission le lundi suivant[6].

« Je dois d'abord en parler avec M. Lane », répond-elle.

« Vous pouvez venir seule, ou avec votre avocat », précise Rankin.

Sans que l'on comprenne bien pourquoi, Mme Oswald se lance alors dans un monologue de 1 700 mots sur le mensonge entretenu au sujet de sa belle-fille. Selon elle, Marina est une fainéante imbue d'elle-même, et a sans doute cherché les coups que lui donnait son mari. « J'ai vu Marina avec un œil au beurre noir, dit-elle. Je n'approuve certainement pas les hommes qui battent leur femme, mais parfois une femme doit être battue. »

Marguerite Oswald continue à déverser son fiel, jusqu'au moment où elle finit par lâcher son extraordinaire révélation : Marina et son amie Ruth Paine sont impliquées dans l'assassinat du président. « Marina et Mme Paine sont de mèche, dit-elle. Marina et Mme Paine ont tendu un piège à Lee, j'en suis convaincue. Un haut responsable est aussi dans le coup, ainsi que deux agents du Secret Service. »

Lane, dit-elle, « possède beaucoup de documents – des déclarations sous serment – qui prouvent que mon fils n'a pas tué le président. »

Rankin n'a aucun mal à imaginer la tempête qui s'ensuivrait si cela parvenait aux oreilles des journalistes. « Nous souhaitons vous entendre sur toutes ces questions », dit-il pour l'apaiser. Il l'invite vivement à l'appeler, en PCV, dès qu'elle aura décidé de venir à Washington. Puis, le lendemain, il lui envoie un télégramme dans lequel il lui demande formellement de se présenter à Washington le lundi suivant. Tous ses frais seront pris en charge.

Elle fait part de son excitation et de ses préparatifs aux journalistes de Fort Worth. Elle rassemble des documents – lettres, factures de téléphone, coupures de journaux jaunies – qui, insiste-t-elle, prouveront l'innocence de son fils.

Le lundi 10 février au matin, elle se présente flanquée de Lane et de John F. Doyle, un avocat de Washington engagé par la commission pour la représenter ; Doyle a été recommandé par l'association du barreau de la ville[7]. Au grand soulagement de la commission, Mme Oswald demande que Doyle l'assiste pendant son audition. Lane devra donc attendre à l'extérieur.

Gerald Ford dira plus tard que Mme Oswald avait « une présence qui se remarquait dès qu'elle apparaissait ». Il est tout de suite impressionné. « Si je l'avais vue dans la rue, j'aurais dit : "Voilà une femme de caractère, qui sait ce qu'elle veut." » Il se souviendra qu'elle s'agrippait à un « sac à main noir trop grand, qui lui servait en fait d'archives portables. Il était bourré de lettres, de documents et de coupures de presse[8] ».

L'audition s'ouvre par une promesse d'équité de la part de Warren. « Pouvez-vous commencer, avec vos propres mots et à votre rythme, par nous dire tout ce que vous savez concernant cette affaire ? » commence-t-il.

« Oui, monsieur Warren, répond-elle. Je le ferai avec plaisir. »

A la suite de quoi elle ne lâchera plus la parole pendant presque trois jours, donnant généralement des réponses sans rapport avec les questions qui lui sont posées. Son monologue est régulièrement ponctué de l'avertissement : « Ça, c'est important. » Elle donne l'impression de se délecter de la situation. Elle a enfin obtenu ce que ses enfants savent qu'elle recherche depuis toujours : l'attention d'un aréopage d'hommes puissants, à commencer par le *chief justice* des Etats-Unis en personne, qui n'a d'autre choix que de l'écouter. Ford dira que « la seule chose que nous avons eue à faire était de rester assis à l'écouter patiemment », même si son témoignage était « confus, presque incohérent ». Pour lui, Mme Oswald est tout bonnement « maboule ».

Après avoir fait le récit de sa vie, elle en vient à son affirmation centrale : sa belle-fille a joué un rôle dans l'assassinat, et deux agents du Secret Service qui ont protégé Marina après le drame sont dans le coup.

Le Secret Service serait de mèche ? demande Warren, incrédule. « Avec qui ? »

Mme Oswald : « Avec Marina et Mme Paine – les deux femmes. Lee a été victime d'un coup monté et il est fort possible que les deux hommes du Secret Service soient impliqués. »

Rankin : « De quelle conspiration parlez-vous ? »

Mme Oswald : « Celle en vue d'assassiner le président Kennedy. »

Rankin : « Vous pensez que deux agents du Secret Service, Marina Oswald et Mme Paine ont trempé là-dedans ? »

Mme Oswald : « J'en suis convaincue. » Elle en veut pour preuve les accords financiers négociés par Marina pour le récit de sa vie, comme si la jeune veuve avait su d'avance qu'elle serait récompensée par des couvertures de magazines et des contrats d'éditeurs si jamais son mari était accusé d'avoir assassiné le président. « Marina va être à l'abri – vous voyez ce que je veux dire, à l'abri du besoin, entre autres. »

Ses divagations la conduisent de nouveau à s'apitoyer sur elle-même. « Mais moi, je ne suis rien, dit-elle. Que vais-je devenir ? Je n'ai pas de revenus. J'ai perdu mon emploi. Et personne ne s'inquiète de mon sort. »

Rankin insiste : peut-elle leur exposer les preuves dont elle dispose ?

« Je n'ai pas de preuves, monsieur, finit-elle par admettre. Je n'ai pas de preuve concernant les agents. Je n'ai pas la preuve que mon fils est innocent. Je n'en ai aucune. »

Rankin : « Vous n'avez pas de preuves de l'existence d'une conspiration ? »

Mme Oswald : « Aucune. »

Rankin se dit peut-être qu'il tient le bon bout mais, quelques minutes plus tard, Mme Oswald fait de nouveau volte-face et repart à la charge contre Marina.

Ford dira être sorti exténué de la séance, mais non sans en avoir tiré des leçons : « La commission possédait à présent une vision claire de la grande volatilité des rapports au sein de la famille Oswald », ce qui explique peut-être comment a évolué Lee. Les Oswald étaient « une famille fragmentée » dont les liens mutuels reposaient sur « un hasard de naissance à peu près dénué de sens ».

Dans une déclaration à la presse, Warren disqualifie le témoignage de Mme Oswald, « dont les propos ne sont pas dignes d'intérêt ». Il ne fait aucune mention des accusations contre Marina.

Devant les journalistes qui lui demandent ensuite ce qu'elle a déclaré à la commission, Mme Oswald se montre faussement pudique. Elle a encore une histoire à monnayer : « Il faut bien que j'aie encore quelque chose à raconter, n'est-ce pas ? » dit-elle, ajoutant qu'elle doit rencontrer des éditeurs new-yorkais pour un contrat et espère obtenir une avance de 25 000 à 50 000 dollars[9]. « Je ne pense même pas faire appel à un nègre, dit-elle. Non, je n'en veux pas. Je pense pouvoir écrire le livre en me contentant de le dicter. »

Le lendemain, Mme Oswald et Lane s'envolent pour New York, et en débarquant l'avocat révèle aux journalistes qu'il s'est procuré copie de plus de vingt documents émanant du bureau du *district attorney* de Dallas qui, dit-il, confirment les affirmations de Mme Oswald en ce qui concerne l'innocence de son fils. Il n'explique pas comment il s'est procuré lesdits documents, mais précise que « quelqu'un a eu l'amabilité de les mettre à ma disposition » et qu'il « préfère se dire qu'il les a obtenus de façon légale ». Rien ne laisse entendre qu'il s'agit de Hugh Aynesworth, le journaliste de Dallas.

Lane et Mme Oswald ont prévu d'assister à un rassemblement en faveur de leur campagne qui doit permettre de lever des fonds[10]. Selon le *New York Times*, plus de 1 500 personnes se pressent dans la salle, la recette dépasse 5 000 dollars, et la foule ovationne Mme Oswald quand elle réclame justice pour son fils. Vêtue de noir, elle explique au public que son combat est un combat solitaire. « Je ne suis qu'humilité et fidélité à notre mode de vie américain. »

Lane harangue la foule, il affirme qu'il étalera bientôt au grand jour les preuves démontrant que Mme Oswald a raison. Il a trouvé un témoin anonyme à Dallas qui, une semaine avant le drame, a assisté dans le night-club de Jack Ruby à une « réunion de deux heures » entre J. D. Tippit, le policier assassiné, et des individus qui ont sans doute trempé dans l'assassinat de Kennedy. Lane déclare aussi avoir trouvé d'autres témoins qui ont entendu des coups de feu tirés de devant sur la limousine – depuis l'endroit que l'on appelle désormais le talus herbeux – et non du Texas School Book Depository.

Pendant ce temps, une autre femme se prépare à raconter sa propre version des faits – Jacqueline Kennedy[11]. A la surprise de ses proches, l'ancienne First Lady évoque librement les circonstances de l'assassinat et livre même des détails macabres sur les événements. Cela semble lui faire du bien, disent ses proches.

Elle est à l'origine des premiers efforts pour assurer à son mari une postérité immaculée. Cela a commencé dans les jours qui ont suivi son départ de la Maison-Blanche[12]. Dès le mois de décembre, elle a fait en sorte qu'une plaque soit posée dans la chambre Lincoln, avec la mention « Dans cette chambre vécut John Fitzgerald Kennedy, avec son épouse Jacqueline, pendant les deux années, dix mois et deux jours de son mandat de président des Etats-Unis ». (Des années plus tard, le président Richard Nixon la fera enlever.)

Robert Kennedy s'est joint à sa campagne de polissage du bilan de son frère, à laquelle il a aussi convié Warren, qui vient à peine de prendre la tête de la commission. Le 9 janvier, par télégramme, Robert Kennedy lui a demandé « au nom de la famille » de devenir le curateur de la bibliothèque présidentielle John F. Kennedy, qui sera édifiée à Boston et « sera à la fois une bibliothèque et un monument à la mémoire du président défunt[13] ». Warren a accepté sans hésiter, se disant « extrêmement honoré ».

Le mois suivant, la famille Kennedy fait un geste encore plus fort pour fixer ce que l'histoire retiendra de John F. Kennedy. Le 5 février, le journaliste et écrivain William Manchester est à son bureau de l'université Wesleyan de Middletown, dans le Connecticut, quand le téléphone sonne[14]. Au bout du fil, Pierre Salinger, l'ancien attaché de presse de Kennedy resté au service du président Johnson, lui explique que Mme Kennedy aimerait savoir s'il lui serait possible d'écrire l'histoire officielle de l'assassinat.

Manchester se souviendra s'être tourné vers sa secrétaire et avoir dit : « Mme Kennedy veut que j'écrive le récit de l'assassinat. Comment lui dire non[15] ? »

« Vous ne le pouvez pas », lui répond-elle.

Manchester, quarante et un ans, ancien correspondant du *Baltimore Sun*, est l'auteur d'une biographie extrêmement respectueuse du président Kennedy intitulée *Portrait d'un président*, parue deux ans plus tôt. Kennedy lui avait accordé plusieurs entretiens ; une fois le livre sorti, il n'avait pas tari d'éloges à son sujet. Manchester avait été flatté lorsqu'une photo du couple présidentiel, prise courant 1962, avait été publiée, dans laquelle on voyait Mme Kennedy, cigarette à la main, lisant son ouvrage.

Manchester dira avoir pensé que si Mme Kennedy l'avait choisi, c'est « parce qu'elle pensait que je serais gérable ». Deux ans plus tôt, il avait soumis à la Maison-Blanche le manuscrit de *Portrait d'un président* avant publication, afin que le président puisse rectifier les citations qui lui étaient attribuées. « Il n'avait réclamé aucune modification, mais Jackie y avait peut-être vu la preuve que je serais infiniment accommodant, dira Manchester. C'était une erreur compréhensible. »

Trois semaines après l'appel de Salinger, Manchester rencontre Robert Kennedy à Washington. « J'ai été frappé par son aspect », dira-t-il. « Je n'avais jamais vu un homme si peu résilient. Il était complètement ailleurs, le regard perdu dans le vide, le visage marqué par le chagrin. »

Kennedy explique qu'il a été chargé par sa belle-sœur de discuter des termes d'un accord avec Harper & Row, qui avait publié en 1956 le livre de John Kennedy, *Le Courage dans la politique*, récompensé par un prix Pulitzer. L'accord finalement conclu entre la famille Kennedy et Manchester prévoit pour ce dernier une avance de 36 000 dollars ; tous les droits d'auteur après épuisement du premier tirage seront versés à la Kennedy Memorial Library. Manchester percevra par ailleurs les bénéfices de toute publication de bonnes feuilles dans la presse, ce qui devrait représenter beaucoup plus que le montant de l'avance.

Manchester demande à rencontrer Mme Kennedy pour préparer les longs entretiens qu'elle lui accordera par la suite. Robert Kennedy lui répond que ce n'est pas nécessaire. Elle sera disposée à lui parler – de façon détaillée – d'ici quelques semaines.

Manchester prévoit aussi de rencontrer Earl Warren. Il dit vouloir assurer à Warren qu'il n'interférera pas avec les travaux de la commission, même si son travail constituera à bien des égards une enquête parallèle. Conscient que Manchester dispose du soutien des Kennedy, Warren se montre très coopératif. En fait, il accepte même, dans un premier temps, d'accéder à la demande de Manchester d'avoir accès aux rapports d'enquête de la commission, qui sont censés être top secret. Quelques jours plus tard, Rankin presse discrètement Manchester de retirer sa demande, qui risque de compliquer la tâche de la commission. Manchester s'exécute, apparemment de son propre chef[16].

Chapitre 19

Bureaux du sénateur Richard Russell
Sénat des Etats-Unis d'Amérique
Washington
Février 1964

Voilà des semaines que le sénateur Richard Russell serre les dents en se montrant aussi coopératif que possible avec Warren, et ce n'est pas simple. Comment expliquer à ses électeurs férocement ségrégationnistes de Géorgie qu'il participe à une commission conduite par le *chief justice* ? Comment supporte-t-il tout simplement de se trouver dans la même pièce que l'homme dont une bonne part des Blancs de Géorgie croit qu'il est déterminé à détruire leur mode de vie ?

Russell n'a pas changé d'avis concernant Warren, c'est du moins ce qu'il affirme à ses amis. Quand il n'est pas à la commission, il persiste à qualifier l'institution qu'il conduit de « Cour soi-disant suprême[1] ». Il rappelle à ses collègues qu'il ne s'est pas porté volontaire ; on lui a ordonné de se joindre à l'enquête, il n'a pas pu se défiler.

Lors des premières réunions de la commission, Russell s'est montré courtois et respectueux à l'égard de Warren, et les autres membres de la commission trouvent qu'il a fait preuve de sagesse, notamment au sujet des disputes avec Hoover et le FBI. Tant bien que mal, il a tenu sa langue à propos de certaines décisions, comme par exemple l'embauche de jeunes avocats radicaux du Nord. « Pour une raison qui m'échappe,

Warren place partout des extrémistes », écrit-il dans son journal au mois de janvier[2]. Il souligne aussi qu'on ne l'a pas consulté avant de recruter l'« avocat nègre » de Philadelphie, William Coleman.

Au milieu de l'hiver, Russell est exténué, et la commission n'est pas seule en cause. Comme il l'avait dit au président Johnson, il est très pris par ses fonctions de sénateur – et c'est en grande mesure à Johnson lui-même qu'il le doit. Russell mène l'offensive au Congrès contre le texte de loi très favorable aux droits civiques que Johnson a transmis aux deux chambres dès les premiers jours de son mandat. Soucieux de laisser très vite sa marque en tant que champion des droits civiques, Johnson voit dans son texte le digne héritage de Kennedy. Le 19 février, la Chambre adopte le Civil Rights Act de 1964, une loi historique qui rend illégales la plupart des discriminations fondées sur l'appartenance ethnique, la religion ou le sexe. Le texte est ensuite transmis au Sénat, où Russell s'efforcera – sans succès – de le faire repousser. (L'amitié de Johnson et Russell a survécu à l'affrontement, et cela en dit long sur les liens personnels puissants qui unissaient les deux hommes.)

Fin février, Russell n'en peut plus et décide de quitter la commission. Il rédige le brouillon d'une lettre de démission[3]. La goutte d'eau, écrit-il, est qu'on ne l'a pas informé de la date de comparution de Robert Oswald, le frère de Lee. Russell a manqué les deux premières séances, le jeudi 20 et le vendredi 21 février. Le samedi, en se levant, il a appris dans le journal que le témoignage se poursuivrait exceptionnellement ce matin-là malgré le week-end. Ses collaborateurs au Sénat n'avaient pas été informés, mais Russell n'a pas cru un instant que les journalistes pouvaient se tromper. Il s'est habillé et s'est rendu à son bureau, à quelques minutes à pied des locaux de la commission, et il a demandé à un de ses assistants d'appeler la commission pour demander à quelle heure commencerait la comparution. L'assistant déconcerté a dit à Russell que les bureaux de la commission devaient être fermés car personne ne répondait. Russell est rentré chez lui, contrarié d'avoir ainsi gâché une partie de son week-end.

C'est donc avec fureur qu'il a appris que le témoignage d'Oswald s'était bien poursuivi le samedi, mais que, week-end oblige, il n'y avait pas de standardiste pour répondre au téléphone.

Dans son projet de lettre, Russell évoque l'incident : « Je ne pense pas que l'on puisse raisonnablement demander à qui que ce soit de siéger dans une commission qui oublie de prévenir ses propres membres des dates auxquelles elle doit se réunir et de l'identité des témoins censés comparaître. » Il poursuit : « Me trouvant dans l'impossibilité d'assister à la plupart des séances de la commission tout en m'acquittant de mes devoirs législatifs, je me vois dans l'obligation de vous demander d'accepter ma démission et de me libérer de ma mission. Soyez assuré de ma volonté de vous servir, de servir votre administration et notre pays par tous les moyens. »

Une fois sa lettre rédigée, Russell se calme un peu et décide de ne pas l'envoyer, du moins pour l'instant. Il range le brouillon dans ses papiers.

L'écho de sa colère remonte jusqu'à Warren, que ses absences de plus en plus fréquentes inquiètent depuis des semaines. Russell a déjà manqué l'essentiel des dépositions de Marina et de Marguerite Oswald, et voilà qu'il rate entièrement celle de Robert Oswald. « Le seul qui n'était pas assidu était Dick Russell, dira Warren. Ça me dérangeait[4]. » Mais ce qui le dérange plus encore, c'est que Russell cherche une excuse pour laisser tomber. Son retrait « pourrait laisser penser qu'il y avait des dissensions au sein de la commission[5] ».

Warren dépêche Rankin auprès de Russell pour le convaincre de rester, et Rankin doit entendre l'interminable litanie de ses récriminations. « Il s'est montré très franc », se souviendra Rankin. Russell lui rappelle que ses obligations au Sénat lui laissent à peine le temps de lire les comptes rendus sténographiques avant de se coucher.

Il assure à Rankin qu'il ne cherche nullement à mettre la commission dans l'embarras. Il entend d'ailleurs déclarer que son départ n'est en rien dû à un désaccord sur la conduite de l'enquête, mais tout simplement à un problème de disponibilité.

Rankin le raisonne : « Je lui ai expliqué que s'il quittait la commission, ce serait mal interprété, quoi qu'il puisse déclarer. » Et il lui propose, avec l'accord de Warren, d'embaucher un juriste dont la principale fonction sera de l'aider à se tenir au courant des travaux de la commission.

Russell accepte à contrecœur : « Eh bien soit, si vous faites cela, je reste », dit-il à Rankin.

Invité à choisir le juriste en question, Russell désigne Alfredda Scobey, cinquante ans, clerc à la Cour d'appel de l'Etat de Géorgie, qui lui a été recommandée par son frère Robert, qui siège à ladite cour. Mme Scobey est une autodidacte[6]. Elle possède le certificat d'aptitude à la profession d'avocat de l'Etat de Géorgie sans avoir suivi d'études de droit. En mars, elle s'installe à Washington et constate qu'elle est la seule femme de l'équipe de juristes. Sa présence signifie qu'on ne verra pratiquement plus jamais Russell dans les bureaux de la commission. Elle sera ses yeux et ses oreilles.

Un autre fier sudiste perd patience cet hiver-là : Leon Hubert, l'ancien *district attorney* de La Nouvelle-Orléans qui supervise le volet de l'enquête concernant Jack Ruby. A ses collègues de la commission, il avoue ne pas comprendre l'indifférence manifeste de Warren et Rankin pour les éléments troublants qu'il met au jour avec son jeune partenaire, Burt Griffin.

Le procès de Ruby s'est ouvert le 17 février à Dallas, et il a vite pris la tournure peu glorieuse tant redoutée par la ville. Dans les récits des centaines de journalistes venus du monde entier, Dallas et ses représentants sont tour à tour moqués ou ridiculisés. Murray Kempton, l'éditorialiste du magazine *The New Republic*, en vient à éprouver de la pitié pour Ruby – ce personnage « pathétique » venu s'ajouter au compte des victimes de cette ville « minable » et violente. « Ruby est un homme pâlot, à la calvitie qui descend jusque dans la nuque, assis dans une salle d'audience dont les murs chartreuse donnent à sa chair un teint verdâtre, écrit Kempton. En le regardant, on comprend au fond ce qui ne tourne pas rond à Dallas : non seulement la ville n'a pas été capable de protéger Kennedy ni Oswald, mais elle n'a pas été capable non plus de protéger Jack Ruby de ses propres actes. Et le voilà, assis là, pris au piège[7]. »

La police de Dallas touche le fond deux semaines après l'ouverture du procès, lorsque sept détenus de la prison municipale parviennent à s'évader à l'aide d'un faux pistolet taillé dans du savon et badigeonné de cirage ; deux d'entre eux passent en courant devant la salle où l'on juge Ruby[8]. Les caméras de télévision postées à l'extérieur saisissent quelques scènes de l'évasion et l'évacuation du tribunal qui s'ensuit. Pour la presse, c'est une démonstration grandeur nature de l'incompétence qui a permis à Ruby de se faufiler parmi des dizaines d'agents de police pour tuer Oswald.

L'avocat de Ruby s'appelle Melvin Belli, c'est un homme de talent, friand de publicité, qui exerce à San Francisco et que le pays entier surnomme le « roi des dommages et intérêts » en raison des dizaines de millions de dollars qu'il a fait gagner à ses clients dans des affaires de dommages corporels[9]. Belli a tenté d'obtenir le dépaysement du procès ; lorsque cela lui a été refusé, il a fait du procès celui de la ville elle-même. Selon Belli, l'« oligarchie » des pétroliers et des banquiers de Dallas a déjà décidé que Ruby serait condamné à mort pour lui faire payer le tort causé à la ville par l'assassinat d'Oswald. Pour lui, l'antisémitisme qui règne à Dallas explique aussi en partie ce désir de punir Ruby, dont le vrai nom est Jacob Rubenstein, le cinquième de huit enfants d'une famille d'immigrants juifs polonais de Chicago.

Plaidant la folie, Belli affirme que son client souffre d'une lésion au cerveau – il est depuis longtemps sujet à des accès de violence qui se sont aggravés à la suite d'une commotion cérébrale survenue quand il avait trente ans – et il n'a donc pas pu préméditer son crime[10]. L'avocat s'appuie sur le témoignage d'un employé de la succursale du centre-ville de la Western Union dont les registres indiquent que Ruby a envoyé un mandat postal à 11 h 17 précises du matin, soit quatre minutes avant l'assassinat d'Oswald, perpétré de l'autre côté de la rue, au commissariat central. S'il avait prémédité son geste, affirme Belli, Ruby ne se serait pas trouvé au guichet de la Western Union quelques minutes plus tôt, en train d'expédier 25 dollars à « Little Lynn », l'une de ses effeuilleuses. Un autre indice démontre à ses yeux l'absence de préméditation. Ruby a laissé sa chienne préférée, Sheba, dans sa voiture, non verrouillée, devant le bureau de la Western Union. Selon ses amis, il est impensable que Ruby ait pu ainsi abandonner son teckel – qu'il appelait sa « femme ». La relation étrange qu'entretient Ruby avec Sheba et ses autres chiens sera considérée par les enquêteurs de la commission Warren comme un signe de profond déséquilibre mental*.

Dans sa plaidoirie, Belli dépeint son client comme un type fort en gueule, mais globalement pétri de bonnes intentions, un peu comme les personnages du romancier Damon Runyon qui s'offrent des frissons en traînant avec des agents de police et des journalistes. « L'idiot du village, le clown du coin », dit-il[11]. Mais sa stratégie échoue et, le 14 mars, Ruby est condamné à la chaise électrique. Campé devant les jurés, Belli se permet une ultime pique pleine de mépris : « Permettez-moi de remercier ce jury pour son verdict, qui représente le triomphe de la bigoterie. » Son client est victime d'un « tribunal populaire, un tribunal du Far West – et personne n'est dupe[12] ».

A Washington, la condamnation de Ruby signifie que la commission peut enfin se rendre sur le terrain, à Dallas.

Warren a insisté pour qu'on ne mette pas les pieds au Texas afin de ne pas perturber le procès. Hubert et Griffin sont parmi les premiers à s'y rendre, et ils entreprennent d'interroger les témoins à propos de Ruby.

Abreuvés de rapports du FBI et de dépositions qu'ils examinent depuis des semaines, Hubert et Griffin pensent que Belli a sans doute raison concernant Ruby. Les circonstances de l'assassinat suggèrent qu'il est tout sauf un assassin professionnel envoyé pour faire taire Oswald – comme certains conspirationnistes s'efforcent de le décrire. « Le simple fait qu'il ait eu l'inconscience d'aller buter un type dans un sous-sol bondé de journalistes… dira Griffin. Ça en dit long sur lui, non[13] ? »

Les parcours tumultueux de Ruby et d'Oswald présentent certaines ressemblances, à commencer par la relation tortueuse qu'ils entretiennent avec leur mère. Celle de Ruby a multiplié les séjours à l'hôpital psychiatrique quand il était enfant, et l'abandon qu'a connu le jeune Jacob se mesure au

---

* Les gens que fréquentait Ruby ont raconté au FBI des histoires répugnantes sur la relation qu'il entretenait avec ses animaux. L'un d'eux l'a décrit en train de masturber l'un de ses chiens devant ses visiteurs, avec le plus grand naturel. Un autre l'a vu leur donner à lécher le sang qui coulait de la main qu'il s'était profondément entaillée avec un couteau de cuisine.

fait qu'il ne connaît pas son âge exact parce que ni sa mère ni son père n'ont pris la peine de noter sa date de naissance. Devenus adultes, Ruby et Oswald ont eu des rapports difficiles avec les femmes. Le FBI a interrogé de nombreux témoins sur la possibilité que Ruby – qui ne s'est jamais marié et partage son logement avec un homme d'âge mûr à Dallas – et Oswald aient eu des « pulsions homosexuelles », selon la terminologie de l'époque.

Tout cela n'empêche pas Hubert et Griffin de s'inquiéter que quelque chose puisse leur échapper dans la biographie de Ruby – qu'il ait pu, en fait, avoir eu une autre motivation qu'une envie aussi soudaine qu'irrésistible de tuer Oswald. Ils se demandent en particulier si quelqu'un a pu encourager Ruby, peut-être des gangsters surgis de son passé qui l'auraient su capable d'actes impulsifs et qui auraient voulu faire taire Oswald. Depuis son enfance dans les quartiers difficiles de Chicago, Ruby compte des truands parmi ses amis. Il fréquente des joueurs et des individus vaguement liés à la pègre italienne, ainsi que des alliés corrompus de Cosa Nostra au sein des syndicats, notamment les Teamsters de Jimmy Hoffa. Les relevés téléphoniques obtenus par la commission montrent que dans les semaines qui ont précédé l'assassinat de Kennedy, Ruby a appelé à plusieurs reprises un « gros bras » censé travailler pour Hoffa[14].

Hubert et Griffin s'intéressent aussi aux liens de Ruby avec Cuba. Pendant son procès, Ruby confirme qu'il a essayé d'y faire des affaires après la prise de pouvoir par Castro en 1959. Les rapports du FBI montrent qu'il s'est rendu à La Havane cette année-là et qu'il y a rencontré un associé de la famille Gambino ; Ruby prétend qu'il cherchait à vendre sur l'île du fertilisant et des Jeep, mais que le projet n'a « jamais dépassé les premiers stades ».

Hubert et Griffin commencent par établir la chronologie détaillée des activités de Ruby dans les semaines qui ont précédé l'assassinat de Kennedy. Ils prennent pour point de départ le mois de septembre 1963, quand la décision est prise à la Maison-Blanche que le président se rendra au Texas. Leur choix est logique. « C'est le moment à partir duquel n'importe qui, à Dallas ou ailleurs, peut avoir décidé qu'il allait assassiner Kennedy, se souviendra Griffin. C'était la ligne de démarcation[15]. » Ils constituent un tableau avec les jours de la semaine sur un côté de la page et sur la ligne correspondante les documents du FBI et les témoignages qui font référence aux activités de Ruby ce jour-là.

Hubert et Griffin entreprennent aussi de décortiquer le reste de la vie curieuse et compliquée de Ruby, en remontant à son enfance. Ils se disent qu'ils ont hérité d'une charge de travail beaucoup plus lourde que leurs collègues de la commission chargés du passé d'Oswald, qui était deux fois plus jeune que Ruby et n'avait que peu d'amis ou de relations. « Bon sang, nous sommes deux à faire ce que huit hommes font sur Oswald », protestera Griffin.

A la mi-mars, ils rédigent un rapport détaillé qui dresse la liste des fréquentations de Ruby dans le crime organisé et à Cuba, et analyse l'hypothèse d'un lien entre ces gens et les assassinats de Kennedy et d'Oswald[16]. Il y est dit que Ruby a manifestement menti sur le nombre de ses visites à Cuba. Il a prétendu ne s'y être rendu qu'une fois, en 1959, pendant une dizaine de jours. Mais les archives des services d'immigration montrent au moins un autre séjour la même année. Le FBI a trouvé des éléments laissant supposer qu'il a été en contact avec des exilés cubains qui, comme certains de ses amis de Cosa Nostra, souhaitaient de tout cœur la chute de Castro. La victoire des communistes à Cuba avait mis un terme au commerce très lucratif des jeux et de l'alcool contrôlés de longue date par le milieu américain.

Hubert et Griffin sont également frappés par la connaissance surprenante des affaires cubaines dont Ruby a fait preuve tout de suite après l'assassinat. Lors d'une conférence de presse le soir de l'assassinat, assis parmi les journalistes et se faisant passer pour l'un d'eux, Ruby a corrigé Henry Wade lorsque celui-ci s'est trompé en donnant le nom de l'association castriste qu'Oswald prétendait avoir rallié dans l'année. Wade a parlé de « Comité de libération de Cuba ». Ruby, le reprenant, s'est écrié : « Henry, c'est le Comité Fair-play pour Cuba. » Comment était-il au courant de cela ? se demandent Hubert et Griffin.

Ils se demandent aussi si Ruby dit vrai quand il affirme ne pas connaître Oswald. Il existe entre les deux hommes au moins un lien indirect, mais bizarre. La femme de ménage de la pension où vivait Oswald au moment du drame, Earlene Roberts, a une sœur qui est proche de Ruby. Ce dernier lui a proposé dans les années 1950 d'investir dans l'une de ses boîtes de nuit. La sœur a déclaré au FBI avoir rencontré Ruby pas plus tard que le 18 novembre, quatre jours avant le drame, pour discuter d'un autre investissement.

Hubert et Griffin sont excités à l'idée qu'il puisse y avoir encore beaucoup à découvrir – et même une connexion possible entre Ruby et Oswald avant l'assassinat. S'il y a eu conspiration pour tuer Kennedy, c'est peut-être Ruby et non Oswald qui permettra de la révéler. Pourtant, après quelques semaines d'enquête, les deux juristes sentent que la commission les ignore – et plus particulièrement Rankin, qui décide dans une grande mesure quelles informations seront transmises à Warren et aux autres. « Hubert et moi avons été mis sur la touche », dira Griffin[17].

Rankin n'invite jamais Hubert et Griffin à discuter avec lui, pas plus qu'il ne les félicite pour leur travail. « Hubert était là jour après jour, mais Rankin l'ignorait, dira Griffin. Il n'avait pas l'impression que Rankin le respectait. » Autant Rankin débarque régulièrement dans le bureau des autres tandems pour leur demander où ils en sont, autant « c'est à peine s'il venait nous parler ». Et la timidité maladive de Hubert n'arrange pas les choses. Il paraît sans cesse intimidé. C'est peut-être un personnage puissant dans le milieu de la justice en Louisiane, mais à Washington il se retrouve parmi des jeunes gens issus des meilleures universités et des plus prestigieuses facultés de droit du pays, ou d'imposantes institutions comme la Cour suprême et le département de la Justice.

« C'était un type nerveux, dira Griffin de Hubert. Un fumeur invétéré qui entamait sa journée avec un Coca-Cola bien frais et en buvait du matin au soir », au point que la caféine le rendait nerveux. « Il me vouait un respect certain, dira Griffin. Je sentais qu'il me mettait sur un piédestal, et c'est peut-être ce qui m'incitait à le trouver naïf. »

En février, Hubert accrédite définitivement l'idée qu'il n'est pas taillé pour sa mission en adressant à Rankin un rapport pompeux et maladroit dans lequel il demande que la commission dresse la liste de tous les individus ayant pénétré le territoire américain pendant les mois qui ont précédé l'assassinat et de tous ceux l'ayant quitté dans les semaines qui l'ont suivi – soit des centaines de milliers, voire des millions de noms qu'il faudrait comparer, à la main, à des listes de suspects possibles[18]. Reconnaissant que la tâche est peut-être « irréalisable », Hubert estime que « même si ce travail n'est pas fait, le rapport final doit montrer qu'il a été envisagé et expliquer pourquoi cela n'a pas abouti ». Ce mémorandum suscite la consternation de Rankin et de ses adjoints, pour qui ce serait chercher une aiguille dans une botte de foin.

Sa demande est rejetée, mais Hubert écrit de nouveau à Rankin pour le presser de faire savoir à l'ensemble de la commission qu'il a proposé cette vérification massive – et qu'elle a été refusée. Il défend à nouveau son idée, car elle pourrait bien accoucher du nom d'un assassin. « Le coupable aura forcément cherché à quitter les Etats-Unis », dit-il. Il se demande ce que « les Américains qui ne sont pas encore nés » penseront d'une commission qui n'a pas examiné le moindre petit indice d'une éventuelle conspiration, quel qu'en soit le coût.

En ce qui concerne Ruby, prévient-il, les informations dont ils disposent ne permettent de tirer aucune conclusion sur ce qui l'a poussé à tuer Oswald, et la commission aurait tort de prétendre le contraire. « Le fait est que, jusqu'ici, les informations que nous avons sur Ruby ne permettent de conclure ni dans un sens ni dans l'autre quant à l'existence d'une conspiration. » Au fil des semaines, Hubert deviendra de plus en plus amer en raison du dédain dont il s'estime la cible, au point qu'il envisagera de démissionner. « Il était démoralisé », dira Griffin[19].

CHAPITRE 20

Siège de la commission Warren
Washington
Février 1964

Fin février, les membres de la commission décident que l'heure du face-à-face avec Mark Lane, devenu leur principal détracteur, a sonné. Warren l'accusera plus tard d'avoir « parasité » l'enquête. Il a du mal à avaler qu'il ait suffi de quelques semaines à un obscur avocaillon pour se faire un nom grâce à des affirmations absurdes sur l'assassinat. Lane profite du fait que la commission a choisi de mener ses auditions à huis clos et de ne s'exprimer qu'au compte-gouttes : cela lui laisse le champ libre pour faire des déclarations plus farfelues les unes que les autres. « Pure invention », dira Warren des théories propagées par Lane. « Totalement dénuées de fondement[1]. »

Warren en fait même une affaire personnelle, car Lane cherche à convaincre l'opinion qu'il est complice d'une conspiration visant à cacher la vérité sur l'assassinat du président en faisant porter le chapeau à un innocent. Devant ses amis, Warren avoue ne pas comprendre comment des journalistes respectables peuvent accorder le moindre crédit à Lane ou à sa cliente Marguerite Oswald. Pourtant, jour après jour, tous deux étalent à la une des quotidiens leurs théories « fumeuses ». La réputation de Lane est même en train d'atteindre l'Europe : d'importants intellectuels de gauche se rallient à lui, notamment le philosophe Bertrand Russell, qui crée à Londres un comité de soutien. (Ce groupe nommé « Comité britannique "Qui a tué Kennedy ?" » compte parmi ses membres l'écrivain J. B. Priestley et l'historien Hugh Trevor-Roper.)

L'embarras de la commission face à Lane prend de telles proportions qu'elle met secrètement le FBI sur ses talons. Le Bureau surveillait déjà de loin ses pérégrinations à travers le pays quand, le 26 février, Howard Willens rédige une note énumérant les raisons pour lesquelles le FBI doit le surveiller de près[2]. Quelques jours plus tard, de toute évidence à la demande de la commission, le Bureau accentue d'un cran sa surveillance. Pendant tout l'hiver et le printemps, le FBI suit Lane à la trace à travers le pays. Le Bureau informe régulièrement la commission, souvent de façon quotidienne, de l'endroit où il se trouve et de ce qu'il dit.

Dans une autre note, fin février, Willens propose que la commission l'entende au plus tôt[3]. Cela mettra fin à ses allégations répétées selon lesquelles la commission refuse de tenir compte de tout ce qui pourrait disculper Oswald. Si Lane a des preuves, il pourra directement les exposer devant la commission. S'il n'en a pas, cela sautera aux yeux de tous. « M. Lane affirme partout qu'il possède des informations établissant que Lee Harvey Oswald n'est pas l'assassin du président Kennedy, et que la commission refuse d'en prendre connaissance », écrit Willens. En le citant à comparaître, « il me semble que nous devrions expressément réclamer qu'il nous remette tous les documents en sa possession concernant l'assassinat ». La commission approuve, et une convocation est envoyée à Lane.

En 1964, l'enquête parallèle de Lane est devenue son emploi à plein-temps. Il fouille partout à la recherche de témoins ou d'éléments en faveur d'Oswald. Grâce à la pile de dépositions que lui a remise Hugh Aynesworth, il recherche les témoins de Dealey Plaza et ceux du meurtre de Tippit.

Parmi les premières victimes de ses méthodes se trouve Helen Markham, quarante-sept ans, la serveuse qui a vu Oswald tirer sur Tippit et l'a reconnu lors d'une séance d'identification. C'est apparemment le témoin le plus proche du lieu du crime – elle se trouvait à une quinzaine de mètres. Lane l'appelle et enregistre leur conversation téléphonique, apparemment à l'insu de Mme Markham. Plus tard, quand il remettra les bandes contre une promesse d'immunité, l'enregistrement fournira la preuve qu'il n'hésitait pas à bousculer des témoins peu au fait des procédures pour leur faire dire des choses qu'ils ne pensaient pas.

Selon une retranscription de cette conversation, Lane commence par se présenter brièvement, puis il se lance dans ses questions.

« Pouvez-vous m'accorder un instant ? » demande Lane à Mme Markham ; il prétend tenir de journalistes locaux qu'elle a décrit l'assassin de Tippit comme un homme « de petite taille, trapu, à la chevelure touffue » – ce qui ne correspond pas à Oswald[4], dont le rapport d'autopsie fait état d'un homme de taille normale (1,76 m), mince (environ 70 kg) et au crâne dégarni.

« Non, non, je n'ai pas dit ça », répond Mme Markham, se tenant à sa description initiale.

Lane insiste. « Diriez-vous alors qu'il était trapu ? »

Mme Markham : « Euh, il était petit. »

Lane : « Et plutôt enveloppé ? »

Mme Markham : « Non, pas trop enveloppé. »

Lane entrevoit une ouverture : « Pas trop enveloppé, mais légèrement enveloppé ? »

Mme Markham : « Non, il ne l'était pas, il n'avait pas l'air trop enveloppé, non. »

Lane : « Il n'était pas trop enveloppé, et vous diriez qu'il avait une chevelure plutôt touffue ? »

Mme Markham : « Oui, un tout petit peu touffue. » (Elle dira plus tard avoir été troublée par l'insistance de Lane et qu'elle avait voulu dire que les cheveux d'Oswald étaient décoiffés, pas touffus.)

Après quelques questions portant sur autre chose, Lane revient à la charge : « Vous avez dit qu'il était petit et légèrement enveloppé et que sa chevelure était un peu touffue ? »

Mme Markham : « Euh, non, je n'ai pas dit ça. On ne m'a pas demandé ça. »

Malgré ce harcèlement, Mme Markham parvient tant bien que mal à s'en tenir au récit qu'elle a fait à la police. Elle se dit toujours persuadée qu'Oswald a bien tué Tippit.

Mais ce n'est pas le récit que Lane fait de leur conversation. Lors de ses apparitions publiques au cours des semaines suivantes, il annonce qu'il a parlé avec Mme Markham et que celle-ci est revenue sur sa description. « Elle m'a donné une description plus détaillée de l'homme qui selon elle a tué l'agent Tippit – il était petit, plutôt enveloppé et avec une chevelure un peu touffue », dit Lane, déformant les propos de Mme Markham[5].

Les juristes de la commission partagent le mépris de Warren pour Lane. David Belin voit en lui un « charlatan » qui utilise « un masque de sincérité soigneusement cultivé » pour faire de l'assassinat de Kennedy un « gagne-pain à vie ». Jim Liebeler évoque à son sujet la « vieille légende des grenouilles qui sautent de la bouche de l'homme perfide à chaque fois qu'il parle ». Les grenouilles représentent ses mensonges « et il faut courir dans tous les sens pour les attraper ».

Lane accepte de comparaître, et son audition est fixée au mercredi 4 mars. Ce sera le seul témoin entendu par la commission qui réclamera que la séance soit publique, et on le lui accorde ; les journalistes seront invités à entrer dans la salle. « Il me semble que les questions traitées ici sont au cœur des préoccupations de notre peuple et il sera donc fructueux et constructif que les séances soient publiques », dit Lane. Il sent très clairement l'avantage qu'il peut tirer de la présence de la presse ; ce face-à-face avec le *chief justice* et les membres grisonnants du panel pourrait bien faire de lui le ténor des détracteurs de la commission.

Rankin conduit l'interrogatoire : « Avez-vous quelque information concernant l'objet de l'enquête de cette commission que vous souhaitiez porter à sa connaissance ? »

Lane se lance alors dans une longue réfutation minutieuse des éléments que présentent au public la police de Dallas et le FBI – et désormais manifestement la commission – pour établir la culpabilité d'Oswald. Comme depuis le début, sa méthode consiste à dénoncer une tentative d'occultation chaque fois qu'il trouve la moindre incohérence entre la version officielle et les récits parus dans la presse.

Il commence par se concentrer sur les photographies abondamment reproduites depuis le drame où l'on voit Oswald brandir le fusil Mannlicher-Carcano de fabrication italienne identifié comme étant l'arme du crime. Sur la photo parue à la une du magazine *Life* – celle que Marina Oswald dit avoir prise dans le jardinet de leur maison de La Nouvelle-Orléans au printemps 1963 – le fusil est équipé d'une lunette. Mais sur celle apparemment identique diffusée par l'Associated Press et publiée par le *New York Times* et d'autres, la lunette a disparu. Cela, selon Lane, laisse penser que les photos ont été truquées, ce qui pourrait bien constituer la preuve d'un « acte criminel » visant à occulter une conspiration. (La commission établira très vite qu'il n'en est rien. Dans certains cas, la photo a été retouchée par le journal pour rendre la silhouette du fusil aussi nette que possible – la technique fait peut-être peu de cas de la déontologie, mais est courante dans la presse américaine.)

Lane évoque ensuite des témoignages figurant dans les dossiers du FBI et de la police de Dallas – témoignages que la commission possède également – qui contredisent la version officielle selon laquelle trois coups de feu ont été tirés de l'arrière sur Kennedy et Connally. Selon Lane, certains témoins ont entendu quatre coups de feu ou plus, et d'autres soutiennent qu'ils provenaient de devant – du talus herbeux ou du pont ferroviaire sous lequel allait s'engager le cortège. Ces témoignages, associés aux expertises médicales, offrent « la preuve irréfutable que le président a reçu une balle à la gorge ».

Plutôt que de chercher à contredire l'avocat, le président Warren et Rankin le laissent parler pendant près de trois heures, comme ils ont procédé avec sa cliente, Marguerite Oswald, qui a pu livrer son témoignage confus le mois précédent sans opposition. La stratégie de Warren, semble-t-il, consiste à empêcher Lane de prétendre par la suite qu'il n'a pu s'exprimer librement. « Nous vous avons demandé de venir aujourd'hui parce que nous croyons savoir que vous détenez des informations, dit-il. Nous sommes heureux de les recevoir. Nous voulons entendre jusqu'à la dernière bribe d'information dont vous disposez. »

Au cours de son témoignage, Lane renouvelle une demande qu'il exprime publiquement depuis plusieurs semaines – il souhaite représenter Oswald devant la commission et accéder à toutes les pièces recueillies dans l'enquête. « Oswald n'aura pas droit à un vrai procès parce qu'il est mort, dit Lane. Tous les droits dont jouissent les citoyens américains accusés d'un crime lui ont été retirés, y compris la vie. » Il dit qu'Oswald mérite « une assistance devant la commission – une assistance qui puisse agir en son nom à travers l'analyse contradictoire des preuves et des témoignages ».

Warren l'écoute patiemment avant de refuser. « Monsieur Lane, je dois vous avertir que la commission, comme vous le savez, a examiné votre requête et l'a rejetée. Elle ne vous considère pas comme l'avocat de Lee Oswald. » Il constate que Marina Oswald, sa plus proche parente, n'a pas sollicité d'avocat pour ce qui serait, de fait, la défense du fantôme de son mari. « Nous n'entendons pas en discuter », dit Warren.

Au sein de la commission, nul n'est mieux armé pour démolir les arguments de Lane que l'adjoint de Redlich, Melvin Eisenberg. Le jeune avocat est devenu l'expert en criminologie de la commission, et il sait pertinemment que les affirmations de Lane sont absurdes, notamment celles qui concernent les expertises scientifiques ; il pense que les autres non plus ne sont pas dupes. « Il serait ridicule de se focaliser sur Mark Lane », se dit-il[6]. Il est moins gêné que d'autres au sein de l'équipe par les insinuations de Lane selon lesquelles ils font tous partie d'une conspiration pour étouffer la vérité. « Je me disais que tant que nos réponses étaient sincères, rien ne pouvait nous arriver, dira-t-il. Nos réputations étaient à l'abri. »

Avec le zèle grâce auquel il est sorti premier de la faculté de droit de Harvard quatre ans plus tôt, Eisenberg décortique les milliers de pages des manuels de criminologie que lui a envoyés la Bibliothèque du Congrès. La science, estime-t-il, démontre la culpabilité d'Oswald au-delà de tout doute raisonnable : les indices balistiques et les empreintes digitales prouvent qu'il est bien l'auteur des coups de feu qui ont tué Kennedy et failli tuer le gouverneur Connally. Eisenberg ne peut exclure qu'il ait eu des complices, mais il a la certitude que c'est bien lui qui a pressé la détente ce jour-là. « Il ne faisait rationnellement aucun doute qu'Oswald avait au moins tiré les balles qui ont atteint le président. »

La compréhension des détails scientifiques ne lui a pas posé de difficulté, et il en expose les grandes lignes dans plusieurs rapports adressés à la commission au cours de l'hiver. Tout se résume à des questions très élémentaires de physique, de chimie et de biologie. « C'était simple, dira-t-il. Rien de sorcier. » Les éléments de balistique, en particulier, lui paraissent limpides. On peut prouver avec une certitude proche de 100 % que les balles qui ont traversé le corps de Kennedy et Connally provenaient du fusil acheté par correspondance par Oswald. Ses lectures lui ont appris qu'un fusil laisse des sillons distinctifs sur les balles qui sortent de son canon. L'examen au microscope des balles tirées a permis aux enquêteurs d'identifier le fusil d'Oswald comme étant l'arme du crime « à l'exclusion de tout autre fusil sur terre », dit Eisenberg.

Pour défendre l'innocence d'Oswald, Lane s'appuie sur des témoignages et des indices qui n'ont que peu ou pas d'intérêt, et Eisenberg en est dorénavant conscient. Pour lui qui n'a jamais pratiqué le droit pénal, découvrir que les criminologues sérieux accordent peu de valeur au récit des témoins dits oculaires a quelque chose de dérangeant. Hollywood et les romans policiers nous incitent à croire qu'il n'y a pas de meilleure preuve d'un crime que le témoignage de ceux qui l'ont vu se produire, mais selon ce qu'il lit, il est habituel que ces gens se trompent. Différents individus donneront des versions très différentes de faits auxquels ils ont assisté, et cela aboutit parfois à la condamnation – voire à l'exécution – d'innocents.

Encore moins crédibles, découvre Eisenberg, sont les récits de ce que les gens ont *entendu* sur les lieux d'un crime – des témoins dits auditifs. Leurs versions sont souvent carrément fausses, et plus encore dans un espace relativement clos comme Dealey Plaza, et où l'écho des déflagrations rebondit dans tous les sens, et où des témoins pris de panique ne feront pas vraiment attention à ce qu'ils entendent parce qu'ils chercheront surtout à sauver leur peau. Dans l'un de ses rapports, Eisenberg écrit qu'il n'y a rien d'étonnant à ce que certains témoins n'aient entendu que deux ou trois coups de feu et que d'autres en aient entendu cinq ou plus, ni à ce que certains soutiennent qu'ils ont pensé que ça venait du talus herbeux ou d'autres endroits situés à l'avant du cortège présidentiel.

Dans le cadre de sa mission, Eisenberg a rencontré des scientifiques du laboratoire de criminologie du FBI, dont l'expertise technique et l'intelligence l'ont impressionné. Il pense malgré tout que la commission ne doit pas compter sur le seul Bureau pour les analyses scientifiques, si bien qu'il demande l'autorisation d'embaucher des experts indépendants pour leur faire examiner les indices matériels. Pour les questions de balistique, il propose à la commission de solliciter le laboratoire de la police de New York. Pour les empreintes, il propose que les indices soient soumis aux spécialistes de renommée mondiale que compte dans ses rangs la police de Chicago. La commission s'empresse d'accepter.

Burt Griffin prend le temps de se détourner quelque peu de ses propres recherches pour donner un coup de main à Eisenberg. Le 13 mars, après avoir fouillé les archives du FBI et de la police de Dallas, il rédige un rapport où il identifie quatre hommes de Dallas et des environs qui ressemblent beaucoup à Oswald et qui ont été pris pour lui le jour de l'assassinat. Un cinquième, Billy Lovelady, qui travaillait avec Oswald au Texas School Book Depository, a été photographié sur les marches du bâtiment quelques minutes après les coups de feu. Griffin n'est donc pas surpris d'entendre Mark Lane affirmer avec insistance, alors même que Lovelady s'est publiquement fait connaître comme étant l'homme sur les photos, que c'est bien Oswald qu'on voit sur les marches – ce qui prouve, selon Lane, qu'Oswald est forcément innocent puisqu'il n'a pas pris la fuite.

Chapitre 21

Siège de la commission Warren
Washington
Février 1964

L'enquête se poursuit depuis plusieurs semaines déjà et les juristes[1] continuent de croire la CIA bien disposée à leur égard. Les responsables auxquels ils ont affaire sont intelligents, souvent très agréables, et apparemment sincères lorsqu'ils leur assurent que l'agence partagera avec eux toutes les informations qu'elle détient sur Oswald. Cela offre un net contraste avec l'attitude de l'équipe et des membres de la commission envers Hoover et le FBI, dont la plupart considèrent désormais qu'il fait obstruction à leur travail, sans doute pour mieux dissimuler le fiasco de sa mission de surveillance du meurtrier, avant l'assassinat.

Mais dès le mois de février, ces mêmes juristes sont confrontés à la première preuve embarrassante que la CIA fait elle aussi de la rétention d'information[2], lorsqu'ils apprennent que, dans les heures qui ont suivi l'assassinat, le Secret Service a reçu des rapports détaillés sur la visite d'Oswald à Mexico. La commission vérifie dans ses propres dossiers et constate qu'elle n'a jamais eu copie de ces rapports. La CIA n'a même jamais admis leur existence. Quant au Secret Service, il refuse de les lui communiquer, arguant du fait que, puisque ces rapports sont si confidentiels, la décision relève de la CIA.

Depuis qu'il a intégré la commission, Rankin a surtout affaire au directeur adjoint de l'Agence, Richard Helms, un homme qu'il a fini par apprécier et respecter. Des années plus tard, il se souviendra d'avoir cru que Helms et les autres hauts responsables de l'Agence coopéraient pleinement. Mais la découverte des rapports manquants l'inquiète et, dans ce cas précis, il estime devoir contourner Helms. En février, il écrit directement à John McCone, son supérieur, pour exiger que la CIA leur communique des copies des rapports qu'elle a remis au Secret Service au sujet du voyage d'Oswald au Mexique. Et, dans sa lettre, afin d'éviter toute ambiguïté, il demande que l'Agence rectifie le tir et tienne l'intégralité de ses dossiers sur Oswald, notamment une copie de toutes les correspondances échangées à son sujet et sur l'assassinat avec d'autres services gouvernementaux, à la disposition de la commission. Après tant de malentendus et de manifestations de mauvaise volonté entre la commission et le FBI, Rankin met la CIA en garde – poliment, estime-t-il.

La commission reçoit la réponse de la CIA le vendredi 6 mars[3], lorsque l'Agence remet un épais dossier qui, affirme-t-elle, contient toutes les informations réunies sur l'intéressé depuis sa défection de 1959. L'adjoint de Rankin, Willens, et d'autres parcourent ce dossier. Presque aussitôt, ils constatent qu'il manque bien des éléments. Entre autres, le dossier ne contient aucune des pièces ou des échanges de télégrammes relatifs à Oswald entre la station de Mexico et Langley à l'automne précédent.

Willens téléphone à Helms, qui admet qu'une partie du contenu reste sous embargo en raison de « certains problèmes non spécifiés ». Dans une note à Rankin, Willens rappelle que le directeur adjoint a fourni une autre explication. « Il a indiqué qu'une partie des informations a déjà été transmise à la commission sous une autre forme et que le reste comprenait des éléments sans intérêt ou qui n'avaient pas encore été vérifiés. » C'est inacceptable, souligne Willens. La commission doit tout examiner. Le directeur adjoint n'en démord pas et suggère que le jeune juriste ne comprend pas tout à fait ce que cela impliquerait de contraindre ses services à communiquer l'ensemble de ses dossiers sur Oswald. « L'Agence préfère s'abstenir », prévient-il. A l'inverse de Rankin et des membres de la commission, Willens sent bien qu'il n'a pas le pouvoir d'imposer son point de vue à Helms. Ce dernier ayant prévu de se rendre dans les bureaux de la commission, à Washington, la semaine suivante, ils conviennent d'aborder la question lors de cette visite.

Le jeudi suivant, vers 11 heures du matin, Helms prend place autour d'une table avec Rankin et plusieurs autres membres de l'équipe, dont Willens, Coleman et Slawson. Les questions sont posées sans détours, et notamment celle qui, à bien des égards, se révèle centrale pour l'Agence : la CIA est-elle sûre qu'Oswald n'a jamais travaillé pour elle, pas même pendant les années qu'il a passées en Union soviétique ?

Richard Helms assure à ses interlocuteurs qu'Oswald n'a jamais travaillé pour la CIA, à aucun titre. Outre lui-même, d'autres hauts responsables, y compris McCone, sont prêts à le confirmer sous serment et par écrit. On le presse de questions : si la CIA n'a rien à cacher, pourquoi continue-t-elle de dissimuler des informations sur le voyage d'Oswald au Mexique[4] ? Le directeur adjoint admet que la CIA a conservé certains rapports précis qui risqueraient de dévoiler les techniques d'espionnage employées à Mexico, notamment les écoutes téléphoniques et les caméras de surveillance braquées sur les ambassades cubaine et soviétique.

Rankin veut encore croire que la CIA dit la vérité, et il comprend la nécessité de tenir secrètes les activités d'espionnage de l'Agence au Mexique. Il propose donc une solution de compromis, que Helms accepte. La CIA leur fournira un résumé expurgé des rapports contenus dans son dossier sur Oswald, mais les collaborateurs de la commission pourront se rendre à Langley pour y consulter les originaux complets.

On évoque encore le Mexique, notamment les nombreuses zones d'ombre concernant ce que la CIA sait au sujet du séjour d'Oswald : où est-il allé exactement et qui a-t-il rencontré là-bas, surtout le soir ? Il était descendu dans un petit hôtel proche de la gare routière, mais la nuit il aurait pu se trouver n'importe où en ville, et en passant inaperçu, apparemment. « On ignore tout de ses soirées pendant son séjour » – Slawson se souviendra d'avoir fait cette réflexion à Helms, lequel suggère en retour que la commission a tout pouvoir d'envoyer des gens à Mexico, où ils seront « en position de contourner les canaux ordinaires et d'aborder ces questions directement avec les personnes concernées ». La station de Mexico leur apportera tout son appui, promet-il. Slawson trouve que c'est une excellente idée.

Dans les jours qui suivent cette réunion, la CIA transmet d'autres documents qu'elle avait fournis au Secret Service, notamment les rapports concernant le séjour d'Oswald à Mexico. L'un de ces rapports, adressé par la CIA à 10 h 30 du matin le lendemain de l'assassinat, signale au Secret Service que la station de Mexico possède une photographie de surveillance d'un homme qui pourrait être Oswald. Or, à ce jour, ce cliché n'a pas encore été communiqué à la commission, et, dans une lettre à Rankin, Helms explique pourquoi. L'Agence, écrit-il, n'a pas éprouvé le besoin de transmettre cette pièce parce qu'après l'assassinat, elle a rapidement conclu qu'il ne s'agissait pas d'Oswald. La CIA, suggère-t-il, n'a pas voulu encombrer la commission de fausses pistes, ce cliché étant apparemment sans valeur. Il invite Rankin à dépêcher quelqu'un à Langley pour examiner cette photo – elle montre le visage d'un homme aux traits slaves, nettement plus grand et corpulent qu'Oswald.

En mars, dans un geste d'ouverture inédit, la CIA autorise le département d'Etat à communiquer deux télégrammes de l'ambassadeur Thomas Mann envoyés fin novembre concernant ses soupçons au sujet d'une conspiration cubaine dans l'assassinat de Kennedy. Devant ses adjoints, Helms admet avoir « ruminé » l'idée d'autoriser ou non la communication de ces câbles à la commission. Après les avoir lus, Slawson prend conscience – non sans désarroi – de tout ce que la commission ignore encore sur ce qui s'est passé au Mexique. Le ton presque paniqué de Mann et sa conviction que Castro se trouve derrière l'assassinat l'impressionnent. Ces télégrammes font aussi allusion à des pièces que la commission n'a jamais pu consulter, notamment des transcriptions détaillées d'enregistrements de conversations téléphoniques d'Oswald au Mexique. Slawson découvre la note dans laquelle Mann mentionne les rapports de l'ambassade concernant une liaison entre l'ancien ambassadeur de Cuba au Mexique et Silvia Duran, la Mexicaine « aux mœurs légères » qui a traité directement avec Oswald. Slawson se demande ce que les dossiers de l'ambassade pourraient bien contenir d'autre.

Le 2 avril, dans une note à Rankin, il souligne que la commission doit disposer des copies des transcriptions de toutes les conversations téléphoniques d'Oswald à Mexico. En outre, « nous devons pouvoir consulter le dossier complet de l'ambassade relatif à l'assassinat de Kennedy, y compris les copies de toute la correspondance avec les autres services gouvernementaux ». Et, ajoute-t-il, la commission doit obtenir davantage d'informations sur cette jeune femme mexicaine : « Nous aimerions en savoir plus sur Silvia Duran – par exemple, que sait-on de ses "mœurs légères". »

Fin mars, un membre de l'équipe, Samuel Stern, se rend en voiture au siège de la CIA à Langley, pour examiner les dossiers sur Oswald. Plus tard, il se souviendra d'avoir été impressionné par les salles d'archives ultrasophistiquées de l'Agence, ainsi que par son nouveau système de traitement de données, baptisé « Lincoln », qui fait appel aux tout premiers ordinateurs du gouvernement fédéral.

On lui remet un inventaire des pièces concernant Oswald puis on l'autorise – un document après l'autre – à parcourir les dossiers, pour s'assurer qu'ils sont complets[5]. Il y retrouve les télégrammes rédigés par la station de Mexico au sujet d'Oswald. Autant qu'il puisse en juger, rien ne manque dans cette « chemise Oswald », comme on appelle cette collection de documents. Pourtant, il se rappellera distinctement s'être dit ce jour-là que la CIA aurait pu, sans grande difficulté, falsifier toutes ces pièces, ou en modifier l'inventaire et retirer de la « chemise » les documents qu'elle ne voulait partager avec personne. Mais cette réflexion lui apparaît cynique et dénuée du moindre fondement, de sorte que Stern n'en fait pas état dans la note résumant sa visite qu'il rédige à l'intention de Rankin. Quoi qu'il en soit, le travail de l'Agence étant de protéger des secrets, si elle choisit de ne pas en partager certains concernant Oswald et l'assassinat, la commission n'en saura rien. « Nous n'avions aucun moyen d'être absolument, définitivement sûrs de quoi que ce soit », admettra Stern.

Cet hiver-là, David Slawson finit par comprendre que la CIA cherche à le recruter. On ne lui fera jamais une proposition directe, mais lors de ses conversations avec Ray Rocca et d'autres responsables de l'Agence, on lui demande quels sont ses projets lorsque la commission aura fini son travail, et on lui fait comprendre que s'il souhaitait renoncer à sa carrière juridique il serait le bienvenu chez eux. « Ils m'ont fait savoir que si j'étais intéressé, ils le seraient aussi[6]. »

Il est flatté de leurs attentions et, sur le moment, n'y voit en rien une tentative d'influencer son travail pour la commission. La CIA est alors une institution éminemment respectable, reconnaîtra-t-il ultérieurement. En fait, il avait déjà envisagé d'y entrer, des années plus tôt, après avoir appris que certains de ses camarades d'université y faisaient carrière : « Je m'étais dit qu'ils engageaient des pointures. » Il a préféré le droit à la physique à Princeton parce qu'il trouve la carrière plus palpitante. Et il se dit que la CIA pourrait représenter une bien plus grande aventure. Pour l'heure, cependant, il n'a guère le temps de réfléchir à la prochaine étape de sa carrière. En quelques brèves semaines, il est devenu l'expert de la commission sur la question de l'existence ou non d'une conspiration internationale pour tuer le président, et il accomplit l'essentiel de ce travail à lui tout seul. Coleman, son partenaire du tandem « conspiration » basé à Philadelphie, vient à Washington un jour par semaine et, certaines semaines il ne vient pas du tout.

Slawson estime qu'il n'a pas le temps de faire une fixation sur ce que la CIA pourrait encore lui cacher. Malgré l'incident des documents de Mexico, dit-il, « au fond, je croyais la CIA sincère ». L'Agence – et en particulier Rocca – semble soucieuse de répondre à toutes ses questions et, quand il n'y a pas de réponse claire, on lui offre une explication intelligente, raisonnable. Slawson apprécie tout particulièrement la bonne volonté que met Rocca à l'informer des derniers débriefings de Youri Nosenko, l'ancien agent du KGB. Des années plus tard, Slawson avouera n'avoir pas compris à quel point l'affaire Nosenko excitait les passions – dès le premier jour ou presque elle avait opposé les spécialistes de l'URSS de la CIA et du FBI au patron de Rocca, James Angleton, le chef du contre-espionnage, ce dernier étant convaincu que Nosenko était un agent double envoyé aux Etats-Unis dans le but d'exonérer l'URSS de toute implication dans l'assassinat du président.

Agé de trente-six ans lors de son passage à l'Ouest, Youri Ivanovitch Nosenko était en contact avec l'Agence depuis 1962 : lors d'un déplacement sous couverture en Suisse pour le compte du KGB, il avait prétendu s'être fait dérober 200 dollars par une prostituée[7]. Selon le rapport de la CIA, Nosenko avait approché un diplomate américain qu'il connaissait à Genève et lui avait demandé s'il pouvait lui prêter la somme, car il craignait que ses supérieurs n'aient vent de ses escapades sexuelles. L'incident avait permis de le recruter.

En février 1964, trois mois après Dallas, Nosenko annonce à la CIA qu'elle doit l'exfiltrer immédiatement et qu'il détient des informations importantes sur Lee Harvey Oswald. La nouvelle de sa défection fait le tour de la planète – et a même droit aux honneurs de la une du *New York Times* –, puis Nosenko disparaît de la circulation pendant des années[8]. Il confie à ses officiers traitants de la CIA qu'il a personnellement consulté les dossiers du KGB sur Oswald, et ceux-ci prouvent que l'assassin de Kennedy n'a jamais été un espion russe. Les services d'espionnage soviétiques le jugeaient trop instable – c'était « un cinglé », selon le terme employé par Nosenko – pour pouvoir servir dans des missions de renseignement. Selon le Russe, le KGB avait fait définitivement une croix sur Oswald quand celui-ci avait tenté de se suicider en octobre 1959, peu après son arrivée à Moscou.

Le FBI croit Nosenko. J. Edgar Hoover et ses adjoints du contre-espionnage, chargés de repérer et d'appréhender les espions communistes sur le sol américain, pensent que le transfuge est de bonne foi. En d'autres temps, cela aurait suffi pour que le Russe soit accueilli en héros à Washington. Mais Angleton est un adversaire trop puissant, et il contrôle en outre ce que la CIA dit à la commission – en particulier à Slawson. Angleton demande à son équipe de trouver dans l'histoire de Nosenko la faille susceptible de prouver qu'il s'agit d'un agent double. Sa crainte est qu'il n'ait été envoyé par Moscou pour discréditer un précédent transfuge du KGB, vivant alors aux Etats-Unis, Anatoli Golitsine[9]. Golitsine entretient depuis des années la paranoïa d'Angleton au sujet de l'infiltration de la CIA par le KGB.

Et il est formel : Nosenko est un agent double, envoyé aux Etats-Unis précisément pour le discréditer, lui, Golitsine.

Slawson n'en revient pas de se trouver au centre d'une véritable affaire d'espionnage qui peut avoir d'importantes répercussions pour le travail de la commission. Espions, agents doubles, défections dans des ruelles de Genève – c'est grisant, il l'admet. Si Nosenko dit la vérité, les Soviétiques ne sont pour rien dans l'assassinat. S'il ment, c'est que le KGB essaie de dissimuler ses liens avec l'homme qui vient de tuer le président.

Rocca dit à Slawson que les meilleurs spécialistes de la CIA considèrent Nosenko comme un imposteur, et Slawson se souvient d'avoir trouvé cela raisonnable[10]. « Les informations apportées par le Russe tombent franchement un peu trop à point », puisqu'elles innocentent le Kremlin. Nosenko « a toutes les caractéristiques d'une taupe ».

Au sein de la commission, tout ce qui concerne Nosenko fait l'objet d'une telle discrétion que certains juristes n'entendront jamais parler de lui. Dans les documents internes, on le désigne souvent par la lettre « N. ». Slawson sait que la commission devra décider de la quantité d'informations émanant du Russe qu'elle pourra rendre publiques dans son rapport final – si tant est qu'elle décide de les mentionner. Si la CIA a raison, si c'est un agent double, en mettant en avant ses affirmations, la commission ne fera que servir les intérêts du Kremlin. « En somme, cela équivaudrait à exonérer Moscou. » Autant de points sur lesquels Slawson doit encore se fier à la CIA, qui refuse de laisser qui que ce soit rencontrer Nosenko pour vérifier ses dires. « J'ai demandé à le voir, et on m'a répondu : "Pas question." »

Slawson se souviendra qu'à l'époque, on lui a dit très peu de chose sur le traitement réservé au Russe. Certes, il sait qu'il est à l'isolement et se souviendra d'avoir été troublé en apprenant à quels autres traitements très rudes il était soumis. Il sait depuis longtemps que le régime d'isolement, s'il dure trop longtemps, peut s'apparenter à une « torture psychologique ».

Mais c'était bien pire que tout ce qu'il s'imaginait. La CIA admettra plus tard avoir torturé Nosenko pendant des années. Il aura été maintenu 1 277 jours, soit plus de trois ans, à l'isolement. Pendant tout ce temps, il a été logé sur un site d'entraînement de la CIA, près de Williamsburg, en Virginie, dans une cellule spéciale, sans isolation thermique, éclairée par une simple ampoule vingt-quatre heures sur vingt-quatre. Il n'avait personne à qui parler, hormis ses interrogateurs. On ne lui a jamais rien donné à lire et on lui a refusé le confort le plus élémentaire, ne serait-ce qu'une brosse à dents et du dentifrice, pendant des mois d'affilée[11]. « Je n'avais aucun contact avec personne, révélera-t-il plus tard. Je ne pouvais pas lire, pas fumer, je n'avais même pas droit à un peu d'air frais. »

Le département de la Justice a été complice de la décision d'imposer au Russe ce traitement. En avril 1964, une délégation de la CIA avait rendu visite à Nicholas Katzenbach, le bras droit de Robert Kennedy, dans ses bureaux, à la suite de quoi le ministère avait approuvé secrètement tous les aspects de l'isolement cellulaire du Russe. Katzenbach affirmera plus tard sous serment ne pas avoir gardé souvenir de cette réunion, mais les dossiers de l'Agence confirment qu'elle a eu lieu. Les documents montrent qu'il a approuvé le projet de la CIA de maintenir l'isolement de Nosenko, sans limitation de temps, en dehors de toute procédure juridique et sans possibilité d'appel.

La CIA continue de soutenir discrètement Slawson sur d'autres plans. Elle l'aide à préparer une demande au gouvernement cubain des copies de tous les documents relatifs à Oswald conservés à son ambassade et à son consulat de Mexico. Cette demande doit transiter par la Suisse, qui sert d'intermédiaire diplomatique entre Washington et le gouvernement de Castro, et Slawson demande à la commission la permission d'entamer la rédaction des pièces en ce sens[12].

La demande remonte la chaîne hiérarchique jusqu'à Earl Warren, qui, selon le jeune avocat de Denver, commence par refuser. La raison qu'il fournit est qu'il ne souhaite pas dépendre d'informations émanant d'un gouvernement qui est lui-même l'un des « principaux suspects ». David Slawson est interloqué. La commission a la responsabilité de réunir des preuves, d'où qu'elles viennent, et ensuite de les authentifier si possible. Mais, apparemment, le *chief justice* a l'intention de s'opposer à ce que l'on recherche même certaines pièces à conviction importantes.

Il a pourtant autorisé la commission à approcher le gouvernement russe pour lui demander ses dossiers sur le séjour d'Oswald en Union soviétique. Mais pour Warren, Cuba est une autre affaire. Il fait une distinction entre les dirigeants communistes chenus et grisonnants de Moscou – il a rencontré Khrouchtchev l'été précédent, pendant ses vacances avec Drew Pearson – et les jeunes révolutionnaires enragés qui, menés par Castro, se sont emparés de La Havane en 1959.

Slawson a du mal à comprendre cette distinction, dès lors qu'il s'agit de recueillir les preuves nécessaires pour mener son travail à bien, et il prend donc une décision qui, admettra-t-il, ne lui ressemble absolument pas – il choisit de désobéir. « Il faut se procurer toutes les informations que l'on peut se procurer » – c'est ce qu'il se souviendra s'être dit. Au risque de perdre son poste, il désobéit : « J'ai pris l'initiative d'adresser la demande au département d'Etat. »

La démarche est si sensible que la lettre au gouvernement suisse doit être signée du secrétaire d'Etat en personne, Dean Rusk. Slawson ne peut qu'espérer que celui-ci n'en parle pas à Warren s'il le croise lors d'une réception. Sa requête aboutit : La Havane communique des pièces, notamment des copies de ce qui semble être la demande de visa d'Oswald, avant sa visite à Cuba, ainsi que les photos d'identité jointes à son formulaire.

Quelques semaines plus tard, lors d'une de ses rares entrevues en tête à tête avec le *chief justice*, celui-ci prie Slawson de le tenir informé des efforts de la commission pour réunir certaines pièces auprès de gouvernements étrangers. Penaud, le juriste lui apprend qu'une enveloppe de documents concernant Oswald est arrivée de Cuba – les documents qu'on lui avait précisément ordonné de ne pas réclamer.

Warren est scandalisé.

« Je croyais vous avoir dit que nous n'en voulions pas ! » s'exclame-t-il.

Slawson est obligé de mentir.

« Je suis désolé, s'excuse-t-il. Je ne l'avais pas compris comme ça. »

Une fois qu'il a les dossiers cubains en main, il est heureux que Warren n'ait rien tenté pour en interdire l'utilisation.

« Il a accepté le fait qu'ils étaient en notre possession. Il n'a pas essayé de les écarter. » Avec l'aide de la CIA, la majeure partie de ces pièces, notamment la signature d'Oswald sur la demande de visa, ont été authentifiées.

CHAPITRE 22

Siège de la commission Warren
Washington
Février 1964

Fidèle à sa promesse de lire le moindre bout de papier qui parviendrait à la commission, Norman Redlich consacre presque tout le mois de février à éplucher le flot de dossiers du FBI qui submerge la commission, et il est le premier à remarquer qu'il manque quelque chose d'important.

Un peu plus tôt ce mois-là, il est tombé sur un document particulièrement intrigant : la retranscription, mot pour mot, par le FBI, de ce qu'Oswald a écrit dans un carnet d'adresses retrouvé dans ses affaires par la police de Dallas[1]. Ce document aurait été établi par le Bureau comme un service rendu à la commission et aux autres enquêteurs, car l'écriture manuscrite d'Oswald est difficile à déchiffrer.

Egal à lui-même, Norman Redlich se charge alors de l'étape suivante, très laborieuse, car personne d'autre ne s'en donnera sans doute la peine. Il décide de comparer mot à mot le contenu de ce carnet d'adresses avec le compte rendu du FBI. Redlich n'a jamais travaillé comme procureur, mais il est avocat de formation, et il sait qu'un bon avocat doit vérifier toutes les pièces à conviction d'une affaire. Il veut s'assurer que le FBI n'a pas déformé par mégarde ce qu'Oswald a noté.

Les deux documents correspondent, du moins en ce qui concerne les vingt-quatre premières pages du rapport du FBI.

Mais à la page 25, il manque quelque chose. Oswald a écrit « AGENT JAMES HASTY », orthographe fautive du nom de James Hosty, l'agent du FBI à Dallas. Sous le nom, il a noté son adresse et, semble-t-il, le numéro d'immatriculation de son véhicule de fonction. L'entrée est datée du 1er novembre 1963 – trois semaines avant l'assassinat.

Pourtant, ni le nom mal orthographié de l'agent ni aucun autre renseignement relatif à Hosty ne figurent dans le compte rendu du FBI. Redlich suspecte immédiatement une tentative grossière de dissimulation. Il se précipite chez Rankin, qui est aussi très alarmé. Quelques semaines plus tôt, lorsque des articles aux sources incertaines ont suggéré qu'Oswald avait été un informateur du FBI, la commission s'est efforcée de les ignorer. Or de toute évidence le Bureau a cherché à cacher qu'il connaissait l'assassin.

Rankin convoque une réunion de l'équipe le 11 février, pour leur faire part de ce que Redlich a découvert et prendre leur avis. Plusieurs juristes considèrent que ces suppressions dépassent les bornes. Le FBI tente de masquer le fait qu'il tenait le meurtrier du président sous une surveillance si étroite qu'Oswald avait pu noter son nom, son adresse et sa plaque minéralogique d'un de ses agents. « Evidemment, nous avons pensé qu'ils cachaient quelque chose », se souviendra Slawson[2]. Arlen Specter aussi est convaincu que cette négligence n'a rien d'innocent : « Ils voulaient se couvrir, c'était ça le pire – cela soulevait une question évidente : qu'avaient-ils caché d'autre[3] ? » Pour Griffin, c'est à ce moment que les juristes ont acquis la conviction qu'on ne pouvait pas faire confiance au FBI – jamais[4]. « Cela démontrait que nous devions tout le temps être sur nos gardes. »

Cette fois, Rankin n'a pas la courtoisie de proposer un tête-à-tête à Hoover. Il écrit au directeur, exigeant une explication : comment et pourquoi cette page a-t-elle été supprimée ? « Il est inutile de préciser que nous souhaiterions une explication pleine et entière, signifie-t-il à Hoover[5]. La commission aimerait être informée des circonstances entourant cette omission. » La lettre prie le directeur d'identifier, par leur nom, tous les agents et chefs de service qui ont préparé « ce rapport ou décidé d'une manière ou d'une autre d'en soustraire des informations ».

Hoover est indigné. Dans une lettre à Rankin, il soutient que si cette information sur Hosty n'a pas été intégrée à la retranscription dactylographiée, c'est simplement parce qu'elle n'apporte aucune « piste d'investigation » digne d'intérêt pour la commission. Dans d'autres documents du FBI décrivant le contenu du carnet d'adresses d'Oswald, note-t-il, figurent des mentions claires à l'entrée Hosty – celle-ci ne manque que dans ce seul et unique document. « Depuis le début de l'enquête, le bureau que je dirige a exploité et communiqué tous les faits pertinents et continuera d'agir en ce sens », affirme-t-il encore.

Hosty sait bien, lui, que ce qu'écrit Hoover est faux. Il apprendra par la suite que l'agent du FBI à Dallas qui a préparé la retranscription – un ami de Hosty, un certain John Kesler – a intentionnellement omis l'information le concernant pour essayer de lui épargner une enquête interne. Selon Hosty, « Kesler a simplement essayé de m'éviter le courroux de Hoover[6] ».

Pour cela, il est trop tard, et Hosty le sait. En décembre, il a reçu un blâme signé de son patron, de quoi anéantir sa carrière[7]. Sans faire allusion explicitement à l'assassinat ni à Oswald, le directeur lui a écrit : « Votre gestion récente d'une affaire touchant à la sécurité s'est révélée d'une insuffisance flagrante. » Hosty se doute bien que la lettre fait référence au fait qu'il a omis d'interroger Oswald à l'automne 1963 et d'alerter le Secret Service de sa présence à Dallas. « Vous auriez dû vous rendre compte qu'il requérait à l'évidence un statut garantissant davantage d'investigations », poursuit cette missive.

Hosty finit par penser qu'il n'est qu'un bouc émissaire. Pour le FBI, il vaut mieux dénoncer les erreurs supposées d'un subalterne, à Dallas, que s'interroger sur les erreurs plus graves que le Bureau dans son ensemble aurait commises avant et après l'attentat. « Pour J. Edgar Hoover, j'étais le bouc émissaire parfait, affirmera-t-il plus tard. Après l'assassinat, Oswald s'est plaint à la presse de n'être qu'un pigeon. Mais là, je savais qui était le vrai dindon de la farce. » Plusieurs de ses collègues vont dans ce sens. « On te fera porter le chapeau », l'avertit un autre de ses collègues de Dallas, Vince Drain[8].

Hosty ne peut nier qu'il a eu des moments de doute. Il se demande : « Aurais-je pu empêcher l'assassinat du président Kennedy ? » Avec le temps, toutefois, il finit par se convaincre qu'il n'a pas mal agi. Rien de ce qu'il savait ne suggérait qu'Oswald était violent. Hosty estime avoir fait preuve de diligence. En réalité, c'est un autre agent, au Texas, qui a refermé le dossier de sécurité nationale de Lee Harvey Oswald, ouvert après son retour de Russie en 1962. Cet agent considérait qu'il ne présentait aucune menace directe. Et c'est Hosty qui l'avait rouvert.

Très vite, il sent que le FBI est déterminé à mettre un terme à l'enquête sur l'assassinat – en désignant Oswald comme le seul assassin –, et ce quels que soient les faits. Il n'existe aucun empressement à enquêter sur une éventuelle conspiration internationale, ce qui amène Hosty à soupçonner qu'on lui cache quelque chose. « Je ne savais pas ce qui se passait à Washington, explique-t-il. Mais quelque chose se tramait[9]. » Il se rappelle un ordre étonnant de Gordon Shanklin – l'agent responsable de l'antenne de Dallas, « un homme qui ne se serait pas mouché sans une autorisation officielle » –, le 23 novembre, le lendemain de l'assassinat : « Washington n'a aucune envie de vous entendre poser des questions sur l'aspect soviétique de l'affaire. Washington ne veut pas semer le trouble dans l'opinion. » Et c'est Shanklin qui, le lendemain, ordonne à Hosty de détruire la note d'Oswald – qu'il a déchirée et jetée dans les toilettes. (L'agent de Dallas eut beau nier, des années plus tard, avoir ordonné sa destruction, plusieurs personnes se souviendront distinctement que l'ordre émanait de lui.)

Malgré le blâme de Hoover, Hosty est affecté à l'enquête sur l'attentat. Son exclusion aurait pu être perçue comme un aveu d'échec dans la mission de surveillance d'Oswald. Mais son nom ne doit figurer sur aucun document transmis à Washington et qui risquerait de finir sur le bureau de Hoover. « Pour le directeur et pour le Bureau, mon nom était devenu quelque chose de honteux. »

Dans les mois qui suivent la mort du président, Hosty n'a qu'un seul but : s'accrocher à son poste[10]. Il a huit enfants, et le plus jeune n'a que quelques mois. Son fils de trois ans, Dick, souffre de paralysie cérébrale et nécessite des traitements coûteux. Au sein du Bureau, il le sait, le seul moyen de survivre, c'est de suivre les ordres. « En 1942, lorsque j'ai intégré l'US Army à dix-huit ans, l'une des premières leçons que j'ai apprises, c'est que dans une bataille, un simple soldat doit obéir aux ordres, aveuglément, écrira-t-il. A bien des égards, le FBI, c'était comme l'armée. »

A la mi-décembre, il reçoit l'ordre de tout laisser tomber pour suivre une piste. Il s'agit de vérifier si l'histoire curieuse que rapporte une jeune Cubaine de la région de Dallas, apparemment crédible, comporte un fond de vérité. Silvia Odio prétend avoir rencontré Oswald quelques semaines avant l'assassinat, en compagnie de deux activistes anticastristes qui se sont présentés chez elle tard un soir. Les dires de Mme Odio, âgée de vingt-six ans, dont les parents, eux-mêmes des activistes anticastristes très en vue, sont alors emprisonnés à Cuba, ont été confirmés par d'autres témoins, notamment sa sœur adolescente, qui affirme avoir été présente ce soir-là.

Hosty l'interroge le 18 décembre[11]. C'est « une jeune femme d'une beauté saisissante, se souviendra-t-il, elle a fui Cuba quand son père a été emprisonné par Castro pour trahison ». Elle fait partie de cette élite cubaine qui s'est enfuie aux Etats-Unis après l'accession au pouvoir du *líder máximo* – « cette bourgeoisie cubaine dorlotée », selon la description de l'agent. Elle est manifestement intelligente et instruite. Ses études de droit à Cuba ont été interrompues par la révolution, explique-t-elle.

Si elle était véridique, son histoire voudrait dire que, peu avant l'assassinat, Oswald s'était rangé aux côtés des anticastristes ou – hypothèse plus vraisemblable, aux yeux de Hosty – qu'il avait tenté d'infiltrer les mouvements hostiles à Castro pour manifester son soutien à la révolution. Hosty sait que, lorsqu'il vivait à La Nouvelle-Orléans, il avait déjà essayé d'infiltrer un groupe anticastriste, le DRE, peut-être pour recueillir des informations destinées au Comité Fair-play pour Cuba, un mouvement de soutien à la révolution cubaine.

Selon son récit, Silvia Odio était chez elle un soir à la fin du mois de septembre quand trois inconnus ont frappé à sa porte et se sont présentés comme des militants anticastristes de passage au Texas[12]. Deux de ces hommes étaient des Latinos, sans doute des Cubains. L'un de ces deux Latinos se faisait appeler par son « nom de guerre », Leopoldo. Elle ajoute que le troisième n'était manifestement pas de la même origine, et qu'on le lui a présenté sous le nom de « Leon Oswald », un Américain « qui s'intéressait de près à la cause cubaine ». Les trois hommes récoltaient des fonds pour acheter des armes et étaient venus lui demander son soutien – elle était régulièrement sollicitée en raison de la réputation de son père parmi les groupes d'exilés. « Nous sommes de bons amis de votre papa », lui avait affirmé Leopoldo. Ils semblaient dire la vérité, souligne-t-elle, tant « ils savaient de détails sur les endroits où ils avaient croisé mon père et sur ses activités ». Leopoldo lui avait expliqué qu'ils arrivaient à peine de La Nouvelle-Orléans – pourquoi La Nouvelle-Orléans, il ne l'avait pas précisé – et ils étaient sur le point de partir en voyage. « Je ne leur ai pas demandé où ils allaient », admet-elle. Le lendemain, Leopoldo l'avait rappelée. Elle avait cru qu'il voulait flirter – un autre type de sollicitation auquel elle était aussi habituée, étant donné sa beauté – mais en fait il voulait juste savoir ce qu'elle avait pensé de « l'Américain ».

« Je n'ai rien pensé, lui avait-elle répliqué.

— Notre idée, c'est de le mettre en relation avec le mouvement, à Cuba, parce qu'il est formidable, même s'il est un peu cinglé », lui avait-il dit.

Leopoldo lui avait décrit l'Américain comme un ancien marine, tireur d'élite, qui pensait qu'il fallait assassiner le président.

« Il nous a dit : vous, les Cubains, vous n'avez pas de couilles, parce qu'après la baie des Cochons, le président Kennedy, il aurait fallu l'assassiner, et les Cubains auraient dû s'en charger. »

Après quoi, Silvia Odio n'a plus entendu parler de « Leon Oswald », jusqu'au lendemain de Dallas, quand sa sœur et elle ont vu à la télévision les images de l'homme accusé d'avoir abattu Kennedy – le même homme qu'elle avait aperçu chez elle quelques semaines auparavant.

Silvia se rappelle qu'Annie, sa sœur, s'est écriée : « Silvia, tu le reconnais ? » Et elle a répondu : « Je le reconnais. C'est celui qui est venu chez nous. »

Après l'assassinat, les deux sœurs avaient trop peur pour s'adresser au FBI ou à la police de Dallas : elles craignaient que le mouvement de leur père ne soit accusé du meurtre, confie Silvia. C'est un de leurs amis qui a contacté le FBI, à leur insu.

Durant l'entretien avec Hosty, Silvia Odio admet une chose qui, elle le sait, peut affecter la crédibilité de son récit aux yeux du FBI[13]. Elle est, selon sa propre formule, « émotionnellement perturbée », et souffre d'évanouissements. Ses troubles sont apparus après que son mari l'a abandonnée à Cuba avec ses quatre enfants, sans ressources. Au moment de l'assassinat, elle était suivie par un psychiatre. Mais, rappelle-t-elle à Hosty, quelqu'un d'autre a vu Oswald : sa sœur, Annie. Et d'autres personnes attesteront de sa crédibilité. Elle ajoute qu'avant l'attentat, elle a évoqué cette curieuse visite, y compris la présence de l'« Anglo », avec son psychiatre.

Intrigué par son récit, Hosty n'ignore pas à quels risques il s'expose en recherchant les preuves d'une possible conspiration – car il sait que Hoover est fermement déterminé à prouver qu'Oswald a agi seul. Il contacte le psychiatre, le docteur Burton Einspruch, lequel lui confirme que peu après l'attentat la jeune femme lui a bien raconté la visite des trois hommes[14]. Selon le praticien, Silvia Odio est digne de confiance.

Des années plus tard, Hosty déclarera n'avoir jamais douté de sa sincérité. « Ce n'était pas une mythomane, commentera-t-il. Pour elle, cela se tenait. Elle avait vu Oswald. » Mais Hosty sait d'expérience que des témoins déboussolés, sous le choc après un acte criminel, peuvent être convaincus d'avoir vu quelque chose qu'ils n'ont pas pu voir. En fin de compte, ce sont les problèmes psychiatriques de la jeune femme qui le conduisent à écarter son témoignage. Einspruch l'a prévenu : elle souffre d'hystérie, ou d'hystéro-épilepsie, une affection dont il a constaté la fréquence « chez les Latino-Américaines de la bourgeoisie ». Hosty pense que cela peut expliquer la confusion de Silvia Odio. Il se dit aussi qu'Annie a peut-être confirmé le récit de sa sœur par solidarité familiale.

Hosty, qui a amplement de quoi s'occuper, ne pense plus aux déclarations de la jeune femme dans les semaines qui suivent l'assassinat[15] : « J'avais un tas d'autres pistes à suivre. J'ai plus ou moins oublié Silvia Odio. »

CHAPITRE 23

Siège de la commission Warren
Washington
Février 1964

Les rapports du FBI de Dallas au sujet de Silvia Odio sont transmis au tandem « conspiration » – David Slawson et William Coleman. Le Bureau ne les signale pas comme étant spécialement importants, c'est Slawson qui s'en saisit[1]. Il se rappelle avoir lu des choses à propos de la jeune femme et il saute sur l'idée qu'un témoin crédible a pu croiser Lee Harvey Oswald en compagnie de Cubains anticastristes, peu avant l'assassinat. Cela cadre avec une des théories qu'il prend le plus au sérieux.

Si Castro n'a pas trempé dans l'attentat, s'interroge-t-il, se peut-il que ses adversaires – les Cubains exilés aux Etats-Unis – se soient vengés de Kennedy parce que ce dernier n'en avait pas fait assez pour chasser le gouvernement de La Havane ? Il essaie d'imaginer la trame complexe d'une conspiration pouvant lier les opposants de Castro à l'assassinat. Ses théories sont si compliquées que même l'ex-physicien qu'il est, habitué à expliquer les mystères de l'Univers à des profanes, a du mal à les exposer à ses collègues.

Une première possibilité est que des exilés ont assassiné Kennedy et ont fait porter le chapeau à Oswald en laissant son fusil au Texas School Book Depository. Dans un autre scénario, encore plus tordu, des Cubains anticastristes auraient convaincu Oswald qu'ils étaient eux-mêmes des partisans du *líder máximo*, et que la meilleure manière d'aider La Havane était de tuer JFK. Après l'assassinat, certains groupes d'exilés ont essayé de présenter Oswald comme un agent cubain et demandé qu'on envahisse l'île en mesure de représailles. « Je pensais que les milieux anticastristes, très présents en Floride, avaient pu chercher à imputer l'assassinat à Castro pour déclencher une guerre, se rappellera Slawson. C'est ce qui rendait l'histoire de Silvia Odio si intéressante. »

Pour la commission, il y a « deux Silvia » à présent : Silvia Odio, à Dallas, et Silvia Duran, à Mexico. Le fait que les deux femmes sont de jeunes Latino-Américaines, exotiques et séduisantes, n'échappe pas à Slawson et à ses collègues.

Il ne peut pas faire grand-chose pour étudier de manière plus poussée les allégations de Silvia Odio. Il lui reste à espérer que le FBI continuera d'enquêter à Dallas et cherchera surtout à établir l'identité des deux Latino-Américains qui accompagnaient Oswald. Des années plus tard, Slawson admettra ne s'être jamais posé de questions sur l'implication de Hosty dans l'enquête et le conflit d'intérêts qui pouvait en résulter. Il dira ne pas se souvenir d'avoir remarqué le nom de ce dernier dans les documents relatifs à Silvia Odio. Slawson et le reste des enquêteurs de la commission ignorent tout de la décision de Hoover de sanctionner Hosty.

En ce qui concerne Silvia Duran, en revanche, Slawson a plus de moyens. Depuis le début il voit en elle un témoin essentiel – « peut-être même *le* témoin capital » –, en raison de sa relation avec Oswald à Mexico. Slawson et Coleman prévoient de se rendre au Mexique, comme Helms le leur a conseillé. Sur place, ils pourront en profiter pour la rencontrer. Slawson a lu l'intégralité des rapports de la CIA à son sujet, et il sait qu'on la soupçonne d'être un agent secret – peut-être pour le compte du gouvernement mexicain, si ce n'est des Etats-Unis.

Il affirmera n'avoir pas su ce qui avait empêché les représentants du FBI et de la CIA à Mexico d'interroger eux-mêmes la jeune femme au lieu de s'en remettre à la Dirección Federal de Seguridad, la DFS, le service d'espionnage mexicain, aux méthodes brutales. Cela complique son enquête, car les Mexicains n'ont fourni aux Etats-Unis aucun procès-verbal détaillé de l'interrogatoire, si ce n'est un résumé de ce qu'elle leur aurait déclaré. Pour Slawson, ce résumé soulève autant de questions qu'il en résout.

En matière de théories conspirationnistes pour expliquer l'assassinat, Slawson avouera en plaisantant qu'il n'était qu'« un amateur ». D'autres, en revanche, en ont fait un métier – et des plus lucratifs. Marguerite Oswald et Mark Lane sont en pleine tournée de conférences pour lever des fonds, et Lane se prépare à sillonner l'Europe pour livrer son message sur l'innocence d'Oswald. Comme ses collègues, Slawson dira ne jamais s'être soucié de Lane. « Il mentait comme un arracheur de dents, je n'imaginais pas qu'on puisse le prendre au sérieux. »

Plus encore qu'aux Etats-Unis, Lane trouve en Europe un public fasciné par ses théories. En France, *L'Express* a entamé la publication d'une série d'articles de Thomas Buchanan, un journaliste américain expatrié, qui avance – en se fondant sur des indices qui se révéleront plus tard aussi minces que confus – que Kennedy a été assassiné par un groupe d'industriels et de pétroliers texans d'extrême droite. Plus tard, Buchanan affirmera qu'Oswald et Ruby se connaissaient, et que Ruby avait prêté au premier de quoi rembourser au département d'Etat les frais de son voyage de retour aux Etats-Unis, en 1962. A la fin de l'hiver, Buchanan a fini d'écrire un livre intitulé *Who Killed Kennedy ?* et démarche des éditeurs sur les deux rives de l'Atlantique*.

Aux Etats-Unis, un auteur plus sérieux, Harold Feldman, journaliste à *The Nation*, continue de suggérer qu'Oswald aurait été un informateur du FBI[2]. En février, Redlich rédige une note détaillée laissant entendre que l'enquête journalistique de Feldman est « suffisamment précise pour mériter notre attention ». Redlich, qui a lui-même écrit pour *The Nation*, estime que le magazine soulève des questions pertinentes sur l'apparente facilité avec laquelle Oswald a reçu un nouveau passeport à son retour aux Etats-Unis, après l'échec de sa défection vers l'Union soviétique, ce qui peut suggérer un lien de longue date entre l'intéressé et le département d'Etat ou

* Paru en France en 1964, sous le titre *Les Assassins de Kennedy*, Julliard. (*N.d.T.*)

la CIA. « En règle générale, il est judicieux d'étudier des articles de cette veine, au lieu de les écarter en raison de leurs inévitables inexactitudes factuelles, écrit-il. Ils peuvent contenir en germe une idée que, sans cela, nous aurions négligée. »

Norman Redlich est bientôt lui-même la cible d'autres débusqueurs de complots. Le 12 février, *Tocsin*[3], une petite lettre d'information de droite basée à Oakland, en Californie (« Le Premier Hebdomadaire Anticommuniste d'Occident ») publie un article en première page intitulé : « Une taupe rouge enquête sur l'assassinat ». L'article débute ainsi : « Un membre éminent d'une officine communiste fait partie de l'équipe de la commission Warren qui enquête sur l'assassinat du président Kennedy. Il s'agit de Norman Redlich, professeur de la faculté de droit de l'Université de New York. » L'article laisse entendre que Redlich est un sous-marin de gauche et relève son adhésion passée au Comité d'urgence des Libertés civiques (*Emergency Civil Liberties Committee*), un groupe de juristes new-yorkais que le FBI a catalogué comme servant de façade aux communistes. Le comité a été créé au début des années 1950 pour défendre des individus visés par la commission des activités antiaméricaines de la Chambre ou par le FBI, en raison de leur communisme supposé.

Quelques jours plus tard, John F. Baldwin, représentant républicain de Californie du Nord, transmet une copie de l'article en question à Gerald Ford, son collègue à la Chambre, républicain comme lui[4]. « Je suis très préoccupé par cet article au sujet d'un des collaborateurs de la commission Warren, dont vous êtes membre, écrit Baldwin dans la missive cinglante qui l'accompagne, datée du 12 février. Vous jugerez peut-être bon d'agir à ce sujet. »

Le lendemain, un Gerald Ford très remonté répond à Baldwin : « Je partage votre inquiétude. [...] Nous lançons une enquête sur cette affaire. » Il fait remarquer à son collègue que, lors de la constitution de la commission, il a « insisté, entre autres choses, pour qu'aucun membre de l'équipe n'ait été associé dans le passé à des groupes extrémistes de quelque nature que ce soit ». Ford est en colère, et selon lui à juste titre. Il a eu beau insister pour que les collaborateurs de la commission n'aient aucun lien politique avec les extrêmes, de gauche ou de droite, on a quand même engagé Redlich. Ford sait que cela risque de lui créer des problèmes, notamment auprès de ses collègues conservateurs du Congrès.

Il décide de creuser lui-même la question. Il contacte la commission des activités antiaméricaines (HUAC), alors dirigée par un démocrate de Louisiane, Edwin Willis, lui-même farouchement conservateur, et lui demande un rapport complet sur Redlich[5]. Le rapport de deux pages qu'il reçoit dresse la liste des liens de l'intéressé avec des groupements de défense des libertés et des droits civiques que l'HUAC juge subversifs. Il n'est pas surprenant que Redlich se soit attiré l'ire de la commission des activités antiaméricaines, puisqu'il est intervenu lors de plusieurs réunions publiques, à New York, pour dénoncer celle-ci et son activité.

Ces découvertes touchant Redlich sont la dernière contrariété en date de Ford dans ses relations avec Earl Warren. Quelques jours auparavant, il a été contraint de réagir à un scandale provoqué par des commentaires déconcertants que Warren a faits publiquement, le premier jour de la déposition de Marina Oswald. Questionné par des journalistes désireux de savoir si la commission divulguerait les informations que révéleraient Marina et d'autres témoins, le *chief justice* leur répond[6] : « Oui, le moment venu [...]. Mais ce ne sera peut-être pas de notre vivant. Je ne me réfère à rien de précis, mais à certains égards, ces informations touchent à des questions de sécurité. Elles seront préservées, sans nécessairement être rendues publiques. » L'agence Associated Press le cite également : si le témoignage de Mme Oswald révèle des secrets relatifs à la sécurité nationale, prévient-il, il faudra peut-être qu'ils restent confidentiels pendant des décennies – « et là-dessus, je suis formel ».

Ses remarques provoquent un tollé – elles semblent valider les arguments des conspirationnistes, selon lesquels la commission n'a pas l'intention de révéler la pleine et entière vérité sur l'assassinat. Les enquêteurs de la commission s'en émeuvent également, et plusieurs se demandent ce que le *chief justice* a bien voulu dire. Dès qu'il entend les remarques de Warren, Arlen Specter se dit que ce dernier a « gravement nui à la réputation de la commission », et que ces propos risquent d'« entacher toutes ses initiatives[7] ». Specter croit savoir ce qui s'est passé : désarçonné par les questions des journalistes, et pour les empêcher de le harceler davantage, le *chief justice* a laissé échapper des propos qui dépassent sa pensée. C'était « la manière spontanée de Warren d'esquiver les questions », se dira Specter. Earl Warren n'était pas « un homme qui savait réagir à chaud ».

Cette bourde inspire une série d'éditoriaux furibonds dans des journaux conservateurs hostiles à Warren depuis des années. Le *Columbus Enquirer*, de Columbus, en Géorgie, regrette que le président de la Cour ait « introduit une nouvelle tonalité sinistre » dans l'enquête[8]. « Les réflexions de Warren pourraient miner la confiance du public », avertit le journal dans un éditorial, invitant la commission à « publier immédiatement une déclaration pour éclairer ses propos ». Le *chief justice* est interpellé à la tribune de la Chambre par le représentant August Johansen, un républicain du Michigan, dont le district est voisin de celui de Gerald Ford[9]. Il fustige les propos de Warren, qui « frappent au cœur même un facteur absolument capital, la confiance de l'opinion » dans l'enquête.

Dans une lettre envoyée à ses administrés furieux, Ford écrit qu'il est alarmé lui aussi par la déclaration de Warren – et que le *chief justice* a tout simplement tort. « Je peux vous assurer, en tant que membre de la commission, que toutes les informations relevant de la responsabilité solennelle qui est la sienne seront rendues publiques lors de la publication du rapport. »

Même des gens favorables à Warren se demandent s'il n'a pas gravement nui à l'enquête. Un rédacteur en chef de *Newsweek*, Lester Bernstein, est si épouvanté de sa gaffe qu'il demande à Katherine Graham, la propriétaire du *Washington Post*, de lui faire passer une lettre de sa part[10]. Graham est une bonne amie du *chief justice*, et il le sait. Sur un ton où l'on peut déceler une nuance de condescendance, Bernstein y presse Warren de ne plus parler aux journalistes : « Il me semble que vous risquez de faire mauvaise impression – et tout à fait inutilement – en commentant ainsi publiquement, fût-ce avec prudence, une enquête en cours. Traiter avec des journalistes au quotidien et de façon informelle comporte toujours un risque de citations déformées, de malentendus et d'exploitation sensationnelle, toutes choses qui, je le crois, ont joué un rôle dans le

22 novembre 1963 : Air Force One, l'avion présidentiel, quelques instants après avoir atterri sur la base aérienne d'Andrews, dans le Maryland, en provenance de Dallas.

© John F. Kennedy Presidential Library and Museum, Boston

Quand le président Johnson est monté à bord d'Air Force One, le Secret Service a préconisé un départ immédiat, mais Johnson a refusé. L'avion a attendu trente-cinq minutes sur le tarmac l'arrivée de Jacqueline Kennedy et du cercueil du président assassiné. C'est seulement ensuite que Johnson a prêté officiellement serment, avec pour témoins Mme Kennedy, qui portait encore ses vêtements maculés de sang, et Lady Bird Johnson, son épouse.

© Cecil Stoughton/John F. Kennedy Presidential Library and Museum, Boston

© LBJ Library photo de Cecil Stoughton

© Art Rickerby/Time Life Pictures/Getty Images

Le *chief justice* Earl Warren et Nina, son épouse, le lendemain de l'assassinat, à l'extérieur de la Maison-Blanche, où ils s'étaient rendus en compagnie d'autres juges de la Cour suprême pour un ultime hommage à la dépouille du président. Le dimanche 24 novembre, devant Mme Kennedy et sa fille, Caroline, Warren prononce l'éloge funèbre du président Kennedy dans la rotonde du Capitole, où est exposé le cercueil.

© apr. Photo

© LBJ Library photo de Yoichi Okamoto

EN HAUT : L'*attorney general* Robert Kennedy détestait le président Johnson mais il a accepté de rester dans son gouvernement. Les deux hommes, photographiés ici à la Maison-Blanche en 1964, seront les deux plus hauts dignitaires à ne pas avoir été appelés à témoigner devant la commission Warren.

EN BAS : Kennedy et son épouse, Ethel, quittent la nouvelle maison de Jacqueline Kennedy, dans le quartier résidentiel de Georgetown, après l'avoir aidée à y emménager, le 6 décembre 1963.

© AFP/Getty Images

© Robert Knudsen. Photographies de la Maison-Blanche. John F. Kennedy Library and Museum, Boston

© Robert Knudsen, photographies de la Maison-Blanche. John F. Kennedy Library and Museum, Boston

EN HAUT : Les Kennedy, le 8 septembre 1962, à bord d'un voilier des gardes-côtes, le *Manitou*, dans la baie de Narragansett. Cigarette à la main, Mme Kennedy lit *Portrait of a President*, la biographie respectueuse de son mari écrite par William Manchester.

À GAUCHE : Kennedy avait démis Allen Dulles de ses fonctions à la tête de la CIA après le fiasco de la baie des Cochons en 1961, mais les deux hommes étaient restés en bons termes. On le voit ici, le 27 septembre 1961, entouré de Dulles (*à gauche*) et de son successeur à la CIA, l'industriel californien John McCone (*à droite*).

© apr. Photo/Carl E. Linde

EN HAUT : Dallas, le 25 octobre 1963. Adlai Stevenson, l'ambassadeur américain aux Nations unies (*au centre*), protégé par des policiers après avoir été frappé par un manifestant. L'incident, qui a eu lieu un mois avant l'assassinat de Kennedy, était révélateur de l'hostilité de cette ville très conservatrice envers des figures politiques de premier plan.
EN BAS : Le matin de l'assassinat, Kennedy a dit à sa femme qu'ils arrivaient « chez les cinglés » après avoir vu une publicité encadrée de noir dans le *Dallas Morning News* intitulée « Bienvenue M. Kennedy », laquelle accusait son gouvernement d'« être laxiste » avec les communistes, leurs compagnons de route et l'extrême gauche. Des tracts distribués dans la rue présentaient une fausse photo d'identité judiciaire de Kennedy et proclamaient « Recherché pour trahison ».

WANTED
FOR
TREASON

THIS MAN is wanted for treasonous activities against the United States:

1. Betraying the Constitution (which he swore to uphold):
He is turning the sovereignty of the U. S. over to the communist controlled United Nations.
He is betraying our friends (Cuba, Katanga, Portugal) and befriending our enemies (Russia, Yugoslavia, Poland).
2. He has been WRONG on innumerable issues affecting the security of the U.S. (United Nations-Berlin wall-Missle removal-Cuba-Wheat deals-Test Ban Treaty, etc.)
3. He has been lax in enforcing Communist Registration laws.
4. He has given support and encouragement to the Communist inspired racial riots.
5. He has illegally invaded a sovereign State with federal troops.
6. He has consistantly appointed Anti-Christians to Federal office: Upholds the Supreme Court in its Anti-Christian rulings. Aliens and known Communists abound in Federal offices.
7. He has been caught in fantastic LIES to the American people (including personal ones like his previous marraige and divorce).

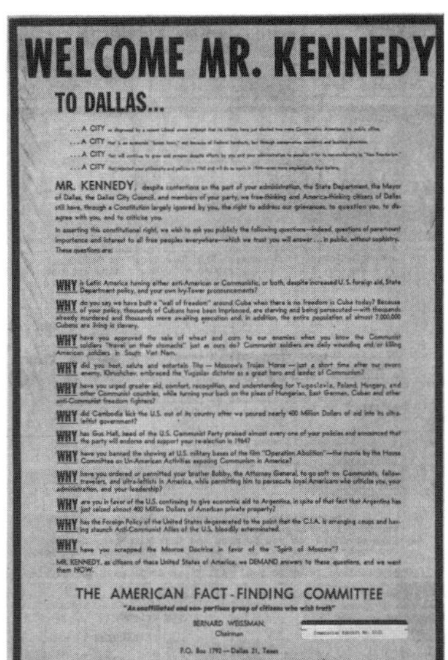

WELCOME MR. KENNEDY
TO DALLAS...

MR. KENNEDY,

WHY
WHY
WHY
WHY
WHY
WHY
WHY
WHY
WHY
WHY
WHY
WHY

THE AMERICAN FACT-FINDING COMMITTEE

© LBJ Library, photo de Yoichi Okamoto

Trois semaines après l'assassinat, le 12 décembre 1963, le président fait subir le « traitement Johnson » à son mentor politique, le sénateur de Géorgie Richard Russell, dans la salle de réunion du cabinet, à la Maison-Blanche.

© CORBIS

Le président Johnson et le *chief justice* Earl Warren sur une photographie non datée. Johnson a convaincu un Warren très récalcitrant de prendre la tête de la commission en lui disant que son refus pouvait le rendre responsable d'une guerre nucléaire au cours de laquelle périraient des dizaines de millions d'Américains.

© LBJ Library, photo de Cecil Stoughton

Johnson interviewé à la Maison-Blanche le 16 avril 1964 par l'influent chroniqueur de la vie politique de la capitale, Andrew « Drew » Pearson, un proche ami d'Earl Warren.

© Héritiers de David Belin

L'équipe de juristes enquêteurs réunie pour une photographie au siège de la commission Warren. *Premier rang, de gauche à droite :* Alfred Goldberg, Norman Redlich, J. Lee Rankin, David Slawson (portant des lunettes), Howard Willens (sans lunettes), David Belin. *Deuxième rang :* Stuart Pollak, Arlen Specter, Wesley Liebeler (avec une cigarette), Samuel Stern, Albert Jenner, John Hart Ely et Burt Griffin.

© Héritiers de David Belin

© Héritiers de David Belin, Arlen Specter Center for Public Policy

CI-DESSUS : David Slawson, l'un des jeunes juristes, aux côtés d'Earl Warren. Slawson était le principal enquêteur de la commission sur la question d'un complot international. À DROITE : Arlen Specter, dont le tandem devait s'occuper de la reconstitution des événements du 22 novembre 1963, a été rapidement « abandonné » par son partenaire senior. Il deviendra célèbre comme père de la « théorie de la balle unique ».

EN HAUT À GAUCHE : David Belin était le partenaire junior du tandem responsable de l'identification de l'assassin – Oswald, selon toute probabilité. EN HAUT À DROITE : Burt Griffin était le juriste junior du tandem qui enquêtait sur le passé de Jack Ruby. AU CENTRE (*de gauche à droite*) : Alfred Goldberg, un historien de l'Air Force, a contribué à formuler le plan du rapport et en a rédigé des parties ; Melvin Eisenberg, l'adjoint de Redlich, est devenu l'expert criminologue de la commission et était capable de démolir toutes les théories conspirationnistes ; Joseph Ball, le juriste senior du tandem chargé de déterminer l'identité de l'assassin, a abattu un travail considérable. EN BAS : Richard Mosk a préparé des études sur les compétences d'Oswald en tant que tireur et sur ses lectures nombreuses et variées.

Pour toutes les photos de cette page : © Héritiers de David Belin

© William T. Coleman Jr.

© Michael Rougier/Time Life Pictures/Getty Images

© Héritiers de David Belin

© Héritiers de David Belin

© Héritiers de David Belin

EN HAUT À GAUCHE : William Coleman, juriste senior du tandem « conspiration », était un des grands stratèges juridiques du mouvement des droits civiques ; on le voit ici aux côtés de Martin Luther King. EN HAUT À DROITE : Francis Adams, ancien directeur de la police de la ville de New York, a rapidement délaissé la commission. AU CENTRE (*de gauche à droite*) : Leon Hubert, ancien *district attorney* de La Nouvelle-Orléans, a quitté l'équipe de la commission assez rapidement, furieux du peu de cas que l'on faisait de son enquête sur Jack Ruby. Albert Jenner était le juriste senior en charge d'enquêter sur la vie d'Oswald ; Samuel Stern était l'enquêteur chargé d'une étude sur l'histoire de la protection présidentielle et le fonctionnement du Secret Service. À DROITE : Julia Eide était la secrétaire intelligente et intimidante de Rankin.

© Héritiers de David Belin

© CORBIS

© CORBIS

© CORBIS

© National Archives and Records Administration

CERTIFICATE OF SERVICE
ARMED FORCES OF THE UNITED STATES
THIS IS TO CERTIFY THAT
ALEX JAMES HIDELL
HONORABLY SERVED ON ACTIVE DUTY IN THE
United States Marine Corps

SENS DES AIGUILLES D'UNE MONTRE : Marina Oswald à Minsk ; Marina et Lee à Minsk ; les Oswald avec leur fille June, au Texas ; la carte d'identité falsifiée des Marines d'Oswald (sous le faux nom d'Alex Hidell) ; Oswald avec son fusil et son pistolet à La Nouvelle-Orléans, en 1963.

© CORBIS

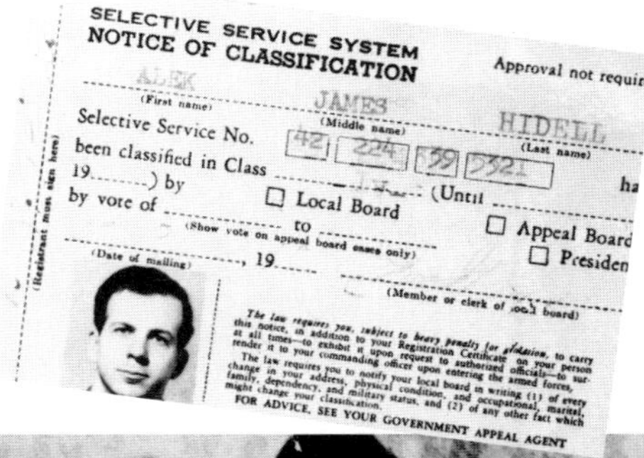

SELECTIVE SERVICE SYSTEM
NOTICE OF CLASSIFICATION

Approval not require

ALEK (First name) JAMES (Middle name) HIDELL (Last name)

Selective Service No. 42 224 39 532

been classified in Class ______ (Until ______, 19______) by

☐ Local Board

☐ Appeal Board

☐ Presiden

by vote of ______ to ______ (Show vote on appeal board cases only)

(Date of mailing) ______, 19______

(Member or clerk of local board)

The law requires you, subject to heavy penalty for violation, to carry this notice, in addition to your Registration Certificate on your person at all times—to exhibit it upon request to authorized officials—to surrender it to your commanding officer upon entering the armed forces.

The law requires you to notify your local board in writing (1) of every change in your address, physical condition, and occupational, marital, family, dependency, and military status, and (2) of any other fact which might change your classification.

FOR ADVICE, SEE YOUR GOVERNMENT APPEAL AGENT

© CORBIS

EN HAUT À GAUCHE (*puis de haut en bas*) : Oswald en uniforme des Marines ; une pièce d'identité d'Oswald sous le faux nom d'Alex Hidell ; Oswald et des amis en Russie, dont Ella German, qui avait refusé de l'épouser (*en haut à droite*) ; Oswald avec des collègues à Minsk ; Oswald distribue des tracts du comité Fair-play pour Cuba à La Nouvelle-Orléans, en 1963.

© CORBIS

© CORBIS

© Bettmann/CORBIS

© Sixth Floor Museum at Dealey Plaza

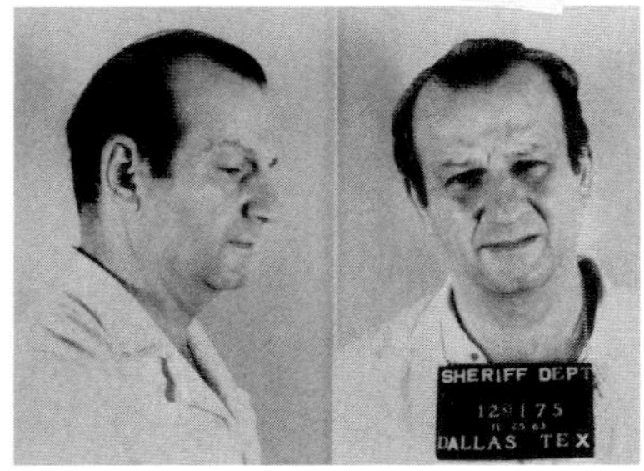

© Bettmann/CORBIS

© Dallas Municipal Archives

EN HAUT À GAUCHE : Jack Ruby était le propriétaire et l'animateur d'un club « burlesque », le Carousel Club. Il était connu à Dallas pour la ténacité dont il faisait preuve afin de s'attirer les bonnes grâces des policiers et des journalistes. Ici, Ruby pose avec trois de ses strip-teaseuses.

EN HAUT À DROITE : la carte de visite de Ruby; une photo d'identité judiciaire prise tout de suite après son arrestation pour le meurtre d'Oswald; la rampe par laquelle on pense que Ruby a accédé au sous-sol du commissariat central de Dallas pour tuer Oswald.

CI-DESSOUS : Le dimanche 24 novembre, Ruby se fraie un chemin à travers la foule des journalistes et des caméramans et tire à brûle-pourpoint sur Oswald, le tuant sur le coup, en direct à la télévision.

© Mondadori/Getty Images

récent tollé autour des déclarations que vous auriez faites sur certains indices matériels dans le dossier qui ne seraient pas destinés à être divulgués "de notre vivant". » Il prie instamment Warren de recourir aux services d'un porte-parole expérimenté.

Dans la lettre qui accompagne celle de Bernstein et commence par les mots « Cher *chief justice* », Katherine Graham semble partager l'avis de son rédacteur en chef. « Il est très intelligent et s'inquiète. Je vous prie de m'excuser, comme lui, de vous importuner de la sorte. Ce sont là des choses qu'il estimait devoir vous dire. »

Warren lui répond que les suggestions de Bernstein lui paraissent « tout à fait pertinentes ». Dans une autre lettre adressée au rédacteur en chef de *Newsweek*, il admet : « vous êtes dans le vrai, autant qu'on peut l'être », et lui indique qu'il a décidé de changer ses « relations avec la presse, qui, dans la meilleure des hypothèses, se sont révélées délicates. La commission a vraiment eu le choix entre la peste et le choléra. Nous ne souhaitions absolument aucune publicité, mais pendant un temps, la pression confinait à l'hystérie ». Il admet que ses commentaires ont été mal interprétés, mais ne précise pas en quoi. « J'ai été cité, on a repris mes propos concernant certains témoignages qui ne seraient pas rendus publics de notre vivant. Je vous assure que rien n'est plus éloigné de nos désirs ou de nos intentions. »

En réalité, Warren entend bien préserver certains secrets – si possible pour toujours, et en tout cas tant que les investigations de la commission se poursuivront. Un certain nombre concernent la vie privée de Marina Oswald.

Le lundi 17 février, Hoover envoie une lettre classifiée à Rankin, contenant une information étrange – et fausse, comme on a pu l'établir assez rapidement – selon laquelle la jeune veuve aurait été violée, alors même qu'elle se trouvait à Washington pour sa déposition[11]. Selon Hoover, le FBI aurait appris par un « informateur confidentiel » qu'elle aurait « subi un rapport sexuel non consenti » avec son agent, James Martin, dans sa chambre de l'hôtel Willard. L'histoire provient en apparence du beau-frère de Marina, Robert, qui l'a apprise de la bouche même de la jeune veuve, après son retour à Dallas.

Rankin convoque aussitôt une réunion avec l'inspecteur du Secret Service, Thomas Kelley, en sa qualité d'agent de liaison avec la commission[12]. Pour le Secret Service, les conséquences pourraient être désastreuses dans la mesure où Mme Oswald se trouvait sous sa protection à Washington. Comment a-t-elle pu être violée, avec des agents en faction devant sa chambre ?

Rankin fait savoir à Kelley que le Secret Service doit immédiatement déterminer si cette histoire recèle un soupçon de vérité. Kelley est également choqué et « nie catégoriquement avoir eu connaissance » de quoi que ce soit de tel, se rappellera Rankin. Sous ses yeux, Kelley décroche le téléphone, appelle le bureau du Secret Service à Dallas et ordonne à un agent de se rendre aussitôt chez Martin, afin de voir si Marina Oswald s'y trouve toujours[13].

La réponse de Dallas arrive sans tarder : Marina a quitté le domicile de Martin et s'est installée chez Robert Oswald. Elle est interrogée deux jours plus tard par des agents du FBI à Dallas, et elle affirme qu'il n'y a pas eu viol. En revanche, elle a consommé, une seule fois, rien qu'une, un flirt avec Martin qui durait depuis plusieurs semaines. Cela s'est produit le vendredi 7 février, dans sa chambre d'hôtel. Elle avait déjà remercié son escorte du Secret Service pour la nuit. Martin, précise-t-elle, s'est ensuite glissé dans sa chambre. « J'ai pris un bain et puis je suis repassée dans la chambre, en partie dévêtue. C'est Jim qui m'a déshabillée et nous avons eu un rapport sexuel. J'étais consentante, il ne m'a pas forcée[14]. » Elle ajoute qu'à Washington, elle a prévenu Martin qu'elle ne l'épousera pas mais veut bien être sa maîtresse, tout en continuant d'habiter avec son épouse et lui, à leur domicile familial.

Après avoir regagné Dallas et s'être rendue sur la tombe de son défunt mari, elle parle à Robert de son aventure sexuelle. Atterré, son beau-frère insiste pour qu'elle rompe immédiatement toute relation avec Martin et s'installe chez lui, ce qu'elle accepte. Ensuite, elle franchit un pas de plus et exige que Martin raconte tout ce qui est arrivé à son épouse : « Sa femme doit connaître toute la vérité », tranche-t-elle. Ce soir-là, elle téléphone à Mme Martin (Martin écoute la conversation depuis un deuxième combiné), et elle lui annonce qu'elle « met un terme à ses services en tant qu'homme d'affaires et amant ».

La déposition recueillie par le FBI est transmise à la commission, où Rankin redoute que la jeune veuve – dont la crédibilité est déterminante pour le dossier que la commission monte contre son défunt mari – ne se retrouve au cœur d'un scandale. Si cette histoire devenait publique, Rankin le sait, elle pourrait réduire en miettes le portrait d'elle en tant que femme innocente et brisée, qui a courageusement identifié son mari comme l'assassin du président. Désormais, on risque plutôt de brosser d'elle le portrait d'une intrigante et d'une briseuse de ménage.

La moralité de Marina et sa sincérité seront soumises à un examen encore plus approfondi. Robert Oswald est le prochain témoin dont la déposition est programmée devant la commission et, préalablement à sa comparution, il a fourni aux membres une copie du journal intime qu'il tient depuis l'assassinat. Ce journal comporte une entrée inquiétante, datée d'un mois plus tôt – le dimanche 12 janvier. Ce jour-là, y est-il écrit, Marina et lui ont prévu de se rendre sur la tombe de Lee, et il est passé la prendre chez James Martin, lequel l'a pris à part pour lui révéler ce qu'elle vient de lui confier : son mari a joué avec l'idée de tuer l'ancien vice-président Richard Nixon, lors de la visite de ce dernier au Texas, en 1963[15]. Dans la voiture, Robert questionne Marina au sujet de cette histoire, et elle reconnaît tout.

Pour plusieurs commissaires, cette révélation porte un nouveau coup à la crédibilité de la jeune veuve. Jusque-là, elle n'a jamais parlé de ce projet d'attentat. Elle n'en a en tout cas fait aucune mention lors de sa comparution, début février.

En apprenant cet autre projet criminel, contre Nixon cette fois, Gerald Ford est abasourdi. « Est-il possible que Marina ait simplement oublié cet incident ? » se demande-t-il[16]. Ou avait-elle quelque motif plus sinistre de le garder secret ? « Cette Marina aux multiples facettes en possède maintenant une autre », constatera-t-il.

Lors de sa déposition, Robert Oswald se montre calme et précis. Son intelligence impressionne les commissaires. « C'est un jeune homme sobrement vêtu, qui, d'une voix posée, s'efforce de se remémorer des épisodes de l'histoire familiale vieux de plusieurs années, dira le futur successeur de Richard

Nixon à la Maison-Blanche. Je me demande si j'aurais moi-même été capable d'une telle précision si on m'avait posé des questions similaires sur ma famille. »

Robert Oswald déclare sous serment être arrivé, non sans réticence, à la conclusion que son frère a tué le président, et qu'il a commis cet acte seul[17]. Il l'estime assez habile en matière d'armes pour avoir pu tuer Kennedy, d'autant que le cortège présidentiel roulait lentement au pied du Texas School Book Depository. Comme son frère, Robert a servi dans les Marines, et il sait que les instructeurs avaient bien noté son frère en matière de tir. Les deux frères aimaient chasser et Robert déclare que Lee lui avait parlé de ses parties de chasse aux oiseaux, quand il vivait en Russie.

Il est interrogé en détail sur le projet d'attentat contre Nixon. Il répète ce qu'il a consigné dans son journal. Le jour où ils se sont rendus sur la tombe, Marina lui a confié que « Lee allait abattre Richard M. Nixon » lors d'une visite de celui-ci à Dallas en 1963 et que, pour l'empêcher de passer à l'acte, elle l'avait « enfermé à double tour dans la salle de bains, toute la journée ». Robert ne savait pas pourquoi Marina avait omis de mentionner cet épisode devant la commission.

Malgré ces semaines de tension entre Rankin et Hoover, les deux hommes partagent désormais la même préoccupation : Marina et ses secrets.

Le 24 février, Rankin l'appelle pour discuter avec lui de ces nouvelles révélations concernant la jeune veuve. Rankin craint que la révélation de sa relation avec Martin et sa constante mauvaise foi – elle a omis de mentionner les intentions de son mari concernant Nixon – ne signifient qu'elle puisse tenter de fuir les Etats-Unis pour retourner en Russie. Il souhaite que le FBI la surveille sans relâche, vingt-quatre heures sur vingt-quatre.

Hoover communique à ses adjoints un compte rendu détaillé de cette conversation téléphonique : « M. Rankin m'a prévenu qu'il n'apprécierait pas du tout de la voir nous filer entre les doigts, ce qui reste toujours du domaine du possible, en particulier à Dallas, et il s'est demandé si nous ne devrions pas la mettre sous surveillance, observer ses faits et gestes et, pendant un temps, voir qui lui rend visite[18]. » Rankin, ajoute-t-il, a aussi demandé au directeur son avis sur la personnalité de Marina et « si je ne trouve pas curieux qu'elle envisage de devenir la maîtresse consentante de Martin. [...] Je lui ai dit que oui, en effet. Cela démontre certainement son absence totale de caractère ». Marina avant l'assassinat et Marina après « semblent être pour ainsi dire deux personnes différentes », continue-t-il. Avant le meurtre du président, elle était « négligée, dénuée de séduction, mais quelqu'un l'avait marquée de son emprise, l'avait arrangée, et tout cela lui avait probablement mis certaines idées en tête ». Quant à son flirt avec Martin, les deux hommes s'accordent pour penser que si la presse s'en emparait cela saperait la crédibilité de sa déposition. « A Dallas, les gens causent », avertit Hoover.

Rankin et le directeur partagent un même mépris pour Martin et l'ancien avocat de Marina, James Thorne. Les deux Texans refusent de se plier à la décision de la jeune veuve de se passer de leurs services. Ils insistent pour toucher leur part de ses droits sur son histoire. Rankin précise à Hoover qu'à sa connaissance elle a déjà signé des contrats lui garantissant « plus de 150 000 dollars de droits*, on voit les sommes en jeu ».

« Ce n'est qu'une tentative sordide d'extorsion, réplique Hoover. Ces deux individus font tout ce qui est en leur pouvoir pour lui soutirer autant d'argent que possible. »

Rankin dit à Hoover qu'il appartient au directeur de juger combien de temps il faudra maintenir Marina sous surveillance. La commission, souligne-t-il, veut savoir « quel genre d'individus lui rendent visite quand elle ne se sait pas surveillée ». Hoover recommande une mise sur écoutes. Celles-ci présentent peu de risques d'un point de vue légal ou en termes de relations publiques, car aucun procès ne risque de révéler leur existence, soutient-il. Très vite, huit agents du FBI sont assignés à l'opération, et ils garderont l'œil sur Marina aussi bien chez elle que lors de ses allées et venues dans Dallas[19]. Son téléphone est écouté. Le FBI pénètre aussi secrètement dans son nouveau logement, et place des micros dans les lampes du salon, de la cuisine et de la chambre à coucher.

* Soit 1,13 million de dollars 2013. (*N.d.T.*)

Martin, l'amant éconduit et ancien agent, est le témoin suivant à se présenter devant la commission[20]. Il en profite pour dépeindre la jeune veuve comme une personne lâche et cupide. Il admet avoir pris part à une campagne de publicité montée de toutes pièces pour le compte de Marina, « afin de créer dans le public l'image d'une veuve éplorée et d'une pauvre fille égarée. Cette image est fausse ».

Warren a d'emblée pris la décision que l'on ne questionnerait pas Martin sur sa liaison avec Mme Oswald ni sur leur aventure d'une nuit à Washington. Mais il le laisse se livrer à une démolition en règle de la jeune femme. « Elle est trop froide », dit-il, en exposant aux membres de la commision qu'elle a manifesté bien peu de chagrin à la mort de son mari. Et le peu qu'elle a exprimé « sonnait faux », souligne-t-il. « La seule fois où je l'ai vu manifester quelque chose de l'ordre d'une émotion, c'est en voyant une photo de Jackie Kennedy. » Elle a éclaté en sanglots, rapporte-t-il.

Martin évoque comment elle cherchait à se présenter dans des interviews comme une chrétienne fervente. Elle avait reçu des bibles en langue russe en cadeau par la poste : « A ma connaissance, elle n'en a pas lu la première page. Elle n'a jamais ouvert une bible. » Mais le plus choquant, selon lui, c'est sa manière de se moquer des donateurs bien intentionnés qui lui envoyaient de petites sommes d'argent pour les aider, ses enfants et elle : « Quelqu'un lui envoyait un dollar – je ne sais pas, moi, c'était peut-être le tout dernier dollar de cette personne –, elle y jetait un œil, et puis elle le balançait en disant : "Bon, ce n'est qu'un dollar." » Chez les Martin, elle traînait, et ne faisait rien pour aider l'épouse de ce dernier à s'occuper des enfants. « Elle se levait entre 10 et 11 heures. [...] Les seules tâches ménagères dont elle se chargeait, c'était la vaisselle du dîner, et l'aspirateur de temps en temps. »

Martin reconnaît avoir été au courant des menaces proférées contre Nixon et lui avoir conseillé de garder le silence. « "Ne va pas raconter ce genre de choses aux gens" », lui avait-il soufflé. Si jamais les enquêteurs apprenaient – après tous ses autres mensonges – qu'elle avait dissimulé des informations sur ce premier projet de son mari d'assassiner un personnage public de premier plan, il craignait que sa crédibilité ne soit un peu plus entamée.

Norman Redlich assiste à l'audition. En dépit du mépris que lui inspire Martin, il pense qu'il dit la vérité – Marina Oswald n'est pas celle qu'elle paraît être. « Comme l'indique le témoignage de Martin, il y a une forte possibilité pour que Marina Oswald soit en fait quelqu'un de très différent de ce qu'elle semble – froide, calculatrice, pingre, incapable de générosité et totalement dépourvue d'empathie dans ses relations avec les autres », écrit-il dans une note à Rankin, datée du 28 février[21]. Il ajoute que cela aidera peut-être la commission à comprendre pourquoi Oswald a tué Kennedy. « Si Lee Oswald est l'assassin, pour cerner ses motivations, il faut aussi prendre en compte le caractère et la personnalité de son épouse. Cet assassinat peut s'expliquer de différentes manières – un complot national ou international, la folie, ou les opinions politiques d'Oswald ». L'autre possibilité, écrit-il, c'est qu'« Oswald soit un individu mentalement instable, nourrissant des illusions de grandeur, poussé à commettre cet acte par une femme qui l'a épousé pour des motifs égoïstes, qui n'a eu de cesse de le dénigrer en public, de le houspiller sur ses défauts et de l'inciter à lui prouver qu'il était le "grand homme" qu'il aspirait à être ».

« Ni vous ni moi n'avons la moindre envie de salir la réputation de quiconque, précise-t-il à Rankin. Nous ne pouvons toutefois ignorer que Marina Oswald a menti, de manière répétée, au Secret Service, au FBI et à cette commission sur des questions d'un intérêt vital pour le peuple des Etats-Unis et le monde. »

A la demande de la commission, le FBI continue aussi à surveiller Mark Lane. Grâce à ses sources au sein du Bureau, Gerald Ford rassemble ses propres informations sur le personnage. Le 12 février, une nouvelle entrevue avec Cartha DeLoach lui permet d'aborder les travaux de la commission. Deux jours plus tard, DeLoach lui répond par écrit, en accompagnant son courrier d'« un mémorandum pour lequel vous avez marqué spécifiquement votre intérêt[22] ». Ce mémo de trois pages, tapé sur papier libre, sans en-tête du FBI, est un résumé de ce que l'on sait de Lane, y compris de ses liens avec des groupuscules que le Bureau classe parmi les officines communistes. Il contient des détails sur son parcours conjugal et sa vie sexuelle. « Lane aurait été marié deux fois, son premier mariage ayant été annulé pour adultère et le second s'étant achevé sur un divorce », indique la note. « Il est de notoriété publique dans les cercles politiques new-yorkais que Mark Lane aurait entretenu une relation sexuelle avec une jeune femme célibataire entre 1960 et 1961 et qu'ils auraient vécu ensemble. » En 1964, pour le FBI de Hoover, une liaison entre un homme et une femme non mariés méritait d'être signalée.

CHAPITRE 24

Siège de la commission Warren
Washington
Mars 1964

En tant que principal enquêteur de la commission chargé du Secret Service, Sam Stern ne tarde guère à comprendre qu'au Texas, le président Kennedy était une « cible facile » et que, dans une ville où l'on pouvait s'attendre à des violences, le Secret Service avait été loin de faire le nécessaire pour sa protection[1]. Stern se plonge dans les articles parus dans la presse lors du déplacement à Dallas de l'ambassadeur aux Nations unies, Adlai Stevenson, en octobre 1963, au cours duquel celui-ci s'était retrouvé cerné par une foule de manifestants hostiles et avait été frappé à la tête par une jeune femme armée d'une pancarte. Il lit d'autres articles sur un incident datant de 1960, lorsque Lyndon Johnson et Lady Bird Johnson s'étaient fait conspuer et cracher dessus. Et pourtant, dans cette même ville, le 22 novembre, le Secret Service a tracé un parcours au cours duquel le président et la First Lady devaient rouler au pas, au milieu de la foule, à bord d'une limousine découverte. Le trajet longeait des immeubles de plusieurs étages où un assassin pouvait aisément se poster en se ménageant une ligne de tir parfaitement dégagée.

A l'inverse de certains autres jeunes collaborateurs de la commission, il a suffi de quelques semaines à Stern pour maîtriser sa partie de l'enquête. Ce qu'il découvre sur le Secret

Service est certes consternant mais guère compliqué à comprendre. Ce service est, selon sa formule, « de la vieille école, absolument pas moderne », et les agents chargés de la protection du président ont une « mentalité de flics » tout à fait inadaptée dès lors qu'il s'agit de déjouer les calculs d'un assassin.

La propension de Kennedy à flirter avec le danger lors de ses apparitions publiques n'arrangeait rien. Il insistait pour être au contact de la foule, et faisait souvent des frayeurs à ses gardes du corps en sortant du périmètre de sécurité pour serrer la main de ses sympathisants et de ses admirateurs. Quand il se déplaçait en voiture et que le cortège avançait à faible allure, il préférait que les agents du Secret Service marchent de part et d'autre de la limousine présidentielle au lieu de grimper sur les marchepieds spécialement aménagés. Il ne souhaitait pas les voir près de lui, pour ne pas donner l'impression qu'il avait quelque chose à craindre.

Sombre coïncidence, la législation portant création de l'United States Secret Service était arrivée sur le bureau du président Lincoln le 14 avril 1865 – le jour de son assassinat[2]. Au départ, le Secret Service avait été créé pour lutter contre la contrefaçon lorsque le département du Trésor bataillait contre un flot de fausse monnaie après la guerre de Sécession. En 1901, un anarchiste autoproclamé avait abattu le président McKinley et les responsabilités du Secret Service avaient été élargies à la protection présidentielle. Au début du siècle, aucun service de police fédéral n'était capable d'assumer cette mission. Il faudrait attendre sept années avant que le gouvernement crée ce qui deviendrait ensuite le FBI.

Stern est stupéfait de découvrir la profonde inadéquation des procédures du Secret Service lors de déplacements présidentiels à l'extérieur de Washington, à commencer par l'emploi systématique de limousines décapotables. Celle utilisée à Dallas – une Lincoln Continental quatre portes portant le nom de code « X100 » – n'offrait aucune protection contre un tireur placé en hauteur[3]. Une bulle de plexiglas pouvait être montée sur le véhicule pour permettre à la foule de voir le président par mauvais temps, mais ce toit n'offrait aucune protection contre des tirs. « N'étant pas conçu pour être à l'épreuve des balles, il ne l'était pas », écrit Stern dans une note à Rankin[4]. Depuis trois ans, le Secret Service s'efforçait sans succès de trouver un fabricant capable de fournir un toit en plexiglas à l'épreuve des balles. (Les spécifications requéraient une « protection convenable contre une arme de poing de calibre 45 à une distance de 3 mètres ».) Le toit en plastique avait bien été acheminé à Dallas le 22 novembre, mais on ne l'avait pas monté. La météo du jour prévoyait un temps exceptionnellement chaud et estival pour la saison.

Les manquements du Secret Service sont si nombreux que Stern ne sait pas bien par où commencer. Il découvre ainsi qu'aucune procédure d'inspection des bâtiments situés sur le trajet du cortège n'est jamais effectuée – à une exception près, lors de la cérémonie d'investiture officielle, une fois tous les quatre ans, à Washington. Lorsque Stern demande pourquoi on ne procède pas à des inspections systématiques partout, le Secret Service répond qu'il ne dispose pas du personnel nécessaire pour mener à bien de telles vérifications dans les dizaines de villes qu'un président peut visiter chaque année : « Inspecter des centaines d'édifices et des milliers de fenêtres est infaisable. »

Mais pourquoi, s'enquiert encore Stern, le Secret Service ne peut-il au moins inspecter les immeubles situés sur le parcours présidentiel « offrant les emplacements les plus propices à un assassin » ? Et pourquoi quelques agents ne peuvent-ils pas effectuer « un contrôle ponctuel de quelques bâtiments pris au hasard, immédiatement avant le passage du cortège » ? Un contrôle inopiné de ce type, dans le Texas School Book Depository, aurait pu révéler Lee Harvey Oswald, armé de son fusil, à la fenêtre du cinquième étage.

Le Secret Service aurait pu prendre d'autres précautions élémentaires, mais ne l'a pas fait. Ainsi, Stern se demande pourquoi des agents munis de jumelles n'ont pas été postés sur le parcours pour surveiller les immeubles environnants. Pourquoi le Secret Service ne demande-t-il pas aux gérants des immeubles le long du trajet de surveiller la présence éventuelle d'inconnus ou de verrouiller temporairement les fenêtres ?

Stern est aussi atterré par certaines images tournées par la télévision le jour de l'assassinat. Tout comme la foule sur les trottoirs, la police de Dallas s'est laissé gagner par la fièvre du moment et l'envie d'entrevoir le couple présidentiel. Pas un policier ne lève les yeux pour guetter d'éventuelles menaces. « C'était horrible, dira-t-il. Que voyait-on sur ces images ? Les flics de Dallas qui regardaient passer Kennedy. Personne ne regarde les toits. Personne ne regarde les immeubles. C'est pourtant là que se trouvait Oswald, posté à une fenêtre ouverte[5]. »

A Washington, les méthodes du Secret Service pour identifier les assassins potentiels sont tout aussi ridiculement inadéquates. Une unité spéciale, la Section de recherche et de protection (Protective Research Protection, ou PRS), est censée tenir une liste complète, à l'échelle nationale, des individus pouvant représenter un danger pour le président lors de ses déplacements[6]. Stern découvre que cette liste de cinquante mille personnes ne contient pratiquement que les noms de gens qui ont envoyé des lettres de menaces ou des colis suspects à la Maison-Blanche, ou qui ont passé des coups de téléphone menaçants au standard de la présidence. Le PRS tient aussi un « fichier de voyage » d'une centaine de personnes jugées particulièrement dangereuses, mais aucun habitant de la région de Dallas n'y figure – ce qui étonne Stern, au vu de l'agression dont Adlai Stevenson a été victime un mois plus tôt. C'est absurde, se dit-il. « Le premier abruti analphabète de Dallas qui ne s'est pas donné la peine d'écrire une lettre d'injures à la Maison-Blanche, mais qui a frappé Adlai Stevenson, ambassadeur aux Nations unies, à coups de pancarte sur la tête, ne figurera pas sur la liste. »

Lors des déplacements présidentiels, le Secret Service prend contact avec le FBI. Ses antennes locales sont priées d'alerter le Secret Service d'éventuelles menaces dans les villes où le président prévoit de se rendre, et c'est ce qui avait été fait avant la visite à Dallas. Le bureau local du FBI a fourni au Secret Service les noms d'habitants de la région correspondant à des critères de dangerosité établis par le Bureau.

Oswald n'y figurait pas.

C'est Stern qui rend le premier avis de la commission sur le bureau du FBI à Dallas – et, plus spécifiquement, sur l'agent spécial James Hosty –, pour établir si les directives du Bureau ont été violées en omettant de transmettre le nom d'Oswald au Secret Service. Sans surprise, ce dernier semble pressé de faire porter le chapeau au FBI. Le 20 mars, Stern interroge Peter Bouck, directeur du Service de recherche et de protection. Bouck lui dit que le FBI aurait dû avoir la clairvoyance d'alerter le Secret Service à propos d'Oswald, surtout étant donné sa défection avortée en URSS et sa formation au maniement des armes chez les Marines. Stern n'en est pas si convaincu. En dépit de ses engagements politiques radicaux, Oswald n'avait aucun antécédent de violences, et rien dans son dossier n'indiquait la moindre menace contre Kennedy ou d'autres personnalités politiques. Hosty savait qu'il travaillait au Texas School Book Depository, mais Stern trouve normal que l'agent du FBI n'ait pas établi immédiatement un lien entre cet immeuble et le trajet du cortège présidentiel. Le parcours n'avait été rendu public que dans la soirée du 18 novembre.

Stern est désolé pour Hosty, dont, à l'évidence, la carrière au FBI est anéantie[7]. « Je ne pensais pas qu'il fallait lui jeter la pierre, déclarera-t-il plus tard. Je pouvais comprendre qu'un agent local du FBI, surmené, n'ait pas perçu qu'Oswald représentait une menace directe. » Il ne pense pas non plus que les agents du Secret Service sortis s'alcooliser la veille de l'assassinat doivent être sévèrement sanctionnés. Drew Pearson, le chroniqueur à scandale, avait essayé de monter l'affaire en épingle. « Mais je ne me souviens pas d'avoir été choqué, ou d'avoir trouvé cela épouvantable, et je ne pense pas que Kennedy s'en serait offusqué s'il l'avait appris », dira Stern. En tout cas, il ne considère pas que cet épisode mérite une attention particulière dans le rapport final de la commission. « Je pense que cette histoire est assez éloquente en soi, elle ne mérite pas d'être amplifiée », conclut-il.

Earl Warren ne sera pas du même avis.

Agé de trente-cinq ans, né à Philadelphie, Stern a travaillé pour Warren à la Cour suprême, et les autres juristes de la commission lui demandent souvent à quoi cela ressemble de travailler pour le *chief justice*. Après avoir obtenu son diplôme de droit à Harvard en 1952, il est devenu le clerc d'un juge de cour d'appel fédérale à Washington, avant d'être engagé par Warren en 1955. Ils sont deux clercs du *chief justice* à être installés dans un bureau jouxtant la salle de réunion de la Cour, ce qui leur permet d'entendre les délibérations. Après le frisson initial que lui procure ce poste, il est déçu de ne pas avoir l'occasion d'entrer davantage en relation avec le *chief justice*. A l'inverse d'autres juges de la Cour, ce dernier ne noue pas des liens très personnels avec ses collaborateurs. « Il savait se montrer chaleureux, mais cette chaleur était plutôt politique, remarquera Stern. Je ne me suis jamais senti proche de lui sur un plan personnel. »

Warren s'ouvre davantage lorsque ses collaborateurs se retrouvent au bureau le week-end pour se mettre à jour dans leurs dossiers. « Il venait parfois musarder le samedi après-midi, s'installait avec nous et nous régalait d'histoires sur la politique californienne d'antan. » Durant ces conversations, Warren manifeste clairement sa détestation de Richard Nixon, qui, selon lui, avait réduit à néant ses chances de briguer la Maison-Blanche.

Stern perçoit aussi toute la force des sentiments de Warren envers Kennedy[8]. Aux tout débuts de son gouvernement, Stern a pris part à une petite réunion avec le *chief justice* et ses anciens collaborateurs. La réception avait lieu au Metropolitan Club, un club d'élite réservé aux hommes, tout près de la Maison-Blanche, et Kennedy y avait fait une apparition surprise. « Il a serré la main de tout le monde et dit au *chief justice* combien il respectait son travail. Warren était ravi, se rappellera Stern. Il se délectait. »

Warren « aurait fait un fabuleux président des Etats-Unis », finit par penser Stern. Quel que fût son legs à la Cour, c'était « un peu du gâchis » de finir là au lieu de la Maison-Blanche. Ce n'était ni un grand penseur juridique ni un érudit, mais c'était un extraordinaire politicien – un vrai leader, selon lui. Il possédait du charisme, de la détermination et de la dignité, savait inciter les gens à rechercher le compromis et à se sacrifier pour lui venir en aide. « Il avait cette aptitude à rassembler des groupes opposés », résume-t-il.

A la commission, il a peu de rapports avec le *chief justice*, ce qui ne le surprend guère. Malgré cette distance, il finit par s'inquiéter de sa santé. Il l'entrevoit dans les bureaux de la commission, et lui trouve « l'air maladif, l'œil chassieux », se souviendra-t-il. « J'étais soucieux. » Il perçoit bien que son double rôle à la Cour et à la commission lui coûte physiquement. Tous les matins, réglé comme une horloge, il continue de se présenter au siège de la commission avant de se rendre un peu plus loin, sur la même avenue, et d'enfiler sa robe noire de *chief justice*.

CHAPITRE 25

Bureaux de Gerald R. Ford
Chambre des Représentants
Washington
Mars 1964

Gerald Ford souhaite durcir le ton avec Marina Oswald. Ses conseillers politiques et quelques anticommunistes farouches de son entourage l'encouragent à ne pas exclure une conspiration impliquant l'Union soviétique et Cuba, et les nombreux mensonges de la veuve lui font craindre qu'elle n'en dissimule les preuves. Il sait que certains enquêteurs de la commission soupçonnent Marina d'être un agent dormant de Moscou. Elle n'était peut-être pas au courant du projet de son mari de tuer Kennedy, mais on avait pu l'envoyer aux Etats-Unis pour servir de couverture et d'appui à Oswald, pendant qu'il exécutait le plan secret échafaudé pour lui par le Kremlin. Cela expliquerait pourquoi ils s'étaient mariés si vite après leur rencontre, et pourquoi ils avaient été autorisés à quitter la Russie.

En mars, Ford écrit à Rankin pour que l'on soumette la veuve au détecteur de mensonges, en espérant que cela suffira à l'intimider et à lui faire dire enfin toute la vérité[1]. « Un tel test auquel elle se soumettrait de son plein gré contribuerait grandement à satisfaire l'intérêt de l'opinion pour toute cette affaire », écrit-il. « Nous savions déjà qu'elle ne communiquerait pas "de son plein gré" un certain nombre d'éléments qui sont apparus depuis lors. [...] Peut-être ne communiquerat-elle pas “de son plein gré” tout ce qu'elle sait sur les écoles fréquentées, les activités et les relations de Lee Oswald avec les Soviétiques. » Comme les enquêteurs de la commission, il redoute que celle-ci ne découvre pas la vérité sur les raisons de la visite d'Oswald à Mexico – mais il pense que Marina, elle, les connaît peut-être. « Elle semble en savoir davantage sur le sujet qu'elle ne veut bien nous le dire. » Il préconise que d'autres témoins soient soumis au détecteur de mensonges « là où, selon les comptes rendus, subsistent des incohérences ou une certaine réticence à se montrer d'une complète franchise ».

La manière dont Warren préside la commission continue d'irriter Ford. Le *chief justice* ne se montre jamais impoli mais il est « brutal » et ne traite jamais les autres membres en égaux, se plaindra le représentant du Michigan[2]. « Il prenait un certain nombre de décisions de manière unilatérale, du moins au cours des premiers mois. » Warren « se réservait trop de pouvoirs » et « rien ne pouvait le faire dévier de son calendrier ni de son scénario ».

En dépit de leurs différences, Warren doit admettre que Ford compte parmi les membres les plus diligents de la commission, peut-être le plus assidu au travail outre lui-même. Le sénateur Russell a pratiquement disparu, et le registre de présence des deux autres juristes – le sénateur Cooper et le représentant Boggs – s'avère pour le moins clairsemé. En revanche, Ford met un point d'honneur à être présent lors de toutes les auditions de témoins importants. Ses questions sont toujours mûrement réfléchies et reflètent une connaissance précise du dossier.

Il s'est aussi entouré d'une équipe de conseillers pour l'aider à préparer ces questions, ce dont il se garde de parler à la commission, à en croire ses propres archives. Warren et les autres membres auraient fort bien pu être troublés d'apprendre qu'il permet à un groupe d'amis et de conseillers – certains sans aucune habilitation de sécurité – de lire des documents confidentiels.

Il s'appuie sur trois hommes en particulier. John Stiles, l'un de ses plus vieux amis, originaire de Grand Rapids, dans le Michigan, qui a été son directeur de campagne lors de sa première candidature en 1948, suit les travaux de la commission au jour le jour, et lui prépare de longues listes de questions à poser aux témoins[3]. Il y a aussi John Ray, un ancien élu républicain de l'Etat de New York, juriste diplômé de Harvard qui, l'année précédente, a choisi de renoncer à son siège à la Chambre. Plus tard, il recrute un jeune homme de sa circonscription de Grand Rapids, qui étudie le droit à Harvard, Frank Fallon, afin qu'il examine les pièces à conviction.

Dès que des documents atterrissent sur son bureau, il les partage avec ses conseillers. Lorsque les juristes de la commission se rendent à Dallas après le procès de Ruby pour recueillir les dépositions des témoins sur place, il demande des copies de tous les procès-verbaux « afin que je puisse me tenir parfaitement informé des derniers développements ». Il partage ensuite ces dépositions avec son trio de conseillers.

Leurs notes ne sont souvent ni signées ni paraphées, ce qui montre sa proximité avec leurs auteurs. Il prend leur avis au sérieux, et le contenu de leurs notes se retrouve souvent entièrement repris dans des lettres signées de sa main, sur papier à en-tête du Congrès, qu'il envoie à Rankin, avec une longue liste de tâches qu'il convient d'assigner aux enquêteurs. En mars, il transmet au même Rankin une liste comportant des dizaines de questions détaillées qu'il souhaite que l'on pose aux témoins présents à Dealey Plaza et sur la scène du meurtre du policier Tippit[4].

Ses conseillers dressent aussi des listes de questions pour les enquêteurs, suscitées par les dépositions des témoins. Après la comparution de Mark Lane, ils établissent une liste de trois feuillets, reprenant toutes les allégations de dissimulation selon Lane, recensées d'après un procès-verbal de sa déposition. A côté de chacune de ses allégations figure une case que Ford et ses collaborateurs doivent cocher si les faits évoqués par Lane sont avérés. (Sur la copie de cette check-list conservée dans les archives de Ford, aucune case n'a été cochée.)

Il demande aussi à des médecins membres du Congrès d'interpréter pour lui les dossiers médicaux de Dallas et du rapport d'autopsie. Le représentant James D. Weaver, de Pennsylvanie, chirurgien à la retraite de l'US Air Force, qui a entamé une seconde carrière en politique au Parti républicain, examine à sa demande les pièces médicales, et lui confirme par écrit qu'au vu de la gravité des blessures à la tête, « rien n'aurait pu être tenté, en aucune façon, pour sauver la vie du défunt président[5] ». Il lui explique aussi pourquoi ces pièces médicales ont semé une telle confusion – pourquoi les médecins de Parkland, par exemple, ont d'abord pensé que la blessure de sortie à la gorge pouvait être une blessure d'entrée. Les médecins avaient certainement subi le « harcèlement » de journalistes irresponsables – « de la presse ou de la pseudo-presse », selon la formule de Weaver – qui les pressaient de dire des choses qu'ils n'avaient pas l'intention de dire.

Les notes de Stiles et des autres conseillers de Ford reflètent leur crainte constante que la commission ne passe à côté d'une conspiration. Une note à Ford, datée du 17 mars, prévient celui-ci que le *chief justice* risque « d'écarter arbitrairement l'hypothèse que l'assassinat résulte d'une conspiration – et en particulier d'une conspiration aux ramifications internationales ou impliquant une puissance étrangère[6] ». Stiles rappelle à Ford que des articles troublants sont parus dans la presse cubaine quelques semaines avant l'attentat, notamment une interview de Castro deux mois avant le meurtre du président où le *líder máximo* proférait des menaces à peine voilées contre la vie de Kennedy. La note revient aussi sur certains mystères persistants concernant Mexico : « La commission est-elle en mesure de rendre compte de chaque instant passé par Oswald à Mexico ? »

Ford est submergé de lettres de ses collègues républicains et d'électeurs conservateurs exigeant la révocation de Norman Redlich. « Comment peut-on confier au loup la garde de la bergerie ? » demande le représentant Richard Poff, un républicain de Virginie[7]. Un médecin texan menace de lui créer des problèmes chez ses électeurs du Michigan : « En tant que membre du Congrès, ne me dites pas que vous ne pouvez rien faire au sujet des cocos de la commission Warren comme ce Redlich. Si vous ne les dénoncez pas et si vous ne les congédiez pas, nous le ferons savoir à la presse du Michigan[8]. »

Le 3 avril, Rankin écrit à Ford pour attirer son attention sur un article provocateur que Redlich a écrit onze ans auparavant pour *The Nation*[9]. L'article, une attaque contre le sénateur Joseph McCarthy, prend la défense des témoins qui refusent de répondre en invoquant le Cinquième Amendement*. La découverte tardive

* Qui affirme le droit, entre autres, de ne pas s'incriminer soi-même par son témoignage. (*N.d.T.*)

par Rankin de cette critique intitulée « Does Silence Mean Guilt ? » (Le silence est-il coupable ?) n'est qu'une preuve supplémentaire pour Ford que l'on n'aurait jamais dû embaucher Redlich[10]. McCarthy est peut-être mort dans l'opprobre en 1957, il reste des membres du Congrès, y compris des amis de Ford, qui lui vouent un grand respect.

Ford et les autres membres de la commission savent que le FBI mène discrètement une nouvelle enquête approfondie sur Redlich. En avril, Ford écrit à Rankin pour lui signifier que cette découverte tardive de l'article de *The Nation* démontre la nécessité « d'accélérer » l'enquête du FBI : « Je crois que la commission devrait se réunir en séance plénière pour discuter de la situation et prendre les mesures qui s'imposent. » Dans une autre lettre à Rankin, le 24 avril, il lui transmet une copie d'un éditorial du *Richmond Times Herald*, quotidien influent et archiconservateur de Virginie, avec pour titre : « Who Hired Redlich ? » (Qui a engagé Redlich ?) L'éditorial estime que « l'affinité apparemment étroite d'un éminent responsable de l'enquête avec des taupes communistes n'inspire aucune confiance en la commission Warren[11] ».

Ray, l'ancien parlementaire qui avait averti Ford, suggérait que Redlich était peut-être lié à Mark Lane et à d'autres conspirationnistes de gauche. Il a dressé à la main un tableau pour tenter de déterminer si Redlich et Lane n'ont pas appartenu aux mêmes « officines communistes », selon les termes de Ray – des groupes de défense des droits et des libertés civiques, classés à gauche, que le FBI considère « subversifs[12] ». Dans la colonne de gauche, il dresse la liste des groupes auxquels Redlich et Lane sont affiliés, notamment le nouveau Comité d'urgence des libertés civiques (Emergency Civil Liberties Committee), basé à New York. En regard de chaque intitulé, Ray indique aussi bien qu'il peut les années d'adhésion de Redlich et Lane. Après avoir constaté « qu'il y a moins de chevauchements à relever entre Redlich et Lane que je ne le craignais », il écrit à Ford pour lui annoncer qu'il abandonne ses recherches. Sous la rubrique « Adhésion au Parti communiste », il note – tant pour Redlich que pour Lane – « Aucune preuve ».

En avril, une note interne non signée adressée à Ford détaille par quels moyens la commission peut contraindre Redlich à démissionner[13]. L'auteur de cette note admet qu'en réalité le poste de Redlich n'expose cette dernière à « aucun danger ». « Il n'occupe pas un poste très important et, jusqu'à présent, son travail n'appelle aucune critique, poursuit la note. Toutefois, sa présence à la commission continuera de faire l'objet de critiques – comme c'est déjà le cas. » L'auteur recommande de ne pas révoquer Redlich car cela risquerait de semer le trouble dans l'opinion et de conduire certaines personnes à juger que « les théories du "complot" » entourant l'assassinat du président sont « d'autant plus fondées ». Il vaudrait mieux garder Redlich, « mais l'exclure à l'avenir de toute tâche importante ». On devrait le placer à un « poste inoffensif » et, pour éviter de lui fournir motif à protestation, l'autoriser à garder son salaire.

A travers le pays, des conservateurs en vue considèrent Ford comme leur porte-parole au sein de la commission et comme leur meilleur garant contre ces rumeurs persistantes, surtout en Europe, selon lesquelles des groupes d'extrême droite auraient trempé dans l'attentat. Des articles, parus dans des quotidiens et des magazines européens, mentionnent souvent H. L. Hunt, le magnat du pétrole, un ultraconservateur de Dallas, comme bailleur de fonds potentiel d'un complot. L'un des fils de Hunt a contribué au financement de la page publicitaire encadrée de noir reprochant à Kennedy d'avoir abandonné les guérilleros anticastristes à Cuba parue dans le *Dallas Morning News* le matin de l'assassinat. A en croire cette publicité, le président avait adopté « la mentalité de Moscou ». Des scénarios d'émissions de radio préparés par un groupe d'extrême droite soutenu par Hunt, Life Line, avaient été découverts dans la voiture de Jack Ruby*.

En janvier, le secrétariat de Ford reçoit une lettre sibylline de Hunt, dans laquelle le magnat du pétrole se demande si Ford et le sénateur Russell ne sont pas devenus à leur insu les instruments d'une vaste conspiration de gauche visant à dissimuler la vérité sur la mort de Kennedy[14]. « On me dit grand bien de vous, mais j'ignore dans quelle mesure vous avez conscience de cette conspiration », écrit-il, sans expliquer de quelle conspiration il s'agit. « Il se peut que l'on se soit servi du sénateur Russell et vous-même, à la commission, pour enquê-

* Ruby niera toute relation avec Hunt et affirmera avoir reçu ces scripts lors d'une foire locale où des sociétés de la famille Hunt faisaient la promotion de leurs produits.

ter sur l'assassinat afin de conférer prestige et respectabilité à d'autres personnalités publiques considérées par beaucoup d'anticommunistes avisés comme prosocialistes ou procommunistes ». Hunt joint à sa lettre plusieurs exemplaires récents de la lettre d'information *Life Line*, qui, dit-il, pourront être utiles à Ford dans son combat pour « la cause de la liberté ».

La rumeur enfle parmi les jeunes collaborateurs de la commission au sujet de la campagne menée en sous-main par Ford contre Redlich. Ils craignent que le premier ne finisse par écarter le second. « Quand j'ai appris la chose, j'ai trouvé cela absurde, expliquera Alfred Goldberg, l'historien de l'armée de l'air. J'ai tout de suite pensé que c'était une pure manœuvre politique de Ford[15]. » La réputation de Ford auprès des soutiens de Redlich finit par en pâtir. Plus tard, ils seront nombreux à admettre qu'ils pensaient que Ford voulait se servir de la commission pour accroître son pouvoir à la Chambre. Ils redoutaient que Redlich ne fasse les frais de l'ambition de Ford.

Si Gerald Ford se démène au sein de la commission, c'est peut-être aussi pour d'autres raisons que sa passion de la chose publique[16]. Avec son vieil ami Stiles, ils décident discrètement d'écrire un livre sur l'enquête – l'histoire de la commission vue de l'intérieur, pensant qu'ils tiennent un best-seller. Ils ont l'intention de le publier dès que la commission aura rendu son rapport. Ce printemps-là, ils se mettent en quête d'un agent littéraire et d'un éditeur. Warren et plusieurs autres commissaires déclareront plus tard n'avoir rien su de ce projet jusqu'aux dernières semaines de l'enquête. Le *chief justice* confiera à des amis qu'il considère le livre de Ford comme une épouvantable trahison, car il donne l'impression de tirer profit d'une tragédie nationale. « Bien des années plus tard, Warren ne décolérait toujours pas, se rappellera Alfred Goldberg, qui deviendra un proche ami du *chief justice*. Cela n'a fait qu'aggraver son aversion pour Ford. » Goldberg ajoutera que le *chief justice* jugeait ce dernier « indigne de confiance – il n'avait que mépris pour le personnage ».

CHAPITRE 26

Siège de la commission Warren
Washington
Mars 1964

David Belin ne peut pas s'en empêcher. Il sait que c'est une violation manifeste des règles de la commission, qui interdisent de discuter de l'enquête en cours avec des personnes extérieures, mais comment ne pas évoquer avec ses amis de l'Iowa ce qu'il vit à Washington – la grande aventure de l'Histoire en marche ? Il les tient régulièrement informés du travail de la commission dans une série de lettres adressées collectivement à ses collègues du cabinet Herrick, Langdon, Sandblom & Belin.

A trente-cinq ans, ce natif de la Corn Belt, la région du Midwest grande productrice de maïs, aime se présenter comme un « avocat de la campagne », même s'il est diplômé de l'université du Michigan et fait partie de la prestigieuse société étudiante Phi Beta Kappa. Il aurait pu opter pour le poste de son choix dans un des cabinets en vue de Chicago ou chez l'un des grands constructeurs automobiles de Detroit, mais l'Iowa est sa maison, et il est rentré au pays pour y faire sa carrière juridique.

En janvier 1964, l'« avocat de la campagne » se retrouve transplanté dans la capitale – cette ville que John Kennedy a su rendre si éclatante à ses yeux – où il doit aider le *chief justice*, Earl Warren, l'un de ses héros, à résoudre les mystères entourant la mort du président. L'événement qui a déclenché l'enquête a beau être atroce, Belin est aux anges. C'est une chose d'être fêté pour ses succès dans l'Iowa, c'en est une autre d'être reconnu à Washington.

Sa première lettre au cabinet, il l'envoie fin janvier, quelques jours à peine après son arrivée à Washington. « D'abord, un grand "bonjour" à tout le monde chez HLS & B ! » commence-t-il. A Des Moines il est peut-être réputé pour son bureau couvert de piles de dossiers, mais « ici, à Washington, j'ai dû quelque peu modifier mes habitudes, parce que les pièces que nous examinons sont classées "Ultra Confidentiel", et dans chaque bureau se trouve un coffre dans lequel nous devons tout enfermer en partant[1] ». Son associé senior au sein de son tandem, Joe Ball, est néanmoins surpris du peu de contenu qui, dans ce qu'ils lisent, mérite d'être classifié, écrit encore Belin. « Il ne comprend pas pourquoi ce matériau est étiqueté "Ultra Confidentiel" et, pour l'essentiel, je suis plus ou moins d'accord. » Les deux hommes s'initient ainsi à la tendance de certains bureaucrates fédéraux imbus d'eux-mêmes, surtout au FBI et à la CIA, à s'imaginer que des informations de pure routine méritent le sceau du plus grand secret.

Travailler avec Warren, c'est le grand frisson, écrit-il encore. Le *chief justice* se montre « extrêmement avenant », et Belin a été transporté que le patron l'ait reconnu dans la rue et lui ait « immédiatement souri et dit "bonjour" ». Lors de la première réunion de l'équipe, en janvier, Warren a évoqué en des termes sombres les « rumeurs dans plusieurs pays du globe » sur une éventuelle conspiration. « Selon Warren, le président Johnson lui a dit que cette situation peut devenir facilement explosive et il est possible que cela conduise à une guerre, avec toutes les conséquences que l'on peut redouter ». Belin sait combien c'est alléchant pour ses collègues de l'Iowa – combien ils seront excités d'apprendre ce qui se passe derrière les portes closes de la commission d'enquête sur l'attentat, là-bas, à Washington. Dès que ses amis les reçoivent, lui avouent-ils, ses lettres alimentent les conversations des journées d'affilée.

Belin sait depuis toujours plaire à son auditoire. Il a grandi à Sioux City dans un foyer de mélomanes, c'est un violoniste prodige, si talentueux qu'il a obtenu une place à la Juilliard School de New York. Toutefois, sa famille étant désargentée, il a fait l'impasse sur Juilliard pour intégrer l'armée. Il avait prévu de profiter des bourses accordées aux anciens soldats pour payer ses études universitaires. Il a emporté son violon et joué dans des hôpitaux militaires d'Extrême-Orient et à la radio des forces armées. Il a un goût pour les œuvres de Dvorak, qu'il interprète particulièrement bien.

Une autre lettre à Des Moines suit le 11 février. Il se moque de l'incapacité de la municipalité de Washington à dégager les rues après ce qu'il considère, en tant qu'Iowien, comme une petite chute de neige : « Aujourd'hui, Washington est complètement désorganisée, parce qu'il est tombé dix centimètres de neige dans la nuit. » Il continue en évoquant la récente déposition à huis clos de la mère d'Oswald. « L'un de nos juristes les plus cyniques a suggéré de nommer Marguerite "Mère de l'Année", au vu de ses protestations farouches en défense de sa progéniture, écrit-il, ajoutant que Warren a fait preuve d'une patience remarquable en l'écoutant débiter ses commentaires sans broncher. « Si certains d'entre nous avaient le goût du jeu, ce qui n'est évidemment pas le cas, nous créerions un pot commun pour déterminer combien de temps le *chief justice* peut rester assis à écouter les propos incohérents qu'on lui tient. »

Belin a lu la quasi-totalité des centaines de déclarations de témoins recueillies à Dallas par le FBI, le Secret Service et la police. Il n'a jamais travaillé dans la police, mais il a une bonne expérience des tribunaux et explique à ses collègues de la commission que les nombreuses incohérences qu'il relève dans les récits des témoins ne l'inquiètent guère. Il a déjà été confronté à ce genre de désaccord entre témoins de bonne foi dans les affaires qu'il traitait à Des Moines, et il n'est pas surpris. « Quand deux personnes ou plus sont témoins d'un événement inattendu, on obtient toujours au moins deux versions différentes de ce qui s'est passé[2]. »

Certaines de ces incohérences prêteraient presque à sourire. Par exemple, les collègues d'Oswald au Texas School Book Depository sont incapables de s'accorder sur certains détails élémentaires. Par exemple, quand on leur demande comment il était habillé, l'un de ses collègues, James Jarman, jure qu'il portait toujours un tee-shirt tandis qu'un autre, Eugene West, affirme le contraire : « Je crois que je ne l'ai jamais vu en tee-shirt. » Belin pense que les deux hommes sont de bonne foi, même si l'un des deux a forcément tort. D'autres contradictions sont encore plus frappantes, comme celles entre les agents du Secret Service à bord de la limousine présidentielle[3]. Roy Kellerman était installé à l'avant, à droite du conducteur, et il soutient qu'après le premier coup de feu, il a entendu Kennedy s'exclamer : « Mon Dieu, je suis touché ! » On demande à Kellerman comment il est certain que c'est Kennedy et non Connally qui a poussé ce cri. « C'était sa voix, affirme l'agent. Il n'y avait qu'un seul passager originaire de Boston sur cette banquette arrière, et son accent était clairement reconnaissable. »

Pourtant, l'agent qui était au volant, William Greer, affirme qu'après le premier coup de feu, Kennedy n'a rien dit. Connally et son épouse, Nellie, également dans la limousine, sont d'accord avec Greer : le président n'a rien dit. (Les enquêteurs de la commission établissent que Greer et les Connally ont très certainement raison : la première balle a transpercé le larynx du président, l'empêchant de dire quoi que ce soit.)

En mars, l'humeur des lettres à ses collègues s'assombrit, après que Ball et lui effectuent leur premier déplacement à Dallas. Ils découvrent Dealey Plaza et refont en voiture le parcours du cortège présidentiel. « Je n'étais vraiment pas prêt à vivre cette expérience bouleversante, et à découvrir ce bâtiment pour la première fois », écrit-il, et il ajoute[4] : « Avec un homme du Secret Service au volant, nous avons refait le parcours du cortège présidentiel en passant d'abord par Main Street, puis par Houston Street après avoir tourné à droite comme la limousine du président et là, à un pâté d'immeubles devant nous, dans toute son austère réalité, se dressait le bâtiment du TSBD, sur lequel j'ai lu tant de choses ces deux derniers mois. En l'espace de quelques secondes, je me suis retrouvé dans le vrai cortège, comme sur les films en couleur dont nous disposons, tournés le jour de l'assassinat. La voiture avançait lentement dans Houston Street, vers le croisement avec Elm Street, mes yeux étaient rivés à la fenêtre du cinquième étage, à l'angle sud-ouest. Nous avons tourné à gauche, et nous nous sommes engagés sur la voie menant à l'autoroute. C'est là que les balles ont atteint le président. »

A ce moment, écrit-il, son esprit a été submergé par un flot de souvenirs, celui des éléments sinistres qu'il a examinés à Washington – le rapport d'autopsie, le film d'Abraham Zapruder, les photographies des fragments de balle et des morceaux de boîte crânienne du président, récupérés sur le bitume de Dealey Plaza.

Ensuite, Belin retrace le parcours d'Oswald après l'assassinat tel qu'il a été établi par le FBI, d'abord en taxi, puis à pied, jusqu'à sa pension dans le quartier d'Oak Cliff, et ensuite jusqu'à la scène du meurtre du policier J. D. Tippit. Il trouve cruel que l'on oublie si souvent le nom du policier assassiné dans les discussions sur l'attentat, comme si sa mort n'était qu'un détail insignifiant parmi les événements de cette journée. Les collègues du policier lui parlent de cet officier de trente-neuf ans – dont les initiales « J. D. », précise Belin à ses amis, ne signifient rien en particulier – comme d'un type bien[5]. Parachutiste pendant la Seconde Guerre mondiale, il a pris part au franchissement du Rhin par les troupes alliées en 1945 et a été décoré. En 1952, la police de Dallas l'a recruté comme stagiaire, payé 250 dollars par mois. Il laisse une femme et trois enfants, dont le plus jeune est âgé de cinq ans.

Belin estime que les preuves qu'Oswald a tué Tippit sont irréfutables. Au volant de sa voiture, le policier a remarqué l'individu qui marchait sur le trottoir. Il a essayé de l'arrêter pour l'interroger, car l'homme correspondait à la description de l'assassin du président qui venait d'être diffusée sur la fréquence radio de la police. A peine est-il descendu de voiture qu'il a été fauché par quatre balles – trois dans la poitrine, une à la tête. Les douilles retrouvées sur les lieux correspondent exactement au pistolet Smith & Wesson d'Oswald, acheté auprès de la même maison de vente par correspondance de Chicago où il avait commandé le fusil Mannlicher-Carcano.

Ensuite, Belin se rend au Texas Theatre (les propriétaires du cinéma disent *théâtre*, à l'européenne), sur West Jefferson Boulevard, à quelques rues de l'endroit où Tippit a été tué. Oswald a été arrêté à l'intérieur de ce cinéma – pour le meurtre de Tippit, dans un premier temps, pas pour celui du président – après être entré sans payer, et avoir essayé de se fondre dans le public. Belin dit à ses amis de l'Iowa qu'il a mis un point d'honneur à s'asseoir « dans le fauteuil occupé par Oswald quand on l'a arrêté ».

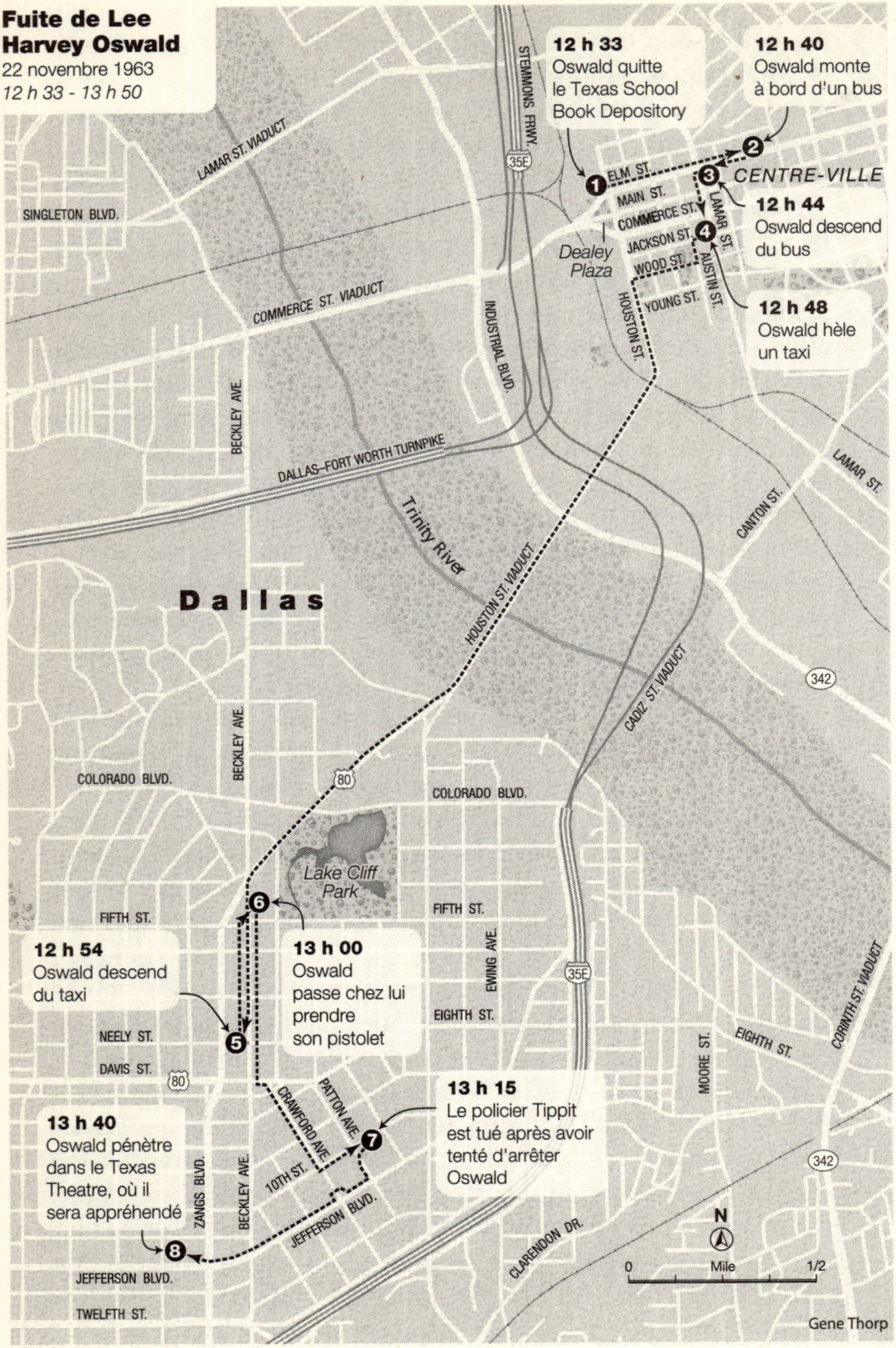
Fuite de Lee Harvey Oswald
22 novembre 1963
12 h 33 - 13 h 50
12 h 33
Oswald quitte le Texas School Book Depository
12 h 40
Oswald monte à bord d'un bus
CENTRE-VILLE
12 h 44
Oswald descend du bus
12 h 48
Oswald hèle un taxi
Dealey Plaza
ELM ST.
MAIN ST.
COMMERCE ST.
JACKSON ST.
WOOD ST.
YOUNG ST.
LAMAR ST.
AUSTIN ST.
HOUSTON ST.
STEMMONS FRWY.
35E
LAMAR ST. VIADUCT
SINGLETON BLVD.
COMMERCE ST. VIADUCT
INDUSTRIAL BLVD.
BECKLEY AVE.
DALLAS–FORT WORTH TURNPIKE
Trinity River
LAMAR ST.
CANTON ST.
HOUSTON ST. VIADUCT
Dallas
CADIZ ST. VIADUCT
342
COLORADO BLVD.
80
Lake Cliff Park
FIFTH ST.
EWING AVE.
12 h 54
Oswald descend du taxi
13 h 00
Oswald passe chez lui prendre son pistolet
EIGHTH ST.
NEELY ST.
DAVIS ST.
MOORE ST.
CORINTH ST. VIADUCT
CRAWFORD AVE.
PATTON AVE.
13 h 15
Le policier Tippit est tué après avoir tenté d'arrêter Oswald
13 h 40
Oswald pénètre dans le Texas Theatre, où il sera appréhendé
ZANGS BLVD.
10TH ST.
JEFFERSON BLVD.
CLARENDON DR.
N
0
Mile
1/2
TWELFTH ST.
Gene Thorp

Belin et Ball passent ensuite plusieurs heures à inspecter le Texas School Book Depository et à s'entretenir avec les collègues d'Oswald, notamment les trois hommes qui regardaient passer le cortège présidentiel du quatrième étage de l'immeuble lorsque les coups de feu ont retenti. Leurs témoignages, recueillis par la police, concordent : ils ont entendu le bruit caractéristique de la culasse d'un fusil, juste au-dessus d'eux. Ils ont aussi entendu les douilles qui tombaient sur le sol, juste au-dessus de leurs têtes. Belin se demande si cela est possible, et il tient à le vérifier. Le sol de l'entrepôt est en ciment, et suffisamment épais pour supporter plusieurs tonnes de manuels scolaires. Est-il possible que quelqu'un à l'étage en dessous ait entendu des bruits relativement ténus produits par l'actionnement de la culasse du fusil et la chute des douilles ? Les collègues d'Oswald n'ont-ils pas imaginé ce qu'ils pensent avoir entendu ?

Belin et Ball demandent donc à un agent du Secret Service armé d'un fusil à répétition de s'installer au cinquième étage, à la fenêtre de l'angle sud-ouest où Oswald a été aperçu[6]. Ball reste avec l'agent tandis que Belin descend à l'étage inférieur avec Harold Norman, l'un des employés. « Ensuite, je leur ai crié de commencer le test, écrira-t-il plus tard. En fait, je m'attendais à ne rien entendre. Et là, avec une netteté remarquable, j'ai perçu le choc sourd d'une douille heurtant le sol. Il y a eu deux autres chocs, lorsque les deux autres douilles ont touché le ciment au-dessus de ma tête. » Il précise qu'il a également entendu l'agent du Secret Service « actionner la culasse du fusil – et le bruit était aussi distinctement audible ».

« Joe, si je ne l'avais pas entendu moi-même, je n'y aurais jamais cru », confie-t-il à Ball.

Il procède ensuite à une autre vérification, pour déterminer combien de temps il aurait fallu à Oswald pour descendre du cinquième au premier étage, où il était tombé sur son chef, Roy Truly, et sur l'officier de police Marrion Baker, quelques secondes après les coups de feu[7]. Baker lui explique qu'il avait stoppé sa moto avant de se précipiter en courant dans l'immeuble, dès qu'il avait entendu les coups de feu, car il pensait que cela venait du Texas School Book Depository. Belin court derrière Baker, chronomètre en main, pendant que le policier reproduit ses mouvements : il saute de sa moto, devant l'entrepôt, se précipite à l'intérieur et grimpe au deuxième étage. Après cet essai, Belin est essoufflé. (« Personne ne m'avait prévenu que le travail à la commission comporterait des exercices physiques aussi épuisants », écrit-il en plaisantant à ses amis de l'Iowa). L'essai prouve qu'Oswald a eu le temps de descendre au premier étage avant de croiser le policier.

Belin est surpris d'apprendre qu'il est le premier à effectuer ces vérifications. Le FBI, le Secret Service et les autorités du Texas ont eu beau affirmer qu'ils ont fait preuve de diligence, il subsiste des failles béantes dans leur dossier. Il est aussi étonné de découvrir un témoin important que les autres enquêteurs ont complètement négligé : Domingo Benavides, un mécanicien auto qui avait arrêté son pick-up Chevrolet en voyant Tippit être abattu non loin de l'angle de la Dixième Rue et de Patton Street. « J'ai écouté le récit de cet homme, et je n'en croyais pas mes oreilles », confie Belin[8]. Non seulement Benavides a été témoin du meurtre, mais il s'est ensuite approché de la voiture de police pour tenter « d'utiliser la radio afin d'avertir le commissariat qu'un agent venait de se faire descendre ». Benavides avait aussi trouvé deux douilles que l'homme qu'il a identifié comme étant Oswald avait jetées dans les fourrés, et il les avait remises à la police.

Pourtant, alors que Belin n'a pas eu grand mal à retrouver la trace de Benavides, son nom ne figure dans aucun des rapports rédigés le jour de l'attentat par le FBI ou la police, qui n'avait pas pris la peine de conduire Benavides au commissariat central pour qu'il identifie Oswald, comme elle l'avait fait avec d'autres témoins. Pourquoi, se demande Belin, est-ce la commission qui découvre un témoin aussi essentiel ?

Belin rentre ensuite à Washington pour prendre les dépositions sous serment de certains témoins qu'il a rencontrés au Texas. Parmi eux, l'homme qu'il considère comme le « témoin le plus important » – Howard Brennan, un tuyauteur de quarante-cinq ans qui était assis sur un muret, à l'angle de Houston Street et d'Elm Street, de l'autre côté de la rue, juste en face du Texas School Book Depository, quand les coups de feu ont retenti. Brennan se trouvait donc à un peu moins de trente-cinq mètres de la fenêtre du cinquième étage. D'autres témoins crédibles disent avoir vu un canon de fusil pointé d'une des fenêtres des étages supérieurs, notamment un photographe du *Dallas Times Herald* qui faisait partie du cortège et qui, après avoir entendu le premier coup de feu, a pointé le doigt vers l'immeuble en criant à ses collègues : « Là, le fusil ! » Toutefois, c'est le récit de Brennan qui est le plus détaillé, avec une description très claire du tireur. Dans les instants qui ont précédé les coups de feu, dit-il, il a levé les yeux et « observé plusieurs personnes aux différentes fenêtres de l'immeuble » qui attendaient le passage du cortège présidentiel. « En particulier, j'ai vu un homme seul, au cinquième étage. »

« Quelques instants après le passage de la limousine du président, explique Brennan, j'ai entendu un claquement, et franchement, j'ai cru à un raté de moteur[9] » – de moto, sans doute. Et puis, poursuit-il, il a entendu un deuxième claquement, comme un pétard que l'on aurait lancé depuis l'entrepôt. « J'ai levé les yeux. Et l'homme que j'avais vu auparavant ajustait son arme, pour son dernier tir. » L'homme « tenait un fusil de gros calibre » et « avait pris appui sur le rebord de la fenêtre, le fusil calé contre l'épaule droite, en le tenant de la main gauche tandis qu'il visait posément avant de tirer sa dernière balle ». C'était la troisième balle, celle qui a frappé le président en pleine tête, précise-t-il. L'assassin était blanc, devait peser entre 70 et 75 kilos et portait des vêtements de couleur claire – une description qui correspond assez bien à Oswald. Dans le chaos qui a suivi les coups de feu, Brennan s'est approché des policiers et leur a dit ce qu'il avait vu. Quelques minutes plus tard, les radios de la police dans toute la ville crachotaient une description du tireur, apparemment fondée sur les renseignements de ce témoin direct.

Cet après-midi-là, on conduit un Brennan très secoué au commissariat central et on lui montre une série de suspects, dont Oswald. A cet instant, confiera-t-il plus tard, il a pris la décision de mentir. L'assassin du président est là, devant lui, mais il parcourt cette rangée d'hommes du regard et prétend ne pas reconnaître le tireur. Il a menti, avouera-t-il plus tard, parce qu'il craignait que Kennedy n'ait été tué dans le cadre d'un complot international – « une action des communistes » – et il ne voulait pas être le prochain sur la liste. « Si j'apparaissais comme un témoin direct, ni moi ni ma famille ne serions en sécurité. »

Belin trouve cela dommage, mais hélas compréhensible, que Brennan n'ait pas dit la vérité. A peu près au même moment, la presse s'était fait l'écho d'un fait-divers effrayant, le meurtre d'une New-Yorkaise, Kitty Genovese, poignardée à mort chez elle, dans le Queens[10]. Trente-huit personnes auraient entendu l'agression dont elle était victime, mais aucune n'avait réagi à ses appels à l'aide*. « A une époque où plusieurs personnes avaient préféré ne pas venir en aide à une femme qu'on assassinait [...], il n'était peut-être pas surprenant qu'une personne ait refusé d'identifier l'homme qui venait de tuer le président des Etats-Unis par peur d'une conspiration communiste », écrira plus tard Belin.

Belin estime qu'il doit tirer au clair le témoignage troublant d'autres personnes crédibles qui pensent que les coups de fusil ne provenaient pas du Texas School Book Depository, derrière le cortège présidentiel donc, mais de ce que l'on appelle le talus herbeux (*grassy knoll*), à l'avant de la limousine présidentielle. Le témoignage le plus sérieux concernant un tueur posté à cet endroit est celui de Sterling M. Holland, responsable de la signalisation des chemins de fer texans, qui inspectait des signaux sur le pont ferroviaire, devant le convoi[11]. Il suivait du regard le cortège présidentiel dans l'espoir d'apercevoir Kennedy lorsqu'il a entendu des coups de feu et vu le président basculer vers l'avant. Tournant la tête vers la gauche, en direction du talus herbeux, Holland a aperçu « un petit nuage de fumée à environ 1,80 m à 2,40 m au-dessus du sol », sous un arbre. Il dit avoir ensuite couru vers cet endroit et vu une dizaine de policiers et de personnes en civil qui cherchaient « des douilles », ce qui laissait entendre que le tireur était posté là.

C'est Sam Stern qui a recueilli la déposition de Holland au Texas, où il a accompagné Belin et Ball pour les aider à interroger les témoins[12]. Stern a été si impressionné par les déclarations de Holland – surtout l'allusion très claire à un deuxième

* Les articles parus à ce moment, surtout ceux du *New York Times*, se sont révélés par la suite très exagérés. Quelques années plus tard, d'autres journalistes et chercheurs détermineront que seuls quelques témoins près de la scène du meurtre de Genovese auraient pu voir ou entendre quelque chose.

tireur – qu'il s'est absenté un instant de la salle d'entretiens pour appeler Belin.

Stern dira plus tard que le témoignage de Holland était « saisissant ». « Un nuage de fumée ? Qu'est-ce que cela voulait dire ? » Belin, en revanche, n'est guère impressionné. « Ah, oui, fait-il, un peu dédaigneux. On est au courant. »

Stern est contrarié que l'on ignore ce témoin apparemment important, mais il s'incline face à la connaissance bien plus détaillée qu'a Belin des événements. Longtemps après, Stern confiera que le témoignage de Holland le tenaillait toujours, et il se demandera s'il n'aurait pas dû y prêter davantage d'attention. « Personne ne le prenait au sérieux », déplorera-t-il. Par la suite, les conspirationnistes se saisiront du témoignage de Holland et y verront la preuve que la commission avait ignoré un témoin clé.

Quant à Belin, il dira avoir toujours eu conscience de l'importance potentielle du témoignage de Holland, mais en fin de compte, pour lui, ce dernier appartenait à la catégorie des témoins sincères qui se trompent. Belin savait qu'on n'avait jamais retrouvé aucun indice matériel – des douilles ou autre chose – sur le talus herbeux. Et on voyait mal comment un assassin aurait pu tirer de cet endroit sans que personne ne l'aperçoive distinctement. De nombreux spectateurs se tenaient à cet endroit au moment du passage du cortège.

Belin et Ball essaient aussi de résoudre d'autres problèmes concernant un autre témoin capital – Helen Markham, la serveuse qui a assisté au meurtre de Tippit. A l'inverse de Domingo Benavides, Mme Markham a participé à une séance d'identification quelques heures après le meurtre du policier, et elle a reconnu Oswald.

Si Howard Brennan est le plus important des témoins de la commission en ce qui concerne la culpabilité d'Oswald, Helen Markham reste dans les mémoires comme « la plus controversée », selon Belin[13]. Les questions sur sa crédibilité parasiteront l'enquête durant des mois. En arrivant à Washington pour sa déposition, elle est dans un état confinant à la panique à cause de sa soudaine célébrité. Mark Lane multiplie les attaques mettant en cause sa crédibilité, et affirme qu'il l'a interrogée et qu'elle est revenue sur son identification d'Oswald. La commission doit déterminer si elle a dit cela à Lane et, si oui, pourquoi elle s'est rétractée.

Lorsqu'elle prend place dans la salle de conférences, le *chief justice* essaie de la mettre à l'aise. Warren « la regardait en souriant, un peu avec des airs de pasteur érudit », se souvient Belin. Il fait passer un mot manuscrit à Gerald Ford : « Ce témoin m'a l'air bien agité[14]. »

Helen Markham admet son trouble[15] :

— Je suis très secouée.

Ball, qui conduit l'interrogatoire, essaie de la rassurer.

— Détendez-vous, lui suggère-t-il. C'est une réunion tout à fait informelle.

Il l'invite à revenir sur les événements de sa difficile existence – elle est divorcée, avec cinq enfants à charge – avant de lui demander de décrire ce qu'elle a vu l'après-midi du 22 novembre. Elle raconte comment Oswald a tué Tippit de sang-froid, faisant feu dès que l'officier de police est descendu de sa voiture. Après lui avoir logé trois balles dans la poitrine et une dans la tête, Oswald l'a regardée, se souvient-elle.

— Il avait l'air dément, fait-elle. Je me suis couvert le visage des deux mains et j'ai fermé les yeux, parce que je savais qu'il allait me tuer. J'étais incapable de crier, incapable de hurler. J'étais pétrifiée.

Au lieu de tourner son arme vers elle et d'autres témoins susceptibles de l'identifier, Oswald s'est éloigné « en courant », dit-elle.

Elle explique s'être précipitée auprès de Tippit, et avoir tendu l'oreille, alors qu'il tentait de prononcer quelques paroles sans y parvenir, tandis qu'une mare de sang s'élargissait sur la chaussée. Plus tard cet après-midi-là, elle a identifié Oswald.

— J'aurais reconnu cet homme n'importe où, affirme-t-elle. C'était lui, j'en suis sûre.

Ball en vient à la question concernant Lane, et lui demande pourquoi elle lui a parlé et pourquoi elle s'est rétractée. Elle nie avoir jamais adressé la parole à un dénommé Mark Lane ou avoir jamais dit que le meurtrier de Tippit était « petit, trapu, les cheveux touffus », comme Lane ne cesse de le répéter devant ses auditoires. Depuis novembre, elle a été interviewée par un journaliste du magazine *Life*, qui a publié certains de ses propos, et par un homme qui s'est présenté comme un journaliste français et avait un accent. Elle ne se rappelle pas son nom, mais elle précise qu'il avait le teint « mat », était de taille moyenne et portait des « lunettes à monture en écaille » – une description qui aurait pu correspondre à celle de Lane.

Ce dernier a-t-il pu se faire passer pour un journaliste français[16] ? Norman Redlich, qui suit la déposition, quitte la salle et se procure deux photos de presse de Lane, que l'on montre ensuite à Helen Markham.

— Je n'ai jamais vu cet homme de ma vie, affirme-t-elle.

Ball et Belin sont perplexes, car Lane a déclaré sous serment s'être entretenu avec elle. Lane a beau être fourbe, Belin a du mal à l'imaginer mentant à la commission, ce qui l'exposerait à une accusation de parjure*. Le conflit entre le récit de Markham et celui de Lane ne sera pas résolu avant plusieurs semaines, et leur crédibilité à tous les deux sera entamée.

Cela tourmente Belin et le tourmentera des années durant, admettra-t-il. Six témoins crédibles au moins, hormis Helen Markham, ont identifié Oswald comme le meurtrier de Tippit. Cela inclut Benavides, le témoin dont Belin a lui-même retrouvé la trace. Belin considérait de plus en plus le meurtre de Tippit comme la « pierre de Rosette » de l'assassinat de Kennedy – l'événement qui explique tout le reste, puisqu'il prouvait qu'Oswald était capable de tuer, et parce qu'il n'avait aucune autre raison de tuer Tippit si ce n'est d'échapper à la police lancée aux trousses de l'assassin du président. Et pourtant, Mark Lane et la phalange grandissante des conspirationnistes parviennent à convaincre des auditoires crédules que tout le dossier d'accusation contre Oswald n'est qu'une supercherie, parce qu'un seul témoin « incohérent », Helen Markham, s'est embrouillée lors d'une conversation téléphonique dont elle dit ne pas garder le souvenir.

La scène du crime, Dealey Plaza, ne sera jamais facile à comprendre. Si Belin est convaincu qu'Oswald était seul quand il a tué Tippit, il continue à se demander s'il n'a pas bénéficié de l'aide de quelqu'un pour tirer sur le président. Belin ne doute pas que les balles venaient de derrière, et il exclut la possibilité

* La commission n'apprendrait qu'en juin que Lane avait enregistré sa conversation téléphonique avec Markham.

d'un tireur embusqué sur le talus herbeux ou à un autre endroit devant le cortège, mais étant donné la confusion autour des preuves balistiques et les témoignages contradictoires, il se demande comment la commission peut exclure la possibilité qu'Oswald était accompagné par un complice au Texas School Book Depository. Un autre tireur était-il posté derrière le cortège ? Belin a rejoint la commission en croyant à l'existence d'un complot pour assassiner Kennedy et, s'il existe, il est toujours aussi déterminé à l'exposer. A partir de janvier 1964, Mel Eisenberg, l'adjoint de Redlich, organise des projections du film de Zapruder. Eisenberg et plusieurs autres, dont Belin et Specter, regardent les mêmes images révoltantes, des heures d'affilée, et analysent le film photogramme par photogramme.

Fin février, le magazine *Life* accepte enfin, non sans réticence, de fournir à la commission l'original du film acheté à Abraham Zapruder. Jusqu'alors, les enquêteurs ont utilisé des copies réalisées par le Secret Service et le FBI[17]. L'original est beaucoup plus net et comporte « bien plus de détails qu'aucune des copies dont nous disposions », se souviendra Belin. *Life* accepte aussi de communiquer à la commission des diapositives au format 35 mm de chaque photogramme du film d'origine. Belin est excité à l'idée de pouvoir examiner l'original. C'est son meilleur espoir de révéler une conspiration, peut-être en montrant qu'Oswald n'a pas eu le temps de tirer toutes les balles qui ont atteint Kennedy et Connally.

La caméra Bell & Howell de Zapruder est sous la garde du FBI, et les techniciens du Bureau ont déterminé qu'elle fait défiler la bobine à la vitesse de 18,3 images par seconde. Le Bureau a ainsi été capable de calculer la vitesse moyenne de la limousine de Kennedy – 18 km à l'heure. Le FBI a ensuite comparé la vitesse de la limousine aux résultats de tests destinés à évaluer la cadence à laquelle un tireur pouvait enchaîner des coups de feu avec le fusil Mannlicher-Carcano d'Oswald. Les tests avaient montré que le délai minimum pour tirer « deux coups au but bien ajustés » avec le fusil était d'environ deux secondes un quart – soit 42 photogrammes du film de Zapruder. Selon le FBI, cela prouvait que Kennedy et Connally avaient été touchés par deux projectiles différents. Donc, si Belin et ses collègues parviennent à prouver grâce au film de Zapruder que des coups de feu ont été tirés sur le cortège à moins de deux secondes un quart d'intervalle, ils auront établi qu'il y avait deux tireurs à Dealey Plaza ce jour-là.

Pendant plusieurs jours, les enquêteurs travaillent dans la salle de conférences avec Lyndal Shaneyfelt, un ancien photographe de presse qui est à présent le principal analyste photographique du FBI. Ensemble, ils visionnent le film de Zapruder des centaines de fois. Ces images hanteront Belin pendant le restant de ses jours, avouera-t-il. « Je me réveillais au milieu de la nuit, je voyais le président qui faisait signe à la foule et ensuite, en quelques secondes, je voyais la balle mortelle qui projetait violemment sa tête en arrière, puis il s'affaissait. »

Shaneyfelt numérote chaque image du film. La plus troublante, celle qui porte le numéro 313, montre le moment où le président est atteint à la tête et où une gerbe rose gicle sur la limousine. Deux fragments identifiables de cette balle, semblant correspondre au troisième et dernier coup tiré par Oswald, ont été retrouvés à l'intérieur de la limousine. Ce sont les autres coups de feu qui restent mystérieux. Le film permet de déterminer que la première balle – celle qui a touché Kennedy à la base du cou ou dans le haut du dos – l'atteint quelque part entre les images 210 et 224. On ne peut guère être plus précis, puisque le panneau de signalisation bloque la vue de Zapruder. (A partir de l'image 225, lorsque Kennedy redevient visible, il est clair qu'il a été blessé, car il porte ses mains à son cou.)

Shaneyfelt et les enquêteurs s'accordent à penser que Connally, vu la localisation de ses blessures et sa position dans la limousine, a été presque certainement atteint entre les images 207 et 225. Une analyse du dossier médical du gouverneur et de la position de son corps à différents moments du film montre que le tout dernier instant où il a pu être touché par la balle se situe à l'image 240.

Le calcul n'est pas bien compliqué, se dit Belin. Si le FBI et le Secret Service ont raison, la première et la troisième balle ont atteint Kennedy, et la deuxième Connally. Donc, si le président a été blessé en premier après l'image 210 et Connally avant l'image 240, il y a au plus trente images de film entre les deux impacts, c'est-à-dire moins de deux secondes. Dans cet intervalle de temps, Oswald n'aurait pu tirer deux fois. Belin pense tenir la réponse qu'il recherche : il y avait au moins un autre tireur à Dealey Plaza.

Chapitre 27

Siège de la commission Warren
Washington
Mars 1964

Arlen Specter est confronté à une charge de travail peu ordinaire. Il a au moins autant de travail que les enquêteurs et après la brusque disparition de son supérieur, Frank Adams, sans doute plus. « Quand reverrai-je mes enfants à Philadelphie ? » demande-t-il à ses collègues, en ne plaisantant qu'à moitié. Des quatre-vingt-treize personnes qui ont témoigné officiellement devant la commission, à Washington, vingt-huit relèvent de sa responsabilité[1]. Il a recueilli les témoignages de presque tous ceux qui faisaient partie du cortège à Dallas, et de pratiquement tout le personnel présent à l'hôpital Parkland et dans la salle d'autopsie à Bethesda. Il s'efforce de comprendre dans les moindres détails ce que ses témoins ont décrit, et les procès-verbaux des dépositions montrent invariablement qu'il s'y est bien préparé.

Il impressionne toujours autant ses collègues par sa volonté de résister au *chief justice* et à Rankin. Ce n'est pas qu'il obtienne toujours gain de cause : ainsi, il a recommandé que les premières dépositions soient celles des témoins qui étaient le plus près du président dans le cortège. Le tout premier témoin devrait donc être, en toute logique, la veuve du président : « Il fallait commencer par entendre Jacqueline Kennedy », car personne n'était plus proche du président, physiquement comme sur d'autres plans, au moment de sa mort.

Au cours des premières semaines de l'enquête, il a dressé une liste de quatre-vingt-dix questions qu'il souhaite poser à l'ancienne First Lady. Il les a classées en sept catégories, à commencer par « Evénements du 22 novembre 1963 précédant l'assassinat du président[2] ». Il considère qu'il faut l'interroger sur chaque élément du meurtre de son époux, notamment les souvenirs qu'elle conserve de l'expression de son visage lorsque la première balle lui a transpercé la gorge. Question 31 : « Quelle réaction le président Kennedy a-t-il eue, s'il en a eu une, après le premier coup de feu ? » Il veut aussi résoudre un mystère persistant concernant la raison pour laquelle Mme Kennedy a tenté de monter sur le coffre de la limousine après que les coups de feu avaient éclaté. « Cette question est d'un intérêt historique et a suscité certaines interprétations », écrit Specter à Rankin, en proposant plusieurs explications à ses actes, notamment la possibilité qu'elle ait simplement essayé d'échapper « à la tragédie et au danger dans cette voiture ».

En mars, il est déçu mais pas surpris d'apprendre que Mme Kennedy refuse de témoigner à ce stade de l'enquête et qu'elle risque de ne pas être convoquée du tout en raison des réticences de Warren. « Le *chief justice* a adopté une attitude protectrice envers Mme Kennedy », expliquera plus tard Specter[3]. Selon lui, cela établit un mauvais précédent. S'il s'était agi d'une affaire d'homicide du ressort du *district attorney* de Philadelphie, l'épouse de la victime aurait été interrogée par la police – surtout si elle était présente sur la scène de crime – dans les heures suivant le délit. « Dans une affaire de meurtre avec préméditation, le ministère public est obligé de citer à comparaître tous les témoins directs, rappelle-t-il. Ils sont essentiels pour la découverte de la vérité. » Or, dans l'enquête en cours, la veuve de la victime risque de se voir épargner toute audition. « A mon avis, dès lors qu'il s'agit d'établir des éléments de preuves, aucun témoin ne doit être hors de portée de la justice, estime Specter. Je pense que rien ne place Mme Kennedy au-dessus de la loi. » Il fait savoir tout aussi fermement que la commission doit à son avis entendre le président Johnson. Washington, Dallas et d'autres villes grouillent de théories conspirationnistes selon lesquelles il serait impliqué d'une manière ou d'une autre dans l'assassinat – autant de raisons d'auditionner le président. Specter se dit prêt à demander à Johnson – à brûle-pourpoint – s'il fait partie d'un complot. « En d'autres circonstances, il serait le principal suspect, expliquera Specter plus tard. Je ne pensais pas que le président Johnson avait quoi que ce soit à voir avec l'assassinat du président Kennedy, mais la question n'était pas pour autant déplacée. »

Lorsqu'il entreprend enfin d'auditionner les témoins à Washington, il commence par les deux agents du Secret Service qui se trouvaient à bord de la limousine – d'abord Roy Kellerman, qui était installé à l'avant, à droite du conducteur, et ensuite William Greer, le chauffeur. Les deux hommes sont appelés à témoigner le lundi 9 mars.

Kellerman lui paraît être le « modèle même » de l'agent du Secret Service[4]. Cet ancien ouvrier de l'automobile et policier du Michigan est une montagne de muscles d'un mètre quatre-vingt-douze et quatre-vingt-dix kilos, et en plus il est beau gosse. Il a peut-être le physique de l'emploi, mais Specter n'est pas convaincu pour autant que l'agent ait fait correctement son travail. Lorsqu'on aborde les ultimes instants de la vie du président qu'il a juré de protéger, il ne manifeste pas vraiment d'émotion, et paraît même blasé. Specter lui demande pourquoi, après avoir entendu les coups de feu, il n'a pas bondi à l'arrière de la limousine où Kennedy et Connally étaient grièvement blessés, au moins pour les protéger sur la route de l'hôpital. Kellerman répond qu'il ne pouvait rien faire. Il était plus utile pour les victimes en restant à l'avant, où il pouvait transmettre les messages radio à Greer. Specter en conclut que Kellerman « n'était pas l'homme que la situation exigeait – il avait quarante-huit ans, il était corpulent et n'avait pas des réflexes très vifs ».

Greer est un témoin bien plus sympathique. Cet Irlandais d'origine de cinquante-quatre ans, arrivé adolescent aux Etats-Unis, parle encore avec l'accent du pays. Il a intégré le Secret Service après avoir servi dans l'US Navy pendant la Seconde Guerre mondiale, puis a été chauffeur de maître pendant près de dix ans dans la région de Boston. Specter a tout de suite compris qu'il a été anéanti par l'assassinat de Kennedy. « Il ressentait manifestement une profonde affection pour le président, qu'il pensait réciproque », sans doute en raison de leur origine irlandaise commune, souligne Specter. Greer est tourmenté par le souvenir de ses actes, notamment parce qu'il n'a pas foncé aussitôt après avoir entendu le premier coup de feu. Les photos et les images de la télévision montrent qu'il a même ralenti après la première détonation, se retournant pour voir ce qui se passait et faisant peut-être de Kennedy une cible encore plus commode. Par la suite, lorsque Jacqueline Kennedy apprendra ces détails, elle sera très en colère, et se plaindra du fait que les agents du Secret Service n'avaient pas mieux protégé le président que ne l'aurait fait la nounou de ses enfants[5]. Plus tard, quand William Manchester publiera son histoire de l'assassinat, il racontera que Greer avait pleuré en s'excusant auprès de Jackie à l'hôpital Parkland, et lui avait dit qu'il aurait dû donner un coup de volant pour essayer de sauver le président[6].

Le *chief justice*, qui assiste à presque toutes les dépositions conduites par Specter, trouve les méthodes d'interrogatoire du jeune avocat d'une méticulosité excessive. Il n'est pas loin de penser qu'il lui fait perdre son temps. Specter demande à Kellerman et Greer d'estimer au mieux l'intervalle de temps entre les balles, leur provenance probable et la distance de tir. Il les prie aussi de marquer sur un plan l'endroit où se trouvait le cortège, selon eux, lors de chaque coup de feu. Specter juge qu'il est de son devoir de les interroger sur les « moindres détails de l'assassinat », quel que soit le temps que cela prend[7]. Warren n'est pas du même avis et manifeste sa contrariété en tapotant des doigts sur la table, bruyamment. Durant la déposition de Kellerman, dira Specter, « les tapotements de doigts du *chief justice* étaient devenus frénétiques » et « il m'avait pris à part pour me prier d'abréger ».

Warren lui dit qu'il est « irréaliste d'attendre des réponses sensées à des questions sur le laps de temps qui s'est écoulé » entre les coups de feu, surtout si les agents n'avaient aucun souvenir précis d'avoir entendu chaque coup de feu séparément. Mais Specter refuse d'obtempérer. « Je suis désolé, se rappellera-t-elle avoir répondu. Ces questions sont essentielles ». Il fait remarquer à Warren que les gens « liront et reliront ce rapport pendant des années, si ce n'est des décennies, voire des siècles ». Fort de son expérience des procès en appel, il sait que les juges y passent les minutes au crible, en y recherchant les moindres erreurs ou incohérences de l'accusation. Les procès-verbaux de la commission seront examinés comme aucun de ses procès ne l'a jamais été. Specter estime que Warren, qui a consacré une grande partie de sa carrière judiciaire à donner des instructions à des procureurs au lieu de monter lui-même l'accusation, ne comprend pas cela. « Je me demande si Warren avait la moindre idée de ce à quoi devraient ressembler ces procès-verbaux, se rappellera-t-il. C'était mon boulot, et j'avais l'intention de le faire correctement ».

Le *chief justice* n'est guère enchanté de ce défi de Specter à son autorité, « mais il ne m'a pas ordonné de modifier ma méthode, dira ce dernier. Il tapotait des doigts, mais il n'est pas intervenu ».

C'est ensuite le tour de l'autre agent du Secret Service, Clint Hill, le véritable héros de ce jour tragique, se dit Specter. Quiconque a visionné le film de Zapruder sait que Hill, âgé de trente et un ans, originaire du Dakota du Nord, membre du Secret Service depuis neuf ans, a sauvé la vie de Jacqueline Kennedy. Il était dans la voiture suiveuse, juste derrière la limousine présidentielle. Dès qu'il a entendu le premier coup de feu, il a bondi sur la chaussée, couru vers les Kennedy, grimpé sur le coffre. « Chaque fois que j'ai visionné le film de Zapruder et que j'ai vu Hill foncer vers la Lincoln, attraper de justesse l'aile arrière gauche, bondir sur le petit marchepied alors que le véhicule accélérait, confiera Specter, j'en suis resté bouche bée. » Alors que Jacqueline Kennedy monte sur le coffre, le jeune agent la repousse dans la limousine. Sans ce geste, souligne Specter, Mme Kennedy serait tombée sur la chaussée, éjectée par l'accélération, et aurait été écrasée par la voiture suiveuse, qui fonçait derrière.

Specter ne tient pas rigueur à Hill de son aveu : il a enfreint les règles du Secret Service en sortant pour boire un verre la veille de l'assassinat – il reconnaît avoir bu un scotch allongé d'eau au Press Club de Fort Worth, avant de se rendre dans un autre club où il est resté jusqu'à 2 h 30 du matin. Quels qu'aient été les effets de l'alcool, il considère que les réflexes grâce auxquels l'agent a sauvé la vie de Mme Kennedy n'étaient en rien diminués.

Hill offre une explication convaincante, mais glaçante, de ce qui a poussé la First Lady à monter sur le coffre[8].

« Elle s'est levée d'un bond et j'ai l'impression qu'elle a essayé d'attraper quelque chose qui allait tomber derrière la voiture », explique Hill.

Il pense qu'elle a essayé de récupérer des morceaux du crâne de son mari, que la deuxième balle avait fait éclater. L'impact avait « emporté une partie de la tête du président et il s'était très nettement affaissé sur sa gauche, souligne-t-il, en se remémorant la brume rose et les fragments de cervelle sur la banquette arrière. « Je sais que le lendemain, nous avons retrouvé ce fragment de la tête du président » sur l'asphalte. Il se rappelle que son seul réflexe a été de ramener l'épouse du président dans l'habitacle. « Je l'ai empoignée et je l'ai rassise sur la banquette arrière, j'ai rampé jusqu'au dossier du siège, et je suis resté là. »

Specter est aussi chargé d'examiner les éléments médicaux, pour la plupart très confus, comme il ne tarde pas à le découvrir. Le dossier établi par les médecins de l'hôpital Parkland et ensuite par les pathologistes de Bethesda est truffé d'informations contradictoires et inexactes. Très tôt, il comprend que cette confusion risque d'apporter de l'eau au moulin conspirationniste. Les problèmes surgissent tout de suite après l'assassinat, lorsque les médecins de Dallas ont la mauvaise idée de tenir une conférence de presse. Face à une meute de journalistes déchaînés, le docteur Malcolm Perry, qui a été le premier à s'occuper du président en salle d'opération, semble dire que l'une des balles est venue de devant et non du Texas School Book Depository ou d'un autre endroit situé à l'arrière de la limousine. « En effet, c'est concevable », admet Perry, commentaire qui suggère la présence d'au moins deux tireurs. Le propos n'a pas manqué d'alarmer un journaliste de *Time*, Hugh Sidey, qui avertit le chirurgien[9] : « Docteur, vous vous rendez compte de ce que vous être en train de faire ? Vous nous embrouillez ! »

Perry admettra plus tard ne pas avoir examiné les blessures assez attentivement pour pouvoir se prononcer sur la provenance des balles, mais cet après-midi-là, beaucoup de reportages et d'articles reprennent ses conjectures comme un fait. Nul n'aura créé plus de confusion ce jour-là que l'agence Associated Press, la plus importante des Etats-Unis, qui annoncera dans l'une de ses premières dépêches que Kennedy a été touché « d'une balle au front[10] ». (AP devra aussi corriger d'autres dépêches selon lesquelles Johnson avait été légèrement blessé dans la fusillade, et un agent du Secret Service avait été tué.)

Le rapport d'autopsie est aussi émaillé de lacunes, reflet de l'urgence dans laquelle les pathologistes de Bethesda ont dû effectuer leur travail. Les médecins n'ont pas eu le temps de relever la trajectoire des projectiles dans le corps du président, ce qui aurait fait partie de la routine dans toute autre autopsie. Deux agents du FBI qui suivaient le déroulement de l'autopsie ont noté – comme s'il s'agissait d'un fait – ce que les pathologistes ont plus tard décrit comme une hypothèse mal informée selon laquelle la première balle n'avait pas pénétré profondément dans le corps mais était ressortie par l'orifice qu'il avait dans le dos.

Avant de recueillir la déposition officielle des pathologistes de Bethesda, le vendredi 13 mars, Specter se rend à l'hôpital naval, dans la périphérie de Washington, pour s'entretenir avec eux. Il demande à Ball, peut-être le plus expérimenté des juristes de la commission, de se joindre à lui. A l'hôpital, ils rencontrent le commandant James Humes, le pathologiste qui a supervisé l'autopsie. Celui-ci, très agité, a exigé que Specter et Ball lui montrent leurs pièces d'identité. « Il était très soupçonneux », dira Specter, se rappelant « avoir présenté les seuls documents que Ball et moi pouvions produire » – les laissez-passer qui leur permettaient de pénétrer dans les locaux de la commission[11]. « Le mien n'avait pas l'air très officiel, d'autant que la police de caractère utilisée pour mon nom ne correspondait pas à ce qui était imprimé sur la carte. »

Humes n'est pas satisfait, et il faut un ordre d'un des directeurs de l'hôpital, un amiral, pour l'amener à coopérer. « Il était mort de peur, se souvient Ball. Il refusait de nous parler. »

Specter et Ball lui demandent d'abord de leur expliquer la confusion au sujet de la trajectoire de la première balle. Humes leur répond que la trajectoire n'avait rien d'évident, car les médecins de Dallas avaient réalisé une trachéotomie pour tenter de ranimer le président et avaient ainsi masqué la blessure de sortie à la gorge. Les pathologistes de Bethesda savaient qu'un massage cardiaque avait été pratiqué et qu'une balle avait été retrouvée sur une civière. Cela avait conduit Humes et ses collègues à se demander à voix haute, devant la table d'autopsie, s'il était possible que la balle ait été expulsée du corps de Kennedy lors de ce massage. Mais ce n'était qu'une conjecture, fausse de surcroît, ajoute Humes. Au cours de l'autopsie, les pathologistes ont constaté que les muscles du cou présentaient de graves contusions – la preuve, avaient-ils conclu, que la balle avait traversé le cou avant de ressortir.

Humes leur fait part de sa stupéfaction et de celle de ses collègues lorsqu'ils ont appris, quelques semaines plus tard, que des agents du FBI présents sur place avaient consigné cette supposition dans leur rapport officiel. Le rapport du FBI publié en décembre avançait catégoriquement – et à tort – que la balle qui avait pénétré dans le dos du président « ne présentait pas de point de sortie[12] ». Un autre rapport du FBI, datant de janvier, avançait tout aussi catégoriquement – et non moins faussement – que la balle « avait pénétré à une profondeur inférieure à la longueur d'un doigt ».

Specter a un exemplaire du rapport d'autopsie sur lui, et il prie Humes de bien vouloir le lire avec eux, ligne à ligne, pour leur permettre de comprendre comment les pathologistes de Bethesda sont parvenus à leurs conclusions. Il lui demande de lui fournir une chronologie de la rédaction et des modifications de ce texte. Où se trouvent les premières versions ?

C'est alors, expliquera Specter, que le praticien a admis avoir détruit toutes ses notes ainsi que l'original du rapport pour éviter qu'ils ne tombent un jour dans les mauvaises mains[13]. Il les a brûlés dans sa cheminée, parce qu'ils étaient maculés du sang du président, et il craignait qu'ils ne deviennent des pièces de collection macabres. Specter s'est étonné de cette révélation, dira-t-il. Il se rappellera avoir pensé – à l'instant précis où il se trouvait face à Humes – que si la chose venait à se savoir elle provoquerait un beau scandale. Il connaissait suffisamment bien les juges et les jurys, sans oublier le cynisme des chroniqueurs judiciaires, pour savoir quelle serait la réaction générale si l'on venait à découvrir que le premier jet du rapport d'autopsie du président avait été brûlé. Cela fournirait aux gens « matière à dénoncer une mystification ».

Specter admettra par la suite qu'il était disposé à croire que Humes n'avait rien essayé de dissimuler en détruisant ces documents[14]. « Il était inexpérimenté et naïf et n'avait pas compris qu'une multitude de gens scruteraient ses faits et gestes à la loupe, mais il n'avait aucune intention de nuire. » Les conspirationnistes préféreront supposer que le médecin militaire avait « tenté de dissimuler ses erreurs, ou pire ».

Ce n'est pas la seule révélation de Humes, mais la suivante tombe plutôt bien. Elle concerne la première balle qui a atteint Kennedy. Bien que le fait n'ait pas été mentionné dans le rapport d'autopsie, il estime que ce projectile ressorti à grande vitesse par la gorge du président serait resté à peu près intact. En traversant le cou, il n'avait pas heurté d'obstacles solides – comme des os ou des tendons. La balle n'était donc sûrement pas ressortie par le dos, comme l'avait suggéré le rapport du FBI.

Mais par où était-elle donc passée, dans ce cas ? Si elle avait traversé le cou du président à grande vitesse, et si on ne l'avait pas retrouvée dans la limousine, où avait-elle fini sa course ? Le projectile retrouvé sur la civière de Connally à Dallas était sans doute celui qui avait atteint le gouverneur – et, selon le FBI et le Secret Service, personne d'autre que lui. Specter réfléchit à ces questions pendant tout le week-end, et se dit qu'il aura l'occasion d'y revenir lundi, lorsque Humes effectuera sa déposition officielle, devant la commission. Specter pourra alors montrer à Humes certains éléments matériels que le pathologiste n'a jamais vues, notamment les photogrammes du film de Zapruder.

Specter gardera de la déposition du pathologiste le souvenir d'un moment historique, d'un tournant de l'enquête, parce que c'est la première fois qu'a été formulée l'hypothèse de la balle unique.

Après lui avoir fait prêter serment, on montre à Humes l'agrandissement du photogramme où l'on voit Kennedy porter ses mains à son cou, apparemment après l'impact de la première balle. Humes regarde la photo pendant un bon moment, remarque la position du président sur la banquette arrière et voit Connally assis sur un strapontin devant lui.

« Je vois que le gouverneur Connally est assis juste devant le président, constate-t-il. Je suggère la possibilité que le projectile qui a traversé la base du cou du président a aussi transpercé la poitrine du gouverneur Connally[15]. » Autrement dit, une seule et même balle avait pu blesser Kennedy, puis Connally.

Subitement, se dit Specter, tout devient clair. Le FBI et le Secret Service se sont trompés : Kennedy et Connally ont été blessés par la même balle, qui a d'abord transpercé le cou du président, puis frappé Connally dans le dos. La théorie de Humes permet de résoudre cette question capitale : Oswald avait-il tiré toutes les balles ? Il n'aurait certes pas eu le temps de tirer à trois reprises dans l'intervalle du film de Zapruder sur lequel on voyait Kennedy et Connally blessés, mais il avait parfaitement le temps de presser deux fois sur la détente – la première balle atteignant les deux hommes et l'autre touchant Kennedy à la tête. De très nombreux témoins sur place étaient convaincus d'avoir entendu trois coups de feu, et la commission devrait régler la question de la troisième balle. Specter soupçonnait que le projectile avait manqué sa cible.

On montre ensuite à Humes ce que Specter considérera comme l'élément matériel le plus important retrouvé à Dallas – la balle de calibre 6,5 mm, chemisée de cuivre, déformée mais par ailleurs intacte, découverte sur la civière de Connally. Lors de leur présentation durant les auditions de la commission, les pièces à conviction portaient un numéro, et Specter appose à présent une petite étiquette de la commission – « CE #399 » – sur le tube en plastique transparent contenant le projectile.

Si Humes a raison, la pièce CE #399 est la balle qui a atteint les deux hommes. Specter demande au médecin d'examiner le projectile. A supposer qu'il n'ait touché que les tissus mous du cou de Kennedy, aurait-il pu aussi causer toutes les blessures de Connally ? Le praticien est sceptique : « Je pense que c'est extrêmement improbable. » Il sait, d'après le dossier médical du gouverneur, que des fragments métalliques ont été extraits de sa poitrine, de sa cuisse et de son poignet. Cette balle paraît trop intacte pour avoir laissé derrière elle autant de fragments de métal.

Specter ne se décourage pas, même si le pathologiste prend déjà ses distances par rapport à la théorie qu'il vient à peine de formuler. Il se tourne de nouveau vers l'agrandissement du film et se dit que cette théorie de la balle unique sonne tout simplement juste. Humes, il le sait, ne possède qu'une compétence balistique limitée – et peu d'expérience en matière d'autopsies après homicide, d'ailleurs – et il pourrait se tromper quant aux éclats de métal dans le corps de Connally. Aux yeux de l'enquêteur, ces fragments sont si minuscules qu'ils peuvent fort bien provenir de la même balle – celle qu'il tient dans la main.

Specter est furieux d'avoir dû prendre la déposition de Humes sans avoir pu lui montrer les photos et les radiographies de l'autopsie – que le médecin lui-même avait demandé de prendre.

Au bout de trois mois d'investigations, il n'est toujours pas autorisé à voir ces photos et radios et à ses yeux cela participe de la complaisance qu'il perçoit chez Warren envers la famille Kennedy. Il a sollicité Rankin à plusieurs reprises sur la question, et ce dernier l'a éconduit, en lui répondant que la commission doit d'abord décider si ces photos et ces clichés radiologiques seront présentés dans le cadre du rapport final, et comment. Pour l'heure, s'entend-il répondre, il devra se contenter des témoignages de Humes et des autres pathologistes. Humes a essayé de se montrer utile en apportant des croquis des blessures du président préparés par un dessinateur de la marine, à Bethesda, mais Specter et lui savent que ces dessins se fondent sur les souvenirs très partiels de Humes.

A cet instant, dans la salle des dépositions, en présence de Warren et d'autres commissaires, Specter décide d'alerter ses collègues sur l'état du dossier – de souligner devant le *chief justice* l'absurdité d'une discussion sur le rapport d'autopsie du président sans disposer des pièces médicales.

Il se tourne vers Humes et lui demande s'il peut leur assurer que les croquis du dessinateur de la Navy sont exacts, celui-ci n'ayant pas vu les photos de l'autopsie ni même assisté à la procédure.

« S'il était absolument nécessaire d'avoir des croquis à l'échelle, je pense qu'il serait pratiquement impossible pour lui de les réaliser sans les photographies », admet Humes, apportant ainsi à Specter la réponse qu'il souhaite. Le médecin lui explique qu'il n'a lui-même pas vu ces photos depuis la nuit de l'autopsie, lorsque le Secret Service les a emportées pour les mettre en lieu sûr. Elles lui seraient utiles pour vérifier son propre témoignage : « Ces clichés montreraient la nature des blessures avec plus de précision et plus de détails. » Ils offrent « une image plus crue de l'énorme lésion » que présentait la tête du président.

Specter rapportera plus tard que Warren écoutait, la mine renfrognée.

Et le *chief justice* interrompt la déposition, en renversant les rôles aux dépens de Specter, avec sa propre question à Humes : « Puis-je vous demander une chose, capitaine ? Si nous avions ces clichés ici, et si vous pouviez les examiner à nouveau et reformuler votre opinion, cela vous amènerait-il à modifier le témoignage que vous venez de nous apporter ?

Humes répugne à laisser entendre devant Warren et les autres membres de la commission qu'il se trompe sur les faits.

« Du mieux que je me souvienne, non », répond-il.

C'est la réponse que Warren attendait.

Specter fait part de son irritation à propos des photos et des clichés radiologiques de l'autopsie à Belin et quelques autres enquêteurs. Ils partagent la conviction que la commission a tort d'interdire l'accès à quelque pièce à conviction que ce soit, et surtout aux preuves médicales les plus élémentaires sur la manière dont le président a trouvé la mort. « C'est dangereux, considère Belin. Cela viole les règles fondamentales, élémentaires, que l'on enseigne à tous les étudiants en droit d'Amérique[16]. » Il se dit aussi choqué de la décision de la commission – ou plutôt de la décision de Warren – de permettre à la famille Kennedy de dicter quelles preuves seront accessibles ou non. « On réserve un traitement spécial à de rares privilégiés », estime-t-il. Aucune restriction similaire ne s'applique pour l'examen des photos de l'autopsie de J. D. Tippit, dont certaines sont aussi horribles que celles du président. « Si la veuve de l'officier Tippit voulait préserver la confidentialité des clichés et des radios de son mari, elle n'aurait pas gain de cause », déclare Belin. « Alors pourquoi la famille du président Kennedy est-elle traitée autrement ? »

Specter finit par obtenir une explication plus complète. Les photos et les radios, lui dit-on, sont sous la garde de Robert Kennedy, au ministère de la Justice, et le frère du président disparu ne veut pas les communiquer à la commission, de crainte qu'elles ne soient rendues publiques – prudence que Warren a fini par partager. La famille Kennedy s'inquiète de ce que « ces images épouvantables ne soient diffusées, précise Specter. Ils craignent que le peuple américain ne garde de John F. Kennedy que le souvenir d'un cadavre mutilé, la moitié du crâne éclaté, au lieu du jeune et fringant président[17] ». Il y voit aussi un calcul politique : « Apparemment, la famille veut préserver l'image du président disparu, en partie pour le bénéfice politique futur d'autres membres du clan. Ses frères cadets, Robert et Edward, ressemblent tous deux beaucoup au défunt. Toute atteinte à l'image de John Kennedy pourrait leur nuire, à eux aussi. »

Chapitre 28

Siège de la commission Warren
Washington
Lundi 16 mars 1964

Warren ne veut pas faire attendre Specter avant son départ pour le Texas : « Le *chief justice* n'était pas homme à laisser traîner les choses », remarquera le juriste[1]. Le lundi 16 mars, jour où la commission entend Humes et les autres pathologistes de Bethesda, Warren prie Specter de se rendre immédiatement à Dallas pour y recueillir le témoignage des médecins et de l'équipe médicale de l'hôpital Parkland.

« Monsieur, nous sommes au milieu de la semaine, c'est Pessah, et je dois me préparer pour interroger ces témoins-là, lui répond-il. Je crois pouvoir m'y rendre sous huitaine. »

Il entend passer la Pâque juive en famille.

« J'espérais que vous partiriez dès cet après-midi », lui réplique Warren.

Les deux hommes parviennent à un compromis, et Specter accepte de partir le jeudi. Son épouse et ses enfants passeront les fêtes dans le Kansas, dans sa famille*.

« J'ai embarqué les gamins, nous nous sommes envolés pour Wichita où je les ai déposés et le jeudi j'étais à Dallas. »

Specter espère que son déplacement au Texas lèvera plusieurs mystères entourant les pièces médicales. Par exemple,

* Specter raconte cela dans ses Mémoires et a répété la même histoire durant les entretiens pour ce livre mais, en 1964, la Pâque juive commençait plus tard, le samedi 28 mars.

pourquoi les médecins de Parkland ont-ils laissé entendre à la presse dans un premier temps que la blessure à la gorge du président était une blessure d'entrée, et non de sortie, ce qui excluait un tir depuis le Texas School Book Depository ? Et par quelles mains exactement était passée la balle presque intacte retrouvée sur une civière au rez-de-chaussée de l'hôpital – cette balle dont il croit à présent qu'elle a transpercé les corps de Kennedy et de Connally ? Les tests balistiques prouvaient que ce projectile avait été tiré par le fusil d'Oswald.

Specter est curieux de voir de ses yeux l'hôpital Parkland et de rencontrer les chirurgiens qui ont tenté de sauver la vie du président. L'hôpital se révèle l'opposé des cliniques militaires luxueuses et bien équipées de Washington où, en temps normal, on soigne le président et sa famille. Parkland est un vaste complexe médical bruyant et un peu délabré à la périphérie de la grande ville – « un hôpital universitaire tentaculaire de treize étages, aux bâtiments d'un brun grisâtre », comme il le dira plus tard. On lui a aménagé une petite salle de réunion, et il se met aussitôt au travail après avoir demandé qu'on lui organise des rendez-vous avec tous les « membres du personnel impliqués même indirectement » dans les interventions sur Kennedy et Connally. « J'avais l'intention de recueillir la déposition sous serment de chaque médecin, de chaque infirmière, de chaque garçon de salle et de chaque spectateur concerné. » Le mercredi 25 mars, il interroge treize témoins d'affilée.

Il estimera plus tard qu'au vu des circonstances la prestation des équipes du Parkland le jour de l'attentat avait été « exceptionnelle ». Le docteur Charles Carrico, le chirurgien résident qui a été le premier à prendre Kennedy en charge, lui dit que le cœur du président battait encore à son arrivée à l'hôpital : « D'un point de vue médical, il était encore en vie. » Mais l'impact a emporté une partie si importante du cerveau de Kennedy que les tentatives des chirurgiens étaient vouées à l'échec « malgré tous les efforts concevables, désespérés, pour le sauver ».

Les médecins ont une explication logique de la raison pour laquelle ils ont présenté la blessure à la gorge du président comme une blessure d'entrée. (L'erreur est consignée dans le dossier d'hospitalisation, l'un des médecins des urgences y écrit que l'orifice à la gorge du président est « une probable blessure d'entrée par balle[2] ».) Les médecins n'ont tout simplement pas retourné le corps, et ils n'ont donc pas vu la blessure d'entrée, dans le dos. Une fois le président déclaré mort, expliquent les médecins, ils ont quitté la salle sans faire d'autres examens. « A ce moment-là, je crois, personne n'avait le cœur à l'examiner », admet Carrico. En d'autres circonstances, ses collègues auraient sans doute inspecté le cadavre « pour notre propre édification et pour satisfaire notre curiosité ». Et Carrico ajoute : « J'assume pleinement. Le président venait de mourir sous mes yeux. » Specter se dit que si les chirurgiens avaient songé dans un premier temps à retourner le corps du président pour l'examiner, ils ont dû y renoncer en voyant que Mme Kennedy se tenait debout à côté d'eux. « Ils n'avaient pas envie d'ausculter le cadavre sous le regard de la veuve. »

Specter fait le tour de l'établissement, examine l'équipement médical utilisé pour tenter de ranimer le président. On lui montre la civière en acier qui a servi à déplacer Connally. Si la théorie de la balle unique est juste, le projectile a dû tomber sur cette civière lorsqu'on a installé le gouverneur sur la table d'opération, au bloc opératoire, au premier étage. Specter savait aussi, grâce à un autre témoignage, que la civière utilisée pour transporter Kennedy se trouvait loin de l'endroit où l'on avait ramassé la balle.

Un garçon de salle confirme qu'après le transfert du gouverneur sur la table d'opération, la civière a été rangée dans un monte-charge, puis redescendue au rez-de-chaussée, où on l'a nettoyée avant de s'en servir à nouveau. Sur ce point, le témoignage capital est celui d'un ingénieur de l'hôpital, Darrel Tomlinson, qui se rappelle avoir trouvé cette civière dans le monte-charge au rez-de-chaussée et l'avoir poussée dehors, dans le couloir, contre le mur, près d'une autre[3]. Il déclare avoir alors entendu le tintement d'une balle heurtant le sol. Elle s'était apparemment glissée sous le matelas en gomme d'une des civières. Le témoignage de Tomlinson laisse Specter sur sa faim : l'ingénieur confond plusieurs éléments et ne peut pas dire avec certitude de laquelle des deux civières est tombée cette balle. En dépit de quoi Specter explique que dans ces circonstances, on était obligé de conclure que la balle était tombée de la civière de Connally.

A son retour à Washington, Specter discute avec David Belin de la théorie de la balle unique. Il se doute que son ami de l'Iowa risque d'être déçu. C'est son analyse minutieuse du film

La théorie de la balle unique

Les enquêteurs de la commission Warren ont conclu que la première balle à avoir atteint le président avait été tirée du cinquième étage du Texas School Book Depository et avait blessé à la fois le président et le gouverneur. Pour les détracteurs de cette théorie, une seule balle – baptisée « la balle magique » – n'a pas pu provoquer l'ensemble de leurs blessures en restant à peu près intacte. Des analyses scientifiques ultérieures ont confirmé la théorie de la commission.

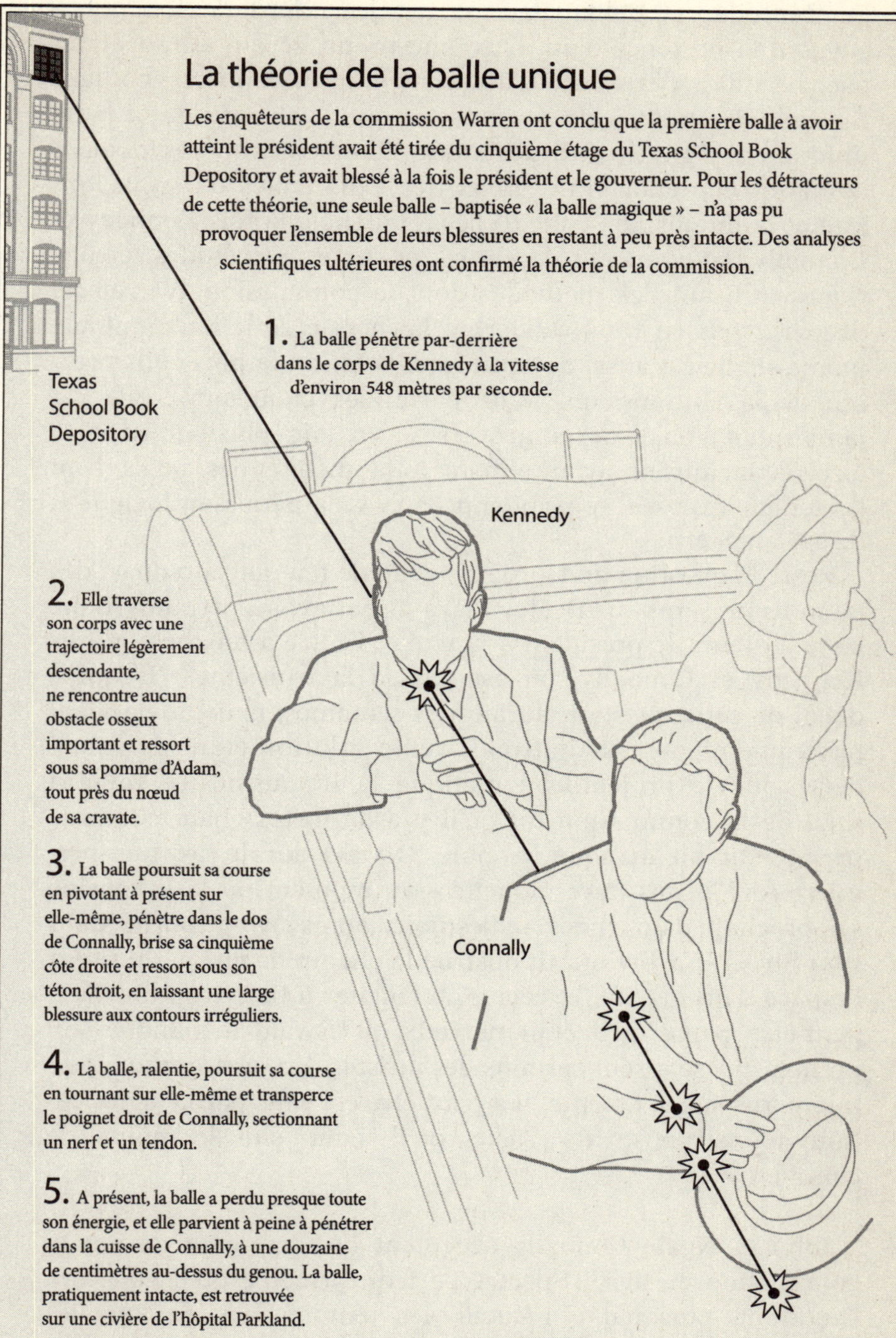

1. La balle pénètre par-derrière dans le corps de Kennedy à la vitesse d'environ 548 mètres par seconde.

2. Elle traverse son corps avec une trajectoire légèrement descendante, ne rencontre aucun obstacle osseux important et ressort sous sa pomme d'Adam, tout près du nœud de sa cravate.

3. La balle poursuit sa course en pivotant à présent sur elle-même, pénètre dans le dos de Connally, brise sa cinquième côte droite et ressort sous son téton droit, en laissant une large blessure aux contours irréguliers.

4. La balle, ralentie, poursuit sa course en tournant sur elle-même et transperce le poignet droit de Connally, sectionnant un nerf et un tendon.

5. A présent, la balle a perdu presque toute son énergie, et elle parvient à peine à pénétrer dans la cuisse de Connally, à une douzaine de centimètres au-dessus du genou. La balle, pratiquement intacte, est retrouvée sur une civière de l'hôpital Parkland.

Todd Lindeman and Gene Thorp

SOURCES: Warren Commission, House Select Committee on Assassinations, ABC News.

de Zapruder et de la chronologie des coups de feu qui a suggéré la présence d'un deuxième tireur, ce qui aurait établi avec certitude l'existence d'une conspiration. Mais en écoutant Specter, il est forcé de reconnaître que la théorie de la balle unique est logique, et il déclarera plus tard avoir rapidement admis qu'elle était vraie. Deux des trois balles d'Oswald ont atteint la limousine : l'une d'elles a touché à la fois Kennedy et Connally. Au cours des décennies suivantes, des études scientifiques utilisant des méthodes dont la commission Warren ne disposait pas en 1964 valideront la théorie de la balle unique, même si elle est aussi devenue la conclusion la plus controversée de la commission. Mais parmi les enquêteurs, elle n'a jamais fait l'objet de controverses ; en fait, plusieurs d'entre eux reconnaîtront avoir adhéré à la théorie dès qu'ils l'ont l'entendue exposée, ce printemps-là : « Cela paraissait logique », dira Sam Stern.

Reste la question du troisième coup de feu que la plupart des témoins présents sur Dealey Plaza disent avoir entendu. Si une balle a atteint le président à la tête et l'autre a touché à la fois Kennedy et Connally, où est passée la troisième ? L'équipe débat de cette question durant des semaines, mais ne parvient pas à une réponse définitive, la seule solution étant de considérer que le projectile a manqué la limousine. Le rapport final de la commission dit qu'il y a de fortes chances que le premier tir ait manqué sa cible. Oswald aurait tiré une première fois – sans faire mouche – au moment où la limousine s'approchait d'un chêne majestueux après avoir tourné dans Elm Street. L'arbre aurait obstrué le champ de vision du tireur l'espace d'un instant, et cela a pu l'inciter à tirer trop tôt. C'est peut-être parce qu'il était nerveux qu'Oswald a manqué son premier tir, se disent certains des juristes. En pressant une première fois sur la détente, il a peut-être été saisi par la signification monstrueuse de l'acte qu'il était sur le point de commettre.

John et Nellie Connally acceptent de témoigner devant la commission en avril. Specter part du principe qu'il conduira l'audition, puisqu'il a recueilli les témoignages de tous les autres témoins qui faisaient partie du cortège à Dallas. Personne ne connaît mieux le dossier médical que lui. La déposition des Connally est devenue d'autant plus importante avec la découverte – Specter est effaré de l'apprendre – que les vêtements déchiquetés du gouverneur ont été nettoyés à sec et repassés[4]. La « valeur probante » de cette tenue est « réduite à néant », observe-t-il. La décision de les nettoyer, on le saura plus tard, a été prise par Mme Connally : « Je ne supportais pas la vue de ce sang. J'ai demandé au pressing de retirer les taches du mieux qu'ils pouvaient mais de ne rien faire qui puisse modifier les trous ou les autres dégâts[5]. »

Quelques jours avant la déposition des Connally, Specter est stupéfait d'apprendre qu'il ne mènera pas l'interrogatoire. C'est Rankin qui s'en chargera, à la demande de Warren. Cette décision trahit selon lui l'agacement que suscite sa façon méticuleuse de questionner les témoins. Rankin lui annonce la nouvelle, et Specter s'efforce de se convaincre que cela lui est égal. « Cela ne me fait ni chaud ni froid, lâche-t-il. La décision ne m'appartient pas. »

Pourtant, Rankin fait appel à lui : « Arlen, lui dit-il, aide-moi à me préparer. »

Specter saisit l'opportunité pour rappeler à son collègue la quantité de détails qu'il va devoir intégrer avant d'interroger des témoins aussi importants – en somme, il le met en garde. Specter ne va pas « prendre de gants », selon sa formule, et il inonde Rankin de faits, de chiffres et de termes médicaux et balistiques que son collègue doit rapidement maîtriser. « Je lui ai expliqué que la balle avait une vitesse initiale d'approximativement 670 mètres par seconde. Qu'au moment où elle a atteint le président, sa vitesse était d'environ 610 mètres par seconde et que sa vitesse de sortie [de la blessure] était dans les 570 mètres par seconde. » Rankin l'écoute lui expliquer que l'armée vient d'achever des tests balistiques pour essayer de reproduire les blessures des victimes « dans une solution de gélatine et de viande de chèvre compressée ». La balle a ralenti en « pénétrant légèrement à gauche de l'aisselle droite du gouverneur, a resurgi sous son mamelon droit en laissant une blessure de sortie béante, avant de pénétrer la face postérieure d'un de ses poignets et de ressortir par la face antérieure, pour finalement se loger dans sa cuisse ».

Des années plus tard, Specter riait encore en se remémorant la tête de Rankin. « Quand j'ai terminé, Rankin avait compris qu'il n'aurait pas le temps d'assimiler une telle masse de détails. Il avait l'air désespéré. »

Rankin renonce sur-le-champ. « C'est toi qui questionneras Connally, dit-il à Specter, qui reconnaîtra avoir pris un peu de plaisir à voir ainsi annulée la décision du *chief justice*. « Warren voulait Rankin, mais il se retrouvait coincé avec moi. »

La déposition de Connally est programmée pour l'après-midi du mardi 21 avril. Ce matin-là, le gouverneur du Texas et son épouse sont invités dans les bureaux de la commission où ils visionnent le film de Zapruder pour la première fois. Specter l'a déjà vu des centaines de fois, mais ce jour-là il est fasciné « par la vue du gouverneur Connally en train de se regarder se faire tirer dessus ». Pour Nellie Connally, le film est « une expérience affreuse, mais étrangement irréelle », « comme si tout cela concernait quelqu'un d'autre, dans un autre lieu et un autre temps[6] ». Elle est particulièrement choquée par l'image de la tête du président qui explose et Jacqueline Kennedy qui grimpe sur le capot arrière. « J'ai regardé incrédule ce film aux images grainées avec Jackie qui rampait sur le capot. Mais qu'est-ce qui lui avait pris ? »

La déposition de Mme Connally est à bien des égards aussi importante que celle de son mari, car elle n'a pas été blessée et ses souvenirs n'ont pas été déformés par le traumatisme. C'est une partie du problème de Specter. La Première Dame du Texas est une femme intelligente, déterminée, et elle est persuadée que son époux et Kennedy ont été blessés par deux balles distinctes. Elle est convaincue que la première balle a atteint le président à la gorge – elle le sait, parce qu'après le premier coup de feu, elle s'est retournée, et elle l'a vu porter la main à son cou – et qu'une deuxième balle, tirée tout de suite après, a touché son mari dans le dos. C'est la troisième balle, précise-t-elle, qui a fracassé le crâne du président et, à ce moment, son mari s'est effondré sur ses genoux.

Pendant que le couple visionne le film, Specter comprend l'influence que Nellie Connally peut avoir sur son mari. Le couple vient de se disputer pour savoir si c'est elle qui l'a tiré vers lui ou s'il s'est effondré sur elle. Elle insiste : elle l'a tiré vers elle.

« Non, Nellie, rectifie le gouverneur. C'est moi qui me suis effondré sur tes genoux.

— Non, John, rétorque-t-elle. Tu ne t'es pas effondré, je t'ai tiré vers moi. »

La discussion a duré un petit moment – il « y a eu plusieurs échanges[7] ». David Belin, qui assiste aussi à la scène, se souviendra que les Connally ont mis fin à leur dispute lorsqu'ils ont réalisé qu'ils n'étaient pas seuls et que d'autres personnes pouvaient les entendre se chamailler. Selon Belin, Mme Connally a fait stopper la projection, et le couple a quitté la pièce[8]. « A leur retour, Nellie Connally et le gouverneur s'étaient mis d'accord – sur la version de madame. »

Specter est ennuyé de constater que Mme Connally a convaincu son mari de modifier son récit, car le témoignage du couple risque d'être perçu comme une remise en cause crédible de la théorie de la balle unique. Par la suite, Mme Connally se dira convaincue que son mari n'a pu être blessé par la balle qui a aussi blessé le président. Elle insistera sur le fait que son mari, après le premier coup de feu, avait eu le temps de se retourner, puis de reprendre sa position initiale, avant d'être blessé à son tour. « Même les balles "magiques" ne restent pas immobiles dans les airs aussi longtemps », conclura-t-elle[9].

La commission fait une pause pour le déjeuner, puis l'audition des Connally commence devant la commission au complet. Specter remarque que c'est la première fois que le sénateur Russell est présent lors d'une déposition. Sans doute est-ce par respect pour un gouverneur du Sud (Russell était gouverneur démocrate de Géorgie, avant son élection au Sénat en 1932). Specter est frappé par le côté solitaire du personnage, qui n'a pour ainsi dire aucune vie en dehors du Sénat. « Russell était impeccable dans son costume bleu et sa chemise blanche empesée, avec des chaussettes couleur fauve qui lui couvraient à peine les chevilles, racontera-t-il. C'était un célibataire. Il n'y avait personne pour s'occuper de ses chaussettes[10]. »

Le gouverneur Connally est entendu le premier et livre un récit poignant des événements survenus dans la limousine du président. « J'ai entendu un bruit et j'ai aussitôt compris qu'il s'agissait d'un coup de feu. Instinctivement, je me suis retourné du côté droit, parce que le bruit semblait venir de là.

[...] La seule pensée qui m'a traversé l'esprit, c'est qu'il s'agissait d'une tentative d'assassinat[11]. »

Connally dit ne pas se souvenir d'avoir entendu le deuxième coup de feu – celui qui l'a touché, croit-il –, « soit j'étais en état de choc, soit l'impact a été tel que je n'ai même pas perçu la détonation. J'ai senti comme si on m'avait cogné dans le dos ». Du sang coulait de sa poitrine. « Je savais que j'étais touché, et il y avait tellement de sang que j'ai cru [...] que j'étais mortellement blessé. »

« Donc je me suis simplement plié en deux. Et Mme Connally m'a attiré sur ses genoux. Je me suis courbé en avant, la tête sur ses genoux, pendant tout ce temps, j'étais conscient, les yeux grands ouverts. »

Puis il entend un autre coup de feu, dont il précisera plus tard que c'était le troisième. Il dit avoir pensé qu'il visait Kennedy. « J'ai entendu ce coup de feu très distinctement. J'ai entendu l'impact, dit-il. Jamais il ne m'est venu à l'esprit que cette balle visait quelqu'un d'autre que le président. »

Aussitôt, continue-t-il, l'habitacle est couvert de sang et de chair humaine. Ces fragments étaient d'une couleur « rose clair – de la matière cérébrale, je l'ai immédiatement reconnue, je m'en souviens très bien ». Il y a « un gros morceau de cervelle, presque aussi gros que mon pouce », sur son pantalon. Il se souvient d'avoir hurlé : « Oh, non, non, non... Mon Dieu, ils vont tous nous tuer*. »

Le gouverneur est d'accord avec sa femme : Kennedy et lui ont été atteints par deux balles distinctes.

« Il y a eu trois coups de feu, qui ont chacun atteint leur cible. A l'évidence, c'était un assez bon tireur. » Il ajoute qu'après le premier tir, le président est resté silencieux. Après la dernière balle, il a entendu Mme Kennedy s'écrier : « Ils ont tué mon mari. [...] J'ai sa cervelle dans la main. »

Prié par Specter de décrire ses blessures, Connally suggère qu'il serait plus simple de les montrer. « Si cela intéresse la commission, je préfère vous les faire voir. Y a-t-il une objection ? »

---

* Cette exclamation de Connally, ces « ils » qui vont essayer de tuer les occupants de la limousine, serait souvent citée par les conspirationnistes comme la preuve que le gouverneur du Texas savait qu'il y avait plus d'un tireur. Connally précisa plus tard qu'il n'avait rien de tel en tête et qu'il adhérait aux conclusions selon lesquelles Oswald avait agi seul.

Il n'y en a aucune, et Connally retire sa chemise, en désignant d'abord la blessure d'entrée, juste au-dessous de l'omoplate droite, puis il se retourne pour montrer l'endroit par où la balle est ressortie. Specter se rappellera « une cicatrice assez vilaine, longue d'une dizaine de centimètres, sous son mamelon droit ». La scène provoque le seul moment comique d'une journée par ailleurs lugubre. Specter se retient de rire lorsque la secrétaire de Rankin, Julia Eide, entre dans la pièce et a l'air choquée de découvrir le gouverneur torse nu. « Elle a débarqué au milieu de la déposition, elle a vu Connally sans sa chemise, elle en a eu le souffle coupé, et elle est ressortie[12]. »

La déposition de Connally est utile pour Warren et les autres qui croient qu'Oswald a agi seul – parce que le gouverneur en est convaincu lui aussi. « Vous aviez là un individu complètement tordu, un esprit dérangé qui, pour quelque raison que ce soit, voulait [...] se ménager une place dans les livres d'histoire. » Connally est aussi convaincu que les trois coups de feu venaient de derrière – du côté du Texas School Book Depository.

Dans sa déposition, Connally émet une autre hypothèse. Avant son élection au poste de gouverneur, en 1962, il avait été secrétaire à la Marine de l'administration Kennedy, ce qui lui conférait la responsabilité des Marines. Alors qu'il se trouvait encore en Russie, Oswald avait écrit une lettre à Connally pour lui demander d'annuler le renvoi pour conduite déshonorante que lui avait infligé la hiérarchie des Marines après sa défection. Sa demande avait été rejetée. Le camouflet de ce renvoi était peut-être encore présent à son esprit, sur Dealey Plaza. Il est possible, ajoute Connally, que « moi aussi, j'aie été une cible ».

Le témoignage de Connally a duré près de trois heures, et lorsqu'il s'apprête à quitter la pièce Specter voit bien à quel point Warren est à nouveau sur les nerfs à cause de son interrogatoire minutieux. Lorsque Mme Connally prend place à son tour et prête serment, Warren intervient : « Mme Connally, voudriez-vous nous faire le récit des événements tels que vous les avez vécus, et nous serons brefs. » Ces mots de Warren – « nous serons brefs » – s'adressent à lui, Specter, et il le sait.

La déposition de Mme Connally est tout aussi glaçante que celle de son mari. Tout de suite après la fusillade, elle le croit mortellement touché. « Ensuite, il y a eu un mouvement imperceptible, juste un petit quelque chose qui m'a permis de comprendre qu'il y avait encore de la vie, et c'est là que je lui ai soufflé : "Ça va aller. Ne bouge pas." » Ensuite, elle entend le troisième coup de feu. « J'ai eu l'impression que nous étions noyés sous une pluie de chevrotine », se rappelle-t-elle. Mais ce n'était pas de la chevrotine. « J'ai vu de la matière, des bouts de cervelle ou je ne sais quoi, rien que de la matière humaine, partout dans la voiture et sur nous deux. » Elle est d'accord avec son mari, les coups de feu venaient de derrière – du côté du Texas School Book Depository. « Dans notre dos… sur la droite. »

Warren s'efforce de clarifier la théorie de la balle unique. A l'époque où il était *district attorney* à Oakland, dans les années 1920 et 1930, il avait eu à s'occuper de quantité d'affaires d'homicide où les corps étaient criblés de balles – et les balles passaient d'un corps dans un autre –, et il trouvait donc logique qu'une même balle ait pu traverser la gorge de Kennedy et blesser ensuite Connally. Il est convaincu par l'argument selon lequel la balle qui a frappé Kennedy dans le cou « n'avait traversé que des tissus » et conservait donc assez d'énergie pour atteindre la personne assise devant le président.

Warren tranche : Connally croit, à tort, avoir été frappé par une balle distincte – et c'est compréhensible, si l'on songe au choc causé par ses blessures[13]. « Je n'accordais à peu près aucun crédit au témoignage de Connally », déclarera plus tard le *chief justice*. Il est renforcé dans son opinion par un autre membre de la commission, John McCloy, qui a combattu dans les tranchées pendant la Première Guerre mondiale, comme lui. McCloy sait que les soldats peuvent être désorientés après avoir été touchés par des balles ou des éclats d'obus, et mettent parfois plusieurs minutes à comprendre qu'ils sont gravement blessés. McCloy raconte à Warren un épisode où deux soldats ne s'étaient pas rendu compte qu'ils étaient blessés « avant un délai considérable » et « ensuite, quelques secondes plus tard, ils sont tombés raides morts ».

CHAPITRE 29

Le Pentagone
Washington
Mars 1964

Stuart Pollak, vingt-six ans, jeune juriste du département de la Justice détaché auprès de la commission, regarde sans relâche Lee Harvey Oswald s'agripper le ventre, grimacer de douleur et mourir. Pollak a pour mission de visionner les films tournés au commissariat central de Dallas, le dimanche 24 novembre, sur lesquels on voit Jack Ruby surgir de la foule des reporters et des caméramans et abattre Oswald. « J'ai dû regarder ça un millier de fois, dira-t-il plus tard. Je me suis rendu au Pentagone. On m'a installé dans une salle de projection et on m'a projeté toutes les images de ces coups de pistolet tournées par différentes caméras de télévision. Ça n'arrêtait pas, sans une seule pause, encore et encore, en avant et en arrière[1]. »

Pollak est censé déterminer si le film livre le moindre indice sur d'éventuels complices de Ruby dans la foule – peut-être un officier de police qui aurait fait en sorte de lui laisser la place pour qu'il puisse atteindre Oswald. Il doit aussi chercher à déterminer, au vu des rumeurs selon lesquelles les deux hommes se connaissaient, s'il y a eu échange de regards, ou le moindre signe de connivence. « Je guettais les mouvements et les regards des autres individus. Y a-t-il un mouvement des yeux ? Ruby agit-il seul ? Est-il aidé par l'un des policiers ? » se demande Pollak.

Après avoir vu et revu ces images, Pollak est presque en mesure d'identifier tous les personnages. Mais rien ne suggère une conspiration, ni que Ruby et Oswald se connaissaient. « Nous avons appris qu'il n'y avait pas grand-chose à apprendre. »

Pollak est impressionné par l'examen approfondi auquel on soumet toutes les facettes de la vie d'Oswald, y compris ses derniers instants. Si Oswald avait vécu et avait été jugé, croit-il, le public se serait contenté que les détails les plus importants de la vie de l'assassin soient révélés dans la salle d'audience. A présent, parce qu'il a été abattu en direct à la télévision et parce qu'il n'y aura pas de procès, on passe à la loupe les détails les plus insignifiants de sa vie et de sa mort – image par image, milliseconde par milliseconde. « J'avais l'impression d'accomplir un sacré travail », dira-t-il plus tard.

D'autres réussissent à tirer davantage des images en provenance de Dallas. Alfred Goldberg, l'historien, est responsable du visionnage de plusieurs films où Oswald répond aux journalistes, tard dans la soirée du 22 novembre, au commissariat central de Dallas. La police voulait montrer Oswald en public pour prouver qu'il n'avait pas subi de sévices pendant sa garde à vue. Après avoir visionné et revisionné ces images, Goldberg remarque quelqu'un qui n'a rien à faire là – Jack Ruby, qui se fait passer pour un journaliste. « Il était là, se souviendra Goldberg, Ruby était là, debout, à quelques mètres d'Oswald[2]. » C'est une découverte précieuse, car on peut en conclure que Ruby avait eu l'occasion de tuer Oswald dès le vendredi soir. Cela milite contre l'idée d'une conspiration visant à le réduire au silence, puisque les conspirateurs auraient vraisemblablement souhaité le voir mort aussi vite que possible, avant qu'il ne puisse divulguer le moindre secret.

Goldberg s'est chargé d'une mission plus vaste, consistant à réunir toutes les images de l'assassinat tournées à Dallas – les films des chaînes de télévision nationales, ceux de leurs antennes locales au Texas, ceux des chaînes indépendantes. Il finit par rassembler près de huit cents kilos de films et, grâce à ses contacts dans l'Air Force, il fait acheminer le tout par avion à Washington.

Pollak est l'un des nombreux jeunes juristes à être passés par la commission en mission temporaire. C'est la deuxième fois qu'il travaille sous les ordres du *chief justice*. Diplômé de Stanford et de Harvard, il est devenu l'un des clercs de Warren. Il partage l'opinion de Sam Stern, l'autre ancien collaborateur de Warren, à son sujet : « Le *chief justice* n'était pas un poids lourd intellectuel, mais il possédait un bon sens étonnant et une grande probité[3]. » Il voulait que les décisions de la Cour soient bénéfiques pour son pays, sans trop se soucier des aspects techniques ou juridiques. « Il disait : "Tranchez dans le vif de la loi." »

Pollak intègre la division criminelle du département de la Justice à l'été 1963. Le jour de l'assassinat, il est dans la salle d'attente, devant le bureau de l'*attorney general* adjoint, Herbert « Jack » Miller, chef de la division, quand la nouvelle tombe. Miller sort de son bureau, sous le choc. « Il a franchi la porte pour m'annoncer la terrible nouvelle. "On a tiré sur le président." On ne savait pas s'il était mort. On ne savait pas au juste s'il était mort ou en vie. »

Miller lui demande de se précipiter à la bibliothèque du département « pour consulter la jurisprudence existante » en matière d'assassinat d'un président. Pollak s'éclipse deux heures – la mort de Kennedy est annoncée pendant qu'il est à la bibliothèque – et revient avec une découverte stupéfiante. « Cela ne relève pas du tout de notre ressort. Ce n'est pas un crime fédéral. »

Son supérieur immédiat est l'assistant de l'*attorney general* adjoint, Howard Willens. Après s'être joint à la commission, il invite Pollak à le suivre, proposition que ce dernier refuse. Début 1964, Willens tente à nouveau sa chance, et lui offre cette fois de contribuer à la rédaction du rapport. Pollak accepte. Il partage un bureau avec Alfred Goldberg. Les mois suivants, expliquera-t-il, constituent l'expérience professionnelle la plus intense de sa vie. « De toute ma carrière, je n'ai jamais accumulé autant d'heures – je travaillais tous les jours, tous les soirs, tous les week-ends. »

Certains jours, les « Californiens », à commencer par le *chief justice*, Pollak et Joseph Ball, semblent omniprésents dans les locaux. Richard Mosk, originaire de Los Angeles, a suivi Pollak à un an de distance, à Stanford puis à Harvard. A vingt-quatre ans, Mosk connaît Warren par l'intermédiaire de son père, Stanley Mosk, alors *attorney general* de l'Etat de Californie. Il écrit au *chief justice* pour lui demander de travailler à la commission, il est engagé en février.

La première mission de Richard Mosk n'est guère prestigieuse[4]. On lui demande d'étudier l'histoire des citations à comparaître de membres du Congrès et de rédiger une citation-type que la commission pourra utiliser. Le travail devient vite plus intéressant, mais un peu décalé. En mars, on lui demande de trouver qui se cache derrière une série de petites annonces mystérieuses parues dans deux grands quotidiens de Dallas avant l'assassinat. La première, parue le 15 octobre, se trouvait dans la rubrique des annonces personnelles du *Dallas Morning News* : « Deuxième Homme – Je t'en prie, appelle-moi. Je t'en prie ! Je t'en prie ! Lee » La seconde a paru le lendemain. « Deuxième Homme, je te veux. Je t'en prie, appelle-moi. Lee. » Lee Oswald s'est-il servi de ce moyen pour prendre contact avec un complice dont le nom de code était « Deuxième Homme » ? En quelques coups de fil, Mosk découvre que ces annonces font partie d'une campagne de publicité pour un nouveau film, *Le Deuxième Homme* [*The Running Man*], avec Lee Remick. (L'acteur anglais Laurence Harvey partage l'affiche et selon la légende hollywoodienne le film a fait un bide parce qu'il est sorti au moment de l'assassinat, et que les deux premiers rôles portaient des noms de mauvais augure, Lee et Harvey.)

Mosk doit aussi dresser la liste de tous les livres qu'Oswald a empruntés dans les bibliothèques du Texas et de La Nouvelle-Orléans, pour voir si ses lectures offrent le moindre indice quant à son mobile. « Pour un type qui n'avait pas fait d'études, il était assez instruit, admet Mosk. Je ne pense pas qu'il avait un QI très élevé, mais il lisait un tas de bouquins. » La liste comprend des biographies de figures historiques, dont Mao et Khrouchtchev, ainsi que Kennedy. Oswald aime aussi les romans d'espionnage, notamment les James Bond de Ian Fleming.

Un ouvrage attire son attention – *The Shark and the Sardines* (« Le Requin et les Sardines »), de l'ancien président du Guatemala, Juan José Arévalo, roman allégorique sur la domination des nations latino-américaines (« les sardines ») par les Etats-Unis (« le requin »). Fin avril, Mosk rédige à l'intention de David Slawson une note où il attire son attention sur un passage où José Arévalo écrit que les « hommes d'Etat » étrangers responsables de l'oppression de l'Amérique latine doivent être « purgés, si possible par la rébellion armée[5] ». Mosk relève qu'il existe des liens entre l'éditeur de l'ouvrage et le Comité Fair-play pour Cuba, le groupe pro-Castro auquel Oswald prétendait appartenir, et que l'auteur et la traductrice du livre sont « tous étroitement liés au gouvernement Castro ». La traductrice, June Cobb, une Américaine vivant à Mexico, s'avérera être une informatrice de la CIA, et occupera une place importante dans l'enquête sur le mystérieux voyage d'Oswald au Mexique.

Mosk partage son bureau avec un autre jeune avocat temporairement rattaché à la commission : John Hart Ely, vingt-cinq ans, diplômé de Yale, qui vient d'être engagé parmi les clercs de Warren à la Cour suprême. Ely a accepté de travailler à la commission, en attendant de commencer son travail à la Cour suprême. Deux ans plus tôt, il a fait un stage d'été dans un prestigieux cabinet d'avocats de Washington, Arnold, Fortas & Porter[6]. On lui a confié la rédaction du premier jet d'une requête pour le compte d'un client *pro bono*, Clarence Gideon, détenu dans une prison floridienne, dont le cas devait être jugé par la Cour suprême. L'affaire *Gideon v. Wainwright* donnera lieu à une décision historique de la Cour présidée par Warren, selon laquelle les accusés sans ressources ont droit aux services d'un avocat. Ely est fier, à juste titre, de son rôle dans cette affaire, et il a montré à Mosk un numéro du magazine *Time* où son nom apparaît. « Il retourne le magazine vers moi, et je pose les pieds sur mon bureau » pour lire l'article, racontera Mosk. La scène qui en résulte est très gênante pour lui, car à cet instant précis Lee Rankin franchit leur porte. « C'était la toute première fois qu'il pénétrait dans notre antre et j'étais là, les pieds sur la table, en train de lire *Time*. » Au cours des semaines suivantes, il aura l'occasion de faire bien meilleure impression.

Ely est sur le point de connaître lui aussi un moment gênant avec Rankin – à propos de la découverte d'un fait déplaisant concernant la santé d'Oswald. On lui a confié l'étude minutieuse de ses états de service dans les Marines[7]. Il résume ce qu'il a appris dans une note datée du 22 avril. Il a pu consulter son dossier, y compris le volet médical, et il a découvert des informations qu'il estime devoir porter à l'attention des autres juristes, notamment sa liaison avec une Japonaise, quand il était en garnison au Japon, en 1958, « sans doute une prostituée ». La même année, il a attrapé la gonorrhée.

Selon les documents internes de la commission, Rankin est horrifié qu'Ely veuille coucher sur le papier un épisode aussi dépourvu d'intérêt – quoique véridique – de la vie d'Oswald. Il évoque la question avec Ely le 5 mai et lui fait part de son mécontentement[8]. Plus tard le même jour, Ely lui présente ses excuses, et précise dans une nouvelle note qu'on l'a mal compris et qu'il ne recommande en rien une investigation à ce sujet. « J'ai mentionné cette maladie vénérienne d'Oswald comme j'aurais mentionné n'importe quel autre fait que j'aurais découvert, écrit-il. J'ai essayé de traiter cela comme n'importe quel autre événement de la vie de l'intéressé, et je n'avais aucunement l'intention de prétendre que cela avait la moindre valeur s'agissant de savoir si Oswald a oui ou non tué le président Kennedy, ni de "salir" Oswald. » Rankin insistera pour que le rapport final de la commission ne fasse pas état de la maladie sexuellement transmissible ni de sa liaison possible avec une prostituée.

CHAPITRE 30

Bureaux du federal attorney
Dallas, Texas
Mardi 24 mars 1964

Semaine après semaine, le mépris de la commission pour la police de Dallas ne fait que croître, à cause de son incompétence, mais surtout du désordre qui a permis le meurtre d'Oswald, alors qu'il était sous sa garde. Cela tient aussi à l'incapacité des policiers à dire la vérité, même sous serment.

Burt Griffin, un des enquêteurs de la commission, est ainsi convaincu que le sergent Patrick Dean a menti à plusieurs reprises sur les circonstances du meurtre d'Oswald. Avec ses onze années d'ancienneté, Dean était chargé de sécuriser le sous-sol du commissariat central le matin où Ruby a abattu Oswald. Que Ruby ait réussi à pénétrer dans un endroit censé être sécurisé montrait à quel point Dean et ses collègues n'avaient pas fait leur travail ou, pire encore, que quelqu'un avait aidé Ruby, peut-être en sachant qu'il tuerait Oswald. Griffin estime possible que Ruby, ce personnage délirant, ait pris sur lui de tuer Oswald pour laver l'honneur de la ville.

Dean a déjà donné un certain nombre de versions contradictoires de ce qui s'est passé dans le sous-sol, et de ce que Ruby a dit tout de suite après son arrestation[1]. Mais lorsqu'il a prêté serment en tant que témoin clé de l'accusation dans le procès de Ruby, il avait opté pour une version qui permettrait d'envoyer ce dernier dans le couloir de la mort.

Selon lui, lors de son premier interrogatoire de police, quelques minutes après son arrestation, Ruby a prétendu s'être faufilé par la rampe d'accès pour les véhicules sur Main Street, en passant devant un planton qui ne s'est pas méfié. Selon Dean, Ruby aurait déclaré lors de ce même interrogatoire que son geste était prémédité. Plus précisément, toujours selon Patrick Dean, Ruby aurait bredouillé que l'idée de tuer Oswald lui était venue deux jours plus tôt, après avoir assisté à la présentation à la presse organisée le soir de l'assassinat au commissariat central. Les procureurs s'étaient servis de la déposition de Dean pour démontrer que le meurtre d'Oswald était prémédité – et non le résultat d'une crise de démence temporaire, comme le prétendaient ses avocats – et que Ruby devait donc mourir sur la chaise électrique.

Griffin n'est pas seul à croire que Dean ment[2]. Les avocats de Ruby en sont eux aussi convaincus, d'autant que personne ne peut confirmer ses dires. Griffin pense qu'en mentant Dean cherche à dissimuler ses propres « fautes » et à se faire un peu de publicité. Le personnage s'est en effet révélé remarquablement avide de notoriété. Le jour du meurtre d'Oswald, il a accordé plusieurs interviews sur ce qu'il a vu dans le sous-sol et ce qu'il sait de Ruby, sans l'accord de sa hiérarchie. Toujours sans autorisation, il a traversé la ville jusqu'à l'hôpital Parkland, où il a réussi à retrouver la famille Oswald, et s'est même joint à la veuve et à la mère lors de l'identification du corps.

Griffin estime possible que Dean ait vu Ruby emprunter la rampe d'accès. Le policier entretient des relations amicales avec Ruby depuis des années, et c'est un client occasionnel du Carousel Club. Dean a pu penser que Ruby voulait simplement s'offrir le frisson d'être présent en cet instant historique. Si Dean a laissé Ruby pénétrer dans le sous-sol, Griffin comprend qu'il mente : il y va de son emploi. « Si quelqu'un dans les services de police l'avait laissé entrer ou savait qu'il entrerait, cette personne se serait retrouvée au chômage et la police aurait été totalement discréditée », dira plus tard Griffin.

Quant à l'affirmation de Dean selon laquelle Ruby a reconnu avoir prémédité son geste, Griffin pense qu'elle est probablement motivée par le désir du policier d'aider les procureurs à obtenir la peine capitale. Ce mensonge, explique Griffin, est d'autant plus « répréhensible » qu'il est la raison même pour laquelle Ruby risque la peine capitale.

Quand il reçoit la déposition de Dean à Dallas, Griffin veut le prendre au piège de ses mensonges[3]. A la fin des deux heures d'interrogatoire, il annonce à Dean qu'il aimerait poursuivre la conversation « en off », et prie le sténographe de sortir de la pièce. Dean, qui ne soupçonne rien, accepte.

« Je lui ai dit qu'il ne racontait pas la vérité, se rappellera Griffin. J'ai souligné les deux points de sa déposition qui me paraissaient douteux : que Ruby lui ait dit, le 24 novembre, qu'il était entré dans le sous-sol par la rampe de Main Street, et qu'il songeait à tuer Oswald dès la soirée du 22. »

Dean proteste : l'accusation de parjure le scandalise.

« Je ne sais pas ce que vous voulez insinuer, dit-il. J'ai dit ce que m'a dit Ruby à peu près texto. [...] C'est ce qu'il a dit, je n'y peux rien. »

Ensuite, Griffin change de ton : « J'ai déployé d'énormes efforts pour expliquer à Dean que je croyais avoir compris pourquoi il avait enjolivé sa déposition et que je pensais qu'il était quelqu'un de foncièrement honnête et sincère. Je ne me rappelle pas avoir utilisé le terme de parjure. [...] Je ne lui ai certainement pas dit qu'il serait poursuivi, pour quelque motif que ce soit. » Si Dean éprouvait le besoin d'« amender substantiellement » sa déposition, il lui conseillerait d'engager un avocat.

Le policier affirme encore une fois avoir dit la vérité, et Griffin reprend l'entretien dans son cadre officiel sans avoir obtenu les aveux espérés. Il s'efforce d'achever la séance sur une note cordiale. Le sténographe est de retour dans la pièce et Griffin, qui s'exprime de nouveau à titre officiel, déclare : « Je suis très reconnaissant au sergent Dean pour l'aide qu'il nous a apportée ici ce soir. Je suis convaincu que si quoi que ce soit d'intéressant pour la commission se présentait il ne manquerait pas de nous en faire part. »

Griffin reconnaîtra plus tard que sa tentative lui « a explosé à la figure ». A peine sorti de la salle, le policier appelle Henry Wade, le *district attorney* de Dallas, qui a obtenu la condamnation de Ruby. Dean l'avertit que la commission Warren semble décidée à saper sa déposition et, par conséquent, à faire annuler la condamnation. Wade appelle aussitôt Rankin à Washington pour protester.

Dean dira plus tard qu'il a appris que Wade avait aussi appelé le président Johnson, un vieil ami, pour se plaindre des manœuvres de la commission, et plus spécifiquement de Griffin[4]. L'histoire finit par sortir dans la presse de Dallas, qui rapporte que Griffin a été « rappelé » à Washington.

Ce qui suit était prévisible, dans la mesure où l'enquête sur Ruby a toujours été le parent pauvre des travaux de la commission. Dès qu'il prend connaissance de l'incident, le *chief justice* se range aux côtés du sergent Dean. Warren ne croit pas que l'officier de police a nécessairement dit la vérité, mais il ne veut pas que la commission se retrouve une nouvelle fois mêlée à une épineuse controverse avec des officiels de Dallas. Début juin, Dean est invité à Washington pour sa déposition, et Warren s'excuse sans ambages. « Aucun membre de notre équipe n'a le droit de dire à un témoin qu'il ment ou que sa déposition manque de sincérité, déclare-t-il. Ce n'est pas son rôle[5]. »

La confrontation avec Patrick Dean survient à un moment délicat pour Griffin et Hubert, qui se demandent de plus en plus s'ils pourront jamais achever leur partie de l'enquête. Les preuves qu'ils ont rassemblées ne leur permettent pas d'exclure que – d'une manière ou d'une autre – Ruby ait fait partie d'un complot pour tuer Kennedy, Oswald, ou les deux. Ruby entretenait des liens indéniables, quoique indirects, avec des membres de Cosa Nostra qui auraient pu en vouloir au président d'avoir fait la guerre au crime organisé. « Il avait quantité d'accointances dans le monde de la pègre », souligne Griffin. Et il y avait le lien avec Cuba. Ruby cherchait depuis des années à intervenir à Cuba dans des affaires apparemment louches qui auraient pu le mettre en rapport avec des Cubains susceptibles d'être impliqués dans l'assassinat du président – aussi bien des partisans de Castro que des opposants.

A la fin de l'hiver, Warren a abandonné tout espoir de respecter son échéance initiale du 1er juin. Les juristes de la commission fixent une nouvelle échéance, le 15 juin, pour la remise des ébauches de leurs contributions au rapport final. Mais en ce qui concerne Griffin et Hubert, cette date butoir reste extrêmement optimiste. En mars, ils envoient une note à Rankin pour lui rappeler que leur travail d'investigation est loin d'être terminé. Rien n'a encore été fait pour vérifier les noms, les numéros de téléphone et les adresses retrouvées dans les affaires de Ruby, et personne n'a procédé non plus à une analyse détaillée des appels téléphoniques que Ruby et certains de ses acolytes ont passé dans les journées qui ont précédé le meurtre d'Oswald.

Immédiatement après une réunion de l'équipe, le vendredi 3 avril, les deux juristes ont une entrevue avec Rankin et lui demandent de l'aide[6]. Pour achever leur mission, ils estiment avoir besoin de trois enquêteurs supplémentaires, travaillant avec eux au moins un mois plein. La réponse de Rankin sonne comme une insulte. Il leur dit que le garde du corps de Warren pourra éventuellement les aider. Personne d'autre n'est disponible.

Le lendemain, Griffin et Hubert organisent une insurrection. Ils envoient une note à Rankin et Willens, recommandant à la commission d'exclure la question de Ruby et du meurtre d'Oswald du rapport final. « Nous ne pensons pas que ces aspects de l'affaire doivent être inclus, écrivent-ils. Il est impossible d'effectuer correctement ce travail, et de l'intégrer de manière utile au rapport final[7]. »

Ils ajoutent que la commission pourrait proposer à l'opinion publique une explication sensée de ce qui l'a empêchée d'aborder les questions relatives à Ruby, puisque son appel est en cours. « Si le dossier Ruby est rouvert et si notre rapport lui est en quelque façon hostile, la commission pourra être critiquée à juste titre pour avoir porté atteinte à son droit d'être jugé en toute impartialité », écrivent encore les deux juristes. Joindre à ce rapport des éléments concernant Ruby serait susceptible de placer le *chief justice* face à un grave conflit d'intérêts. « Convient-il à une commission d'un tel niveau et d'un tel prestige, s'interrogent-ils, de formuler des appréciations poussées sur une personne dont le dossier est en appel et remontera sûrement jusqu'à la Cour suprême des Etats-Unis ? »

La réponse de Willens est une douche froide. Il leur ordonne de finir le travail aussi bien que possible et leur conseille de ne pas compter sur de l'aide. Ce n'est pas à eux de décider quelle information figurera dans le rapport de la commission. « Nous devons procéder comme si nous allions publier des éléments sur ce sujet », écrit Willens[8].

Griffin et Hubert renouvellent leurs protestations, cette fois par une note de onze pages adressée à Rankin qui énumère les questions au sujet de Ruby restées sans réponse. Ils citent les nombreuses lacunes quant aux activités de Ruby au cours des mois précédant l'assassinat. Ils formulent aussi une théorie explosive concernant les liens entre Ruby et Oswald : « Nous croyons qu'il est possible, sur la base de preuves en notre possession, que Ruby ait été impliqué dans des activités illégales avec des éléments cubains qui auraient été en contact avec Oswald. Nous suggérons que ces questions ne soient pas "laissées en suspens". Il faut ou bien les explorer plus à fond, ou bien décider de ne plus les aborder, en partant des considérations avancées plus haut[9]. »

En somme, dans cette note, ils mettent leurs supérieurs au pied du mur, et elle donne lieu à ce que Willens appellera plus tard une « discussion nourrie » sur la manière de donner satisfaction à Griffin et Hubert[10]. Dans une autre note datée du 1er juin, Willens prie Griffin de lui « soumettre par écrit, dans les jours à venir, toute demande d'investigation » « nécessaire à l'achèvement de l'enquête ». Ce même jour, Hubert annonce à Rankin qu'il quittera l'équipe d'enquêteurs à la fin de la semaine. Amer de constater que la commission fait peu de cas de son travail, Hubert prévoit depuis des semaines de lever le pied et de rentrer à La Nouvelle-Orléans. A présent, il souhaite se retirer complètement. Il prévient Rankin qu'il lui faut deux jours « pour vider mon bureau et libérer aussi mon appartement[11] ». Il précise qu'il serait disposé à revenir à Washington les week-ends, si nécessaire, pour suivre certains dossiers et qu'il est prêt à se rendre à Dallas si la commission recueille finalement la déposition de Ruby.

Ce ne sera pas nécessaire. Quelques semaines plus tard, lorsque la commission programme un déplacement au Texas pour interroger Ruby, Hubert et Griffin ne sont pas conviés, et c'est Arlen Specter qui s'y rend à leur place. Leurs collègues sont navrés pour eux. Selon David Belin, Hubert et Griffin, « juristes brillants », sont « atterrés de n'avoir pas été autorisés à être présents lors de l'interrogatoire de l'homme sur lequel ils ont enquêté durant des mois[12] ». Plus tard, pourtant, Griffin affirmera avoir compris et accepté cette décision. Après sa confrontation avec le sergent Dean, il était devenu « un problème ». Sa présence à Dallas aurait pu susciter des protestations.

L'homme qui est la cause de ce tumulte, Jack Ruby, a passé la majeure partie de l'hiver et du printemps dans sa cellule de la prison de Dallas – en essayant, à l'occasion, de s'infliger des blessures, voire de se supprimer.

Pendant que ses avocats préparent son appel, Ruby est détenu dans la prison du comté. Le 26 avril, juste après minuit, il persuade les gardiens de lui apporter un verre d'eau, ce qui lui donne encore une occasion de se mutiler[13]. A peine se sont-ils éloignés qu'il se jette la tête la première contre le mur en béton de sa cellule. On le découvre ensanglanté et inconscient, on le conduit à l'hôpital, on lui fait des radios qui ne révèlent aucune blessure grave. En fouillant sa cellule, les gardiens s'aperçoivent qu'il a commencé à découdre la doublure de sa tenue de prisonnier, apparemment pour se fabriquer un nœud coulant.

Le lendemain après-midi, il reçoit une visite – le docteur Louis West, professeur de psychiatrie au centre médical de l'université d'Oklahoma, à la demande de ses avocats. West le rencontre en tête à tête dans une petite pièce et le trouve « pâle, tremblant, agité et déprimé ». Il a une longue entaille à la tête. Pourquoi a-t-il cherché à se blesser ? demande le praticien.

Parce qu'il se sent coupable, répond Ruby. « Les Juifs d'Amérique ont été massacrés. Vingt-cinq millions de personnes. » Ils ont été tués en représailles pour « tous les ennuis » qu'il a provoqués en tuant Oswald. Ruby ajoute que son frère, Earl, figure parmi les victimes de ce génocide – « torturé, horriblement mutilé, castré et brûlé vif dans la rue, devant la prison ». Il poursuit en affirmant qu'il « entend encore les cris » de ces Juifs en train de mourir. « Si la police se livre à ces meurtres de masse sans avoir à mobiliser ou engager des troupes fédérales, c'est que les ordres viennent de Washington », déclare-t-il à West. Il est responsable de « l'anéantissement d'un grand peuple, avec quatre mille ans d'histoire ».

West tente de lui démontrer qu'il se trompe, mais Ruby « devient alors plus soupçonneux, doute de ma sincérité et, à une ou deux reprises, semble sur le point de m'agresser », observe le psychiatre.

« Ne me dites pas que vous ne le saviez pas – tout le monde est forcément au courant », rétorque Ruby. Il s'était fracassé la tête contre le mur « pour y mettre un terme ».

Dans le compte rendu qu'il fait aux avocats, West leur explique que Ruby s'est fréquemment référé à Oswald, en le décrivant comme « le décédé » ou « cette personne ».

Le lendemain, le psychiatre le revoit, et il lui semble en meilleure forme. Pourtant, sous les yeux de son visiteur, Ruby est pris d'hallucinations qui le poussent à se « lever d'un bond, à se réfugier dans un coin de la pièce et à rester debout, le cou tendu, les yeux écarquillés, en regardant dans tous les sens ». A un autre moment, Ruby « rampe sous la table pour mieux écouter » les voix qu'il entend. « Ces hallucinations se composent de gémissements et de cris humains, parfois ceux d'un enfant ou de plusieurs », écrit West. Ruby croit qu'il entend les cris de « Juifs sous la torture ».

West est convaincu qu'il ne joue pas la comédie. En ce moment précis, en termes médicaux, Ruby est un aliéné, conclut-il. Il est « à l'évidence psychotique – il est totalement envahi par ces idées de persécutions infligées aux Juifs par sa faute. Il se sent désespéré, inutile et coupable parce qu'il est responsable des meurtres de masse qui visent son peuple ». Ruby n'a pas sa place en prison, estime West. « Cet individu devrait être interné dans un hôpital psychiatrique, pour observation, étude de son cas et traitement. »

Deux semaines plus tard, un psychiatre de Dallas, Robert Stubblefield, lui rend visite à son tour, à la demande du juge en charge de son procès en appel. Le praticien admet qu'il est gravement atteint sur le plan mental et qu'il a besoin de suivre un traitement en milieu hospitalier. Ruby admet volontiers devant Stubblefield qu'il a tué Lee Harvey Oswald, et qu'il l'a fait – comme il le dit depuis le début – pour que Jacqueline Kennedy n'ait pas à revenir à Dallas pour le procès de l'assassin[14]. « J'ai tué Oswald pour que Mme Kennedy n'ait pas à revenir à Dallas témoigner, dit-il. J'aimais et j'admirais le président Kennedy. »

Ruby insiste encore : il a agi seul, rapporte Stubblefield. Ses ennemis « pensent que je connais Oswald, que cela faisait partie d'une espèce de complot, confie Ruby au psychiatre. Ce n'est pas vrai. Je veux me soumettre au détecteur de mensonges pour prouver que je ne connaissais pas Oswald, que je n'étais pas impliqué dans le meurtre du président Kennedy. Après ça, je me moque de ce qui m'arrivera. »

CHAPITRE 31

Département d'Etat
Washington
Mardi 7 avril 1964

Au cours des dernières journées de préparatifs avant leur départ pour Mexico, David Slawson et William Coleman estiment que leur principale priorité est d'organiser un entretien avec Silvia Duran. Son importance pour l'enquête n'a fait que croître depuis janvier, quand ils ont entendu son nom pour la première fois. « Duran pourrait bien être mon témoin le plus important, se dit Slawson. Il suffit d'imaginer ce qu'elle pourrait savoir[1]. » A la demande de la CIA, Silvia Duran sera citée dans le rapport de la commission comme une source d'informations essentielle sur la visite d'Oswald au Mexique. La CIA est soucieuse de ne rien laisser transparaître des techniques très élaborées de photosurveillance et d'écoutes téléphoniques employées à Mexico. Si le témoignage de Silvia Duran recoupe ce que la CIA a appris à travers ses opérations d'espionnage, l'Agence entend que la commission, chaque fois que ce sera possible, attribue ces éléments à la jeune femme. Si Langley obtient gain de cause, ce que Silvia Duran a révélé à ses interrogateurs mexicains – ou du moins ce que les Mexicains prétendent qu'elle leur a révélé – constituera la seule trace publiquement accessible des activités d'Oswald au Mexique.

La veille de leur départ, Slawson et Coleman sont reçus au département d'Etat par le secrétaire d'Etat adjoint Thomas

Mann, ancien ambassadeur des Etats-Unis à Mexico[2]. Il a quitté le Mexique quatre mois auparavant. On conduit Slawson et Coleman par des couloirs ornés de rangées de drapeaux étrangers aux couleurs vives, jusque dans les bureaux de Mann. Il invite les juristes à prendre un siège et s'excuse des cartons qui encombrent la pièce. Il n'a pas encore achevé son installation à Washington et il a été très occupé. A son nouveau poste, dit-il, il supervise les affaires latino-américaines pour le département d'Etat et, étant donné son amitié avec le président Johnson, il est fréquemment reçu à la Maison-Blanche.

Slawson a enfin eu l'occasion, deux semaines plus tôt, de lire la totalité des télégrammes secrets envoyés par Mann de Mexico à partir de la fin novembre, et il sait donc combien le point de vue de ce dernier sur la question d'une conspiration internationale peut être précieux. Slawson et Coleman lui posent donc la question sans détour : est-il toujours convaincu que l'assassinat de Kennedy est un complot cubain ?

Il l'est, en effet, leur réplique-t-il, même s'il ne peut toujours pas le prouver. Mann leur affirme sentir « dans ses tripes » que Castro est « le genre de dictateur capable de ce type d'action impitoyable, soit pour y gagner quelque chose, soit pour se venger ». Le fait qu'Oswald s'est rendu dans les ambassades cubaine et russe peu avant l'assassinat « suffit [...] à inspirer de sérieuses craintes » qu'il ait agi sur ordre des Cubains, peut-être avec l'accord tacite de leurs alliés soviétiques. Mann ajoute que ses soupçons n'ont fait que se renforcer quand il a appris l'existence de l'espion nicaraguayen à Mexico qui prétendait avoir vu Oswald toucher 6 500 dollars à l'ambassade de Cuba et l'interception d'un appel téléphonique entre le président cubain et son ambassadeur au Mexique, où les deux hommes évoquaient les rumeurs selon lesquelles Oswald avait touché une récompense.

Mann les prie de l'excuser, il est attendu à une autre réunion, mais il invite Slawson et Coleman à revenir le voir après leur voyage. Il leur serre la main, se tourne vers Slawson et lui demande si la commission juge son interprétation de ces éléments de preuve excessive, si elle estime qu'il s'est montré « trop imprudent » en suspectant une conspiration cubaine derrière cet assassinat. Non, lui répond Slawson. Même si les éléments de preuve militent de plus en plus contre une conspiration internationale dans la mort de Kennedy, les enquêteurs de la commission n'ont « rien trouvé de répréhensible dans les initiatives prises par l'ambassadeur ».

Au cours des journées qui précèdent leur départ, Slawson est personnellement convié à une réunion à la CIA, qui l'informe de ce qui l'attend à Mexico. « La CIA m'a expliqué que Mexico était pour ainsi dire une plaque tournante de l'espionnage pour quantité de pays – comme Istanbul l'avait longtemps été dans les romans policiers. Les espions s'y rencontraient toujours à Istanbul[3]. » Au début des années 1960, Mexico était une capitale de l'espionnage de la guerre froide, et Slawson était impatient de voir la chose de ses propres yeux.

Le mercredi 8 avril, Slawson, Coleman et Willens s'envolent pour Mexico, où ils arrivent à six heures. Ils sont accueillis à l'aéroport par Clark Anderson, l'attaché juridique du FBI sur place. En raison de sa couleur de peau, Coleman est habitué à certains comportements vexatoires lors de ses déplacements, tant aux Etats-Unis qu'à l'étranger. Un officier de l'immigration essaie de l'empêcher d'entrer au Mexique, en lui demandant si ses certificats de vaccination sont en règle. On le laisse enfin passer après qu'un directeur d'Eastern Airlines « indique que M. Coleman est un représentant de la commission Warren », racontera Slawson.

Coleman est tendu, il craint pour sa vie en raison des secrets qu'il détient du fait de son travail pour la commission. Il a déjà été menacé – c'est chose courante pour toute personnalité du mouvement des droits civiques –, mais au Mexique c'est une autre affaire. S'il y a eu complot pour tuer Kennedy, des complices d'Oswald au Mexique peuvent être tentés de l'enlever pour l'obliger à parler. « Si les Mexicains sont impliqués dans ce complot, ils vont peut-être me tuer », s'inquiète-t-il. Cette première nuit, dans sa chambre de l'hôtel Hilton Continental, il a du mal à trouver le sommeil.

« Vers 3 heures du matin, j'ai entendu gratter aux fenêtres, et je me suis dit : "Oh, nom de Dieu, il y a quelqu'un, il va me tuer. Je ferais mieux de me tirer d'ici", se souviendra-t-il [...]. J'étais mort de peur. »

Lee Harvey Oswald à Mexico
Septembre-octobre 1963
Hotel del Comercio
Oswald y occupe une chambre pendant toute la durée de son séjour
Gare routière de la ligne Flecha Roja
Oswald arrive le 27 septembre à 9 h 45 du matin
Gare routière de la ligne Transportes del Norte
Oswald repart le 2 octobre à 8 h 30 du matin
Ambassade des Etats-Unis
La station de la CIA détecte la visite d'Oswald
Agence de voyages Chihuahuense
Le 30 septembre, Oswald achète son billet retour
Complexe diplomatique cubain
Oswald s'y présente le 27 septembre, et peut-être à nouveau plus tard.
Complexe diplomatique soviétique
Oswald s'y présente le 27 septembre, et peut-être à nouveau plus tard.
Arènes de Plaza Mexico
Oswald y aurait assisté à une corrida
Mexico City
Chapultepec Park
Marina Nacional
Calz. Mariano Escobedo
Jose Antonio Alzate
Avenida Insurgentes Nte.
Mosqueta
Paseo de la Reforma
Puente de Alvarado
Av. Juarez
Av. Ejercito Nacional
Horacio
Gutemberg
Melchor Ocampo
Parque Via Sullivan
A. Caso
Villalongin
Av. Bucareli
Arcos de Belem
Dr. Rio de la Loza
Avenida Chapultepec
Av. Sonora
Alvaro Obregon
Avenida Insurgentes Sur
Av. Yucatan
Cuauhtemoc
C. Bernard
Dr. Olvera
Dr. Balmis
Clz. Nino Perdido
Cosala Mazatlan
Michoacan
Av. Parque Lira
Jalisco
Benjamin Franklin
Baja California
Viaducto Miguel Aleman
Viaducto M. Aleman
Eje 4 Sur Xola
Diagonal Sn Ant.
Division del Norte
Avenida Revolucion
Avenida Patriotismo
Av. Eugenia
Av. Universidad
Angel Urraza
Tintoreto
Cordero
Av. Insurgentes Sur
N
W
E
S
0 Mile 1
Gene Thorp
SOURCES: Warren Commission, House Select Committee on Assassinations

Le lendemain, il demande à un agent de la CIA posté devant son hôtel s'il a vu quelque chose. Non, lui assure l'homme. « Ne vous inquiétez pas, nous avons veillé sur vous toute la nuit. »

A l'ambassade américaine, sur le paseo de la Reforma, on leur présente Winston Scott, le chef de station de la CIA, et le nouvel ambassadeur, Fulton Freeman, qui est là depuis deux jours. Lors d'une réunion, Coleman leur explique qu'ils ont prévu de rencontrer des responsables mexicains et souhaitent prendre leurs dépositions, ainsi que celle de Duran. Freeman sait déjà que Duran est un sujet délicat pour le gouvernement mexicain. Une rencontre avec elle est « un sujet extrêmement sensible dont il faut discuter en profondeur » avant que quiconque puisse l'approcher, se souviendra Slawson. Freeman donnera son accord « si la rencontre se déroule à l'ambassade et que sa venue est tout à fait volontaire ».

Slawson et Coleman ont une autre réunion avec Anderson et ses collègues du FBI. Bien des années plus tard, Anderson reconnaîtra que l'enquête du Bureau à Mexico avait été des plus limitées mais, ce jour-là, il donne à ses visiteurs l'impression que le FBI a suivi toutes les pistes pouvant mener à Oswald. Slawson dira qu'Anderson lui a fait « très bonne impression, une impression de compétence ».

Ils demandent à Anderson ce qu'il pense de Duran[4]. Celui-ci répond que c'est une « communiste fervente » – bien que mariée et mère d'un très jeune enfant, elle a la réputation d'avoir des mœurs très libres. Selon la formule d'Anderson, c'est une « Mexicaine piquante », franchement « sexy ». Il est d'accord avec l'ambassadeur : toute demande la concernant constituera un « point épineux » pour le gouvernement mexicain, mais il veut bien essayer de les aider. Et il a de bonnes nouvelles – le FBI a enfin obtenu un exemplaire signé de la déposition de Duran recueillie par les Mexicains, dont la commission ignore tout jusque-là. Slawson et Coleman demandent qu'on leur en remette une copie au plus vite.

Slawson et Coleman passent l'après-midi avec Scott et constatent que l'homme est à la hauteur de sa réputation d'intelligence peu commune. Son charme sudiste onctueux impressionne Slawson, les deux hommes se découvrent un amour partagé pour les mathématiques et la science. Ils ont tous les deux failli suivre une carrière universitaire – Slawson étudiait la physique à Princeton, Scott les mathématiques à l'université du Michigan. « Nous avions trouvé un terrain d'entente, se souviendra Slawson. Entre nous, le courant passait. » (Officiellement, Scott, qui opère sous couverture, est un simple employé du département d'Etat. Dans ses rapports, Slawson remplacer son nom par la lettre « A ».)

Les deux juristes sont impressionnés lorsque Scott les conduit dans les sous-sols de l'ambassade, dans une pièce sécurisée et insonorisée, pour leur premier briefing sur Oswald. « Nous sommes descendus très bas sous terre – ce devait être un second sous-sol, se remémorera Slawson. Tout ce que l'on nous a dit ou montré dans cette pièce sécurisée était considéré comme ultra, ultrasecret. » Durant ce briefing, auquel assiste aussi Alan White, le numéro deux de la CIA à l'ambassade, Scott allume un petit transistor. Il explique que le son dissimulera leur conversation, une précaution au cas où quelqu'un tenterait de les écouter. « Tout cela faisait très agent secret », remarquera Slawson.

Scott se donne beaucoup de mal pour convaincre ses visiteurs que l'Agence a l'intention de coopérer pleinement avec la commission, et qu'il entend ne rien leur dissimuler, en dépit des risques que cela comporte. On l'a informé que les juristes ont leur « habilitation Top Secret et [ils] ne divulgueront pas les informations fournies sans accord préalable de ses supérieurs », se souviendra Slawson. « Et nous avons accepté. »

Scott lui expose ensuite, en détail, comment Oswald a été suivi grâce à certaines technologies de pointe, notamment la mise sur écoutes de la quasi-totalité des téléphones des ambassades soviétique et cubaine, et l'utilisation de batteries de caméras pointées sur les deux bâtiments. Cette surveillance a commencé quelques heures après la première apparition de la cible à l'ambassade de Cuba. Scott évoque ensuite la réaction de la station de Mexico à l'assassinat, la constitution immédiate de dossiers sur « Oswald et tous ceux, à Mexico », qui ont pu être en contact avec lui. Il sort les transcriptions des appels téléphoniques passés par Oswald aux ambassades cubaine et soviétique. Les juristes mentionnent Silvia Duran, et Scott reconnaît qu'elle était « d'un intérêt certain pour la CIA » dès avant l'attentat, en raison de sa liaison avec Carlos Lechuga, l'ambassadeur cubain au Mexique. (Lechuga deviendra ensuite ambassadeur aux Nations unies, à New York). Après l'assassinat, la CIA a travaillé en étroite liaison avec les autorités mexicaines, « surtout sur les questions concernant Duran ».

Slawson est impressionné par le briefing de Scott. Mais, en l'écoutant, le jeune enquêteur réalise avec inquiétude tout ce qu'on ne lui a pas dit. Scott connaît des détails sur la visite d'Oswald que ses collègues de Langley n'ont jamais transmis à la commission – alors même que l'Agence vient de renouveler l'assurance de sa totale coopération. Et d'autres informations communiquées à la commission sont en fait truffées de « déformations et d'omissions ». Coleman et lui ont apporté leur propre chronologie des activités d'Oswald au Mexique pour demander à Scott de les commenter, « mais dès que nous avons constaté à quel point nos informations étaient déformées, nous avons compris que ce serait inutile », se rappellera-t-il.

Slawson demande ensuite à Scott pourquoi, étant donné les moyens mis en œuvre, la commission n'a pas encore reçu de photos de leur cible. Il n'y a pas de photos, affirme Scott. La couverture photo était limitée aux jours de semaine, en plein jour, par manque de fonds et de moyens techniques permettant de prendre des clichés de nuit à distance sans éclairage artificiel. La réponse était dilatoire, diront plus tard les collègues de Scott. Oswald ne se rendait pas dans ces ambassades la nuit, et la station de Mexico disposait d'importants moyens techniques et financiers. Mais Slawson et Coleman se contentent de l'explication, car de toute façon ils n'ont pas de quoi la remettre en question. Slawson se souviendra de sa surprise : « Je me souviens d'être resté perplexe, mais j'étais assez naïf pour penser qu'ils ne pouvaient nous cacher délibérément certaines pièces. »

Les émissaires passent à des questions plus générales. Ils demandent à Scott et White s'ils estiment, à titre personnel, que Mexico a pu être le centre d'une conspiration. Non, répondent les deux hommes. Ils estiment que « si une telle conspiration avait existé, à ce stade ils auraient eu des indications formelles de son existence ».

Le briefing touche à sa fin. Scott a une proposition : souhaitent-ils écouter les enregistrements des appels d'Oswald ? « Nous avons gardé les bandes », leur apprend-il[5].

— C'est inutile, répond Slawson. Je ne vois pas ce que cela pourrait nous apprendre.

Mais Coleman, en bon avocat, accepte : « J'ai envie de voir et d'entendre toutes les pièces à conviction. »

Slawson rejoint les membres du FBI aux étages supérieurs, tandis que son collègue resté dans la pièce sécurisée enfile un casque et s'apprête à entendre la voix d'Oswald.

Des années plus tard, après la mort de Scott, Slawson sera outré lorsque la CIA prétendra que la scène décrite par lui était le produit de son imagination – Coleman n'avait pu écouter les bandes, car elles avaient été détruites avant l'assassinat de Kennedy. (Coleman ajoutera à la confusion en déclarant ne pas s'en souvenir. Plus tard, il incriminera sa mauvaise mémoire et précisera qu'il ne doutait pas de la fidélité de celle de Slawson : « Si David dit que c'est vrai, c'est vrai[6]. ») Quant à Slawson, il déclarera que les affirmations de la CIA étaient un « énorme mensonge ».

Le lendemain, le FBI emmène les deux envoyés de Washington faire un tour en ville. Ils aperçoivent les ambassades et consulats cubain et soviétique, la gare routière où Oswald serait arrivé puis serait reparti, et l'hôtel del Comercio, le modeste établissement où il est descendu. Ils avisent le restaurant à côté de l'hôtel, où il prenait ses repas, en choisissant toujours le plat le moins cher du menu. Les employés du restaurant s'en souviennent : Oswald était si économe qu'il ne prenait ni dessert ni café – alors qu'ils étaient inclus dans le menu.

Ensuite, Slawson, Coleman et Willens ont rendez-vous avec Luis Echeverria, un haut responsable mexicain qui deviendra bientôt ministre de l'Intérieur. (Plus tard, il sera élu président.) Proche de Scott depuis des années, Echeverria se dit « fermement convaincu » qu'il n'y a pas eu de complot international pour assassiner Kennedy – « du moins pas un complot fomenté au Mexique », précise Slawson. Coleman insiste pour qu'Echeverria les autorise à interroger des témoins mexicains, surtout Silvia Duran. La chose est possible, répond le Mexicain, mais il faudra que cela reste informel, une simple rencontre organisée loin de l'ambassade des Etats-Unis. Il est exclu que les enquêteurs de la commission puissent « donner l'impression qu'ils mènent une enquête officielle du gouvernement américain sur le sol mexicain ».

Coleman précise que l'entretien avec Duran est « de la plus haute importance » pour la commission, ce qu'Echeverria sait parfaitement. Pour le Mexique aussi, « son témoignage est de la plus haute importance », souligne-t-il. Ce sont ses déclarations qui ont conduit le gouvernement mexicain à « conclure qu'aucun complot n'a été fomenté pendant le séjour d'Oswald ».

Echeverria prie ses interlocuteurs de l'excuser : il doit malheureusement mettre un terme à l'entrevue car il est attendu au déjeuner qu'offre la reine Juliana des Pays-Bas, en visite officielle.

« Nous, nous aimerions bien déjeuner avec Silvia Duran ! » lance Coleman, en plaisantant.

Echeverria répond par une remarque graveleuse, laissant entendre que les Mexicaines sont moins attirantes que les Cubaines. Les Américains « s'amuseraient moins qu'ils ne le pensent parce que Duran n'est pas une jolie Cubaine mais une simple Mexicaine ».

L'après-midi même, Slawson et Coleman demandent à d'autres fonctionnaires de l'ambassade comment il serait possible d'organiser une entrevue avec Duran. L'adjoint de l'ambassadeur, Clarence Boonstra, « doute que les Mexicains les y autorisent, surtout si c'est pour la remettre en détention. Elle a déjà été arrêtée à deux reprises depuis l'assassinat, dont la première à la demande de la CIA. Selon Boonstra, « les Mexicains sont trop susceptibles sur le plan politique pour risquer de la voir appréhendée une troisième fois ». D'après ce que le diplomate sait d'elle (Boonstra dit qu'elle est « une communiste ») et de son mari (« un communiste militant, un homme empli de rancœur »), cela l'étonnerait qu'elle accepte de les rencontrer de son plein gré.

Les deux juristes insistent, ils veulent quand même tenter leur chance. Pourquoi ne pas l'inviter à déjeuner, comme l'a suggéré Echeverria ? S'inspirant de ce qu'ils ont appris des méthodes de la CIA, ils suggèrent d'inviter Duran dans un « lieu privé » que l'on pourrait équiper d'« appareils d'enregistrement, de sorte qu'aucune prise de notes ne serait nécessaire ». Boonstra a une autre idée : la commission pourrait emmener Silvia Duran aux Etats-Unis – et faire perdre sa piste au gouvernement mexicain en prétextant un déplacement pour d'autres motifs, par exemple un échange culturel ou un traitement médical. Elle pourrait bien accepter, assure-t-il, si on lui garantit que cela ne lui causera pas de tracas supplémentaire avec son gouvernement. « L'idée mérite réflexion », répond Slawson, qui propose de la soumettre à la commission dès son retour aux Etats-Unis.

Silvia Duran reste introuvable, et les obstacles sont si nombreux que Slawson et Coleman renoncent à l'interroger avant leur départ. Une fois rentrés, ont-ils décidé, ils creuseront l'idée de Boonstra de la faire venir sur le sol américain. Coleman veut rentrer à Philadelphie le plus vite possible, et il réserve un vol au départ de Mexico pour dimanche. Slawson et Willens prévoient de rentrer à Washington lundi.

Ce samedi-là, l'ambassade organise une réception en l'honneur des enquêteurs de la commission, et c'est dans ce cadre qu'a lieu une entrevue curieuse entre Scott et Slawson[7]. Selon ce dernier, le chef de station de la CIA le prend à part pour bavarder, et la conversation prend vite un tour désagréable, Scott lui parle de certaines de ses obligations les moins avouables : on lui demande régulièrement de tendre des pièges à ses collègues, pour voir s'ils sont susceptibles de trahir les Etats-Unis : « Il m'explique que tous les deux ou trois ans, il doit mettre à l'épreuve ses meilleurs amis et collaborateurs en leur proposant de l'argent pour voir s'ils sauteraient le pas. »

« C'est très pénible, avoue Scott. Si j'avais su que cela ferait partie de mon travail, je me demande si j'aurais intégré la maison. »

Ces confidences, livrées en pleine réception, lui paraissent si déplacées que Slawson croit y déceler un message. Scott essaie-t-il de lui rendre service en lui suggérant de ne pas céder aux propositions de recrutement de l'Agence ? « J'ai pris cela pour un avertissement à moindres frais : "Refusez." »

Cette soirée à l'ambassade restera gravée dans son esprit pour une autre raison. « Ils servaient du bon champagne et – vous connaissez le champagne – j'étais si éméché et assoiffé qu'à mon retour à l'hôtel, j'ai bu de l'eau du robinet. » Il tombe malade, et son voyage au Mexique s'achève en débâcle. « Le dimanche, j'étais lessivé, dit-il. J'ai même eu du mal à monter dans l'avion. » Un jour ou deux après, il se sent mieux, et la semaine suivante, il est de retour à Washington, avec une mission. Il est décidé à trouver un moyen d'y faire venir Silvia Duran, le plus vite possible.

CHAPITRE 32

Domicile de Jacqueline Kennedy
Washington
Mardi 7 avril 1964

Jacqueline Kennedy est radieuse. Il est presque midi, en ce mardi 7 avril, quatre mois et demi après l'assassinat, et William Manchester doit interviewer Mme Kennedy pour la première fois en vue du livre auquel elle a donné son accord.

« Monsieur Manchester », fait-elle, de cette « voix inimitable, un peu rauque », en l'accueillant dans son nouveau domicile de N Street, à Georgetown[1]. Elle referme les portes coulissantes derrière elle « d'un geste ample, et s'incline légèrement », racontera-t-il plus tard. Elle porte un pull en jersey noir et un pantalon en stretch jaune, « et je me suis dit qu'à trente-quatre ans, avec sa beauté de camélia, on aurait pu la prendre pour une femme qui en avait à peine vingt-cinq ». Plus tard, la relation entre Mme Kennedy et M. Manchester s'envenimera, mais au début, il considère qu'elle n'aurait guère pu se montrer plus courtoise et plus obligeante.

« Ma première impression – et elle n'a jamais changé –, c'est que je me trouve en présence d'une très grande tragédienne, dira-t-il. Au meilleur sens du terme. »

Manchester en est aux premiers stades des recherches pour son ouvrage destiné à devenir le récit autorisé de l'assassinat et de ses lendemains. Avec le temps, il finira par comprendre que cette entreprise participe surtout d'une volonté d'en décourager d'autres que la famille Kennedy n'aurait pu contrôler.

Les cinq entretiens avec la veuve du président, menés entre avril et juillet, sont les plus déchirants qu'il aura à effectuer – et ce n'est guère surprenant. Mme Kennedy parle de tout, en des termes très précis, y compris de ce qui s'est produit dans la limousine, lorsque les coups de feu ont retenti : « Durant nos entretiens, elle n'a rien tu. Chez la moitié des gens à qui j'ai parlé, mes questions ont suscité une certaine détresse émotionnelle, mais personne ne m'a autant affecté que Jackie. »

Il enregistre les entretiens sur un magnétophone à bandes Wollensak, encombrant mais fiable. Selon l'accord qu'il a passé avec la famille, une fois l'ouvrage terminé, les dix heures d'enregistrements seront confiées à la bibliothèque John F. Kennedy dont l'ouverture est prévue à Boston. « Les historiens futurs seront peut-être déconcertés par de petits bruits sourds que l'on entend sur les bandes, écrit Manchester. C'est le bruit des glaçons dans nos verres. Le seul moyen de tenir le coup, c'était de puiser un peu de réconfort dans de grands daiquiris. » Mme Kennedy et Manchester fument, et « on entend aussi le craquement des allumettes ».

Arlen Specter et les autres sont au courant du livre de Manchester – tout Washington bruisse de rumeurs sur le sujet – et de ce qui l'accompagne, une enquête autorisée par la famille Kennedy. Specter est furieux que le journaliste puisse interviewer Mme Kennedy alors que le *chief justice* l'interdit aux enquêteurs de la commission. Specter demande pourquoi il est acceptable que la veuve du président parle à un journaliste de l'assassinat, mais pas qu'elle soit interrogée par la commission fédérale chargée d'expliquer à l'opinion publique pourquoi le président a été assassiné.

Il ignore l'ampleur de ces contacts, mais Mme Kennedy n'est qu'un témoin parmi bien d'autres qui ont accepté d'être interrogés. Robert Kennedy a accordé un entretien enregistré le 14 mai, mais il s'est montré beaucoup moins communicatif que sa belle-sœur. « Ses réponses sont sèches, souvent monosyllabiques », explique Manchester. Le journaliste a accès à d'importants témoins membres du gouvernement bien avant la commission. Quatre jours après sa première entrevue avec Mme Kennedy, il rencontre le directeur de la CIA, John

McCone, qui refuse de témoigner devant la commission Warren avant la mi-mai[2]. Et le journaliste est aussi autorisé à poser ses questions au président et à Mme Johnson. La Maison-Blanche accorde une interview avec la First Lady le 24 juin. Le président a initialement proposé un entretien en tête à tête, mais « il s'est rendu compte qu'il ne pourrait le supporter », explique Manchester. Il communique donc des réponses écrites à une liste de questions.

Depuis des mois, Specter réclame de pouvoir s'entretenir avec le couple présidentiel, et il a dressé de longues listes de questions à leur poser, tout comme il l'a fait pour Jacqueline Kennedy. Or, une fois encore, Warren déçoit les attentes de Specter. Le *chief justice* n'élève aucune objection lorsque la Maison-Blanche annonce que le président Johnson, au lieu d'effectuer sa déposition devant la commission, offrira une déclaration écrite relatant ses souvenirs du jour de l'attentat[3]. Ce communiqué de 2 025 mots ne parviendra à la commission que le 10 juillet, et certains des nouveaux adversaires politiques du président – en particulier les conseillers de Robert Kennedy – y décèlent aussitôt des contre-vérités destinées à servir ses propres intérêts. Johnson s'y présente comme ayant, dans les heures qui ont suivi l'assassinat, fait tout son possible pour réconforter Mme Kennedy et cherché conseil auprès de l'*attorney general* – échanges qui, dans certains cas, n'ont jamais eu lieu, souligne ce dernier.

Le *chief justice* concédera plus tard qu'il aurait dû insister pour faire témoigner Johnson de vive voix, ne serait-ce que pour éviter de donner l'impression que la commission n'avait pas posé toutes les questions nécessaires à un témoin crucial qui se trouvait dans le cortège : « Il aurait mieux valu qu'il effectue sa déposition. Mais il nous a signifié qu'il nous communiquerait sa déclaration écrite et que Mme Johnson ferait elle aussi une déclaration. Nous n'en avons donc jamais discuté avec lui[4]. »

Pour sa part, Mme Johnson adresse à la commission une déclaration qui est en fait la retranscription d'un enregistrement qu'elle a réalisé le 30 novembre, huit jours après l'assassinat. Les membres de l'équipe se souviendront longtemps de cette belle évocation de tout ce à quoi elle a assisté. Elle décrit son arrivée à l'hôpital Parkland et se rappelle s'être retournée vers la limousine du président, alors qu'on la faisait entrer en toute hâte dans le service des urgences : « J'ai jeté un dernier regard par-dessus mon épaule et j'ai vu, dans la voiture du président, un petit paquet rose, comme un massif de fleurs, posé sur la banquette arrière. Je crois que c'était Mme Kennedy, penchée sur le corps du président. » Plus tard, à l'intérieur de l'hôpital, Mme Johnson se trouve « face à face avec Jackie », dans un petit couloir. « Je crois que c'était juste à l'entrée de la salle d'opération, raconte-t-elle. Elle était toute seule. De ma vie, je crois n'avoir jamais vu personne d'aussi seul[5]. »

Avec les encouragements de la famille Kennedy, Warren propose à Manchester de l'aider. Il accepte d'être interviewé sur les événements du jour de l'assassinat et des jours suivants. Par la suite, Manchester dira que « Warren était d'une politesse sans faille et il a concédé que si nos deux enquêtes se recoupaient de temps à autre, elles n'étaient certainement pas de même nature[6] ». Au cours des mois suivants, Warren et Manchester restent en contact, soulignera l'auteur de l'ouvrage. « Nous avons échangé des confidences, et, inévitablement, nos chemins se sont croisés. » Grâce à l'appui de la famille Kennedy, Manchester dispose des pièces les plus importantes de la scène de l'assassinat, notamment le film d'Abraham Zapruder dans sa version intégrale – ces images de l'assassinat que le public ne pourra voir avant des dizaines d'années. Manchester affirme avoir reçu l'autorisation de visionner le film « soixante-dix fois » et de l'examiner « image par image ».

L'un des pilotes d'Air Force One le convie à bord de l'appareil et on le laisse aussi visiter la salle d'opération de l'hôpital Parkland et la morgue de l'hôpital naval de Bethesda[7]. Il est autorisé à voir le premier cercueil du président – qui n'a pas été utilisé lors de ses funérailles, parce que endommagé pendant le voyage de Dallas à Washington –, que l'on ressort exprès pour qu'il puisse l'examiner de près.

Le livre n'est qu'un des éléments de la campagne que mène la famille Kennedy pour façonner le souvenir du président et du jour de son assassinat. Dans ses journaux intimes pour la période de novembre 1964, Drew Pearson chronique les réactions souvent cruelles qui résultent largement des efforts déployés par Mme Kennedy pour veiller à la postérité de son mari.

Les Kennedy ont toujours inspiré un mélange de jalousie et de dédain à Washington, et la mort violente du président n'a pas mis fin aux rumeurs. Si Pearson a confié une part de ce qu'il entend à son ami Warren, cela explique peut-être pourquoi celui-ci a fait preuve de tant d'égards envers eux. Pearson sait que leurs ennemis n'ont pas été réduits au silence par l'assassinat du président, même l'espace de quelques heures. Le lundi 25 novembre, jour des funérailles, Pearson note dans son journal que Mme Kennedy, debout face à la foule, n'aurait pu se placer plus haut : « Jackie a régné en souveraine, comme de juste[8]. » Mais dans une autre entrée datée du même jour, il rapporte qu'après avoir suivi les funérailles du président à la télévision, il a déjeuné avec des amis à l'hôtel Carlton, à deux pas de la Maison-Blanche, « et j'ai bien peur qu'ils n'aient pas été aussi gentils avec Mme Kennedy que la foule endeuillée, à l'extérieur ».

Les difficultés du couple Kennedy sont le sujet principal du déjeuner. « Nous nous sommes remémoré la manière flagrante qu'il avait de jouer de sa séduction avec d'autres femmes », le voyage de Mme Kennedy en Grèce cette année-là et son séjour à bord du yacht d'Aristote Onassis, l'armateur milliardaire, « surtout par dépit envers son mari ». Pearson note qu'Onassis se trouvait à Washington pour les funérailles et qu'il était censé rester quelque temps en compagnie de la sœur de Mme Kennedy, Lee Radziwill, qui, cet été-là, entretenait avec lui une liaison entourée de beaucoup de publicité, tout en se préparant à divorcer. « Il sera intéressant de voir si le divorce et le remariage se déroulent comme prévu », écrit Pearson.

Quatre jours plus tard, le chroniqueur déjeune avec un avocat influent de Washington, Joe Borkin, qui l'avertit que « le vent a déjà un peu tourné contre Jackie, à plusieurs égards », surtout après la révélation que Mme Kennedy a inspiré la mise en scène du service funéraire et de l'enterrement de son mari, notamment la procession dans Connecticut Avenue où Johnson, de Gaulle et d'autres dirigeants ont défilé à pied. L'événement a créé un mouvement de panique au Secret Service. Johnson a confié à des amis sa crainte d'être assassiné par un tireur dans la foule. « Elle a exigé que les chefs d'Etat marchent derrière le cercueil, ce qui aurait très bien pu se finir par une crise cardiaque pour Johnson, une pneumonie pour de Gaulle, et la vie des dirigeants du monde libre offerte à un assassin disposé à risquer la sienne », selon le journal de Pearson.

Borkin dit à ce dernier que les attaques en coulisses contre Mme Kennedy se multiplient, à la suite de son projet de faire installer une arrivée de gaz dans le cimetière d'Arlington afin d'alimenter une flamme éternelle qui marquera la tombe du président. Aux yeux de certains, l'initiative dépasse presque les bornes. « Il n'y a qu'une seule flamme éternelle devant une tombe, et elle se trouve à Paris, et la tombe est celle du soldat inconnu, note encore Pearson dans son journal. Certains pensent que Kennedy ne la mérite pas tout à fait. »

Plusieurs autres entrées évoquent les tentatives de Mme Kennedy pour faire rebaptiser le centre spatial, en Floride, du nom de son mari – Cap Canaveral devenant Cap Kennedy – et pour faire inscrire son nom au fronton du nouveau centre culturel national en construction sur les rives du Potomac. « Lincoln n'a eu un mémorial qu'au bout de soixante-quinze ans et Teddy Roosevelt et FDR n'ont toujours pas le leur », écrit Pearson après son déjeuner avec Borkin. « Pourtant, ils veulent déjà appeler ce centre culturel "Centre Kennedy". »

Dans les semaines suivant l'assassinat, remarque-t-il, des attaques de plus en plus venimeuses se déchaînent contre Mme Kennedy au sujet de ses visites répétées au cimetière d'Arlington et de la publicité qui les entoure, comme si par ses manifestations de dévotion elle tentait de réécrire l'histoire de leur mariage. « Ces dames estiment que les cinq visites de Jackie sur la tombe étaient de trop et les commentaires ont abondé sur Bobby Kennedy, son beau-frère, qui l'a accompagnée lors de certaines de ces visites », note encore Pearson dans son journal.

Il sait que ce venin émane de gens qui sont censés être ses amis les plus dévoués, dont Marie Harriman, l'épouse de l'ancien gouverneur de l'Etat de New York et faiseur de rois du camp démocrate, Averell Harriman. Les Harriman avaient proposé de prêter leur somptueuse demeure de Georgetown à Jackie et à ses enfants pendant qu'elle cherchait un nouveau foyer. Mais au moment où elle rassemble ses affaires pour s'installer dans un hôtel voisin et laisser la place aux Kennedy, Marie Harriman téléphone à l'épouse de Pearson, Luvie, et lui confie qu'elle « regrette d'avoir laissé sa maison à Jackie ». Selon le journal de Pearson, Mme Harriman « a parlé aujourd'hui au téléphone avec Luvie, et s'est plainte d'avoir à vider ses tiroirs, à retirer ses affaires de toilette et à déménager au Georgetown Inn où, dit-elle, la cuisine est calamiteuse. [...] Marie se demande pourquoi Jackie n'est pas partie en Virginie pour un mois de deuil pour se trouver une maison à elle. Mais non, Jackie se plaît à Georgetown et il faut qu'elle y habite ».

Pearson lui-même ne répugne pas à reprendre quelques-uns de ces commérages dans sa chronique. Le 10 décembre, il signale que le médecin de la Maison-Blanche a administré des calmants aux enfants et à Mme Kennedy pour les aider à tenir bon pendant les funérailles. « Les téléspectateurs de l'enterrement de Kennedy ont été frappés de voir la veuve du président si près de ses beaux-frères, écrit-il dans sa chronique. Ce n'était pas un hasard. Le docteur avait administré des calmants à Jackie et demandé aux deux frères de rester à ses côtés au cas où elle défaillirait. Caroline et John Junior ont reçu des calmants spéciaux pour enfants afin qu'ils ne s'agitent pas trop[9]. »

La chronique suscite un démenti furieux de Mme Kennedy par la voix d'une amie, Florence Mahoney, figure du Tout-Washington, « qui m'a téléphoné pour me dire que Jackie Kennedy est très contrariée, écrit Pearson. Florence m'a expliqué que Jackie prétend que ce n'est pas vrai et que ça l'a mortifiée[10] ». Dans son journal, il dit regretter d'avoir publié cette information, du moins sous la forme où elle est parue. L'article était rédigé par Jack Anderson, son partenaire de reportage. « Je regrette de ne pas avoir été plus strict dans ma relecture, confie-t-il. J'ai appelé Jack Anderson, qui l'a écrit, et il me jure que c'est la vérité. Je n'en suis pas sûr. » L'article suscite aussi la colère de Robert Kennedy, qui annule une interview. Son porte-parole, Ed Guthman, « m'a téléphoné de sa part pour m'annoncer qu'il m'en veut et qu'il refuse de me recevoir ».

Selon les termes de son contrat avec son éditeur, Harper & Row, William Manchester a trois ans pour terminer le livre[11]. Dès le début, il craint de ne pouvoir le remettre à temps. Les échéances auxquelles est soumise l'équipe de la commission Warren sont autrement plus rudes. Le *chief justice* exerce en permanence des pressions pour qu'elle achève son travail. Il considère depuis le début que l'enquête « dure trop longtemps », selon Alfred Goldberg, l'historien. « Les membres de la commission voulaient tous retourner à leurs occupations habituelles. Warren voulait retrouver la Cour suprême[12]. »

En avril, Rankin demande à Goldberg de préparer un plan définitif du rapport, ainsi qu'une note recommandant à l'équipe de veiller à l'unité de style. Il veut aussi que Goldberg rédige une brève introduction, qui donnera le ton et précisera les objectifs.

Dans sa note sur le style, Goldberg suggère que le rapport doit être lisible par le plus grand nombre : « Il doit viser à un maximum de clarté et de cohérence par l'emploi d'une langue simple et directe. » La forme doit être narrative – une chronologie bien documentée de l'assassinat et de ses retombées[13]. Le rapport risque de compter plusieurs centaines de pages, « et il est excessif de demander aux lecteurs, qui ne sont ni juristes, ni même historiens de suivre aveuglément le fil d'un récit de 500 pages principalement composé d'analyses ».

De son enfance à Baltimore, Goldberg a retenu qu'un récit captivant est la meilleure façon d'exposer une histoire aussi grave, tout en s'attachant rigoureusement aux faits. Sa carrière d'historien est née dans les pages des livres de G. A. Henty, prolifique romancier britannique du XIXe siècle, qui écrivit plus de cent récits d'aventures pour enfants « couvrant la totalité de l'histoire du monde », en commençant par l'Egypte ancienne. A douze ans, estimait Goldberg, « j'en avais probablement lu cinquante ou soixante titres ».

Il recommande à Rankin d'inclure dans le rapport de la commission une section dédiée aux « théories et aux rumeurs », afin de répondre aux conspirationnistes comme Mark Lane et autres. « Cette partie doit démontrer que la commission a pleinement conscience de ces questions et qu'elle en a dûment tenu compte », souligne-t-il dans une mise en garde.

Le 16 mars, il remet à Rankin le premier jet de son introduction[14] : « L'assassinat du président John F. Kennedy à Dallas, au Texas, le 22 novembre 1963, a choqué et peiné le peuple des Etats-Unis et, par-delà nos frontières, la plupart des peuples du monde. Quelques heures après cet acte, la police de Dallas arrêtait puis inculpait l'assassin, Lee Harvey Oswald, qui, dans l'intervalle, aurait tiré sur le policier de Dallas J. D. Tippit et l'aurait tué. Le matin du 24 novembre 1963, Oswald était lui-même mortellement blessé par balles alors qu'il se trouvait sous la garde de la police, au commissariat central de Dallas. Le meurtre d'Oswald a engendré toutes sortes de rumeurs, de théories, de conjectures et d'allégations qui menacent d'obscurcir et de déformer la véracité des faits entourant l'assassinat du président Kennedy. »

Dès que le plan de Goldberg circule au sein de la commission, certains juristes s'indignent. Selon eux, le rapport doit se lire comme un arrêt juridique nourri de faits ou comme un article de revue juridique – le type de texte qu'ils comprennent le mieux – en se concentrant sur les preuves scientifiques et les dépositions des témoins qui permettent d'établir sans l'ombre d'un doute qu'Oswald est le seul et unique assassin du président. Goldberg a prévu cette réaction, surtout de la part des plus jeunes. « C'étaient tous des cracks issus des meilleures facultés de droit, très imbus d'eux-mêmes », se souviendra-t-il[15]. Ces juristes ont été formés à la rédaction de mémoires juridiques arides, et pas à celle d'accès plus facile qu'il défend.

Au sein de l'équipe juridique, nul n'est plus hostile aux idées de Goldberg que David Belin. « Du point de vue de l'ensemble, je m'insurge contre cette idée d'un plan, écrit-il après avoir lu ses propositions. J'estime essentiel que le rapport soit rédigé par les juristes qui ont travaillé dans chaque domaine selon les critères d'un document juridique, et non ceux d'une approche historique. Dans la mesure du possible, le rapport doit partir des conclusions. Il doit contenir un minimum d'opinions et de conclusions outre celles clairement démontrées par les faits[16]. »

Goldberg ne cède pas. Le 28 avril, il adresse une nouvelle note à Rankin, dans laquelle il plaide à nouveau passionnément pour un rapport bâti autour d'un récit clair de l'assassinat[17]. Cette note s'en prend frontalement à Belin et à certains autres juristes : « Ce rapport doit revêtir la forme d'un récit, et les membres de l'équipe ne doivent pas oublier qu'il est destiné au public et non à des juristes. »

Chapitre 33

Siège de la commission Warren
Washington
Avril 1964

David Slawson comprend que Silvia Duran n'ait pas envie de parler. Si les rapports provenant du Mexique sont exacts, le gouvernement des Etats-Unis porte la responsabilité de ses mauvais traitements, car sa première arrestation a été demandée par la station de la CIA à Mexico. Il a entendu dire que les hématomes qu'elle a sur le corps ne seraient pas le pire ; selon certaines informations, les interrogatoires musclés de la police secrète mexicaine l'ont fait plonger dans la dépression[1]. Slawson pense « qu'elle a été torturée – nous n'en avons pas la certitude, mais nous le soupçonnons fortement ». C'est la raison pour laquelle, pense-t-il, le gouvernement mexicain a empêché la commission de l'interroger. « Je pense qu'ils l'ont maltraité et ils ne veulent pas que ça se sache. »

Dès son retour à Mexico, Slawson fait pression sur la CIA pour qu'elle l'aide à organiser une rencontre avec Duran à l'extérieur du Mexique. Il parcourt le rapport d'interrogatoire de Duran qui lui a été fourni par le FBI à Mexico, mais il est encore très lacunaire. Le gouvernement mexicain n'a pas retranscrit fidèlement les propos de Duran. Le rapport n'offre qu'un résumé, signé par l'intéressée, de déclarations où elle affirme n'avoir rien su d'un plan d'Oswald pour tuer Kennedy. Il se rappelle avoir pensé que l'impression produite aurait été meilleure si Duran avait au moins rédigé le document de sa main. Mais le résumé est dactylographié, ce qui laisse supposer qu'on lui fait signer des documents rédigés à l'avance. « Tout était de seconde main, se rappellera-t-il. Et ce n'était pas suffisant, bien évidemment. »

Slawson et Coleman ont une impression plutôt favorable de la jeune femme. Quelles que soient ses opinions politiques, on la dit intelligente et déterminée. « D'après ce que j'ai entendu dire d'elle, c'est une femme de caractère, reconnaîtra-t-il. Je ne saurais plus vous dire d'où nous venait cette impression, mais Bill et moi pensions que cette femme était quelqu'un de franc du collier. » Peut-être à Washington se sentira-t-elle libre de dire des choses dont elle aurait peur de parler au Mexique. Et même si elle s'en tient à la version fournie à ses interrogateurs mexicains, il estime important que la commission puisse directement juger de sa crédibilité. « Elle livrera peut-être davantage de détails, surtout si elle se sent en confiance, conclut-il. Et si nous nous abstenons de la passer à tabac. »

Le premier défi, selon lui, c'est de réussir à savoir où elle se trouve. Son mari très protecteur, Horacio, l'a installée dans une cachette et interdit tout contact. « Nous ne pouvions pas la joindre, la CIA ne pouvait pas la joindre, personne ne pouvait la joindre, se rappellera-t-il. Elle se cachait » et son mari était « furieux » du traitement qu'on lui avait infligé.

Quelques semaines après son retour au Mexique, Ray Rocca signale à Slawson que l'Agence a pris contact avec les Duran et croit que Silvia Duran serait disposée à se rendre à Washington. Slawson se souviendra que Rocca semblait enthousiasmé par la nouvelle – « il était vraiment impatient » – et voulait participer à la logistique. Rocca demande si la commission souhaite que l'Agence se charge de l'étape suivante et prenne des dispositions pour le voyage de Duran, probablement avec son mari. « Bill et moi n'avons pas eu à réfléchir deux minutes avant de dire "oui, oui" », se rappellera Slawson.

L'idée de pouvoir parler à la femme qui – plus que quiconque, peut-être même plus que Marina Oswald – a pu savoir ce qu'Oswald avait dans la tête au cours des semaines qui ont précédé l'assassinat le rend euphorique. Il pense qu'Oswald devait voir en elle une âme sœur. C'était une camarade socialiste, partisane de Fidel Castro. Elle parlait anglais et paraissait sincèrement désireuse de l'aider à se procurer un visa pour se rendre à Cuba. Elle était « très, très bien disposée à son égard », remarquera-t-il.

Il se souviendra aussi d'avoir annoncé la bonne nouvelle concernant Duran à Rankin et de lui avoir demandé la permission de commencer à préparer son voyage. « Et Lee m'a répondu : "Je vais en parler à Warren." » Typique de Rankin, se dit Slawson, cette manière de ne pas décider par lui-même, même lorsque la décision est évidente.

Rankin revient avec une réponse déconcertante : « La réponse est "non" », annonce-t-il à un Slawson abasourdi. Il n'y aura pas d'entretien avec Duran.

Slawson ne se souvient plus si Rankin lui a expliqué la décision du *chief justice*, mais ce dernier semblait penser que le castrisme et le socialisme déclarés de Duran faisaient d'elle un témoin inacceptable. C'est le même type de raisonnement qui avait conduit Warren à empêcher Slawson d'obtenir auprès du gouvernement cubain des pièces concernant Oswald – décision que l'intéressé avait choisi d'ignorer, à ses risques et périls.

Rankin amortit le coup en lui glissant qu'il ne s'agit pas d'« un non catégorique » et que, s'il éprouve si fortement le besoin d'interroger la jeune femme, il peut en appeler directement au *chief justice*.

L'idée qu'on puisse lui dénier la possibilité de s'entretenir avec Duran stupéfie Slawson. « C'est stupide, totalement stupide », s'est-il dit. Tout comme Arlen Specter disait avoir besoin des photos et des radios de l'autopsie pour reconstituer les événements de Dealey Plaza, il avait besoin de parler à Duran pour pouvoir exclure toute possibilité d'un complot international. La commission n'avait pas à prendre tout ce que dirait Duran pour argent comptant, se répétait-il. « Nous n'étions pas tenus de la croire sur parole. Mais nous devions parler avec l'ennemi, si nécessaire. »

Il répond à Rankin qu'il souhaite voir Warren au plus vite et demande à Howard Willens, qui « soutient complètement » son projet de faire venir Silvia Duran à Washington, de l'aider. Willens considère de plus en plus Slawson et certains autres juristes comme leurs meilleurs défenseurs, bien plus que Rankin. Selon certaines informations, Warren s'est emporté en petit comité contre l'impertinence de Willens. « Il trouvait

Howard irrespectueux, expliquera Slawson. Howard était peut-être le seul à oser lui dire en face qu'il n'était pas d'accord. » Pour sa part, le *chief justice* confirmera la chose des années plus tard, déplorant que Willens se soit montré « très critique à mon égard dès qu'il nous a rejoints ».

Slawson n'a pas oublié sa nervosité quand il s'est préparé à cette entrevue. Warren se montre dans les bureaux pratiquement tous les jours, mais il n'a que peu de relations avec les jeunes juristes. Il cherche rarement la conversation. « C'était le *chief justice* de la Cour suprême des Etats-Unis, et on n'entrait pas dans son bureau pour faire la causette avec lui, dira Slawson. Si vous l'aviez fait, il vous aurait envoyé promener. » Malgré tout, Slawson et Willens obtiennent rapidement un rendez-vous, et le premier se souviendra d'avoir été reçu aimablement par le patron, qui accueille les deux juristes avec un sourire. « Il nous a priés de nous asseoir, et ensuite nous avons plaidé notre cause. »

Slawson explique en quoi Silvia Duran est un témoin important, dans la mesure où elle pourrait leur fournir des informations sur Oswald qu'elle n'a pas confiées à la police mexicaine. Il avance la possibilité que la police mexicaine l'ait intimidée ou même torturée pour qu'elle ne révèle rien pouvant évoquer un complot ourdi sur le sol mexicain.

Qu'avait-on à perdre ? Slawson se souvenait d'avoir posé cette question. « Les bénéfices pouvaient être considérables. »

Warren répond sans hésiter. Il n'a pas changé d'avis. Il n'y aura pas d'entretien avec Silvia Duran. Slawson se souviendra des termes exacts qu'il a employés : « On ne peut tout bonnement pas se fier à une communiste. On ne parle pas aux communistes. On ne peut pas se fier à une communiste convaincue pour nous dire la vérité, alors quel est l'intérêt ? »

Il ne veut pas en entendre davantage. « Il nous a donné son avis, et c'était fini », selon Slawson. A la Cour suprême, le *chief justice* a certes la réputation d'un défenseur des droits de la gauche, y compris des communistes, mais dans ce cas, « il reprend à son compte le stéréotype du communiste, qui est presque le mal incarné », catégorie dans laquelle il range apparemment Silvia Duran.

Slawson ressort du bureau avec le sentiment d'avoir perdu. Il se souvient de s'être tourné vers Willens en lui disant : « Seigneur, quelle déception, et quelle erreur ! » Mais loin de démissionner, ce qu'il n'a jamais sérieusement envisagé, il en conclut qu'il ne peut rien tenter d'autre.

Des décennies plus tard, il avouera rester perplexe face à cette décision : « Que nous n'ayons pas pu lui parler, c'est fou. » Il a fini par se demander si ce n'était pas un calcul politique. Warren craignait peut-être que les détracteurs de droite de la commission ne lui reprochent d'avoir conféré de la crédibilité à une communiste. Plus troublant encore, il s'est demandé si Warren n'avait pas été discrètement incité à laisser Duran en paix. A la lumière de ce qu'il a appris ultérieurement au sujet de la CIA, il s'est demandé – sans pouvoir le prouver – si l'Agence n'avait pas prié Warren de ne pas interroger la Mexicaine. Slawson se fiait à Rocca, l'agent de liaison, et pensait que celui-ci était sincère lorsqu'il lui avait offert son aide pour amener Duran à Washington. Mais il se demandait si d'autres plus haut placés que lui ne redoutaient pas ce que cette femme pourrait révéler sur Oswald et les opérations du renseignement américain à Mexico.

Plus tard, il apprendra que Warren a cédé à la CIA au sujet d'un autre témoin, le transfuge russe Iouri Nosenko. En juin, au cours d'une rencontre discrète, Richard Helms, le directeur adjoint, lui demande au nom de l'Agence que la commission ne mentionne pas Nosenko dans son rapport[2]. Helms « m'a informé que Langley avait finalement compris que ce transfuge était un imposteur ». Et il accède à cette demande, alors que la commission n'a jamais eu l'occasion d'interroger le Russe ni de lui soumettre des questions écrites. « Nous ne devions en aucune façon fonder nos conclusions sur le témoignage d'un transfuge russe », expliquera Warren. On ne pouvait faire confiance à Nosenko, pas plus qu'à Duran, pour dire la vérité.

Alors que la commission commence à envisager la manière d'organiser et de rédiger son rapport, Willens transmet à l'équipe des notes dressant la liste des « impasses » de l'enquête, dont un bon nombre concernent Slawson et un éventuel complot international. Cela n'a rien à voir avec la qualité de son travail, dit-il, mais la tâche qui lui incombe, d'essayer de prouver ou de réfuter l'existence d'un complot sur la base d'éléments souvent vagues ou contradictoires, est colossale.

Mexico occupe souvent les pensées de Slawson. Après son voyage, il adresse une lettre au FBI contenant une liste de questions dont la commission souhaite connaître la réponse. Il demande au Bureau de préparer une estimation détaillée des sommes dépensées par Oswald à Mexico, jusqu'au prix de six cartes postales semblables à celles retrouvées en sa possession après l'assassinat. Oswald aurait assisté à une corrida, et Slawson souhaite donc que le FBI estime « le prix du billet de corrida à l'endroit où se trouvait sans doute sa place ». Son idée est de chercher à déterminer si Oswald a eu besoin d'argent d'un tiers pour couvrir ses frais.

Il lui reste aussi une longue liste de questions concernant « l'autre Silvia » – Silvia Odio, la femme de Dallas qui prétend avoir rencontré Oswald en compagnie d'anticastristes. Slawson est convaincu que le FBI ne rêve que d'écarter son histoire. Dans une note datée du 6 avril, il signale que ses recherches montrent que « Mme Odio est une personne intelligente et stable[3] ». Il est de plus en plus convaincu qu'elle dit la vérité. « Si Mme Odio venait à rétracter son histoire, ce serait non pas parce qu'elle aurait menti, mais parce qu'elle aurait peur. »

Le FBI l'informe qu'il n'a pas été possible de retrouver les deux Latino-Américains qui se seraient présentés chez Odio accompagnés d'Oswald ; mais cela ne le surprend pas. Les deux hommes se cachent peut-être par crainte d'être accusés d'avoir pris part à l'assassinat et ils pourraient avoir essayé d'intimider la jeune femme. « Il se peut tout à fait qu'ils aient exercé des pressions ou des menaces pour inciter Mme Odio à se taire. »

Il s'apprête à se rendre à Dallas, notamment pour recueillir la déposition de Silvia Odio. En prévision, Burt Griffin, qui se trouve déjà au Texas, est prié d'interroger des témoins susceptibles de corroborer son récit, notamment son psychiatre, Burton Einspruch. Einspruch le reçoit dans son bureau de l'hôpital Parkland. Après l'entretien, Griffin dira : « Einspruch a déclaré qu'il estime digne de foi le récit de Mlle Odio[4]. » Le psychiatre lui rappelle qu'elle lui a parlé de sa rencontre troublante avec ces trois inconnus avant l'assassinat, et a même mentionné l'homme qu'elle a identifié depuis comme étant

Oswald. « Einspruch a déclaré que Mlle Odio a une tendance à l'exagération, mais selon lui les faits bruts qu'elle nous livre sont véridiques, écrit Griffin. Cette tendance à l'exagération, qui tient plus de l'emphase que du mensonge, est typique de nombreux Latino-Américains. »

Slawson n'est pas le seul à être intrigué par les affirmations de Silvia Odio. Lorsque Jim Liebeler, devenu son ami, propose de se charger de la mission d'interroger Mlle Odio lors d'un déplacement prévu à Dallas, Slawson est tellement accaparé par le reste de son travail qu'il ne s'y oppose pas. Liebeler a des raisons bien à lui de vouloir procéder à cet entretien : les photographies de Silvia Odio montrent que la jeune femme est belle comme un mannequin. A Dallas, Liebeler doit aussi interroger Marina Oswald, qui n'est pas vilaine non plus.

Chapitre 34

Siège de la commission Warren
Washington
Mai 1964

Wesley « Jim » Liebeler est une force de la nature. C'est un authentique libertarien, prêt à ignorer – ou, mieux encore, à scandaliser – quiconque essaie de lui imposer des règles. Sur le plan politique, c'est un républicain conservateur. Farouchement anticommuniste, il serait, selon les rumeurs – apparemment fausses – qui circulent à la commission, membre de l'ultraconservatrice John Birch Society. Rankin se souvient « d'un conservateur au milieu d'un tas de gens de gauche, et la fréquentation de certains d'entre eux l'a vite lassé et désabusé[1] ». Le mépris de Liebeler a souvent pour cible Norman Redlich, qui est aussi progressiste que lui est conservateur. « En matière politique, M. Redlich et moi avons des opinions radicalement différentes », déclarera plus tard Liebeler[2].

Aux yeux de beaucoup, Liebeler est aussi un iconoclaste charmeur. Bien des années plus tard, ils seront plusieurs à le décrire comme l'un des personnages les plus mémorables qu'ils aient jamais rencontrés. La simple mention de son nom suscite des sourires entendus. Slawson gardera de lui le souvenir de son manque de respect pour l'autorité, qui se manifeste d'entrée de jeu lorsqu'il exige le remplacement des secrétaires incompétentes de la commission[3]. Griffin dira que sur le plan politique, ils « ne s'accordaient sur rien », et que Liebeler ne se privait jamais de dire ce qu'il pensait. « Mais en dépit de toute son agressivité, il y avait en lui de la délicatesse, nuancera-t-il. Même s'il vous traitait de crétin sur tel ou tel sujet, il le faisait de manière à ce que vous compreniez qu'il ne vous considérait pas comme un crétin. » Liebeler, selon lui, « se souciait profondément d'autrui ».

D'autres sont moins tendres. Specter le trouvait extrêmement intelligent, mais aussi « ombrageux » et « un peu toqué », sujet à des accès de colère bizarres. Il se rappellera avoir déjeuné avec lui au Monocle, un restaurant huppé de Capitol Hill, et l'avoir vu piquer une crise parce que le jaune de l'œuf sur son hamburger à cheval n'était pas assez onctueux.

Manifestement, Warren ne l'apprécie guère, et plusieurs juristes s'en souviennent. Et puis Liebeler commet l'impensable pour l'époque : il se laisse pousser la barbe. « C'était une grande et belle barbe – toute rousse, se souviendra Rankin. Warren l'a mal pris[4]. » Le *chief justice* est si contrarié qu'il prie Rankin d'ordonner à Liebeler de se raser. Rankin prétendra avoir tenté de l'en dissuader. « Je lui ai expliqué : "Ecoutez, il a le droit de se laisser pousser le poil comme il l'entend, et s'il a envie d'une barbe, il en a le droit." » Specter se souvient d'avoir trouvé cela très hypocrite de la part de Warren – « le grand défenseur des droits civiques » – de s'irriter ainsi pour une barbe. Sa vengeance consistera à « exiler » Liebeler à un autre étage pendant un temps. Le personnage émoustille ses collègues avec le récit de ses conquêtes féminines. Il aime les longues soirées de ripaille et de beuverie et invite souvent ses collègues à se joindre à lui. Il a beau avoir une épouse à New York, la révolution sexuelle des années 1960 est déjà bien engagée, et il n'a pas l'intention de regarder passer le train. « C'était un coureur énorme, dément », se souviendra Slawson.

« Il était prêt à tout – absolument tout », selon Griffin, qui pour sa part préfère retrouver sa femme tous les soirs. « Je mène une vie très rangée. Liebeler, malgré son conservatisme affiché, ne l'était pas du tout pour un tas de choses. » En ce qui concernait l'alcool, « il ignorait la modération ». Ses exploits nocturnes n'avaient rien de secret parce qu'« il en parlait tout le temps ». Cela ne paraît pas affecter son travail, et il est de retour au bureau le lendemain matin, galvanisé par ses aventures. L'alcool semble ne pas avoir d'effet sur lui, peut-être parce que « c'est un type costaud, qui mesure pratiquement 1,90 mètre et pèse pas loin de 100 kilos », remarquera Griffin.

Quel que soit le climat dans son couple, Liebeler est un père dévoué pour ses deux fils, restés à New York avec leur mère. Les années passant, l'aîné, Eric, a bien voulu pardonner à son père certains de ses errements, tant il admire en lui « un homme qui a voulu vivre chaque jour de sa vie à fond », comme si c'était le dernier[5]. « Il considérait qu'il devait faire tous les jours quelque chose d'intéressant, d'intense, de valable. »

C'est surtout quand il part dans sa propriété familiale de plus de trente hectares, dans le Vermont, qu'il est le plus heureux et le plus productif. En rejoignant la commission, il a demandé à Rankin l'autorisation de s'envoler pour le Vermont une semaine sur deux, aux frais de l'administration, pour travailler là-bas en se vidant la tête. Rankin a accepté, apparemment sans se rendre compte que l'autre emporterait dans sa serviette des documents classifiés pour les lire dans l'avion – ce qui leur poserait plus tard des problèmes à tous les deux.

Le supérieur direct de Liebeler au sein du « tandem Oswald », comme on finit par l'appeler, est Albert Jenner, l'avocat de haut vol de Chicago. Mais le tandem ne fonctionne pas. Les deux hommes finissent par se mépriser et, dès les premières semaines, s'adressent à peine la parole. « J'ai finalement décidé de m'occuper de mes affaires dans mon coin, d'avancer, et c'est moi qui ai fait la majeure partie du boulot », dira Liebeler[6]. Selon Specter, les différences de personnalité entre Jenner et Liebeler étaient trop tranchées. Alors que ce dernier est un Falstaff moderne, « Burt Jenner est surtout réputé pour son côté pète-sec », remarque-t-il, en se remémorant des déjeuners où Jenner insistait pour qu'on lui serve ses plats sans aucun assaisonnement[7]. « Il mangeait sa salade sans vinaigrette. »

Les responsabilités sont en fin de compte si bien réparties que les deux hommes ne se croiseront plus. Liebeler se concentre sur les questions concernant les mobiles d'Oswald, alors que Jenner recherche les preuves d'un éventuel complot intérieur impliquant des contacts d'Oswald aux Etats-Unis, après son retour de Russie en 1962.

A Chicago, Jenner est une personnalité admirée[8]. C'est l'un des avocats les mieux payés d'Amérique et ses victoires devant les tribunaux n'incitent pas ses clients à négocier des rabais. Il est aussi apprécié par les groupes de défense des libertés et des droits civiques car son cabinet offre des services juridiques gratuits aux plus démunis et prend à sa charge les procédures en appel pour les condamnés à mort sans ressources. A la commission, il a une réputation de gros bosseur. A l'inverse de la plupart des autres avocats expérimentés de la commission, il passe l'essentiel de son temps à Washington jusqu'à la fin de l'enquête. Pourtant, il déconcerte certains de ses nouveaux collègues par ses habitudes et son obsession du détail. Alfred Goldberg dira avoir lu un projet de chapitre sur Oswald rédigé par Jenner : 120 pages, presque 1 200 notes, dont une particulièrement inutile où l'auteur indiquait la localisation géographique exacte de Minsk, où Oswald avait vécu en Union soviétique[9]. Specter se souviendra d'un autre rapport de vingt pages « sans intérêt » sur Oswald rédigé par Jenner. « Entre nous, on se disait qu'on pouvait le jeter à la poubelle tout de suite après l'avoir lu. »

Jenner correspond à un type d'avocat que certains des jeunes enquêteurs ont croisé dans leurs cabinets d'origine : l'avocat très cher payé qui sait emballer un jury et impressionner un juge, mais qui laisse la recherche et l'analyse des preuves à ses collaborateurs. Et il n'a visiblement aucun talent pour l'écriture. « C'était un casse-couilles, dira Specter. Tout le monde levait les yeux au ciel. » Comme d'autres, Slawson se demande si le ténor du barreau ne souffre pas d'un trouble de l'apprentissage : au lieu de lire lui-même les transcriptions des dépositions de ses témoins, « il se les faisait lire par sa secrétaire », des heures durant.

Pour leurs recherches, Liebeler et Jenner peuvent compter sur les services de John Hart Ely, le jeune avocat sur le point d'intégrer la Cour suprême pour devenir l'un des clercs de Warren. Ely se charge de diverses recherches pour le tandem, notamment une étude sur toutes les maisons où Oswald a vécu au cours de son enfance et son adolescence, à commencer par l'orphelinat de La Nouvelle-Orléans où sa mère l'a placé en 1942, à l'âge de trois ans. Ely fait remarquer que Mme Oswald a déposé son fils à l'orphelinat le lendemain de Noël. Si le moindre doute au sujet du sentiment de déracinement d'Oswald subsistait encore, il est dissipé par cette note de six pages où Ely dresse la liste de dix-sept adresses successives dans quatre Etats, des endroits aussi différents que Covington, en Louisiane, et le Bronx, à New York, où Oswald a vécu avec sa mère[10]. Souvent, avec ses frères, il ne restait dans le même logement et la même école que quelques semaines avant que leur mère ne les oblige à déménager sur un coup de tête, convaincue que la vie serait meilleure ailleurs.

On demande ensuite à Ely de s'atteler à une reconstitution détaillée de sa carrière militaire, qui débute le 24 octobre 1956, six jours après son dix-septième anniversaire, quand il s'engage dans les Marines[11]. Ely épluche les dossiers de son instruction au camp d'entraînement, notamment sa session de formation de trois semaines au maniement du M-1, le fusil en dotation de l'armée. Quand il passe un examen d'aptitude au tir, en décembre de la même année, il est classé comme « tireur de précision » (*sharpshooter*), la note médiane sur les trois que décernent les Marines – *expert* étant la plus élevée et *marksman* la plus basse.

Ely interroge nombre de ses camarades dans les Marines et en retire l'impression d'un individu replié sur lui-même et asocial – un type « solitaire », « sans intérêt » sont les expressions les plus courantes. Quand il se laissait entraîner dans des conversations avec d'autres marines, Oswald se revendiquait marxiste et proclamait son désir de se rendre en Union soviétique, peut-être pour y vivre. Un de ses camarades se rappelait qu'il étudiait le russe, « en écoutant des disques de chansons russes si fort qu'on les entendait du dehors ». Un autre rapportait qu'il appelait les autres marines « camarades » et que, dans la conversation, pour dire oui ou non, il se servait des mots russes – *da* et *niet*. Certains marines avaient fini par le surnommer « Oswaldovitch ». Un ancien de son unité se rappelait qu'il parlait de son envie « d'aller à Cuba entraîner les troupes de Castro ».

Ely recueille des souvenirs disparates sur la vie d'Oswald en caserne. Les informations sur son rapport à l'alcool sont contradictoires – certains se souviennent de lui saoul, d'autres disent qu'il ne buvait pas –, tout comme celles sur son rapport envers le sexe opposé. Des rumeurs persistantes faisaient de lui un homosexuel, surtout parce qu'on le voyait rarement en compagnie de femmes. D'autres rumeurs concernaient les armes à feu et la violence. Il avait été traduit en cour martiale pour s'être blessé avec un calibre 22 non déclaré qu'il avait acheté à titre personnel. Le pistolet était tombé de son casier et le coup était parti, le blessant près du coude gauche. Il avait été de nouveau traduit en cour martiale après une bagarre avec un de ses supérieurs, un sergent. Ely signale aussi des allégations, jamais étayées, selon lesquelles Oswald aurait été impliqué dans la mort d'un autre marine, Martin Schrand, tué par un coup de feu de sa propre arme, en janvier 1958, alors que les deux hommes étaient stationnés aux Philippines.

Ely est surpris que les enquêteurs de la commission – comme ceux du FBI et de la police – accordent si peu d'attention à la carrière d'Oswald dans les Marines, et il recommande que l'on recherche plusieurs de ses anciens camarades pour recueillir leurs déclarations sous serment. « Dans les Marines, Oswald réfléchissait sérieusement au marxisme, à l'Union soviétique et à Cuba », précise-t-il dans sa note.

Jenner se charge d'enquêter sur le parcours des gens qui se sont liés d'amitié avec lui et avec sa famille à Dallas et qui ont pu être initialement suspectés d'être impliqués dans l'assassinat. La commission a demandé au FBI d'enquêter sur les antécédents de trois personnes en particulier : Ruth Paine, son mari, Michael, dont elle est séparée, et George de Mohrenschildt, géologue d'origine russe âgé de cinquante-deux ans, qui était le seul véritable ami d'Oswald à Dallas, en tout cas ce qui s'en rapprochait le plus.

Les Paine sont soupçonnés en raison de leurs opinions de gauche en matière de politique internationale et de droits civiques, ce qui les distingue de leurs voisins de cette banlieue conservatrice de Dallas. On accorde une attention toute spéciale à l'intérêt de Ruth pour l'Union soviétique. De confession quaker, elle a fait des études en Russie à partir de 1957, et elle a participé à un programme quaker d'échanges de correspondance avec des citoyens soviétiques. Elle explique que son envie d'apprendre le russe l'a mise en relation avec Marina Oswald. Les deux femmes étaient invitées à une soirée à laquelle participaient plusieurs expatriés russes, et elles sont devenues amies.

Lorsque le mariage des Paine se délite, début 1963, Michael quitte le foyer familial et Ruth invite Marina – qui, enceinte, a à sa charge sa fillette d'un an, June – à s'installer chez elle. Sans emploi depuis peu, Lee prévoit de quitter le Texas en avril pour chercher du travail dans sa ville d'origine, La Nouvelle-Orléans. Ruth, qui a elle-même deux enfants, propose à Marina de rester tant que Lee n'aura pas trouvé un emploi lui permettant de subvenir aux besoins de la famille, en Louisiane. Ruth explique qu'elle voit la présence de Marina comme une occasion de faire des progrès en russe.

Un mois plus tard, Marina suit son mari à La Nouvelle-Orléans. Ruth Paine l'y conduit en voiture. Mais en Louisiane, Lee a du mal à conserver un emploi, comme c'était le cas au Texas, et, à l'automne, les Oswald rentrent à Dallas. Au lieu d'habiter avec son mari pendant qu'il cherche du travail, Marina s'installe de nouveau chez Ruth et y reste jusqu'au jour de l'assassinat. Durant la semaine, Lee habite une pension de Dallas et le week-end il fait la navette jusqu'à Irving, chez les Paine.

Après l'assassinat, les Paine attirent l'attention à cause de leur réaction étrangement détachée. Certains enquêteurs se demandent si les Paine n'auraient pas été au courant des projets d'Oswald. Guy Rose, inspecteur de la brigade criminelle, déclare à la commission qu'il a été stupéfait, en arrivant au domicile des Paine l'après-midi de l'assassinat, avant l'annonce de l'arrestation d'Oswald, quand Mme Paine lui a ouvert la porte en disant : « Je m'attendais à votre venue – entrez donc[12]. » Plus tard, la mère d'Oswald, Marguerite, et Robert, son frère, soupçonneront les Paine d'être impliqués dans l'assassinat du président.

Le parcours de De Mohrenschildt est digne d'un roman d'espionnage de l'époque. Homme du monde sophistiqué parlant couramment ou pratiquant correctement au moins six langues, il est né en Russie tsariste, dans une famille fortunée liée à la noblesse. Après la révolution, ses parents ont fui en Pologne. George de Mohrenschildt est entré aux Etats-Unis en 1938, et ce bien que son dossier au département d'Etat ait mentionné qu'il pouvait être un espion de l'Allemagne nazie. De Mohrenschildt niera tout lien avec le régime hitlérien, et rien ne sera jamais prouvé. Il s'est installé d'abord à New York et a exercé différents métiers, parmi lesquels ceux de réalisateur de cinéma et de professeur de polo. Il fréquentait la haute société de Manhattan et passait ses étés sur les plages de Long Island. Jenner et les autres découvrent avec surprise que la famille de Jacqueline Bouvier, future Mme Kennedy, fait partie de ses amitiés. « Nous étions très proches, expliquera ce dernier à propos des Bouvier. On se voyait tous les deux ou trois jours. J'ai rencontré Jackie à l'époque, c'était encore une fillette[13]. » La future First Lady était « une enfant très déterminée, très intelligente et très séduisante ».

Il est parti pour le Texas dans l'intention de faire fortune dans l'industrie pétrolière, et a décroché ses diplômes d'ingénierie et de géologie à l'université du Texas. En tant que pétrolier, il sera affecté dans plusieurs pays, dont la Yougoslavie, la France, Cuba, Haïti, le Nigéria et le Ghana. Il reconnaîtra qu'à l'époque où il vivait au Texas, au début de la Seconde Guerre mondiale, il a effectué des missions d'espionnage pour les services de renseignement français – à la demande d'un ami français. Il n'a jamais été officiellement employé par un service en particulier, précisera-t-il, mais a « recueilli des informations sur des gens impliqués dans des activités pro-allemandes ». Il s'est aussi efforcé de remporter des contrats d'achat de brut texan contre des firmes allemandes.

En 1962, il s'installe à Dallas avec sa quatrième épouse, et c'est là que d'autres expatriés russes lui présentent le couple Oswald, qui était, selon son souvenir, dans « le plus grand dénuement ». Il s'inquiète surtout pour Marina – « une pauvre fille, qui vit dans un taudis, ne parle pas un mot d'anglais, et dont le bébé n'a pas l'air en bonne santé – une situation horrible ». A un moment, à l'automne 1962, lorsqu'il découvre que Lee lui a mis un œil au beurre noir, il l'aide à se cacher.

De Mohrenschildt se souviendra d'une visite chez les Oswald, au printemps 1963, où Marina lui avait montré le fusil que son mari venait d'acheter. Elle trouvait cela lamentable. « Cet imbécile est cinglé, il n'arrête pas de s'entraîner au tir », lui a-t-elle dit. De Mohrenschildt avait demandé à Oswald pourquoi il avait acheté l'arme. « J'aime tirer », lui avait-il répondu. A cette époque, la presse locale était truffée d'articles sur les efforts infructueux de la police pour tenter de retrouver la personne qui avait tiré sur le général à la retraite Edwin Walker. Le tireur avait manqué sa cible de peu à travers une vitre. Marina reconnaîtra plus tard qu'elle avait très vite su que son mari était responsable de la tentative.

De Mohrenschildt avait plaisanté avec Oswald au sujet de Walker : « C'est donc toi qui as fait un carton sur le général ? » lui avait-il demandé. « Je savais qu'Oswald détestait ce type. »

Lee Harvey n'avait pas répondu, mais il avait fait une moue « bizarre ». « Quand je lui ai posé la question, c'est comme s'il s'était ratatiné, vous voyez. »

Après avoir analysé de près les dossiers du FBI sur le couple Paine et Mohrenschildt, Jenner est persuadé qu'ils n'ont rien à voir avec l'assassinat. Il finira même par considérer le couple et le Russe, soupçonnés des années durant d'avoir trempé dans un complot – comme des victimes d'Oswald. Toutefois, pour s'assurer de leur innocence, Jenner les interroge longuement et tente de déterminer si quelque chose leur aurait permis de se douter des projets d'Oswald.

Jenner pose brutalement la question à Ruth Paine lors de sa déposition, à Washington : « Madame Paine, êtes-vous ou avez-vous été membre du Parti communiste[14] ?

— Je ne suis pas et n'ai jamais été membre du Parti communiste. »

Il tente un autre angle d'attaque :

« Souscrivez-vous ou avez-vous souscrit aux idées politiques qui sont celles du Parti communiste ?

— Bien au contraire... Je suis choquée par la doctrine communiste qui justifie l'usage de la violence pour parvenir à ses fins. »

Son intérêt pour le russe, dit-elle, résulte de sa foi.

« Dieu m'a ordonné d'étudier cette langue », explique-t-elle.

Si elle a choisi le russe, précise-t-elle, c'est en raison des programmes d'échanges de l'Eglise quaker avec l'Union soviétique.

« Les membres de cette commission aimeraient mieux comprendre qui est Ruth Paine et, si je puis me permettre, quelles sont ses motivations profondes... Selon vous, quelle a été la cause de votre séparation avec votre mari ? »

La réponse est simple, dit-elle. Son mari l'a toujours bien traitée mais il ne l'aimait pas. Elle explique leur mésentente de façon très prosaïque. « En fait, on ne se disputait jamais, on était pratiquement d'accord sur tout, sauf sur un point : moi, je voulais vivre avec lui et lui ne s'intéressait pas vraiment à moi. »

Elle reconnaît que, plusieurs mois avant l'assassinat, elle redoutait déjà la violence d'Oswald – elle savait qu'il battait Marina – et était troublée par un lien possible avec l'ambassade soviétique à Washington. Elle avait trouvé une lettre qu'il avait écrite à l'ambassade, où il évoquait la surveillance dont il faisait l'objet.

Dans ce cas, pourquoi lui a-t-elle ouvert sa porte ? Pourquoi, étant donné ce qu'elle savait de lui, l'a-t-elle aidé à se faire embaucher au Texas School Book Depository ? Jenner trouve rationnelles ses réponses sur ces deux points. Elle aurait préféré ne plus voir Oswald chez elle le week-end mais elle voulait aider Marina, et l'occasion de faire des progrès en russe l'enchantait. Elle appréciait aussi la compagnie de son amie car depuis la fin de son mariage, elle se sentait seule. Elle reconnaît avoir aidé Oswald à se faire embaucher et explique comment cela s'est passé. Un jour qu'elle se trouvait en compagnie d'un groupe d'amies, dont Marina, l'une des femmes présentes avait mentionné qu'un poste était peut-être libre au Texas School Book Depository, où travaillait son frère. Marina avait imploré Ruth de se renseigner pour elle. Il y avait effectivement un poste à pourvoir, et Lee avait été embauché en octobre. Ruth Paine insiste sur le fait qu'elle ne savait pas que l'entrepôt se trouvait à Dealey Plaza.

Jenner consacre presque deux journées entières à la déposition de Mohrenschildt, et il lui faut plusieurs heures simplement pour résumer son existence cosmopolite, à commencer par son enfance en Russie. Il comprend que les gens puissent s'imaginer le pire en ce qui concerne ses liens avec Oswald en raison de son parcours atypique. « On a dit toutes sortes de choses, admet-il devant Jenner. J'ai mon franc-parler[15]. »

Ses réponses détaillées éclairent l'histoire de son amitié improbable avec Oswald. De Mohrenschildt le décrit comme un « type sympathique » qui semblait vouloir s'améliorer alors qu'il n'était qu'un « plouc mal dégrossi ». Les Oswald, déclare-t-il, « étaient très malheureux, paumés, sans le sou ». Il trouve risible l'idée que l'Union soviétique ou une autre puissance étrangère ait recruté Lee : « Quel gouvernement serait assez stupide pour confier à Lee quoi que ce soit d'important ? Un individu aussi instable, paumé, sans éducation, sans formation ? Quel gouvernement lui confierait la moindre mission confidentielle ? »

Il dit avoir continué à éprouver de la sympathie pour Oswald même après avoir découvert qu'il battait Marina. « Je ne lui en ai pas voulu de lui avoir mis un œil au beurre noir. » Marina se moquait de lui devant les Mohrenschildt, elle lui reprochait de ne pas être à la hauteur en tant qu'époux, surtout d'un point de vue sexuel. De Mohrenschildt dit avoir eu l'impression que Lee était « asexué ». Marina était « très claire là-dessus », et avait dit au couple, devant son mari : « Il couche avec moi juste une fois par mois, et je n'y prends jamais aucun plaisir. »

Selon Mohrenschildt, son épouse et lui étaient si gênés des plaintes de Marina sur leur vie sexuelle qu'ils avaient rompu avec le couple vers la mi-1963. Peu après, Mohrenschildt était parti s'installer à Haïti pour ses affaires. « C'est vraiment le moment où nous avons décidé de rompre tout lien, dit-il. Nous ne voulions plus les fréquenter car leur manière d'étaler leurs problèmes conjugaux devant des quasi-inconnus comme nous nous dégoûtait. »

De Mohrenschildt ne peut imaginer qu'Oswald ait été un espion, mais il reconnaît avoir parfois craint qu'il ne mijote un sale coup. « Il était parti vivre en Union soviétique – ça pouvait vouloir tout dire », lâche-t-il. Il affirme avoir demandé à un autre ami expatrié russe, à Dallas : « Tu crois qu'il y a un risque à aider Oswald ? » L'ami lui avait répondu qu'il avait contacté le FBI et que le Bureau n'avait pas d'inquiétudes au sujet de Lee.

De Mohrenschildt dit enfin avoir sans doute mentionné le nom d'Oswald en 1962 à un de ses amis, Walter Moore, qui travaillait « soit pour le FBI, soit pour la CIA », et que celui-ci ne semblait pas penser qu'Oswald représentait un danger. Par la suite, la commission apprendra que Moore était effectivement un agent de la CIA, qui avait pour mission de réunir des informations sur des habitants de la région de Dallas qui s'étaient rendus ou avaient travaillé dans des pays communistes[16]. L'enquête n'avait rien révélé qui aurait pu laisser penser que Moore était en contact avec Oswald, mais la divulgation par la commission de l'amitié entre Moore et De Mohrenschildt alimenterait les théories conspirationnistes pendant des décennies.

CHAPITRE 35

Siège de la commission Warren
Washington
Mai 1964

Lors de leurs dîners en petit comité, Specter et d'autres jeunes juristes ne se gênent pas pour se moquer des membres de la commission. Ils les appellent « Blanche Neige et les Sept Nains », Blanche Neige étant « soit Marina, soit Jacqueline Kennedy », confiera plus tard Specter[1]. Quant aux sept nains, Warren était Grincheux, et Boggs, le démocrate de Louisiane, était Joyeux, car il lui arrivait de débarquer après « avoir bu plusieurs cocktails ». Pour Specter, Dulles était ou bien Dormeur, ou bien Simplet, à cause du comportement étrange de l'ancien maître espion, parfois à la limite de l'incohérence.

Slawson, qui a souvent affaire à Dulles, est convaincu que celui-ci est atteint de sénilité, peut-être déclenchée par son éviction humiliante de la CIA après la débâcle de la baie des Cochons[2]. Il lui arrive de s'assoupir pendant les auditions et, pour ne rien arranger, sa goutte le fait horriblement souffrir. Quand Malcolm Perry, l'urgentiste de Dallas, se présente devant la commission en mars, Dulles lui demande en aparté ce qu'il pourrait faire pour ses pieds douloureux. « Désolé, ce n'est pas ma spécialité », lui rétorque le praticien, interloqué.

Specter finit par partager l'avis de Slawson : Dulles semble avoir tout oublié des opérations clandestines contre Castro.

Mais il est également possible, reconnaît-il, que Dulles n'en ait jamais rien su. Ses adjoints ont pu ne rien lui en dire, peut-être même à sa propre demande, afin de lui permettre de démentir en avoir eu connaissance. Quand Dulles a intégré la commission, « tout le monde pensait que c'était un type brillant, se rappellera Specter. Il s'est révélé être un crétin ».

Dulles les a fait rire, bien malgré lui, lors de certaines des auditions les plus macabres. Un jour, Specter a dû réprimer un fou rire lorsque Dulles a interrompu les débats en annonçant, à la stupeur générale, que l'éprouvette censée contenir deux fragments métalliques extraits du corps du président en contenait en fait quatre. Le spécialiste du FBI qui témoignait s'est « précipité vers la table pour examiner l'éprouvette. Il en a sorti deux des fragments, et les a écrasés entre ses doigts ».

« Désolé, monsieur Dulles, dit l'agent, excédé. C'est de la cendre qui est tombée de votre pipe[3]. »

Specter n'est pas le seul à ricaner lorsque Dulles s'égare pendant le témoignage du docteur Humes, le pathologiste de Bethesda. Evoquant les vêtements que Kennedy portait à Dallas, le praticien explique que la cravate a été découpée au niveau du nœud pour permettre la trachéotomie. « Dulles avait peut-être piqué du nez ou ne prêtait pas attention, dira Specter, car lorsque Humes a montré les deux morceaux de la luxueuse cravate Christian Dior à motifs bleus, Dulles, qui utilisait parfois des expressions d'un autre âge, s'est exclamé : « Diantre, le gaillard portait une cravate à clip ! » Dulles fait au moins l'effort d'assister aux dépositions des principaux témoins. Ce n'est pas le cas de tous les membres. Specter constate que la plupart ignorent les faits les plus élémentaires à propos de l'assassinat : « Je pense que la plupart des membres ne connaissaient pas bien le dossier[4]. » Les enquêteurs ne sont jamais conviés aux réunions exécutives de la commission, et selon Specter, les rares fois où cela s'est produit, « ils ne posaient pas de questions, n'émettaient pas de suggestions. C'était nous qui menions l'enquête ».

En ce qui concerne Warren, Specter ne mâche pas ses mots, même s'il s'efforce de nuancer ses critiques en reconnaissant à Warren d'avoir été un grand *chief justice* : « Il était d'une honnêteté radicale. [...] C'était la conscience morale de la nation. » Mais, selon lui, il manquait de profondeur. « Warren n'était pas un grand juriste. Il n'était pas brillant. Il n'était même pas vraiment intelligent. » Son obstination et son impatience – et, plus grave encore, son indéfectible loyauté envers les Kennedy – nuisent à l'enquête. Specter pense que Warren fait preuve de précipitation, et que cela risque d'alimenter les théories conspirationnistes. Très vite, il a acquis la conviction qu'Oswald a agi seul, « pour lui c'était du tout cuit ». « Toute son attitude, c'est : "Finissons-en au plus vite", souligne encore Specter. Il voulait tout boucler dans la précipitation. »

Specter estime que cela faisait peser un lourd fardeau sur l'équipe, étant donné le peu d'empressement de Lee Rankin à tenir tête au *chief justice*. Les enquêteurs se sentent tenus de faire pièce à Warren, voire de le faire revenir sur certaines de ses décisions les plus fâcheuses – pour le bien même de sa réputation. « Nous avions l'impression d'être ses anges gardiens, dira Specter. Warren commettait pas mal de bourdes. Il fallait le protéger contre lui-même. Vous me trouvez trop dur ? Hélas, c'est la vérité. »

Specter se montrera tout aussi sévère avec d'autres juristes, surtout ceux qui avaient déserté Washington. Il ne connaissait pas bien David Slawson, mais il savait que Coleman, son partenaire, n'était presque jamais là*. « A ma connaissance, Bill ne faisait rien. » Dans son esprit, le gros du travail a été effectué par quatre enquêteurs – David Belin, Joseph Ball, Norman Redlich et lui-même. « Au bout du compte, tout reposait vraiment sur nous », insistera-t-il. Il admirait aussi Howard Willens, l'adjoint de Rankin, même si l'équipe le soupçonnait parfois d'être une taupe de Robert Kennedy.

Pour Specter, la pire décision de Warren a été de refuser aux enquêteurs l'accès aux photos de l'autopsie. Selon lui, les dessins censés représenter les blessures du président étaient sans valeur. « Ils étaient inexacts, trompeurs. » Specter n'a eu cesse de plaider auprès de Rankin pour qu'il fasse revenir Warren sur sa décision. « Je n'ai pas cessé de harceler Rankin à ce

* Les archives de la commission montrent que Coleman a travaillé beaucoup moins d'heures que la plupart des autres juristes, mais Specter ne semble pas avoir été au courant que Coleman avait effectué des missions spéciales pour le compte de la commission, loin de Washington.

sujet[5]. » L'un de ses collègues se souviendra de l'avoir vu sortir en larmes d'une réunion, même si Specter se défend d'avoir jamais pleuré. Mais il gardera le souvenir « de longues discussions acharnées ».

David Belin évoquera un dîner au Monocle avec Specter où il aurait suggéré de démissionner en signe de protestation. Le geste aurait été fort, ils le savaient, et il aurait créé un scandale pour le *chief justice* et la commission. Belin était aussi furieux que Specter. Il trouvait scandaleux que le président préfère protéger la famille Kennedy que permettre à son équipe d'accéder à des pièces médicales cruciales. Les Kennedy, insistait Belin, étaient traités comme s'ils appartenaient à une espèce d'élite, comparable à la noblesse européenne du XVIIIe siècle[6].

Des années plus tard, Specter ne contestera pas le souvenir de Belin, mais selon lui il n'avait jamais été question pour lui de démissionner : « Je n'allais pas tout plaquer pour ça. » En revanche, il a bien protesté de manière officielle – par écrit, dans une note à Rankin – pour que les archives de la commission gardent trace de sa colère. « Ce n'était pas l'une de ces notes pour se dédouaner », insistera-t-il plus tard mais une ultime réclamation pour obtenir les pièces dont il avait besoin pour mener à bien sa mission. « Le but était de convaincre Rankin d'obtenir ces satanées photos et radios[7]. »

La note, datée du 30 avril, commence comme suit : « A mon avis, il est indispensable que nous obtenions les photographies et les clichés radiologiques de l'autopsie du président Kennedy[8]. » Il dresse ensuite la liste des raisons, soulignant que la commission a pris un risque considérable en se fiant à la représentation faite des blessures par le dessinateur de la marine au lieu de se baser sur les photos et radios originales. Il était déjà question de reproduire ces croquis dans le rapport final. Specter rappelait à Rankin que le dessinateur lui-même n'avait jamais vu les clichés et que les croquis reposaient sur de « vagues souvenirs » des pathologistes de Bethesda qui, eux aussi, s'étaient vu refuser l'accès aux images qu'ils avaient eux-mêmes demandées. Non sans prescience, Specter mettait en garde : « Un jour, quelqu'un comparera les clichés avec les dessins et relèvera des erreurs de taille qui affecteront ce témoignage essentiel et les conclusions de la commission. »

Dans la note, il propose une solution. La commission pourrait prier Robert Kennedy d'autoriser l'accès en échange de l'engagement que ces pièces seraient « vues par un nombre très limité de personnes dans le seul but de corroborer (ou de rectifier) les croquis, et les clichés et les radios ne seraient pas jointes aux archives de la commission ».

La note de Specter était calculée pour coïncider avec une séance à huis clos de la commission, prévue le même jour. C'était la première réunion depuis plus d'un mois. Rankin prévient Specter qu'il ne peut rien lui promettre, mais ses arguments l'ont ébranlé, et il accepte d'introduire un recours auprès de la commission, en son nom. Rankin sait que l'argument en faveur d'un examen des photos et radios de l'autopsie est devenu encore plus indispensable depuis le témoignage de Connally, qui remet en cause directement la théorie de la balle unique. Si Connally persiste à affirmer qu'il a été atteint par une balle distincte, tout pourrait dépendre des photos et des radios, lesquelles permettraient de montrer que le gouverneur, tout en étant un témoin crédible, se trompe sur ce point.

Lors de la réunion de la commission, Rankin ne mentionne pas Specter – ça ne servirait qu'à braquer Warren, se dit-il – et présente au contraire la requête comme un recours de l'ensemble des enquêteurs : « L'équipe estime qu'un membre de la commission devrait pouvoir examiner ces photos[9]. » Il reconnaît ce que les membres de la commission savent apparemment déjà : les photos et radios sont sous la garde de Robert Kennedy, qui ne souhaite les communiquer à personne. Rankin ajoute que, dans un premier temps, il avait compris les réticences de Kennedy. « Je pensais que nous pouvions éviter de voir ces clichés [...] versés à nos archives, car la famille est très affectée par le sujet, explique-t-il. Elle ne veut pas que le souvenir du président soit associé à ces images. Tel est le fond de leur pensée. »

Mais il reconnaît que la confusion qui entoure les preuves balistiques l'a fait changer d'avis. « Un médecin et un membre de la commission devraient pouvoir les examiner de manière à pouvoir indiquer à la commission qu'ils ne contredisent pas les autres conclusions », souligne-t-il, non sans préciser qu'un tel compromis pourrait convenir à l'*attorney general*. « Je pense qu'il admettrait que cet examen limité est indispensable et qu'il l'autoriserait. »

Mais Warren n'est toujours pas convaincu. Il accepte de laisser Rankin aborder la question avec Robert Kennedy afin d'obtenir son accord pour un examen limité des images de l'autopsie, mais il veut qu'il soit clairement précisé qu'elles « ne seront pas versées aux archives. [...] Ce serait en faire un objet morbide pour les temps à venir ». Ce sont les derniers propos de Warren à la commission sur le sujet, du moins selon les minutes restées longtemps classifiées des sessions à huis clos. Puis Warren décrétera une fois pour toutes que les photos et les radios sont interdites d'accès au personnel de la commission et resteront sous la garde du ministre de la Justice, pour une durée indéterminée. « Elles étaient tout bonnement effrayantes, dira-t-il plus tard. J'en assume l'entière responsabilité. »

La réunion du 30 avril marque une capitulation sur un autre point qui tenaille les membres de la commission depuis le début : peuvent-ils certifier, avec une absolue certitude, qu'Oswald n'a jamais travaillé pour le compte du FBI ou de la CIA ? Les deux organismes ont affirmé, à plusieurs reprises, qu'ils n'entretenaient avec lui aucune relation, officielle ou officieuse. Mais dans ce cas, pourquoi le FBI avait-il tenté de dissimuler les preuves de ses contacts avec Oswald avant le 22 novembre ? Et pourquoi la CIA avait-elle caché, puis mentionné de façon trompeuse, certains éléments concernant sa surveillance à Mexico ?

La solution, tranche Warren, c'est que la commission dise ce qu'elle sait – l'enquête n'a mis au jour aucune preuve qu'Oswald ait travaillé pour le FBI ou la CIA – et qu'ensuite elle fasse déposer sous serment les hommes qui sont à leur tête, afin qu'ils en attestent. J. Edgar Hoover et John McCone seront appelés à témoigner, sous peine de parjure, qu'Oswald n'a jamais été leur employé. Warren veut aussi qu'ils déclarent sous serment qu'il n'y a pas eu de conspiration pour tuer Kennedy. « Je souhaite entendre leur témoignage, à cause de toutes ces prises de position – qu'elles émanent de la droite ou de la gauche – relatives à une conspiration », conclut-il. Hoover et McCone devront déclarer sous serment qu'ils n'ont eu connaissance d'aucune preuve « d'une conspiration impliquant qui que ce soit – gouvernement, individus ou autres ».

Lors de cette réunion, Warren ajoute que la commission doit aussi envisager d'entendre Robert Kennedy, moins en sa qualité d'*attorney general* qu'en tant que frère du président assassiné. Il soutient que ce témoignage serait d'un grand poids en ce qu'il permettrait de convaincre l'opinion de la véracité des conclusions de la commission, car on n'imagine pas qu'il pourrait cacher des informations sur une conspiration visant son propre frère. « S'il devait déclarer sous serment, continue-t-il, qu'il ne détenait aucune information, je dirais qu'auprès de tout individu raisonnable, cela aurait une force considérable. » Rankin acquiesce : « Il n'est guère concevable que le frère du président reste les bras croisés si une conspiration pour éliminer son frère existait. »

La commission est toujours harcelée par les conspirationnistes – et elle ne cesse de suivre secrètement leurs agissements, avec l'aide du FBI. Outre Mark Lane, la commission a réclamé au FBI les dossiers de Thomas Buchanan, qui, après avoir publié son enquête dans *L'Express*, ne désarme pas avec sa théorie plaçant des hommes d'affaires texans ultraconservateurs derrière l'assassinat. Les dossiers du Bureau sur Buchanan révèlent l'histoire de son exil en Europe après son renvoi du *Washington Star* en 1948, quand sa direction a découvert son appartenance au Parti communiste américain.

Lors de leur réunion d'avril, les membres de la commission prennent connaissance d'un article consacré à Buchanan publié une semaine auparavant par l'agence United Press International. Il débute comme suit : « Des millions d'Européens continuent de croire que l'assassinat de John F. Kennedy faisait partie d'une vaste conspiration qui n'a pas encore été révélée. » En Europe, Buchanan est devenu un phénomène médiatique, et il est sur le point de trouver un nouvel auditoire aux Etats-Unis. La sortie de l'édition en anglais de son livre, *Who killed Kennedy ?* (*Les Assassins de Kennedy*), est programmée pour le mois de mai. Dans toute l'Europe, des organes de presse réputés le jugent crédible, dont la BBC et le *Guardian*. L'article d'UPI note que Lane sillonne aussi l'Europe pour défendre l'innocence d'Oswald.

Warren confie à la commission que ces conspirationnistes l'inquiètent au plus haut point – et qu'il veut ouvrir les dossiers de l'enquête à une poignée de journalistes, avant que le rapport final ne soit rendu public. Il propose d'inviter discrètement UPI et sa rivale, Associated Press, à s'entretenir avec son équipe d'enquêteurs. Les agences de presse seraient ensuite priées de suggérer des axes d'investigation que la commission aurait pu omettre – « tout ce qui, dans leur esprit, mériterait d'être étudié », résume-t-il. Ce serait un moyen de prouver que l'institution n'a rien à cacher. McCloy considère que c'est « une proposition importante » pour combattre la fièvre conspirationniste qui s'est emparée de l'Europe. « Les tournées de M. Lane ont solidement ancré là-bas le sentiment qu'il existe ici une vaste conspiration. »

En mai, Thomas Kelley, l'inspecteur du Secret Service qui sert d'agent de liaison avec la commission, se rend à Dallas avec Specter pour quelques ultimes vérifications[10]. Kelley lui apprend alors qu'il détient un cliché du cadavre et souhaiterait le lui montrer en toute discrétion. « Une fois seuls dans sa chambre, Kelley m'a montré une petite photo du dos d'un homme, avec un orifice de balle à la base de la nuque, exactement à l'endroit indiqué par les médecins de Bethesda. »

Specter se dit que Warren ou un autre membre de la commission a demandé à Kelley de lui montrer ce cliché – peut-être pour le calmer avant que ses protestations ne deviennent publiques. « Je représentais un problème. Ce n'était pas encore l'époque des "lanceurs d'alerte" », mais la commission cherche à l'amadouer, craignant ce qu'il pourrait entreprendre. Mais pour Specter, ce cliché ne résout rien. Il ne peut même pas être certain qu'il s'agit bien du corps du président. « C'était n'importe quoi, dira-t-il. Je savais à quoi ressemblait une pièce à conviction*. »

* Specter pourra finalement voir les photos de l'autopsie conservées aux Archives nationales en avril 1996, alors qu'il est sénateur de Pennsylvanie. Il a décrit ce qu'il a vu : « Les photos sont épouvantables. John F. Kennedy est couché sur la table d'autopsie, son beau visage est livide et déformé par la plaie béante qu'il a à la tête. J'observe le président assassiné, et je suis de nouveau pris des mêmes vagues de nausée qui m'ont saisi à ma première lecture des rapports médicaux, trente-cinq ans plus tôt. J'ai été aussi frappé de la robuste condition physique du président, ce qui, en un sens, rend ces photographies encore plus atterrantes. A quarante-sept ans, Kennedy avait des épaules et des bras musclés, le ventre plat et une épaisse chevelure. »

A Washington, on montre aussi à Alfred Goldberg des clichés non authentifiés du corps de Kennedy sur la table d'autopsie, émanant du Secret Service[11]. En les voyant, dira-t-il, il comprend mieux pourquoi Warren s'obstine à refuser de les montrer. « Je me souviens d'avoir été horrifié par ces photos. »

Chapitre 36

Siège de la commission Warren
Washington
Mardi 19 mai 1964

Norman Redlich a visiblement peur, plusieurs de ses collègues le sentent. En avril, Gerald Ford a renforcé ses attaques en coulisses contre lui, dans l'espoir de convaincre les autres membres de la commission qu'il faut l'écarter avant que sa présence ne crée un préjudice durable. Dans ce combat, Ford dispose de nouvelles munitions : le rapport complet du FBI sur Redlich a été bouclé en mars, et il documente des années d'engagement dans des groupuscules de défense des libertés et des droits civiques que le Bureau a catalogués comme subversifs.

D'autres attaques, tout à fait publiques, sont lancées contre Redlich par certains collègues républicains de Ford au Congrès, ainsi que par un groupe de puissants chroniqueurs de journaux et de commentateurs de stations de radio de droite. Lors d'un discours à la Chambre, le représentant républicain de Floride, Ed Gurney, qualifie la nomination de Redlich à la commission d'« incroyable atteinte à la sécurité des Etats-Unis », puisqu'on lui a donné accès à des documents couverts par le secret d'Etat[1]. Fulton Lewis, le très anticommuniste chroniqueur de radio et de presse qui était un des soutiens du sénateur Joseph McCarthy, reprend cette campagne à son compte. On dénonce Redlich dans plusieurs éditoriaux. « Il est absolument inconcevable que le *chief justice* Earl Warren engage, ou permette que l'on engage, un haut responsable avec les antécédents d'extrême gauche et de désobéissance civique d'un Norman Redlich, tempête le *St. Louis Globe-Democrat*. La présence d'un homme opposé à la politique anticommuniste des Etats-Unis au sein de la commission dépasse l'entendement[2]. » En mai, le *New York Times* publie un bref article sur la controverse, sous le titre : « Un des collaborateurs de la commission Warren serait un défenseur des rouges ».

La commission reçoit tant de lettres de protestation que Mel Eisenberg, l'adjoint de Redlich, est prié de rédiger une réponse-type. « La commission n'a connaissance d'aucun élément de preuve de nature à nous faire douter de l'intégrité, de la loyauté et de l'entier dévouement du professeur Redlich à cette commission et aux intérêts des Etats-Unis », explique la lettre[3]. On prépare un modèle que les secrétaires pourront lire à voix haute au téléphone en réponse aux nombreuses personnes qui appellent pour attaquer ce « défenseur des rouges[4] ».

L'enquête approfondie du FBI sur le jeune professeur de droit de New York porte essentiellement sur sa participation au conseil d'administration du Comité d'urgence des libertés civiques [Emergency Civil Liberties Committee][5]. Le Bureau s'intéresse aussi à son opposition à la peine de mort – considérée comme la preuve d'opinions potentiellement subversives – et à son travail en appel pour des condamnés à mort de l'Etat de New York. On considère qu'entre 1960 et 1963, avec un groupe de professeurs de droit et des étudiants, il aurait sauvé cinq hommes de la chaise électrique. Selon le magazine *Life*, il aurait déclaré que son but était de voir la peine de mort abolie dans l'Etat de New York. En attendant, « quand j'ai sauvé un homme de la chaise électrique, pour lui au moins, j'ai aboli la peine capitale ».

Les témoins de moralité interrogés par le FBI, dont plusieurs de ses collègues de l'université de New York, ainsi que ses voisins de l'immeuble de Greenwich Village, propriété de l'université, où il habite, ne tarissent pas d'éloges. Ils dressent le portrait d'un homme parfois ombrageux qui a une assez haute idée de lui-même, mais dont l'engagement en faveur de la justice est contagieux. Les critiques avancées par les rares personnes qui ne l'apprécient guère sont de celles que ses admirateurs auraient prises pour preuve de sa force de caractère. Ainsi, le gérant de son immeuble se plaint à un agent du FBI de sa campagne en faveur de la déségrégation des parties communes, laquelle permettrait aux femmes de service d'utiliser les ascenseurs des résidents.

Scandalisés par ces attaques, plusieurs jeunes juristes de la commission protestent auprès de Rankin contre ce qu'ils appellent le « maccarthysme » de Ford et sa « chasse aux sorcières ». En 1964, le maccarthysme n'est pas qu'un vieux souvenir et, si Redlich était renvoyé, surtout de manière si publique, ils craignent que sa carrière, sinon sa sécurité personnelle, ne soit mise en danger. Il risque de ne jamais pouvoir occuper un poste requérant une habilitation de sécurité.

Eisenberg, qui est le plus proche de lui, dira n'avoir jamais lu la peur sur son visage – « il restait impassible[6] ». D'autres, en revanche, garderont un souvenir différent. « Redlich avait peur, dira David Slawson. Et moi, j'avais peur pour lui. »

Son épouse, Evelyn, pédiatre à Manhattan, avouera que cela a été une « période difficile » pour sa famille[7]. En effet, les attaques sont souvent teintées d'antisémitisme. Elle se rappellera qu'elle a entendu quelqu'un parler de son mari comme de « ce petit Juif d'Earl Warren ». Cet été-là, il y a un moment de panique quand une détonation retentit non loin de leur maison dans le Vermont. L'espace d'un instant, elle se dit que ce coup de feu peut être destiné à son mari, suite aux attaques dont il fait l'objet. « J'étais dans tous mes états, j'ai appelé la police », se souviendra-t-elle. La police établit qu'il s'agit d'un chasseur.

Rankin semble hésiter sur la force avec laquelle il doit défendre le jeune professeur de droit. C'est lui qui l'a recruté et lui a accordé un rôle important au sein de la commission, et il porte donc la responsabilité de cette controverse. Cela l'ennuie, dira-t-il plus tard, que Redlich ne l'ait jamais informé de ses liens avec le Comité d'urgence des libertés civiques et d'autres groupes controversés. Il considère qu'il aurait dû l'en avertir.

Après avoir lu de bout en bout le rapport du FBI, Ford est décidé à faire mettre Redlich à la porte. S'il refuse de partir de son propre chef, il faut le renvoyer. Ford insiste pour que la commission se réunisse tout spécialement pour débattre de la question, et Warren et Rankin programment cette réunion pour le mardi 19 mai. La situation est jugée si grave que les sept membres sont présents.

Warren ouvre la séance, puis se tourne immédiatement vers Rankin[8]. La commission est réunie pour examiner les conclusions des vérifications d'antécédents approfondies auxquelles le FBI a procédé concernant Norman Redlich et Joseph Ball. L'enquête sur Ball fait suite aux plaintes d'activistes d'extrême droite relatives à des critiques qu'il a émises en public, des années auparavant, contre la commission sur les activités anti-américaines de la Chambre des représentants (House Un-American Activities Committee), qui faisait la chasse aux communistes parmi les avocats de la côte Ouest. Rankin explique que rien dans le rapport du FBI ne laisse penser que Ball a le moindre lien avec des groupes subversifs, et la commission convient que Ball doit rester. « Nous avons grandement besoin de lui », dit Rankin.

Le vrai débat, tout le monde le sait, concerne Redlich. Rankin commence par admettre qu'il se sent un peu coupable de cette controverse car il est « celui qui a engagé Norman ». Il rappelle à la commission les qualifications exceptionnelles de l'intéressé, sorti premier de sa promotion de Yale en 1950, et à présent professeur de droit fiscal à l'Université de New York. « De lui, je ne pouvais penser que du bien. » L'usage de l'imparfait par Rankin est peut-être délibéré. Il ajoute que si « à titre personnel » il « considère que la loyauté de M. Redlich en tant que citoyen américain ou son dévouement à cette commission ne font pas de doute », son engagement auprès de groupes controversés est une surprise assez inopportune. « Je savais en effet qu'il s'intéressait de près aux droits et libertés civiques, poursuit-il. Je ne savais pas qu'il était membre du Comité d'urgence pour les libertés civiques. »

Il prévient la commission : Redlich sera difficile à remplacer et son départ constituera un désastre du point de vue de l'organisation du travail, car il doit être le principal rédacteur et correcteur du rapport final. « Il a accumulé de longues heures de travail, plus que quiconque, insiste-t-il. Personne ne connaît mieux que lui le travail que nous effectuons. » Il lit tous les rapports d'enquête qui leur parviennent – par dizaines, si ce n'est par centaines – et son renvoi signifierait aussi la perte de tout ce savoir. Rankin s'efforce également de faire comprendre aux membres que le départ de Redlich porterait gravement atteinte au moral de l'équipe. Ses collègues sont « très perturbés par ces attaques contre lui. [...] Ils travaillent en contact étroit avec lui et sont pleinement convaincus de son entière loyauté ».

Vient alors le tour de Ford, qui commence par tresser les louanges de l'homme qu'il veut faire congédier : « Je voudrais dire, pour la bonne règle, que je suis admiratif des compétences du professeur Redlich. Je crois que c'est un homme brillant. Et, dans ce que j'ai pu observer de son travail pour cette commission, je pense qu'il a grandement contribué à tout ce qui a pu être réalisé. Il fait preuve d'une grande diligence. »

Il affirme vouloir être juste et ne pas exagérer ce qu'on lui reproche : « Quand je lis le rapport du FBI, je n'y vois pas l'ombre d'une preuve qu'il soit ou qu'il ait été membre du Parti communiste. » Mais Redlich, poursuit-il, est néanmoins lié à des groupes d'extrême gauche controversés et potentiellement subversifs. « Je trouve regrettable qu'un individu d'une telle intelligence et d'un commerce aussi plaisant s'engage en faveur de telle ou telle de ces causes. » Il rappelle à ses collègues qu'il a tenté, quelques mois auparavant, de parer très exactement à ce type de situation – il les avait mis en garde contre l'embauche de collaborateurs liés à « la droite ou à la gauche extrêmes ». Et pourtant, Norman Redlich a tout de même été recruté. « La conclusion qui s'impose au vu des faits est que nous ne pouvons le maintenir à son poste, conclut le républicain en appelant à un vote en bonne et due forme sur son renvoi. « Eu égard aux circonstances, je propose donc qu'il soit mis un terme aux fonctions de Norman Redlich à compter du 1er juin. »

Chacun prend ensuite la parole autour de la table, Ford a de bonnes raisons de penser qu'il va remporter le vote. Les trois autres membres du Congrès – Russell, Cooper et Boggs – ainsi qu'Allen Dulles prennent la parole pour faire part de leur accord avec Ford. Russell ajoute que les dossiers du FBI décrivent Redlich comme un « militant invétéré – je pense qu'il restera toute sa vie un personnage controversé ». Et il continue : « Je n'ai rien à dire sur son caractère ou son patriotisme [...] mais il a été lié à quantité de groupes de "compagnons de route". Pour ma part, je n'ai pas envie de prendre la responsabilité de l'employer. » Boggs souligne qu'on critique Redlich tant du côté démocrate que républicain. « C'est devenu un sujet de préoccupation pour ceux d'entre nous qui siègent au Congrès, dit-il. Et ce n'est pas un problème que l'on peut balayer d'un revers de main. Il faut y apporter une réponse. »

C'est Warren qui se charge de sauver Redlich. Le *chief justice* a la réputation – méritée, fruit d'une longue carrière politique et juridique – de savoir contraindre ses opposants à se ranger à son avis. Il en fait la démonstration aux membres de la commission. Des années plus tard, Rankin évoquera encore avec émerveillement la performance du *chief justice.*

Le mépris de Warren pour Ford n'est un mystère pour personne. Il commence donc par renvoyer Ford à ses propres propos. « J'ai pu observer le professeur Redlich ici même, et je partage entièrement l'opinion de M. Ford. Je crois que c'est un homme compétent. Et je dois ajouter qu'il est entièrement dévoué au travail de cette commission. Je sais que chacun des membres de notre équipe pense exactement la même chose, et ils estiment que ces attaques que de très rares membres du Congrès ont lancées contre lui sont une grande injustice. » Warren n'a pas besoin de préciser que Ford est l'un de ces « très rares » parlementaires.

Si la commission cède à ces pressions, « elle marquera cet homme du sceau de l'infamie – et c'est une flétrissure dont on ne se remet pas de son vivant. Cela atteindra également sa femme, ses enfants. [...] J'ai appris que l'un de ces journalistes a même publié l'adresse de son domicile new-yorkais, dans le seul but, j'en suis sûr, de harceler sa famille. Celle-ci vit cette situation comme du harcèlement, et cela se poursuivra aussi longtemps que l'on n'aura pas mis fin à cette injustice ».

Ensuite, Warren accule Ford dans les cordes. Si lui et les autres tiennent vraiment à faire partir Redlich, la commission se constituera en tribunal et il lui sera donné la possibilité de se défendre. « Le moins que l'on puisse faire, c'est respecter son droit à un procès équitable, lors duquel il aura les moyens de se défendre et de prouver qu'il est un bon Américain, un bon citoyen, et qu'il n'est pas déloyal. C'est ainsi que l'on procède, en Amérique. »

Au départ, un seul des membres soutient Warren – John McCloy. Bien dans son style, son argumentation est moins passionnée que pragmatique. Redlich, dit-il, est « un homme qui a manifestement pris l'habitude de défendre certaines causes », mais il ne représente pas une menace. « Si j'avais su cela dès le début, j'aurais sans doute désapprouvé son embauche. Mais cela ne sert à rien de pleurer sur les pots cassés. » En renvoyant Redlich, la commission donnerait l'impression de céder aux critiques de la droite, et prêterait de ce fait le flanc aux attaques de la gauche. « Je ne vois pas en quoi sa révocation nous sera d'une quelconque utilité. C'est un homme intègre, sa démarche est intègre, même s'il penche dans la direction qui est la sienne. »

Ensuite, Rankin prend la parole pour attirer l'attention des membres sur deux autres conséquences de taille. Pour commencer, si Redlich part, ils devront ou bien rédiger eux-mêmes le rapport, ou bien trouver quelqu'un d'aussi dévoué que l'homme dont ils se seront séparés. « Je n'avais pas envisagé que vous souhaitiez prendre vous-même en charge la rédaction du texte », ajoute-t-il comme si c'était le seul choix possible. Ensuite, ils doivent comprendre que le renvoi de Redlich pour des motifs de sécurité reviendra à admettre *de facto* qu'un subversif en puissance a passé des mois plongé dans certains des dossiers ultraconfidentiels liés à la sécurité nationale. Cette admission de fait serait « la pire des choses qui pourrait arriver à la commission ».

Russell est le premier à se raviser. « Dans un cas comme dans l'autre, nous sommes coincés », lâche-t-il.

C'est ensuite Ford qui capitule en rase campagne en retirant sa motion : il ne tient pas du tout à jouer le rôle du procureur dans le « procès » que Warren propose d'accorder à Redlich. « Je n'aurais pas engagé quelqu'un associé à une organisation ou à une cause d'un extrême ou de l'autre, dit-il. Mais je n'ai pas envie de m'appesantir sur la question. Je crois avoir amplement exprimé mon avis, et de façon officielle. »

Warren s'empresse de lever la séance. Redlich a sauvé sa peau : dans quelques jours il pourra commencer à rédiger le rapport final.

La décision est accueillie avec joie – et soulagement – par ses collègues. Elle fait taire en partie les critiques contre le *chief justice* qui commençaient à prendre de l'ampleur. En se portant à la rescousse de Redlich, il s'est racheté. En tout cas, il a en partie restauré la confiance des jeunes juristes dans son rôle de défenseur du fair-play et de l'honnêteté.

La gratitude du jeune professeur de droit se manifeste dans la manière dont il assume à présent sa mission[9]. Jusque-là, il comptait en général parmi les juristes qui tenaient tête à la commission lorsqu'il s'agissait de presser le pas et de passer à la rédaction du rapport. A présent, ses collègues découvrent un Redlich subitement impatient de satisfaire toutes les demandes du *chief justice* – à commencer par la publication en quelques semaines du rapport de la commission. « Le ton de Redlich a changé, remarquera Burt Griffin. Et ça a tout changé. Mon sentiment, c'est qu'une fois son poste préservé, il a cessé de résister aux pressions pour que le travail soit bouclé plus vite. Warren lui avait sauvé la mise, et il le savait. »

CHAPITRE 37

Domicile de James Hosty
Dallas, Texas
Jeudi 23 avril 1964

Ce soir-là, vers 22 h 30, le téléphone sonne au domicile de l'agent spécial du FBI James Hosty, à Dallas[1]. C'est Hugh Aynesworth, du *Dallas Morning News*, et il a une mauvaise nouvelle à lui annoncer.

« Nous allons publier un article demain et je voulais vous demander si vous souhaitiez faire un commentaire. »

Selon l'article, Hosty savait bien avant l'assassinat qu'Oswald était dangereux, qu'il était capable de tuer Kennedy, et Hosty et le FBI n'avaient pas partagé ces informations avec la police et le Secret Service. La source de l'article est un lieutenant de police, Jack Revill, qui affirme que Hosty était venu le trouver l'après-midi de l'assassinat pour l'informer qu'Oswald était sous surveillance du FBI depuis des semaines et que le Bureau avait tout à fait conscience de la menace qu'il représentait. La rencontre avait été consignée par Revill dans une note interne que la police avait communiquée à la commission Warren.

Hosty soutiendra ensuite que Revill mentait, qu'il ne lui avait rien dit du tout. Mais il ne peut rien dire à Aynesworth. La politique du FBI lui impose de demander une autorisation. Il répond donc : « *No comment* » et raccroche. Il se remet au lit et essaie de se rendormir, en espérant que l'histoire sera moins « pourrie » qu'il ne le craint.

Quelques heures plus tard, la sonnerie du téléphone le tire d'un sommeil agité. A présent, c'est son chef, l'agent spécial Gordon Shanklin, qui l'appelle. « Aynesworth vient de m'appeler pour me prévenir de l'article qu'il sort demain dans lequel il prétend que tu aurais raconté à Revill qu'on savait qu'Oswald était capable de tuer le président. »

Shanklin lui ordonne de le rejoindre tout de suite au bureau pour l'aider à rédiger le message qu'il se propose de transmettre à Washington dans la nuit, en prévision des dégâts possibles. Hosty s'habille en vitesse. « En me dirigeant vers ma voiture, j'ai regardé les maisons de mes voisins, et je me suis demandé ce qu'ils penseraient de moi plus tard, lorsqu'ils seraient assis dans leur cuisine, en peignoir, en train de lire le *Morning News* tout en buvant leur café. »

Il arrive au Bureau vers 3 h 15 du matin et remarque un exemplaire de la première édition du quotidien sur le bureau de Shanklin, avec un titre qui barre toute la une en gros caractères : « Le FBI savait Oswald capable de l'acte, selon nos sources ».

« Oh nom de Dieu », gémit Hosty. Il se dépêche de lire l'article, convaincu d'avoir été balancé par la police de Dallas, qui tente ainsi – une fois de plus – de lui faire porter le chapeau de sa propre incompétence qui a permis l'assassinat de Kennedy puis le meurtre d'Oswald. Les informations de l'article sont attribuées « à une source proche de la commission Warren ». Selon Aynesworth, Hosty aurait raconté à Revill que le FBI savait Oswald capable d'un assassinat, « mais n'imaginait pas une seconde qu'il passerait à l'acte ». La police prétend que Revill a transmis sa note dans les heures qui ont suivi leur conversation.

Hosty repose le journal et se tourne vers Shanklin. « C'est bidon. Je ne comprends pas comment ils peuvent imprimer des conneries pareilles », s'insurge-t-il. C'est vrai qu'il a parlé à Revill le jour de l'assassinat et laissé entendre qu'Oswald était « le coupable ». Mais il prétend n'avoir rien dit de ses tendances violentes ni qu'il était capable de tuer le président. Avant l'assassinat, il ignorait qu'Oswald présentait un danger – pour Kennedy comme pour qui que ce soit d'autre.

C'est ce qu'il a l'intention de déclarer devant la commission, début mai, une échéance qu'il redoute déjà. Shanklin lui ordonne de rédiger un résumé de sa version des événements, qu'ils enverront immédiatement par télex à Washington. Ils espèrent que la note sera sur le bureau de Hoover à la première heure, avant qu'il ait pu voir l'article du *Morning News*. Shanklin et Hosty sont sûrs que ce papier le mettra en rage – contre la police de Dallas et contre eux.

Le télex leur évite le pire. Dans la matinée, ils sont soulagés de découvrir un Hoover très remonté, prêt à se battre, et apparemment à les soutenir. Avec le démenti de Hosty en main, il publie un communiqué, à Washington, démentant catégoriquement les allégations de la police de Dallas. Les affirmations de Revill, déclare-t-il, sont « totalement fausses ».

Hosty s'estime heureux – « J'ai conservé mon boulot une journée de plus » – même s'il est plus convaincu que jamais que son avenir au FBI est des plus incertains. L'article d'Aynesworth est repris dans les journaux d'un bout à l'autre du pays.

Hosty consacre une bonne partie de la semaine suivante à préparer sa déposition devant la commission[2]. Il entame alors, il s'en souviendra, « la tâche laborieuse mais minutieuse de passer en revue » tout le contenu des dossiers de l'antenne de Dallas sur Oswald. Il ne tarde pas à s'apercevoir que deux documents importants ont disparu. Ils avaient été transmis par Washington à l'automne et concernaient le voyage d'Oswald au Mexique. L'un était un rapport daté du 18 octobre qui exposait dans les grandes lignes ce que le Bureau savait de la surveillance d'Oswald au Mexique par la CIA. L'autre était une note du 19 novembre sur son voyage mexicain et ses contacts là-bas avec un diplomate soviétique. Ce diplomate avait été identifié comme étant un agent du KGB. Hosty se demande pourquoi on a retiré ces deux pièces du dossier. Essaie-t-on de les dissimuler, « en espérant que je ne les aie pas déjà vues » ?

Le 4 mai, la veille de sa déposition, quand il s'envole pour Washington, il n'a pas de réponse à ce mystère. Il préfère arriver sur place avec un jour d'avance, pour se ménager une bonne nuit de sommeil avant ce qui sera l'une des journées les plus difficiles de son existence. Le lendemain matin, il enfile un costume sombre, une chemise blanche bien empesée et une cravate neutre – « l'uniforme d'un agent du FBI » – et se rend au siège de la commission Warren avec trois autres agents convoqués comme lui. Ils sont accompagnés par Alan Belmont, le numéro trois du Bureau, qui supervise toutes les enquêtes criminelles. « Je transpirais déjà, je ne pouvais m'en empêcher », se souviendra Hosty.

Il est accueilli par Samuel Stern, qui doit lui poser quelques questions préliminaires. Stern veut dissiper la confusion entourant ce que Hosty savait d'Oswald avant l'assassinat. Etait-il au courant de son voyage au Mexique ? Hosty se souvient d'avoir lu deux rapports sur la surveillance de la CIA au Mexique – les rapports qui, depuis lors, ont disparu des dossiers, à Dallas.

A la mention de ces rapports, Belmont paraît stupéfait, se rappellera Hosty. « Il s'est penché vers moi et m'a grommelé ces mots à l'oreille : "Nom de Dieu, je pensais leur avoir dit de ne pas vous les montrer." »

Cette réflexion pétrifie Hosty. « Le chef de toutes les enquêtes du FBI venait de me dire qu'on avait délibérément essayé de me dissimuler des pièces. » Que s'était-il passé avec Oswald au Mexique pour que le FBI ne veuille pas que Hosty soit au courant ? « Je comprends la règle du "être informé selon ses besoins", mais qu'est-ce qui se passait, là ? »

Cet après-midi-là, on accompagne Hosty jusqu'à la salle d'audience, qui ressemble aux salles de réunion « qu'on trouve dans les grands cabinets d'avocats, avec de beaux meubles et deux murs tapissés de livres, sans doute des recueils juridiques ». Dans un angle de la pièce, il avise le pare-brise endommagé de la limousine présidentielle, une pièce à conviction que la commission vient d'examiner. « Quand j'ai vu ça, j'ai eu un frisson », se rappellera-t-il.

Warren et d'autres membres de la commission sont assis autour d'une grande table, « et ils me dévisagent, comme s'ils attendaient quelque chose de moi ». On l'invite à prendre place en bout de table, entre Stern et Warren à sa gauche, et Ford à sa droite. Le sténographe fait signe au *chief justice* qu'il est prêt, celui-ci fait prêter serment à Hosty et prie Stern de conduire l'interrogatoire.

Hosty avait anticipé la plupart des premières questions – qui concernent l'historique de l'enquête du FBI sur Oswald. En revanche, il commence à s'inquiéter quand les membres interrompent Stern pour poser d'autres questions, visant apparemment à démontrer que le FBI – et, plus précisément, Hosty – aurait dû avertir le Secret Service de l'existence d'Oswald.

« Vous est-il venu à l'esprit qu'il pouvait s'agir d'un individu potentiellement dangereux ? demande le sénateur Cooper[3].

— Non, monsieur. Avant l'assassinat du président des Etats-Unis, je ne disposais d'aucune information indiquant une action violente de la part de Lee Harvey Oswald. »

Il s'attend à des questions coriaces au sujet de l'article d'Aynesworth, mais est soulagé de voir que cet article laisse la commission sceptique. Impression confirmée, souligne-t-il, quand Warren demande que l'échange sur ce sujet ne soit pas versé au procès-verbal, et que le sténographe ne prenne donc rien en note. Les membres, expliquera Hosty, sont « dégoûtés » par la police de Dallas. Ils laissent entendre qu'eux aussi considèrent que la note de Revill ne vaut rien, qu'elle a été rédigée des mois après l'assassinat dans le seul but de créer une trace écrite qui permettrait à la police de faire porter le chapeau au FBI.

Il est aussi soulagé qu'on ne lui pose pas certaines questions. On ne lui demande aucune explication au sujet de la note manuscrite qu'Oswald a déposée au bureau local du FBI début novembre – ce mot que Hosty a déchiré et jeté dans les toilettes. Peut-être la commission n'en a-t-elle pas entendu parler ? Stern lui demande s'il a conservé tout ou partie de ses propres notes le jour de l'assassinat. Il répond que, comme la plupart de ses collègues, il jette régulièrement ses notes manuscrites après les avoir utilisées pour préparer ses rapports dactylographiés. Il n'a conservé aucune de ses notes concernant Oswald, dit-il*.

La séance s'achève à 17 h 10. Il quitte les locaux en estimant que sa déposition s'est bien déroulée, ou du moins aussi bien qu'il aurait pu l'espérer.

Ce n'est pas tout à fait la politique de la porte ouverte, mais tous les agents du FBI savent qu'ils peuvent demander une

* En fait, il avait conservé ses notes manuscrites, mais il affirmera plus tard ne pas s'en être souvenu le jour de sa déposition devant la commission. « Plusieurs mois après la publication du rapport Warren, j'ai découvert ces notes au milieu de mes papiers, dans un tiroir de mon bureau. Comprenant leur importance, j'ai choisi de ne surtout pas m'en défaire, et je les ai rangées en lieu sûr. »

entrevue à Hoover lors de leurs visites à Washington. Le directeur accède parfois à cette demande, parfois non. Hoover dit trouver dans ces tête-à-tête un moyen utile de soutenir le moral de ses troupes et de recueillir des informations qui, sans cela, ne remonteraient jamais jusqu'à lui.

Hosty a donc demandé une entrevue avec Hoover lors de son passage dans la capitale, et il prend le fait qu'il a accepté comme un bon signe.

Vers 14 heures, en ce 6 mai, il se retrouve dans le bureau de Hoover, face au « Vieux » en personne. « Il était plongé dans une pile de trente centimètres de paperasse. A côté de son bureau, il y avait un fauteuil. Il a levé les yeux et m'a fait signe de m'y asseoir. Je me suis enfoncé dans ce fauteuil, et me suis retrouvé sensiblement plus bas que lui. Je suis sûr que c'était délibéré. »

Hoover pose son stylo et fait pivoter son fauteuil vers lui. « J'ai débité ce que j'avais à lui dire : "Monsieur Hoover, je tenais à vous remercier personnellement de m'avoir soutenu et défendu publiquement dans l'affaire de la note Revill, il y a deux semaines.

— Oh, ce n'était rien », fait Hoover, souriant.

Hosty n'a guère l'opportunité d'en dire beaucoup plus, car le directeur se lance dans un monologue de plusieurs minutes où il raconte qu'il vient de déjeuner à la Maison-Blanche avec le président Johnson, lequel a décidé de ne pas le faire partir à la retraite. « Le président m'a dit que le pays ne pouvait se passer de moi », dit-il, visiblement ravi. Il enchaîne en lui faisant part de son étroite amitié avec le successeur du président défunt et de son aversion pour Robert Kennedy, l'*attorney general*. Ce dernier « le dégoûte ».

Puis il passe au *chief justice* et à la commission. « Il m'a dit que le FBI disposait d'une source à l'intérieur. Selon ses informations, la commission exonérerait le FBI de toute faute dans l'affaire Oswald, par 5 voix contre 2. » Selon Hoover, seuls Warren et McCloy voteraient contre le Bureau. « Il m'a dit que le *chief justice* le détestait. »

Quelle que soit son apparente assurance devant un agent de base comme Hosty, Hoover est au bord de la panique. Il est convaincu que la commission Warren et ses juristes fournissent à la presse des informations visant à saper son héritage voire l'existence du Bureau. Sur l'insistance de la commission, il a dû répondre aux articles de feuilles à scandale. Le 5 mai, Rankin lui écrit pour exiger une réponse détaillée à un article paru en première page du *National Enquirer* – un hebdomadaire racoleur réputé pour ses articles tournant autour du sexe et de la violence – selon lequel le FBI avait dissimulé des preuves montrant qu'Oswald et Ruby se connaissaient[4]. Selon l'article, le département de la Justice avait exercé des pressions sur la police de Dallas pour qu'elle retarde l'arrestation d'Oswald et Ruby pour leur implication dans la tentative d'assassinat du général Walker. Suite à cet article, des agents du FBI reçoivent l'ordre d'interroger le chef de la police de Dallas, Jesse Curry, qui leur affirme que l'article de l'*Enquirer* est une invention, et que la police de Dallas n'a jamais entendu parler d'Oswald avant son arrestation. Le 8 mai, Hoover répond à Rankin que l'article de l'*Enquirer* ne contient pas une once de vérité.

Le jeudi 14 mai, Hoover doit témoigner lui-même devant la commission[5]. Warren n'a pas un mot pour l'accueillir ni le soutenir, lui qu'on traite toujours avec déférence, preuve supplémentaire de leurs mauvais rapports. Après lui avoir fait prêter serment à 9 h 15, Warren va droit au but, et trace les grandes lignes de ce que la commission attend du directeur : « M. Hoover sera prié de témoigner concernant la question de savoir si Lee H. Oswald a jamais été un agent, directement ou indirectement, un informateur, ou s'il a agi pour le compte du Bureau fédéral d'investigation, dans quelque fonction ou à quelque période que ce soit, et s'il est informé de la moindre preuve crédible de complot, national ou international, dans l'assassinat du président Kennedy. » Aucune question ne lui sera épargnée concernant les allégations outrancières du *National Enquirer*. La commission, insiste son président, veut savoir ce que Hoover « a à dire concernant [cet] article ».

Rankin mène les débats et, comme promis, Hoover dément catégoriquement que le FBI ait jamais entretenu la moindre relation avec Oswald. « Je peux affirmer de la manière la plus solennelle qu'à aucun moment il n'a été un employé du Bureau, à quelque fonction que ce soit, ni comme agent, ni comme employé à titre spécial ni comme informateur. » Quant à la possibilité d'un complot, voici sa réponse : « J'ai été incapable de trouver l'ombre d'une preuve attestant d'un quelconque complot national ou international ayant abouti à l'assassinat du président Kennedy. » Il déclare sous serment qu'à son avis, c'est Oswald qui a tué le président Kennedy, et qu'il a agi seul. Il reconnaît que dans la période précédant l'assassinat le FBI le tenait sous surveillance mais le Bureau n'avait aucun indice permettant de soupçonner qu'Oswald était violent. « Jusqu'au jour de l'assassinat, rien n'indiquait que cet homme était dangereux, susceptible de porter atteinte au président. » L'article du *National Enquirer*, tranche-t-il, est « totalement mensonger ».

Ce même jour, immédiatement après la déposition de Hoover, le directeur du renseignement central, John McCone, et son adjoint, Richard Helms, entrent dans la salle d'audience pour y effectuer leur déposition[6]. Comme Hoover, ils affirment, sous serment, ne détenir aucune preuve permettant de conclure qu'Oswald était un agent du gouvernement ni qu'il avait fait partie d'un complot pour tuer le président. Ils soulignent que le voyage d'Oswald au Mexique a fait l'objet d'une enquête approfondie de la part de la CIA et que cette investigation n'a rien révélé permettant de penser qu'Oswald avait des complices, là ou ailleurs.

A Dallas, Hugh Aynesworth tient un autre scoop de taille[7]. Il a obtenu, auprès de sources qu'il ne nomme pas, une copie du récit de sa défection par Oswald lui-même, qu'il a appelé son « Journal historique ».

Marina Oswald affirme que la majeure partie de ce « Journal » mélodramatique, truffé de tant de fautes d'orthographe et de grammaire que la commission en conclut que son auteur était dyslexique, a en réalité été écrite après leur retour d'Union soviétique. Le document dépeint le désenchantement d'Oswald et le désespoir que finit par lui inspirer sa vie en Russie. Il décrit sa tentative de suicide dans sa chambre d'hôtel à Moscou, ainsi que la cour qu'il entreprend de faire à une autre Russe, Ella German, son échec, et son choix de Marina. « J'ai épousé Marina pour faire du mal à Ella », écrit-il.

Deux semaines après le scoop d'Aynesworth, *Life* publie l'intégralité du journal intime[8]. David Slawson, qui a la responsabilité d'analyser ce journal pour la commission, se dit horrifié par ces fuites. Il est convaincu qu'elles mettent en danger la vie de plusieurs Russes mentionnés dans le document qui ont aidé Oswald. Il s'inquiète en particulier d'une « guide touristique » qui s'est occupée d'Oswald peu après son arrivée à Moscou et qui a tenté de l'avertir de l'avenir lugubre qui l'attendait en Russie[9]. Les guides officiels « sont en temps normal sous le contrôle du KGB », Slawson le sait. L'avertissement avait pris la forme d'un cadeau – un exemplaire de *L'Idiot* de Dostoïevski. (Dans son journal, il écrit « IDEOT, de Dostoïevski ».) Ce livre, Slawson le comprend, était une « façon déguisée de l'avertir qu'il était un idiot et qu'il devait rentrer chez lui ». Il craint que la guide n'ait commis « un grave délit, un peu comme si un agent du FBI avait secrètement averti un transfuge russe de rentrer chez lui ». Il s'inquiète aussi pour la famille d'Alexander Ziger qui, à Minsk, s'est liée d'amitié avec ce visiteur américain. Ziger lui conseille aussi de retourner aux Etats-Unis. « Nous savons que les Ziger tentent depuis de nombreuses années de s'enfuir de Russie » et qu'« ils sont probablement plus susceptibles que d'autres d'être persécutés » parce qu'ils sont juifs, écrit encore Slawson.

A l'origine, il a prévu de ne citer que des extraits du journal, en coupant les noms des contacts russes d'Oswald. Après ces fuites, il estime que la commission devra « reproduire le journal in extenso, sans aucune suppression ». Si elle n'en reproduit que des extraits, cela attirera l'attention sur les parties qui n'ont pas été publiées. Il serait assez facile pour le KGB de confronter le rapport à ce qui est paru dans le journal de Dallas et dans *Life*, pour repérer ce qui manque.

La police de Dallas et le FBI essaient de déterminer qui est à l'origine des fuites. Marina Oswald est un suspect évident, sachant l'empressement qu'elle a mis à vendre d'autres informations, mais elle nie. *Life* affirme qu'elle n'est pas sa source, bien que le magazine ait précisé qu'il a reproduit ce journal « avec son entière autorisation » et qu'il n'a changé que quelques noms, à sa demande, « pour éviter des représailles contre des connaissances d'Oswald[10] ».

Par la suite, un inspecteur de police de Dallas, H. M. Hart, informe ses supérieurs qu'il a identifié un suspect : Gerald Ford. Dans une note du 8 juillet, Hart écrit que selon une « source confidentielle » Ford aurait vendu le journal au *Morning News* et l'aurait aussi proposé à *Life* et *Newsweek*[11]. Des dirigeants des deux titres auraient ensuite versé 16 000 dollars à Marina Oswald « pour les droits mondiaux », écrit Hart. Ford protestera qu'il n'a aucun rapport avec ces fuites, et le FBI dira plus tard que la source était un chef de service de la police de Dallas. La police de son côté vérifiera des allégations selon lesquelles Aynesworth et son épouse auraient pu vendre le journal à *Life*, ce que l'intéressé nie. La question ne sera jamais résolue. Pourtant, Ford est si alarmé de ces rumeurs qu'il exige que le FBI recueille une déclaration officielle de sa part démentant ces accusations. Cette déclaration est rédigée par le directeur adjoint du FBI, Cartha « Deke » DeLoach, le contact de longue date de Ford au Bureau, au cours d'une réunion avec ce dernier, dans son bureau du Congrès[12].

CHAPITRE 38

Texas School Book Depository
Dallas, Texas
Dimanche 24 mai 1964

Chaque semaine apporte son lot de décisions exaspérantes du *chief justice*, du moins est-ce le sentiment d'Arlen Specter. Depuis des mois, il essaie d'obtenir l'organisation d'une reconstitution à Dealey Plaza. Les juristes proposent de reproduire la scène telle qu'Oswald a dû la percevoir perché au cinquième étage du Texas School Book Depository. On rapportera son fusil, et on fixera dessus un appareil photo permettant de prendre des clichés d'une limousine semblable à celle à bord de laquelle Kennedy a longé lentement le bâtiment. Deux hommes d'une taille similaire à celle de Kennedy et Connally se trouveront à bord de la voiture, dans le même alignement que sur le film de Zapruder. Ce sera un moyen précieux de vérifier la théorie selon laquelle une seule balle tirée du cinquième étage a pu transpercer les corps des deux victimes.

Specter apprend avec stupéfaction que Warren ne veut pas en entendre parler. Il estime que c'est inutile. « Il y était totalement opposé, se souviendra-t-il. Il considérait que l'équipe accordait trop d'importance à ce type de reconstitution[1]. » Warren disait : « Nous savons ce qui s'est passé. Nous avons le rapport du FBI. » Les enquêteurs demandent à Rankin d'insister. Sentant peut-être gronder une révolte menée par Specter, celui-ci cède.

Avec l'aide du FBI, la reconstitution est fixée au dimanche 24 mai tôt dans la matinée. On a choisi ce moment pour ne pas être gêné par la circulation. Warren n'y assistera pas. Il compte venir plus tard à Dallas, au mois de juin, pour recueillir la déposition de Jack Ruby.

La reconstitution se déroule correctement et Specter en ressort encore plus convaincu de la justesse de la théorie de la balle unique. Le FBI a fait ce que la commission a demandé. L'appareil photo monté sur le fusil fournit les images espérées, notamment une photo très nette montrant comment une seule balle tirée du haut du cinquième étage aurait transpercé le cou de Kennedy avant d'atteindre le gouverneur. La caméra de Zapruder et deux autres caméras amateur qui ont saisi la scène sont aussi utilisées lors de cette reconstitution, et le FBI parvient à reproduire les images prises par ces appareils.

Specter reçoit d'autres nouvelles qui tombent bien[2]. De nouveaux tests balistiques confortent la théorie de la balle unique. Ils montrent que les fragments métalliques extraits du poignet de Connally sont si minuscules qu'ils ont pu provenir de la balle qui a transpercé le cou du président. La balle retrouvée sur la civière devait peser 160 ou 161 grains avant d'être tirée. Elle pèse maintenant 158,6 grains*. Les radios du poignet de Connally montrent que les fragments restés dans son corps pèsent probablement bien moins que la différence.

La trajectoire des balles tirées par le fusil d'Oswald et les dégâts qu'elles sont capables de provoquer sont testés indépendamment par le FBI et l'armée. L'Edgewood Arsenal de l'armée de terre, dans le Maryland, un centre de recherche hautement sécurisé du département de la Défense, à une petite centaine de kilomètres au nord de Washington, procède à une série d'essais avec le fusil Mannlicher-Carcano d'Oswald au mois d'avril[3]. Des scientifiques de l'armée s'efforcent de déterminer si le fusil a pu produire les blessures subies par Kennedy et Connally. Les résultats, contenus dans un rapport de l'armée,

* Unité de poids des systèmes d'unité anglo-saxons *avoirdupois* et *troy*, soit 0,0648 mg, notamment employée en armurerie. Il est encore utilisé en bijouterie, en France, pour une valeur de 0,049 g. La balle pèse donc de 10,88 à 10,94 g avant la mise à feu et 10,78 g après impact. (*N.d.T.*)

sont d'une lecture macabre. Pour tenter de répliquer les effets des balles quand elles ont frappé les deux corps, les scientifiques ont tiré sur différentes cibles, notamment des crânes et des bras de cadavres humains remplis de gélatine. Treize chèvres anesthésiées ont servi de cibles pour reproduire les blessures thoraciques de Connally. Les chèvres portaient plusieurs couches de vêtements semblables à la veste, à la chemise et au maillot de corps du gouverneur. Les clichés, notamment ceux des chèvres, vivantes, maintenues par des sangles, qui attendent qu'on leur tire dessus, font froid dans le dos aux amis des animaux que compte l'équipe de la commission.

Ces tests confortent largement la théorie de la balle unique. « Les résultats indiquent que les blessures infligées au président et au gouverneur Connally, notamment l'importante blessure crânienne du premier, ont pu être produites » par le fusil d'Oswald et le type de projectiles utilisés. La balle qui a atteint le président au cou « conservait assez de vitesse résiduelle pour expliquer toutes les blessures du gouverneur ». Le rapport soulève une question évidente qui appuie la théorie de la balle unique : où est passée la balle qui a atteint Kennedy au cou si elle n'a pas touché Connally ? Il n'y en a aucune autre trace à l'intérieur de la limousine. Si la balle avait frappé un autre endroit du véhicule, poursuit le rapport, « les dégâts seraient visibles et bien plus importants que le léger impact relevé sur le pare-brise ».

Comme ses collègues et beaucoup de médecins et de scientifiques qu'il a interrogés, Specter dit ne plus être troublé par un phénomène repéré lors du visionnage du film de Zapruder : la façon dont la tête du président est projetée en arrière quand il est atteint par le deuxième tir, comme si la balle venait de devant, et non de derrière[4]. Les médecins et les balisticiens expliquent aux enquêteurs qu'il est souvent difficile de deviner comment des chairs réagiront à un impact de balle. La blessure peut provoquer des spasmes qui impriment au corps des mouvements inhabituels. C'est une idée sinistre, admet Specter, mais il compare ce que montre le film à une scène dont il a été témoin à Wichita dans son enfance, un jour où son père avait tué un poulet pour le repas familial. Le volatile avait continué de bouger de manière incontrôlable après avoir eu le cou tranché : « D'instinct, j'ai fait l'analogie avec le poulet, expliquait-il. Ce n'étaient que des spasmes, c'était nerveux. »

David Belin passait souvent pour le meneur de la commission, mais après avoir fait preuve d'exubérance au début de l'enquête, en ce printemps il paraît souvent abattu. « Le travail était certes captivant, mais il n'en était pas moins source de frustrations – secrétariat insuffisant, équipe trop restreinte pour mener l'enquête, comédie » de la décision de la commission de traiter Marina Oswald avec égards, alors même qu'elle avait menti sous serment. « Tout dans le déroulement de nos travaux avait quelque chose de frustrant[5]. » Il en veut à Rankin, censé être l'intermédiaire entre les membres de la commission et les enquêteurs. « A aucun moment la communication n'a été bonne, à aucun moment il n'y a eu d'échange d'idées digne de ce nom entre Rankin et nous, ni entre nous d'ailleurs », déplorera-t-il. Il se considère avec Specter comme l'un des pères de la théorie de la balle unique, et pourtant les membres de la commission ne semblent pas vouloir d'une discussion sur ce sujet capital.

Belin veut faire part de ses idées sur la manière dont le rapport final doit être rédigé. Dans une note, il plaide pour l'inclusion de longs extraits des dépositions des plus importants témoins, de sorte que les lecteurs puissent percevoir l'impact de ce qu'ils avaient à dire. Cela demande de la place, pense-t-il. « Je voulais que l'on cite *in extenso* beaucoup de témoignages, car j'estimais que c'était le moyen le plus efficace de démontrer la vérité. » Mais il n'obtient pas l'audience avec Rankin et les autres qui aurait permis de débattre de cette proposition. « En cela, comme pour presque tout le reste, j'estime ne jamais avoir eu "voix au chapitre" – nous étions trop occupés par l'arbre qui cachait la forêt. »

Comme tout le monde, il est épuisé. Il travaille soixante-dix heures par semaine – plus encore que Norman Redlich, qui donne l'impression de ne jamais quitter le bureau, même pour dormir. Et il est inquiet car il devra bientôt quitter Washington, alors qu'il lui reste beaucoup à faire pour parachever sa partie de l'enquête. Son cabinet juridique le réclame à Des Moines avec insistance. Il a projeté de partir avant la fête de Memorial Day, le dernier lundi de mai, et compte ensuite effectuer de brefs allers-retours quand son travail le lui permettra.

Un soir, il évoque avec Specter tous ces motifs de contrariété. Le rapport de la commission ne sera pas à la hauteur, déclare-t-il. « J'ai exprimé ma déception : ce qui aurait pu être une enquête monumentale menée par un groupe d'individus très talentueux se transformait en un bricolage médiocre. » Specter, toujours pondéré, recommande vivement à son ami de ne pas oublier qu'en dépit de ses défauts, l'enquête a permis d'établir les faits relatifs à l'assassinat. « Le plus important, c'est que nous avons découvert la vérité », lui dit-il.

Belin est vexé que l'on ne tienne compte d'aucune de ses idées. Il continue de préconiser que Marina Oswald, Jack Ruby et d'autres témoins essentiels passent au détecteur de mensonges. Il a adressé plusieurs notes à Rankin sur le sujet. Si Marina Oswald était soumise à un détecteur de mensonges, a-t-il écrit, elle pourrait leur révéler des secrets sur sa vie avec Oswald en Russie – un sujet sur lequel la commission n'a aucun autre moyen de vérifier sa crédibilité. « Si elle refusait d'accéder à notre demande, cela pourrait indiquer qu'elle a quelque chose à cacher[6]. » Il pense qu'il faut appliquer le même traitement à Ruby, mais cette demande est aussi rejetée, « la quasi-totalité de l'équipe s'étant liguée contre moi ». Le *chief justice* s'est rangé à l'avis de cette majorité. Warren qualifie les détecteurs de mensonges d'« instruments à la Big Brother ».

Pour Belin c'est une coïncidence étrange de plus dans une enquête qui n'en manque pas – le rabbin de Jack Ruby, Hillel Silverman, est un de ses amis[7]. Il a fait la connaissance de cet homme jeune, beau et dynamique, qui est le guide spirituel d'une synagogue conservatrice de Dallas, lors d'une mission d'étude religieuse que les deux hommes ont conduite en Israël à l'été 1963.

Lors d'un de ses premiers déplacements à Dallas, Belin rend visite à son ami, qui voit régulièrement Ruby en prison. Belin sait bien que les échanges entre un rabbin et un fidèle sont confidentiels, « mais je me demandais s'il s'était interrogé sur l'existence possible d'une conspiration ». Silverman croit-il Ruby quand ce dernier affirme avoir agi seul ?

« Jack Ruby n'a rien à voir avec aucune conspiration, lui répond Silverman. Sans l'ombre d'un doute. » Ruby a assuré au rabbin qu'il a agi seul, et le religieux est certain qu'il dit vrai. Ruby a expliqué à Silverman que s'il avait agi sur ordre, il aurait abattu Oswald la première fois qu'il l'avait aperçu, le vendredi soir, lors de la conférence de presse de la police. « Si j'avais eu l'intention de le tuer, j'aurais pu presser sur la détente tout de suite, parce que j'avais le pistolet dans ma poche », a confié Ruby à Silverman. Selon le rabbin, Ruby offrait toujours la même explication de ce qui l'avait poussé à tuer Oswald : « épargner à Mme Kennedy le supplice de devoir revenir pour le procès ».

Silverman étant convaincu que Ruby a agi seul, Belin a une autre faveur importante à lui demander, et il doit garder cela secret. « Je lui ai dit que même si j'étais convaincu que Ruby n'était pas impliqué dans un complot, le monde n'en serait jamais convaincu, à moins que Ruby ne se soumette au détecteur de mensonges, se rappellera Belin. Je lui ai aussi dit que la commission Warren ne demanderait jamais à Ruby de subir ce test, mais que Ruby pouvait lui-même le demander. » Cela compliquerait peut-être son recours en appel, mais d'un autre côté sa situation aurait difficilement pu être plus épineuse.

Silverman veut-il bien tenter de convaincre Ruby d'en faire la demande ? Warren doit interroger Ruby au mois de juin. Il pourrait en faire directement la demande au *chief justice*.

Le rabbin accepte : il veut bien essayer.

Chapitre 39

*Bureaux de l'*attorney general *des Etats-Unis*
Département de la Justice
Washington
Juin 1964

Robert Kennedy ne veut pas témoigner devant la commission. Il a transmis ce message au *chief justice* en juin par l'intermédiaire de Howard Willens. Il ne dit pas pourquoi – du moins par écrit – mais Warren n'insiste pas. Il semble penser que cela serait trop pénible pour lui. Comme à son habitude, le *chief justice* ne demande pas l'avis des enquêteurs. Certains ne manqueront pas de dire par la suite que si on les avait consultés, ils auraient insisté pour que l'*attorney general* soit entendu, surtout pour connaître son avis sur une possible conspiration. Robert Kennedy savait qui étaient les ennemis de son frère : il avait été, lors des moments difficiles de sa présidence, son plus proche conseiller. En conséquence, il aurait certainement eu des soupçons sur les personnes impliquées dans une conspiration. David Slawson sait bien l'importance que peut avoir son témoignage, surtout en ce qui concerne Cuba[1]. Personne n'ignore, à Washington, dans les milieux concernés, qu'après la baie des Cochons le président avait chargé son frère de la guerre secrète contre Castro. « Il était le confident du président au sujet de Cuba », dira Slawson.

Kennedy consent toutefois à adresser une brève déclaration écrite à la commission. Après consultation avec Kennedy et son second, Nicholas Katzenbach, Willens adresse une note à Rankin, et joint deux projets de lettres[2]. La première, signée de Warren, serait envoyée à Kennedy et demanderait si l'*attorney general* a des informations qu'il souhaiterait partager avec la commission. La seconde serait signée par Kennedy et serait une réponse à Warren. L'*attorney general* confirmerait qu'il avait des informations à partager. « L'*attorney general* préfère honorer ses obligations envers la commission de cette façon plutôt qu'en comparaissant à titre de témoin », écrit Willens.

Dans la note, il précise que Kennedy lui a clairement signifié ne pas avoir suivi de près l'enquête de la commission, ce qui explique pourquoi il a si peu de choses à ajouter. « L'*attorney general* m'a informé qu'il n'a reçu aucun des rapports du directeur du Bureau fédéral d'investigation relatifs à l'enquête sur l'assassinat, et que ses principales sources d'information sont le *chief justice*, l'*attorney general* adjoint et moi-même. »

Voici le texte intégral de la lettre de Warren, datée du 11 juin 1964[3] :

« Monsieur l'*attorney general*,

« Tout au long de l'enquête menée par cette commission, le département de la Justice s'est montré extrêmement utile en transmettant des informations destinées à notre enquête.

« La commission est désormais sur le point d'achever ses investigations. Avant la publication de son rapport, la commission voudrait être tenue au courant d'éventuelles informations supplémentaires relatives à l'assassinat du président John F. Kennedy, qui ne lui ont pas été communiquées. Au vu des allégations largement répandues sur ce sujet, la commission voudrait en particulier être informée de toute indication suggérant que l'assassinat du président Kennedy aurait été le résultat d'un complot fomenté sur notre sol ou à l'étranger. Inutile de préciser que si vous avez des suggestions à formuler concernant l'enquête sur ces allégations ou une autre étape des travaux de la commission, nous nous empresserons de les examiner.

« Au nom de la commission, je souhaite vous remercier, ainsi que vos représentants, de l'aide que vous avez apportée à la commission. »

Puisque Kennedy savait que Warren ne lui imposerait pas de témoigner, la commission pensait qu'en signe de gratitude il parapherait rapidement la lettre qui avait été préparée. Mais à la surprise du *chief justice* et de son entourage, Kennedy mettra des mois à répondre.

Hormis l'*attorney general*, personne n'avait autant d'influence sur le président Kennedy que son conseiller spécial Kenneth O'Donnell. Cet avocat de quarante ans, grand et mince, originaire du Massachusetts, était au cœur du cercle des conseillers de la Maison-Blanche, ceux que l'on appelait la « Mafia irlandaise[4] ». O'Donnell avait participé à l'organisation du voyage au Texas. Il se trouvait dans le cortège à Dallas, à bord de la voiture du Secret Service juste derrière la limousine.

O'Donnell fait aussi savoir à la commission qu'il ne souhaite pas témoigner. Il prie sa secrétaire d'informer Specter qu'un autre proche conseiller du défunt président, Dave Powers, qui était assis à côté de lui dans le cortège, pouvait être convoqué à sa place, car son témoignage sera similaire. Specter proteste auprès de Rankin, et O'Donnell se laisse finalement convaincre de témoigner, mais pas dans les locaux de la commission. Specter et Norman Redlich se rendent à la Maison-Blanche, le 18 mai.

Le récit fait par O'Donnell du voyage à Dallas est conforme à celui des autres témoins, si ce n'est qu'il rapporte la conversation singulière qu'il a eue avec le président le matin de l'assassinat[5]. Ils ont parlé, dit-il, de la facilité avec laquelle quelqu'un armé d'un fusil pourrait tuer Kennedy. Cela se passait à l'hôtel Texas, à Fort Worth, alors que le président se préparait à partir pour Dallas. « Cette conversation a eu lieu dans sa chambre, avec Mme Kennedy et moi-même, environ une demi-heure avant notre départ, raconte O'Donnell. Si je me souviens bien, il a fait une remarque à son épouse sur la manière dont il concevait le rôle du Secret Service. Il a ajouté que "si quelqu'un voulait vraiment tirer sur le président des Etats-Unis, ce ne serait pas bien compliqué – il suffirait de monter en haut d'un immeuble avec un fusil à lunette, et personne ne pourrait rien faire". »

Specter demande à O'Donnell comment Mme Kennedy a réagi à cette remarque lugubre. « Je pense que la teneur générale de son point de vue était qu'elle reconnaissait que c'était inhérent... à notre démocratie. »

Lors de son témoignage, O'Donnell laisse échapper un propos qu'il regrettera rapidement et qui donne à Specter un aperçu de la détermination dont la famille Kennedy fait preuve pour contrôler l'histoire de l'assassinat. Specter demande à O'Donnell de décrire le retour vers Washington à bord d'Air Force One, et les propos qu'il a pu échanger avec Mme Kennedy. Fidèle à sa manière, Specter se concentre sur les petits détails.

« De quoi avez-vous parlé ? demande-t-il.

— Nous avons échangé des souvenirs, fait O'Donnell.

— A-t-elle mangé quelque chose pendant le vol du retour ?

— Non, je crois que nous avons bu un verre, répond O'Donnell. J'ai essayé de la convaincre de boire quelque chose de fort. Elle a accepté [un scotch allongé d'eau, sera-t-il précisé plus tard] mais nous avons surtout parlé », continue-t-il.

Specter regagne ensuite les bureaux de la commission, où il tombe sur un Rankin très remonté.

« Pourquoi avez-vous demandé à O'Donnell si Mme Kennedy avait bu un verre dans l'avion ?

— Lee, je n'ai rien fait de tel, lui réplique Specter, expliquant que c'est O'Donnell qui lui a spontanément fourni cette indication.

— Eh bien, ils viennent de nous téléphoner et ils sont fous de rage, fait Rankin. Ils se sont plaints. »

Specter devine ce qui s'est passé : O'Donnell a paniqué à l'idée que l'opinion pourrait apprendre que la First Lady a bu un verre d'alcool pour se calmer les nerfs, le jour de l'assassinat de son mari, comme si c'était là un signe de faiblesse[6]. « O'Donnell a laissé échapper qu'elle avait bu un verre, ça l'a vraiment inquiété, et il a voulu m'en faire porter la responsabilité », dira Specter plus tard.

« Ce n'est pas ce qui s'est passé, dit-il à Rankin. Vous pouvez vérifier dans le procès-verbal. »

Le procès-verbal prouve qu'Arlen Specter a raison.

La fin du printemps approche et l'équipe commence à se dire que Warren a l'intention d'achever l'enquête sans avoir recueilli le témoignage de Jacqueline Kennedy. Il n'a jamais fait mystère de son malaise à l'idée d'interroger officiellement Mme Kennedy sur les circonstances de la mort de son mari et, depuis des mois, il remet la question à plus tard, alors même que Specter ne cesse de la lui poser avec insistance. Warren est aussi protecteur envers l'ex-First Lady « qu'il l'aurait été avec l'une de ses filles », observera Specter plus tard. Quand celui-ci presse Rankin de programmer sa déposition, il reçoit la même réponse : « La décision n'a pas été prise. »

Specter a entendu dire sans jamais pouvoir le vérifier que Warren a fini par céder aux injonctions de John McCloy. On racontait que McCloy était furieux, et qu'il ne cessait de dire à Warren que la commission n'avait pas le choix, qu'elle devait entendre la veuve du président[7]. Elle était dans le cortège. Elle était le témoin le plus immédiat de la mort de son mari. En outre, « elle en parle dans les dîners en ville », lâche McCloy au *chief justice*. Et les deux hommes savent aussi qu'elle a raconté l'assassinat à William Manchester, pour son livre. Specter a appris qu'au cours de cette discussion, McCloy a fait exprès de donner du « monsieur » à Warren au lieu d'utiliser son titre officiel. McCloy savait pertinemment que c'était une « insulte cinglante » pour Warren, qui tenait à ce qu'on l'appelle « monsieur le *chief justice* ».

Warren accepte donc de recevoir la déposition de Jacqueline Kennedy, mais c'est lui qui conduira l'interrogatoire et aucun des jeunes enquêteurs ne sera présent. Specter, qui a recueilli le témoignage de tous les témoins se trouvant dans le cortège, ne saurait rien du contenu de l'entretien tant qu'il ne serait pas terminé. Warren décide également qu'il entendra Mme Kennedy chez elle. Il ne l'obligera pas à se rendre au siège de la commission.

Peu avant 16 heures, le vendredi 5 juin, la voiture officielle du *chief justice* se gare devant le 3 017 N Street, une résidence en brique de l'époque coloniale dont Mme Kennedy a fait l'acquisition quelques mois après l'assassinat[8]. La maison de dix-sept pièces se trouve dans la partie la plus huppée de Georgetown – c'est au bout de cette même rue qu'elle a vécu avec le sénateur Kennedy les premières années heureuses de leur mariage, dans une maison bien plus modeste.

Cette nouvelle demeure aurait dû être le sanctuaire de Mme Kennedy, l'endroit où elle se créerait une nouvelle vie, mais dès qu'il pose un pied sur le trottoir, Warren comprend que c'est devenu une prison pour elle et ses deux enfants. La police monte la garde vingt-quatre heures sur vingt-quatre afin de tenir à distance les paparazzi – le mot est encore nouveau, à Washington, le public américain l'a découvert grâce à Fellini en 1960 – et la foule des touristes béats qui veulent entrevoir l'ex-First Lady. Au grand désarroi de ses nouveaux voisins, des vendeurs ambulants campent littéralement aux deux extrémités de la rue et proposent du pop-corn et des boissons aux touristes qui mitraillent. Dès le départ, Warren, qui est accompagné du seul Rankin et d'une sténographe, est décidé à rendre cet entretien aussi bref et indolore que possible pour la jeune veuve.

Robert Kennedy assistera à la déposition de sa belle-sœur, et c'est lui qui accueille Warren. Qu'elle ait souhaité la présence de son beau-frère n'a rien de surprenant. Avec la bénédiction de son épouse, Ethel, l'*attorney general* se tient à ses côtés depuis l'assassinat, et passe souvent de longs après-midi en sa compagnie à Georgetown. « Je le partagerai avec toi », a dit Ethel à sa belle-sœur[9].

Ils prennent place autour d'une table dans le salon de Mme Kennedy, cette même pièce où elle a longuement reçu William Manchester. Warren s'efforce aussitôt de la mettre à l'aise. Ce ne sera pas un interrogatoire, promet-il. « Mme Kennedy, dit-il, la commission voudrait juste que vous puissiez expliquer avec vos propres mots, à votre façon, ce qui s'est passé au moment de l'assassinat du président. Et nous voulons que ce soit bref. Nous voulons entendre vos mots à vous et que vous disiez tout ce que vous jugerez approprié.

Là-dessus, il se tourne vers Rankin, qui mènera l'entretien.

« Voulez-vous nous donner votre nom, pour la bonne règle.

— Jacqueline Kennedy.

— Et vous êtes la veuve de l'ancien président Kennedy ?

— C'est exact. »

Rankin : « Pouvez-vous revenir au moment où vous êtes arrivés à l'aéroport Love Field le 22 novembre et décrire ce qui s'est passé après votre atterrissage ?

Mme Kennedy : « Nous sommes descendus de l'avion. Celui qui était alors le vice-président et Mme Johnson étaient là. On nous a donné des fleurs. Et ensuite la voiture nous attendait. Il y avait une foule, ils criaient avec des banderoles et tout cela. Alors nous sommes allés leur serrer la main. »

Avec ses premières questions, Rankin amène Mme Kennedy à suivre la chronologie de l'heure précédant l'assassinat et à revenir sur ses souvenirs du cortège. Il lui demande où elle était assise dans la voiture par rapport à son époux et aux Connally.

Mme Kennedy se rappelle qu'il faisait très chaud ce jour-là, et qu'elle a été soulagée quand elle a vu un passage souterrain au loin, au moment où la limousine a tourné dans Houston Street. Le cortège se dirigeait vers le pont ferroviaire, sous lequel ils passeraient pour quitter Dealey Plaza.

« Je me souviens avoir pensé qu'il ferait bon dans ce tunnel. »

Rankin : « Et ensuite vous souvenez-vous d'avoir tourné dans Elm Street, juste au pied de l'immeuble du Texas School Book Depository ? »

Mme Kennedy se rappelle que Mme Connally a désigné la foule en liesse d'un geste de la main et qu'elle s'est tournée vers le couple présidentiel pour dire : « Vous ne pourrez pas dire que Dallas ne vous a pas réservé un charmant accueil. »

Rankin : « Qu'a dit le président ?

Mme Kennedy : « Je crois qu'il a dit : "Non, en effet, on ne pourra pas le dire" ou quelque chose de ce genre. Et ensuite la voiture avançait très lentement, et il n'y avait plus grand monde autour de nous. Et ensuite…

Il y a un silence.

« Voulez-vous que je vous dise ce qui s'est passé ? » demande-t-elle.

Avec cette question, c'est comme si Mme Kennedy voulait rappeler à Warren et Rankin ce qu'ils la prient de faire – d'offrir le récit, de façon officielle et publique, de ce qui s'est passé dans la limousine lorsque les coups de feu ont retenti.

Rankin : « Oui, si vous le voulez bien, je vous en prie. »

Et donc elle commence : « Je regardais sur ma gauche, et j'ai entendu ces claquements épouvantables, vous savez ? Et mon mari n'a pas émis un son. Alors je me suis tournée vers la droite. Et tout ce dont je me souviens, c'est d'avoir vu mon mari, il avait une expression un peu étonnée et il a levé la main. Ce devait être sa main gauche.

« Et au moment où je me suis retournée et où je l'ai regardé, j'ai vu un morceau de son crâne, je me souviens qu'il était couleur chair, sillonné de petites rides. Je me souviens m'être dit qu'il avait l'air d'avoir une légère migraine. Et je me souviens seulement d'avoir vu ça. Pas de sang, rien. Et ensuite il a eu cette sorte de... »

Elle porte la main à sa tête, expliquant que son mari « met la main sur son front et s'effondre sur [s]es genoux ». « Et ensuite je me souviens de m'être penchée sur lui en me disant : "Oh, non, non, non." Je dis : "Oh mon Dieu, ils ont tiré sur mon mari." Et "je t'aime, Jack", je me souviens d'avoir crié cela. Et d'être dans cette voiture, avec sa tête sur mes genoux. Et cela m'a paru une éternité. Vous savez, ensuite, il y a eu ces images de moi grimpant sur le capot arrière de la voiture. Mais je ne m'en souviens pas du tout. »

Rankin lui demande si elle se souvient de l'agent du Secret Service, Clint Hill, grimpant sur le capot pour la repousser dans l'habitacle. « Vous souvenez-vous de M. Hill venant à votre secours ? »

Mme Kennedy : « Je ne me souviens de rien. Je me suis retrouvée sur le plancher. Et finalement je me souviens d'une voix derrière moi, ou je ne sais pas, et puis je me souviens des gens sur la banquette avant, ou de quelqu'un, et j'ai enfin compris que quelque chose n'allait pas, et il y avait cette voix qui hurlait, ce devait être M. Hill, "Foncez à l'hôpital", ou alors c'était M. Kellerman, sur le siège avant. Mais quelqu'un hurlait. Moi j'étais sur le plancher et je le tenais contre moi.

« J'essayais de maintenir ses cheveux en place, dit-elle, évoquant le fragment de crâne qu'avait fait exploser la deuxième balle. Vu de devant, il n'y avait rien – je suppose qu'il devait y avoir quelque chose. Mais derrière, on voyait, vous savez, j'essayais de maintenir ses cheveux en place, et son crâne. »

Rankin : « Avez-vous le moindre souvenir du nombre de coups de feu, un ou plusieurs ? »

Mme Kennedy : « Eh bien, il a dû y en avoir deux, parce que celui qui m'a fait me retourner, c'est quand le gouverneur Connally a hurlé. Et au début j'étais un peu perplexe, parce que d'abord j'ai pensé qu'il y en avait eu trois, et puis j'ai pensé que mon mari n'avait laissé échapper aucun son quand il a été touché. Et le gouverneur Connally a crié. Et puis j'ai lu l'autre jour que c'était la même balle qui les avait atteints tous les deux. Mais je me suis toujours dit que si seulement j'avais regardé sur ma droite j'aurais vu la première balle le toucher, et là, j'aurais pu le forcer à se baisser, et là, la deuxième balle ne l'aurait pas atteint. Mais j'ai entendu le gouverneur Connally hurler et c'est ce qui m'a fait me retourner, et c'est quand je me suis retournée sur la droite que mon mari a fait ce... »

Elle porte la main à son cou.

« Il a reçu une balle, dit-elle. Et ce sont les deux seuls coups de feu dont je me souvienne. Et j'ai lu qu'il y en avait eu un troisième. Mais moi je ne sais pas. Juste ces deux-là. »

Rankin : « Avez-vous le moindre souvenir de la vitesse à laquelle vous rouliez, de manière générale ? »

Mme Kennedy : « Quand nous avons tourné à l'angle, nous avons vraiment ralenti. Et il y avait très peu de monde. »

Rankin lui demande si elle pense que la limousine s'est arrêtée à un moment entre les coups de feu.

Mme Kennedy : « Je ne sais pas, parce que... je ne pense pas que nous nous sommes arrêtés. Mais il régnait une telle confusion. Et moi j'étais au fond de la voiture, tout le monde hurlait d'aller à l'hôpital, et on les entendait à la radio, et ensuite je me souviens d'avoir eu subitement une sensation de vitesse incroyable, ce devait être quand nous avons foncé. »

Rankin : « Et ensuite à partir de là vous vous êtes dirigés aussi vite que possible à l'hôpital, c'est exact ? »

Mme Kennedy : « Oui. »

Rankin : « Vous rappelez-vous quelqu'un disant autre chose au moment des coups de feu ? »

Mme Kennedy : « Non. Il ne s'est pas dit un mot. Il y a juste eu le gouverneur Connally. Et ensuite je suppose que Mme Connally a dû crier et protéger son mari. Mais je ne me souviens pas de mots qui auraient été prononcés. Et il y avait un grand pare-brise entre – vous savez – je crois. C'est cela, non ? »

Rankin : « Entre les banquettes avant et arrière. »

Mme Kennedy : « Donc vous savez, ces pauvres messieurs devant, on ne pouvait pas les entendre. »

Elle faisait allusion aux deux agents du Secret Service, sur la banquette avant.

Rankin se tourne vers le *chief justice* : « Y a-t-il autre chose ?

— Non, je ne crois pas, fait Warren, mettant un terme à la déposition neuf minutes après qu'elle a commencé. Je crois que nous avons le récit et c'était le but de notre visite. Nous vous remercions beaucoup, Mme Kennedy. »

Le procès-verbal de la déposition se trouve dans les archives rendues publiques de la commission, mais celle-ci a décidé de supprimer, sans véritable explication, trois phrases où Mme Kennedy décrit son geste, quand elle essaie de maintenir le crâne du président en place, en commençant par ces mots : « J'essayais de maintenir ses cheveux en place[10]. » Dans le procès-verbal officiel, la commission a remplacé ce passage par cette phrase : « Référence aux blessures supprimée. »

CHAPITRE 40

Texas School Book Depository
Dallas, Texas
Dimanche 7 juin 1964

Earl Warren n'est pas pressé de se rendre au Texas, même dans les dernières semaines de l'enquête, et sa réticence est compréhensible. S'il est une grande ville des Etats-Unis où le *chief justice* est en territoire ennemi, c'est bien Dallas – la ville où son ami le président a été assassiné et où tant de dirigeants ultraconservateurs et ségrégationnistes du mouvement en faveur de sa destitution vivent et travaillent. Il peut être certain que lors d'un déplacement à Dallas, il aura l'occasion de voir ces affiches sur lesquelles est écrit « Destituez Earl Warren ». A ses amis, il affirme qu'elles ne lui inspirent aucune colère. C'est son épouse, Nina, qui s'en offusque. « Moi, il m'arrivait d'en sourire, disait-il. Ma femme, en revanche, c'était une autre histoire[1]. »

C'est donc à contrecœur qu'il accepte de se rendre à Dallas pour y recueillir le témoignage de Jack Ruby, prévu pour le dimanche 7 juin[2]. Ce voyage lui permettra aussi de voir Dealey Plaza et le Texas School Book Depository de ses propres yeux. Avec l'aide de Specter, Rankin organise pour Warren un séjour d'une semaine. Specter se souviendra qu'à l'origine ce voyage devait être « bourré de réunions et de visites ». Mais Warren proteste. Il n'a aucune envie de passer autant de temps à Dallas. Rankin propose alors un long week-end centré autour du témoignage de Ruby. Warren quittera Washington le vendredi à l'heure du déjeuner et reviendra le lundi suivant, à temps pour participer aux débats de la Cour suprême.

« Je vous accorde le dimanche », dira Warren, selon Specter. Le voyage se limitera donc à une seule journée. Le *chief justice* refuse de passer une nuit à Dallas.

Specter est navré pour son collègue Burt Griffin, l'expert de la commission sur Ruby. Griffin restera à Washington à cause de sa prise de bec avec la police de Dallas. Specter aurait été heureux de ne pas être de la partie si Warren et Rankin lui en avaient laissé le choix. Il aurait préféré rentrer chez lui à Philadelphie et « consacrer le week-end à [s]a femme et [s]es enfants ».

Rankin demande à Specter de l'aider à organiser le circuit du *chief justice* dans Dallas, le dimanche matin. La visite sera centrée autour de Dealey Plaza, ainsi que sur l'itinéraire d'Oswald à travers la ville jusqu'à la scène du meurtre de Tippit, puis au Texas Theatre, lieu de son arrestation. Quand le circuit les conduira au pied du Texas School Book Depository, Rankin veut que Specter expose en détail la théorie de la balle unique à Warren – « depuis le perchoir de l'assassin, au cinquième étage », souligne Specter.

Le vendredi 5 juin, à Washington, Specter procède aux préparatifs de dernière minute. Il espérait pouvoir quitter le bureau en début d'après-midi pour sauter dans un train à destination de Philadelphie. Il voulait passer au moins une partie du week-end avec sa famille avant de rentrer à Washington, et de s'envoler pour Dallas le dimanche matin aux aurores. Mais avant de partir pour Philadelphie, il doit parler à Rankin, qui est introuvable. Donc il attend. « J'ai manqué le train de 16 heures, puis celui de 17 heures. »

C'est cet après-midi-là que Warren et Rankin, sans rien dire à Specter, se rendent chez Jacqueline Kennedy à Georgetown, pour y entendre son témoignage. Rankin revient au siège de la commission peu après 17 heures, et il tombe sur Specter dans les toilettes.

« Rankin m'a dit qu'on l'avait prévenu que je le cherchais. Je lui ai dit que j'avais achevé les préparatifs du voyage. »

Rankin est bien obligé de lui révéler d'où il vient. Specter se souviendra qu'il se tenait « prêt à encaisser » sa réaction. Et pour cause, car Specter est furieux. Il insiste depuis des mois pour interroger Mme Kennedy, et voilà que Warren et Rankin lui ont parlé sans même avoir eu la courtoisie de le prévenir.

« Je n'ai rien dit, expliquera Specter plus tard. Je n'avais pas besoin. Rankin voyait que j'étais blême. »

Specter respire un grand coup et décide qu'il ne sert à rien de protester davantage, du moins pour le moment. « Ce qui est fait est fait. » Il s'efforce de surmonter sa colère et se concentre sur sa priorité immédiate – rentrer chez lui à Philadelphie pour la nuit.

Rankin est aussi de méchante humeur. Warren a insisté pour qu'il l'accompagne à Dallas, ce qui signifie qu'il ne pourra pas rentrer à Manhattan voir sa femme. Il devra se rendre à Dallas, et passera la journée enfermé dans une salle d'interrogatoire avec Jack Ruby et le *chief justice*. Comme Specter, Rankin en a assez de passer tout son temps à Washington. « Nom de Dieu, j'ai l'impression que je vais devoir finir par m'installer une espèce de lit en plein ciel », se plaint-il.

Dimanche matin, Specter est de retour à Washington, et Warren propose de le prendre en passant à son hôtel pour se rendre à la base aérienne Andrews, dans le Maryland, où ils doivent embarquer à bord d'un petit Jet Star du gouvernement. Le *chief justice* est d'une humeur enjouée inhabituelle, se souviendra Specter. Dans l'avion, les deux hommes discutent baseball. L'après-midi même, un match important doit opposer les Giants de San Francisco, l'équipe de Warren, aux Phillies de Philadelphie, la ville de Specter. « La ligne de front était clairement tracée », ironisera Specter.

Ils atterrissent à Dallas en milieu de matinée et se mettent tout de suite au travail. Ford et Joseph Ball ont rejoint Dallas par leurs propres moyens, et retrouvent Warren, Rankin et Specter pour la visite du Texas School Book Depository. La présence du *chief justice* et de sa délégation dans les rues de Dallas attire une petite foule de gens bien disposés. Puisant dans le savoir-faire politique qu'il a peaufiné en Californie, « Warren bavarde et plaisante avec les passants », se rappellera Specter.

Au dépôt, on conduit Warren au cinquième étage et on lui montre le perchoir supposé d'Oswald. La scène a été reconstituée pour les besoins de cette visite d'inspection, y compris les piles de cartons qu'Oswald avait empilés pour se dissimuler.

Vers 11 heures, Specter et Warren se tiennent à la fenêtre du cinquième étage. « Warren, songeur, s'est installé à la fenêtre, silencieux, et j'ai pris cela comme le signe que je pouvais commencer, se souviendra Specter. Pendant à peu près huit minutes, le *chief justice* écoute Specter lui expliquer la théorie de la balle unique. « Warren gardait les bras croisés et regardait Dealey Plaza, se rappellera Specter. La vue de Dealey Plaza, avec Elm Street et au fond le pont ferroviaire et le tunnel était identique à celle qu'avait Oswald quand il s'était agenouillé à cette même fenêtre, six mois et demi plus tôt. »

Specter rappelle à Warren « les preuves matérielles irréfutables » de la culpabilité d'Oswald, notamment la découverte du fusil Mannlicher-Carcano – à quelques centimètres de l'endroit où se tient Warren – et les preuves balistiques qui attestent que la balle retrouvée à l'hôpital Parkland a été tirée par ce même fusil. Les empreintes d'Oswald se trouvaient sur le fusil, et les douilles récupérées au cinquième étage correspondaient au Mannlicher-Carcano ainsi qu'aux balles tirées.

Il rappelle au *chief justice* les conclusions du rapport d'autopsie et la démonstration par les pathologistes que la balle a pénétré par la base de la nuque avant de ressortir par la gorge, en accrochant le nœud de sa cravate. Specter pointe ensuite le doigt par la fenêtre pour montrer à Warren la trajectoire de la balle après qu'elle a touché le président à la nuque. Il explique que les tests effectués sur le site deux semaines plus tôt ont montré que la balle avait dû ensuite pénétrer le dos de Connally et ressortir par la poitrine avant de lui transpercer le poignet et de se loger dans sa cuisse. Warren a déjà vu le film de Zapruder à plusieurs reprises, et Specter n'a pas à lui rappeler ce qui s'est produit ensuite, quand la deuxième balle a frappé le président à la tête.

« Quand j'ai fini mon laïus, le *chief justice* est resté silencieux, se souviendra Specter. Il a tourné les talons et s'est éloigné, sans dire un mot. » Specter est contrarié que Warren ne se donne pas la peine de dire au moins quelque chose, ne serait-ce que pour le remercier de la qualité de sa présentation. Mais le silence de Warren, tranche Specter, signifiait probablement qu'il acceptait sans réserves la théorie de la balle unique.

Le groupe se fait ensuite conduire à la prison du comté de Dallas, où ils s'installeront dans la cuisine du shérif pour y recueillir le témoignage de Ruby[3]. Ford se souviendra d'une pièce exiguë et « très austère ». Une table trône au milieu, avec des chaises autour pour Ruby et ses interrogateurs.

Specter, lui, se souviendra que Warren avait spécifiquement exigé une pièce de taille réduite afin de limiter le nombre de personnes pouvant assister au témoignage de Ruby. « Un essaim de grosses légumes de Washington et du Texas se trouvaient » à Dallas dans l'espoir d'être présents. Mais il n'y a pas de place pour tout le monde, au point qu'il faudra qu'un des membres de la délégation reste à l'extérieur. « Le *chief justice* a décidé que ce serait moi, dira Specter. Je me suis donc installé dans le bureau du shérif, où j'ai regardé le match de baseball entre San Francisco et Philadelphie à la télévision. Sur le moment, je n'en ai pas fait un plat. J'aurais dû[4]. »

Vers 11 h 45, on amène Ruby. Il porte une combinaison blanche de prisonnier et les tongs que l'on remet aux détenus présentant un risque de suicide. Ford se souviendra que Ruby tripotait un mouchoir en papier et un élastique. Il était « rasé de près, chauve, le nez busqué, il avait de grandes mains et de grands pieds pour quelqu'un d'aussi petit et trapu », observe-t-il. L'un des avocats de Ruby, Joe Tonahill, se joint à eux. Au début, Ruby paraît « rationnel et assuré – un comportement très différent de celui rapporté dans les expertises psychiatriques que j'avais lues avant de partir », précisera-t-il. Mais il restait insondable. Il avait une manière de « vous regarder droit dans les yeux pendant un moment » avant de détourner la vue, et il était donc « difficile de savoir ce qu'il pensait ».

Avant même que Warren ne lui fasse prêter serment, il a une question pressante pour ce dernier : « Si je témoigne sans détecteur de mensonges, si vous vous contentez de ce que je vais vous dire, comment vous saurez que je dis la vérité[5] ?

— Ne vous inquiétez pas pour ça, Jack », fait Tonahill.

Warren intervient :

« Vous vouliez me demander quelque chose, monsieur Ruby ? »

Ruby : « Sur ce qui m'a poussé à faire ce que j'ai fait, je voudrais un détecteur de mensonges, ou du sérum de vérité. [...] Enfin, maintenant, monsieur Warren, moi, je ne sais pas si vous avez la moindre confiance dans le détecteur de mensonges ou le sérum de vérité, et tout. »

Warren s'en voudra plus tard d'avoir accédé sans réfléchir à la demande de Ruby.

« Si votre conseil et vous-même souhaitez un test de cet ordre, je vais vous organiser cela. Je m'en occuperai volontiers, si c'est ce que vous voulez. »

Ruby est content.

« C'est ce que je veux. »

Warren : « Nous acceptons volontiers. »

Cette question étant réglée, Ruby veut être certain d'avoir le temps, lors de cette rencontre, de raconter toute son histoire.

« Etes-vous limité par le temps ? » demande-t-il.

Warren : « Non, nous avons tout le temps dont vous aurez besoin. »

La déposition vient à peine de commencer que Ruby s'inquiète déjà :

« Je vous ennuie ? »

Warren : « Allez-y, M. Ruby, exposez-nous votre histoire, tout va très bien. »

Le récit de ces deux journées, qui commence le 22 novembre avec la nouvelle de l'assassinat de Kennedy, et s'achève le 24 novembre, lorsqu'il abat Oswald au commissariat central de Dallas, se révèle long et alambiqué. Il dit avoir appris quelques secondes après les faits que des coups de feu avaient retenti à Dealey Plaza. Il se trouvait à quelques rues de là, au *Dallas Morning News*, où il s'occupait de ses publicités du week-end pour le Carousel Club. Il avait été assommé par la nouvelle de la mort de Kennedy, dit-il. « Ça m'a bouleversé. [...] Je n'arrêtais pas de pleurer. » Il décide immédiatement de fermer son club pour le week-end.

Ce soir-là, il se sert de son amitié avec de nombreux policiers de Dallas pour se faufiler à l'intérieur du commissariat central et assister à la conférence de presse où l'on exhibe Oswald. Il se présente à des inconnus comme un journaliste israélien. Si quelqu'un demande ce qu'il fait là, il lâchera quelques mots de yiddish appris dans son enfance.

A ce stade, son témoignage devient si décousu que Warren a le plus grand mal à le suivre. Ruby lance des noms – des amis, des parents, des strip-teaseuses et des employés du Carousel

Club – ainsi que des lieux et des dates qui, pour le *chief justice* et les autres, ne veulent absolument rien dire. En revanche, dès qu'il redevient cohérent c'est pour nier avec force avoir fait partie d'une conspiration pour réduire Oswald au silence. Il affirme qu'il ne le connaissait pas et qu'il n'avait pas songé à le tuer avant de lire un article, le dimanche matin, laissant entendre que Mme Kennedy devrait peut-être revenir à Dallas pour témoigner. « J'étais très touché et très ému pour Mme Kennedy, avec toutes ces tensions qu'elle subissait, dit Ruby. Quelqu'un devait bien ça à notre président bien-aimé, qu'elle n'ait pas à revenir à Dallas pour ce procès atroce. »

Il a tué Oswald sous le coup d'une impulsion, soutient-il. Il sait qu'on raconte que certains de ses contacts dans la Mafia ont pu l'y pousser, mais il affirme : « Personne ne m'a rien demandé. [...] Je n'ai jamais parlé à personne. Aucune organisation subversive ne m'a soufflé la moindre idée. Aucun personnage de la pègre ne m'a contacté. »

Selon Ford, le témoignage de Ruby se déroule raisonnablement bien pendant à peu près quarante-cinq minutes, jusqu'au moment où il se dispute avec son avocat pour des raisons qui ne sont pas claires et où le sténographe cesse de consigner le procès-verbal. Les choses deviennent alors « terriblement tendues », observe-t-il. Ruby est à deux doigts de refuser de continuer. Warren, dira Ford, « essaie de se montrer rassurant, très patient afin de l'amadouer ».

Au bout du couloir, Elmer Moore, un agent du Secret Service affecté au *chief justice*, trouve Specter dans le bureau du shérif, en train de regarder le match de baseball[6]. « Ils vous demandent, lui dit-il. Ruby veut qu'un Juif soit là. » Specter en sait assez sur Ruby pour mesurer la valeur qu'il accorde à ses origines et il n'ignore pas qu'il a cette idée fixe que les Juifs sont persécutés à cause de lui.

Specter suit Moore dans le couloir. En entrant dans la cuisine, Ruby le dévisage. « Il me regarde droit dans les yeux, et il articule silencieusement : "T'es yid, toi ?" »

Specter ne répond pas. Ruby articule à nouveau sa question : « T'es yid ? » Et il la répète une troisième fois.

Specter dit s'être efforcé de rester impassible, sans même hocher la tête. Il préfère que le sténographe ne note rien de cela. « Je n'ai pas bronché, pas réagi, rien. »

Juste à cet instant, se souviendra-t-il, alors que le sténographe est à court de papier, Ruby se lève d'un bond, attire le *chief justice* dans un coin, fait signe à Specter de s'approcher. Joe Ball s'approche aussi pour suivre la conversation.

« Tu es juif ? demande Ruby.

— Non, répond Ball.

— Alors dégage », lui dit Ruby.

Il se tourne ensuite vers Warren.

« Il faut m'emmener à Washington. Ils tranchent les bras et les jambes des enfants juifs, à Albuquerque et El Paso.

— Je ne peux pas faire cela », lui répond le *chief justice*.

Ruby le presse de parler à Abe Fortas, avocat réputé de Washington, un proche du président Johnson, qui doit être nommé à la Cour suprême – et qui est juif. « Demandez à Fortas ! s'écrie Ruby. Il arrangera ça. »

Ford constate que Ruby se calme lorsque quelqu'un – sans que l'on sache clairement qui – lui confirme que Specter est bien juif[7]. « Cela semble le rassurer assez pour qu'il poursuive sa déposition. »

Quand le sténographe est prêt, Ruby, Warren et Specter regagnent leurs sièges. Ruby remarque que son avocat, Tonahill, fait passer un mot à Ford. Il insiste pour le lire, et la déposition s'arrête le temps que l'on passe le mot à Ruby, qui est presbyte et a du mal à distinguer les mots sur la feuille. Warren lui prête ses lunettes.

« Vous voyez, a écrit Tonahill, je vous l'avais dit, il est cinglé[8]. »

Ruby met le mot de côté, apparemment pas plus troublé que ça par le propos insultant de son avocat, puis se tourne vers Warren. Il veut qu'il lui confirme de nouveau qu'il pourra passer au détecteur de mensonges ou qu'on lui fera une injection de sérum de vérité – « de pentothal », dit-il, en se référant au pentothal de sodium, produit que l'on utilise parfois comme « sérum de vérité ». Il redemande qu'on le transfère à Washington.

« J'ai l'air de faire du cinéma ? Je déraille ? »

Warren essaie de garder son calme.

« Non, vous vous exprimez de façon très, très rationnelle.

— Je veux dire la vérité, et je ne peux pas la dire ici », insiste-t-il en employant des termes qui pendant des années paraîtront lourds de sens aux conspirationnistes.

C'est la première fois que Specter, qui a manqué le début de la déposition, entend parler du détecteur de mensonges – et de l'accord de Warren. Il comprend aussitôt que le *chief justice* a commis une erreur désastreuse. Il sait que, comme la plupart des magistrats expérimentés, Warren accorde peu de crédit à cet appareil. En fait, Warren s'est déjà opposé à l'idée de soumettre Marina Oswald à ce test. Pourtant, il vient de le promettre – et à titre officiel – au meurtrier d'Oswald, un individu apparemment délirant.

Ruby tente de faire encore pression sur Warren, s'il reste à Dallas sa vie est en danger. D'« autres gens » – il pense à des membres de la John Birch Society, le groupe d'extrême droite* – veulent l'associer à un complot contre Kennedy. Parce qu'il est juif, on assassine un peu partout des Juifs en représailles de l'assassinat. « En ce moment même, on extermine le peuple juif, dit-il. Je suis un bouc émissaire. Je suis grosso modo aussi coupable que l'accusé de l'assassinat de Kennedy. Comment vous pouvez remédier à ça, monsieur Warren ? » Si on le laisse se rendre à Washington pour témoigner, ajoute-t-il, « mon peuple ne sera peut-être plus torturé et mutilé ».

Specter voit bien à quel point Warren est agacé. Il dit à Ruby : « Vous pouvez avoir la certitude que le président et l'ensemble de cette commission feront tout ce qui est nécessaire pour veiller à ce que votre peuple ne soit pas torturé. »

Après plus de trois heures du même tonneau, il décide de mettre fin à la déposition, en affirmant que c'est pour le bien de Ruby. « Je pense que nous sommes fatigués, monsieur Ruby, lui dit-il. Nous vous sommes reconnaissants d'avoir bien voulu témoigner de la sorte, merci pour votre patience et votre bonne volonté. »

Ruby : « Tout ce que je veux, c'est dire la vérité, et le seul moyen que vous avez de la connaître, c'est le détecteur de mensonges. »

Warren : « Nous allons faire ça pour vous. »

---

* Fondée en 1958 par Robert W. Welch, hommes d'affaires et activiste politique, la John Birch Society professe l'anticommunisme, défend le principe d'un Etat limité néo-libertarien. Au début des années 1960, elle diffuse un pamphlet accusant l'ancien président Eisenhower de « haute trahison » et d'être un « outil des communistes ». (*N.d.T.*)

Espérant encore pouvoir quitter Dallas avant la fin de la journée, le *chief justice* se rend chez Robert Storey, l'ancien président de l'Association des avocats américains, pour un déjeuner tardif. Après le repas, Specter est témoin d'un autre exemple étonnant du mal qu'a Warren à prendre des décisions sur le vif. En sortant de l'appartement de Storey, il remarque un groupe de journalistes et de photographes au bout du couloir, impatients de savoir ce qu'il a pensé de sa journée à Dallas. « Au lieu de tourner à gauche et de faire face à la meute, se souviendra Specter, il s'engouffre dans un couloir sur la droite et descend une volée de marches pour ne pas avoir à leur parler[9]. » Il aurait été simple de leur dire poliment, en souriant : « Sans commentaire. » Au lieu de quoi, il a provoqué cet épisode déconcertant où l'on voit le *chief justice* s'enfuir, comme pris de panique, devant un groupe de journalistes qui voulaient simplement lui poser quelques questions.

Pendant le vol du retour, ce soir-là, Warren confie à Specter qu'il regrette d'avoir promis à Ruby le détecteur de mensonges[10]. « Je ne crois pas aux détecteurs de mensonges. Je ne crois pas à Big Brother. »

Specter lui répond qu'il n'a d'autre choix que de faire passer le test à Ruby, sauf si ce dernier change d'avis. « Vous lui avez promis le détecteur de mensonges. Si la commission revient sur une promesse officielle, cela sera du plus mauvais effet. » Si on refuse le test à Ruby, « au mieux, on en tirera la conclusion que la commission n'étudie pas toutes les pistes ». Au pire, cela passera pour de la dissimulation, destinée à empêcher Ruby de révéler un complot. Warren ne croit peut-être pas à ces tests, mais les sondages d'opinion montrent que l'opinion, elle, y croit. « Vous ne pouvez plus faire marche arrière. »

CHAPITRE 41

Siège de la commission Warren
Washington
Jeudi 18 juin 1964

James Rowley, le directeur du Secret Service, a de bonnes raisons de craindre pour son poste en témoignant devant la commission Warren. Tout comme il a de bonnes raisons de craindre que le Secret Service, établi quatre-vingt-dix-neuf ans plus tôt, ne survive pas aux conclusions de l'enquête. A quarante-six ans, ce natif du Bronx en est le premier chef à faire face à l'assassinat d'un président sous sa garde, et de tous les hauts responsables qui comparaissent devant la commission, il est celui dont l'interrogatoire s'annonce le plus difficile[1]. D'autres organismes – en particulier le FBI – ont peut-être cherché à dissimuler des informations. Mais dans le cas du Secret Service, la faute est manifeste. Warren a la preuve de ce qu'il estime être des actes gravissimes : la veille de l'assassinat, plusieurs agents de l'escorte présidentielle ont fait une virée dans Dallas, ce que Rowley s'est ensuite efforcé d'occulter. Drew Pearson, l'ami de Warren qui a révélé l'affaire, a peut-être contribué à attiser sa colère, mais quelles que soient les raisons de son indignation, ce jour-là, lorsqu'il pénètre dans la salle d'audience, le *chief justice* est bien décidé à jouer les procureurs.

Peu avant 9 heures du matin, Rowley prête serment et fait aussitôt face à une salve de questions sur l'incident. C'est même par là que commence Rankin : « A propos de ce déplacement, avez-vous été informé après l'assassinat que la veille au soir des agents s'étaient rendus au Press Club et à l'endroit nommé The Cellar à Fort Worth[2] ? »

Rowley : « L'émission de M. Pearson à la radio m'a en effet appris que certains agents avaient bu la veille au soir. » Il ajoute qu'il a aussitôt demandé une enquête interne.

Rankin : « Quel en a été le résultat ? »

Rowley reconnaît que pour l'essentiel les faits rapportés par Pearson sont exacts, mais contrairement à ce que soutient ce dernier aucun agent n'était ivre. L'enquête interne a montré que des neuf agents ayant participé à cette virée, trois avaient bu un verre de scotch et que « les autres avaient consommé deux ou trois bières ». Le lendemain, au moins quatre de ces agents devaient assurer l'escorte du cortège présidentiel, dont Clint Hill, qui avait sans doute sauvé la vie à Jacqueline Kennedy. Rankin demande : « Selon vous, ces agents ont-ils enfreint le règlement ? » C'est une question dont Rankin – et Warren – connaissent déjà la réponse.

Rowley : « Oui, ils l'ont effectivement enfreint. »

Pour qu'il n'y ait pas de doute sur ce que la commission essaie d'établir, Rankin demande alors à Rowley de lire à haute voix les parties du règlement qui interdisent de boire pendant le service. On lui en remet un exemplaire, qu'il ouvre au premier paragraphe de la section X : « Les agents s'abstiendront strictement de consommer de l'alcool pendant leurs heures de service ou à tout autre moment lors duquel ils peuvent être appelés à prendre part à des manifestations officielles. »

Les règles sont encore plus strictes pour les agents assignés à la Maison-Blanche. Rowley les lit également à haute voix : « La consommation d'alcool sous toutes ses formes, y compris le vin et la bière, par des membres du détachement assigné à la Maison-Blanche et par les agents coopérant avec celui-ci, ainsi que par tout agent assigné à des tâches de même nature lors de déplacements, est strictement interdite. » Rowley reconnaît que la consommation d'alcool est une faute grave, passible de renvoi, avant de finir sa lecture : « Toute violation ou transgression même minime des précédentes, ainsi que tout abus d'alcool est un motif suffisant de renvoi, à tout moment. »

Rankin pose la question suivante avec une agressivité dont il n'est pas coutumier. « Comment pouvez-vous affirmer que les faits de la veille au soir… n'ont pas eu d'incidence sur l'assassinat ? » demande-t-il – impliquant par là que si les agents n'avaient pas bu, ils auraient peut-être pu sauver le président. « Ces hommes ont-ils été sanctionnés ? »

Rowley défend son action et celle de ses agents. La conduite des agents à Dealey Plaza a été « exemplaire », en dépit de l'épisode de la veille. « Je me suis effectivement demandé quelle sanction devait leur être appliquée », ajoute-t-il, pour rectifier aussitôt : « Mais j'ai aussi tenu compte du fait qu'en aucune manière la conduite de ces hommes au moment de l'assassinat n'a été affectée par la boisson. » Les punir, c'était donner à croire au public qu'ils étaient « responsables de l'assassinat du président. Cela aurait été injuste, ils ne méritent pas cela… Ni eux, ni leurs familles, ni leurs enfants ne méritent d'être ainsi stigmatisés aux yeux de l'Histoire ».

Mais Warren est intraitable : « Ne pensez-vous pas que si ces hommes s'étaient couchés à une heure raisonnable au lieu de boire jusqu'à 4 ou 5 heures du matin dans des bars à beatniks, ils auraient été plus réactifs ? » L'allusion aux « bars à beatniks » reprend la description du Cellar faite par Pearson.

Les agents du Secret Service sont censés surveiller la foule et les façades pour repérer la moindre menace, souligne Warren. Des témoins ont déclaré à la commission avoir vu un fusil à la fenêtre du cinquième étage du Texas School Book Depository, juste avant les coups de feu, mais les agents du Secret Service n'ont rien détecté. Warren insiste : « Ne pensez-vous pas que les agents auraient eu plus de chances de le remarquer s'ils n'avaient pas été sous l'empire de l'alcool ou du manque de sommeil ? Ne pensez-vous pas qu'ils auraient été plus frais, plus sur le qui-vive ? »

« Tout à fait, concède Rowley. Mais je doute qu'ils auraient pu empêcher l'assassinat. »

Mais Warren n'en a pas fini avec lui. Il estime que la faute n'incombe pas seulement aux agents. Pour lui, le comportement de Rowley est tout aussi fautif, puisqu'il semble vouloir passer l'éponge sur les transgressions de ses subordonnés. « Ils me semblent s'en tirer à bon compte, déclare Warren. Je me demande si cela est proportionné à la gravité des faits. »

Rowley : « Comme je l'ai déjà dit, leur comportement est condamnable, et nous ne cherchons pas à le minimiser. Mais étant donné les circonstances, j'ai pris la décision qui me paraissait juste. Je ne pense pas que ces agents sont responsables de la tragédie. »

Des semaines plus tard, Warren manifestera son mécontentement en prenant connaissance de la version préliminaire des parties du rapport final concernant le Secret Service et sa conduite à Dallas. Le texte, rédigé par Sam Stern, l'ex-clerc de Warren à la Cour suprême, ne contiendra aucune critique directe des agents qui avaient participé à la sortie nocturne. Et Stern ne critiquera pas non plus l'agent du FBI James Hosty, qui n'avait pas jugé bon d'attirer l'attention du Secret Service sur Oswald. Stern est l'expert de la commission sur le Secret Service, et il ne comprend pas l'indignation suscitée par la petite virée des agents. En revanche, il est frappé par le puissant sentiment de culpabilité qu'éprouvent les agents et leurs chefs, qui semblent se sentir en partie responsables de l'assassinat.

Stern sera décontenancé de découvrir que Warren est d'un tout autre avis : il exigera une réécriture de ces passages afin que les agents du Secret Service et l'agent Hosty du FBI soient nommément mis en cause. « De quoi aurait-on eu l'air si nous avions passé la virée nocturne sous silence ? » dira Warren par la suite. « Il n'aurait pas été sérieux de glisser sur le fait que le FBI avait de bonnes raisons de surveiller Oswald avant l'assassinat, avec tout ce que l'on savait déjà de lui. »

Si Warren a le Secret Service dans le collimateur, Gerald Ford réserve ses piques au département d'Etat. C'est un adversaire habituel de Ford et des républicains conservateurs, qui y voient le bastion d'une élite de gauche toujours prête à s'acoquiner avec les ennemis de la nation de l'autre côté du rideau de fer. Au département d'Etat, on garde le souvenir cuisant des attaques du sénateur Joseph McCarthy dans les années 1950.

Devant ses collaborateurs, Ford n'hésite pas à dénoncer l'incompétence manifeste dont le département a fait preuve vis-à-vis d'Oswald au fil des ans, à commencer par la décision prise en 1962 de le laisser revenir aux Etats-Unis. Pourquoi a-t-on autorisé Oswald à récupérer ses droits civiques alors qu'en

1959, après sa défection, il avait déclaré à des diplomates américains en poste à Moscou qu'il souhaitait renoncer à sa nationalité ? Non seulement le département d'Etat a permis à Oswald de rentrer au pays avec sa femme, mais il lui a prêté 400 dollars pour couvrir ses frais de voyage. Ford est aussi indigné par les communiqués du département d'Etat, diffusés quelques heures à peine après l'assassinat, affirmant qu'il n'existe aucune preuve d'une conspiration internationale – en l'absence de toute enquête sérieuse sur la question[3].

L'après-midi du mercredi 10 juin, le secrétaire d'Etat Dean Rusk[4] comparaît devant la commission pour y répondre de l'activité de ses services. David Slawson a été chargé de préparer les questions qui doivent lui être posées. Il considère depuis toujours le secrétaire d'Etat, âgé de cinquante-cinq ans, comme un personnage falot et il sait ne pas être le seul de cet avis. « Rusk était le genre d'homme qui faisait exprès de ne pas penser », dira Slawson plus tard[5].

Kennedy a placé Rusk, un diplomate de carrière, à la tête du département d'Etat alors qu'il existait de meilleurs candidats, parce qu'il « avait l'intention d'être son propre secrétaire d'Etat », pour citer son ami et conseiller Arthur M. Schlesinger, Jr[6]. Par la suite, Kennedy se désolera de la docilité de Rusk et de son incapacité à formuler la moindre opinion personnelle. « On ne pouvait jamais savoir ce qu'il pensait », dira Schlesinger. « Son conformisme était quasiment compulsif. » Peu de temps après l'assassinat, Jacqueline Kennedy dira à Schlesinger que son mari avait prévu de remplacer Rusk lors de son deuxième mandat. « Dean Rusk était tétanisé par la peur de prendre une mauvaise décision », dira-t-elle. « Ça mettait Jack hors de lui[7]. »

Johnson a gardé Rusk pour marquer la continuité de la politique étrangère du pays. Rusk se sent probablement plus à l'aise avec un autre homme du Sud, étant lui-même originaire de Géorgie, et il a rapidement pris de l'assurance. Il finira par devenir un des principaux défenseurs de l'escalade américaine au Vietnam.

Son témoignage devant la commission n'ajoute pas grand-chose à la rengaine du département d'Etat depuis l'assassinat : il ne croit pas à une implication des Soviétiques ni des Cubains. « Ce serait de la folie, un acte totalement irresponsable de la part des dirigeants soviétiques », déclare-t-il. « La folie ne nous semble pas être la principale caractéristique des actions soviétiques ces derniers temps. » Pour ce qui est de Cuba, « ce serait encore plus insensé pour Castro et son gouvernement d'y être mêlés ».

Rankin demande à Rusk s'il a eu connaissance des câbles de Thomas Mann, l'ambassadeur américain au Mexique, qui est convaincu de l'implication de Castro dans l'assassinat. Rusk a bien lu les télégrammes et admet qu'ils « soulèvent des questions importantes au sujet de la possibilité » d'un complot international, « je me suis personnellement penché sur la question ». Mais selon lui la CIA et le FBI « ont mené l'enquête » et n'ont pas mis au jour des preuves d'une implication des Cubains.

Ford réitère ses critiques contre le département d'Etat qui se serait hâté de publier des communiqués semblant exclure toute conspiration internationale. Rusk défend ces communiqués : « A ce moment-là, nous n'avions aucune preuve du contraire, pas plus qu'aujourd'hui d'ailleurs, et laisser entendre le contraire pouvait avoir des conséquences dramatiques. »

Ford : « Je ne comprends pas. »

Rusk : « C'est-à-dire que, s'agissant d'un sujet de cette importance, en donnant l'impression de disposer de preuves, dont nous ne pouvions ni faire état ni discuter, alors qu'en fait nous n'en avions pas, nous aurions pu créer une situation très dangereuse en termes de... »

Ford l'interrompt : « N'aurait-il pas été aussi efficace de dire "*No comment*" ? »

Rusk : « Malheureusement, étant donné la pratique journalistique, cela aurait été interprété comme voulant dire qu'il existait des preuves. »

Comme d'habitude, Ford a bien préparé l'interrogatoire, et il décide de demander à Rusk s'il a pris la peine de se pencher sur les indices qui pourraient tout de même faire penser à une conspiration. Il demande à Rusk s'il est au courant des propos de Castro rapportés dans la presse quelques semaines avant l'assassinat, menaçant de représailles tout dirigeant américain impliqué dans des tentatives pour l'assassiner, lui ou d'autres dirigeants cubains.

Rusk répond ne pas avoir souvenir de tels commentaires de Castro, avant ou après l'assassinat.

Après le témoignage de Rusk, Ford reste convaincu que le rapport final de la commission ne devra pas blanchir le département d'Etat[3]. Deux jours plus tard, il cherche à joindre Rankin pour insister sur ce point. Ce dernier étant absent, Ford parle avec Slawson, qui prépare l'audition d'autres responsables du département d'Etat.

« Il ne faut pas traiter ces témoins avec des pincettes », lui intime Ford. « C'est à eux de prouver qu'ils n'ont pas agi à la légère. Il ne faut vraiment pas leur faciliter les choses. Notre rôle, c'est d'être l'avocat du diable... »

Ford demande à Slawson s'il ne pense pas que le département aurait pu en faire davantage pour empêcher Oswald de tuer le président. Slawson lui répond qu'il ne voit pas en quoi le département porte la moindre responsabilité dans l'assassinat : la décision de laisser Oswald rentrer aux Etats-Unis « semble avoir été régulière » et conforme à la manière dont le département a traité le cas d'autres Américains ayant changé d'avis après avoir fait défection.

Ce n'est pas la réponse que Ford veut entendre. Il pense que la décision du département d'Etat a été prise « à la légère, comme une affaire de routine ». Puisque Slawson refuse de mettre les adjoints de Rusk sur le gril, il lui fait clairement comprendre qu'il s'en chargera personnellement.

Chapitre 42

Bureaux du directeur du FBI
Washington
Mercredi 17 juin 1964

J. Edgar Hoover exige que tout document important transmis par le FBI à la commission lui soit soumis pour approbation. Si le FBI découvre de nouveaux indices en rapport avec l'assassinat, cela doit lui être signalé, et lorsque le Bureau répond à des questions posées par les membres de la commission ou les enquêteurs, les informations prennent la forme d'une lettre à la commission signée par Hoover lui-même. Il enverra ainsi plusieurs centaines de lettres à la commission, souvent plusieurs par jour – toutes calquées sur le même modèle, toutes adressées à Lee Rankin (« Cher monsieur Rankin ») et toutes déposées au siège de la commission Warren par des coursiers en armes. Nombre d'entre elles sont estampillées « TOP SECRET », ces mots figurant sur chaque page.

Lorsque des documents du FBI sont remis à la commission, Rankin les partage avec Redlich[1]. Et si le courrier de Hoover est particulièrement intéressant ou important, Redlich le partage aussi avec son adjoint, Mel Eisenberg. Les deux hommes, new-yorkais et fiers de l'être, sont devenus proches au fil des mois. « Nous partagions un bureau et discutions tout le temps », dira plus tard Eisenberg. En juin, Eisenberg retourne travailler une partie du temps à son cabinet d'avocats, mais il continue à se rendre à Washington deux ou trois jours par semaine. Lorsque les lettres de Hoover concernent de possibles ramifications internationales, elles sont transmises à David Slawson.

Les dossiers de Hoover montrent que ce mercredi 17 juin le directeur rédige à l'intention de Rankin une lettre très délicate, estampillée « TOP SECRET », au contenu potentiellement explosif[2]. Hoover y explique que des informations recueillies par le FBI semblent indiquer que les diplomates cubains en poste à Mexico étaient au courant des projets d'Oswald, parce qu'Oswald lui-même le leur avait dit. Si ces informations étaient exactes, Oswald s'était présenté à l'ambassade cubaine à Mexico au mois d'octobre 1963 et avait déclaré : « Je vais tuer Kennedy. »

Hoover redoute peut-être la réaction de la commission. Si les Cubains étaient au courant des projets d'assassinat d'Oswald, et même s'ils prétendent ne pas l'avoir pris au sérieux, cela a forcément des conséquences. Est-ce un indice de cette conspiration internationale que Hoover s'emploie à exclure ? Plus précisément, ces informations montrent-elles que le FBI et la CIA ont bâclé l'enquête à Mexico et que des gens sur place étaient au courant des projets d'Oswald, voire l'avaient encouragé ?

La source de ces informations est, fait remarquable, Fidel Castro lui-même. Les propos du dictateur ont été rapportés au FBI par un informateur qui a « fourni par le passé des informations fiables ». Selon cet informateur, Castro aurait dit que les diplomates cubains au Mexique savaient pour Oswald : « Notre ambassade nous a transmis un rapport fourni sur son comportement lors de son voyage au Mexique. »

Castro aurait ajouté qu'Oswald s'était mis en colère lorsqu'on lui avait expliqué qu'on ne lui remettrait pas sur-le-champ un visa pour Cuba. Sa colère, toutefois, ne semblait pas viser le gouvernement cubain, mais Kennedy, l'ennemi juré de Castro. Il semblait reprocher à ce dernier la rupture des relations diplomatiques avec Cuba qui compliquait le nouveau départ dans la vie qu'il comptait prendre à Cuba. Castro aurait dit : « Oswald a débarqué à l'ambassade, il a exigé un visa et lorsqu'on a refusé de le lui délivrer, il est parti après avoir lancé : "Kennedy va payer pour ça, je vais le tuer." » Selon Castro, les diplomates cubains n'avaient pas pris Oswald au sérieux et avaient ignoré sa menace, estimant que le jeune Américain était peut-être un provocateur à la solde de la CIA. Castro l'avait répété : le gouvernement cubain n'avait rien à voir avec l'assassinat du président.

Dans la lettre de Hoover, rien ne transparaît de l'identité de sa source. Des années plus tard, le FBI révélera qu'il s'agissait de Jack Childs, un natif de Chicago censé être un militant dévoué du PC américain, mais qui en fait travaillait pour le FBI[3]. Childs avait rencontré Castro à La Havane en juin 1964, le mois où Hoover a rédigé sa lettre. Le frère de Childs, Maurice, qui militait lui aussi au PC américain, travaillait également pour le compte du FBI. L'infiltration du PC américain par les frères Childs, connue au FBI sous le nom d'« Opération Solo », sera l'un des grands succès du Bureau durant la guerre froide. Les frères Childs ont fait le tour du monde communiste, rencontrant entre autres Khrouchtchev, Mao et Castro, et ont raconté au FBI tout ce qu'ils avaient appris. Les dossiers du FBI montrent que les informations recueillies par les frères Childs étaient particulièrement fiables.

Mais la commission n'aura jamais l'occasion de considérer les conséquences de tout cela, dont la possibilité qu'Oswald ait bruyamment annoncé aux diplomates cubains de Mexico son intention de tuer le président, car la lettre de Hoover n'est jamais parvenue à la commission. Des dizaines d'années plus tard, le destin de cette lettre reste un mystère ; elle ne se trouve ni dans les dossiers de la commission, conservés aux Archives nationales, ni dans les dossiers personnels de Rankin, que sa famille a légués aux Archives nationales après sa mort. Lorsque j'ai parlé de l'existence de cette lettre aux enquêteurs que j'ai rencontrés, ils ont été surpris. Eisenberg m'a dit ne jamais l'avoir vue ni en avoir eu vent. Selon lui, si elle était parvenue jusqu'à Redlich, il en aurait forcément entendu parler, étant donné son importance. Quant à Slawson, il est certain de ne l'avoir jamais vue et affirme qu'il se souviendrait forcément d'un document aussi « explosif ». Rien dans les archives accessibles ne permet d'affirmer que la lettre de Hoover est arrivée jusqu'à la commission, mais en revanche une copie a atterri à la CIA, où elle a refait surface, des dizaines d'années plus tard, lorsque certaines archives ont été déclassifiées pour mettre fin aux débats persistants sur la mort de Kennedy*.

A l'approche de l'été 1964, Winston Scott et ses adjoints commencent à se détendre. Selon toute vraisemblance, le rapport final de la commission ne contiendra aucune critique à leur encontre. La station de Mexico de la CIA n'a peut-être pas réussi à détecter la menace représentée par Oswald mais selon les rumeurs qui circulent dans l'Agence, le rapport ne trouvera rien à redire aux actions de Scott.

Aucun des principaux collaborateurs de Scott n'est visé. Lorsque les enquêteurs de la commission se sont rendus à Mexico en avril, c'est Scott lui-même qui a répondu à leurs questions. Rien ne suggère qu'ils ont interrogé d'autres personnes, pas même Anne Goodpasture – la « main droite » de Scott, comme elle se désignait elle-même – ni David Atlee Phillips, l'un de ses meilleurs agents de terrain.

Phillips, un Texan de quarante et un ans, a été recruté par la CIA en 1950 alors qu'il travaillait en tant que journaliste au Chili[4]. Il est chargé de toutes les opérations d'espionnage visant l'ambassade cubaine. Il pratique les Cubains depuis longtemps, il a été deux fois en poste à La Havane dans les années 1950 et a fait partie de l'équipe de la CIA qui a préparé l'invasion ratée de la baie des Cochons. Selon Scott, Phillips est « le meilleur agent clandestin » avec qui il lui a été donné de travailler. Au moment où James Bond devient une icône culturelle, Phillips pourrait interpréter le rôle. Bel homme, élégant, il a envisagé une carrière d'acteur à New York. Mais après la guerre il a préféré une autre voie, en choisissant d'entrer dans la CIA.

Après toutes ces années passées dans la clandestinité, on pardonne à Phillips de ne plus se souvenir de tous ses noms d'emprunt. A la CIA, il a deux pseudonymes « officiels » (Michael C. Choaden et Paul D. Langevin), et au fil des ans il a dû utiliser plus de deux cents fausses identités[5].

* Suite à ma demande, en 2012, les Archives nationales ont cherché à déterminer pourquoi la lettre de Hoover se trouvait dans les archives de la CIA mais non dans celles de la commission. Les Archives nationales m'ont répondu qu'elles étaient incapables de fournir une explication satisfaisante.

Il estime que son travail à Mexico est particulièrement important. L'ambassade cubaine est « un avant-poste d'exportation de la révolution en Amérique latine », dira-t-il des années plus tard[6]. « Mon job était de me tenir au courant des agissements des Cubains à Mexico, en particulier de leur ambassade, et d'obtenir le plus de renseignements possible sur leurs projets. » Il devait recruter des agents qui espionneraient Cuba – surtout parmi le personnel de l'ambassade – ainsi que surveiller les Américains qui entraient en contact avec l'ambassade pour offrir leurs services en tant qu'espions.

La CIA n'a pas le droit d'espionner des citoyens américains à l'étranger « sauf s'ils sont manifestement impliqués dans des activités d'espionnage », dira Phillips plus tard[7]. Mais si un Américain se présentait à l'ambassade cubaine et faisait preuve d'un comportement suspect, « il aurait été imprudent de ne pas l'observer suffisamment longtemps pour découvrir ce qu'il voulait ». L'idée était d'intercepter des traîtres en puissance avant qu'ils aient pu remettre des secrets aux Cubains. Plus tard, il se vantera d'un de ses succès au début des années 1960, quand il a contrecarré les plans d'un « officier américain de rang moyen » qui cherchait à vendre des secrets militaires à Cuba. Phillips lui avait expédié un agent mexicain qui « parlait couramment l'anglais et pouvait se faire passer pour un Cubain », lequel avait négocié la vente des secrets avec l'Américain et lui avait enjoint de rentrer aux Etats-Unis pour attendre d'y recevoir des instructions. Le dossier avait été transmis au FBI. « Je ne sais pas comment ça s'est fini, écrira Phillips, mais le type a dû avoir un choc quand le FBI a frappé à sa porte. »

Après l'assassinat, Phillips n'a cessé de répéter qu'Oswald n'avait jamais été considéré comme quelqu'un présentant un grand intérêt, même après avoir été repéré devant les ambassades cubaine et soviétique. Oswald n'était qu'un « point clignotant sur le radar de la station de Mexico », dira-t-il, un de ces touristes américains téméraires qui voulaient voir à quoi ressemblait la vie dans un pays communiste[8]. Lorsque ses exploits passés, dont sa défection avortée en Union soviétique, ont été connus, Oswald avait déjà quitté Mexico et il était trop tard pour que la CIA puisse intervenir, toujours selon Phillips. Celui-ci reconnaîtra qu'il savait qui était Silvia Duran avant l'assassinat. La station de Mexico connaissait bien sa vie amoureuse agitée, dont sa liaison avec l'ex-ambassadeur cubain au Mexique. Phillips prétendra avoir eu entre les mains, dès le mois d'octobre, la retranscription d'une conversation téléphonique entre Duran et un diplomate soviétique à propos de la demande de visa d'un Américain – Oswald, en fait. Mais la conversation « n'a pris une résonance singulière qu'après l'assassinat, malheureusement », dira-t-il.

Pour Phillips, Oswald était un cinglé qui avait décidé de tuer le président – et qui avait réussi. Selon lui, rien n'indiquait que les Cubains ou les Soviétiques l'avaient poussé dans cette voie.

Phillips pense qu'il a rencontré des gens de la commission Warren à Mexico, mais son nom ne figure pas dans les archives. Ses actions ne seront étudiées à la loupe que bien des années plus tard, lorsque des enquêteurs du Congrès se demanderont s'il avait menti au sujet d'Oswald. Phillips a fini par avoir en horreur les théories conspirationnistes selon lesquelles lui et ses collègues auraient tenté de recruter Oswald ou auraient mal géré une opération d'interception d'Oswald à Mexico avant qu'il prenne contact avec les Cubains. Phillips dira que l'idée qu'il aurait été partie prenante d'« une opération de camouflage concernant l'assassinat d'un de nos présidents a fait beaucoup de tort à moi et à mes enfants ».

Et pourtant, peu de gens ont déployé autant d'efforts que lui pour brouiller les pistes en ce qui concerne Lee Harvey Oswald. Par moments, ces tentatives paraissent presque pathologiques. Il était, de par son métier, un homme dont le fonds de commerce était la désinformation et on aurait dit que par déformation professionnelle il était devenu incapable de dire la vérité, qu'il connaissait parfaitement, sur le voyage d'Oswald à Mexico. Phillips a prétendu jusqu'au bout qu'« Oswald n'était qu'un point minuscule sur le radar de la CIA », alors même que l'Agence déclassifiait des câbles prouvant qu'Oswald avait été étroitement surveillé dans les rues de la capitale mexicaine, et que la CIA avait informé le FBI, le département d'Etat et d'autres encore de ses activités sur place – et ce avant l'assassinat.

Le plus révélateur, ce sont peut-être ses parjures répétés lorsqu'on lui a demandé de dire où il se trouvait en septembre et octobre 1963, quand Oswald était à Mexico[9]. Au début, il a affirmé qu'il était à Mexico pendant la visite d'Oswald, mais les archives de la CIA montrent qu'il était à Washington ou à Miami pendant la plus grande partie de cette période. Pendant son séjour à Miami, il travaillait pour une société-écran de la CIA qui recrutait des groupes d'exilés anticastristes, parmi lesquels certains qu'Oswald avait tenté d'infiltrer.

A la fin de sa vie, Phillips semblait disposé à exploiter les théories conspirationnistes. Il s'ingéniait à exciter la curiosité des gens par des remarques sibyllines sur de possibles mensonges de la CIA au sujet d'Oswald, comme si l'Agence était en partie responsable de la mort de Kennedy. A sa mort, en 1988, on a retrouvé le résumé en huit pages d'un projet de roman inspiré de sa propre vie. Winston Scott y figure sous le nom de Willard Bell et un personnage conspirationniste ressemble à Mark Lane. Oswald apparaît sous son vrai nom, ainsi que l'ancien directeur de la CIA et membre de la commission Warren Allen Dulles.

Dans un passage, le personnage inspiré par Phillips dit à son fils la vérité au sujet d'Oswald : « J'étais un des deux officiers traitants de Lee Harvey Oswald. Nous lui avons fabriqué une couverture de marxiste convaincu, sa mission étant de se rendre à Cuba pour assassiner Castro. Je l'ai aidé lorsqu'il est venu à Mexico pour demander un visa, et lorsqu'il est rentré à Dallas en attendant de le recevoir, je l'y ai rencontré à deux reprises. Nous avons répété le scénario de nombreuses fois. Oswald devait tirer sur Castro avec un fusil à lunette du haut d'un bâtiment sur une route que Castro empruntait souvent à bord d'une Jeep. Je ne sais pas si Oswald était un agent double ou un malade mental, et je ne sais pas pourquoi il a tué Kennedy. Mais je sais qu'il a exécuté le plan que nous avions mis au point pour Castro. La CIA n'a pas planifié l'assassinat du président, mais elle en porte la responsabilité. Et j'en partage la culpabilité. Allen Dulles nous avait donné 800 000 dollars pour financer l'opération et permettre à Oswald de refaire sa vie après l'assassinat. Quand tout a mal tourné, Dulles nous a dit, à moi et à l'autre agent chargé de l'opération, de garder l'argent. Il disait que si on le remettait dans les caisses opérationnelles de l'Agence, cela ferait des histoires. Tu ne sais pas le tort que cette horrible histoire m'a causé. J'ai souvent songé à tout raconter, mais je n'y arrivais pas. Peut-être toi, en lisant ces lignes, y parviendras-tu[10]. »

CHAPITRE 43

Au large de Cuba
Eté 1964

William Coleman n'a pas gardé la moindre note au sujet de la mission la plus risquée de toute sa vie[1]. Il dit qu'on lui a ordonné de ne jamais en parler, sauf à Earl Warren, à Lee Rankin et au président Johnson le cas échéant. Aucune trace n'en existe dans les archives de la commission, en tout cas pas dans celles confiées aux Archives nationales.

La mission commence cet été-là en Floride, lorsque Coleman descend d'un avion en provenance de Washington. Il embarque ensuite à bord d'un bateau du gouvernement – « Je ne sais pas s'il s'agissait d'un bateau de la CIA ou de la Navy » – qui doit le conduire au large de Cuba. A une vingtaine de milles de la côte, racontera-t-il, le bateau s'arrête en vue d'un yacht à bord duquel se trouve Fidel Castro. Le dirigeant cubain a accepté de répondre à la question qu'on a chargé Coleman de lui poser : a-t-il ordonné l'assassinat du président Kennedy ?

Coleman pense qu'on lui a confié cette mission parce qu'il est le membre senior du tandem « conspiration » mais surtout parce qu'il connaît Castro. Ils se sont rencontrés à Harlem, lors d'un des nombreux voyages que Castro a faits à New York dans les années 1940 et 1950, avant sa prise de pouvoir. Quoi qu'il ait pu dire ensuite sur la décadence capitaliste représentée par la ville, Castro aimait New York. Il y avait passé sa lune de miel en 1948 et y était revenu à plusieurs reprises au cours de la décennie suivante. Comme Coleman, le Cubain aimait la musique que l'on jouait à Harlem tard dans la nuit[2].

A l'époque, les Noirs n'étaient pas admis dans les night-clubs du centre de Manhattan, et Coleman attendait avec ses amis que les meilleurs musiciens noirs aient fini de jouer *downtown* et rejoignent Harlem pour s'y produire. La chanteuse Lena Horne était devenue une de ses amies. C'était une époque magique : « Lena et tous ces musiciens talentueux débarquaient dans les clubs de Harlem, et ils jouaient tous ensemble, au même endroit. Il était 4 heures du matin, mais on n'aurait pas raté ça pour tout l'or du monde. » C'est dans ces clubs de la 118e Rue que Coleman, républicain de longue date, est devenu l'ami de Nelson Rockefeller, futur gouverneur de l'Etat de New York et lui aussi grand amateur de jazz.

Coleman se souvient d'avoir été impressionné par Castro, qui parlait un peu anglais : « Je n'ai jamais pensé qu'il deviendrait le chef de son pays, mais c'était un type imposant. Il était avocat. Il était très séduisant, très intelligent... »

Bien des années ont passé et Castro est devenu un dictateur redouté, l'homme qui a failli précipiter le monde dans un conflit nucléaire deux ans plus tôt et dont John Kennedy a cherché à se débarrasser par tous les moyens. Coleman apprécie ce que cette mission secrète a d'inouï : il doit demander à sa vieille connaissance des clubs de jazz de Harlem s'il a tué le président.

Voici ce qu'on lui a dit : « Castro nous a fait passer un message, il veut nous convaincre qu'il n'y est pour rien. » Coleman précise : « Castro a fait savoir qu'il voulait parler à quelqu'un, et j'étais le type tout désigné. »

Des années plus tard, Coleman dira se souvenir d'en avoir discuté avec Rankin, et sans doute avec Warren. « Je suis à peu près certain que j'en ai parlé avec Warren. Toute l'histoire était archi-confidentielle. » On lui interdit d'en dire un mot à Slawson, son partenaire. Selon Coleman, il y avait de bonnes raisons à cela. Si la rencontre avec Castro se passe mal, si ça vient à se savoir, il y aura un scandale. « Si je me plantais, si je me faisais mal comprendre », Castro pourrait penser qu'on l'exonérait officiellement de toute responsabilité dans l'assassinat.

« Le lendemain, il pouvait tenir une conférence de presse et déclarer : "Même M. Coleman reconnaît que je n'y suis pour rien* !" »

Mais le risque méritait d'être pris. « J'ai décidé qu'il fallait y aller. »

Que Coleman ait gardé le secret sur cette rencontre pendant des décennies est révélateur du personnage. William Thaddeus Coleman Jr., natif de Philadelphie, est fier d'être ce qu'on appelait autrefois un « avocat de Philadelphie », expression servant à désigner un avocat particulièrement compétent et discret – un avocat pour avocats. A quarante-trois ans, Coleman avait réussi à gravir tous les échelons de la profession dans les circonstances les plus défavorables, ce qui en disait long sur ses capacités. Douze ans plus tôt, alors qu'il était sorti de Harvard premier de sa promotion et avait été l'assistant du légendaire juge de la Cour suprême Félix Frankfurter, il n'avait pas réussi à trouver du travail dans un cabinet de sa ville natale. Coleman mettait un point d'honneur à ne jamais se plaindre des discriminations qu'il avait subies au cours de sa carrière. Aujourd'hui encore, il préfère parler de tout ce qu'il a accompli en dépit de sa couleur de peau. Mais le fait qu'il n'avait pas réussi à trouver un poste à Philadelphie au début de sa carrière le travaillait. « Ça m'a mis en rogne », dira-t-il plus tard.

En 1949, il finit par être engagé par un cabinet de New York en pleine expansion, Paul Weiss. Il devient le premier avocat noir de la firme – et l'un des tout premiers avocats noirs d'une firme importante dans le pays. Il travaille à New York mais continue de vivre à Philadelphie, effectuant deux heures et demie de train par jour, aller et retour, pour rejoindre Manhattan. Pendant des années, il se lèvera à 6 heures du matin tous les jours et ne rentrera jamais avant 20 h 30. Chez Paul Weiss, Coleman gagne sa place dans le combat pour les droits civiques[3]. En 1949, Thurgood Marshall, le principal avocat de

* Selon Coleman, l'auteur de ce livre est le premier journaliste à qui il a raconté sa mission secrète de 1964. D'autres enquêteurs m'avaient fait part des rumeurs qu'ils avaient entendues sur le sujet, et quand je lui ai posé la question, Coleman a confirmé les faits. Il n'avait pas mentionné sa rencontre avec Castro dans ses Mémoires parus en 2010 sous le titre *Counsel for the Situation* car à l'époque les faits étaient toujours classifiés.

la NAACP (Association nationale pour l'avancement des gens de couleur), qui finira à la Cour suprême, lui demande de l'assister dans une série de procès visant la ségrégation dans les écoles publiques. Coleman se charge de rédiger les requêtes présentées devant la Cour suprême par des familles noires du Kansas contestant la ségrégation des écoles publiques du comté de Topeka, affaire qui débouchera sur la décision historique *Brown v. Board of Education*. Lorsque Marshall plaide enfin la cause devant la Cour suprême, en décembre 1953, il invite Coleman, alors âgé de trente-trois ans, à s'asseoir à ses côtés[4].

En 1952 Coleman réalise enfin son rêve qui est de travailler pour un important cabinet de Philadelphie. Mais lors de son embauche chez Dilworth, Paxson, Kalish & Green un groupe de secrétaires blanches menace de démissionner car elles refusent de travailler avec un Noir. Selon Coleman, le principal associé de la firme a expliqué aux secrétaires qu'elles étaient libres de partir : « On trouvera toujours quelqu'un pour vous remplacer mais il sera bien plus difficile de remplacer Coleman. Quand vous le connaîtrez, vous comprendrez que c'est quelqu'un de bien. » Les secrétaires sont restées[5].

Des années plus tard, Coleman dira avoir oublié bien des détails de sa rencontre avec Castro sur son yacht. Il ne se souviendra plus, par exemple, si le capitaine et les matelots américains étaient armés, mais il se revoit montant à bord du bateau où l'attendait un Castro barbu qu'il n'avait pas vu depuis des années. Le Cubain l'a aussitôt reconnu et accueilli comme un vieil ami. « Il se souvenait de moi. On a eu une conversation assez animée. »

La rencontre dure environ trois heures, et Coleman presse Castro de questions sur tous les scénarios d'une possible implication du gouvernement cubain dans l'assassinat, même indirecte. Castro dément tout lien. En fait, selon Coleman, « en dépit de la baie des Cochons et de toutes les tentatives de l'administration Kennedy pour le renverser, voire le tuer, Castro tenait à dire qu'il ne pensait pas de mal de Kennedy ».

En bon avocat, Coleman ne prend pas pour argent comptant les démentis de Castro et la rencontre ne suffira pas à effacer ses doutes. De retour à Washington, tout ce qu'il peut dire à

Rankin et Warren, c'est que rien de ce qu'il a entendu ne l'incite à douter des protestations d'innocence de Castro. « Je ne leur ai pas dit qu'il n'avait rien fait. Je leur ai dit que je n'avais rien appris qui m'aurait permis de penser qu'il avait pu le faire. »

Earl Warren répète sans cesse à ses collègues de la commission qu'il ne communique jamais d'informations sur l'enquête à des journalistes. Pourtant, à la fin du printemps, quelqu'un raconte à la presse que la commission s'apprête à conclure qu'Oswald a agi seul. Le premier à bénéficier de ces fuites est Anthony Lewis, le correspondant du *New York Times* à la Cour suprême, qui connaît bien Warren et Rankin et les « suit » depuis longtemps[6]. En 1963, Lewis a obtenu le prix Pulitzer pour sa couverture de la Cour. Dans un livre qu'il publie en juin 1964 sur une décision célèbre de la Cour, il ne tarit pas d'éloges sur le rôle joué par Warren et Rankin.

Quelques jours après la sortie du livre, le *Times* publie en une un article de Lewis sous le titre : « SELON COMMISSION WARREN PAS DE COMPLOT DANS MORT KENNEDY[7] ». L'article affirme que le rapport final de la commission, dont la publication ne doit pas intervenir avant des mois, confirmera vraisemblablement « que le président a été tué par un homme agissant seul, Lee H. Oswald, comme le pensent depuis le début les autorités policières ». Les informations ne sont pas sourcées, mais les affirmations ont une indiscutable aura de véracité. Selon Lewis, « une source proche de la commission » lui a confirmé que celle-ci démontera les nombreuses théories conspirationnistes avancées au sujet de l'assassinat, notamment par Mark Lane.

Bien qu'il soit impossible d'identifier la « source proche de la commission » avec certitude, les agendas personnels de Rankin montrent qu'il a rencontré Lewis au siège de la commission pendant une quarantaine de minutes, trois jours avant la parution de l'article[8]. Des articles rapportant des fuites du même type paraissent rapidement dans d'autres journaux.

Gerald Ford est estomaqué. Pour lui, ces fuites démontrent que quelqu'un au sein de la commission cherche à manipuler les résultats avant que les faits ne soient tous établis. C'est devenu un leitmotiv parmi ses conseillers, qui s'inquiètent que la commission – en particulier Warren – cherche à écarter tout indice d'une conspiration communiste. Ford réclame une réunion de la commission, et Warren fixe la date au jeudi 4 juin. Les fuites dans la presse sont le seul point à l'ordre du jour. Warren, Dulles, McCloy et Ford sont présents.

Warren passe la parole à Ford, qui annonce solennellement qu'une taupe se cache parmi eux : « C'est indiscutable : quelqu'un, quelque part, balance ces histoires, organise ces fuites. » Et il ajoute qu'il pense connaître le coupable : « Je suis parvenu à mes propres conclusions, mais je ne peux pas les prouver, je ne vais pas lancer des accusations sans preuves. » Selon lui, les fuites visent à forcer la main de la commission. « Elles contribuent à entretenir dans le pays un climat qui prédisposera l'opinion publique dans un certain sens, quelles que soient nos conclusions. » Et il ajoute : « Je n'aime pas être cité tant que je ne me suis pas fait mon opinion. »

Warren s'efforce de le rassurer : « En ce qui me concerne, je partage entièrement vos sentiments. Mais j'ai tendance à penser que tout cela c'est du vent, des spéculations. Je ne pense pas que quelqu'un ici parle avec qui que ce soit. » Ford presse la commission de démentir publiquement être parvenue à une quelconque conclusion. Warren et les autres sont d'accord. Un bref communiqué paraît le lendemain, lequel affirme que la commission n'est pas loin d'avoir terminé son travail mais « réfléchit encore au contenu et à la forme de son rapport », et que ses conclusions ne sont pas fixées[9].

Un dernier groupe de témoins est convoqué à Washington avant la fin des investigations. Certains ont déjà témoigné, mais leur crédibilité a été mise en cause. Parmi les personnes visées, se trouvent Marina Oswald et Mark Lane, à qui l'on demande de s'expliquer sur leurs précédentes déclarations sous serment.

Depuis sa première prestation, quatre mois plus tôt, Marina n'a plus la cote auprès de la commission. Les membres ont pris connaissance des rapports peu flatteurs sur sa vie sentimentale et son goût pour la boisson. (Le FBI continue de garder sa maison sous surveillance, ayant placé des micros jusque dans sa chambre à coucher.) « Elle fumait des cigarettes à la chaîne et buvait de la vodka », dira plus tard William Manchester dans son livre sur l'assassinat[10]. Les membres de la commission se demandent si elle n'a pas menti sous serment en niant avoir eu connaissance des plans de son mari pour assassiner le président. Tout a été remis en cause par la découverte des propos tenus devant son manager et son beau-frère – mais pas devant la commission – sur le projet d'assassinat de Nixon. Les enquêteurs s'interrogent : si Oswald lui a fait part de son projet concernant Nixon, pourquoi ne lui aurait-il pas parlé de son intention d'assassiner Kennedy ?

Le jeudi 11 juin, Marina se présente devant la commission. Cette fois, Warren ne l'accueille pas avec des mots de remerciement. La bienveillance, les questions sur sa situation et celle de ses enfants ne sont plus de mise. C'est Rankin qui mène l'interrogatoire, presque hostile par moments[11] :

Rankin : « Mme Oswald, nous aimerions vous entendre au sujet de l'incident concernant M. Nixon. »

Marina semble avoir compris qu'elle est dans une passe difficile. « Je suis sincèrement désolée, j'aurais dû vous en parler », dit-elle par l'entremise d'un interprète. « J'avais totalement oublié cet incident avec le vice-président Nixon lorsque je suis venue la première fois. Je ne cherchais pas à vous tromper. »

Ford insiste : « Pouvez-vous nous expliquer pourquoi vous ne nous avez rien dit ? »

Marina : « J'étais très fatiguée, je pensais avoir tout dit. »

Puis elle leur fait le récit complet, selon elle, de ce qui s'est passé avec Nixon – comment, à la mi-avril 1963, plusieurs jours après l'attentat contre le général Walker, Oswald lui a dit qu'il allait trouver Richard Nixon qui, selon lui, était à Dallas ce jour-là. Il avait attrapé son revolver et avait dit : « Je vais faire un tour, je n'utiliserai peut-être pas mon revolver. Mais si l'occasion se présente, je m'en servirai peut-être. » Elle raconte qu'elle avait été terrifiée par les menaces de son mari, qu'elle avait tenté de l'enfermer dans la salle de bains pour l'empêcher de sortir. « On s'est battus, et ensuite il s'est calmé. Je me souviens lui avoir dit que s'il voulait sortir il faudrait me tuer d'abord. »

Alors qu'elle s'efforce de combler les lacunes de sa précédente déposition, Marina ne fait qu'ajouter à la confusion, d'autant que la commission sait que Nixon n'était pas à Dallas en avril 1963. Certains membres se demandent si elle ne confond pas Nixon et Johnson, qui lui était passé par Dallas ce mois-là. Mais Marina assure ne pas se tromper : « Je me souviens clairement du nom, Nixon. Je n'avais jamais entendu parler de Johnson avant qu'il ne devienne président. »

Allen Dulles pose une question. Puisque son mari avait essayé de tuer Walker et menacé de tuer Nixon, ne s'est-elle pas dit qu'il risquait d'utiliser ses armes contre quelqu'un d'autre ?

« Il n'a jamais parlé du président Kennedy », répond Marina.

« Il n'a jamais rien dit contre le président Kennedy ? » insiste Dulles.

« Jamais. Il a toujours eu une bonne opinion du président Kennedy. »

Puis elle en appelle à nouveau à la compréhension de la commission. Elle essaie d'expliquer pourquoi elle n'a prévenu ni la police ni quelqu'un d'autre que son mari était capable de violence. Elle n'avait rien dit, selon elle, parce qu'elle craignait qu'on n'arrête Oswald, qu'on ne l'emprisonne, elle avait peur de se retrouver seule dans un pays où elle n'avait pas de famille et peu d'amis. Elle voulait rester aux Etats-Unis et avait peur d'être renvoyée en Russie si elle dénonçait son mari. « Lee était la seule personne qui m'aidait. Je n'avais pas d'amis, je ne parlais pas la langue et je ne pouvais pas travailler. Qu'allais-je devenir si on l'arrêtait ? »

Son mari lui disait depuis des mois qu'elle devrait peut-être rentrer en Russie sans lui. Il était un peu « sadique » et l'obligeait à « écrire des lettres à l'ambassade soviétique proclamant qu'elle voulait rentrer à la maison. Il adorait me tourmenter et me titiller comme ça… J'ai dû écrire plusieurs de ces lettres ». Il les avait ensuite postées, en dépit de ses protestations. Elle s'était résignée à l'idée de devoir retourner en URSS. « Puisque mon mari ne voulait pas vivre avec moi, s'il voulait que je rentre, alors je rentrerais. Je n'avais pas le choix. »

Le jeudi 2 juillet, lorsque Mark Lane se présente pour la deuxième et dernière fois devant la commission, il est aussi connu du grand public que les membres de cette dernière. A trente-sept ans, après une carrière politique ratée, Lane est devenu une célébrité dont les admirateurs dans le monde entier attendent qu'il leur explique comment Oswald s'est fait piéger et comment la commission s'efforce de camoufler la vérité. Lorsque la commission le contraint à se présenter à nouveau devant elle, allant jusqu'à brandir la menace d'une assignation à comparaître, Mark Lane n'a d'autre choix que de suspendre sa tournée européenne de conférences et de collecte de fonds.

La commission entend l'obliger à lui révéler la source de ses accusations les plus extravagantes, comme le fait que Jack Ruby aurait été vu à son club en compagnie de J.D. Tippit. Pour la commission, rien ne permet de confirmer cette rumeur qu'un avocat alcoolique raconte depuis des mois à tous les journalistes de Dallas qui veulent bien l'écouter. La commission veut aussi dissiper le trouble semé par les affirmations de Lane selon lesquelles la serveuse Helen Markham, un des témoins du meurtre de Tippit, aurait rétracté son identification d'Oswald.

Après s'être installé à la table des témoins, Lane ne perd pas de temps : il déclare qu'il refuse de répondre aux questions de la commission et que celle-ci ne peut pas l'y obliger.

Warren cache mal sa colère. Si Lane ne fournit pas ses sources à la commission, affirme-t-il, « nous aurons toutes les raisons de douter de la véracité de ce que vous nous avez dit », ce qui est une accusation indirecte de parjure. Warren pense que Lane s'estime en droit de conduire sa propre enquête sur l'assassinat et de rapporter la moindre rumeur délirante. Et il ajoute : « Depuis le début, vous nous empêchez de faire notre travail. »

Lane lui tient tête : « Je n'ai rien avancé en public que je n'aie préalablement dit devant cette commission. Lorsque je m'adresse à un public, j'estime que mon obligation est de dire la vérité, tout comme lorsque je témoigne devant cette commission[12]. »

De toute évidence, la commission ne tirera rien de lui.

© Dallas Police Department

À GAUCHE : Pour l'enquêteur de la commission David Belin, le meurtre de sang-froid du policier J.D. Tippit était « la pierre de Rosette » permettant de comprendre qu'Oswald était également coupable de l'assassinat du président. CI-DESSOUS À GAUCHE : Un témoin a assisté au meurtre de Tippit, la serveuse Helen Markham, ici aux côtés d'un policier non identifié. Elle identifierait Oswald plus tard le même jour. À DROITE : Peu après le meurtre de Tippit, Oswald était arrêté alors qu'il tentait de se cacher dans la salle obscure du cinéma Texas Theatre. Dans sa poche se trouvait un ticket de correspondance pour bus (avec une clé). Belin pensait qu'Oswald avait l'intention de l'utiliser pour prendre un autre bus devant lui permettre de s'enfuir au Mexique.

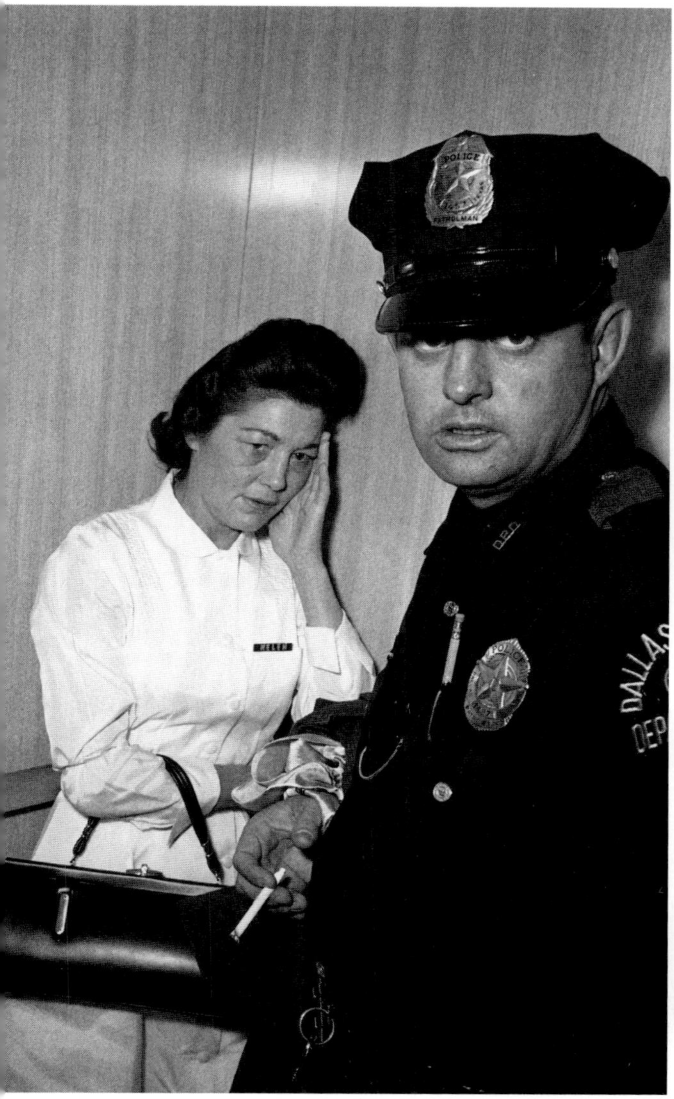

© Sixth Floor Museum at Dealey Plaza

© Dallas Municipal Archives

© Dallas Municipal Archives

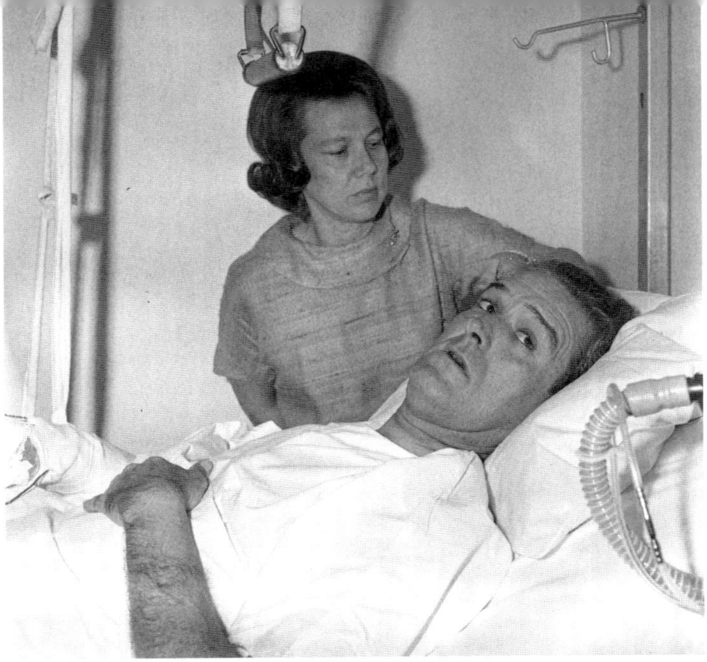

© Bettmann/Corbis

CI-DESSUS : Le gouverneur du Texas, John Connally, ici avec sa femme Nellie, se remet des blessures subies aux côtés de Kennedy à l'hôpital Parkland Memorial. CI-DESSOUS : Hugh Aynesworth, reporter au *Dallas Morning News*, interviewe Marina Oswald tandis que sa fille June joue à ses pieds.

© Sixth Floor Museum at Dealey Plaza

L'amiral George Burkley, le médecin de la Maison-Blanche, voulait que les pathologistes militaires bouclent au plus vite l'autopsie, qui s'est déroulée à l'hôpital de la Navy de Bethesda, dans le Maryland, la nuit même de l'assassinat.

© Robert Knudsen. Photographies de la Maison-Blanche. John F. Kennedy Presidential Library and Museum, Boston

© National Archives and Records Administration

L'équipe de pathologistes chargée de l'autopsie : le commandant James Humes (*au centre*) était le pathologiste principal, assisté par le commandant J. Thornton Boswell (*à gauche*) et le lieutenant-colonel Pierre Finck (*à droite*). La décision de Humes, qui a pris sur lui de détruire l'original de son rapport d'autopsie ainsi que ses notes, alimentera les théories conspirationnistes, qui y verront la preuve qu'il y avait quelque chose à cacher. CI-DESSOUS À GAUCHE : Le directeur du Secret Service, James Rowley, devra faire face à un barrage de questions critiques après avoir reconnu qu'il n'avait pas sanctionné les hommes de l'escorte présidentielle qui étaient sortis boire un verre la veille de l'assassinat. CI-DESSOUS À DROITE : La carrière de l'agent spécial du FBI James Hosty, en poste à Dallas, sera définitivement compromise car il n'a pas réussi à déceler qu'Oswald, qui était sous sa surveillance au moment de l'assassinat, représentait une menace.

© Bettmann/CORBIS

© AP/Corbis

© Donald Uhrbrock/Time Life Pictures/Getty Imagesa

© Bettmann/Corbis

EN HAUT À GAUCHE : Marguerite Oswald semblait souvent se réjouir de sa célébrité. Tout sourire, elle discute ici avec le juge de Dallas Joe B. Brown, qui présidait le procès de Jack Ruby pour le meurtre de son fils. EN HAUT À DROITE : Marguerite Oswald avait demandé à l'avocat new-yorkais Mark Lane de la représenter. Celui-ci s'est rapidement fait un nom en tant que principal pourfendeur de la commission Warren. EN BAS À GAUCHE : Durant son voyage à Washington pour son premier témoignage devant la commission, la veuve d'Oswald, Marina, était accompagnée par son manager Jim Martin, avec qui elle entretenait une relation qui serait scrutée de plus près par la commission. EN BAS À DROITE : Le frère aîné d'Oswald, Robert, à Washington le 20 février 1964, après avoir témoigné devant la commission.

© Dallas Morning News

© AP Photo/William J. Smith

© Bettmann/CORBIS

EN HAUT : Marina Oswald, ici à Washington avant de témoigner devant la commission, déclarera qu'elle était convaincue que son mari avait tué le président, et qu'il avait agi seul. EN BAS À GAUCHE : L'amie de Marina, Ruth Paine, ici à Washington en compagnie de son ex-mari, Michael. Les Paine se sont retrouvés pris dans le tourbillon de l'enquête. EN BAS À DROITE : George de Mohrenschildt, un ingénieur pétrolier d'origine russe qui avait aidé les Oswald dans un moment difficile, a déclaré qu'il avait rompu tout lien avec eux en raison des moqueries publiques de Marina sur les performances sexuelles de son mari.

© Bettmann/CORBIS

© Bettmann/CORBIS

© Dallas Municipal Archives

© National Archives and Records Administration

La commission a établi qu'Oswald s'était servi de son fusil pour tirer depuis la fenêtre d'angle au cinquième étage du Texas School Book Depository, surplombant Dealey Plaza. Oswald avait empilé des cartons de livres pour cacher ce qu'il faisait. CI-DESSOUS : Pour tenter de reproduire ce que voyait l'assassin au moment où il visait la tête du président, le FBI a monté une caméra sur le fusil d'Oswald.

© National Archives and Records Administration

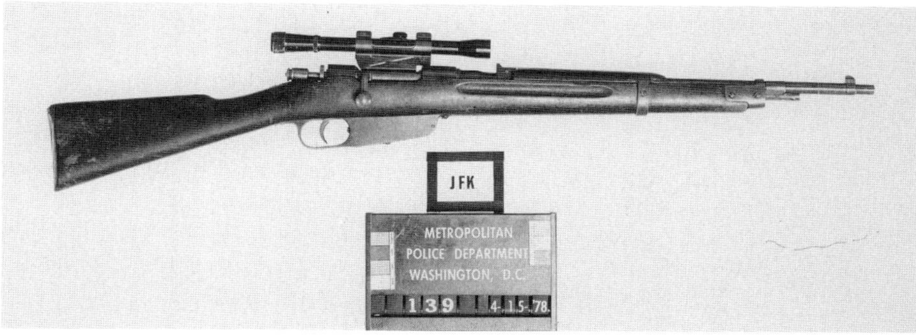

© National Archives and Records Administration

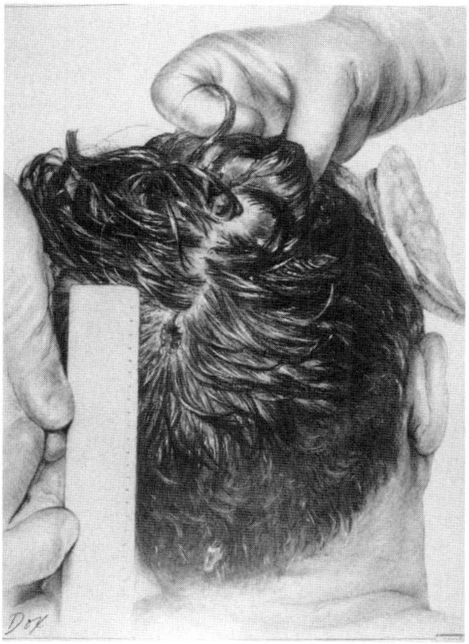

© National Archives and Records Administration

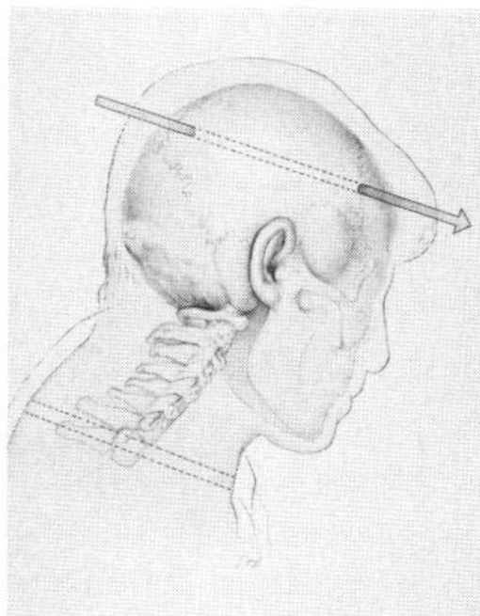

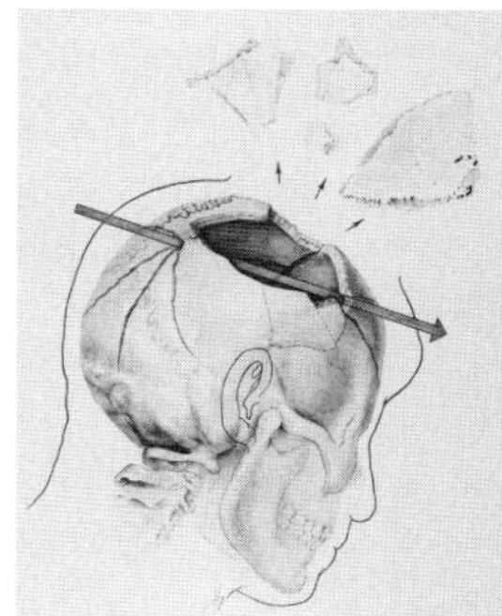

© National Archives and Records Administration

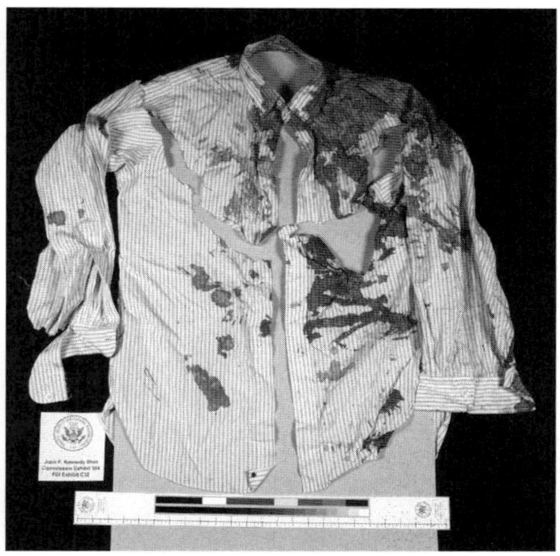

© National Archives and Records Administration

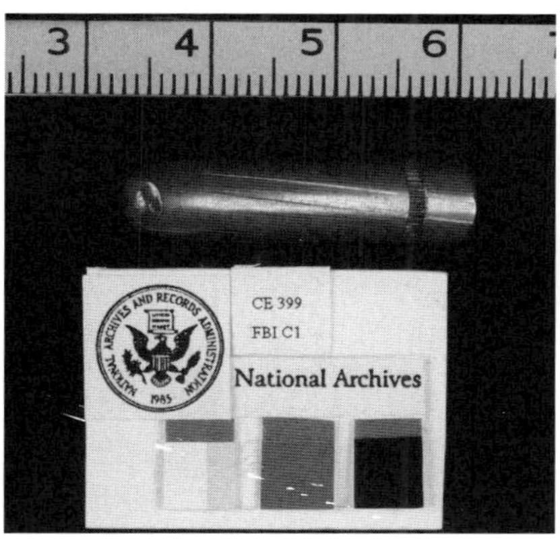

© National Archives and Records Administration

Les pièces à conviction. DE HAUT EN BAS, DANS LE SENS DES AIGUILLES D'UNE MONTRE : Le fusil Mannlicher-Carcano d'Oswald, de fabrication italienne ; deux reconstructions d'artiste de la blessure mortelle à la tête ; la chemise tachée de sang du président ; la balle dont l'équipe de la commission était convaincue qu'elle avait blessé à la fois Kennedy et Connally ; une reconstitution, à partir des photos de l'autopsie, de la blessure à la tête, on peut voir la blessure béante du crâne, sur la droite.

Le *chief justice* Earl Warren et Gerald Ford à Dallas le 7 juin 1964 pour visiter Dealey Plaza et recueillir la déposition de Jack Ruby. On les voit sortir du Texas School Book Depository, suivis par le juriste en chef J. Lee Rankin et le juriste enquêteur Joseph Ball. EN BAS : Au mois de septembre, le sénateur Russell (*au centre*) a organisé sa propre visite à Dallas pour voir Dealey Plaza et interroger Marina Oswald. Devant le Texas School Book Depository, il est rejoint par les membres de la commission Hale Boggs (*à l'extrême gauche*) et John Sherman Cooper (*à droite, portant un chapeau*).

© Bettmann/CORBIS

© AP Photo/Ferd Kaufman

© Sixth Floor Museum at Dealey Plaza

Les enquêteurs de la commission ont procédé à plusieurs reconstitutions à Dealey Plaza. Ici, on aperçoit David Belin à la fenêtre du quatrième étage du Texas School Book Depository lors d'une expérience pour tenter de déterminer ce qu'on pouvait entendre et voir depuis cet endroit au moment où les coups de feu ont été tirés du cinquième étage, juste au-dessus. CI-DESSOUS : Arlen Specter explique la théorie de la balle unique, avec des agents du gouvernement assis aux emplacements du président et du gouverneur dans la limousine.

© Sixth Floor Museum at Dealey Plaza

Bien que la CIA et le FBI aient exclu toute implication des Cubains dans l'assassinat, l'ambassadeur des Etats-Unis au Mexique et d'autres étaient convaincus qu'il existait un lien entre la mort du président et le gouvernement de Fidel Castro, que l'on voit ici lors d'une partie de pêche dans les Caraïbes. CI-DESSOUS : Sur cette photo, prise le 7 septembre 1963, Castro s'adresse à Dan Harker (avec les bras croisés), le correspondant de l'agence Associated Press à La Havane. Dans une dépêche, Harker écrira que Castro avait menacé de représailles les responsables américains qui auraient recours à la violence contre des dirigeants cubains.

© AFP/Getty Images

© AP Photo

A DROITE : Lorsque le juriste enquêteur de la commission Wesley « Jim » Liebeler a décidé de se laisser pousser la barbe, il s'est attiré les foudres du *chief justice* Warren, qui, indigné, lui a ordonné de se raser. Au fur et à mesure, Liebeler, qui semblait déterminé à enfreindre toutes les règles, est devenu le principal contestataire interne de la commission. Bien que marié, il se vantait de ses nombreuses conquêtes féminines tout en travaillant pour la commission. CI-DESSOUS : Silvia Odio, une réfugiée cubaine de Dallas, dont le témoignage apparemment crédible affirmait qu'Oswald se trouvait à Dallas en compagnie de deux militants anticastristes quelques semaines avant l'assassinat. Des années plus tard, Odio se plaindra aux enquêteurs du Congrès que Liebeler l'avait invitée dans sa chambre d'hôtel et avait tenté de la séduire.

© Héritiers de David Belin

© National Archives and Records Administration, par l'entremise de la Mary Ferrell Foundation

© Cynthia Thomas

Au mois de décembre 1965, le diplomate américain Charles Thomas (*à droite*) a recueilli les confidences de la romancière mexicaine bien connue Elena Garro de Paz (*au centre*) qui lui a raconté qu'elle avait croisé Oswald à Mexico lors d'une soirée dansante, quelques semaines avant l'assassinat. Selon Garro, sa propre cousine, Silvia Tirado de Duran, une employée de l'ambassade cubaine qui se trouvait à cette soirée, avait été la maîtresse d'Oswald. A gauche on voit Helena, la fille de Garro, qui était elle aussi présente à cette fête et dit également avoir vu Oswald. L'homme entre Garro et sa fille est un inconnu. EN BAS À GAUCHE : Thomas et son épouse, Cynthia, lors d'une soirée à Mexico dans les années 1960. EN BAS À DROITE : Charles et Cynthia Thomas devant leur *hacienda* de Mexico. Charles tient dans ses bras leur fille Zelda, née à Mexico en 1965.

© Cynthia Thomas

© Cynthia Thomas

© Archivo General de la Nación (Archives nationales mexicaines)

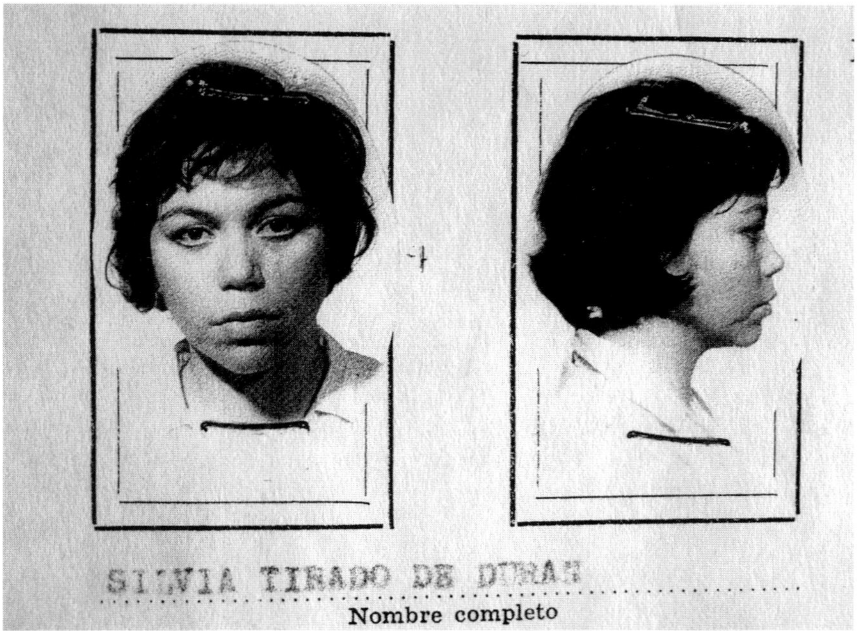

© Archivo General de la Nación (Archives nationales mexicaines)

Silvia Duran, qui ne cachait pas ses convictions socialistes, était une employée mexicaine du consulat cubain et faisait l'objet d'une surveillance rapprochée de la CIA et du gouvernement mexicain bien avant l'assassinat de Kennedy. EN HAUT : Sur cette photo tirée du dossier de surveillance de Duran, elle se trouve en compagnie de son mari, Horacio, un journaliste, et d'une femme inconnue. AU CENTRE : photo d'identité judiciaire de Duran, prise lors de son arrestation par la police mexicaine à la demande de la CIA. EN BAS : Duran est souriante sur cette photo, prise dans les années 1970 lorsqu'elle a été interrogée par la Commission d'enquête de la Chambre sur les assassinats (HSCA).

© National Archives and Records Administration

© Bettmann/CORBIS

© Dolph Briscoe Center for American History, The University of Texas at Austin

EN HAUT : Le « chasseur de taupes » de la CIA, James Jesus Angleton, a écarté un de ses collègues pour pouvoir garder la haute main sur les informations qui seraient transmises à la commission Warren. AU CENTRE : le chef de la station de Mexico de la CIA, Winston « Win » Scott, dans des images tirées d'un film amateur de son mariage en 1962, auquel assistait le président mexicain Adolfo López Mateos, que l'on voit tout à fait à gauche, aux côtés de Scott. Sur la photo suivante, l'agent de la CIA David Phillips est en compagnie de López Mateos ; à droite de Scott on voit le futur président mexicain Gustavo Díaz Ordaz. CI-DESSOUS : L'ambassadeur américain à Mexico, Thomas Mann, lors d'une rencontre avec le président Johnson. Mann était convaincu que les Cubains étaient impliqués dans l'assassinat.

© LBJ Library

© AP Photo/Jack Thornell

CI-DESSUS : En 1967, le *district attorney* de La Nouvelle-Orléans, Jim Garrison, a affirmé avoir découvert une conspiration que la commission Warren n'avait pas pu – ou n'avait pas voulu – dévoiler. On le voit ici en compagnie de Mark Lane, à La Nouvelle-Orléans, le 28 mars 1967. CI-DESSOUS : Parmi les témoins de Garrison se trouvait un personnage haut en couleur, l'avocat Dean Andrews, qui avait préalablement déclaré à la commission qu'on lui avait demandé de se rendre à Dallas pour assurer la défense d'Oswald quelques heures après l'assassinat. Cette demande, selon lui, émanait d'un mystérieux protecteur d'Oswald, un soi-disant « Clay Bertrand ». On voit ici Andrews escorté par la police de La Nouvelle-Orléans. En août 1967, Andrews serait condamné pour faux témoignage

© Bettmann/CORBIS

© Alejandra Xanic von Bertrab

© Jorge Vargas/Conaculta

© Leticia Sánchez Medel

© Alejandra Xanic von Bertrab

EN HAUT À GAUCHE : Silvia Duran, photographiée en 2013 devant sa maison. Aujourd'hui encore, elle nie avoir jamais rencontré Oswald en dehors du consulat cubain. EN HAUT À DROITE : Helena Garro, fille d'Elena Garro, lors d'un colloque tenu en 2013 à Mexico en l'honneur de sa mère. Elle dit avoir rencontré Oswald à la soirée dansante organisée par les Duran. AU CENTRE, À GAUCHE : Les affirmations de Duran sont également contestées par son ex-belle-sœur, Lidia Duran Navarro, qui se souvient très clairement que Silvia lui a raconté être sortie avec Oswald. AU CENTRE, À DROITE : Francisco Guerrero Garro, important homme de presse et journaliste mexicain, nous a révélé en 2013 que lui aussi avait vu Oswald lors de cette soirée. CI-DESSOUS : En janvier 2013, Robert Kennedy Jr. a révélé que son père n'avait jamais accepté les conclusions de la commission Warren. On le voit ici interviewé à Dallas avec sa sœur Rory par le présentateur Charlie Rose.

© Carter Rose. Avec l'autorisation d'AT & T Performing Arts Center, Margot and Bill Winspear Opera House, Dallas

TROISIÈME PARTIE

Rapport

© Bettmann/CORBIS

Le *chief justice* Earl Warren remet au président Johnson le rapport de la commission, le 24 septembre 1964

CHAPITRE 44

Domicile de Nina et Earl Warren
Hôtel Sheraton Park
Washington
Juin 1964

Nina, la femme de Warren, s'inquiète. Son mari, qui a fêté ses soixante-treize ans en mars, met sa santé en danger. Depuis le printemps, les travaux de la commission occupent la moindre minute qu'il ne consacre pas à la Cour suprême. Tard dans la nuit, avant de s'endormir, il essaie de lire au lit la pile grandissante des témoignages.

Depuis son arrivée à Washington, dix ans plus tôt, Warren se fait un devoir de garder la forme. Son exercice physique préféré est la natation. Lorsque le *chief justice* massif à la crinière blanche fend l'eau, il ressemble à un lion de mer vieillissant mais sûr de lui, se dit son ami Drew Pearson. Hélas, depuis le début de l'année, Warren a dû cesser de fréquenter la piscine du club de l'université de Washington : il n'a plus le temps, tout simplement. « La commission le plombait », dira Bart Cavanaugh, un de ses amis californiens. « La tension était terrible. » Cavanaugh rend visite aux Warren ce printemps-là. « Nina m'a dit qu'il était très fatigué, qu'il avait perdu beaucoup de poids. » Elle demande à Cavanaugh d'aider son mari à se changer les idées – pourquoi ne pas prendre un peu le large ? « Elle m'a dit : "Pourquoi vous ne feriez pas une petite escapade à New York ce week-end ?", et nous l'avons fait », dira Cavanaugh. « Nous sommes allés en voiture à New York, et avons assisté à un match de baseball. » Mais dès son retour à Washington, la pression de ses deux emplois à plein-temps se fait sentir à nouveau[1].

La frustration de Warren ne fait qu'augmenter à mesure que chaque date butoir qu'il fixe pour les travaux de la commission est reculée. Il commence à se dire qu'il ne pourra pas prendre de vacances. Au début du mois de juin, seul le très efficace Arlen Specter – débarrassé de son partenaire senior, Francis Adams, parti depuis longtemps – a fini de rédiger un premier jet de sa partie du rapport, la chronologie des événements le jour de l'assassinat. Les autres équipes savent depuis des semaines que les dates qu'on leur a fixées sont impossibles à tenir.

Warren ne cache plus sa colère au sujet de ces reports. Slawson se souvient de sa rage lorsqu'il apprend que les premières dates butoirs ne seront pas tenues. Le vendredi 29 mai, Rankin n'a plus le choix : il doit annoncer à Warren, une fois pour toutes, que l'équipe ne rendra pas le premier jet du rapport à la date prévue, c'est-à-dire le lundi suivant, 1er juin. Au moment où il se prépare à rentrer chez lui pour le week-end, il charge Willens de lui annoncer la nouvelle. « Il vaut mieux dire au chef que ce ne sera pas prêt pour lundi. » Selon Slawson, Warren est « furieux ». Willens comprend la colère de Warren. Depuis toujours, le *chief justice* est maître de son emploi du temps, ainsi que de ceux de ses collaborateurs. Et voilà qu'il est à la merci d'un groupe de jeunes enquêteurs qu'il ne connaît même pas pour la plupart. Il a l'impression d'être « le prisonnier de son équipe », dira Willens[2].

Warren, qui en général quitte Washington en juillet-août pour éviter la chaleur étouffante de la capitale, a réduit ses vacances d'un mois. Il a prévu de partir le 2 juillet pour une partie de pêche en Norvège, pays qu'il adore et qui est son berceau familial. Il rentrera au début du mois d'août, juste à temps pour superviser les étapes finales de la rédaction du rapport. Avant son départ, il prend le temps de répondre enfin à certaines lettres cinglantes qu'il reçoit depuis des mois. Beaucoup d'avocats de premier plan lui reprochent d'avoir accepté la présidence de la commission. Dans ses réponses, Warren reconnaît qu'ils ont raison, et explique qu'il n'a accepté le poste que parce que le président Johnson a insisté. « Je suis de votre avis : les membres de la Cour n'ont pas à accepter des tâches extérieures », écrit-il à Carl Shipley, un avocat d'affaires de Washington. « Je me suis exprimé dans ce sens à de nombreuses reprises. » Et Warren cite une de ses phrases préférées du président Grover Cleveland pour expliquer pourquoi il a cédé à Johnson. « Comme l'a dit Grover Cleveland, nous sommes parfois confrontés à une situation et non à une théorie. Le président m'a fait comprendre la gravité de notre situation, et ma conscience m'a dicté d'accepter[3]. »

La période écoulée a été faste pour la Cour suprême, qui a rendu plusieurs décisions historiques en faveur de la liberté d'expression et des droits civiques, dont une, qui étend à tout accusé le droit à un avocat, a été acquise à une courte majorité[4]. Cela a conduit certains à conclure que Warren était en perte de vitesse.

Warren dira plus tard qu'il savait depuis le début qu'il aurait du mal à obtenir l'unanimité des membres de la commission. Le fossé est trop grand entre ces sept hommes qui ne seront sans doute jamais d'accord sur rien. Warren le dira lui-même : « Politiquement, il y avait à peu près autant de points de vue que de personnes... Je suis persuadé que je faisais voir rouge au sénateur Russell en raison des décisions de la Cour en matière de ségrégation. » Il était frappé par l'hostilité entre Boggs le démocrate et Ford le républicain. Ils se battaient froid mutuellement, ne faisaient jamais preuve de la moindre courtoisie. Le *chief justice* avait beaucoup plus de respect pour Boggs que pour Ford, même si Boggs jouait un rôle bien moins actif dans l'enquête. Pour Warren, « Boggs était un bon membre de la commission. Il était très utile ». Et il avait aussi meilleur caractère : « Boggs était amical et Ford agressif. » Warren finira par apprécier le bon sens de John McCloy, qui savait toujours transcender les clivages partisans. « Il était objectif et se rendait très utile. » En dépit de son excentricité et de sa tendance à s'assoupir pendant les réunions, Allen Dulles était aussi « très utile... Il était un peu trop bavard mais travaillait dur et jouait le jeu[5] ».

Vers la fin du printemps, Warren pense avoir rallié la plupart des membres de la commission à sa position : Oswald a agi seul. « L'inexistence d'un complot est sans doute la plus fondamentale de nos conclusions », dira-t-il. Son principal opposant est Ford, qui continue de penser qu'Oswald faisait peut-être partie d'un complot dans lequel les Cubains étaient impliqués. « Ford voulait prendre la tangente avec son complot communiste », se remémorera Warren. Il ne sait pas bien quelle sera la position de Russell, d'autant que le sénateur s'est peu impliqué dans les travaux.

Dans le plus pur style des commissions fédérales de haut vol, c'est aux enquêteurs qu'incombe la tâche de rédiger le premier jet du rapport. Warren et les autres interviendront sur le texte qui leur sera soumis. Redlich, à présent conforté dans sa position grâce à Warren, sera le rédacteur en chef, comme il l'a prévu depuis longtemps, et sera assisté par Willens et Goldberg. Rankin se réserve les dernières décisions éditoriales, du moins avant que le rapport ne soit soumis aux membres[6]. Son but, dira-t-il, est de donner une forme sobre, uniforme au texte et de s'en tenir le plus possible aux faits, sans pathos : « Je voulais que tout soit aussi précis que possible. » Rankin annonce dès le départ qu'il recevra lui-même les plaintes de ceux qui n'aimeront pas la manière dont leur chapitre aura été réécrit.

Les juristes connaissent les grandes lignes du rapport depuis des semaines. La commission s'apprête à conclure qu'Oswald a assassiné Kennedy et qu'il a vraisemblablement agi seul. Le débat tourne autour de la manière dont ces conclusions doivent être formulées. Par exemple, le rapport doit-il reconnaître qu'une partie des indices ne confirme pas la culpabilité d'Oswald ? Que faire des témoignages des personnes présentes à Dealey Plaza qui sont convaincues que les coups de feu provenaient de devant et non de derrière ?

Pour la première fois, Rankin s'inquiète sérieusement du budget de la commission. Comment financera-t-elle la publication du volumineux rapport final ainsi que des tomes de témoignages ? Pendant les premiers mois de l'enquête, le président Johnson a tenu parole : il a fourni l'argent et les ressources dont la commission avait besoin. Un simple coup de fil à la Maison-Blanche suffisait à faire virer des dizaines de milliers de dollars sur les comptes de la commission. Rankin s'en souviendra avec gratitude : « Si on avait besoin d'argent, on nous le donnait, et on ne nous a jamais dit que nous devions faire attention. »

Mais lors d'un rendez-vous chez l'imprimerie gouvernementale ce printemps-là, Rankin est surpris par le coût estimé de la publication du rapport complet et des volumes supplémentaires : au moins un million de dollars[7]. « Lorsque j'ai rapporté ce chiffre au *chief justice*, il a été choqué », dira Rankin. Réaction de Warren, connu pour sa frugalité :

« Mon Dieu, on ne peut pas dépenser de telles sommes ! »

Rankin rappelle à Warren leur promesse de transparence. Il est important, insiste-t-il, non seulement que la commission publie son rapport final, mais que celui-ci soit accompagné du plus grand nombre possible de témoignages et de documents. Réponse de Warren, qui refuse de prendre la responsabilité d'un tel budget :

« Eh bien, le Congrès tranchera. Et je ne suis pas certain qu'ils seront d'accord. »

Il charge Rankin de demander aux quatre membres de la commission qui font partie du Congrès s'ils pensent pouvoir convaincre leurs collègues de la Chambre et du Sénat d'approuver ces dépenses.

Rankin approche d'abord Russell, qui préside la commission des armées du Sénat et a donc un droit de regard sur les dizaines de milliards de dollars de dépenses militaires annuelles du gouvernement fédéral. Première question de Russell :

« Combien ça va coûter ?

— Un million de dollars.

— Allez-y, on trouvera l'argent. »

Pour le sénateur, un million de dollars ne représente pas grand-chose.

Rankin demande à Russell s'il doit consulter également les autres parlementaires, Boggs, Ford et Cooper. Réponse de Russell :

« Je m'en occupe. Vous aurez l'argent. »

Autre sujet de préoccupation de Rankin pendant l'été, le nombre de bureaux vides. Leon Hubert est rentré à La Nouvelle-Orléans en avril, et David Belin s'apprête à partir. En juin, lorsqu'il aura fini de rédiger sa partie, Arlen Specter ne sera plus là à plein temps. Parmi les jeunes juristes initialement recrutés, seuls Griffin, Liebeler et Slawson seront encore là, ainsi qu'une dizaine de secrétaires et d'administratifs. Rankin sait qu'il doit engager d'autres collaborateurs s'il veut que le rapport final voie le jour, et vite. Warren accepte de détacher plusieurs clercs de la Cour suprême pour donner un coup de main en vérifiant les informations et en préparant l'appareil de notes du rapport final. Le juge Arthur Goldberg autorise un de ses clercs, un diplômé de Harvard âgé de vingt-cinq ans, Stephen G. Breyer, à rejoindre la commission à titre temporaire*.

Rankin a besoin d'un nouvel assistant à temps plein, car il sait que Redlich et Willens seront pris par la rédaction du rapport. Le 12 mai, jour de son vingt-quatrième anniversaire, Murray Laulicht, qui étudie le droit à New York, reçoit un appel lui demandant de se présenter au plus vite au siège de la commission Warren, pour un entretien d'embauche. Laulicht, qui termine son droit et sortira premier de sa promotion, est disponible. Il vient de passer son dernier examen. Le lendemain matin il est dans le bureau de Rankin et se voit aussitôt proposer du travail. « Rankin voulait que je commence tout de suite », dira-t-il, se remémorant sa surprise. Il « supplie » Rankin de lui accorder une dizaine de jours : « Je n'ai rien sur moi ! Je vous jure que le lendemain de la remise des diplômes, je serai là. »

Ils trouvent un compromis. Laulicht accepte de commencer le 4 juin, le lendemain de sa remise de diplôme : « Le soir de la cérémonie, j'étais à Washington. » Ses nouveaux collègues l'accueillent chaleureusement et très vite son regard neuf sur les preuves qu'ils étudient depuis des mois rassure tout le monde. Il lit plusieurs chapitres du projet de rapport et estime que la commission a raison de conclure qu'Oswald a agi seul. Il assiste aux discussions sur la théorie de la balle unique, et elle lui paraît logique.

Son nouveau travail excitant à Washington ne va pas sans lui poser quelques problèmes, car c'est un juif pratiquant. Il a du mal à y suivre son régime casher strict. Il se souviendra d'avoir commandé un jour une salade de fruits et découvert qu'elle

---

* Breyer sera nommé à la Cour suprême en 1994.

contenait de la gelée – interdite par les règles alimentaires car confectionnée à partir de produits animaux. « J'ai passé l'été à manger des chips et des trucs dans le genre. » Il est stupéfait de découvrir dans les bureaux de la commission une machine sortie tout droit d'un roman de science-fiction – « une technologie nouvelle fantastique : une photocopieuse, on appelait ça une Xerox ». Il est si impressionné qu'il convainc ses parents d'acheter des actions de la compagnie : « Ma mère a réalisé un petit investissement, qui s'est avéré très profitable. »

Une des premières tâches que Rankin confie à Laulicht, c'est d'aider Burt Griffin à finir l'enquête sur Ruby, plus particulièrement à rédiger la biographie de Ruby qui doit faire partie du rapport. Selon Laulicht, l'examen des documents démontre que Ruby a assassiné Oswald sous le coup d'une impulsion et qu'il a agi seul. « Il était suffisamment allumé pour faire ça. » Ruby était tellement obsédé par l'idée de venger Kennedy qu'on aurait dit un rescapé des camps, se dit Laulicht. « C'est ce qu'aurait fait un survivant en voyant un nazi. » L'expertise de Laulicht en matière de culture juive leur permet également de résoudre un petit mystère. Griffin et Hubert, qui ne sont pas juifs, sont intrigués par l'origine du surnom d'enfance de Ruby, « Yank ». Cela vient-il de « Yankee », en raison du patriotisme de Ruby quand il était petit ? Laulicht connaît la réponse. Le surnom de Ruby est « Yunk », diminutif de la traduction de son prénom, Jack, en yiddish : « Yunkele ». Mystère résolu[8].

Une autre recrue tardive rejoint l'équipe : Lloyd Weinreb, vingt-sept ans, sorti deux ans plus tôt de Harvard, bien moins excité que Laulicht à l'idée de se retrouver là. Après avoir travaillé au côté du juge de la Cour suprême John Marshall Harlan II, il vient d'être nommé au bureau de l'*attorney general* et assigné à Willens. Celui-ci lui demande de lui donner un coup de main. Weinreb dira plus tard : « Il m'a demandé si je voulais bien me joindre à eux pendant quelques semaines, et ça ne me disait rien du tout. » Mais « Willens allait être mon patron, et j'ai pensé que ce n'était pas une bonne idée de refuser ».

Dès qu'il débarque au siège de la commission, Weinreb s'inquiète de tous ces bureaux vides, et il comprend rapidement l'ampleur de la tâche qui reste à accomplir. « Je me souviens d'un endroit d'où tout le monde essayait de partir et des quelques types qui restaient. » La cadence est « infernale », l'équipe trime quatorze ou quinze heures par jour, sept jours sur sept, pendant tout l'été, pour venir à bout du rapport. Il découvre avec stupéfaction que l'immeuble coupe la climatisation pendant le week-end, alors que la température peut atteindre 37 degrés à Washington en cette période de l'année. « C'était un immeuble minable, dira-t-il. Les conditions de travail étaient nulles. Je pense que la piètre qualité du rapport s'explique en grande partie par ces problèmes matériels. »

On lui assigne la tâche de rédiger la biographie d'Oswald, qui sera une annexe du rapport final. A l'origine, c'est Albert Jenner qui en était chargé, mais celui-ci s'en est avéré incapable en raison de son obsession du détail. Selon Weinreb, « Jenner continuait de courir après des pistes improbables, il n'arrivait pas à arrêter. Il ne savait pas comment s'y prendre. Il pensait que la moindre personne mentionnée quelque part – un cousin au cinquième degré qu'Oswald n'avait jamais rencontré – devait faire l'objet de vérifications ».

Weinreb ne tarde pas à comprendre que le vrai chef, c'est Willens, car il assume une partie des responsabilités de Rankin. Selon lui, « c'est Howard qui dirigeait l'équipe. Willens était bien supérieur à Rankin sur le plan intellectuel, Rankin donnait l'impression de n'être qu'un bureaucrate de rang intermédiaire ». Weinreb n'a aucun contact avec Warren, ce qui ne le surprend guère car il sait qu'à la Cour suprême Warren a dressé « un périmètre de sécurité » entre lui-même, ses clercs et son équipe.

Weinreb se plonge dans la rédaction de la biographie d'Oswald. Il commence par dénicher tous les rapports sur sa vie, dont les dossiers confidentiels de la CIA sur son séjour en URSS. C'est la première fois qu'il voit des documents classés « top secret » : « Je me souviens d'avoir pensé : Mince, c'est vraiment comme dans un roman d'espionnage. » La documentation sur la vie d'Oswald, dont les rapports de la CIA et du FBI, est rangée dans de grands classeurs d'une vingtaine de centimètres d'épaisseur En les parcourant, Weinreb tombe sur un os. Une bonne partie des dossiers qui devraient s'y trouver a disparu, de toute évidence empruntée par des membres de l'équipe qui en ont besoin pour écrire leurs propres parties.

Selon lui, « le matériel était totalement dispersé ». Certains accaparent les dossiers, de peur qu'ils ne disparaissent dans le bureau d'un autre. « On faisait le tour des bureaux pour voir ce qu'on pouvait dénicher, et ensuite on cachait ça au fond d'un tiroir, l'idée étant qu'on ne puisse pas vous l'emprunter à votre tour. »

La rédaction à proprement parler ne lui pose pas trop de problèmes. A la Cour suprême, il a la réputation d'écrire vite et bien. Il s'enorgueillit de ne pas récrire ses textes : le premier jet est en général le bon. Et la question de savoir si Oswald a bien tué le président et s'il faisait partie d'un complot ne le tracasse pas outre mesure. Tout ce qu'il lit dans les dossiers de la commission semble démontrer qu'Oswald était un assassin solitaire. Weinreb comprend l'intérêt que suscitent les théories conspirationnistes, mais les preuves sont accablantes. « Il en aurait fallu beaucoup pour me faire changer d'avis », dira-t-il[9].

Richard Mosk a prévu de quitter Washington vers la mi-août. Il vient d'être rappelé en tant que réserviste de l'US Air Force. Avant de partir, il achève de rédiger une étude détaillée des compétences d'Oswald en tant que tireur. Il n'a pas de mal à croire qu'Oswald a pu tirer les balles qui ont tué le président et blessé Connally, car le fusil Mannlicher-Carcano est « une arme de précision ».

Il a étudié le témoignage de quatre tireurs d'élite, dont le major Eugene Anderson, adjoint du chef de la section « tireurs d'élite » des Marines. Lors de sa déposition, Anderson a expliqué que les tirs qui ont touché Kennedy au cou et à la tête n'étaient pas « particulièrement difficiles », surtout parce que le cortège présidentiel roulait très lentement. Un expert en armes du FBI, Robert Frazier, a déclaré devant la commission qu'Oswald « n'aurait eu aucun mal à atteindre sa cible » grâce à la lunette de son fusil. Selon Frazier, « aucune formation particulière n'est nécessaire pour tirer avec une lunette télescopique. Il suffit de centrer la cible dans la mire et tirer. Rien d'autre[10] ».

CHAPITRE 45

Domicile de Silvia Odio
Dallas, Texas
Juillet 1964

Silvia Odio s'efforce de reprendre le cours de son existence. La jeune exilée cubaine évite d'évoquer les événements du mois de décembre, lorsque deux agents du FBI se sont présentés à l'improviste sur son lieu de travail. Ils lui ont demandé de répéter ce qu'elle avait raconté à certains de ses amis, à savoir qu'un jour, peu avant l'assassinat, deux jeunes Latinos avaient sonné à sa porte, accompagnés d'Oswald. La démarche du FBI, qui avait préféré envoyer des agents sur son lieu de travail plutôt que chez elle, avait déplu à son patron. « Ça m'a causé des tas de soucis. A l'époque, tout le monde avait peur. Mes employeurs n'ont pas apprécié que le FBI me rende visite. » Après cet entretien, elle n'entend plus parler du FBI. Le Bureau semble avoir décidé d'ignorer complètement son histoire – histoire que sa jeune sœur, Annie, leur a répétée. C'est à la fois bizarre et méprisant[1].

Au mois de juin, la commission Warren se manifeste et semble prendre son histoire un peu plus au sérieux. Wesley Liebeler l'appelle de Washington et lui demande si elle est disposée à témoigner sous serment lorsqu'il se trouvera à Dallas dans le courant de l'été. Elle donne son accord, mais lui fait part de sa crainte principale : que son histoire, si elle venait à se savoir, ne mette ses parents, emprisonnés à Cuba, en danger. Son père, Amador, qui dans les années 1950 était un homme d'affaires réputé – *Time* l'avait décrit comme le « magnat des transports » de l'île –, était devenu un opposant acharné de Castro. Il avait pris la tête d'un groupe anticastriste modéré, le JURE (Junta Revolucionaria Cubana), dont Silvia était toujours membre[2].

Liebeler prévoit de se rendre à Dallas et à La Nouvelle-Orléans dès qu'il aura rédigé sa partie du rapport, une analyse des mobiles possibles d'Oswald. Le 23 juin il remet les quatre-vingt-dix-huit feuillets de son texte. Il y expose son impression qu'Oswald n'envisageait pas de tuer Kennedy quelques jours avant l'assassinat, voire qu'il a pris sa décision à peine quelques heures plut tôt, mais certainement pas avant le mardi 19 novembre, date à laquelle le trajet présidentiel a été rendu public.

Il reconnaît dans le rapport qu'on ne saura probablement jamais pourquoi Oswald a tué Kennedy, et se contente de proposer une liste de motifs possibles, reliant son enfance troublée, sa soif de célébrité, ses convictions marxistes et castristes. Selon Liebeler, « Lee Harvey Oswald était un homme profondément étranger au monde dans lequel il vivait. Il semble n'avoir jamais réussi à donner un sens à sa vie, caractérisée par l'isolement, la frustration, la suspicion et une incapacité à réaliser ce qu'il se proposait. Il était de plus en plus prisonnier d'illusions et de fantasmes visant à le protéger de ses échecs et de son impuissance ». Son marxisme s'accompagnait d'une grande hostilité envers le gouvernement américain et « aggravait son aliénation par rapport à la société environnante[3] ».

Mais même après avoir écrit ces mots, Liebeler reconnaît devant des collègues de la commission qu'il peut se tromper, qu'il y a peut-être des preuves d'une conspiration qui sont passées inaperçues. Il s'interroge tout particulièrement sur les nombreuses lacunes qui subsistent quant aux activités d'Oswald dans les mois précédant l'assassinat. Il sait que Slawson est troublé par l'incapacité du FBI et de la CIA à rendre compte de pans entiers de son séjour à Mexico. Et il y a des lacunes dans les activités d'Oswald à Dallas et à La Nouvelle-Orléans. Et si Silvia Odio dit vrai, alors Oswald fréquentait des exilés cubains des semaines avant l'assassinat, et il évoquait peut-être déjà son vœu de tuer le président.

Liebeler commence par se rendre à La Nouvelle-Orléans, où il est accueilli par une chaleur et une humidité qui donnent raison au dicton de Louisiane selon lequel seuls les fous, les pauvres et les gens qui ont l'air conditionné restent à La Nouvelle-Orléans pendant l'été. La ville, lieu de naissance d'Oswald, est redevenue son lieu de résidence pendant quelques mois à compter d'avril 1963. Marina pense qu'il s'est rendu là-bas pour échapper à une éventuelle arrestation à la suite de son attentat raté contre Edwin Walker.

A La Nouvelle-Orléans, Oswald essaie de se faire passer pour un champion de la révolution castriste, et d'associer son nom au comité Fair-play pour Cuba. Il utilise un de ses alias – Lee Osborne – pour imprimer des bulletins d'adhésion et des pamphlets avec le slogan « Hands off Cuba » (Ne touchez pas à Cuba).

En même temps, Oswald tente apparemment d'infiltrer des groupes anticastristes, peut-être dans l'espoir de recueillir des informations qu'il pourrait ensuite fournir au gouvernement cubain comme preuve de sa loyauté[4]. Le FBI a établi que le 5 août Oswald a rendu visite à Carlos Bringuier, un avocat d'origine cubaine actif dans le mouvement anticastriste, et lui a proposé ses services*. Bringuier a raconté au FBI par la suite qu'Oswald s'était présenté comme un ex-marine ayant une formation de guérillero. Le lendemain de leur premier rendez-vous, Oswald a remis à Bringuier son manuel des Marines en tant que preuve de son passé militaire[5].

La tentative d'Oswald pour infiltrer les groupes anticastristes prend fin de manière brutale quelques jours plus tard, lorsque Bringuier et deux autres exilés tombent sur lui à un coin de rue en train de distribuer des tracts du comité Fair-play pour Cuba. Une bagarre éclate et Oswald est arrêté. Il passe la nuit en prison et demande à parler à un agent du FBI, probablement pour que le Bureau ait une trace écrite de ses activités. Il

* Des membres du groupe de Bringuier, le DRE (Directorio Revolucionario Estudiantil), avaient pris part à l'invasion ratée de la baie des Cochons. On savait que les dirigeants du groupe en voulaient énormément à Kennedy de ne pas avoir réussi à renverser Castro, mais il continuait d'accepter de l'argent et d'autres aides du gouvernement américain, dont la plus grande partie transitait par la CIA. (Commission spéciale de la Chambre sur les assassinats, HSCA, vol. X, « Activités contre Castro », mars 1979.)

raconte à l'agent qu'il fait partie du comité Fair-play pour Cuba, et que le président de la branche locale est un certain A.J. Hidell – l'alias dont Oswald se servira pour acheter son fusil Mannlicher-Carcano. Selon Marina Oswald, il utilisait cet alias parce qu'il rimait avec Fidel. Liebeler a recueilli le témoignage de Bringuier en avril à La Nouvelle-Orléans et l'a estimé digne de foi.

Lors de son retour en juillet, Liebeler rencontre d'autres personnes qui lui semblent moins dignes de foi mais qu'il lui faut néanmoins interroger car la commission ne doit écarter aucune piste. Parmi ces personnes il y a un certain Dean Andrews Jr, un avocat haut en couleur pour qui chaque jour semble être mardi gras. Même dans une ville aussi bigarrée que La Nouvelle-Orléans, il passe difficilement inaperçu, tant par son aspect – il est obèse et porte des lunettes de soleil, même à l'intérieur – qu'à cause de son vocabulaire fleuri.

Quelques jours après l'assassinat, Andrews a contacté le FBI pour leur dire qu'Oswald était venu le voir à son bureau pendant l'été 1963 car il cherchait à faire annuler la qualification déshonorante de son renvoi des Marines. Cette partie de son histoire correspondait bien à ce que le FBI et la commission savaient déjà sur la manière dont Oswald avait pris son renvoi des Marines. Mais ce qu'Andrews avait à dire ne s'arrêtait pas là. Oswald était venu le voir en compagnie d'un trio de jeunes Latinos homosexuels – « trois gais garçons » – et semblait être lui-même homosexuel. « Il swinguait avec ces garçons, avait dit Andrews. Ce n'était pas une fofolle, mais les oiseaux du même plumage s'assemblent. »

Oswald semblait avoir un mystérieux protecteur à La Nouvelle-Orléans. Andrews prétendait avoir reçu quelques heures après l'assassinat un appel d'un avocat local nommé Clay Bertrand, qui connaissait les « trois gais garçons » et était lui-même bisexuel. Bertrand avait demandé à Andrews de se rendre immédiatement à Dallas pour assumer la défense d'Oswald. La commission avait insisté pour que le FBI enquête sur les dires d'Andrews et surtout mette la main sur Bertrand, mais le Bureau avait répondu que Bertrand ne semblait pas exister. Andrews variait constamment dans sa description du personnage. Le 21 juillet, lorsque Liebeler prend sa déposition sous serment, il lui demande de décrire Bertrand : « Il mesure

1,70 mètre, 1,75 mètre. Il est blond, les yeux bleus, le teint rougeaud », répond Andrews.

Liebeler regarde les procès-verbaux de ses précédents entretiens avec le FBI et voit qu'il a d'abord dit que Bertrand mesurait 1,85 mètre, 1,90 mètre. Comment Bertrand peut-il mesurer quinze centimètres de moins que précédemment ? demande-t-il.

« C'est une estimation de mémoire », concède Andrews[6*].

Le même jour, Liebeler recueille le témoignage à première vue plus utile d'un tenancier de bar américano-cubain, Evaristo Rodriguez, qui avait raconté au FBI qu'Oswald était venu dans son bar, le Habana Bar, sur Decatur Street, en 1963. Il était en compagnie de deux autres hommes, l'un d'eux manifestement latino. Rodriguez se rappelle qu'Oswald semblait avoir bu et s'était « écroulé » sur le bar avant de commander une limonade. Le Latino avait bu une tequila. « Je lui ai dit qu'une tequila coûtait 50 cents, dit Rodriguez. L'homme a protesté, il trouvait ça cher et a dit quelque chose comme quoi il était cubain, et que le propriétaire du bar devait être un capitaliste[7]. »

D'autres témoins ont affirmé qu'Oswald buvait rarement après son retour de Russie, mais Liebeler est frappé par l'idée qu'Oswald se trouvait dans le bar en compagnie d'un Cubain qui semblait partager ses opinions anticapitalistes. Il demande une description du Cubain. Rodriguez pense se rappeler qu'il devait avoir dans les trente ans, qu'il avait une drôle de calvitie sur le haut du crâne. Liebeler se souvient que lors de ses interrogatoires, Silvia Odio a décrit l'un des deux Latinos qui accompagnaient Oswald – « Leopoldo » – comme ayant une calvitie étrange sur le haut du crâne[8].

---

* Le témoignage de Dean Andrews ne mériterait pas d'être mentionné ici n'était Jim Garrison, le *district attorney* de La Nouvelle-Orléans, qui en 1967 prétendrait que Clay Bertrand était le pseudonyme d'un homme d'affaires local respecté, Clay Shaw, qu'il accusera d'avoir été impliqué dans l'assassinat de Kennedy. Il faudra moins d'une heure à un jury pour disculper Clay Shaw. L'affaire sera dénoncée à l'époque comme un cas flagrant d'abus de pouvoir judiciaire. Cela n'a pas empêché Garrison, joué par l'acteur Kevin Costner, d'être le héros du film *JFK*, tourné en 1991 par Oliver Stone. Andrews était joué par l'acteur John Candy.

Chapitre 46

Siège de la commission Warren
Washington
Juillet 1964

Le FBI sait depuis des mois que des membres et des enquêteurs de la commission traitent avec désinvolture les documents confidentiels. Pour commencer, Gerald Ford a été accusé par la rumeur d'avoir communiqué, sinon vendu, des dossiers secrets – allégations que Ford a démenties avec véhémence. La première faute attestée concerne le sénateur Boggs, qui au mois d'avril a garé sa voiture de fonction à l'aéroport en laissant traîner un exemplaire d'un document « top secret » sur le siège avant. Quelqu'un l'a vu et l'a rapporté au FBI. Les portières de la voiture n'étaient pas fermées à clé[1].

Wesley Liebeler a commis une faute bien plus grave que celle de Boggs, suffisamment sérieuse pour être signalée dans un courrier adressé à J. Edgar Hoover par un officier à la retraite de la Navy, James R. David, pour faire part de ce dont il avait été témoin sur un vol de la Northeast Airlines entre Keane, dans le New Hampshire, et New York, le dimanche 31 mai. David était assis dans un fauteuil à l'arrière de l'appareil. L'avion était plein et le dernier siège était occupé par un homme « aux cheveux roux, avec une barbe rousse et un visage rougeaud ». David ne savait pas comment s'appelait cet homme, mais « il avait un attaché-case » noir avec les initiales W.J.L. gravées dessus. Dès que l'homme s'est installé à sa place, il a ouvert l'attaché-case et tiré un dossier avec une couverture sur laquelle était écrit « Département de la Justice, copie 10 de 10, Commission présidentielle sur l'assassinat du président Kennedy ». David avait été très étonné lorsque l'homme avait commencé, « sans la moindre discrétion », à lire ce qui était de toute évidence un document confidentiel. « En haut et en bas de chaque page, il y avait écrit en gros caractères rouges « TOP SECRET ». « J'aurais pu lire ce document sans grande difficulté. Mais en raison de sa classification "top secret", je ne l'ai pas fait. Cela dit, à des fins d'identification future, je me suis permis de mémoriser une phrase en haut de la page 142 qui disait :

M. Rankin : "Prenait-il de l'argent dans le portefeuille de temps à autre ?"

Mme Oswald : "Non[2]." »

Il n'en faut pas plus au FBI pour identifier Liebeler, qui revenait de sa maison de campagne dans le Vermont. Hoover transmet l'information à Rankin, apparemment dans l'idée – peut-être provisoire – de laisser la commission s'en occuper. Les dossiers de Hoover montrent qu'un contrôle de routine a été effectué sur David pour s'assurer qu'il ne présentait pas lui-même de risque[3].

D'autres enquêteurs diront ne pas avoir été au courant de l'incident dans l'avion : Rankin a préféré rester discret, par peur du scandale ; il avait raison de craindre que Hoover ne fuite l'information à un moment opportun pour le Bureau. Selon Slawson, Liebeler s'est « fait remonter les bretelles, très, très sévèrement » par Rankin et « Warren lui a fait savoir, par l'entremise de Rankin, son vif mécontentement[4] ». Aucun membre de l'équipe ne se souvient d'avoir vu Liebeler particulièrement inquiet à la suite de cet incident.

En revanche, Liebeler se fait du souci quant à la manière dont la commission envisage de réécrire de A à Z – voire de jeter à la poubelle – son projet de chapitre sur le mobile d'Oswald. Liebeler y a travaillé durant des semaines, et voilà que – à l'insistance de Redlich, croit-il savoir – le fruit de son labeur risque d'être en grande partie omis du rapport final[5]. Redlich et Rankin considèrent tous que le travail de Liebeler relève d'une sorte de tentative de psychanalyse d'un mort et qu'il est impossible de conclure que le marxisme et le castrisme d'Oswald ont joué un rôle dans la décision d'assassiner Kennedy. Rankin estime que la soif de gloire d'Oswald est une bien meilleure explication que son marxisme, point de vue que partagent certains membres de la commission. Rankin redoute que l'idée qu'Oswald a tué Kennedy parce qu'il était castriste n'incite la frange la plus conservatrice du Congrès à faire porter le chapeau à Cuba.

Le projet de Liebeler circule parmi certains membres de la commission. Ford passe sa copie à Francis Fallon, le jeune diplômé de Harvard qui planche pour lui sur les documents de la commission. Vers la fin juillet, Fallon lui retourne le projet de Liebeler avec une note où il lui dit qu'il est inutile de perdre son temps à le lire. Le projet est « très mauvais et, selon Redlich, en passe d'être entièrement réécrit[6] ».

Le voyage de Liebeler à La Nouvelle-Orléans et à Dallas pendant l'été lui permet de penser à autre chose que ses soucis avec la commission. Après avoir interrogé les témoins à La Nouvelle-Orléans, il s'envole pour Dallas, où il doit rencontrer Silvia Odio et Marina Oswald. Il prévoit de passer la journée du 22 juillet à recueillir la déposition d'Odio dans les bureaux du *federal attorney*. Le lendemain sera consacré au témoignage de Marina, à qui il a encore des questions à poser sur l'attentat contre Walker et sur sa vie avec Oswald à La Nouvelle-Orléans.

Odio est inquiète : l'interrogatoire est prévu pour 9 heures, et elle veut être sûre d'être à l'heure. Les têtes se tournent sur son passage lorsqu'elle pénètre dans le bâtiment où se trouvent les bureaux du *federal attorney*. Elle est aussi ravissante que sur les photos que Liebeler a vues à Washington.

« Nous aimerions vous poser quelques questions sur votre possible rencontre avec Lee Harvey Oswald », commence Liebeler[7].

Odio : « Certes, mais avant, j'aimerais vous communiquer une lettre que mon père m'a écrite en prison. Vous pouvez la conserver. »

Elle lui tend une lettre manuscrite d'une page datée du 25 décembre et rédigée en espagnol, que son père lui a envoyée, ainsi qu'à ses neuf autres enfants, pour leur souhaiter un joyeux Noël[8]. Les prisonniers de Castro avaient le droit d'écrire une lettre par an, à leur famille, au moment des fêtes.

La lettre est importante, explique-t-elle, parce que son père y répond à une question qu'elle lui posait dans une autre lettre, en octobre, un mois avant l'assassinat, à propos de l'Américain – dont elle pense aujourd'hui qu'il s'agissait d'Oswald – et des deux Latinos qu'il accompagnait. Elle avait demandé à son père s'il connaissait ces hommes. Son père lui avait répondu qu'il ne les connaissait pas et qu'elle devait se méfier. « Dis-moi qui est cet homme qui prétend être mon ami », écrivait-il. « Sois prudente. » La lettre renforçait la crédibilité de son récit, puisqu'elle confirmait qu'une rencontre avait bien eu lieu dans l'appartement d'Odio.

Son témoignage dure des heures, et Odio y apparaît comme une femme intelligente et fine, sûre de ce qu'elle avance. « Odio a peut-être dit vrai », pense Liebeler, qui se demande pourquoi le FBI insiste pour dire qu'elle se trompe. En fait, si le FBI refuse de croire Odio, c'est parce que, selon ses informations, Oswald se trouvait à Mexico à ce moment-là. Mais après des mois passés à fréquenter le FBI, Liebeler sait qu'il ne faut pas prendre ses affirmations pour argent comptant. Le FBI se trompe peut-être dans les dates, ou sur l'itinéraire emprunté par Oswald pour se rendre à Mexico ? Il décide qu'en rentrant à Washington il demandera à Rankin l'autorisation de revenir à la charge auprès du FBI au sujet du calendrier des voyages d'Oswald. Il compte aussi demander que l'on recherche enfin activement « Leopoldo » et le deuxième Latino.

Ce qui se passe ensuite, le soir même de son témoignage, sera gardé secret par Odio durant des années. Elle décidera de n'en parler à personne : elle craint pour sa réputation et celle de sa famille, car il s'agirait de sa parole contre celle de Liebeler.[9]

Liebeler, dira-t-elle, lui a fait des avances.

Les ennuis commencent dès la fin de sa déposition, lorsque Liebeler l'invite à dîner : « Ça m'a surprise, mais je n'ai pas osé refuser, j'avais peur. » Ils dînent à l'hôtel Sheraton du centre de Dallas, où Liebeler est descendu. Ils sont rejoints par un homme qu'elle reconnaît comme un des avocats de Marina Oswald. Des années plus tard, elle ne se souviendra plus de son nom. « Ils discutaient en aparté, dira Odio, j'avais l'impression qu'ils ne voulaient pas que j'entende ce qu'ils se disaient. » Très vite, toutefois, le ton devient hostile, lorsque Liebeler se tourne vers Odio pour lui demander si elle a menti. Il laisse entendre qu'elle ne lui a pas tout dit sur son implication avec des groupes anticastristes. « Je ne vous ai rien caché », répond-elle. Odio pense que Liebeler jouait à ce petit jeu pour la mettre à l'épreuve. « Il n'arrêtait pas de me menacer du détecteur de mensonges. »

Les deux hommes buvaient et, selon Odio, Liebeler semblait s'imaginer que « si je buvais quelques verres, la discussion deviendrait amicale et je lui révélerais des choses que je lui avais cachées ». Mais Odio ne boit qu'un seul verre, un Bloody Mary. « Dieu merci, je ne suis pas ivre », se souviendra-t-elle avoir pensé. Elle se dit également : « Silvia, c'est le moment de la fermer. Ils se moquent de la vérité. »

Liebeler insiste, il essaie de la piéger en critiquant le travail de la commission. A un moment, Liebeler aurait dit à l'autre homme : « Si nous découvrons une conspiration, Warren nous a ordonné de tout camoufler. » (Des années plus tard, un enquêteur du Congrès demandera à Odio si Liebeler avait employé ces mots précisément : « Oui, monsieur, dira-t-elle, je suis prête à le dire sous serment. »)

Après dîner, l'avocat rentre chez lui, et Liebeler demande à Odio de l'accompagner dans sa chambre car il souhaite lui montrer quelques photos liées à l'enquête. « Il m'a invitée dans sa chambre », dira-t-elle, mais elle n'est pas dupe et se doute bien que les intentions de Liebeler n'ont rien à voir avec l'enquête.

« Je l'ai suivi. Je suis montée dans sa chambre. Je voulais voir jusqu'où un enquêteur du gouvernement était prêt à aller, ce qu'il était prêt à faire à un témoin. » Une fois dans la chambre « il m'a fait des avances. Il ne s'est rien passé, bien évidemment, parce que j'avais la tête sur les épaules... Je lui ai dit qu'il était fou ».

Liebeler aurait cherché à la flatter, en prétendant que ses collègues l'enviaient. « Il m'a dit qu'ils avaient vu ma photo et qu'ils en avaient même plaisanté – "Tu as de la chance, Jim, tu vas voir un beau brin de fille" et d'autres choses du même style. »

Odio est choquée de découvrir qu'un témoin important dans l'enquête sur l'assassinat du président peut être la cible des avances sexuelles d'un des enquêteurs. « Je m'attendais à être traitée avec le plus grand respect. Je ne m'attendais pas à ça. » Pour Liebeler, « ce n'était qu'un jeu… Pour lui, je faisais partie d'un jeu ».

Lorsque Liebeler rentre à Washington, il ne dit rien de ce qui s'est passé avec Odio. Mais, bizarrement, il se vante de ce qui s'est passé avec Marina Oswald à Dallas, le 24 juillet, deux jours après la déposition d'Odio.

Il proclame qu'il a tenté sans succès de séduire la veuve d'Oswald. Selon Slawson, il l'a raconté « en souriant » et personne ne doute qu'il dit vrai[10]. Liebeler était comme ça, il ne savait pas se retenir s'il y avait une jolie femme dans les parages.

Des années plus tard, certains de ses anciens collègues reconnaîtront avec embarras qu'à l'époque ils avaient trouvé cela plutôt amusant et que cela ne les gênait pas du tout que Liebeler ait tenté de coucher avec la veuve de l'assassin présumé du président. A la réflexion, dira Slawson, « c'était irresponsable et stupide ». Il sera encore plus atterré en apprenant la tentative de séduction de Silvia Odio. Liebeler était le premier à avoir compris l'importance du témoignage d'Odio, qui établissait un lien possible entre Oswald et une conspiration d'exilés cubains anticastristes. Il savait qu'Odio n'avait pas eu la vie facile à Dallas, tout comme il savait qu'elle avait consulté un psychiatre. Avec un sens certain de l'euphémisme, Slawson dira que son comportement, ses efforts pour profiter d'Odio étaient « tout bonnement cruels ». Liebeler a eu de la chance qu'Odio ne dise rien, cela aurait pu être la fin de sa carrière.

CHAPITRE 47

Bureaux du federal attorney
Dallas, Texas
Mercredi 22 juillet 1964

Lors de son séjour à Dallas, Liebeler interroge plusieurs autres témoins, dont Abraham Zapruder, le fabricant de vêtements pour femmes dont la caméra amateur a saisi l'instant cauchemardesque de l'assassinat. Zapruder – après avoir prêté serment, secoué de sanglots lorsqu'il évoque la scène – passe à deux doigts du parjure.

Warren s'inquiète depuis des mois parce que Zapruder a vendu les droits de son film à *Life*, et Liebeler a ordre de lui faire dire combien il a touché. Warren pense que la vente du film constitue un horrible précédent en matière de commercialisation de pièces à conviction.

« Je voudrais vous demander si cela ne vous ennuierait pas de nous dire combien ils vous ont payé pour le film », demande Liebeler à Zapruder. « La commission estime que cela pourrait lui être utile[1]. »

« J'ai reçu 25 000 dollars », répond Zapruder. Il explique avoir remis la somme à un fonds d'aide aux policiers et aux pompiers, en suggérant qu'on l'alloue à la veuve du policier J.D. Tippit*.

« Vous avez donné la totalité des 25 000 dollars ? » demande Liebeler.

---

* En tenant compte de l'inflation, les 25 000 dollars de 1963 correspondent à environ 190 000 dollars d'aujourd'hui.

« Oui, répond Zapruder. Je suis surpris que vous ne soyez pas au courant. Je n'aime pas beaucoup en faire état. »

Liebeler semble impressionné par la générosité de Zapruder. « Merci pour votre réponse. J'aimerais vous dire que votre film a été un des éléments les plus utiles pour l'enquête de la commission. » Il explique à Zapruder comment il a permis de déterminer, en ce qui concerne les preuves balistiques, « les faits avec un certain degré de certitude ».

Zapruder proteste : « Je n'ai rien fait de particulier. »

En tout cas, s'il est une chose qu'il n'a pas faite, c'est dire la vérité. Des années plus tard, *Life* admettra avoir accepté de payer à Zapruder, quelques jours après l'assassinat, au moins 150 000 dollars pour les droits du film, en plusieurs versements annuels de 25 000 dollars[2]. (En 2009, le gouvernement fédéral achètera les droits aux héritiers de Zapruder pour 16 millions de dollars, alors que la famille en demandait 30.) Zapruder avait vendu les droits à *Life* après avoir montré le film à divers organes de presse et de télévision, dont la chaîne CBS, le *Saturday Evening Post* et l'Associated Press, et mis en concurrence les différentes offres. Richard B. Stolley, le chef du bureau de *Life* de Los Angeles, qui avait négocié avec Zapruder, dira que celui-ci s'était inquiété de « l'exploitation » qui pourrait en être faite, et avait obtenu l'assurance que le magazine s'efforcerait d'utiliser les images d'une manière aussi respectueuse que possible. Toutefois, selon Stolley, Zapruder « avait parfaitement compris la valeur du film pour l'avenir financier de sa famille[3] ».

A Dallas, Liebeler recueille également le témoignage d'Edwin Walker, le général à la retraite qu'Oswald a tenté d'abattre plusieurs mois avant l'assassinat de Kennedy. Walker, ségrégationniste militant et membre de l'organisation d'extrême droite John Birch Society, avait été mis d'office à la retraite par le président Kennedy en 1961 lorsqu'il était apparu qu'il faisait de la propagande auprès de ses troupes en Allemagne[4]. Walker raconte à Liebeler comment il a failli prendre une balle en pleine tête dans la nuit du 10 avril 1963. « J'étais à mon bureau, il était 21 heures, les lumières étaient allumées dans la maison, et les stores ouverts. » Il remplissait sa déclaration d'impôts lorsqu'il y a eu une déflagration au-dessus de sa tête. Il s'est retourné et a vu un trou dans le mur, un impact de balle[5].

Marina Oswald a raconté à la commission que son mari avait reconnu le soir même être responsable de l'attentat. Selon Marina, Oswald avait traité Walker de « fasciste » et l'avait comparé à Adolf Hitler, expliquant qu'il méritait de mourir en raison de ses opinions politiques. Parmi les possessions d'Oswald, on avait trouvé des photos de la maison de Walker.

Selon Marina, Oswald a agi seul, mais Walker n'en est pas convaincu. Il explique à Liebeler qu'il a mené sa propre enquête pour tenter d'établir si Oswald avait des complices, dont Jack Ruby. Walker, dont l'antisémitisme est de notoriété publique, s'obstine à appeler Ruby par son patronyme, Rubenstein. « Je ne suis pas le seul dans le pays à disposer d'indices tendant à montrer que Rubenstein et Oswald se connaissaient. » Mais lorsque Liebeler insiste, Walker finit par admettre qu'il n'a aucune preuve d'un complot, et qu'il ne fait que reprendre les théories avancées par Mark Lane et d'autres.

C'est Walker lui-même qui a demandé à témoigner. Quelques semaines plus tôt, dans un télégramme adressé à Warren, il a dit qu'il souhaitait mettre un terme aux spéculations selon lesquelles lui et ses amis de droite à Dallas étaient impliqués dans la mort de Kennedy. Il déclare à Liebeler : « J'en ai assez de ces accusations. Il est temps que la commission blanchisse la ville de Dallas. »

Arlen Specter s'est aussi rendu à Dallas quelques jours plus tôt pour soumettre Jack Ruby au détecteur de mensonges. Specter en veut à Warren de son « erreur stupide » lorsqu'il a accepté la demande de Ruby six semaines plus tôt[6]. Le test est prévu pour le samedi 18 juillet, et Specter se voit obligé de passer un autre week-end estival à Dallas.

Le FBI a accepté à contrecœur de se charger du test. Des adjoints de Hoover ont bien tenté d'expliquer à la commission qu'il est inconvenant de soumettre un condamné à mort au détecteur de mensonges, d'autant plus si celui-ci souffre de troubles mentaux, ce qui semble être le cas de Ruby. Mais la commission a refusé de céder, et le Bureau finit par envoyer Bell Herndon, un de ses meilleurs experts. Specter ouvre la séance à 11 heures à la prison du comté de Dallas, en demandant à Ruby s'il souhaite toujours subir le test. Si Ruby a changé d'avis, la commission est prête à tout annuler sur-le-champ : « En ce qui concerne la commission, cela réglera la question[7]. »

L'un des avocats de Ruby, Clayton Fowler, lui a déjà conseillé de ne pas se soumettre au test, et il demande un dernier aparté avec son client. Fowler a prévenu Specter : « S'il insiste, je ne pourrai pas l'en empêcher. » Après s'être enfermé quelques minutes avec Ruby dans une autre pièce, Fowler revient et annonce : « Il dit qu'il va se soumettre au test, quel que soit l'avis de ses avocats. »

Specter rappelle alors à Ruby que les résultats du test pourront servir à contester son appel. Mais Ruby dit savoir ce qu'il fait, il a hâte de commencer : « Je répondrai à toutes vos questions, sans arrière-pensées. Je n'ai rien à cacher, je répondrai à toutes les questions que vous me poserez. »

Il s'assied dans le fauteuil installé à côté du détecteur de mensonges. Herndon, l'interrogateur, place un capteur autour de son torse pour mesurer sa respiration. De petits capteurs sont placés sur ses doigts pour mesurer la conductivité électrique de sa peau. Un brassard sur son bras gauche permet de mesurer sa tension artérielle. Harnaché de la sorte, Ruby répète ce qu'il a dit à Warren le mois précédent : il a tué Oswald sur un coup de tête : « Il n'y a pas de conspiration. J'étais totalement bouleversé, et à cet instant particulier de cette grande tragédie j'ai eu le sentiment qu'avec mes modestes moyens je pouvais épargner à Mme Kennedy le supplice de devoir revenir à Dallas pour le procès. »

Specter : « Tout ce que vous avez déclaré à la commission Warren est donc vrai ? »

Ruby : « Oui. »

Specter a deux listes de questions pour Ruby, l'une dressée par lui, et l'autre par les avocats de Ruby. Les deux listes sont si longues, et les réponses de Ruby si décousues que l'examen, qui devrait durer trois quarts d'heure, s'éternise pendant près de neuf heures[8]. Specter dira plus tard avoir procédé au « test de détecteur de mensonge le plus long de l'histoire de l'humanité ». L'interrogatoire prend fin vers 21 heures. Le lendemain, Specter et Herndon rentrent ensemble à Washington. Pendant le voyage, Herndon dit à Specter : « Ruby a passé le test haut la main, il n'a rien à voir avec l'assassinat du président. » Specter ne croit pas au détecteur de mensonges, mais il pense que Herndon a raison.

Le FBI et la commission s'efforcent de régler les derniers problèmes à Dallas. On ne sait toujours pas bien pourquoi la police de Dallas et son infortuné chef, Jesse Curry, n'en ont pas fait davantage pour assurer la sécurité d'Oswald le matin de son meurtre, alors même que le département et le FBI avaient reçu toutes sortes de menaces au cours des heures précédant la mort d'Oswald.

A cinquante ans, Curry est la cible des sarcasmes de la commission. C'est lui qui a permis au siège de la police de Dallas de se transformer en cirque dans les jours qui ont suivi l'assassinat, avec Jack Ruby déambulant dans les couloirs comme bon lui semblait. Curry et Henry Wade, le *district attorney* de Dallas, ont accumulé les bourdes lors de leurs déclarations à la presse dans la foulée de l'assassinat – ce qui a compliqué le travail de la commission et permis à Mark Lane et aux autres conspirationnistes de crier à l'opération de camouflage. L'une des pires erreurs commises par Wade est d'avoir dit aux journalistes que le fusil récupéré dans le Texas School Book Depository était un Mauser alors qu'il s'agissait du Mannlicher-Carcano d'Oswald. Wade a ensuite reconnu son erreur, mais le mal était fait et durant des décennies Mark Lane prétendra qu'on avait trouvé un Mauser à l'endroit où s'était posté l'assassin, la preuve, selon lui, qu'Oswald n'était pas coupable.

La commission n'a pas réussi à résoudre une divergence sérieuse entre les rapports remis par Curry au FBI et les déclarations d'un de ses adjoints, le capitaine W.E. Frazier, sur ce qui s'est passé aux toutes premières heures du jour où Oswald est mort[9]. Frazier était à son poste dans la nuit de samedi à dimanche, et lorsqu'on lui a rapporté qu'une foule d'une centaine de personnes se rassemblerait dimanche matin dans le centre-ville pour tuer Oswald, il s'en est ouvert au chef de la brigade criminelle, lequel lui a dit qu'il fallait prévenir Curry au plus vite pour que l'on puisse renforcer la sécurité autour d'Oswald. Frazier a appelé Curry à plusieurs reprises entre

5 h 45 et 6 heures, mais son téléphone sonnait tout le temps occupé. Il a alors demandé à une opératrice de l'aider et celle-ci lui a répondu que le téléphone semblait être en dérangement. A la fin de son service, à 6 heures du matin, Frazier n'avait toujours pas réussi à joindre Curry, et il a chargé l'officier de relève de continuer à essayer de l'appeler pour le prévenir que la vie d'Oswald était peut-être menacée.

Interrogé par le FBI après la mort d'Oswald, Curry a répété avec insistance que son téléphone n'était pas en dérangement, et qu'il n'avait pas été prévenu de menaces contre Oswald. Selon lui, Frazier se trompait.

Au mois de juillet, la commission demande donc au FBI de régler la question. Le 17 juillet, lors d'un entretien, Curry annonce qu'il souhaite revenir sur ses déclarations. Il a appris entre-temps que, cette nuit-là, sa femme avait décroché le téléphone pour leur permettre de dormir un peu. Il est conscient des conséquences de ce qu'il vient de reconnaître. La dernière nuit de la vie de Lee Oswald, deux jours seulement après l'assassinat du président dans les rues de Dallas, le chef de la police était aux abonnés absents.

CHAPITRE 48

Herrick, Langdon, Sandblom & Belin, Avocats
Des Moines, Iowa
Août 1964

Depuis un an, la commission accumule les bourdes en matière de relations publiques. Aux yeux des enquêteurs, aucune n'est aussi grave que les propos de Warren en février, quand il a affirmé que l'entière vérité sur l'assassinat ne serait peut-être pas connue « de notre vivant ». Cet été-là, de retour dans son cabinet de l'Iowa, David Belin écrit à Willens pour lui dire que la déclaration de Warren est si dommageable qu'il faudra la récuser formellement dans le rapport. Selon lui, le rapport doit dire en toutes lettres que Warren a très mal choisi ses mots : « Je ne vois pas comment faire autrement pour apaiser les craintes de tous ces gens qui pensent que nous passons l'essentiel sous silence et cachons la vérité. » Selon Belin, la commission doit apporter des assurances au public que ses conclusions ne seront pas « censurées[1] ».

Mais cette recommandation, comme tant d'autres de Belin, reste lettre morte et le rapport final n'évoquera pas la bourde de Warren. Et bien que Belin et les autres enquêteurs semblent n'avoir eu aucun moyen de s'en apercevoir, la commission entreprend de se censurer elle-même dès le printemps. Elle cesse de tenir des procès-verbaux sténographiques de ses délibérations.

Pendant les six premiers mois, les réunions à huis clos de la commission ont été soigneusement retranscrites par un sténographe de tribunal, étant entendu que ces procès-verbaux seraient classés « top secret » et ne seraient pas mis à la disposition du public avant des années, voire jamais. L'idée était que les membres de la commission puissent s'exprimer librement mais aussi garantir aux yeux du public que les futurs chercheurs pourraient éventuellement consulter cette retranscription fidèle, « verbatim ». Warren fait appel à une compagnie de sténographie judiciaire réputée, Ward & Paul, qui travaille déjà pour la CIA et le FBI lorsque ces organismes ont besoin de prendre des dépositions dans lesquelles du matériel classé « top secret » est évoqué. La compagnie emploie des sténographes qui ont eux-mêmes les autorisations de haut niveau nécessaires.

Les choses changent en juin lorsque la commission, pour des raisons qu'elle n'expliquera jamais, décide de mettre abruptement fin au contrat de Ward & Paul et cesse de tenir des procès-verbaux de ses délibérations. Les archives de la commission ne permettent pas de savoir qui a pris cette décision, mais cela a eu pour conséquence de priver à jamais le public d'une connaissance de ce qui s'est dit au cours des plus importantes délibérations, les délibérations finales. On ne saura jamais de combien il s'en est fallu exactement pour que la commission produise un rapport final non unanime.

La dernière réunion de la commission à être intégralement retranscrite a lieu le mardi 23 juin, avec trois membres présents, Warren, Ford et Dulles. La question discutée est un problème de censure. La commission doit-elle supprimer toute référence à Youri Nosenko, le transfuge du KGB ? La campagne de la CIA pour obtenir l'omission de toute référence à Nosenko a été efficace, car les trois membres tombent rapidement d'accord pour ne pas le mentionner. Pour Ford, « des gens dignes de confiance m'ont donné de bonnes raisons de douter de sa sincérité en tant que transfuge. J'aurais de sérieuses réserves si on devait utiliser ce qu'il a à dire sur M. Oswald[2] ». Warren est d'accord : « Je suis allergique aux transfuges, et je pense que nous ne pouvons pas faire confiance à un transfuge en l'absence d'une confirmation absolue et positive que ce qu'il affirme est vrai – si on ne peut pas le corroborer dans ses moindres aspects. Et nous ne pouvons pas corroborer ce que raconte cet homme. »

La séance exécutive suivante est prévue pour le lundi 29 juin. La commission doit commencer à débattre des conclusions du rapport final. Les sept membres sont présents. Au lieu d'un compte rendu verbatim, la commission fait établir un résumé de neuf pages des sujets abordés, résumé qui disparaîtra lui-même des archives. Des années plus tard, une copie refera surface dans les archives personnelles de Rankin[3].

Selon ce résumé, la réunion est consacrée pour l'essentiel à la discussion d'une check-list de soixante-douze questions auxquelles le rapport devra répondre, dont la plus importante est s'il existe des preuves d'un complot visant à assassiner Kennedy. En parcourant la liste, les membres de la commission sont globalement de l'avis de l'équipe sur les conclusions qui s'imposent. Le débat se poursuit sur la théorie de la balle unique, mais ils tombent d'accord pour dire que les éléments matériels montrent que trois coups de feu ont probablement été tirés par-derrière sur le cortège (et que deux au moins ont fait mouche), que tous les coups de feu provenaient du cinquième étage du dépôt de livres, et qu'Oswald était l'unique tireur.

Mais les membres de la commission hésitent lorsqu'ils abordent la question n° 48 : « Existe-t-il des preuves d'un complot international ? » Selon le résumé de la réunion, « la commission réserve son avis sur cette question, qui sera donné ultérieurement ».

Les membres rejettent définitivement le texte de Liebeler sur le mobile d'Oswald. Selon le résumé, ils « ne sont pas disposés à lui attribuer un mobile particulier ni à se laisser aller à des spéculations sous couvert d'une terminologie psychiatrique ». Le projet est trop « modéré et trop indulgent pour Oswald ».

Un autre type de censure se met en place à la commission, dont le but est d'aboutir à un rapport final qui ne fasse pas rougir ses lecteurs les plus délicats. Rankin veut débarrasser le projet de tout ce qui pourrait être considéré comme de mauvais goût, scabreux, ou violer l'intimité des personnes – y compris celle d'Oswald.

David Slawson insiste une dernière fois pour que la commission dévoile dans son rapport qu'Oswald avait attrapé une maladie vénérienne pendant son passage chez les Marines[4]. Dans un mémo adressé à Rankin, il se demande si la gonorrhée d'Oswald a été correctement soignée et si cela aurait pu affecter sa santé mentale : « Il serait utile d'interroger confidentiellement un spécialiste ne serait-ce que pour savoir si une gonorrhée peut avoir ce type d'effet. » Slawson apprendra par la suite qu'une gonorrhée mal traitée peut en effet conduire à de sévères complications, mais que la maladie mentale n'en fait pas partie. Le rapport ne mentionnera pas la gonorrhée d'Oswald.

Stuart Pollak, le jeune juriste du département de la Justice détaché auprès de la commission, est chargé de relire les projets de chapitres ainsi que certaines dépositions pour débusquer d'autres fautes de goût ou violations d'intimité. Il passe au peigne fin page après page, et mentionne dans ses mémos la moindre personne qui dans le rapport se voit accusée d'un crime, d'une relation sexuelle ou de quelque autre défaut de caractère. Certains passages sur le Carousel Club de Jack Ruby où il est question des strip-teaseuses et de leurs performances sur scène sont à la limite de l'acceptable. Dans un de ses mémos, Pollak se demande si le rapport doit reprendre la description d'une des effeuilleuses les plus appréciées de Ruby, Janet « Jada » Conforto, dont un témoin dit : « Son numéro frôlait parfois l'indécence », au point que Ruby devait « éteindre les lumières et lui dire de se calmer un peu ».

Les mémos de Pollak détaillent le moindre gros mot : « Certains témoignages contiennent différents jurons, comme "nom de Dieu" (*goddam*). » Il se demande aussi s'il est indispensable de rapporter certains détails macabres sur le cadavre du président et ses vêtements tachés de sang. Par exemple, « faut-il absolument inclure une description des sous-vêtements du président ? ».

Quant à l'assassin présumé, Pollak écrit : « J'estime que tout ce qui concerne Lee Harvey Oswald doit être dit et fait partie des éléments nécessaires à une évaluation complète du personnage. » Il se demande toutefois si certains détails douteux au sujet de la vie privée d'Oswald méritent d'être mentionnés, surtout concernant sa sexualité. « Il faut peut-être attirer l'attention sur les occurrences où il est fait état de sa possible homosexualité... et de ses relations sexuelles insatisfaisantes avec Marina[5]. »

Rankin demande aussi à l'équipe de censurer les descriptions de certaines des expériences réalisées par l'armée sur des animaux, à la demande de la commission, pour tenter de reproduire les blessures de Kennedy et de Connally[6]. Selon Rankin, les membres de la commission avaient des scrupules quant à la manière de décrire ces expériences où on avait tiré sur des chèvres vivantes. Il demande que « l'on remplace partout le mot "chèvre" par l'expression "chairs animales" ». Dans la même veine, Rankin précise que la commission ne souhaite pas que l'on sache que l'armée a fait tirer sur des cadavres pour tenter de reproduire les blessures au poignet de Connally : la commission « demande que les termes "poignets de cadavres" soient remplacés par "structure osseuse" ou quelque autre expression ».

On offre aux hauts responsables ayant témoigné devant la commission la possibilité de relire leurs dépositions et de demander des changements. Peu chercheront à profiter de cette disposition sauf, à la dernière minute, le directeur du Secret Service, James Rowley. Dans une brève note à la commission à la fin du mois de juin, Rowley demandera un changement subtil mais révélateur à sa réponse concernant la « virée », la veille de l'assassinat, de certains agents du Secret Service. Warren, très remonté, lui avait demandé si les agents n'auraient pas mieux protégé le président s'ils n'étaient pas sortis boire un verre quelques heures plus tôt[7].

A l'origine, Rowley avait répondu : « Certes, mais je ne vois pas ce qu'ils auraient pu faire qu'ils n'ont pas fait. »

Dans sa note, Rowley demandait que l'on remplace ces paroles par : « Oui, mais même dans ce cas, je ne pense pas que cela aurait permis d'éviter la tragédie. » Avec cette révision, il semble tempérer sa défense de ses propres agents. Il paraît suggérer à présent que les agents auraient pu en faire davantage pour sauver le président s'ils n'avaient pas bu la veille. Après avoir consulté Warren, Rankin accepte de modifier le texte en utilisant des mots légèrement différents : « Tout à fait. Mais je doute qu'ils auraient pu empêcher l'assassinat. »

Chapitre 49

Salle du conseil municipal
Cracovie, Pologne
Lundi 29 juin 1964

L'homme est nerveux lorsqu'il se lève pour poser à Robert Kennedy une question qu'il décrit comme étant « de nature personnelle ». Le jeune Polonais, un responsable local du Parti communiste, dit que ses compatriotes aimeraient connaître sa « version de l'assassinat[1] ».

Kennedy a l'air interloqué. Cela fait sept mois qu'il se refuse au moindre commentaire public sur la mort de son frère. La création de la commission Warren a donné à l'*attorney general* une excuse pour se réfugier dans le silence, puisqu'il peut dire qu'il ne souhaite pas préjuger des résultats de l'enquête ni les influencer. Sa tournée triomphale en Europe – d'abord en Allemagne, où il a inauguré la toute nouvelle John F. Kennedy Platz à Berlin, et à présent en Pologne – semble lui avoir remonté le moral. Dans ce pays communiste, les foules ont scandé le nom de son frère à de nombreuses reprises.

Il décide donc de répondre à la question du jeune Polonais.

Le président Kennedy, dit-il, a été assassiné par un « désaxé » nommé Lee Harvey Oswald dont la motivation était sa haine de la société américaine. La culpabilité d'Oswald « ne fait pas de doute », déclare Kennedy. « Il se disait communiste, mais les communistes, en raison de son attitude, ne voulaient rien savoir de lui... Ce qu'il a fait, il l'a fait seul et de son propre chef... Pour moi, l'idéologie n'a pas motivé son geste...

C'était l'acte solitaire d'un homme en rupture de ban. » Ces remarques font aussitôt la une de la presse américaine, puisque l'*attorney general* semble faire siennes les conclusions annoncées de la commission Warren

Pendant la majeure partie de l'année 1964, Kennedy paraît comme terrassé par le chagrin[2]. C'est comme s'il avait décidé de disparaître de la circulation. Il a accepté à la demande de Johnson de rester à son poste d'*attorney general*, pour affirmer la continuité avec la politique tracée par son frère, surtout en matière de droits civiques. Mais Kennedy a largement délaissé ses responsabilités, désertant ses bureaux des journées entières pour les passer à Hickory Hill, la maison qu'Ethel et lui ont rachetée à Jack en 1957, ou bien à Georgetown en compagnie de Jacqueline et de ses enfants. Il semble trouver du réconfort seulement auprès de sa famille, surtout ses huit enfants. Ethel est enceinte du neuvième.

Kennedy se drape littéralement dans les signes de sa détresse. Il va jusqu'à porter certains vêtements de son frère défunt. Lorsqu'il se rend au cimetière d'Arlington en pleine nuit, il met souvent ou bien la veste en cuir préférée de Jack ou bien le vieux manteau du président assassiné. Avant son voyage en Europe, quand on l'interroge au sujet de l'assassinat, Kennedy répond toujours qu'il ne s'occupe pas de l'enquête de la commission et que la question de savoir si Lee Harvey Oswald a bien agi seul l'intéresse peu. « Que voulez-vous que ça me fasse ? Rien ne ramènera Jack. »

Mais ses collaborateurs et ses proches amis savent bien que ces remarques sont destinées au public. Des années plus tard, ils reconnaîtront que Kennedy a toujours pensé que son frère avait été victime d'un complot. Pendant toute l'année 1964, ses collaborateurs au département de la Justice et d'autres amis continuent à rechercher, à sa demande, des éléments permettant d'établir qu'Oswald n'était pas un tireur solitaire. Kennedy semble préoccupé, en particulier, par la possibilité que Castro ou la Mafia se trouvent derrière l'assassinat.

Il est bien placé pour savoir que l'hypothèse d'une connexion cubaine obéit à une certaine logique, puisque les Etats-Unis ont essayé pendant très longtemps d'éliminer Castro, par moments avec l'aide de la Mafia. En 1964, Kennedy est au courant depuis deux ans des tentatives d'assassinat, comme cela sera établi par la suite[3]. Après le fiasco de la baie des Cochons en avril 1961, son frère l'a placé à la tête de la guerre secrète contre Castro, connue à la CIA sous le nom de code « Opération Mangouste ». Tous les responsables au courant de « Mangouste » savent que son but était la mort violente de Castro.

Pour ce qui est de l'implication de la Mafia, Kennedy sait au moins depuis mai 1961. Quatre mois après être devenu *attorney general*, J. Edgar Hoover l'a informé que la CIA était mêlée à des « coups tordus » à Cuba par l'entremise du boss de Chicago, Sam Giancana. Une année plus tard, en mai 1962, Kennedy avait été informé explicitement que les « coups tordus » en question étaient des projets d'assassinat de Castro pour le compte de la CIA. En mai 1962, au cours d'une réunion organisée à sa demande dans les bureaux du département de la Justice, la CIA lui avait donné les noms des gangsters impliqués dans ces complots, dont celui de Giancana. Selon le compte rendu de la rencontre rédigé par la CIA, Kennedy avait prétendu que l'implication de la Mafia était une surprise déplaisante : « J'espère que si vous recommencez à vouloir faire des affaires avec le crime organisé – avec des gangsters – vous préviendrez l'*attorney general*. » Mais l'ignorance était-elle feinte, étant donné les informations transmises par Hoover un an plus tôt ? Et même si les amis de JFK ont insisté par la suite sur le fait qu'il n'aurait jamais donné son accord pour tuer le dirigeant d'un pays étranger, le fait est que les efforts de la CIA pour assassiner Castro ont continué jusqu'aux dernières heures de sa présidence, à un moment où Robert Kennedy menait une guerre secrète contre Cuba. L'inspecteur général de la CIA, le service de contrôle interne de l'Agence, établira des années plus tard que le 22 novembre 1963, jour de l'assassinat de Kennedy, un officier de la CIA avait rendez-vous à Paris avec un agent cubain pour lui remettre un stylo empoisonné – un stylo bille modifié pour contenir une seringue permettant d'administrer un poison connu sous le nom de Blackleaf 40 – que ledit agent devait rapporter à La Havane[4]. L'inspecteur général écrit : « Il est vraisemblable qu'au moment même où le président était abattu, un officier de la CIA avait rendez-vous avec un agent cubain pour lui remettre une arme à utiliser contre Castro. » Même après la mort de son frère, Robert Kennedy continuera à recevoir des rapports sur les efforts de la Mafia pour tuer Castro, avec ou sans l'aide de la CIA. Au mois de juin 1964, à peu près au moment où l'*attorney general* se trouvait en Pologne et en Allemagne, la CIA lui avait communiqué un mémo détaillé sur les dernières propositions d'« éléments de Cosa Nostra » travaillant avec des anticastristes cubains, pour assassiner le dictateur. Le mémo disait : « Ils offrent d'assassiner Castro pour 150 000 dollars[5]. »

On n'a jamais pu établir avec certitude si le président Johnson était au courant en 1964 des complots contre Castro, mais les enregistrements de ses conversations téléphoniques, longtemps restés secrets, suggèrent que la CIA ne lui en avait rien dit. Pourtant, dans les premiers mois de sa présidence, Johnson semblait fortement soupçonner que l'assassinat était un acte de vengeance d'un gouvernement étranger. A l'été 1964, Johnson a dit à son porte-parole, Pierre Salinger, qui avait occupé les mêmes fonctions sous Kennedy, que l'assassinat était une « vengeance divine » pour la participation américaine à l'assassinat du dictateur dominicain Trujillo et du Vietnamien Diem qui avait trouvé la mort moins de trois semaines avant Kennedy, au cours d'un coup d'Etat soutenu par les Américains.

La remarque de Johnson est rapidement parvenue aux oreilles de Kennedy, ce dont le président aurait pu se douter, et l'*attorney general* était furieux. « Une vengeance divine ? » s'était-il exclamé. Au cours d'une conversation en avril 1964 avec son ami l'historien et biographe Arthur M. Schlesinger, Kennedy avait dit que « Johnson n'avait jamais rien dit de pire[6] ».

Mais Johnson avait-il tort ? Quelle qu'ait été sa haine du président, Kennedy avait ses propres raisons de penser qu'un dirigeant étranger visé par une tentative d'assassinat organisée par l'administration Kennedy, à savoir Castro, aurait pu tout simplement frapper le premier. Selon Schlesinger, Johnson a demandé à Kennedy cet automne-là – « peut-être sans grand tact » – s'il pensait vraiment qu'Oswald avait agi seul. « Il lui a répondu qu'il était convaincu qu'Oswald était coupable, mais qu'on pouvait encore se demander s'il avait fait ça tout seul ou s'il faisait partie d'un complot monté par Castro ou les gangsters. »

En ce mois de juin, lorsque Kennedy reçoit la lettre de Warren au nom de la commission, il est confronté à un dilemme. Le *chief justice* demande à l'*attorney general* s'il dispose « d'informations pouvant suggérer que l'assassinat du président Kennedy est le fruit d'un complot, national ou international ». Il s'agit de la lettre qui avait été rédigée dans le cadre de l'accord entre la commission et le département de la Justice pour éviter à Kennedy de témoigner.

Kennedy doit-il révéler qu'il est au courant des complots contre Castro, et qu'il s'interroge sur une conspiration pouvant impliquer Cuba ? Si on venait à savoir qu'il est au courant depuis des années que la CIA a non seulement essayé de tuer Castro, mais qu'elle a fait appel à des mafieux de premier plan – les mêmes gangsters que son département de la Justice est censé pourchasser avec acharnement –, quelles pourraient en être les conséquences ?

Les conseillers politiques de Kennedy pensent qu'il vaut mieux qu'on n'en sache rien, surtout à un moment où ils s'efforcent – semble-t-il – d'alimenter les spéculations selon lesquelles il serait le choix naturel pour être candidat à la vice-présidence au côté de Johnson lors de l'élection de novembre prochain. Kennedy ne fait pas beaucoup d'efforts pour cacher sa haine de Johnson, mais il ne dément pas non plus les spéculations sur sa candidature. Les sondages montrent qu'il est de loin le choix le plus populaire pour être le deuxième nom du ticket démocrate.

Kennedy prend son temps pour répondre à la lettre de Warren. « Que dois-je faire ? » écrit-il dans une petite note non datée à un de ses conseillers lorsque celui-ci lui rappelle que la commission attend toujours sa réponse[7].

Le 4 août, il finit par adresser une réponse d'une page à Warren qui ne laisse rien transparaître de ce qu'il sait ni de ce qu'il soupçonne.

« J'aimerais préciser une fois pour toutes qu'il n'existe pas à mon sens de preuves crédibles étayant les allégations selon lesquelles l'assassinat du président Kennedy a été le fruit d'une conspiration, nationale ou internationale. Je voudrais vous assurer que toutes les informations en notre possession concernant de quelque manière que ce soit l'assassinat du président John F. Kennedy ont été transmises à la commission pour analyse et prise en compte. Je n'ai rien à ajouter en ce moment précis concernant d'éventuelles investigations supplémentaires que la commission devrait entreprendre préalablement à la publication de son rapport[8]. »

Lorsque l'on sait quels étaient les soupçons de Kennedy, la lettre était au mieux imprécise, au pire une tentative délibérée de détourner le regard de la commission du faisceau d'indices concernant un possible complot pour tuer son frère. La lettre est peut-être littéralement vraie, mais elle masque mal la crainte qu'Oswald n'ait pas agi seul. Kennedy n'avait peut-être pas « la preuve » d'une conspiration, mais il avait des doutes en pagaille. Il n'était pas au courant de « preuves entre les mains du département de la Justice » pouvant suggérer une conspiration, mais ces preuves existaient peut-être ailleurs – à la CIA, en particulier.

La commission a d'ores et déjà décidé qu'elle peut se passer de son témoignage, mais Kennedy conclut sa lettre en proposant de se présenter devant elle pour répondre aux questions, offre dont il est peu probable qu'elle sera acceptée. « Si des membres de la commission estiment que je peux contribuer de quelque manière que ce soit à l'enquête en me présentant à titre de témoin, je me tiens à votre disposition. » Hormis le président Johnson, l'*attorney general* est le membre le plus important du gouvernement à ne pas déposer sous serment.

CHAPITRE 50

Bureaux du directeur du FBI
Washington
Août 1964

Comme il l'avouera des années plus tard, Lee Rankin est vraiment embarrassé par les demandes que la commission impose au FBI. Les demandes d'information et d'assistance s'accumulent tout au long de l'été 1964, au moment même où la commission s'apprête à achever son rapport. Le 18 août, Rankin appelle Alex Rosen, qui dirige le département des enquêtes du Bureau, pour remercier le FBI de la bonne volonté avec laquelle il répond à des demandes « qui peuvent parfois paraître ridicules ».

Au cours des dernières semaines de l'enquête, les agents du FBI au Texas et au Mexique, de l'autre côté de la frontière, suivent de nouvelles pistes à la demande de la commission. A Mexico, des agents visitent toutes les bijouteries de la ville où Oswald a pu acheter le bracelet qu'il a offert à Marina. La commission l'a exigé alors que ses enquêteurs sont convaincus que le bracelet a été fabriqué au Japon et acheté par Oswald après son retour aux Etats-Unis. De même, le bureau du FBI à Mexico doit retrouver le magasin de photos où Oswald s'est peut-être fait tirer le portrait pour sa demande de visa.

Plus important sans doute, la commission souhaite que le FBI relance l'enquête sur les allégations de Silvia Odio. « Plusieurs personnes sérieuses qui la connaissent nous assurent que Mme Odio est une personne fiable », écrit Rankin à Hoover le 24 juillet, et il ajoute que la commission souhaite que la sœur d'Odio, Annie, soit également entendue une nouvelle fois, aussi vite que possible[1]. Hoover lui répond le 12 août que le FBI a déjà interviewé Annie Odio et que, même si elle confirme le récit de sa sœur, le Bureau est persuadé que cette ligne d'investigation est un cul-de-sac : « Aucune action supplémentaire n'est envisagée à ce stade sur ce point particulier en l'absence de demandes précises de la commission[2]. »

Wesley Liebeler dira que cette réponse l'avait laissé coi. Pourquoi le FBI manifeste-t-il si peu d'empressement à se pencher sur un témoin crédible dont le récit offre une piste pour retrouver de possibles complices de l'assassin du président ? Il entreprend lui-même d'étudier dans le détail les déclarations d'Odio, et compare son récit à ce que l'on sait de la chronologie du séjour d'Oswald à Mexico. Le résultat l'incite à croire que même si cela était très serré au niveau du temps, Oswald a pu revenir de Mexico à Dallas à la fin septembre. Il aurait pu arriver en voiture ou en avion, y rester quelques heures, et repartir pour le Mexique.

A la fin août, Liebeler rédige une longue lettre destinée à être signée par Rankin par laquelle la commission demande au FBI d'ouvrir à nouveau le dossier Odio et d'enquêter sur le moindre détail de son récit. Rankin sait que la lettre ne fera pas plaisir à Hoover. « La commission estime de la plus haute importance que les allégations de Mme Odio soient confirmées ou réfutées. Pourriez-vous, s'il vous plaît, faire procéder aux investigations nécessaires pour déterminer qui s'est présenté chez Mme Odio à la fin septembre ou au début octobre 1963[3] ? » La lettre expose l'analyse précise des déplacements d'Oswald réalisée par Liebeler et souligne la ressemblance entre l'un des deux latinos qui se sont présentés chez elle – « Leopoldo » – et l'homme que l'on a aperçu en compagnie d'Oswald dans un bar de La Nouvelle-Orléans.

Le bureau de Hoover transmet la lettre au bureau de Dallas, et les vérifications sont confiées à l'agent spécial James Hosty, celui-là même qui a déjà enquêté sur les affirmations d'Odio en décembre 1963, avant de les récuser. Hosty dira plus tard avoir levé les yeux au ciel : il allait devoir se replonger dans le dossier qu'il avait étudié huit mois plus tôt. Il se demande : « Ce cauchemar ne prendra-t-il jamais fin ? » Cet été-là il est célèbre à Dallas, mais pas pour les bonnes raisons. Tout le monde connaît son nom, ses voisins savent qu'il est l'agent qui a enquêté sur Oswald avant l'assassinat et n'a pas perçu la menace. Hoover et ses adjoints à Washington semblent décidés à prouver qu'Oswald a agi seul, et rien de ce que Hosty a mis au jour depuis l'assassinat n'a permis de contredire leurs arguments. Hosty s'interroge : « Combien de temps encore vais-je entendre parler d'Oswald ? Ça suffit[4]. »

La fin de l'été approche, et Hoover n'a plus que mépris pour Warren et la commission, mais il craint toujours que le FBI ne soit malmené dans le rapport final. Les dossiers de Hoover révèlent le fiel qu'il déverse au jour le jour sur la commission et son travail. Ses opinions prennent le plus souvent la forme de brèves annotations, rédigées de son écriture cursive, arrondie, au pied des mémos de ses adjoints.

Ses commentaires les plus venimeux sont suscités par des articles parus dans la presse sur le travail de la commission. A le lire, toute critique de l'action du FBI avant ou après l'assassinat publiée par un magazine ou un journal important est forcément inspirée par la commission – si ce n'est par le *chief justice* lui-même. Après qu'un article paru dans *The Nation* l'hiver précédent a demandé si Oswald était un informateur du FBI, Hoover invite ses assistants à rechercher comment le magazine s'est procuré ces informations. Il soupçonne Warren : « *The Nation* est la bible de Warren. » Lorsque le *Dallas Times Herald* révèle des informations sur les penchants violents d'Oswald pendant son passage chez les Marines, un des assistants de Hoover en prépare un résumé pour le directeur et ajoute que l'information semble provenir d'« une fuite d'un membre de la commission ». Au bas du mémo, Hoover ajoute : « C'est sûrement Warren[5]. »

Hoover estime que la commission, loin de mettre un terme aux rumeurs au sujet d'Oswald et d'un possible complot, continue de les alimenter, surtout après que Warren a affirmé devant des journalistes que la vérité ne serait pas connue « de notre vivant ». « Si Warren l'avait fermée, ces conjectures n'existeraient pas », écrit Hoover.

Hoover est aussi convaincu que le FBI est la victime de l'incompétence – et de la vénalité, dira-t-il – de la police et du *district attorney* de Dallas. Il est persuadé que les responsables policiers continuent à dénigrer le FBI auprès de la commission pour éviter de se faire écharper par le rapport final. Hoover a déjà demandé discrètement au bureau de Dallas de rompre tout contact avec William Alexander, le principal adjoint du *district attorney* en matière criminelle, parce qu'il est persuadé qu'Alexander propage la rumeur selon laquelle Oswald aurait été un informateur du FBI. Il se méfie aussi du patron d'Alexander, Henry Wade. « Ce type est un sale fils de pute », écrit Hoover à propos d'Alexander. « Dites au bureau de Dallas de rompre tout contact avec lui et de faire très attention à Wade[6]. »

Alors que l'enquête touche à sa fin, Hoover reconnaît en interne que le Bureau n'a peut-être pas bien géré sa relation avec la commission, semant inutilement le soupçon. A la suite d'un premier incident où des responsables du FBI avaient interprété de manière restrictive une demande de documents concernant Ruby, ce qui avait conduit des enquêteurs importants de la commission à penser que le Bureau ne disait pas tout, Hoover avait fait part de son « inquiétude grandissante » quant à « notre capacité à traiter correctement cette question ». Dans un mémo ultérieur, il écrit : « Je ne comprends pas pourquoi nous interprétons de manière restrictive les demandes de la commission[7]. »

Au mois de mars, un des plus importants collaborateurs de Hoover, William Brannigan, recommande de ne pas accéder aux demandes de la commission concernant la surveillance de Mark Lane et Marguerite Oswald. Il se dit inquiet du scandale si l'on apprenait que la commission fait surveiller ses opposants : « Les demandes de la commission sont très vastes et si on les interprète littéralement elles peuvent nous imposer de lourdes contraintes en termes d'investigation et s'avérer embarrassantes[8]... »

Mais Hoover n'a pas envie de dire non à la commission : « Je n'aime pas cette hésitation récurrente de notre part à satisfaire pleinement les demandes de la commission. Je sais combien certaines d'entre elles sont absurdes et impossibles, mais le fait est que Warren au moins est hostile au Bureau et que notre comportement lui fournit des munitions[9]. »

Selon ses dires, cette année-là Rankin a passé une bonne partie de son temps à essayer de préserver ce qui restait de la relation avec le FBI. En coulisses, la commission fait face aux menaces répétées du FBI de suspendre son assistance. Un incident particulièrement sérieux a lieu lorsque la commission décide de faire examiner ses pièces à conviction, dont les balles et fragments de balles, par des experts extérieurs, alors que celles-ci ont déjà été analysées par le FBI. Certains collaborateurs de Hoover y voient un affront supplémentaire, car cela laisse penser que la commission ne fait pas confiance aux résultats obtenus par les laboratoires du Bureau. Hoover non plus ne prend pas bien la chose : « Je suis d'accord, il est de plus en plus insupportable de travailler avec cette commission Warren. »

A un moment, il autorise le directeur adjoint Alex Rosen à menacer de retirer l'aide du laboratoire du FBI. « J'ai indiqué à M. Rankin que notre laboratoire a une énorme charge de travail. Si nos résultats doivent être contestés, il n'y a plus vraiment de raison pour que nos experts poursuivent ces investigations », dit le mémo rédigé par Rosen après qu'il a menacé Rankin[10].

Rankin tente de faire amende honorable et s'excuse pour le nombre d'« exigences déraisonnables » imposées par la commission. Il s'efforce d'être conciliant, ne tarit pas d'éloges sur le travail du FBI et insiste sur le fait que les experts extérieurs ne sont là que pour confirmer les résultats obtenus par le Bureau. Après de nouvelles suppliques de Rankin et de nouveaux compliments sur le travail du FBI, la menace est retirée. Mais Hoover estime le moment bien venu pour inciter ses adjoints à ne pas faire grand cas des louanges de Rankin et autres « propos sirupeux ». « Je n'accorde pas le moindre crédit aux compliments de Warren et de la commission », écrit-il sur un des mémos de Rosen. « Ils cherchent des "trous" dans notre travail, et comme ils n'en trouvent pas, ils deviennent "mielleux[11]". »

Quelle que soit son animosité envers Warren, Hoover essaie de garder de bonnes relations avec les membres de la commission – surtout Gerald Ford – dont il pense qu'ils défendront le FBI dans le rapport final. La lecture de ses dossiers montre qu'il croise Ford à une soirée chez Cartha DeLoach, au mois d'avril. Le lendemain il lui envoie une note : « Je tenais à vous dire combien cela m'a fait plaisir de parler avec vous et

Mme Ford chez DeLoach, hier soir. J'ai surtout apprécié de pouvoir évoquer dans ce cadre informel des matières vitales pour vous comme pour le FBI » (la lettre ne dit pas de quelles « matières vitales » il s'agissait). « Il est toujours encourageant de constater que nous pouvons compter sur des parlementaires alertes et dynamiques comme vous-même, conscients des besoins et des problèmes de notre pays. Si vous en avez un jour le temps, je serais heureux de vous faire personnellement visiter notre siège. Et bien sûr n'hésitez jamais à m'appeler si nous pouvons vous être d'un quelconque secours[12]. »

Pendant toute cette année, le Bureau surveille aussi de près William Manchester, l'écrivain engagé par la famille Kennedy pour écrire une histoire de l'assassinat. DeLoach a demandé une enquête sur lui, et les résultats sont plutôt positifs[13]. En tant que correspondant à Washington du *Baltimore Sun*, Manchester a eu affaire au Bureau de temps à autre et une étude des dossiers montre que « nos relations avec lui ont toujours été des plus cordiales », rapporte DeLoach. Ce printemps-là Robert Kennedy a fait demander à Hoover, par l'intermédiaire d'Edwin Guthman, son responsable de la communication, s'il accepte de rencontrer Manchester pour les besoins du livre. Hoover n'a aucune raison de rendre service à l'*attorney general*, et refuse dans un premier temps, tout en suggérant à Manchester de rencontrer DeLoach. Le bureau de Kennedy organise le rendez-vous pour le 22 avril.

Après avoir exposé son plan de travail à DeLoach, Manchester insiste à nouveau pour rencontrer Hoover – il veut avoir une compréhension complète de ce qui s'est passé à Washington dans les heures ayant suivi l'assassinat, dont la séquence exacte de coups de fil entre Hoover et Robert Kennedy au cours de laquelle Hoover lui a annoncé l'assassinat. (Kennedy a déjà raconté à Manchester combien il avait été choqué par le ton froid, quasi mécanique de Hoover.) Manchester souligne que Hoover prend un risque en refusant de livrer sa version de l'histoire, car l'autre version pourrait ne pas être très flatteuse. L'écrivain laisse entendre qu'il en sait déjà long et qu'il est proche de Kennedy. Manchester dit avoir « visité la maison de l'*attorney general* et avoir vu la piscine au bord de laquelle il se trouvait lorsqu'il a reçu l'appel du directeur ».

Manchester n'est pas pressé de voir Hoover, du moins pour le moment. « Manchester m'a dit qu'il est en ville pour trois mois, et qu'il a loué un appartement. Il aimerait, à un moment ou un autre au cours de ces trois mois, pouvoir rencontrer le directeur. » La réunion se conclut amicalement, selon DeLoach, qui décrit Manchester comme un « rêveur, pas très précis ».

Hoover cède et donne son accord. Il rencontre Manchester au début du mois de juin. Comme c'était à prévoir, une bonne partie de l'interview porte sur les conversations téléphoniques avec Robert Kennedy le jour de l'assassinat. Selon Hoover, son ton pendant ces conversations n'était pas froid mais professionnel, et il laisse entendre que c'est Kennedy et non lui qui a coupé court à la conversation. Lors de son premier appel, il a annoncé à Kennedy qu'on avait tiré sur son frère et qu'on le conduisait à l'hôpital. Selon Hoover, « l'*attorney general* est resté silencieux un moment puis a demandé » que le FBI « le tienne informé de tout développement nouveau » avant de raccrocher. L'*attorney general*, dit-il, n'a pas « un tempérament explosif » et il est resté relativement calme durant l'appel, au vu des circonstances.

Hoover donne à Manchester son explication habituelle de la raison pour laquelle le FBI n'a pas alerté le Secret Service quant à la présence d'Oswald à Dallas – « nous avions des informations sur Oswald, mais elles étaient plutôt minces » – tout en réitérant ses attaques contre la police locale. « Si le FBI avait eu la garde de Lee Harvey Oswald, il n'aurait jamais été tué par Jack Ruby », dit-il. « Tout cela aurait pu être évité si la police de Dallas avait pris les mesures appropriées. »

Pour finir, Manchester pose une question que Hoover et ses adjoints pourraient trouver étrange : pourquoi Hoover n'a-t-il pas assisté aux funérailles du président, qui se sont déroulées à quelques rues de ses bureaux ? C'était impossible, répond Hoover, il y avait trop de travail, avec les enquêtes en cours à Dallas et au Mexique – « des pistes étaient apparues à Mexico » – et avec la supervision des mesures de sécurité en raison des nombreux dignitaires étrangers qui se trouvaient à Washington pour l'occasion. Hoover « n'avait pas quitté son bureau[14] ».

CHAPITRE 51

1, Chase Manhattan Plaza
New York
Mardi 21 juillet 1964

Comme la plupart des membres de la commission, John McCloy suit l'enquête de loin pendant la plus grande partie de l'été. Il travaille depuis ses bureaux luxueux du 1, Chase Manhattan Plaza, le gratte-ciel de soixante étages dans le bas de Manhattan qui est à la fois le siège de la banque Chase Manhattan, qu'il a présidée entre 1953 et 1960, et de l'important cabinet d'avocats dont il est l'un des associés, Milbank, Tweed, Hadley & McCloy. Son nom est tellement associé à la banque et au cabinet que son papier à en-tête ne mentionne ni numéro de bureau ni étage. C'est inutile : dans cet immeuble où travaillent des milliers de personnes dans des centaines de bureaux, une lettre simplement adressée à John McCloy, 1 Chase Manhattan Plaza, New York, lui parviendra sans difficulté[1].

Après avoir lu certains des projets de chapitres envoyés depuis Washington, McCloy est d'avis que la commission n'a d'autre choix que de reconnaître qu'Oswald a pu être formé par le KGB. Cela ne veut pas dire que les Russes ont fomenté un complot pour tuer Kennedy – pas du tout. McCloy a dit aux autres membres de la commission qu'il pense qu'Oswald était le seul tireur et qu'il est difficile d'imaginer que l'Union soviétique aurait eu quoi que ce soit à voir avec l'assassinat. Mais les Russes ont peut-être envisagé à un moment de faire d'Oswald un « agent dormant » qui pourrait rester inactif pendant des années avant d'agir à la demande de Moscou. Le fait qu'Oswald semblait connaître certaines techniques d'espionnage – l'utilisation de faux noms pour ouvrir des boîtes postales, par exemple – pouvait laisser penser qu'il avait été formé par le KGB. Selon McCloy, le rapport de la commission ne sera que renforcé s'il reconnaît qu'il subsiste de nombreux mystères au sujet du passé d'Oswald.

Le 21 juillet, McCloy dicte une lettre pour Lee Rankin à sa secrétaire, à qui il demande d'inscrire « PERSONNEL », en soulignant le mot, en haut de chaque page. Il y fait l'éloge de la dernière version du chapitre dans lequel la commission envisage – pour mieux l'exclure – la possibilité d'une conspiration internationale : « Je pense que cette version est bien meilleure que la précédente », dit McCloy. Mais il a une suggestion : « Je pense qu'il faut ajouter quelque part quelque chose comme ce qui suit : "La commission reconnaît qu'Oswald avait une certaine tendance à utiliser des techniques de la clandestinité, ce qui pourrait faire penser qu'il a reçu une formation rudimentaire dans ces pratiques. Il n'est pas impossible que les autorités soviétiques aient envisagé de l'utiliser comme une sorte d'"agent dormant" aux Etats-Unis, qui aurait pu leur servir à une date ultérieure, mais notre opinion est que même dans cet emploi, ils auraient eu de sérieux doutes quant à sa fiabilité[2]." »

Autrement dit, si le KGB avait envisagé d'utiliser Oswald en tant qu'espion, ils étaient quand même trop malins pour avoir quoi que ce soit à faire avec « ce voyou », comme l'appelle McCloy.

Une fois arrivée à Washington, la lettre disparaît. Si la proposition de McCloy a été discutée par la commission, il n'en existe aucune trace dans les archives, ni dans le rapport final. La lettre, que de nombreux juristes disent n'avoir jamais vue, se trouve dans les papiers personnels de Rankin, aux Archives nationales, où elle a apparemment été oubliée.

Des années plus tard, les enquêteurs diront ne pas être surpris que le *chief justice* ait résisté à toute suggestion laissant ouverte la possibilité d'un lien entre Oswald et le KGB. A la fin de l'été, Warren semble décidé à produire un rapport définitif qui mettra un point final à toute spéculation faisant d'Oswald autre chose qu'un jeune homme violent, perturbé, en rupture de ban. Certainement pas le genre de personne en qui le Kremlin aurait pu voir quelqu'un digne d'intérêt, un espion en puissance.

C'est David Slawson qui a rédigé la plus grande partie du projet de chapitre que McCloy vient de lire, et il est satisfait de sa contribution au rapport final[3]. Au printemps, au moment où il a commencé à rédiger, Slawson était persuadé qu'il n'y avait pas de complot international, ou du moins qu'il n'existait aucune preuve permettant d'affirmer le contraire. Il réservait son jugement définitif sur la question tant que le FBI n'aurait pas terminé les dernières vérifications sur le témoignage de Silvia Odio. Si ce qu'elle disait était vrai, tout changerait et la question du complot devrait être posée à nouveau. Mais si les allégations d'Odio étaient démenties, Slawson serait satisfait des conclusions formulées dans son projet du 15 juillet, selon lesquelles la commission avait étudié « toutes les rumeurs et allégations » et « n'avait trouvé aucune preuve crédible indiquant que l'Union soviétique, Cuba ou toute autre nation étrangère était impliquée dans l'assassinat du président Kennedy[4]. Tous les événements de la vie de Lee Harvey, littéralement de sa naissance jusqu'à sa mort, avaient été examinés à la loupe en recherchant des preuves de connexions subversives à l'étranger. »

Il n'est pas pour autant entièrement satisfait du rapport, convient-il. Dans la fièvre du processus de rédaction et de correction de ses chapitres, Slawson est gêné par le fait qu'une partie si importante des informations concernant le voyage à Mexico d'Oswald soit directement attribuée – sur ordre de la commission – au seul témoin qu'il n'a pas eu l'autorisation d'interroger : Silvia Duran. Son nom figurera en toutes lettres, et il sera fait référence à ses différentes déclarations – peut-être sous la contrainte, sinon la torture – à la police secrète mexicaine. L'équipe tombe d'accord sur une formulation définitive concernant la crédibilité de Duran. On dira qu'elle est « une source importante d'informations » dont les assertions ont été confirmées par « des sources hautement fiables dont disposent les Etats-Unis », une référence voilée aux opérations d'écoute et de surveillance menées par la CIA à Mexico. « Son témoignage est véridique et précis dans tous ses aspects matériels », conclut le rapport, point de vue que partage Slawson sur la base de tout ce qu'il sait sur le sujet[5].

Son partenaire, William Coleman, reçoit la tâche d'écrire la chronologie détaillée du séjour d'Oswald à Mexico et plus particulièrement le récit de tout ce que l'on sait de ses contacts avec les diplomates – et espions – soviétiques et cubains sur place. La première version du chapitre contient des affirmations catégoriques qui montrent que Coleman, encore plus que Slawson, est sûr que la CIA et le FBI ont dit tout ce qu'ils savaient. Coleman avouera plus tard : « Je leur faisais vraiment confiance, et tout particulièrement à la CIA[6]. »

Selon son projet de vingt-cinq pages, daté du 20 juillet : « La commission a entrepris une investigation exhaustive pour déterminer ce qu'Oswald a fait lors de ce voyage et quel était son but. Elle a été en mesure de reconstituer et d'expliquer la plupart des actions d'Oswald durant cette période. En conséquence, la commission est certaine que ce qu'elle sait des activités d'Oswald à Mexico est représentatif de l'ensemble de ses actions sur place, et que pendant son séjour Oswald n'a pas eu de contacts en rapport avec l'assassinat[7]. »

L'été avance, et l'équipe se scinde en deux camps. D'un côté, il y a ceux qui s'estiment satisfaits de la manière dont leurs projets de chapitres ont été réécrits et corrigés par Rankin, Redlich et Willens ; de l'autre il y a ceux qui sont mécontents, voire furieux. Il n'y a pas vraiment de place pour des positions intermédiaires. Arlen Specter a le sentiment que son résumé des événements le jour de l'assassinat et son explication d'une bonne partie des indices scientifiques et médicaux ont été soigneusement et respectueusement revus par Redlich[8]. Bien que d'autres trouvent Redlich difficile et autoritaire, Specter entretient de bons rapports avec lui, et les deux hommes deviendront amis pour la vie. Specter dira plus tard : « Norman a été l'architecte du rapport. Il a respecté l'essentiel des conclusions de mon travail, surtout en ce qui concerne l'assassinat et la théorie de la balle unique. Il faut se souvenir que le rapport a été achevé à la dernière minute. Pour moi, le mérite en revient à Redlich*. »

Specter n'apprendra que plus tard, une fois le travail de révision achevé, combien les membres de la commission avaient eu du mal à accepter la théorie de la balle unique, ou du moins la présentation qu'il en avait faite. Après avoir lu les projets de chapitres sur les preuves balistiques, McCloy écrit à Rankin au mois d'août pour le mettre en garde contre une présentation trop confiante de cette théorie : « Je pense que trop d'efforts sont consacrés à essayer de démontrer que la première balle à avoir atteint le président est également celle qui a produit les multiples blessures de Connally. Les données qui contredisent cette théorie ne sont pas clairement énoncées. A bien des égards, ce chapitre est le plus important du rapport et il doit être le plus convaincant[9]. » McCloy joint à sa lettre un mémo de six pages dans lequel il propose soixante-neuf changements, dont beaucoup visent à tempérer le ton du rapport. Il s'alarme en particulier de l'utilisation inutile de tournures mélodramatiques, dont une référence au « jour fatidique de l'assassinat ». « Dans un document historique, il n'est pas utile, et il est même inadéquat d'utiliser des expressions comme "jour fatidique". »

Une critique plus directe de la théorie de la balle unique vient du sénateur Cooper, qui a joué un rôle très secondaire dans l'enquête. Le 20 août, il adresse un mémo à Rankin dans lequel il suggère que la théorie est fausse, tout simplement. Cooper a été impressionné par le témoignage de Connally. « Qu'est-ce qui permet d'affirmer que le même coup de feu a causé toutes les blessures ? » demande Cooper. « Il me semble que le témoignage du gouverneur Connally réfute cette conclusion. Je ne peux pas être d'accord avec cette affirmation[10]. »

---

* Devenu sénateur, Specter expliquera que son respect et son amitié pour Redlich ont joué un rôle dans sa décision de se joindre en 1987 à d'autres sénateurs pour refuser de confirmer la nomination à la Cour suprême du juge conservateur Robert Bork. Dans une interview non publiée de 1996, Specter a dit qu'il avait été choqué par le comportement de Bork lors d'un dîner de gala à New York, des années plus tôt. Dans son allocution, Bork s'était moqué de Redlich, qui était présent. Selon Specter, « Redlich était très malade et n'était venu au dîner que par courtoisie » pour Bork. « Redlich m'a raconté ce qui s'était passé et ça m'a donné une très mauvaise impression de Bork, ce qui ne l'a pas aidé » lors de ses auditions de confirmation devant le Sénat.

Personne n'est plus mécontent de la manière dont le rapport est en train d'être organisé et corrigé que David Belin. Il bouillonne en lisant les chapitres qui lui sont envoyés de Washington à Des Moines, où il est rentré. Dans des lettres à Rankin, il reproche à la commission de manquer de confiance dans ses propres conclusions. Au lieu d'énoncer clairement et simplement pourquoi Oswald est coupable, dit Belin, le rapport est trop défensif et consacre trop de place à la réfutation des théories conspirationnistes manifestement fausses propagées par Mark Lane et d'autres. Belin a été choqué de découvrir qu'un chapitre entier est consacré à démontrer que les coups de feu sont tous partis du Texas School Book Depository et non, comme le prétendent les conspirationnistes, du talus herbeux ou d'un autre endroit. « L'origine des coups de feu établit qu'Oswald est l'assassin », écrit Belin. « Traiter cette question dans un chapitre à part, c'est chercher à embellir inutilement quelque chose qui n'a pas besoin de l'être. » Selon Belin, à cause de Lane et des autres la commission « fait fausse route... alors que l'origine des coups de feu ne fait aucun doute et qu'il ne faut pas soixante-neuf pages pour le prouver[11] ».

Belin est aussi mécontent de découvrir que la commission a décidé de ne pas rapporter les résultats de l'enquête de plusieurs semaines qu'il a menée au printemps pour tenter de résoudre un mystère qui le tracasse depuis le début : où se rendait Oswald après Dealey Plaza ? On savait qu'il avait quitté le Texas School Book Depository tout de suite après l'assassinat et avait rejoint son logement de l'autre côté de la ville, d'abord en bus puis en taxi lorsqu'il s'était retrouvé coincé dans les embouteillages. Il avait récupéré son revolver Smith & Wesson calibre 38 dans sa chambre et était reparti à pied vers l'est puis était tombé sur le policier Tippit avant de reprendre sa route. La question était : où se rendait-il ? L'absence d'un plan de fuite clair avait alimenté les spéculations, certains affirmant qu'il se dirigeait chez Jack Ruby, dont l'appartement se trouvait à un kilomètre environ dans la direction vers où il semblait se diriger. Mais Belin n'a jamais cru aux rumeurs selon lesquelles les deux hommes se connaissaient. « Nous nous étions démenés dans tous les sens pour trouver des preuves tangibles d'un lien entre Oswald et Ruby », se souviendra Belin. « Il n'y avait rien[12]. »

Et si Oswald n'avait pas eu de plan de fuite ? Certains enquêteurs de la commission soutenaient qu'Oswald n'avait pas de destination précise et que depuis le début il comptait se faire prendre ou tuer. Cela permettait d'expliquer pourquoi il avait laissé tout son argent – 170 dollars – à Marina ce matin-là, ainsi que son alliance. Mais Belin était persuadé qu'Oswald cherchait à fuir, qu'il avait un endroit en tête, et qu'un petit bout de papier trouvé dans une de ses poches – un ticket de correspondance pour bus, émis quelques minutes après l'assassinat du président – fournissait un indice. Pour Belin, ce ticket de correspondance montrait qu'Oswald, qui était un habitué des bus et connaissait les horaires par cœur, avait prévu de prendre ensuite un autre bus pour quitter la ville. « J'étais persuadé qu'Oswald avait une destination », dira Belin. « S'il avait gardé le ticket de correspondance, il devait avoir une raison précise. »

Belin pense que la destination la plus plausible est le Mexique. Liebeler lui a rappelé qu'un de ses camarades dans les Marines avait déclaré qu'Oswald disait que s'il avait des ennuis avec la police, il rejoindrait Cuba via le Mexique. Belin trouve révélateur qu'Oswald ait menti de manière flagrante à la police sur son voyage à Mexico lors de son interrogatoire le jour de l'assassinat. Oswald avait affirmé qu'il n'avait jamais mis les pieds au Mexique. « Ne peut-on pas supposer qu'en niant s'être rendu à Mexico Oswald cherchait à protéger quelqu'un qui était directement ou indirectement impliqué dans l'assassinat ? » se demande Belin. « Qui pourrait bien être cette personne ? »

Selon lui, toutes ces questions ramènent à la visite d'Oswald à l'ambassade cubaine à Mexico, où il a certainement rencontré des diplomates cubains et d'autres personnes qui considéraient l'administration Kennedy comme une menace mortelle. « L'administration Kennedy cherchait encore à renverser Castro au moment de l'assassinat », dira Belin. Il pense qu'il est possible que lors de son séjour à Mexico « Oswald ait parlé avec un agent ou un sympathisant castriste de la manière de faire payer Kennedy et qu'on lui ait promis une aide financière ou autre s'il y parvenait ». Quelqu'un attendait peut-être

Oswald à la frontière – forcément un complice. C'était « de la pure spéculation », reconnaît Belin, mais c'était logique.

Avec l'aide du FBI, Belin a étudié les itinéraires des bus sortant de Dallas pour voir s'il existait un moyen simple permettant à Oswald de se rendre au Mexique. Après avoir passé des journées plongé dans des cartes routières et des horaires étalés sur son bureau encombré de paperasse, Belin pensait avoir trouvé la réponse. Avec le ticket de correspondance en sa possession, Oswald pouvait atteindre un arrêt de la ligne Greyhound, dont un des bus au départ de Dallas à 15 h 15 ce jour-là avait pour destination Laredo, sur la frontière mexicaine.

Belin avait exposé sa théorie dans un mémo détaillé destiné à Rankin et Redlich. Il avait une explication de la raison pour laquelle Oswald avait laissé tout son argent à Marina au lieu de le garder pour acheter un ticket de bus. Il n'avait pas besoin d'argent car il avait son Smith & Wesson calibre 38. « Même s'il n'avait pas assez d'argent pour arriver jusqu'au Mexique, le revolver lui aurait permis de s'en procurer », dit-il. Oswald n'aurait pas eu de scrupules à utiliser l'arme pour voler un passant, voire une banque. Le meurtre de Tippit l'avait démontré.

Belin reconnaît dans son mémo qu'il ne peut pas prouver qu'Oswald cherchait à s'enfuir au Mexique, mais il pense qu'il est important que le rapport de la commission suggère au moins ce qu'Oswald comptait faire, tout particulièrement pour contrer les rumeurs d'un rendez-vous avec Ruby. « N'avons-nous pas le devoir de suggérer cette possibilité ? » se demande-t-il.

Redlich s'y oppose. La commission n'a pas à avancer sans preuves des conclusions sur la destination d'Oswald – encore moins s'il s'agit du Mexique, où tant de questions restent sans réponse. « Norman estimait que c'était une théorie, et en tant que telle elle n'avait pas à figurer dans le rapport final », dira Belin. « Il a eu gain de cause. »

Alfred Goldberg est consterné lorsqu'il apprend que le *chief justice* a l'intention de passer à la déchiqueteuse ou de faire incinérer les dossiers de la commission. « Warren avait décidé de détruire tous les rapports », se souviendra Goldberg. « Il pensait que les problèmes que ces archives susciteraient n'en valaient pas la peine » et fourniraient aux conspirationnistes la preuve des divergences d'opinion parmi les enquêteurs, ce qu'ils s'empresseraient de déformer pour jeter le doute sur la culpabilité d'Oswald[13]. Selon Goldberg, Warren avait d'autres raisons de détruire les dossiers. Il pensait qu'une partie du matériel remis à la commission par divers organismes, en particulier la CIA, dévoilerait des secrets en matière de sécurité nationale n'ayant qu'un rapport incident avec l'assassinat. « Il estimait que le pays et le monde se porteraient mieux si rien de tout cela n'était jamais rendu public », dira Goldberg.

C'est une très mauvaise décision et Goldberg se dit qu'il doit agir vite – et discrètement – pour faire changer d'avis Warren. En tant qu'historien, il est atterré par l'idée qu'on ne puisse avoir accès dans l'avenir à cette documentation sur un moment décisif de l'histoire américaine. Pire, il est convaincu que si cela se sait, les conspirationnistes s'en donneront à cœur joie. Lane et les autres sauteront sur l'occasion pour dénoncer dans cette destruction la preuve d'une manipulation.

Goldberg pense que la personne le mieux à même de faire revenir Warren sur sa décision est le sénateur Russell. Quels que soient leurs différends, Russell est l'un des hommes les plus respectés de la capitale et le *chief justice* écoutera ce qu'il a à dire. « A Washington, personne n'aurait osé ignorer les conseils du sénateur Richard Russell », dira Goldberg. Il se tourne donc vers Alfredda Scobey, la représentante de Russell au sein de l'équipe, et lui demande de l'aider. Elle fait part de ses craintes à Russell, qui accepte de parler au *chief justice*. Russell persuade Warren que le risque de voir dévoilés des secrets d'Etat n'est pas grand-chose en comparaison de ce qui se passera « si nous détruisons ces documents ». Et Warren abandonne son projet. Russell, dira Goldberg, avait « sauvé la situation ».

Plus jamais Goldberg ne travaillera autant que pendant l'été 1964. Au cours des dernières semaines de l'enquête, il s'est juré de rentrer chez lui tous les soirs pour prendre au moins quelques heures de repos, mais début juin il est à la tâche sept jours sur sept, quatorze heures par jour. Il prend en tout et pour tout un jour de vacances – le 4 juillet, Rankin insiste pour que l'équipe ne travaille pas. En règle générale, Goldberg ne quitte jamais le siège de la commission avant minuit : « Je n'étais pas le seul, les gens restaient jusqu'à 1, 2 ou 3 heures du matin. »

A ces heures tardives de la nuit, lui et les autres juristes apprécient les règles de plus en plus souples de la commission quant à l'accès aux documents classifiés. « On pouvait laisser traîner les papiers sur les bureaux, dira Goldberg, c'était génial. » Des agents du FBI en visite dans les bureaux de la commission au mois de septembre décriront « un manque total d'organisation, du moins en ce qui concerne les documents, sans le moindre contrôle, sans aucune traçabilité, qu'il s'agisse de documents classifiés ou non ». Les deux photocopieuses « sont constamment utilisées par n'importe qui » pour copier des documents, donc certains sont estampillés « TOP SECRET[14] ».

Goldberg prend en main la rédaction de divers passages, dont le chapitre qui énumère – et réfute – toutes les rumeurs et théories conspirationnistes. Il classe les rumeurs en dix catégories, depuis l'origine des coups de feu jusqu'aux événements sur le lieu du meurtre du policier J.D.Tippit, ainsi que les nombreuses allégations concernant les liens entre Oswald et Ruby. Il établit une liste de 122 « spéculations et rumeurs » et y répond individuellement en citant à chaque fois la vérité telle qu'elle ressort de l'enquête de la commission. Dans son introduction à cette annexe, Goldberg constate que tous les assassinats importants dans l'histoire moderne ont donné lieu à des théories conspirationnistes, et que ces théories apparaissent presque immédiatement : « Les rumeurs et les théories sur l'assassinat de Lincoln que l'on évoque encore ont pris naissance, pour la plupart, dans les mois qui ont suivi sa mort. »

Goldberg s'efforce de lire la totalité des centaines d'articles de journaux et de magazines qui ont avancé toutes sortes de théories sur l'assassinat de Kennedy[15]. « Un nombre incroyable de choses avaient été écrites, dira Goldberg, tout un réseau était déjà à l'œuvre, avec toutes sortes d'allégations, de spéculations, de rumeurs. » Il est scandalisé par la lecture du premier ouvrage conspirationniste influent, *Who killed Kennedy ?*, du journaliste de *L'Express*, Thomas Buchanan. Le livre, publié aux Etats-Unis chez Putnam, une importante maison d'édition, soutient qu'il y avait au moins deux tireurs. Buchanan suggère qu'il s'agit d'un complot ourdi par des hommes d'affaires texans d'extrême droite. « C'était n'importe quoi, comme la plupart de ces livres », dira Goldberg. En tant qu'historien, il est choqué par la désinvolture de ces soi-disant spécialistes et journalistes qui ne se donnent même pas la peine de vérifier les faits les plus élémentaires avant de se précipiter chez les éditeurs avec leurs histoires délirantes. « C'était un moyen facile de se faire de l'argent, dira Goldberg. Dans l'ensemble, les conspirationnistes étaient ou bien ignorants, ou bien paresseux, ou bien malhonnêtes. On voyait bien qu'il n'y avait pas le moindre fondement à ce qu'ils écrivaient. C'était juste le fruit de leur imagination débridée. »

Goldberg pense que Lane, Buchanan et les autres cherchent à tirer profit de la confusion de millions d'Américains qui ont du mal à admettre que l'homme le plus puissant au monde ait pu être abattu par « un minable » comme Lee Harvey Oswald. « Ils préféraient croire que c'était le résultat d'un complot, que des gens importants étaient impliqués. Comment ce minus pouvait-il avoir fait cela ? »

Goldberg est particulièrement fier d'avoir démonté personnellement tout un ensemble de rumeurs qui avaient été largement diffusées. Pendant des mois, Lane et d'autres avaient manifesté leur inquiétude face à la disparition d'un certain Darryl Click, le chauffeur de taxi censé avoir conduit Oswald chez lui après l'assassinat. Le *New York Times*, le *Washington Post* et d'autres journaux encore avaient rapporté les propos du *district attorney* Wade lors d'une conférence de presse tenue le 24 novembre, deux jours après l'assassinat, où il faisait référence au trajet en taxi et mentionnait apparemment Click[16]. Mais ni Lane ni personne n'arrivait à trouver trace de ce Click dans l'annuaire téléphonique ni dans d'autres répertoires. « Les conspirationnistes se sont emparés de Click », se souviendra Goldberg. « Ils laissaient entendre que cela cachait des choses mystérieuses. » Pour régler la question, Goldberg se procure un enregistrement de la conférence de presse : « J'ai dû le réécouter soixante-quinze fois. » Et il découvre l'erreur. De toute évidence, la personne qui a retranscrit les propos de Wade avait du mal à comprendre l'accent texan. Wade avait dit, en fait, qu'Oswald « avait pris un taxi pour Oak Cliff [le quartier où il habitait] et était rentré chez lui ». Dit avec l'accent texan,

« Oak Cliff » ressemblait à « Darryl Click ». Darryl Click n'existait pas.

Pour son annexe consacrée aux rumeurs, Goldberg se sert également du travail de Philip Barson et Edward Conroy, les deux enquêteurs de l'IRS, le service des impôts, qui occupent le bureau voisin du sien. Ils ont passé des mois à reconstituer l'histoire financière d'Oswald pour déterminer s'il a eu des rentrées inhabituelles d'argent, peut-être remis par des complices. Goldberg est impressionné par leur travail : « Ils avaient récupéré jusqu'aux factures d'épicerie d'Oswald, ils avaient tout. » En juillet, Barson annonce qu'il peut expliquer l'origine – presque au centime près – de tout l'argent qui a transité par les poches d'Oswald du 25 septembre, jour de son départ de La Nouvelle-Orléans pour le Mexique, à sa mort[17]. Ses revenus, salaire et indemnités de chômage compris, représentent la somme de 3 665,89 dollars et ses dépenses, dont le voyage à Mexico, 3 497,79 dollars. La différence de 168 dollars semble correspondre aux 170 dollars en espèces qu'Oswald a laissés pour Marina dans un tiroir de la commode de sa chambre.

Après avoir passé la moindre heure de son existence depuis janvier penché sur celle de Jack Ruby, Burt Griffin est parvenu à la conclusion qui sera vraisemblablement adoptée par la commission : Ruby ne faisait partie d'aucune conspiration, ni pour assassiner Kennedy, ni pour tuer Oswald[18]. Mais les premières versions le hérissent car elles laissent entendre trop hâtivement selon lui que la commission a répondu à toutes les questions, et surtout qu'elle a exclu qu'on ait pu assister ou inciter Ruby. « Je pense que la commission commet une erreur en affirmant que l'enquête a été exhaustive », écrit-il à Willens le 14 août[19].

Ce mois-là, on demande à Griffin et aux autres juristes restés à Washington d'effectuer un travail supplémentaire : relire, corriger et vérifier les parties du projet de rapport qu'ils n'ont pas écrites. Personne ne s'attelle à ce travail de révision des écrits de ses collègues avec autant d'enthousiasme – et par moments d'agressivité – que Liebeler. Il devient, à bien des égards, le contestataire en chef interne de la commission. Comme le dira Griffin, Liebeler était « le rédacteur en chef, l'avocat et parfois le procureur qui recherchait les failles » que les détracteurs de la commission ne manqueraient pas de remarquer. « Il voulait que le rapport soit parfait et les preuves si incontestables que personne ne pourrait dire que la commission avait mal fait son travail ou avait tiré des conclusions injustifiées. »

Personne ne s'en rend compte à l'époque, mais en devenant la principale voix critique en interne, Liebeler laisse des traces écrites dont le ton virulent permettra aux conspirationnistes de soutenir des années plus tard que la commission et Liebeler lui-même faisaient partie d'une vaste opération de camouflage.

Chapitre 52

Siège de la commission Warren
Washington
Août 1964

L'énergie de Norman Redlich est presque surhumaine. Il dort très peu, souvent moins de quatre heures par nuit, et il avale son déjeuner assis à son bureau en moins de temps qu'il n'en faut aux secrétaires pour changer un ruban de machine à écrire. Il est fier d'être le principal rédacteur et éditeur du rapport. Ce document sera lu et étudié durant des siècles, par ses propres petits-enfants et leurs enfants, « et ainsi de suite », comme il le dit à sa famille. A trente-huit ans, plus jeune que la plupart de ses collègues universitaires, il sait que si l'on se souvient de lui, ce sera sans doute à cause de ce rapport plus que de toute autre chose qu'il aura accomplie par la suite.

Sa femme, Evelyn, se souviendra qu'il était arrivé assez rapidement à la conclusion qu'Oswald avait agi seul : « Norman n'a jamais cru aux conspirations, dira-t-elle. Jamais[1]. » Et il est donc d'autant plus facile pour Redlich de faire ce que Warren lui demande cet été-là : terminer au plus vite et mettre un point final au tourbillon de rumeurs autour de l'assassinat.

Il n'y a pas que Warren qui met la pression. Le *chief justice* a beau répéter que le président Johnson n'a pas imposé de date limite, ce n'est pas le son de cloche qu'entendent les enquêteurs. Au cours de l'été, ils entendent dire plus d'une fois que le président, par la voix de ses principaux collaborateurs, exige que le rapport soit achevé pour la fin du mois d'août, avant la convention nationale du Parti démocrate. Celle-ci doit se tenir à ce moment-là, et Johnson y sera désigné candidat à la présidence face au challenger républicain Barry Goldwater. On fait comprendre aux enquêteurs que Johnson ne veut pas de mauvaises surprises avant la campagne, à l'automne. « De temps à autre, on nous disait : "Johnson vient d'envoyer un message" », se souviendra Lloyd Weinreb. « Et c'était toujours le même message : "Où est ce fichu rapport[2] ?" »

L'équipe est sous pression. Une tante de Weinreb de passage à Washington, voyant son état d'épuisement, exige qu'il parte en week-end avec sa femme. « Elle m'a dit : "Lloyd, il faut que tu prennes quelques jours" et nous a même donné un peu d'argent. » Ils prévoient de passer la nuit de dimanche dans un hôtel de bord de mer à Annapolis, dans le Maryland, à cinquante kilomètres de Washington, mais à peine arrivés, le téléphone sonne. « C'était Lee Rankin, qui me demandait de revenir. J'étais furax », dira Weinreb. Par chance, sa femme n'est pas du genre à se mettre en colère. « C'est quelqu'un de très agréable. »

Pour la première fois, les esprits s'échauffent à la commission. Weinreb se souvient de plusieurs engueulades avec Wesley Liebeler sur la manière dont il convient de décrire le marxisme autoproclamé d'Oswald et si cela a pu l'inciter à tuer Kennedy. « C'était un grand sujet de dispute », se souviendra Weinreb[3]. « Liebeler était de droite » et pensait que le mobile d'Oswald « était purement politique, que ça avait à voir avec Castro ». Weinreb pensait que Liebeler avait tort. « Je ne croyais pas que c'était politique, et je ne le crois toujours pas. »

Les disputes de Liebeler avec Redlich sont bien plus féroces. Tout les oppose politiquement, et ils ne se sont jamais entendus, mais à présent qu'il s'agit d'écrire le rapport, c'est pire. Selon Liebeler, Redlich est tellement pressé d'en finir pour satisfaire Warren qu'il empêche l'équipe de poursuivre au dernier moment des pistes importantes. Liebeler cite des cas précis. Par exemple, plusieurs des enquêteurs avaient été surpris de découvrir que le FBI n'avait pas cherché à établir l'origine des empreintes digitales relevées sur les cartons au cinquième étage du Texas School Book Depository, ceux qu'Oswald avait apparemment empilés pour dissimuler ce qu'il faisait. Au moins onze des empreintes n'appartenaient pas à Oswald.

Même si le temps presse, Liebeler et les autres veulent que le FBI identifie ces empreintes. Mais Redlich résiste, et essaie d'évacuer la question, comme si les empreintes n'avaient pas d'importance. Griffin se souviendra d'avoir protesté : « Vous ne pouvez pas faire comme si ces onze empreintes n'existaient pas. Il faut savoir à qui elles appartiennent. » Et si ces empreintes permettaient d'identifier des complices qui se trouvaient avec Oswald au cinquième étage ? « Il y avait peut-être une vraie équipe de foot, là-haut », dit Griffin. Murray Laulicht, un des derniers arrivants, se souvient que Redlich pensait qu'il était trop tard pour s'en occuper, surtout si cela devait retarder le rapport. « Vous voulez quoi ? Prendre les empreintes de toute la ville ? » a demandé, selon Laulicht, un Redlich incrédule.

Redlich ne souhaite pas non plus demander au FBI de tirer au clair un point concernant l'empreinte palmaire laissée par Oswald sur le fusil découvert au cinquième étage du Texas School Book Depository. Selon un expert de la police de Dallas, il y avait une empreinte (celle d'Oswald) alors que l'expert du FBI qui avait examiné ensuite le fusil n'en a trouvé aucune. Liebeler pense que ces deux questions doivent être réglées. « Les choses ne pouvaient rester en l'état. »

Rankin finit par prendre le parti de Liebeler, et il écrit à J. Edgar Hoover à la fin d'août pour lui poser les questions au sujet des empreintes[4]. Dans les derniers jours de l'enquête, le FBI leur fait parvenir ses réponses. En ce qui concerne les empreintes non identifiées, la plupart appartiennent à un employé du FBI et à un policier de Dallas qui ont manipulé les cartons. Quant à l'empreinte d'Oswald, le Bureau conclut qu'elle se trouvait bien sur le fusil, comme l'a établi la police de Dallas. Mais l'expert du FBI qui a examiné le fusil ensuite ne savait pas que la police de Dallas avait prélevé l'empreinte grâce à un morceau de ruban adhésif.

Liebeler a une doléance d'ordre plus général : il trouve que Redlich rédige le rapport final comme un « réquisitoire », qui ne laisse pas de place au doute quant à la culpabilité d'Oswald. Liebeler est convaincu de la culpabilité d'Oswald, mais il estime que le rapport doit faire état des indices qui ne vont pas dans ce sens.

Vers la fin août, la frustration de Liebeler vire à l'indignation après des discussions en tête à tête avec Redlich – et, dira-t-il, avec Willens – au cours desquelles il est suggéré que si la commission est passée à côté d'indices d'une possible conspiration, la faute en incombe à Liebeler. « Je ne peux pas être tenu personnellement responsable de l'état actuel du travail sur la possibilité d'une conspiration », écrit Liebeler dans un mémo passionné fin août. « Je suis tout à fait disposé à accepter ma pleine part de responsabilité dans le travail de notre équipe, mais je récuse les implications pour ma personne des propos que vous avez tenus, et dont j'espère que vous reconnaîtrez à la réflexion qu'ils sont à la fois faux et injustes[5]. »

A quelques semaines de la fin, Liebeler est atterré par le travail qui reste à faire. Il apprend à son grand étonnement que Marina Oswald vient seulement de se rappeler – dit-elle – que des souvenirs du voyage d'Oswald à Mexico se trouvent dans une petite valise marron qu'elle conserve depuis l'assassinat. Selon elle, le FBI ne s'est jamais donné la peine d'examiner le contenu de cette valise. Cela suscite de nouvelles inquiétudes au sein de la commission quant à la compétence du Bureau. Liebeler se demande si le FBI n'est pas passé à côté d'autres indices, soit par incompétence, soit par paresse. La valise contient, entre autres choses, un ticket de bus datant du voyage d'Oswald[6].

Le vendredi 4 septembre, alors que Liebeler s'apprête à rejoindre sa maison de campagne dans le Vermont pour y passer le week-end férié de Labor Day, on lui communique les épreuves du chapitre 4 – consacré aux preuves démontrant qu'Oswald est l'assassin – relu et corrigé par Redlich. Son week-end sera irrémédiablement gâché. Il lit le chapitre et s'emporte contre Redlich – ou plutôt contre ce que Redlich a laissé passer.

Pour commencer, Liebeler est troublé de découvrir de nombreuses erreurs factuelles, grandes et petites. Certaines sont excusables, étant donné le nombre de personnes ayant participé au « processus très pénible » de révision.

Mais il est surtout gêné par le ton général du rapport et par sa partialité, comme si la culpabilité d'Oswald était à ce point évidente qu'il était inutile d'assommer le lecteur avec des faits pouvant contredire cette conclusion. « Certaines affirmations n'étaient tout simplement pas justifiées au vu des preuves dont nous disposions », dira Liebeler. C'était comme si on cherchait « à minimiser ou à ne pas accorder trop d'importance aux preuves contradictoires ».

Liebeler décide qu'une protestation spectaculaire est requise. Il s'installe donc devant sa machine à écrire et pond un mémo de vingt-sept pages qui dissèque le chapitre, paragraphe par paragraphe, soulignant les erreurs et les exagérations. Le mémo est une sorte de chef-d'œuvre, la preuve de l'intelligence extraordinaire de Liebeler et de sa mémoire prodigieuse qui lui permet de citer des preuves et des témoignages dans leurs moindres petits détails pour les confronter à ce qu'il lit dans le projet de chapitre.

Dans la partie sans doute la plus polémique du mémo, Liebeler affirme son désaccord complet avec Redlich et d'autres enquêteurs qui estiment que la formation d'Oswald chez les Marines explique qu'il a facilement fait mouche à Dealey Plaza. Liebeler estime que le rapport doit mentionner qu'Oswald était la cible de railleries lors de séances de tir et qu'il a même raté un test. Les faits, dit-il, tendent « à démontrer qu'Oswald n'était pas un bon tireur et qu'il ne s'intéressait pas à son arme quand il était marine », et pourtant ces éléments sont absents du rapport. « Pour dire les choses de manière abrupte, ce type de tri sélectif peut faire du tort à l'intégrité et à la crédibilité du rapport dans son ensemble. » Il poursuit : « La chose la plus honnête et la plus raisonnable étant donné ce que l'on sait des compétences d'Oswald en tant que tireur serait de reconnaître qu'il existe des témoignages contradictoires. La commission pourrait ensuite conclure que la meilleure preuve de la capacité d'Oswald à viser juste dans un laps de temps aussi réduit, c'est précisément qu'il l'a fait. Il a eu de la chance, c'est sans doute vrai. Mais c'est ce qui s'est passé[7]. »

Lorsqu'il rentre de week-end, Liebeler dépose le mémo sur le bureau de Redlich. Mais il ne se passe rien. « Je n'en ai plus entendu parler », se souviendra-t-il[8].

Quelques jours plus tard, lorsque de nouvelles épreuves du chapitre arrivent, Liebeler les lit pour voir si on a tenu compte de ses remarques, ne serait-ce qu'en partie. La réponse est négative : ses critiques les plus sérieuses ont été ignorées. Il se précipite dans le bureau de Rankin pour protester, et celui-ci, le voyant très remonté, lui propose qu'ils relisent ensemble le chapitre, sur-le-champ. Il demande à Liebeler d'apporter une copie de son mémo et un jeu d'épreuves : « Nous nous sommes assis, tous les deux, et nous avons commencé à lire le chapitre », dira Liebeler. Willens se joint à eux, mais il appelle d'abord Redlich, qui ce jour-là est à New York. Comprenant que son travail est remis en cause, Redlich se précipite à l'aéroport et prend le premier vol pour Washington. L'après-midi même, il débarque à la commission. « Redlich, Rankin, Willens et moi-même avons passé le reste de la journée et une bonne partie de la nuit à comparer mon mémo et les épreuves, et je crois bien que nous avons fait le tour de toutes les questions. » Liebeler obtient satisfaction sur une partie, mais une partie seulement, des changements qu'il demande. Au cours des quinze jours suivants, il bombarde encore Redlich, Rankin et Willens de mémos.

Liebeler sait que ses longs mémos constituent une trace écrite de la manière dont il a bataillé sur ce qu'il estime être des questions de principe. A un moment, il décide de conserver des copies de tous ses documents. Il les sort peu à peu des bureaux de la commission, dans son attaché-case, et dans un premier temps les garde chez lui, à Washington. Si le travail de la commission est attaqué et si sa réputation est mise en cause, Liebeler disposera de tous ses mémos et de tous ses dossiers. Il pourra tout rendre public.

Le sénateur Richard Russell s'excuse constamment d'être si souvent absent. Comme il l'a prédit, l'année 1964 est pour lui l'une des plus chargées de toute sa carrière. Il passe une bonne partie des six premiers mois à tenter d'empêcher – sans y parvenir – l'adoption de l'imposant corpus législatif en matière de droits civiques que Johnson a fait voter en hommage à Kennedy, surtout le Civil Rights Act de 1964. Certains amis ségrégationnistes de Russell ont cru que son amitié avec Johnson conduirait la Maison-Blanche à édulcorer la législation. Mais Russell sent depuis le départ que c'est sans espoir. Pour lui, cette loi est « l'acte final du plus long débat et de la plus grande tragédie à s'être déroulée devant le Sénat des Etats-Unis[9] ». La loi finira par être votée à une large majorité, 73 contre 27, et sera paraphée par Johnson le 2 juillet. Johnson remerciera Russell par la suite pour avoir incité ses amis sudistes à accepter la loi une fois votée. « La violence et l'insoumission ne remplaceront pas la campagne de raison et de logique que nous devons mener[10]. »

Son absentéisme l'empêche de surveiller la conduite de l'enquête, le choix des collaborateurs et des tâches qui leur sont assignées. La controverse autour du passé de Norman Redlich lui a même causé des problèmes avec son propre électorat conservateur. Il a dû rédiger une lettre destinée à ses électeurs qui se plaignaient de Redlich. « Je tiens à redire que j'ai appris que Redlich travaillait pour la commission alors que les auditions étaient pratiquement finies », écrit-il, faisant porter le chapeau à Lee Rankin[11]. « Lorsque la question a été abordée par la commission, j'ai très clairement indiqué que si j'avais su qui était Redlich je me serais opposé à son embauche, et j'ai clairement fait savoir à M. Rankin que j'estimais qu'il avait abusé de notre bonne foi en passant son passé sous silence. » En mai, il s'en plaint encore à Johnson : « Je suis resté jusqu'à 23 h 30 à lire les rapports du FBI sur un salopard que Rankin a embauché pour la commission Warren », dit-il dans une conversation téléphonique enregistrée. « Tout le monde râle parce que c'est un communiste et tout ça... un gauchiste[12]... »

Mais même s'il ne participe pas au travail quotidien de la commission et n'est que rarement présent dans ses bureaux, Russell suit l'enquête grâce à Alfredda Scobey, « ses yeux et ses oreilles » dans l'équipe. Chaque soir, il insiste pour emporter chez lui les transcriptions des auditions et des témoignages, qu'il lit jusqu'au moment où il a l'impression d'avoir « les yeux en feu », se plaint-il à l'un de ses assistants[13].

Et il n'aime pas ce qu'il lit. Il ne cache pas à ses adjoints qu'il est troublé par la manière dont Warren conduit les travaux de la « commission sur l'assassinat ». (Par la suite, l'attaché de presse de Russell, Powell Moore, dira que le sénateur refusait de parler de la « commission Warren » : « Le sénateur insistait pour l'appeler la commission sur l'assassinat[14]. ») La commission penche peut-être pour la conclusion qu'Oswald a agi seul, mais Russell n'est toujours pas sûr que Lee Oswald

« était capable de faire ça tout seul ». Il est intrigué par ce qu'il apprend du voyage d'Oswald à Mexico et par son amitié avec un groupe de jeunes Cubains lorsqu'il habitait à Minsk.

Après l'adoption du Civil Rights Act, Russell s'implique à nouveau – à contrecœur, comme il le dit lui-même – dans le travail de la commission. Il annonce qu'il veut voir de ses propres yeux la scène du crime, et aussi interroger Marina Oswald. Il demande à Rankin de lui organiser un voyage à Dallas. Les deux autres parlementaires sudistes dans la commission – le sénateur Cooper du Kentucky et le représentant Boggs de la Louisiane – se joignent à lui. Selon Cooper, Russell espérait faire craquer la veuve d'Oswald et la convaincre de révéler des secrets qu'elle gardait encore. Russell se plaint de l'indulgence de Warren à son égard, même après que ses mensonges ont été exposés. Le *chief justice* était trop comme un « grand-père », dira-t-il à sa secrétaire. « Il aurait fallu l'interroger bien plus sévèrement[15]. »

La délégation de Russell arrive à Dallas le samedi 5 septembre, et visite le jour suivant le Texas School Book Depository. Russell provoque même un début de panique. Selon le *Dallas Morning News*, une petite foule de touristes a été « surprise » d'apercevoir un homme avec un fusil au cinquième étage, qui semblait les viser. On leur a expliqué qu'il s'agissait du sénateur Russell, qui essayait d'imaginer la scène le jour de l'assassinat. « Eh bien, j'espère qu'il n'utilise pas de vraies balles », dit une femme en cherchant à se mettre à l'abri[16].

L'après-midi même, la délégation a rendez-vous sur une base militaire avec Marina Oswald. Russell a préparé une longue liste de questions. L'interrogatoire dure plus de quatre heures, et le sénateur n'apprend rien qui n'ait déjà été dit. Dans ses questions sur les rapports entre Marina et son mari, Russell se fait insistant et demande si Oswald n'était pas un « mari très dévoué », à qui elle aurait dû être loyale[17].

« Non, répond Mme Oswald. Ce n'était pas un bon mari. »

Russell lui rappelle qu'elle a déclaré qu'Oswald l'aidait pour les tâches ménagères et était un bon père pour ses filles.

« Certes, mais j'ai aussi dit qu'il me frappait, répond-elle. Ce n'était pas un bon mari, quand il me frappait. »

« Combien de fois vous a-t-il frappée ? » demande Russell.

« De nombreuses fois », répond Marina.

Russell la questionne sur sa vie en Russie avant sa rencontre avec Oswald, y compris sur ses liens avec le Parti communiste et avec un de ses oncles qui travaillait à Leningrad pour le ministère de l'Intérieur. « Je tiens à assurer à la commission que je n'ai jamais reçu d'ordres du gouvernement soviétique », répond Marina.

Le seul moment surprenant de son témoignage est lorsqu'elle avance une nouvelle théorie selon laquelle Oswald ne voulait pas tuer Kennedy mais le gouverneur Connally. Selon elle, Connally était la cible parce qu'au temps où il était secrétaire de la Marine, il avait refusé d'intervenir pour casser le renvoi déshonorant d'Oswald.

Russell n'est pas convaincu : « Je pense que vous vous trompez lourdement. »

Mme Oswald admet volontiers que ce sont des spéculations : « Je n'en ai aucune preuve », dit-elle.

Sa prestation ce jour-là semble refléter une confiance toute neuve. A la différence des fois précédentes, elle n'est pas accompagnée d'un avocat. « C'est trop cher », dit-elle.

Pendant l'interrogatoire, Russell, tout comme Warren avant lui, finit par se laisser amadouer par cette jeune et jolie veuve. Il lui dit qu'il est heureux qu'elle ait trouvé un moyen de gagner un peu d'argent en vendant son histoire à des magazines et des journaux, et qu'il espère que cela lui permet de subvenir aux besoins de ses filles et d'elle-même. « J'espère que vous avez trouvé le moyen de la commercialiser dans le monde du cinéma ou de l'édition. »

En matière de sécurité nationale, Russell est à n'en pas douter l'homme le mieux informé du Congrès, et ce depuis des années. En 1965, il fêtera ses dix années à la tête de la commission du Sénat pour les affaires militaires. A ce poste, il a accès aux informations classifiées de plus haut niveau concernant la sécurité nationale.

Après la prise du pouvoir par Castro, Russell a été informé de nombreux secrets au sujet de Cuba. Il était au courant des efforts de l'administration Kennedy pour renverser Castro. Cela semble expliquer pourquoi, dans ses conversations avec Johnson et d'autres après l'assassinat, Russell pense tout de suite que Castro ou des éléments liés au pouvoir cubain et pensant agir au nom de Castro pouvaient être impliqués. Rien dans les documents disponibles ne permet de penser que Russell avait les mêmes soupçons au sujet de l'Union soviétique.

Russell a aussi l'impression que, quelle que soit la vérité sur l'assassinat, la CIA et le FBI ne sont pas nécessairement pressés de la découvrir, ne serait-ce que pour se prémunir contre les critiques en cas de découverte d'un complot. Dans ses dossiers personnels, Russell conservait une note adressée à lui-même, écrite à la main, rédigée à sa propre intention après la première réunion de la commission au mois de décembre. « Il se passe quelque chose d'étrange », écrivait-il au sujet de l'enquête de la CIA et du FBI sur le voyage à Mexico et sur une implication cubaine possible. L'enquête de la commission ne fait que commencer et déjà on s'efforce de démontrer qu'Oswald est l'unique assassin. Il est « le seul à avoir été pris en considération ». Russell écrit : « Pour moi, c'est une position intenable[18]. »

Depuis le début, la CIA et le FBI répètent qu'il n'existe pas de preuves d'un complot international, mais Russell sait d'expérience qu'ils sont capables de mentir. Russell s'inquiète aussi de la possibilité que Warren soit briefé – par la CIA ? la Maison-Blanche ? Johnson lui-même ? – à titre privé au sujet des parties sensibles de l'enquête. Lors de cette première réunion en décembre, écrit-il, le *chief justice* en savait plus long sur une possible implication cubaine qu'il ne voulait bien l'admettre. Par exemple, Warren semble avoir été au courant de rapports non confirmés de la CIA au sujet de milliers de dollars qu'Oswald aurait reçus de l'ambassade cubaine à Mexico. Sur la CIA, le *chief justice* en sait « autant que moi-même sinon plus ».

Son voyage de la dernière minute à Dallas n'apaise pas ses soupçons au sujet d'un complot. Pas plus qu'il n'atténue ses doutes quant à la théorie de la balle unique. Russell a le plus grand respect pour le gouverneur Connally, et si Connally pense qu'il a été touché par une balle distincte, ce n'est pas Russell qui le contestera.

Il fait donc face à un dilemme lorsque la commission s'apprête à délibérer sur le rapport final. Russell se demande s'il peut mettre son nom au bas de conclusions qu'il juge inacceptables. A la mi-septembre, il dicte à une secrétaire un exposé de ses désaccords – document qui restera longtemps caché dans ses archives au Sénat[19].

Il commence par rejeter la théorie de la balle unique :

« Je ne partage pas les conclusions de la commission quant à la probabilité que le président Kennedy et le gouverneur Connally aient été atteints par un seul et même projectile. Le visionnage répété du film Zapruder ne fait que renforcer ma conviction que la balle qui a traversé le corps du gouverneur Connally n'était pas la même que celle qui a traversé le dos et le cou du président. »

Russell se demande ensuite si Oswald a agi seul.

« Je conviens avec mes collègues qu'il n'existe pas de preuves claires et probantes reliant une personne ou un groupe à Oswald dans un complot pour assassiner le président, il ne me paraît pas possible de trancher avec certitude certains aspects de cette affaire. » Il se dit toujours inquiet des rapports concernant les relations d'Oswald avec des étudiants cubains à Minsk et par l'absence d'un « compte rendu détaillé de tous les déplacements d'Oswald, de tous ses contacts et relations lors de sa visite secrète à Mexico ». Il ajoute qu'il ne pourra s'associer à « toute conclusion catégorique selon laquelle Oswald aurait planifié et perpétré l'attentat sans la complicité, les encouragements ou l'assistance d'autres personnes ».

Dans les tout derniers jours de correction du rapport, l'équipe reçoit enfin le résultat de l'enquête du FBI sur Silvia Odio. Le FBI affirme disposer de nouvelles preuves pour démontrer qu'Odio se trompe. Les trois hommes qui se sont présentés chez Odio ont été identifiés – et Oswald n'en fait pas partie. La nouvelle parvient à la commission le 21 septembre sous la forme d'une lettre de J. Edgar Hoover à Rankin[20]. Selon Hoover, un chauffeur de camion cubano-américain âgé de trente-quatre ans, identifié comme Loran Eugene Hall, prétend être l'un des militants anticastristes qui se sont présentés chez Odio. Le passé de Hall est mystérieux : il affirme être un mercenaire qui s'est retourné contre Castro après avoir combattu à ses côtés.

Selon Hall, il se trouvait à Dallas en septembre 1963 avec deux autres combattants anticastristes – Lawrence Howard, un

Mexicano-Américain, et William Seymour, qui n'était pas latino et ne parlait que quelques mots d'espagnol – afin de récolter des fonds pour la cause. Ils s'étaient rendus chez une femme qui, selon Hall, était Silvia Odio. Hall pense qu'Odio a peut-être pris Seymour pour Oswald.

Hoover précise que l'enquête se poursuit et que le FBI recherche encore Seymour et Howard. Les enquêteurs de la commission sont soulagés par ces nouvelles de dernière minute. Le rapport de la commission pouvait à présent exclure le témoignage le plus sérieux suggérant qu'Oswald avait des complices.

Des années plus tard, David Slawson, qui a tellement insisté pour que l'on enquête sur les affirmations d'Odio, ne se souviendra pas s'il a vu la lettre de Hoover ni des détails sur la manière dont le Bureau avait résolu la question des affirmations d'Odio[21]. Comme ses collègues, Slawson était trop pris par l'achèvement de sa partie. Selon ses souvenirs, il n'a pas été question de faire témoigner Hall, il n'y avait tout simplement plus le temps. « On ne pouvait que supposer que le FBI avait raison », dira-t-il.

Grâce à la lettre de Hoover, les parties du rapport traitant des allégations d'Odio sont réécrites à la hâte pour les expliquer – et à présent les réfuter. Dans le rapport, la commission se félicite d'avoir insisté pour que le FBI se penche à nouveau sur son récit : « En dépit du fait qu'il semblait presque certain qu'Oswald ne pouvait pas se trouver à Dallas à l'époque où Mme Odio prétend l'avoir vu, la commission a demandé au FBI de poursuivre ses investigations pour déterminer la validité de son témoignage[22]. » Le rapport mentionnait le succès de dernière minute obtenu par le FBI en retrouvant Loran Hall et affirmait que c'était Hall et ses deux compagnons – aucun des deux n'étant Oswald – qui s'étaient présentés chez elle. « Le FBI n'a pas encore achevé ses investigations au moment où ce rapport est mis sous presse, mais la commission a conclu que Lee Harvey Oswald n'a pas été vu chez Mme Odio au mois de septembre 1963. »

La commission est sur le point de fermer ses portes et ne peut donc plus enquêter, mais le FBI continuera à s'intéresser à Odio, et l'explication fournie à la commission s'effondrera très rapidement. Loran Hall changera de version plusieurs fois, et finira par prétendre – dans une déclaration sous serment devant les enquêteurs du Congrès – que le FBI avait mal retranscrit ses propos, qu'il n'avait jamais rendu visite à Odio[23]. Selon lui, les agents du FBI qui l'avaient interrogé avaient inventé une histoire pour rassurer la commission. Les deux autres hommes censés s'être trouvés avec lui chez Odio, Seymour et Howard, finiront par être retrouvés et interrogés, et ils affirmeront ne pas connaître Odio et ne s'être jamais rendus chez elle. Leurs dénégations semblent étayées par les faits : le FBI confirmera que Seymour travaillait en Floride au moment où les visiteurs étaient censés avoir rendu visite à Odio.

Les agents du FBI retournent voir Odio le 1er octobre, une semaine après la publication du rapport, et lui montrent des photos de Hall, Seymour et Howard. Elle ne reconnaît aucun d'eux et insiste à nouveau – comme elle ne cessera de le faire au cours des décennies suivantes – sur le fait qu'elle a bien vu Lee Harvey Oswald chez elle, à Dallas, en septembre 1963[24].

CHAPITRE 53

Bureaux de Gerald R. Ford
Chambre des représentants
Washington
Septembre 1964

Le secret autour du livre de Gerald Ford est de plus en plus difficile à garder. Un nombre croissant d'éditeurs est au courant du projet, qui sera un témoignage sur l'enquête de la commission vue de l'intérieur, la parution devant intervenir dans la foulée de celle du rapport. Ford et Jack Stiles, son coauteur et ami, ont chargé une importante agence, William Morris, de négocier un accord avec les éditions Simon & Schuster.

Selon les termes du contrat qui est signé, Ford doit recevoir une avance de 10 000 dollars et jusqu'à 15 % de droits sur le prix de vente au détail pour chaque exemplaire vendu, une fois que l'avance aura été couverte par les ventes. Le contrat pour l'édition de poche sera négocié à une date ultérieure[1]. A elle seule, l'avance équivaut à la moitié de son salaire annuel de parlementaire, à savoir 22 500 dollars*. Le livre sera centré sur le parcours et les mobiles d'Oswald et s'intitulera *Biography of an Assassin* (« Biographie d'un assassin ») – Simon & Schuster aurait préféré *Kennedy's Assassin* (« L'assassin de Kennedy »).

---

* Le salaire d'un membre de la Chambre des représentants en 1963 – 22 500 dollars – équivaut à environ 168 000 dollars de nos jours, compte tenu de l'inflation. L'avance de 10 000 dollars perçue par Ford pour son livre équivaut à environ 75 000 dollars.

C'est Edward K. Thompson, le directeur du magazine *Life,* qui a présenté Ford à Simon & Schuster, et il espère pouvoir faire paraître des bonnes feuilles au moment de la publication du rapport, avant celle du livre.

Le projet ne fait pas l'unanimité chez l'éditeur, d'une part en raison de la piètre qualité du texte – un des lecteurs parlera d'« efforts pénibles et maladroits pour maintenir le lecteur en haleine » – mais aussi parce que le projet en soi est jugé indécent – « Je reste troublé par l'idée même qu'un membre de cet auguste aréopage se lance dans un récit des coulisses de l'enquête », dira un autre lecteur. Mais Simon & Schuster maintient sa décision[2].

Depuis le début de l'été, Ford s'évertue à entretenir l'intérêt de *Life* et de Simon & Schuster, allant jusqu'à inviter des collaborateurs du magazine et de la maison d'édition à se rendre à Washington pour lire les documents de la commission qu'il conserve dans son bureau, et ce au moment précis où il est soupçonné par le FBI d'avoir communiqué d'autres documents, dont une copie du « Journal historique » d'Oswald, publiée par *Life.* « Parlé avec Ford au téléphone », écrit Thompson le 8 juillet à un responsable de Simon & Schuster[3]. « Il suggère que quelqu'un prenne connaissance des documents essentiels dans son bureau de Washington. Si vous trouvez l'idée bonne, dites-moi. » Thompson, toutefois, ne suivra pas son instinct de journaliste et déclinera la proposition. Il dit à son interlocuteur avoir expliqué à Ford qu'en soi les documents ne feront pas vendre le livre. Ce qui intéressera les lecteurs, c'est « son point de vue personnel » – ses pensées sur l'enquête et sur Oswald. « Je ne vois pas l'intérêt de me plonger dans ses documents, qui sont pour l'essentiel des documents de travail de la commission. »

A ceux qui l'accuseront par la suite d'avoir cherché à tirer profit de l'assassinat, Ford répondra que son livre était une contribution historique légitime. Et il justifiera le fait d'avoir laissé Stiles et ses collaborateurs – dont John Ray et Francis Fallon – lire des documents confidentiels. « C'était une bonne équipe », dira-t-il. « Jack était écrivain, John avocat. Ils m'aidaient à préparer les réunions de la commission, ils analysaient les comptes rendus, débusquaient les incohérences. »

Sans eux, dira-t-il, il n'aurait pas pu travailler efficacement pour la commission.

Il est vrai que l'année a été chargée pour Ford. En tant que membre du « House Appropriations Committee », une des instances budgétaires de la Chambre, il est submergé de travail, et d'un point de vue politique 1964 est une année très chargée. A un moment, le bruit a couru qu'il était un des candidats à la vice-présidence aux côtés de Barry Goldwater, qui briguera la présidence en novembre pour le Parti républicain[4]. Fallon, qui a à peine vingt-trois ans, s'avouera impressionné par l'investissement de Ford dans la commission. Son seul défaut, selon lui, était son opinion a priori favorable du FBI et de J. Edgar Hoover. « Jerry leur faisait vraiment confiance, c'était son point faible. »

Fallon ne cesse d'insister pour que Ford pousse la commission à rechercher les preuves d'une conspiration. Dans un mémo du 31 juillet, il explique à Ford qu'en l'état le projet de rapport donne l'impression d'une tentative de camouflage des indices permettant de penser qu'Oswald a reçu une formation d'espion pendant son séjour en Union soviétique. « Vous devez vous opposer à cette manipulation », déclare Fallon[5]. « Nous manquons d'informations dans trop de domaines. Il faut en savoir davantage. Vous devriez demander à avoir accès aux témoignages attribués à des "sources confidentielles". »

Stiles va encore plus loin. Le 4 septembre, alors que l'enquête touche à sa fin, il redit à Ford sa conviction qu'Oswald était peut-être un espion. « Quelle preuve avons-nous réellement qu'Oswald n'était pas un agent secret ? Rien ne montre qu'il l'était, mais cela ne permet pas de dire pour autant que le sujet est clos[6]. »

Ford répond qu'il ne ferme aucune porte. Il prend en considération toutes les théories conspirationnistes, dont certaines ne sont pas encore connues du grand public. Ainsi, au mois de mai précédent, un journaliste du *Detroit Free Press*, le grand quotidien du matin de son Etat, a discrètement pris contact avec lui pour lui demander ce qu'il pense des rumeurs selon lesquelles Oswald faisait partie d'un complot fomenté à La Nouvelle-Orléans[7]. Les rumeurs sont alambiquées et leur caractère en partie sexuel explique sans doute pourquoi de nombreux journalistes refusent de s'y intéresser.

Elles concernent un habitant de La Nouvelle-Orléans, David Ferrie, ancien pilote de ligne lié à des groupes anticastristes d'extrême droite. Ferrie a été interrogé, peu après l'assassinat, par la police locale et le FBI à la suite d'un renseignement selon lequel il connaissait Oswald. Quand Oswald était adolescent, il a fait partie d'un escadron local de la Patrouille de l'Air civile, ou CAP – un groupe de férus d'aviation subventionné par l'Air Force – à la tête duquel se trouvait Ferrie. Celui-ci avait démenti de manière véhémente tout lien avec Oswald (mais des années plus tard, une photo d'une réunion de la CAP fera surface sur laquelle ils semblent figurer tous les deux).

Ferrie, dont Ford écrit le nom « Ferry » dans les notes qu'il prend au cours de l'entretien avec le journaliste, a été licencié par la compagnie Eastern Airlines « pour des activités homosexuelles » impliquant de jeunes adolescents. Selon le journaliste, il « porte une perruque et des faux sourcils ». (Ferrie souffre d'une maladie caractérisée par une absence totale de pilosité corporelle.)

Toujours selon le journaliste, Ferrie est aussi lié à des figures du crime organisé en Louisiane. Il travaille de temps à autre pour l'avocat du boss local de Cosa Nostra, Carlos Marcello. Selon la rumeur, c'est Ferrie qui a piloté l'avion à bord duquel Marcello est rentré aux Etats-Unis à la suite d'une tentative ratée du département de la Justice sous le gouvernement Kennedy pour le faire expulser du pays.

« Connaissait sans doute O au CAP », écrit Ford à propos d'Oswald et de la Patrouille de l'Air civile. Et à côté : « Lee Harvey Oswald : homosexuel ? » Il se demande quel est le lien entre ces différents détails : si Oswald connaissait Ferrie, peut-être en raison de penchants sexuels communs, peut-être par l'intermédiaire d'exilés cubains, cela veut-il dire qu'il connaissait aussi un boss de la Mafia qui aurait pu vouloir se venger de Kennedy ?

C'est Wesley Liebeler qui se charge d'enquêter sur ces rumeurs à La Nouvelle-Orléans au mois de juillet. Il ne trouve rien concernant un complot auquel seraient mêlés Ferrie et la Mafia, et les rumeurs ne seront pas mentionnées dans le rapport final de la commission. « Le FBI avait bien fait son boulot », dira Liebeler par la suite[8]. « La piste Ferrie ne menait nulle part*. »

Alors que l'enquête touche à sa fin, Ford pense que les théories conspirationnistes sont inévitables, étant donné « la complexité des événements et les coïncidences invraisemblables » révélées par l'enquête de la commission[9].

Ford et Stiles s'efforcent de démêler l'écheveau des théories. Ils cherchent des critères permettant d'évaluer les thèses conspirationnistes et constatent très vite que la plupart des théories supposent qu'Oswald est un « pigeon », quelqu'un que l'on a placé au Texas School Book Depository pour lui faire porter le chapeau. Pour évaluer la plausibilité de cette idée, ils s'intéressent à la manière dont s'est passée l'embauche d'Oswald. C'est Marina qui en est à l'origine : elle a lourdement insisté pour que Ruth Paine, qui connaît le directeur du Texas School Book Depository, l'appelle et lui demande de recevoir son mari. C'est à la suite de cette démarche qu'Oswald est engagé. Mais la société possède deux entrepôts à Dallas. A moins que le directeur ne fasse partie du complot, c'est par hasard qu'Oswald a été assigné au bâtiment surplombant Dealey Plaza.

Un autre angle d'attaque consiste à se pencher sur les dates. Si Oswald est un « pigeon », les maîtres d'œuvre du complot savent déjà à la date de son embauche que le cortège présidentiel passera sous l'immeuble de Dealey Plaza. Ford s'intéresse donc à la manière dont la Maison-Blanche a préparé le déplacement en se basant sur la chronologie établie par les enquêteurs à la demande de la commission. Selon celle-ci, le voyage au Texas a été annoncé à la fin septembre, en gros au moment où Oswald s'est rendu à Mexico[10]. Mais, dans un premier temps, Dallas ne fait pas partie de l'itinéraire. L'étape est ajoutée le 9 novembre – c'est-à-dire trois semaines *après* l'embauche d'Oswald. Et le trajet de Kennedy dans la ville – donc, son passage devant l'immeuble où travaille Oswald – n'est rendu public que le 19 novembre, trois jours

* Liebeler avait aussi enquêté sur les allégations selon lesquelles Oswald était lié à Marcello par l'intermédiaire d'un de ses oncles qui résidait à La Nouvelle-Orléans, Charles "Dutz" Murret, un « bookie » (parieur clandestin) qui aurait travaillé pour la famille Marcello. La commission n'avait pu établir de lien entre Murret et l'assassinat.

avant l'assassinat. La conclusion s'impose : seul « le plus grand des hasards » a permis à Oswald de se trouver à l'endroit d'où il a tiré sur le président : « Le destin lui a permis de se trouver au bon endroit au bon moment pour accomplir son rôle funeste. »

De la même manière, Ford comprend que la chronologie des événements du dimanche 24 novembre, le jour où Oswald a été tué, démontre que Ruby ne faisait partie d'aucun complot. C'est de manière « totalement fortuite » que Ruby a eu le temps de pénétrer dans le sous-sol du commissariat central de la police de Dallas pour abattre Oswald. Le transfert d'Oswald vers la prison du comté avait été retardé pour permettre à un inspecteur des postes de lui poser quelques questions. L'inspecteur était à la messe et n'avait pas pu arriver plus tôt. Ce léger retard avait donné à Ruby – qui se trouvait au bureau de la Western Union, de l'autre côté de la rue, d'où il avait envoyé un mandat de 25 dollars à une de ses stripteaseuses – le temps dont il avait besoin. Si le transfert d'Oswald avait eu lieu une ou deux minutes plus tôt, Ruby serait arrivé trop tard.

Ford est exaspéré par l'incapacité de la commission à se mettre d'accord sur le mobile d'Oswald. Dans son livre et dans ses remarques ultérieures sur l'assassinat, il avancera les raisons qui, selon lui, ont conduit Oswald à assassiner Kennedy. Cette explication reste la plus détaillée et, à bien des égards, la plus réfléchie jamais formulée par un membre de la commission.

Pour Ford, la réponse se trouve en grande partie dans le « Journal historique » d'Oswald sur son passage à l'Est. Ford pense qu'aucun des actes d'Oswald n'a de mobile politique. Son « soi-disant marxisme » n'est pour lui qu'un « pot-pourri de phraséologie révolutionnaire plaqué sur le rêve d'une société meilleure qu'il est incapable de décrire avec précision ». Ford pense, en revanche, qu'Oswald était mû par un besoin désespéré d'attention et un entêtement infantile qui l'empêchait de revenir en arrière dès lors qu'il avait pris la décision de faire quelque chose. Ford, père de quatre enfants, dont trois garçons, estimait en savoir assez sur la psychologie de l'enfance pour affirmer qu'Oswald n'avait pas surmonté son impulsivité juvénile. Le « Journal historique », selon Ford, est

« l'autoportrait saisissant d'un jeune homme qui, ne pouvant obtenir ce qu'il voulait, s'en remettait à des gestes mélodramatiques et irréfléchis pour attirer l'attention. Lorsque les circonstances empêchent une personne normale de parvenir à ses fins, elle frappe du poing sur la table ou, mieux encore, elle apprend la leçon. Mais pas Lee Harvey Oswald... Il était comme un enfant qui, ne parvenant pas à attirer l'attention, casse un jouet ou fait tout un cirque pour parvenir à ses fins ».

Ford pense qu'un autre facteur explique les actes d'Oswald, mais il ne le dira pas dans son livre et n'en fera jamais état publiquement, car l'explication est d'ordre sexuel. Divers témoins avaient rapporté à la commission les problèmes sexuels du couple Oswald. Ford pense qu'Oswald était impuissant et que les railleries de Marina devant des étrangers l'humiliaient et provoquaient une telle colère qu'il avait choisi de se servir d'une arme pour prouver sa virilité. Dans une interview restée inédite, Ford dira : « J'ai l'impression – et je ne pense pas être le seul – qu'Oswald était ridiculisé par sa femme au sujet de son impuissance. Il a choisi de faire quelque chose pour démontrer sa bravoure[11]. »

Ford et ses conseillers établissent une longue liste de modifications à apporter au rapport et les soumettent à la commission.

Les changements proposés sont faciles à repérer car il en soumet la liste, chapitre par chapitre, dans des lettres sur papier à en-tête de la Chambre des représentants adressées à Rankin. Bon nombre des suggestions de Ford sont utiles, et il met souvent le doigt sur des erreurs, preuve de la lecture très serrée effectuée par ses collaborateurs. Le 2 septembre, il écrit à Rankin pour suggérer de corriger une affirmation selon laquelle Oswald buvait rarement après son retour aux Etats-Unis, affirmation que paraissent contredire les témoignages de gens l'ayant aperçu dans des bars de Dallas et de La Nouvelle-Orléans. « Il est clairement attesté qu'il buvait, parfois excessivement, quand il était en Russie, et aussi à La Nouvelle-Orléans en 1963[12]. » Suivant les recommandations de Ford, le passage est supprimé.

Il propose une autre modification qui par la suite donnera lieu à controverse, puisqu'il demande qu'une phrase essentielle sur les preuves médicales soit réécrite. Le projet de chapitre disait : « Une balle a pénétré par le dos, en un point au-dessus de l'épaule, à la base du cou, légèrement à droite de la colonne vertébrale[13]. » Sur sa copie, Ford a barré cette phrase et l'a remplacée par : « Une balle a pénétré par le dos, au-dessous du cou, en un point légèrement à droite de la colonne vertébrale. » Le rapport est modifié en conséquence. Des années plus tard, Ford expliquera qu'il voulait simplement clarifier l'emplacement de la blessure. « Pour toute personne raisonnable, "en un point au-dessus de l'épaule et à droite" laisse penser que la blessure est très en haut et à droite, et c'est exactement comme ça que je l'ai compris. » Les conspirationnistes prétendront par la suite que Ford a cherché à induire en erreur les lecteurs du rapport afin de conforter la théorie de la balle unique. En fait, la modification est plutôt le reflet de la confusion de la commission quant à l'emplacement exact des impacts.

Des dizaines d'années plus tard, le Congrès autorisera l'examen du dossier complet de l'autopsie par une équipe d'experts indépendants et celle-ci conclura que les pathologistes de la Navy avaient commis des erreurs surprenantes, à commencer par une mauvaise estimation de l'emplacement des deux impacts d'entrée. Lorsque les pathologistes examineront les photos, ils concluront que la première balle a pénétré le corps beaucoup plus bas que ne le laissait entendre le rapport d'autopsie, et que la blessure d'entrée au niveau de la tête se trouvait une dizaine de centimètres au-dessus de l'endroit indiqué dans le rapport[14].

Septembre approche, et Warren s'inquiète du peu de temps qu'il lui reste avant le premier lundi du mois d'octobre, date à laquelle la Cour suprême reprendra ses travaux. Avec Rankin, il établit un planning. La dernière réunion exécutive de la commission est fixée au vendredi 18 septembre à 10 heures du matin. La journée sera consacrée à une discussion du rapport et se conclura par son adoption. Les dernières épreuves corrigées seront ensuite transmises à l'imprimeur du gouvernement, le General Printing Office, et une copie reliée du rapport sera remise en mains propres au président Johnson le jeudi suivant, c'est-à-dire le 24 septembre, à la Maison-Blanche.

Warren reste déterminé à obtenir que le rapport soit adopté à l'unanimité, toute autre solution risquant selon lui d'accréditer dans l'opinion l'idée que tout n'est pas net dans l'assassinat du président, ou que certains détails ont été camouflés. « Si la décision n'avait pas été unanime, le résultat aurait été désastreux », dira-t-il par la suite à Drew Pearson[15]. Il rappellera également à ce dernier, avec fierté, la campagne qu'il avait menée en coulisses pour obtenir une décision unanime de la Cour suprême dans le cas *Brown v. Board of Education* en 1954, évoquant l'immense satisfaction qu'il avait ressentie en donnant lui-même lecture du jugement à l'audience. « Lorsque j'ai prononcé le mot “unanime”, l'émotion s'est emparée de la salle », dira-t-il. C'était une « manifestation émotionnelle instinctive qui défiait toute description[16] ».

Pour obtenir un jugement unanime dans *Brown v. Board of Education*, Warren avait mené une campagne de lobbying intense pendant de longs mois avant de parvenir à convaincre ses collègues récalcitrants. Il était même allé jusqu'à s'inviter dans la chambre d'hôpital d'un des juges. Mais pour obtenir une décision unanime sur le rapport de la commission, il dispose de quelques semaines, voire quelques jours. S'il veut tenir les délais qu'il a imposés, la séance du 18 septembre est sa seule et unique chance de convaincre la commission de parler d'une seule et unique voix.

Puisque la commission a cessé de tenir le procès-verbal de ses délibérations, on ne saura jamais avec certitude comment Warren s'y est pris ni s'il a failli échouer, et de combien de voix. Toutefois, au fil des ans, certains membres ont raconté leur version de ce qui s'est passé ce jour-là.

Russell révélera plus tard qu'il est arrivé à la réunion avec la ferme intention de faire valoir son désaccord – qu'il a, après tout, déjà couché par écrit – et qu'il pensait qu'il ne serait pas seul à défier Warren. Il répète depuis des semaines qu'il ne croit pas en la théorie de la balle unique. Pourtant, les projets de chapitres qu'il a lus avant la réunion concluent que celle-ci est exacte. Il pense également que la commission ne doit pas formellement exclure qu'Oswald ait fait partie d'un complot.

Or les projets de chapitres qu'il a lus affirment sans ambages qu'Oswald a agi seul.

Après la réunion, Russell racontera à ses collaborateurs qu'au début Warren refuse tout net de changer le passage sur la théorie de la balle unique. « Warren refusait de céder », dira-t-il à sa secrétaire de longue date au Sénat[17]. « Il disait que les choses se passeraient comme il l'entendait. » Selon Russell, après leur avoir expliqué la nécessité d'un rapport unanime Warren appelle la commission à accepter les conclusions telles qu'elles ont été rédigées par l'équipe. Selon Russell, avant même d'avoir ouvert la discussion, Warren a regardé autour de la table et déclaré : « Nous sommes tous d'accord, et nous allons tous signer le rapport. »

C'est alors que Russell prend la parole pour corriger – et défier – le *chief justice*. Ils ne sont pas « tous » d'accord. Il lance un avertissement : « Je ne signerai jamais ce rapport si la commission affirme catégoriquement que la deuxième balle a blessé » Kennedy et Connally, déclare-t-il. Il s'offusque que la commission puisse contredire le témoignage sous serment de Connally. Le sénateur Cooper déclare son accord avec Russell, affirme que lui aussi croit Connally, et se dit prêt à signer une opinion discordante. Selon Russell, le représentant Boggs laisse entendre que lui non plus n'est pas entièrement convaincu par la théorie de la balle unique[18].

Warren fait subitement face à une révolte, avec le risque que le rapport ne soit pas adopté à l'unanimité. Deux, voire trois membres sont prêts à faire état publiquement de leur désaccord.

Au cours des années suivantes, Warren affirmera sans dévier qu'il croyait en la théorie de la balle unique, et qu'il comprenait les arguments passionnés des enquêteurs. Si Oswald a agi seul, la théorie doit être vraie. Mais Warren a une longue expérience de la politique. Il sait – comme sans doute tous les membres de la commission présents ce jour-là – qu'un compromis, même déplaisant, est parfois le prix à payer pour parvenir à un résultat. Il accepte donc de négocier.

Le fruit de ce compromis est une formulation qui dilue le texte original et laisse la porte ouverte à la possibilité que Connally ait été atteint par une autre balle – ce qui pour les enquêteurs est une absurdité. La formulation finale dit[19] :

« Bien qu'aucune des conclusions essentielles de la commission n'impose de déterminer avec précision quelle balle a atteint le gouverneur Connally, les rapports d'expertise laissent penser que la balle qui a traversé la gorge du président a aussi occasionné les blessures du gouverneur Connally. Le témoignage du gouverneur et certains autres facteurs ont néanmoins donné lieu à des divergences d'opinion quant à cette possibilité, mais il ne fait nul doute dans l'esprit de l'ensemble des membres de la commission que tous les coups de feu qui ont atteint le président et le gouverneur Connally ont été tirés depuis la fenêtre du cinquième étage du Texas School Book Depository. »

Russell exige d'autres modifications. Il annonce qu'il est disposé à manifester son désaccord par écrit si la commission exclut la possibilité d'une conspiration. Il affirme être d'accord avec les autres sur le fait qu'Oswald est sans doute le seul tireur. Mais il serait inexact selon lui de suggérer qu'il n'existe pas même une lointaine possibilité qu'Oswald ait eu des complices à Dallas ou ailleurs. Russell aurait dit à Warren : « Je suis d'accord avec les faits tels qu'ils sont exposés, mais nous ne pouvons être certains que d'autres preuves n'apparaîtront pas dans l'avenir. Nous ne pouvons pas fermer catégoriquement la porte à des faits qui pourraient être mis au jour. »

Cette fois, c'est Ford qui vole au secours de Russell, et la nouvelle rédaction sur ce point est moins alambiquée. Au lieu de conclure qu'il n'y a pas eu de complot, le rapport affirme qu'il « n'en existe pas de preuves », n'excluant qu'elles puissent un jour faire surface. Et c'est ainsi que le *chief justice* obtient ce qu'il veut. Un rapport unanime qui, espère-t-il, fera taire à jamais les sombres rumeurs sur l'assassinat de ce président qu'il a tant admiré et même aimé. Warren annonce que les sept membres de la commission se retrouveront six jours plus tard à la Maison-Blanche pour remettre le rapport au président Johnson.

Lee Rankin sort de la réunion et explique à ses adjoints, Howard Willens et Norman Redlich, ce qui vient de se passer. Willens est atterré, dira-t-il plus tard. En faisant marche arrière sur la théorie de la balle unique, la commission fait preuve de malhonnêteté – et il n'est pas le seul à le penser.

« Rankin a essayé de nous expliquer la décision de la commission, mais ses excuses nous ont paru inacceptables », se souviendra Willens[20]. De toute évidence, les changements ont été faits « par respect pour Connally » en faisant fi de la vérité. L'erreur du gouverneur du Texas est compréhensible, mais c'est une erreur et Willens le sait. Cela n'empêche pas la commission de suggérer que Connally a peut-être raison, ce qui laisse à tout jamais la porte ouverte à la présence d'un deuxième tireur. « Le compromis était indéfendable et sapait la crédibilité du rapport », dira Willens. « Il soulevait plus de problèmes qu'il n'en résolvait et les conspirationnistes en feraient leurs choux gras pendant des décennies. »

Aucun des membres de la commission ne fera état de débats au sujet des critiques adressées au FBI et au Secret Service. Ces organismes se voient vertement reprocher de ne pas avoir été capables de partager les informations sur les possibles menaces pesant sur la vie du président. Le bureau de Dallas du FBI et l'agent James Hosty sont particulièrement visés pour n'avoir pas communiqué le nom d'Oswald au Secret Service avant la visite de Kennedy. « Le FBI a adopté une vision excessivement restrictive de son rôle dans la collecte préventive de renseignements avant l'assassinat », conclut le rapport[21]. « Une approche plus coordonnée du traitement de l'affaire Oswald par le FBI aurait pu permettre d'attirer l'attention du Secret Service sur les activités d'Oswald. »

Les reproches sont encore plus sévères à l'encontre du Secret Service, et la commission demande une « refonte complète » de la manière dont cet organisme recueille les informations sur les menaces possibles contre le président[22]. La commission recommande au président Johnson de mettre en place un comité qui aura pour fonction de superviser de près la performance du Secret Service. A la demande de Warren, le rapport mentionne la virée nocturne des agents de l'escorte présidentielle. Le rapport laisse entendre, sans l'affirmer, que les agents auraient pu sauver la vie du président. « Ces hommes, qui avaient peu dormi et avaient consommé des boissons alcoolisées, même en faibles quantités, auraient sans doute été plus alertes pendant le défilé présidentiel », affirme le rapport[23].

En dépit de son soutien affiché à Hoover, Ford dira par la suite qu'il n'a pas cherché à tempérer les critiques contre le FBI, mais qu'il pensait que Hoover serait satisfait de constater que le Secret Service était beaucoup plus lourdement mis en cause que le Bureau. Selon Ford, « 80 % de nos critiques » visaient le Secret Service. « Les critiques adressées au FBI étaient moindres[24]. »

Il n'y a pas de débat non plus sur les critiques sévères adressées aux responsables locaux du maintien de l'ordre à Dallas, surtout le département de police, dont l'incompétence avait permis à Ruby d'assassiner Oswald en direct à la télévision. Comme le dira Russell plus tard : « J'avais l'impression que la police de Dallas avait décidé de laisser exécuter Oswald sans autre forme de procès. »

Une agence fédérale importante échappe aux critiques de la commission : la CIA. Le rapport ne le dit pas explicitement, mais la commission semble accepter les explications de l'Agence et estime qu'elle a bien travaillé en ce qui concerne la surveillance d'Oswald au fil des ans, y compris à Mexico. Au terme de l'enquête, la CIA semble avoir su garder le respect de la plupart des membres de la commission et des enquêteurs, ne serait-ce que parce qu'à la différence du FBI elle s'était d'emblée montrée coopérative.

La seule trace officielle de la dernière séance exécutive de la commission est un résumé lapidaire de dix-sept pages qui ne laisse rien transparaître des débats animés que décriront ensuite Russell et Ford[25]. Dans sa tentative d'expliquer le déroulement de la réunion, le résumé est fondamentalement malhonnête. Le document dactylographié – dont l'auteur n'est pas connu – ne mentionne pas la dispute au sujet de la théorie de la balle unique et ne rapporte pas non plus le débat qui a conduit la commission à laisser ouverte la possibilité d'un complot. Le résumé ne fait pas référence aux menaces d'une opinion écrite discordante proférées par Russell. Le compte rendu se contente de rapporter que le rapport final a été approuvé, et qu'il l'a été à l'unanimité.

CHAPITRE 54

Maison Blanche
Bureau ovale
Washington
Vendredi 18 septembre 1964

Le président Johnson cherche à joindre son vieil ami Richard Russell, et les services de la Maison-Blanche le trouvent chez lui, en Géorgie, où il est parti pour le week-end. La réunion finale de la commission au cours de laquelle le rapport final a été approuvé s'est tenue le matin même et Russell – épuisé, selon ses dires – a quitté Washington dans la foulée.

Si Johnson est au courant de la réunion, cela ne transparaît pas dans l'enregistrement de la conversation téléphonique. Il semble surtout vouloir parler avec son ancien mentor en sa qualité de président du Comité des forces armées. Toute la journée, Johnson a été abreuvé de rapports sur un affrontement en mer de Chine entre des destroyers américains et quatre vedettes nord-vietnamiennes. A peine un mois plus tôt, un incident entre des bateaux américains et nord-vietnamiens dans le golfe du Tonkin a conduit Johnson à autoriser le bombardement d'installations militaires au Nord-Vietnam et incité le Congrès à adopter la fameuse « résolution du Golfe du Tonkin » lui accordant de vastes pouvoirs pour répondre au Nord-Vietnam communiste. C'est sur cette résolution que Johnson s'appuiera pour ordonner les premiers grands déploiements de troupes américaines au Vietnam.

Ce vendredi en fin de journée, Johnson est soulagé d'apprendre que les rapports sur l'affrontement avec les Nord-Vietnamiens sont sans doute exagérés. Mais l'élection présidentielle doit avoir lieu dans six semaines et comme le Vietnam risque de devenir un enjeu important de la campagne, le président tient à discuter de la situation et de ses implications politiques avec Russell, dont le soutien lui sera indispensable s'il souhaite intensifier l'engagement américain[1].

Johnson joint Russell peu avant 20 heures.

« Toujours sur le départ, hein ? » dit Johnson en plaisantant. « Vous devez vous sentir bien, là-bas. »

« Vous ne vous en privez pas vous-même », répond Russell, faisant allusion à un voyage que Johnson a fait sur la côte Ouest quelques jours plus tôt. « Cette satanée commission Warren m'a épuisé. »

Il lui explique que la commission a approuvé le rapport final l'après-midi même.

« Vous savez ce que j'ai fait ? A peine fini, j'ai sauté dans un avion, et je suis descendu jusqu'ici. Je n'ai même pas pris une brosse à dents. J'ai deux ou trois trucs sur place, mais je n'ai pas l'antihistaminique pour mon emphysème. »

Johnson : « Pourquoi tant de hâte ? »

Russell : « Je n'en pouvais plus de batailler sur ce satané rapport. »

Johnson : « Vous auriez quand même dû prendre le temps d'attraper quelques affaires. »

Russell : « Non, non. Ils essayaient de montrer que la balle qui a atteint Kennedy en premier a aussi blessé Connally... traversé de part en part, puis sa main, ses os, sa jambe et tout le reste. »

Johnson : « Qu'est-ce que ça peut bien faire de savoir quelle balle a atteint Connally ? »

Russell : « Ce n'est pas vraiment fondamental. Mais ils pensent... la commission pense que la balle qui a atteint Kennedy a aussi blessé Connally. Mais moi je n'y crois pas ! »

« Moi non plus », répond Johnson, commentaire qui semble davantage refléter son respect pour Russell qu'une connaissance approfondie du dossier.

« Je ne pouvais pas signer ça », poursuit Russell. « Et j'ai dit que le gouverneur Connally avait dit exactement le contraire, donc pas question que j'approuve ça. J'ai fini par les obliger à faire inscrire qu'il y avait des avis divergents dans la commission, qu'une partie des membres n'y croyait pas. »

Johnson veut savoir quelle est la teneur du reste du rapport. « Quelle est la conclusion générale ? Qu'est-ce que ça dit ? C'est Oswald qui l'a fait, mais pour quelle raison ? »

Russell : « Eh bien, ça dit juste que c'était une sorte de misanthrope... qu'il n'était jamais content de l'endroit où il se trouvait, en Russie ou ici, qu'il voulait voir son nom dans les livres d'histoire et tout ça. Je pense que vous n'en serez pas mécontent. C'est trop long, mais bon... »

Johnson : « Unanime ? »

Russell : « Oui, unanime. »

Johnson : « Hmmm. »

Russell : « J'ai essayé de mon mieux de faire-valoir mon point de vue, mais ils revenaient à la charge et j'ai dû donner mon accord en échange d'un fil. » (Apparemment, Russell fait allusion à Warren, qui a accepté de réécrire le rapport de manière à laisser de la place à un « fil » de doute, tant sur la théorie de la balle unique que sur la conspiration.) A ce moment la conversation tourne à une discussion beaucoup plus longue sur l'évolution de la situation au Vietnam.

La publication du rapport est précédée par quelques jours d'activité frénétique, et les enquêteurs qui sont encore là reçoivent le renfort d'un groupe de clercs de la Cour suprême pour tout vérifier et revérifier. « J'ai travaillé comme un chien jusqu'au dernier moment », dira David Slawson[2]. Son cabinet de Denver attend impatiemment son retour car il doit prendre en charge un dossier important – ses partenaires pensaient qu'il serait de retour au printemps – et lorsque la commission approuve le rapport final le 18 septembre, il annonce que ce sera son dernier jour au bureau. Le jour même, la commission approuve le rapport.

Au cours de ses dernières heures à la commission, il commence à se sentir mal. « Zut, j'ai attrapé la grippe », pense-t-il. Mais ce n'est pas la grippe. Il est juste tellement épuisé qu'il s'effondre. « Je suis parti vendredi soir, je me suis mis au lit et je suis resté couché jusqu'à dimanche. Je n'ai rien mangé pendant deux jours, j'ai dormi. » Dimanche, il se sent mieux et décide de rentrer à Denver en voiture, un voyage de trois jours.

John McCloy dira qu'il avait été légèrement troublé par la précipitation avec laquelle le rapport avait été achevé. Il pense que les conclusions de la commission sont exactes, mais que le rapport pourrait être mieux écrit, plus clairement en tout cas. « Il n'y avait aucune raison de se presser », se souviendra-t-il, « il y avait des problèmes de style... A la fin, je trouve qu'on est allés un peu vite[3] ». Cela explique un certain nombre d'erreurs d'inattention dans le rapport, dont des notes mal numérotées et des noms mal orthographiés, et de nombreux cas où une information présentée dans un chapitre est répétée, presque mot pour mot, dans un autre.

Au moment de fermer ses portes, la commission doit décider quels sont les juristes qui ont le plus travaillé – en tenant compte du nombre de jours facturés – et lesquels n'ont presque rien fait. Le décompte montre – et cela ne surprend pas grand monde – que Frank Adams, le partenaire senior de Specter, est celui qui a le moins travaillé : 16 jours et 5 heures, en tout. Coleman arrive en deuxième position, mais il a tout de même travaillé quatre fois plus qu'Adams, pour un total de 64 jours. Parmi les juristes juniors, Burt Griffin est celui qui a travaillé le plus – 225 jours –, suivi par Liebeler – 219 – et Slawson – 211. Le juriste senior à avoir travaillé le plus est Lee Rankin – pour un total de 308 jours, ce qui veut dire que Rankin a effectué plus d'une journée de travail par jour, y compris les week-ends, puisqu'il a été embauché au mois de décembre 1963. Personne ne songe à le contester.

Au cours des dernières semaines de l'enquête, les trois femmes qui ont le plus retenu l'attention de la commission – Jacqueline Kennedy, Marina Oswald et Marguerite Oswald – se manifestent auprès d'elle. Mme Kennedy fait savoir qu'elle souhaite récupérer les vêtements ensanglantés de son mari. Au cours de leur dernière séance exécutive, les membres donnent leur accord, en stipulant que Mme Kennedy tiendra les vêtements à disposition au cas où des enquêtes supplémentaires seraient entreprises « pour confirmer le travail de la commission ».

Warren dira par la suite qu'il a refusé de lui remettre les vêtements sans conditions[4]. « La petite dame m'a demandé les vêtements du président », dira-t-il à Drew Pearson selon le journal de ce dernier. « Je pense qu'elle souhaite les détruire, et j'ai refusé. Nous ne pouvons pas donner notre accord à la suppression ou la destruction de pièces à conviction. » Au bout du compte, Jacqueline Kennedy ne reprendra jamais possession des vêtements. « Les vêtements, les photos et les radiographies ont été remis au département de la Justice avec pour instruction de ne jamais les montrer au public », dira Warren. Les vêtements finiront par être remis aux Archives nationales, pour y être conservés à tout jamais.

La veuve et la mère d'Oswald n'obtiennent pas non plus satisfaction. Jusqu'aux derniers jours de l'enquête, Marina Oswald a réclamé le retour des possessions de son mari, à commencer par le fusil Mannlicher-Carcano et le pistolet Smith & Wesson. La demande a été refusée, une décision facilitée par la découverte qu'elle projetait de les vendre à des collectionneurs qui souhaitaient les exposer.

Les juristes de la commission ne sont pas surpris, mais plutôt amusés, de recevoir à la mi-août une lettre d'un agent littéraire new-yorkais affirmant représenter Marguerite Oswald[5]. Mme Oswald, dit la lettre, insiste pour interdire à la commission l'utilisation sans son autorisation de son témoignage ou de tout autre matériel confié par elle à la commission – « photographies, documents, ainsi que tout autre type de bien lui appartenant ». La commission doit obtenir « son accord écrit, qui ne lui a pas été accordé pour l'instant », prévient l'agent. Pour faire bonne mesure, il envoie des copies de son courrier à la Maison-Blanche, au bureau du *speaker* (président) de la Chambre des représentants, et au *speaker* du Sénat. Au cas où on ne l'aurait pas compris, Mme Oswald souhaitait que tout le gouvernement fédéral soit au courant de ses exigences. C'était peine perdue : la commission ignorera son courrier et publiera son témoignage dans son intégralité.

Comme sa belle-fille, Mme Oswald s'active à vendre les souvenirs de la vie de son fils[6]. Quelque temps plus tôt, elle a vendu au magazine *Esquire* seize lettres que son fils lui a envoyées de Russie pour une somme estimée à 4 000 dollars. Les lettres ont été publiées en même temps que des portraits de Mme Oswald par Diane Arbus. Mme Oswald a aussi enregistré un disque dans lequel elle lit ces lettres.

Le jeudi 24 septembre au matin, le *chief justice* Warren prend la boîte couleur bleu marine qui contient un exemplaire du rapport définitif – dix centimètres d'épaisseur, 888 pages, 296 000 mots – et la tend au président Johnson dans la salle du cabinet, à la Maison-Blanche. Une foule de photographes et de caméramans immortalise l'instant. « C'est plutôt lourd », dit le président – les seuls mots que les journalistes entendent distinctement[7]. Dans la journée, la Maison-Blanche rendra publique la lettre que le président a écrite le jour même à Earl Warren : « La commission, je le sais, a été guidée par le souci de découvrir et de dire toute la vérité sur ces terribles événements. »

Warren est entouré des six membres de la commission. Comme convenu avec les correspondants de presse accrédités auprès de la Maison-Blanche, le rapport ne sera pas rendu public le jour même, Johnson souhaitant l'emporter chez lui au Texas, dans son ranch de Johnson City, pour le lire pendant le week-end. Samedi, des exemplaires seront communiqués à la presse, étant entendu que les articles seront soumis à un embargo jusqu'à dimanche, 18 h 30, heure de Washington.

Les trois chaînes de télévision nationales ont programmé des émissions en direct dès le dimanche soir pour dévoiler et expliquer les conclusions du rapport. La chaîne CBS diffusera une émission spéciale de deux heures qui contiendra de nombreuses interviews de témoins directs des assassinats de Kennedy et de J.D. Tippit. « Nous avons fini par interviewer vingt-six témoins, qui avaient tous témoigné pour la commission et qui nous ont raconté ce qu'ils ont dit », expliquera Leslie Midgley, le producteur de l'émission[8]. Le *New York Times* prévoit de publier l'intégralité du rapport dans son édition de lundi et, deux jours plus tard, sous forme de livre en association avec l'éditeur Bantam Books, pour un prix de vente au détail de 2 dollars. Les lecteurs de Washington qui ne souhaitent pas attendre pourront acquérir le rapport publié par le Government Printing Office, qui sera disponible dès lundi matin à 8 h 30 en édition reliée (3,25 $) ou brochée (2,50 $). La commission annonce qu'elle prévoit de publier les vingt-six volumes d'annexes – contenant l'essentiel des rapports et des témoignages – plus tard dans l'année.

Lundi matin, la une du *New York Times* est barrée par un titre à peine plus petit que celui annonçant la mort du président, dix mois plus tôt[9].

COMMISSION WARREN DÉCLARE OSWALD COUPABLE
ASSASSIN ET RUBY ONT AGI SEULS
SECRET SERVICE MIS EN CAUSE, RÉFORME EXIGÉE

Anthony Lewis, le journaliste du *Times* qui a bénéficié de nombreuses fuites en provenance de la commission, signe le long article qui – dans son premier paragraphe – parle des conclusions de la commission comme de faits indiscutables.

« WASHINGTON, le 27 septembre – L'assassinat du président Kennedy était l'œuvre d'un seul homme, Lee Harvey Oswald. Il n'y a pas eu de complot, ni national ni international. »

L'article loue le rapport pour sa « méticulosité, son équité et sa neutralité » et aussi son « authentique style littéraire ». « Ceux qui ont aimé John Kennedy et qui aiment ce pays ne pourront le lire sans émotion. » Dans son éditorial, le *Times* affirme que le rapport est « complet et convaincant » et ajoute : « Les faits, rassemblés de manière exhaustive, vérifiés de manière indépendante et exposés avec cohérence, détruisent les fondements des théories conspirationnistes qui ont prospéré comme de mauvaises herbes chez nous et à l'étranger. »

Le magazine *Time* chante également les louanges du rapport : « Le rapport de la commission est stupéfiant dans ses détails, remarquable dans sa retenue et sa prudence et pourtant absolument convaincant dans ses principales conclusions[10]. »

Il y a peu de fausses notes dans la presse nationale. James Reston, le très respecté correspondant du *New York Times* à Washington, suggère que la commission a tenté « de servir l'histoire en découvrant la vérité », mais que le rapport est décevant parce que nombre de questions restent sans réponse. « Le mystère central, à savoir qui a assassiné le président, a trouvé une réponse mais seulement au prix d'une foule de nouveaux mystères », dont celui toujours non résolu de la raison pour laquelle Oswald a tué Kennedy : ses mobiles sont à peine suggérés dans le rapport. Sur ce point, conclut Reston, « les membres distingués de la commission et leur équipe n'ont pas voulu en faire plus[11] ».

Warren est satisfait de la réaction de la famille Kennedy. Quelques semaines avant la publication du rapport, Robert Kennedy a démissionné de ses fonctions d'*attorney general* pour se lancer à la conquête d'un siège de sénateur dans son nouvel Etat de résidence, New York. Le jour de la parution du rapport, il publie un communiqué dans lequel il affirme que la commission Warren a établi la vérité au sujet de la mort de son frère[12]. Il ne tarit pas d'éloges sur son travail mais confie « ne pas avoir lu le rapport, et ne pas avoir l'intention de le faire ». Ce serait trop douloureux, disent ses amis. « Mais on m'en a exposé le contenu et je suis persuadé que la commission a poursuivi toutes les pistes et examiné toutes les pièces à conviction. L'enquête a été exhaustive et consciencieuse... Comme je l'ai dit en Pologne l'été dernier, je suis convaincu qu'Oswald est le seul responsable de ce qui s'est passé et qu'il n'avait ni aide ni assistance extérieure. C'était un aigri qui n'était heureux nulle part, ni ici ni en Union soviétique. »

A sa demande, son frère Edward (« Ted »), sénateur du Massachusetts, lit le rapport et rencontre le *chief justice* au siège de la commission pour discuter de la manière dont elle a abouti à ses conclusions. « Bobby m'a demandé de m'en occuper parce que c'était trop dur pour lui, d'un point de vue émotionnel », dira Ted Kennedy dans ses Mémoires. « Lorsque je l'ai eu au bout du fil, Warren m'a dit qu'il serait heureux de me recevoir et de passer en revue les parties les plus contestées du rapport. » Le *chief justice* « m'a fait un compte rendu très complet, comme je le lui avais demandé. J'ai posé beaucoup de questions. Le tout a duré quatre heures ». Il dira que Warren « a su trouver les mots pour m'expliquer la responsabilité particulière envers la nation dont il se sentait investi, qui était d'obtenir les bonnes réponses ». Et Kennedy ajoutera que Warren l'avait convaincu que les conclusions de la commission étaient justes, et qu'Oswald avait agi seul. « J'ai dit à Bobby que j'acceptais les conclusions de la commission et qu'il devrait faire de même, et il a tout de suite été d'accord. » Selon Edward Kennedy au moins, Robert « ne souhaitait pas qu'on continue à enquêter sur la mort de notre frère ».

Warren se réjouit aussi de la réaction initiale du public. Des sondages d'opinion montrent que l'enquête du *chief justice* a convaincu de nombreux Américains de l'inexistence d'un complot. L'institut Harris effectue des sondages un peu avant la publication du rapport et tout de suite après, et ceux-ci montrent que 87 % des sondés pensent qu'Oswald a tué le président, alors qu'ils n'étaient que 76 % quelques jours plus tôt. Le nombre de ceux qui croient qu'Oswald a eu des complices tombe à 31 % au lieu de 40 % avant la publication[13]. Ce sera le dernier sondage national à montrer qu'une majorité d'Américains pensent qu'Oswald a agi seul.

Certains membres de la commission ne se gênent pas pour profiter de ces éloges. Boggs, qui a peu participé aux travaux de la commission, déclare à l'hebdomadaire *National Observer* le 5 octobre qu'il compte écrire un livre grâce aux très nombreuses notes qu'il a prises[14]. C'est lui qui a écrit une bonne partie des 300 000 mots du rapport final », affirme l'hebdomadaire, une déclaration qui fait bien rire l'équipe de la commission.

Un des membres, Richard Russell, cherche presque aussitôt à prendre ses distances. Dans une interview au journal *The Atlanta Constitution*, le plus important quotidien de son Etat, qui paraît le 29 septembre, soit deux jours après la publication du rapport, il dit que c'est « le meilleur rapport que nous pouvions écrire » mais doute que la commission ait découvert toute la vérité. « On ne sait toujours pas, dit-il, si Oswald a agi avec le soutien et l'encouragement de quelqu'un d'autre », et il ajoute que les spéculations sur la mort de Kennedy « continueront durant des centaines d'années, sinon plus[15] ».

J. Edgar Hoover reçoit son exemplaire du rapport le 24 septembre, le même jour que le président, et il le transmet aussitôt à son directeur adjoint, James Gale, qui dirige le département des affaires internes. Il y joint la note suivante : « Je veux un examen attentif des défaillances du FBI. Le chapitre 8 nous réduit en charpie[16]. »

Du point de vue de Hoover, les nouvelles pourraient difficilement être plus mauvaises. Le Bureau a été déshonoré, et pourrait même être démantelé puisqu'il est suggéré dans le rapport que le FBI a raté une occasion d'empêcher l'assassinat du président. La commission n'accuse pas Hoover en personne, mais par la suite, dès que ses archives seront accessibles, il deviendra clair qu'il a menti de manière répétée – et sous serment –

aux enquêteurs. Son mensonge le plus flagrant est sans doute son affirmation réitérée selon laquelle le FBI avait bien géré son enquête sur Oswald avant l'assassinat, alors que les agents responsables avaient été sanctionnés dès le mois de décembre.

Après avoir lu le rapport, Gale écrit à Hoover le 30 septembre pour l'inciter à une nouvelle fournée de sanctions. Selon Gale, le rapport « est accablant en ce qui concerne certaines défaillances pour lesquelles des personnes ont déjà fait l'objet de sanctions, comme par exemple l'absence de toute investigation sérieuse dès qu'il a été établi qu'Oswald s'était rendu à l'ambassade soviétique à Mexico ». Gale estime qu'il « convient d'envisager dès à présent des sanctions administratives supplémentaires contre ceux qui ont failli à leur devoir dans cette affaire et contribué à jeter l'opprobre sur le Bureau[17] ». Hoover est d'accord. Une nouvelle vague de sanctions disciplinaires vise dix-sept agents et employés du FBI, quatorze ayant déjà fait l'objet de mesures disciplinaires lors de la première vague, dont certains seront démis de leurs fonctions. James Hosty est rétrogradé et muté à Kansas City. « Il ne fait pas de doute dans mon esprit que nous n'avons pas agi comme les circonstances l'exigeaient en ce qui concerne des aspects essentiels de l'enquête sur Oswald », écrit Hoover à son premier cercle de collaborateurs le 12 octobre. « Cela doit être une leçon pour tous, mais certains ne l'ont visiblement toujours pas compris. »

Comme lors de la première vague de sanctions, certains membres du premier cercle de Hoover redoutent que la presse ne s'en empare. « Je pense que nous commettons une erreur tactique en prenant des mesures disciplinaires dans cette affaire, à ce moment précis. » Voici ce qu'écrit le directeur adjoint Alan Belmont à Hoover au mois d'octobre : « Le rapport de la commission Warren vient d'être rendu public. Il contient des critiques du FBI. Nous prenons en ce moment même des mesures destinées à contester les conclusions de la commission Warren en ce qui concerne le FBI. Il est donc de la plus haute importance que nous ne donnions pas prise aux critiques, ce dont on pourrait s'emparer pour dire : « Vous voyez ? La commission avait raison[18]. »

Hoover n'est pas content et le fait savoir : il faut agir tout de suite : « Nous nous sommes trompés », répond-il à Belmont[19]. « Nous procéderons à l'action administrative telle que je l'ai approuvée. Je n'ai pas l'intention de couvrir des actions qui ont fait un tort irréparable au Bureau en tant que principal organe d'investigation. » Dans une autre note à un de ses adjoints le 6 octobre, il écrit : « Le FBI ne se remettra jamais de cette flétrissure, qui aurait pu être si facilement évitée grâce à des initiatives et une supervision appropriées[20]. »

Tout en étant d'accord, en secret, avec une bonne partie des critiques de la commission, Hoover se déchaîne à l'extérieur contre le rapport. Dans une série de lettres à la Maison-Blanche et à l'*attorney general* Nicholas Katzenbach, il se plaint que le rapport « est truffé d'erreurs, du moins en ce qui concerne le FBI[21] ». Il avance une liste détaillée de ce qu'il prétend être des erreurs de la commission dans sa présentation de l'activité du Bureau.

Le bureau de Hoover donne l'ordre à James Malley, qui avait servi d'officier de liaison avec la commission, d'appeler Rankin de la part de Hoover[22]. Malley a pour instruction d'informer Rankin qu'« il a rendu un bien mauvais service au Bureau, et qu'il a fait mieux que McCarthy ». Hoover est prêt à contre-attaquer si le besoin s'en fait sentir, en visant l'équipe de la commission. Après avoir lu fin septembre un article flatteur du *Washington Post* sur Rankin et d'autres juristes de la commission (« Les louanges pleuvent sur l'équipe qui a assisté la commission Warren »[23]), Hoover demande que l'on « vérifie » si les dossiers du FBI recèlent des informations sur les 84 membres de l'équipe de la commission – ce que les collaborateurs de Hoover interprètent comme une incitation à rechercher des informations compromettantes. Le 2 octobre, le bureau de Hoover est informé que les recherches ont été menées, et que « les dossiers du Bureau concernant les individus suivants ayant travaillé pour la commission, ainsi que leurs familles, contiennent des informations compromettantes[24*] ».

* L'auteur a choisi de ne pas fournir la liste de ces noms puisque la majeure partie de l'information dite « compromettante » semble ne pas l'avoir été du tout. La fiche la plus fournie était celle de Norman Redlich, surveillé depuis longtemps par le FBI pour ses liens avec des groupes de défense des droits civiques. Joseph Ball était sur la liste parce que le FBI le considérait comme un « libertarien des droits civiques » qui s'était « constamment engagé au côté du mouvement en faveur des droits civiques ».

Les bureaux de la commission ferment définitivement en décembre, et les deux étages qu'elle occupait sont libérés. Alfred Goldberg, l'historien, est l'un des derniers à partir. Il est resté pour rassembler les vingt-six volumes de documentation, témoignages et expertises qui seront rendus publics en novembre.

Avant de quitter Washington, Rankin a une ultime confrontation avec Hoover, qui fait bien rire des anciens de la commission lorsqu'ils en ont vent. Le 23 octobre, au moment où les vingt-six volumes d'annexes sont prêts pour la publication, Hoover écrit une lettre irritée à Rankin où il se plaint que la commission s'apprête à violer la vie privée des gens dont les noms figurent dans les dossiers du FBI dont la commission s'apprête à faire état dans les annexes. J. Edgar Hoover est subitement devenu le champion de la défense de la vie privée. Ces dossiers « contiennent une quantité considérable d'informations d'ordre personnel qui ont été données à nos agents au cours de l'enquête sur ces cas », prévient Hoover. « Je me permets d'attirer une nouvelle fois votre attention sur cette question pour souligner la responsabilité qui doit être assumée par la commission au cas où ces documents seraient rendus publics[25]. »

Rankin répond le 18 novembre. Il dit à Hoover que la commission s'efforcera « de minimiser l'utilisation d'informations d'une nature très personnelle » tout en fournissant au public « la plus grande quantité possible d'informations sur son enquête[26] ».

Il adresse en même temps une autre lettre à Hoover, une lettre que le très sérieux Rankin a dû prendre un malin plaisir à écrire. Hoover avait fait publiquement vœu de poursuivre l'enquête sur l'assassinat de Kennedy indéfiniment, le Bureau continuant à suivre toutes les pistes. La lettre du 18 novembre est en quelque sorte la dernière mission assignée au FBI par la commission – un dernier indice que le Bureau se doit d'investiguer.

« Eu égard à la poursuite de votre enquête sur l'assassinat du président Kennedy, je me permets d'attirer votre attention sur ce qui suit », écrit Rankin. La commission a reçu un appel téléphonique de dernière minute de la part d'un certain Louis Kleppel, qui prétend détenir « des informations d'une importance vitale concernant l'assassinat du président ». Rankin poursuit : « Monsieur Kleppel reconnaît être atteint d'une pathologie psychiatrique, plus précisément la schizophrénie, mais il estime que le gouvernement n'a rien à perdre en recueillant son témoignage. »

Rankin se disait confiant que le FBI saurait, encore une fois, faire preuve de diligence.

Le sénateur Russell trouve une dernière manière de manifester son total désaccord avec le rapport de la commission. Celui-ci porte peut-être son nom, mais il ne portera pas pour autant sa signature.

En souvenir de l'enquête, Warren veut remettre aux membres et à l'équipe une copie du rapport final signée par chacun des sept membres. (La couverture reproduit la signature de tous les membres.) En outre, il souhaite donner à chacun un exemplaire dédicacé du portrait officiel de la commission. Plus de cent exemplaires du rapport et cent photographies sont réservés à cet effet. On invite les membres à passer dans les bureaux pour y apposer leurs signatures.

Le 7 décembre, après que tous les autres membres de la commission sont venus signer le rapport et la photo, Julia Eide, la secrétaire de Rankin, lui annonce qu'elle abandonne en ce qui concerne Russell. Le sénateur refuse de signer, et prétend depuis des semaines qu'il est trop occupé au Sénat pour traverser la rue. Elle a téléphoné au bureau de Russell et a parlé avec une de ses secrétaires, laquelle lui a appris que le sénateur venait de repartir en Géorgie et qu'il ne reviendrait pas avant la nouvelle année.

« Je pense qu'il faudra se résigner à expédier les exemplaires sans sa signature », écrit Eide à Rankin, laissant entendre qu'elle sait parfaitement que le rapport a failli ne pas être adopté à l'unanimité à cause de Russell. « Est-ce vraiment important ? » ajoute-t-elle. « A part faire des histoires, je n'ai pas l'impression qu'il a contribué à grand-chose, et les exemplaires ne se porteront pas plus mal sans son paraphe[27]. »

QUATRIÈME PARTIE

Conséquences

© Rene Burri/Magnum Photos

Vue depuis l'ambassade des Etats-Unis à Mexico, 1964

Dès la publication du rapport de la commission Warren en septembre 1964, les dossiers classifiés de l'administration font état d'informations qui suggèrent que l'histoire de l'assassinat du président Kennedy devra être réécrite. La plus grande partie de ces informations restera secrète durant des décennies. Le maelström de questions restées sans réponse fournira aux conspirationnistes la matière qui leur permettra de convaincre rapidement une majorité d'Américains que Lee Harvey Oswald n'avait pas agi seul. Le travail de la commission sera sévèrement critiqué, et avec le temps on finira par compter parmi ses détracteurs certaines personnes ayant participé à la rédaction du rapport.

Chapitre 55

Octobre 1964 - Année 1965

Du côté de la CIA, après la publication du rapport, l'ambiance est au soulagement – voire aux réjouissances. La crainte de se voir reprocher le ratage de la surveillance soi-disant poussée d'Oswald à Mexico un an plus tôt – l'implication étant que l'Agence aurait pu faire quelque chose pour éviter l'assassinat – se révèle infondée. Le résultat, estime-t-on au sein de l'Agence, est à porter pour l'essentiel au crédit de Win Scott, le chef de station à Mexico, qui a tout fait pour convaincre la commission que la CIA avait bien fait son travail.

Dans un câble adressé à la station de Mexico le 25 septembre, Langley félicite et remercie Scott : « Tous les éléments du siège impliqués dans l'affaire OSWALD souhaitent exprimer leur reconnaissance à la station pour ses efforts dans cet aspect de l'affaire comme dans d'autres[1]. » Le nom de James Angleton, le vieil ami de Scott qui dirige le contre-espionnage et a discrètement supervisé la transmission d'informations à la commission, ne figure pas au bas du télégramme. C'est typique du personnage qui, même en interne, préfère rester dans l'ombre.

Après toutes ces bonnes nouvelles, le rapport qui atterrit sur le bureau de Scott quinze jours plus tard fait l'effet d'une douche froide. En date du 5 octobre, il rapporte des informations qui, si elles étaient vraies, impliqueraient que Scott et ses collègues – et donc la commission Warren – sont passés à côté de la véritable histoire du voyage d'Oswald[2]. Le rapport émane d'une informatrice de la CIA, June Cobb. Cette traductrice de l'espagnol, originaire de l'Oklahoma, a vécu à Cuba au début des années 1960 et a même travaillé pour le gouvernement de Castro à une époque où elle affichait des sympathies pour la révolution cubaine. Elle habite à présent Mexico, et sous-loue une chambre chez Elena Garro de Paz, une auteure mexicaine ayant acquis une certaine notoriété après le succès de son roman *Los recuerdos del porvenir* (« Les souvenirs du futur »), paru en 1963. Cobb a rencontré Garro par le circuit des réceptions d'ambassade, qu'elles fréquentent toutes les deux.

Cobb rapporte une conversation qu'elle a surprise entre Garro, sa fille Helena, âgée de vingt-cinq ans, et la sœur de Garro, Deva Guerrero, suscitée par la publication du rapport de la commission. Ce que Cobb a entendu est stupéfiant : les trois femmes disent avoir croisé Oswald, en compagnie de deux amis américains « à l'allure de beatniks » lors d'une « twist party » organisée par la famille de Silvia Duran en septembre 1963, quelques semaines avant l'assassinat. Les Garro sont cousines par alliance de Duran.

Selon Cobb, lorsque Elena et sa fille « ont commencé à poser des questions au sujet des Américains, qui se tenaient sans danser dans un coin depuis le début de la soirée, on a fait passer ceux-ci dans une autre pièce ». Face aux questions insistantes d'Elena, le mari de Silvia Duran a fini par dire qu'« il ne savait pas qui étaient [les Américains] », car c'était Silvia qui les avait invités. Lorsque Elena a demandé une nouvelle fois à leur être présentée, on lui a répondu que ce n'était pas possible car « les jeunes gens devaient partir aux aurores ». Mais selon Elena et sa fille, ils étaient encore à Mexico le lendemain, puisqu'elles les avaient aperçus dans une des grandes artères de la capitale, l'avenue Insurgentes.

Les trois femmes avaient été sidérées de reconnaître l'un des trois Américains de la « twist party » sur les photos publiées tout de suite après l'assassinat. Le lendemain, elles avaient appris que Silvia Duran et son mari, Horacio, avaient été emmenés par la police, et cela avait encore « renforcé » leur certitude d'avoir vu Oswald. Selon Cobb, Elena n'avait rien dit à la police car elle avait peur qu'on n'arrête sa fille. Les Garro étaient « tellement dégoûtées » par l'idée que Silvia et sa famille pouvaient avoir un lien avec l'assassin qu'elles avaient « aussitôt rompu tout lien avec les Duran », toujours selon Cobb.

Après la publication du rapport, Scott a peut-être espéré que c'en était fini des questions sur Oswald – et des menaces qu'elles pouvaient représenter pour sa carrière. Mais le caractère potentiellement explosif des informations de June Cobb ne lui laisse d'autre choix qu'enquêter à leur sujet. On confie la tâche à l'un des agents du FBI sur place, Clark Anderson, qui a été chargé de l'enquête sur les activités d'Oswald à Mexico tout de suite après l'assassinat. Si quelqu'un aurait dû être au courant pour les Garro, c'était bien lui.

Le récit que les Garro livrent à Anderson correspond dans les moindres détails aux propos rapportés par Cobb. Selon Elena Garro, la fête s'est très probablement déroulée le lundi 30 septembre 1963, mais peut-être le mardi 1er octobre ou le mercredi 2. Elle se souvient d'avoir pensé que c'était inhabituel d'organiser une fête un jour de semaine. La fête a eu lieu chez Ruben Duran, le beau-frère de Silvia, avec une trentaine d'invités[3]. Vers 22 h 30, « trois jeunes Blancs américains sont arrivés. Silvia les a accueillis et ils n'ont parlé qu'à elle. Ils sont restés à l'écart et n'ont, selon Garro, parlé à personne d'autre ». Les Américains devaient avoir entre vingt-deux et vingt-quatre ans. (Oswald avait vingt-trois ans à l'époque.) Oswald, dit-elle, portait un pull noir et mesurait environ un mètre soixante-quinze. (C'était sa taille.) L'un de ses compagnons mesurait « environ un mètre quatre-vingts, il était blond avec des cheveux raides, avait un grand menton et une allure de "beatnik" ». Anderson demande à Garro si elle se souvient d'autres personnes présentes, et Garro mentionne un jeune Mexicain qui avait flirté avec sa fille. L'homme sera contacté par le FBI et confirmera une partie du récit de Garro mais il affirmera que personne ressemblant à Oswald n'avait assisté à la fête.

Anderson transmet son rapport à Washington le 11 décembre puis – selon ses dossiers – ne fait plus rien. Apparemment, il ne cherche pas à parler avec la sœur de Garro, qui se trouvait aussi à la fête. Dans son rapport, il ne tire aucune conclusion définitive, mais suggère que les Garro se trompent au sujet d'Oswald. Cette opinion est basée sur le fait qu'Oswald ne se trouvait plus à Mexico lors de deux des trois dates mentionnées par Garro, à supposer qu'elle l'ait bien vu dans la rue le lendemain de la fête. « L'enquête a établi que Lee Harvey

Oswald a quitté Mexico en autobus à 8 h 30 le 2 octobre 1963 et il ne peut donc être l'Américain que Mme Paz prétend avoir vu lors d'une fête, si cette fête a eu lieu le 1er ou le 2 octobre. » Mais Anderson ne mentionne pas un fait évident : si la fête a eu lieu le 30 septembre, la première date avancée par Elena Garro, Oswald se trouvait à Mexico et aurait pu être vu dans la rue le jour suivant.

Les dossiers de Scott ne permettent pas de savoir s'il a informé Langley de ces développements[4]. Une chronologie interne des actions de la station de Mexico établie plus tard par la CIA laisse penser qu'il ne l'a pas fait. Si cela est vrai, alors la direction de la CIA n'a rien su du récit d'Elena Garro – ni de la « twist party » – avant qu'une année se soit écoulée.

C'est plus fort que lui : Wesley Liebeler ne peut s'empêcher de ruer dans les brancards.

A l'été 1965, il accepte de rencontrer un doctorant de l'université Cornell, Edward Jay Epstein, qui souhaite l'interviewer au sujet de la commission Warren[5]. Agé de trente ans, Epstein prépare une thèse en sciences politiques dont le sujet lui a été suggéré par une question de l'un de ses directeurs d'études : « Comment une organisation gouvernementale fonctionne-t-elle dans une situation où il n'existe ni règles ni précédents dont elle puisse s'inspirer ? » Il souhaite faire de la commission Warren son étude de cas. Liebeler l'invite à passer le voir dans le Vermont, endroit qu'il trouve toujours propice à la réflexion.

Dix mois se sont écoulés depuis la publication du rapport, et la vie de Liebeler, qui a à présent trente-quatre ans, a bien changé. Au lieu de reprendre du service dans un grand cabinet d'avocats, il s'est installé sur la côte Ouest et enseigne le droit à UCLA, l'université de Californie à Los Angeles. Il restera toujours proche de ses deux fils, mais finira par divorcer de leur mère qui les élèvera à New York. Le style de vie californien lui convient bien, tout comme les jolies jeunes filles qui fréquentent le campus.

Les références universitaires d'Epstein font bon effet sur Liebeler. C'est un chercheur, pas un journaliste fouille-merde, et il se dit que ses travaux permettront peut-être de contrer l'armée conspirationniste qui conteste les conclusions de la commission. Plusieurs ouvrages défendant l'existence d'un complot dans la mort de Kennedy sont en cours d'achèvement, dont un écrit par Mark Lane. Liebeler sait qu'il n'est pas le seul à parler à Epstein, qui a aussi demandé à rencontrer les sept membres de la commission. Il finira par parler à cinq d'entre eux – tous sauf Warren, qui refusera, et le sénateur Russell, empêché par la maladie. Epstein a également prévu d'interviewer Lee Rankin, Norman Redlich et Howard Willens.

Liebeler confie à Epstein que, bien qu'étant d'accord avec les conclusions de la commission, il conteste la manière dont l'enquête a été conduite. Comme toujours, il est incisif – et indiscret – et son nom figurera en très bonne place dans la thèse d'Epstein. Liebeler lui explique que ce sont les juristes de la commission qui ont mené l'enquête. Lorsque Epstein lui demande ce qu'ont fait les sept membres de la commission, Liebeler lui répond : « En un mot, rien[6]. » (Il dira par la suite ne pas se souvenir de cette réponse, mais il n'en contestera pas la véracité.) Epstein dira plus tard – dans des remarques qui ne figureront pas dans sa thèse – que Liebeler s'était « moqué des sept membres, que l'équipe appelait selon lui "les Sept Nains" parce qu'ils avaient avalé tout ce que leur racontait Marina Oswald, qui était "Blanche-Neige[7]" ». La liste de Liebeler était légèrement différente de celle de ses collègues. Pour lui, Warren était Simplet, parce qu'il écartait tout témoignage contredisant les dires de Marina, alors qu'Allen Dulles était Dormeur, « parce qu'il s'endormait souvent pendant les dépositions et posait des questions à côté de la plaque lorsqu'il se réveillait ». John McCloy était Grincheux « parce qu'il se fâchait tout rouge lorsque les enquêteurs ne prêtaient pas attention à ses théories sur une possible conspiration internationale ».

Liebeler dévoile les contraintes de temps auxquelles l'équipe a été confrontée, situation aggravée par l'incompétence du FBI. Pour lui, l'enquête du FBI était « une plaisanterie ». Il rapporte à Epstein la remarque maladroite de Rankin à la fin de l'enquête sur la nécessité de conclure même s'il restait des questions en suspens : « Nous devrions être en train de fermer les portes, pas de les ouvrir. » Cette phrase, citée par Epstein, deviendra une des préférées des conspirationnistes lorsqu'il s'agira de démontrer que l'enquête a été bâclée pour aboutir à des conclusions décidées à l'avance*.

Liebeler ira encore plus loin pour aider Epstein : il lui remettra des copies de pratiquement tous les documents internes de la commission qu'il a conservés, dont ses propres mémos de protestation où il avait dit que le rapport était « rédigé comme un acte d'accusation » contre Oswald. Dans sa thèse, Epstein ne citera pas Liebeler comme étant la source de ces documents et se contentera de remercier anonymement un « membre de l'équipe ». Des années plus tard, Epstein se souviendra avec émotion du jour où Liebeler lui a remis deux grands cartons remplis de « rapports, projets de chapitres... et deux volumes bleus reliés de rapports préliminaires du FBI qui n'avaient pas été rendus publics ».

Liebeler, selon ce qu'il dira plus tard à ses amis, n'a pas prévu ce qui se passe ensuite. Un éditeur respectable, Viking Press, propose à Epstein de transformer sa thèse en un livre intitulé : *Inquest : The Warren Commission and the Establishment of Truth* (« Enquête : La commission Warren et l'établissement de la vérité »), et dont la publication doit intervenir en juin 1966, c'est-à-dire à peine deux mois après la remise du texte à son directeur de thèse. Le livre sera donc en vente avant l'ouvrage de Lane, *Rush to Judgment* (« Jugement précipité »), prévu pour septembre. Avant la parution, Epstein est assez vague sur son contenu, et déclare au *New York Times*, « il sera peut-être ennuyeux – attendons de voir[8] ». Les critiques sont impressionnés que Richard Rovere, le très respecté correspondant du *New Yorker* à Washington, ait accepté d'en rédiger la préface. De toute évidence, il s'agit d'un ouvrage sérieux.

Inquest est en fait une attaque en règle contre la commission Warren, la thèse centrale du livre étant qu'elle a écarté les indices démontrant la présence d'un deuxième tireur à Dealey Plaza. L'accusation la plus grave d'Epstein est que le rapport d'autopsie a été maquillé pour coller à la théorie de la balle

* Par la suite, Liebeler racontera à Vincent Bugliosi, l'historien de l'assassinat de Kennedy, que le propos de Rankin n'était pas « vraiment inapproprié à l'époque », puisqu'il l'avait dit le jour même où la version finale du rapport devait être remise aux membres de la commission. « Depuis le début, notre but était de découvrir la vérité, sans limitations », dira Liebeler à Bugliosi. (Bugliosi, *Reclaiming History*, p. 358.)

unique, théorie qui est elle-même une fiction. Ses allégations reposent sur les divergences entre le rapport d'autopsie et deux mémos du FBI rédigés après l'assassinat sur ce qu'il était advenu de la première balle à atteindre le président – cette balle dont la commission était certaine qu'elle avait aussi blessé Connally. Selon les mémos du FBI, la balle aurait pénétré superficiellement avant de retomber du corps du président. Les juristes de la commission, surtout Arlen Specter, étaient persuadés depuis le début que les mémos du FBI se trompaient et reflétaient l'incertitude initiale des pathologistes quant à la trajectoire de la balle. Deux agents du FBI qui assistaient à l'autopsie avaient pris les spéculations à haute voix des médecins pour des faits avérés. Pour Epstein, ces différences sont le signe d'une possible manipulation. Si le FBI a raison, la balle ne peut pas avoir atteint Connally.

Selon Epstein, l'enquête de la commission souffre d'autres défauts. Il identifie des témoins importants qui n'ont jamais été interrogés par le FBI ou la police. Et il semble disposer de preuves crédibles pour étayer ses attaques : les documents inédits de la commission, surtout les notes internes, très critiques, rédigées par Liebeler.

Le livre fait sensation et est accueilli dans la presse et les magazines par des critiques élogieuses. Dans son introduction, Rovere chante les louanges de ce « jeune universitaire brillant » qui démontre que l'enquête de la commission est « loin d'être exhaustive » et que les preuves censées démontrer qu'Oswald a agi seul sont « très fragiles[9] ». *Inquest* deviendra le livre qui a donné une crédibilité aux thèses conspirationnistes[10]. Dans un article intitulé « La boîte de Pandore », le critique du *New York Times* Eliot Fremont-Smith le décrit comme « le premier livre à remettre en cause, dans l'esprit des gens raisonnables, les conclusions de la commission Warren ». Lorsque le livre paraît en édition de poche, la couverture est modifiée dans un sens spectaculaire, avec la silhouette d'un homme armé d'un fusil debout derrière une photo d'Oswald et, en caractères rouges : « L'un des assassins de John F. Kennedy est-il encore en liberté ? »

La coopération manifeste de Liebeler avec Epstein fait enrager certains de ses anciens collègues : voici qu'un des leurs alimente à présent le mouvement conspirationniste. Albert

Jenner, qui détestait déjà Liebeler au temps de la commission, écrit à David Belin qu'il a « parcouru les passages de l'opus exécrable d'Epstein où Herr Liebeler est copieusement mentionné », et qu'il a pu constater que « Jim est toujours le même homme frustré, envieux, souffrant d'un complexe d'infériorité. Je pourrais lui pardonner si au moins il faisait preuve de bon goût[11] ». Il pense qu'« Epstein et ses directeurs de thèse à Harvard devraient avoir honte, ce qui n'est probablement pas le cas ». (Epstein a finalement décidé de soutenir sa thèse à Harvard.) Norman Redlich écrit à l'ancien directeur de thèse d'Epstein à Cornell pour protester contre le livre, qu'il décrit comme étant « totalement spécieux ». Il l'accuse de déformer ses propos. « Très franchement, je suis atterré par les erreurs contenues dans le livre et par des propos qui me sont attribués et que je n'ai jamais tenus[12]. » Belin dit qu'il se doutait déjà à l'époque de la commission que Liebeler ferait quelque chose de cet ordre. « En quittant Washington, j'étais certain au vu des conversations que j'avais eues avec Jim Liebeler qu'il allait parler à quelqu'un. Ça ne m'a pas surpris qu'il ait cherché à se présenter comme le véritable héros de l'enquête. » Après la parution du livre, Liebeler tentera, sans grand résultat, de s'en distancier, et insistera dans ses lettres à ses amis sur le fait qu'il n'a jamais contesté les principales conclusions de la commission. Il dira que le livre d'Epstein était « un travail creux, superficiel et très irresponsable ».

Mais le mal est fait. Fin juillet, Richard Goodwin, un des auteurs de discours de Kennedy, devient le premier membre de l'équipe du président assassiné à demander un réexamen officiel des conclusions de la commission Warren. « *Inquest,* dira-t-il, non seulement soulève des questions mais demande aussi des explorations et des réponses[13]. »

Warren, pour sa part, refuse de se laisser entraîner dans de nouveaux débats sur l'assassinat, et donne pour instruction au service de presse de la Cour suprême de ne faire aucun commentaire sur le livre. Mais le *chief justice* doit quand même faire face aux questions – littéralement. A la fin du mois de juin 1966, il paraît surpris lorsque, à peine débarqué en Israël pour l'inauguration d'un monument à la mémoire du président Kennedy, il se trouve confronté à un journaliste qui lui demande ce qu'il pense d'*Inquest*. « Je n'ai aucun commentaire à faire, dit Warren. Nous avons rédigé notre rapport – et nous avons fait de notre mieux après dix mois d'enquête poussée... Le rapport a été adopté à l'unanimité[14]. »

Au mois d'août paraît *Rush to Judgment*, mais le livre de Lane ne reçoit pas l'accueil élogieux réservé à Epstein. Lane est trop sulfureux, et trop de reporters diront qu'ils avaient appris à ne pas croire ce qu'il disait. Mais certaines critiques sont favorables. Pour le *Houston Post*, c'est « une plaidoirie convaincante, puissante, patriotique et passionnée en faveur d'une vérité sans fioritures ». Selon le *New York Times*, même si le livre souffre de « ses partis pris et de sa stridence », c'est « un plaidoyer éloquent pour la défense ». Le livre devient un best-seller colossal, bien plus important qu'*Inquest*, et se retrouve en première place de la liste des meilleures ventes du *New York Times*. Il y restera vingt-six semaines*.

Après la commission, David Slawson retourne travailler dans son cabinet de Denver, mais il ne reste pas longtemps dans le Colorado avant de faire demi-tour et revenir à Washington[15]. Comme Liebeler, qui est devenu son ami pour la vie, Slawson décide qu'il ne veut pas passer le reste de sa carrière derrière un bureau d'avocat. Lui aussi veut enseigner. Il se portera candidat à divers postes dans d'importantes facultés de droit mais en attendant il fait un autre détour par l'administration. A l'été 1965, il est ravi d'accepter la proposition qui lui est faite de rejoindre l'un des services d'élite du département de la Justice, le bureau juridique (Office of Legal Counsel).

Slawson regrette de ne pas avoir eu l'opportunité de travailler sous les ordres de Robert Kennedy, qui est à présent sénateur pour l'Etat de New York. Sous Kennedy, le département a connu des années particulièrement palpitantes. Slawson est aussi déçu de ne pas avoir pu, non plus, reprendre le contact avec un vieil ami de Denver qui travaille à présent pour Kennedy – Joseph Dolan. « J'adorais Joe, dira Slawson. C'était un type merveilleux, avec un formidable sens de l'humour à l'irlandaise[16]. »

---

* Le livre de Gerald Ford sur Oswald, *Portrait of the Assassin*, paru en 1965, ne s'est pas très bien vendu. L'avance de 10 000 dollars consentie par Simon and Schuster n'a jamais été couverte. Conformément aux termes de son contrat, Ford n'a pas eu à la rembourser.

Slawson et Dolan ont milité dans le Parti démocrate au Colorado. Ils ont fait connaissance lors de la campagne présidentielle de JFK, en 1960. C'est le directeur de la campagne présidentielle pour le Colorado, Byron « Whizzer » White, le mentor de Slawson dans son cabinet d'avocats, qui les a présentés. Après la victoire de Kennedy, White et Dolan ont rejoint le département de la Justice à Washington. White a d'abord occupé les fonctions d'*attorney general* adjoint, puis a été nommé à la Cour suprême. Dolan est devenu l'un des membres de la « Mafia irlandaise » de Robert Kennedy, le premier cercle de ses conseillers, puis il a suivi Kennedy au Capitole, où il dirige son équipe.

Au cours de ses premiers mois au département de la Justice, Slawson ne connaît pas grand monde à Washington. Efficace comme toujours, il finit de travailler vers 17 heures et rejoint la cohue anonyme des employés du gouvernement qui rentrent à la maison. Un après-midi, il est heureusement surpris d'apercevoir un visage qu'il reconnaît aussitôt : c'est Dolan, qui se dirige vers lui, la main tendue.

Joe ? Mais qu'est-ce qu'il fait là ? se demande Slawson.

Il comprend tout de suite que cette rencontre n'a rien de fortuit : ce n'est pas le genre de Dolan de traîner sur un trottoir au milieu de l'après-midi, du moins plus à présent. De toute évidence, il l'attendait.

D'ailleurs, son visage ne manifeste aucune surprise – il a l'air sérieux, déterminé.

« Ravi de te revoir Dave, dit Dolan. Tu as une minute ? On peut parler ?

— Bien sûr.

— Le sénateur m'a demandé de te poser quelques questions.

— Bien sûr, Joe, bien sûr », répond Slawson, qui essaie d'imaginer ce que Kennedy peut bien lui vouloir pour que les choses se passent comme dans un roman d'espionnage, en pleine rue, à l'heure de pointe, sans personne dans les parages pour témoigner de la rencontre.

Dolan va droit au but : « Dave, il s'agit de l'assassinat de son frère, de la commission Warren. »

Slawson tombe des nues.

« Dave, il faut que ça reste entre nous. Le sénateur a toujours des doutes au sujet d'un complot. Je lui ai dit que tu avais travaillé pour la commission – que tu y étais chargé d'étudier la question. Et il m'a prié de te poser la question : peux-tu m'assurer que la commission ne s'est pas trompée ? Peux-tu m'assurer qu'Oswald a agi seul ? »

Slawson se demande ce qui a pu pousser le sénateur à faire cette démarche. Kennedy a toujours affirmé – et de manière répétée – qu'il croyait aux conclusions de la commission. Quelque chose l'a-t-il fait changer d'avis ?

« Joe, je suis sûr qu'on ne s'est pas trompés, répond-il à Dolan. Je pense qu'Oswald a agi seul. »

Sur le trottoir, au milieu des passants et des voitures, Slawson lui résume les raisons pour lesquelles lui-même et la commission ont conclu à l'inexistence d'un complot.

Dolan l'écoute attentivement en hochant la tête, comme s'il approuvait.

« Merci, Dave. Je vais rapporter cela au sénateur. Il sera content de l'entendre. »

Après lui avoir serré la main, Dolan s'éloigne, apparemment satisfait.

Charles Thomas et Cynthia, son épouse, se plaisent vraiment à Mexico, où il a été nommé conseiller politique à l'ambassade en avril 1964. « On se disait qu'on avait une chance inouïe », dira Cynthia, qui a vingt-sept ans lorsque le jeune couple arrive dans la capitale. Ils se sont mariés deux mois plus tôt, à la suite d'un coup de foudre lors d'une fête donnée par un ami commun à New York[17]. A l'époque Cynthia travaillait à *Time* et essayait de commencer une carrière d'actrice. Après leur mariage, ses parents fortunés organiseront une réception pour le couple à l'hôtel Plaza. Leur première fille, Zelda, nommée en mémoire de la mère décédée de Charles, naîtra à Mexico en 1965.

Dans les années 1960, Mexico est un poste diplomatique prestigieux – et agréable. La ville ne compte que quatre millions d'habitants, un chiffre qui explosera au cours des décennies suivantes. Les Thomas s'installent dans une belle hacienda non loin de l'ambassade. Grâce à une connaissance, Guadalupe Rivera, la fille du peintre Diego Rivera, ils embauchent l'une des meilleures cuisinières de la ville – « nos invités savaient que chez nous on servait la meilleure cuisine mexicaine de la capitale », dira Cynthia. L'ambassadeur, Fulton Freeman, considère que Thomas est l'un de ses meilleurs éléments, et il aime répondre aux invitations de Cynthia, qu'il apprécie énormément – « très belle, excellente comédienne, elle savait recevoir » et a permis à l'ambassade de s'ouvrir « à des milieux culturels et artistiques dans lesquels nous avions jusque-là peu de contacts ».

Le couple compte de bons amis à l'ambassade, mais Cynthia se « méfie un peu » de Win Scott, dont tout le monde sait qu'il est « l'homme de la CIA », sous couvert d'un poste de conseiller politique. Scott sait être charmant, et il complimente souvent Cynthia sur son mari. « Charles devrait être en poste à Paris, avec sa connaissance du français, il pourrait y faire un travail formidable », lui dit-elle lors d'une soirée. Mais elle est gênée lorsque Scott lui demande si elle ne pourrait pas l'aider à recueillir des informations grâce à ses relations. Elle a l'impression qu'il cherche à la recruter – « Ça m'a mise très mal à l'aise », dira-t-elle.

Les Thomas ont leurs entrées chez les artistes et les écrivains de la capitale. « Charles était quelqu'un de remarquable », dira Elena Poniatowska, écrivaine qui deviendra l'un des journalistes d'investigation les plus importants du pays[18]. « C'était un vrai intellectuel. Aucun sujet ne lui était étranger. » Les Thomas deviennent aussi des proches d'une autre écrivaine mexicaine de talent – Elena Garro. Cynthia voit en Garro « une femme intelligente, charmante, pleine de vitalité ».

C'est en décembre 1965, lors d'une de leurs soirées, que Garro raconte à Charles Thomas en aparté l'incroyable histoire d'Oswald et de la « twist party ». Elle lui explique qu'elle l'a déjà racontée un an plus tôt à des gens de l'ambassade mais n'a plus jamais entendu parler d'eux. Elle a une information de taille, qu'elle a gardée pour elle jusque-là. Cela concerne sa cousine, Silvia Duran. Selon Garro, Oswald et elle couchaient ensemble, et elle n'est pas la seule à Mexico à être au courant. Sa cousine était « la maîtresse » de l'assassin.

Thomas se demande si cela est vraisemblable. Il sait que Garro est très intelligente et bien informée, mais peut-on croire que l'assassin de Kennedy, quelques semaines avant l'assassinat, ait eu une liaison avec une employée du gouvernement de Castro, à un moment où il était censé être surveillé de près par la CIA ? Il sait que le rapport de la commission Warren, paru il y a plus d'un an, ne mentionne rien à ce sujet.

Le 10 décembre 1965, Thomas rédige un mémorandum dans lequel il rapporte les propos de Garro, qu'il transmet à Scott et à d'autres personnes de l'ambassade. « Elle hésitait visiblement à me parler de cette affaire, mais a fini par tout raconter », écrit Thomas. Dans ce mémorandum, il rapporte également l'affirmation de Garro selon laquelle le patron de Duran, le consul cubain Eusebio Azcue, un homme qu'on avait déjà entendu appeler de ses vœux l'assassinat de Kennedy en raison de la menace que le président américain représentait pour Castro, se trouvait lui aussi à la « twist party[19] ».

Thomas rapporte également la suite du récit de Garro, tout aussi étrange. Lorsqu'elle a appris l'arrestation d'Oswald, elle a aussitôt pensé que les Cubains étaient pour quelque chose dans l'assassinat. Indignées, elle et sa fille se sont rendues devant l'ambassade dès le lendemain et ont hurlé « Assassins ! » sous les fenêtres. Plus tard le même jour, elles ont reçu la visite de Manuel Calvillo, un ami qui travaillait au ministère de l'Intérieur. Celui-ci leur a annoncé que Silvia Duran avait été interpellée – la nouvelle n'avait pas été rendue publique – et les a prévenues qu'elles étaient menacées par « des communistes ». Calvillo leur a expliqué qu'elles devaient se cacher : « Il avait reçu l'ordre de les conduire dans un petit hôtel anonyme près du centre-ville », écrit Thomas.

Garro a protesté. « Elle a dit à Calvillo qu'elle voulait se rendre à l'ambassade américaine pour raconter tout ce qu'elle savait sur Oswald et les communistes mexicains et cubains », selon Thomas. Mais Calvillo leur a dit que l'ambassade « était truffée d'espions communistes ». Puisque même l'ambassade américaine n'était pas sûre, Garro et sa fille, paniquées, ont accepté de se cacher et de ne rien dire. On les a conduites dans un petit hôtel discret, à l'autre bout de la ville, où elles sont restées huit jours.

Dès qu'il prend connaissance du rapport de Thomas, Win Scott entreprend de laisser des traces écrites de ce qu'il pense d'Elena Garro. Selon lui, elle a tout inventé.

« Quelle imagination ! » griffonne-t-il sur le mémo de Thomas.

Si Garro dit vrai, la CIA est passée à côté d'informations importantes sur les contacts d'Oswald à Mexico : le risque est trop important pour que Scott puisse se permettre de ne rien faire. Il convie Thomas à une réunion dans son bureau avec Nathan Ferris, le nouveau *legal attaché* du FBI à l'ambassade. Scott et Ferris « m'ont fait remarquer que de nombreuses rumeurs avaient couru sur Oswald au moment de l'assassinat, dont certaines étaient invérifiables et d'autres fausses », écrira Thomas. « Ils m'ont demandé de recueillir une version plus détaillée de l'histoire de Mme Garro. »

A Noël, Thomas revoit Garro et rédige le jour même un mémo détaillé de cinq pages. Lors de cette conversation, Garro lui fait part de sa frustration, un an plus tôt, quand elle a voulu raconter son histoire à l'ambassade. « Ses interlocuteurs n'avaient pas l'air vraiment intéressés par ce qu'elle avait à dire », et c'est pour cela qu'elle « ne leur a pas livré tous les détails », écrit Thomas.

Garro ne se souvient plus du nom du petit hôtel où elle s'était cachée mais elle sait où il se trouve. Avec Thomas, ils partent en voiture à sa recherche et finissent par le retrouver : il s'agit de l'hôtel Vermont, dans le quartier Benito Juarez[20]. (En 1966, le FBI confirmera cette partie de son histoire : les registres de l'hôtel montrent qu'elle y a bien séjourné entre le 23 et le 30 novembre 1963.) Garro explique aussi pourquoi sa sœur Deva n'a jamais parlé de la présence d'Oswald lors de la « twist party ». Selon Elena, Deva aurait reçu après l'assassinat la visite de deux « communistes » qui l'auraient menacée et mise en garde contre toute révélation au sujet d'Oswald.

Thomas transmet son nouveau mémo à Scott et Ferris – qui lui répondent ne pas être impressionnés. Dans un mémo à l'ambassadeur Freeman daté du 27 décembre, Ferris lui fait part de sa décision de ne pas donner suite[21]. « Les allégations de Mme Garro n'ayant pu être vérifiées la première fois, aucune action supplémentaire n'est envisagée concernant sa répétition récente desdites allégations. » Dans la foulée, Scott adresse un câble à Langley rapportant la décision du FBI. Un de ses adjoints, Allen White, envoie une note à Scott au sujet de son câble : « Je ne sais pas ce que le FBI a fait en novembre 1964, mais les Garro racontent cette histoire depuis un bon moment, et on dit que [Mme Garro] est quelqu'un de très brillant », écrit White[22].

« Et elle est aussi cinglée », lui répond sèchement Scott.

Chapitre 56

1966 - mai 1967

Lyndon Johnson ne veut pas que l'image de sa présidence soit ternie par les attaques de plus en plus nombreuses contre la commission Warren – il craint qu'elles ne mettent en péril ses chances de réélection en 1968. Derrière les thèses conspirationnistes, il voit la main de ses ennemis politiques, surtout parce que certaines de ces théories le présentent comme un suspect. Il confie à ses adjoints qu'il est persuadé que Robert Kennedy et ses conseillers ne se privent pas d'alimenter la conspirationnite ambiante. En octobre 1966, lorsqu'un sondage paru après la sortie des livres d'Epstein et de Lane montre que 2 % des Américains pensent qu'il a une responsabilité dans la mort de JFK, il est outré[1]. Le chiffre est insignifiant, mais Johnson est sidéré qu'on puisse tout simplement le soupçonner de quelque chose d'aussi épouvantable. Le sondage a été réalisé par le sondeur Louis Harris. Johnson dira à un ami : « Lou Harris mange dans la main de Bobby[2]. »

Johnson souhaite que Warren prenne la parole pour défendre le travail de la commission. Un de ses collaborateurs, Jake Jacobsen, est expédié à la Cour suprême pour demander au *chief justice* de réagir si les attaques deviennent plus sérieuses.

Le président demande aussi au juge Abraham « Abe » Fortas, qu'il a lui-même nommé un an plus tôt à la Cour, de lui prêter main-forte. Fortas, un ancien professeur de droit de Yale qui a dirigé un important cabinet juridique de Washington est un vieil ami et conseiller politique de Johnson. A la consternation de ses collègues de la Cour, Fortas continue de conseiller Johnson et l'a même aidé à rédiger son dernier discours sur l'état de l'Union.

Fortas comprend le problème que représentent les attaques contre la commission Warren. En octobre 1966, il rend visite au *chief justice* pour l'inciter à écrire un livre en défense de la commission, et raconte leur entretien à Johnson au cours d'une conversation téléphonique : « Je lui ai dit que je pensais qu'il fallait le faire, et qu'il fallait le faire tout de suite. Warren pense que la personne indiquée est Lee Rankin. » Selon Fortas, Warren « bout intérieurement » au sujet des critiques contre la commission.

Johnson dit à Fortas qu'il est aussi inquiet de la sortie imminente du livre très attendu de William Manchester sur l'assassinat, réalisé avec l'accord des Kennedy. *The Death of a President* doit sortir en 1967. Après en avoir pris connaissance confidentiellement, le magazine *Look* accepte de payer la somme record de 665 000 dollars pour la publication d'extraits[3]. Johnson en déduit que le livre doit contenir des révélations explosives. Ses conseillers ont entendu dire – et confirment – que l'ouvrage dresse un portrait peu flatteur de Johnson, particulièrement dans ses interactions avec Jacqueline et Robert Kennedy le jour de l'assassinat.

Le livre paraîtra au printemps suivant, non sans que Jacqueline et Robert Kennedy aient tenté d'en empêcher la publication devant les tribunaux, au prétexte que Manchester ne peut pas publier le livre sans leur accord, qu'ils ne lui ont pas donné. On ne saura jamais ce qui a heurté Mme Kennedy dans le livre au point de l'inciter à s'opposer à sa parution, puisque le portrait que Manchester brosse d'elle est élogieux, à la limite de la flagornerie, mais il semblerait que ce soient les détails douloureux et macabres sur l'assassinat ainsi qu'un trop grand nombre d'informations personnelles. (Par exemple, le livre révèle qu'elle fume, une information qu'elle avait préféré garder secrète en tant que First Lady.)

Les craintes de Johnson sont infondées : le livre n'est pas si dommageable que ça[4]. Et l'affrontement juridique entre Manchester et les Kennedy, qui s'achève par un accord impliquant la suppression d'une petite dizaine de pages d'un manuscrit qui en compte 654, tourne à l'avantage du président, puisque la procédure est perçue dans l'opinion comme une tentative de la famille Kennedy pour censurer la vérité historique. Les sondages montrent que la popularité de Jacqueline et de Robert Kennedy pâtit de l'affaire. Johnson s'en réjouit lors d'une conversation avec un de ses amis – en des termes particulièrement mal choisis : « Nom de Dieu, ça les a assassinés, Jackie et Bobby. Ça les a simplement assassinés. »

Le *chief justice* a lui aussi de bonnes raisons d'être satisfait, puisque Manchester défend les conclusions de la commission. Mais Warren se refuse encore une fois au moindre commentaire public. « Je ne vais pas commencer à répondre à ces livres », dit-il à Drew Pearson. « Il n'en est pas question. Le rapport sera jugé, en bien ou en mal, pour ce qu'il est[5]. »

Au mois de janvier 1967, Drew Pearson demande à rencontrer le *chief justice*[6]. Il y a urgence, et Warren accepte sans difficulté de recevoir son vieil ami. Pearson tient un des scoops les plus importants de sa carrière. Hélas, c'est aussi un scoop qui risque de faire du tort à Warren en sapant les conclusions de la commission.

Cela concerne l'implication possible de Castro. Pearson explique à Warren que selon une source de confiance on avait demandé à la CIA de tuer Castro, et l'ordre avait été donné à l'Agence par Robert Kennedy. Mais le pire, c'est que la CIA avait fait appel à la Mafia pour l'exécuter. Selon la source de Pearson, Castro avait appris ce qui se tramait, les tueurs avaient été arrêtés avant de pouvoir passer à l'acte et, en représailles, il avait expédié sa propre équipe de tueurs pour assassiner Kennedy.

Même si une partie seulement de l'histoire est vraie, cela suffirait à démontrer que la CIA et Robert Kennedy n'ont pas tout dit à la commission, et ces informations pourraient fournir un mobile à l'assassinat. Cela voudrait également dire qu'un membre de la commission, Allen Dulles, qui dirigeait l'Agence à l'époque de ces complots, a contribué à leur camouflage. Pearson livre à Warren le nom de sa source : il s'agit d'Edward Morgan, un avocat influent de Washington qui représente Jimmy Hoffa, le dirigeant du syndicat des camionneurs. Morgan a appris tout cela de la bouche d'un de ses clients, Robert Maheu, un ancien du FBI devenu détective privé à qui la CIA avait confié l'organisation de l'assassinat de Castro*.

* La CIA finira par reconnaître publiquement que Maheu, qui avait déjà travaillé pour l'Agence, avait été chargé d'organiser l'opération. C'est Maheu qui avait ensuite recruté des membres de la Mafia, dont un gangster de la côte Ouest, John « Handsome Johnny » Roselli, chargés d'exécuter l'assassinat. Edward Morgan finirait par être aussi l'avocat de Roselli. (*New York Times*, 6 août 2008.)

Morgan s'est longuement demandé s'il devait parler de tout cela à Pearson – et, par son intermédiaire, au *chief justice*. « J'ai beaucoup hésité », dira-t-il plus tard[7]. En tant que pénaliste, Morgan a l'habitude de garder pour lui les choses horribles que lui confient parfois les criminels qu'il défend. « Si ça vous empêche de dormir, vous ne vivrez pas vieux, mais cette histoire me troublait profondément. » Quand il décide finalement d'en parler, c'est avant tout pour protéger Warren, qui est un de ses héros. « Je me suis dit : Comment lui faire passer cette information ? »

Morgan se souviendra d'avoir rendu visite à Pearson dans sa luxueuse maison à quelques rues de la Maison-Blanche. « Je lui ai dit : "Drew, il faut que je te parle de quelque chose sous le sceau du secret le plus absolu"... On s'est installés dans une pièce à l'arrière de la maison, et je lui ai tout raconté. » Pearson, qui « n'en croyait pas ses oreilles », « était estomaqué ». Morgan ne voulait pas que Pearson raconte l'histoire dans sa chronique, du moins pas tout de suite, il voulait qu'il la raconte à « ce pauvre bougre » de Warren, qui risquait d'en faire les frais s'il s'avérait que la commission s'était trompée et qu'il y avait bien un complot derrière la mort de Kennedy. « Je dormirais mieux si le *chief justice* était au courant », dit Morgan à Pearson. « La crédibilité de la commission pouvait être mise en cause, il y allait de la réputation de Warren. » Le *chief justice* était « assis sur un scandale prêt à exploser ».

Pearson fait ce qui lui est demandé. Lors de son rendez-vous avec Warren, le jeudi 19 janvier, il lui raconte tout. Warren, selon lui, « est franchement dubitatif » et rétorque que si Castro avait donné l'ordre de tuer Kennedy, cela n'aurait eu aucun sens de faire appel à un seul assassin, de surcroît quelqu'un d'aussi peu fiable qu'Oswald[8]. « Ce n'est pas un boulot que l'on confie à un homme seul », dit le *chief justice*.

Warren refuse de rencontrer Morgan, mais veut bien transmettre ces informations – la question étant : à qui ? Il demande à Pearson ce qu'il en pense, et celui-ci lui explique que Morgan, ayant des relations difficiles avec J. Edgar Hoover, préférerait qu'on s'adresse plutôt au Secret Service. Le *chief justice* demande donc à James Rowley, le directeur du Secret Service, de venir le voir à la Cour suprême. La rencontre a lieu le mardi 31 janvier à 11 h 15, comme l'atteste l'agenda de Rowley[9]. C'est la première fois qu'il revoit Warren à titre officiel depuis son passage devant la commission. Des années plus tard, Rowley dira que la rencontre a duré environ une demi-heure, et que le *chief justice* estimait que la question méritait d'être prise au sérieux, même si l'idée d'un complot ourdi par Castro lui semblait un peu tirée par les cheveux. « Il a dit qu'il pensait que c'était sérieux, mais qu'il voulait s'en débarrasser. »

Pearson a partagé l'information au sujet des projets d'assassinat de la CIA avec quelqu'un d'autre : le président Johnson. Il y a eu par le passé des différends entre les deux hommes, mais Pearson a soutenu Johnson pendant sa présidence, et il n'a pas de mal à être reçu dans le Bureau ovale*. Le 16 janvier, trois jours avant sa rencontre avec Warren, Pearson rend visite à Johnson à la Maison-Blanche pour tout lui raconter. « Lyndon m'a écouté attentivement, sans dire un mot », écrira Pearson dans son journal[10]. « Il n'y avait pas grand-chose à dire. » Les enregistrements secrets de ses conversations téléphoniques montrent un Johnson qui ne semble pas être au courant des efforts répétés de la CIA pour éliminer Castro.

Le lundi 20 février, Johnson informe Ramsey Clark, qui fait fonction d'*attorney general*, des « rumeurs[11] ». La conversation téléphonique commence par une discussion d'un article inquiétant paru dans un journal de La Nouvelle-Orléans sur l'ouverture par le *district attorney* local, Jim Garrison, d'une enquête sur l'assassinat de Kennedy. A Washington, on ne sait pas quelles raisons ont décidé à Garrison à ouvrir une enquête. Clark se demande si cela a un rapport avec quelque chose qui aurait pu se passer pendant la brève période où Oswald a vécu à La Nouvelle-Orléans, en 1963. Clark connaît la réputation d'excentricité de Garrison, et selon lui il est possible que le *district attorney* ait « tout simplement disjoncté ».

* Pearson et d'autres journalistes ainsi que des enquêteurs du Congrès ont poursuivi leurs investigations sur les allégations concernant Johnson et le lobbyiste Bobby Baker, son ancien collaborateur au Sénat connu sous le sobriquet « Petit Lyndon ». Le scandale s'est un peu apaisé après l'assassinat, et Johnson n'a jamais été directement impliqué dans les crimes de Baker. En 1967, Baker a été condamné à trois ans de prison après avoir été reconnu coupable de fraude fiscale, vol et fraude dans une autre affaire de corruption. (*New York Times*, 8 avril 1967.)

Johnson évoque alors les complots visant Castro. « Vous êtes au courant de cette histoire, comme quoi la CIA aurait essayé – aurait envoyé des gars pour descendre Castro ? »

Clark : « Non. »

Johnson résume ce que Pearson lui a raconté, et laisse entendre que ça ne tient pas debout. « Je n'en crois pas un traître mot, et je ne pense pas qu'il faille prendre ça au sérieux. Mais il faut que vous soyez au courant. »

Quelques jours plus tard, Garrison fait la une des journaux du monde entier en annonçant qu'il a découvert une conspiration pour assassiner Kennedy. Le 1er mars 1967, il accuse officiellement un homme d'affaires local et philanthrope respecté, Clay Shaw, d'avoir été l'âme du complot[12].

A Washington, les nouvelles de La Nouvelle-Orléans inquiètent Jack Anderson, qui tient avec Drew Pearson sa chronique de potins sur la capitale. Le goût d'Anderson pour un bon scoop est encore plus prononcé que celui de Pearson, et il a peur de se faire griller par Garrison sur l'histoire des complots CIA-Mafia*. Anderson n'a pas moyen de joindre Pearson, qui se trouve en Amérique du Sud, avec son bon ami le *chief justice* Earl Warren. Les deux hommes viennent d'arriver à Lima lorsqu'ils apprennent ce qu'Anderson a publié le 3 mars dans « Le manège de Washington[13] » :

« WASHINGTON – Le président Johnson est assis sur une bombe H politique : selon certaines sources le sénateur Robert Kennedy aurait autorisé une tentative d'assassinat raté qui aurait conduit à la mort de son frère.

« Répondant à nos questions, de hauts responsables confirment qu'un complot pour assassiner le dictateur cubain Fidel Castro a été "envisagé" aux plus hauts échelons de la CIA à l'époque où Bobby supervisait l'Agence. Les mêmes responsables, en revanche, offrent des avis contrastés sur l'approbation et la réalisation de ces plans.

---

* Anderson, dont J. Edgar Hoover a dit un jour qu'il était « plus vil que le vomi d'un vautour », héritera de la chronique de Pearson à la mort de celui-ci en 1969. En 1972 il recevra le prix Pulitzer pour ses reportages sur la diplomatie secrète entre les Etats-Unis et le Pakistan au moment de la guerre indo-pakistanaise de 1971.

« Selon une version, des figures de la pègre ont été recrutées pour mener à bien l'opération. Selon une autre rumeur, trois tueurs à gages ont été arrêtés à La Havane où l'un d'eux se trouverait encore en prison. Ces histoires ont été examinées par le FBI, qui les a réfutées.

« Et pourtant, les rumeurs persistent, propagées par des personnes d'ordinaire bien informées, selon lesquelles Castro, ayant appris l'existence du complot américain, aurait décidé de se venger du président Kennedy.

« La rumeur est peut-être à l'origine de l'enquête sur l'assassinat de Kennedy lancée à La Nouvelle-Orléans par le flamboyant *district attorney* Jim Garrison. »

Pearson n'est pas content[14]. « C'était une mauvaise histoire, pour commencer, et en plus elle trahissait la confiance d'une source », écrit-il dans son journal le 20 mars, une fois rentré à la maison. « Pour finir, elle a fait du mal à Bobby Kennedy sans parvenir à montrer qu'il était responsable. » Mais l'article déclenche des événements qui démontreront rapidement que l'essentiel de l'histoire est vrai. La CIA a tenté des années durant de tuer Castro, et a fait appel à la Mafia. Robert Kennedy était au courant de ces complots, peut-être même à l'origine de certains d'entre eux. Et la commission Warren n'en a rien su.

Mais quelqu'un était au courant – J. Edgar Hoover. Le 6 mars, trois jours après la parution de l'article, le FBI transmet à la Maison-Blanche un rapport confidentiel au titre saisissant : « Projets de la CIA pour envoyer des gangsters à Cuba afin d'assassiner Castro[15] ». Le rapport résume ce que le FBI sait depuis des années. Il y est rappelé que Hoover a personnellement alerté Robert Kennedy en 1961 sur ce sujet.

En avril, Johnson appelle Pearson pour le remercier[16]. « Nous pensons qu'il y a quelque chose derrière ces histoires », dit Johnson. « Il y a eu des tentatives pour assassiner Castro avec Cosa Nostra, et elles semblent émaner de vos amis au département de la Justice. »

Pearson sait très bien où Johnson veut en venir. « Vous voulez dire *un de mes amis.* » Le président fait évidemment allusion à Robert Kennedy. Plus tard, Johnson dira qu'il avait été atterré de découvrir que sous le gouvernement Kennedy « on avait une vraie petite entreprise de tueurs à gages dans les Caraïbes[17] ».

Au début, l'impact du scoop de Pearson est limité, dans la mesure où aucun journaliste à Washington n'est en mesure de confirmer des informations aussi hautement confidentielles, et aussi parce que les informations de Pearson sont souvent fausses et les autres journalistes peuvent se permettre de l'ignorer. Et si Warren n'est pas content que l'on n'en ait rien dit à la commission, il ne le laisse pas transparaître. Ses archives ne gardent aucune trace de démarches qu'il aurait pu faire pour interroger Dulles.

Le calme apparent de Warren n'est pas partagé par nombre de collaborateurs de la commission, qui commencent à clamer en public qu'on leur a menti et que la commission a été privée d'informations cruciales. Lee Rankin, qui n'est pas du genre à se fâcher facilement, dira des années plus tard aux enquêteurs de la Chambre des représentants qu'il avait été scandalisé d'apprendre tout ce qu'on leur avait caché – tant la CIA, maître d'œuvre des complots, que le FBI, qui était au courant. Il regrettera d'avoir été « suffisamment naïf » pour « penser que si le président des Etats-Unis donnait l'ordre de nous aider, l'ordre s'imposait à tous ». La commission s'était trompée « en pensant que le FBI ne cacherait rien. Elle s'est trompée en pensant que la CIA ne garderait aucune information pour elle[18] ».

John Whitten, l'officier de la CIA qui dans un premier temps avait servi d'agent de liaison avec la commission, dira qu'il avait été furieux d'apprendre l'existence des complots visant Castro – dont lui aussi était tenu dans l'ignorance en 1964, alors qu'il était censé fournir à la commission tout élément pertinent des dossiers de l'Agence[19]. « Si je m'en étais douté, mon enquête aurait été d'une tout autre nature », se plaindra Whitten des années plus tard. « Il se peut bien que les Cubains aient assassiné Kennedy pour se venger. »

Whitten en voulait particulièrement à Richard Helms, nommé directeur par Johnson en 1966. Le Congrès finira par montrer que Helms avait approuvé personnellement les complots contre Castro, dont ceux impliquant la Mafia. Whitten dira par la suite qu'il pensait que si Helms n'avait pas communiqué ces informations à la commission, c'est parce qu'il « savait que cela nuirait à l'image de l'Agence et de lui-même ». Selon lui, la décision de Helms était « un acte moralement répréhensible, contraire aux termes mêmes du serment qu'il avait prononcé lors de sa prise de fonctions ».

Convoqué par le congrès en 1970, Helms donnera une tout autre version de l'affaire. Pour lui, son travail était avant tout de garder secret ce qui devait l'être. Ayant décidé, en son for intérieur, que les projets d'assassinat de la CIA n'avaient rien à voir avec la mort de Kennedy, il n'avait aucune raison d'en parler à la commission – ni à son adjoint Whitten, d'ailleurs[20]. « Je ne me suis jamais posé la question », expliquera-t-il. « Les opérations clandestines de l'Agence ne faisaient pas partie des choses dont on parlait. »

D'ailleurs, demandera Helms plus tard, était-ce la responsabilité de l'Agence d'informer la commission à ce sujet, dans la mesure où un des membres de la commission, à savoir Allen Dulles, était parfaitement au courant, tout comme l'était Robert Kennedy ? « Beaucoup de gens dans les hautes sphères du gouvernement étaient au courant de ces opérations », remarquera Helms, agacé. « Pourquoi me montre-t-on du doigt ? »

Hugh Aynesworth, le journaliste du *Dallas Morning News*, ne cessera jamais vraiment de « couvrir l'assassinat », comme disent les journalistes du coin. Année après année, le sujet reviendra le hanter. En janvier 1967, il change de poste et devient l'un des correspondants nationaux de *Newsweek*, censé couvrir toutes sortes d'histoires à partir de sa nouvelle base, à Houston[21]. A peine a-t-il pris ses nouvelles fonctions qu'il reçoit un appel urgent. Le *district attorney* Jim Garrison souhaite l'inviter à La Nouvelle-Orléans pour qu'il puisse prendre connaissance des informations qu'il a recueillies sur l'assassinat de Kennedy.

« Votre nom revient tout le temps, dit Garrison, et je pense que vous avez des informations qui pourraient m'être utiles. J'aimerais aussi partager certaines choses avec vous. Vous devriez venir me voir[22]. » Aynesworth ne peut qu'être intrigué. Il accepte l'invitation et quand il rencontre enfin Garrison chez lui, c'est l'« une des expériences les plus bizarres de [sa] vie ». Avec sa voix de stentor et son mètre quatre-vingt-dix, Garrison peut être impressionnant par moments, mais cela ne dure jamais. Il est « détraqué », conclut rapidement Aynesworth. La conversation est « à la fois délirante et inquiétante, si l'on songe que la personne qui affirme ces insanités occupe une importante charge publique* ».

Au fil des ans, Garrison se révélera incapable de dire clairement qui, selon lui, se trouve derrière l'assassinat. Parmi sa liste de suspects, on a pu compter, à un moment ou un autre, des « tueurs pervers » gays ou sadomasochistes, des trafiquants de drogue, des exilés cubains castristes et anticastristes, le Pentagone, le département de la Justice, des millionnaires texans ayant financé la carrière politique de Lyndon Johnson, ainsi que le président Johnson lui-même. Garrison accusera Earl Warren et les membres de la commission d'avoir camouflé la vérité. La CIA et les « pédés » occupaient une place centrale dans les théories de Garrison. Selon lui, au moins six hommes impliqués dans la conspiration étaient gays et Oswald lui-même était « un ambidextre [*sic*] incapable de satisfaire sa femme... c'est dans le rapport de la commission ». Selon lui, l'assassinat avait été exécuté par un « commando » d'au moins sept professionnels déployés autour de Dealey Plaza[23].

Lors de leur première rencontre, Garrison propose à Aynesworth de lui faire rencontrer un de ses plus importants témoins. « Vous tombez bien, dit-il. Nous venons de vérifier ce type et croyez-moi, c'est de la dynamite. » Un de ses adjoints arrive en compagnie du témoin – « un petit gars de Houston, un pianiste qui me raconte que Ruby et Oswald étaient amants ». Cet homme prétend avoir été là le jour où Oswald et son futur meurtrier se sont fait virer d'un club de Houston parce qu'ils « n'arrêtaient pas de se peloter ». Aynesworth ne dit rien, mais il connaît ce type – il l'a croisé à Dallas, dans les jours qui ont suivi l'assassinat de Kennedy. « Il s'était présenté à la police et avait raconté exactement la même histoire. » Aynesworth a son opinion sur lui, qui n'a pas varié depuis la première fois qu'il l'a vu : c'est un de ces malades avides de notoriété, prêt à tout pour faire parler de lui. « La dernière fois que je l'avais aperçu, il sortait en courant du commissariat central de Dallas. »

---

* Dans son film de 1991, *JFK*, qui laisse entendre que Garrison a presque réussi à démasquer le vaste complot derrière l'assassinat, Jim Garrison lui-même joue le rôle du *chief justice* Earl Warren.

Parmi les autres témoins de Garrison, il y a un homme qui se fait appeler Jules César et s'habille en conséquence : toge rouge et sandales[24]. Jules prétend avoir vu Oswald et Ruby en compagnie de Clay Shaw, l'homme qui est dans le collimateur de Garrison pour la simple raison qu'il est gay. Parmi les cibles de Garrison on compte un autre gay, David Ferrie, un ancien pilote de ligne qui a peut-être – mais peut-être pas – connu Oswald dans les années 1950. Harcelé par le bureau du *district attorney*, Ferrie sera retrouvé mort dans son appartement de La Nouvelle-Orléans le 22 février. L'enquête écartera l'hypothèse d'un acte criminel ou d'un suicide, bien que Ferrie ait laissé des notes suggérant qu'il envisageait de mettre fin à ses jours en raison du harcèlement dont il faisait l'objet[25].

Le 15 mai 1967, Aynesworth publie dans *Newsweek* un article dévastateur, le premier à dénoncer les procédés du *district attorney*. L'article s'intitule « The JFK "Conspiracy" » (« Le "complot" JFK ») et démontre que Garrison a offert de l'argent en échange de faux témoignages permettant d'impliquer Ferrie et Shaw : « Jim Garrison a raison. Il existe une conspiration à La Nouvelle-Orléans – mais c'est lui-même qui en est l'instigateur. Ce montage a pour but de concocter une "solution" à la mort de John F. Kennedy et d'en faire porter le chapeau à quelqu'un. Ce faisant, le *district attorney* et son équipe se sont rendus responsables de la mort d'un homme, et en ont humilié, harcelé et détruit financièrement plusieurs autres. »

Selon Aynesworth, c'est un Garrison hors de lui qui l'appelle après la parution de l'article et l'accuse de vouloir saper sa « démarche de vérité » avant de laisser entendre qu'il pourrait le faire arrêter s'il lui prenait l'idée de revenir à La Nouvelle-Orléans[26]. « J'espère que *Newsweek* a de bons avocats, vous aurez peut-être une surprise si vous revenez par ici. »

Le 1er mars 1969, deux ans après avoir été arrêté et accusé d'avoir comploté pour assassiner Kennedy, Clay Shaw sera acquitté en moins d'une heure par un jury de La Nouvelle-Orléans[27].

CHAPITRE 57

Juin 1967 - Année 1971

En juin 1967, Win Scott est soucieux, voire anxieux, de minimiser l'importance de ce qu'un autre informateur vient de raconter au sujet de Silvia Duran. Une deuxième source confirme à présent qu'Oswald et Duran ont eu des relations sexuelles pendant son séjour à Mexico.

Cela fait presque trois ans que la CIA est au courant. Mais cette fois, la crédibilité du renseignement paraît difficilement contestable, car il est rapporté par un des meilleurs informateurs de l'Agence, dont le nom de code est « LIRING/3 » (tous les informateurs de la CIA à Mexico ont des noms de code commençant par « LI[1] »). LIRING/3 affirme avoir appris la brève liaison d'Oswald avec Duran de la bouche de la meilleure source possible : Duran elle-même*.

L'informateur est un peintre dont le cercle d'amis comprend des diplomates cubains et qui a été proche de Duran par le passé. Il raconte à son officier traitant qu'il a parlé avec Duran au téléphone il y a peu, puis lui a rendu visite. Au cours de ces conversations, elle lui a révélé sa liaison avec Oswald et a ajouté qu'elle

* L'auteur a identifié LIRING/3 grâce aux archives déclassifiées de la CIA. Mais comme il n'y a pas moyen de savoir si les documents de la CIA sont totalement dignes de foi, nous avons choisi de ne pas publier son nom. Contacté par téléphone en 2013, ce peintre censé être LIRING/3 a reconnu qu'il connaissait Duran, mais a nié avoir travaillé pour la CIA. Il a aussi démenti que Duran lui a jamais dit avoir eu des relations sexuelles avec Oswald.

l'avait aussi avoué à la police mexicaine lors de son interrogatoire brutal dans les jours qui ont suivi l'assassinat de Kennedy.

Selon le rapport rédigé par l'officier traitant de LIRING/3, « Silvia Duran lui a dit qu'elle avait rencontré Oswald lorsqu'il avait déposé sa demande de visa et qu'elle était sortie avec lui plusieurs fois parce qu'il lui avait tout de suite plu. Après l'assassinat elle a été arrêtée par la police, qui l'a interrogée et battue. Elle a avoué avoir eu une liaison avec Oswald. Elle a ajouté que depuis elle avait cessé toute relation avec les Cubains, surtout parce que son mari Horacio, qui a été passablement secoué par toute l'histoire, lui a interdit de les revoir. Elle continue d'insister sur le fait qu'elle ne se « doutait absolument pas qu'Oswald voulait tuer Kennedy. »

Le rapport de LIRING/3 tombe mal, au moment où la CIA est au cœur de la tourmente médiatique déclenchée par l'enquête de Garrison qui affirme que l'Agence est impliquée dans l'assassinat.

Quelques jours après le débriefing de LIRING/3, Scott reçoit une lettre d'un collègue de Langley demandant à la station de Mexico de ne plus rien dire au sujet de l'assassinat[2] : « L'enquête de Garrison sur l'assassinat de Kennedy a donné lieu à toutes sortes d'allégations et accusations extravagantes, dont certaines visent la CIA. Bien que le "dossier" de Garrison soit des plus minces et apparemment basé sur des rumeurs sans fondement émanant d'un assortiment bizarre de personnages peu recommandables, aucun effort ne sera épargné pour les réfuter et il est donc important que nous ayons à disposition les faits pertinents. Vous comprendrez, bien sûr, que dans une telle situation il est essentiel d'éviter avec le plus grand soin de faire la moindre déclaration ou de donner la moindre indication pouvant laisser entendre quelque opinion ou fait à des personnes non autorisées, lesquelles pourraient en faire usage. »

Scott s'interroge sur ce qu'il doit faire. Quel sera l'effet de la révélation très tardive qu'Oswald, alors qu'il était censé faire l'objet d'une surveillance étroite à Mexico, s'était glissé entre les mailles du filet pour se retrouver dans les bras d'une employée du régime castriste ? Que ferait Garrison s'il apprenait que l'Agence est au courant depuis des années mais n'a jamais enquêté sur la question ? Comment réagiraient les détracteurs de la CIA si on savait qu'on n'avait jamais cherché à identifier les deux jeunes « beatniks » américains qui étaient avec Oswald à Mexico ?

Conformément aux procédures de l'Agence, Scott et ses collègues doivent rédiger un rapport résumant toute rencontre importante avec des informateurs rémunérés, et ils doivent donc envoyer un rapport à Langley sur le dernier débriefing de LIRING/3. Scott est confronté à un dilemme : doit-il ou non mentionner la confession de Duran sur sa relation avec Oswald ? Sa solution consiste à faire état de la confession de Duran mais en l'enterrant au milieu de son rapport, hors de tout contexte, tout en lui niant la moindre importance. Il l'évoque dans le sixième paragraphe de son rapport, qui en compte huit[3] : « Le fait que Silvia DURAN ait eu des relations sexuelles avec Lee Harvey OSWALD à plusieurs reprises lorsque ce dernier se trouvait à Mexico est une information peut-être nouvelle mais qui n'ajoute pas grand-chose au dossier OSWALD. La police mexicaine n'a pas fait part à la station de la nature exacte de la relation entre DURAN et OSWALD. »

Le tour est joué. Les analystes de Langley qui ne savent rien sur le sujet n'y verront que du feu et supposeront que « le fait » d'une liaison entre Oswald et Duran est de l'information ancienne, sans importance. En tout cas, c'est ce que Scott veut leur faire croire.

Scott a d'autres raisons de se faire du souci ce printemps-là. En mai 1967, un diplomate américain en poste au consulat de la ville portuaire de Tampico rapporte sa rencontre avec un journaliste local, Oscar Contreras, qui affirme avoir passé plusieurs heures en compagnie d'Oswald en septembre 1963[4]. A l'époque, Contreras étudiait le droit à l'université de Mexico. Lui et ses amis de gauche, connus pour être des sympathisants de Castro sur le campus, avaient été approchés par Oswald, qui leur avait demandé de l'aider à convaincre le consulat cubain de lui délivrer un visa. Selon Contreras, ils n'avaient pas vraiment les moyens d'aider le jeune Américain, mais ils avaient passé une bonne partie de la soirée et du lendemain en sa compagnie. Contreras dit ne pas savoir qui avait bien pu dire à Oswald de s'adresser à eux, mais il reconnaît qu'il avait beaucoup d'amis à l'ambassade cubaine.

Le récit, s'il se révélait exact, serait encore un exemple des lacunes dans la surveillance d'Oswald. Si le journaliste mexicain dit vrai, Oswald a esquivé la surveillance pendant au moins un jour et demi, soit le quart de son temps passé à Mexico.

C'est à cette époque, en 1967, que Scott commence à évoquer ouvertement avec ses collègues son intention de prendre sa retraite. Après vingt ans passés à l'Agence, dont la plus grande partie à Mexico, il dit vouloir rejoindre le secteur privé et gagner vraiment de l'argent. Il pense rester à Mexico et devenir consultant, ce qui lui permettrait de tirer parti de ses nombreux contacts dans le gouvernement mexicain. Il veut aussi écrire ses Mémoires, dans lesquels il compte bien parler de ce qui s'est passé avec Oswald.

Scott se considère depuis toujours comme un écrivain. Il adore la poésie et a même publié à compte d'auteur un recueil de poèmes d'amour, sous pseudonyme, en 1957. Il trouve sans doute naturel de vouloir raconter l'histoire de sa vie, surtout ses nombreuses et palpitantes aventures d'espion. Violant allègrement les règles de sécurité de la CIA, Scott envoie un plan détaillé de ses Mémoires – par la poste – à un de ses amis de New York qui travaille au *Reader's Digest*[5]. Il lui raconte que son livre relaterait sa carrière dans le monde de l'espionnage depuis ses débuts pendant la Seconde Guerre mondiale, lorsqu'il est devenu l'ami d'Allen Dulles. Il raconterait comment lui et Dulles avaient rédigé un rapport sur les services d'espionnage britanniques qui avait servi en 1947 de base pour la création de la CIA. Une grande partie du livre se passerait au Mexique. « Durant mes treize années là-bas, j'ai vécu beaucoup de choses, dont je pourrai raconter un certain nombre en détail. L'une d'elles concerne Lee Harvey Oswald... Je sais beaucoup de choses sur ses activités à partir du moment où il a mis les pieds à Mexico. »

Scott a une idée de titre, *It Came To Little* (« Cela se réduit à bien peu de chose »), inspirée par un passage de la Bible : « Tu as beaucoup cherché, mais vois, cela se réduit à bien peu de chose », qui semble refléter son désenchantement avec la CIA. « Mon message est que, en dépit de tous nos efforts, de tout l'argent dépensé et des milliers d'heures passées à combattre le communisme, les agents passés et présents de la CIA sont forcés de reconnaître, en toute franchise, que cela se réduit à bien peu de chose. » Les Etats-Unis sont de plus en plus timorés dans le combat contre le communisme alors même que « sa pénétration est de plus en plus importante ». Il finira toutefois par choisir un autre titre – *The Foul Foe* (« L'ennemi indigne ») – et un pseudonyme, Ian Maxwell. Celui dont il s'est servi pour ses poèmes d'amour[6].

Lorsque Robert Kennedy décide de se présenter à la présidence en 1968, il sait qu'on lui posera des questions sur l'assassinat de son frère. Comme toujours, cette idée le tourmente.

Son dernier commentaire public important sur la commission Warren date du mois de mars précédent, alors qu'il faisait campagne en Californie. Lors d'une réunion animée sur un campus, on lui a demandé s'il comptait rendre publiques les archives de la commission pour répondre aux nombreuses théories conspirationnistes sur l'assassinat de son frère. Selon les journalistes présents sur place, Kennedy a d'abord tenté d'esquiver la question, mais après un moment d'hésitation il s'est ravisé. « Si je devenais président, je n'ouvrirais pas à nouveau la question du rapport Warren. Il n'y a rien d'autre à voir que ce qu'on a vu, et je défends les conclusions de la commission. » Et d'ajouter : « Personne ne tient plus que moi à savoir qui est responsable de la mort du président Kennedy[7]. »

Trois mois plus tard, à Los Angeles, le 6 juin, le soir de sa victoire lors de la primaire démocrate de Californie, Kennedy est assassiné. Il tombe sous les balles d'un Palestinien de vingt-quatre ans, Sirhan Sirhan, qui déclare qu'il a voulu le punir pour son soutien à Israël.

Du côté de la Cour suprême, l'assassinat a une conséquence immédiate[8]. Une semaine plus tard, le *chief justice* demande à rencontrer le président Johnson et lui annonce qu'il a l'intention de prendre sa retraite, ce qui permettra à Johnson de désigner un successeur avant les élections présidentielles de l'automne suivant. Johnson a décidé de ne pas se représenter et avec la mort de Kennedy il y a de fortes chances que le candidat républicain, l'ancien vice-président Richard Nixon, gagne les élections. Warren ne veut pas laisser à son vieil ennemi la possibilité de désigner son successeur.

Mais les choses ne se passent pas comme Warren le souhaite. Johnson désigne Abe Fortas pour lui succéder, mais ce dernier se heurte à une forte opposition, surtout en raison des allégations de conflits d'intérêts, car il continue de conseiller le président sur les questions politiques. En octobre, sa nomination est retirée et Johnson annonce qu'il demande à Warren de rester en poste en attendant que son successeur puisse désigner un nouveau *chief justice*. Après l'élection de Nixon, le nouveau président annonce qu'il a choisi Warren Burger, un juge conservateur. Burger sera confirmé par le Sénat en juin 1969.

Après avoir pris sa retraite, Warren accorde peu d'interviews, et lorsqu'il le fait il préfère parler de son bilan à la Cour suprême et en Californie que de la commission. Lorsqu'on insiste, il répond qu'il n'a jamais changé d'avis, et qu'Oswald a agi seul. Warren n'est pas troublé par les sondages selon lesquels une partie croissante de l'opinion doute des conclusions de la commission. « On débat encore de l'assassinat de Lincoln, répond-il. C'est compréhensible. »

Il prend une décision qui fait plaisir aux anciens de la commission. Il décide d'aider Lee Rankin et Alfred Goldberg à écrire un livre prenant sa défense. Il accorde un long entretien à Goldberg le 26 mars 1974[9]. Ce sera une de ses dernières interviews. Il meurt à Washington moins de quatre mois plus tard, le 9 juillet, à l'âge de quatre-vingt-trois ans[10]. Dans l'entretien accordé à Goldberg, Warren laisse entendre qu'il ne regrette rien de la manière dont il a dirigé l'enquête, si ce n'est qu'il aurait voulu que la commission puisse interroger de vive voix le président Johnson. Il défend sa décision d'interdire l'accès aux photos et radiographies de l'autopsie. « En bien ou en mal, j'en assume l'entière responsabilité. Je ne voulais pas voir ces documents exhibés à travers le pays. » Il reste convaincu de la justesse de la théorie de la balle unique, et pense que le gouverneur Connally se trompe lorsqu'il dit qu'il a été atteint par une balle distincte. « Une blessure par balle peut altérer vos émotions et vos réactions. » Il est convaincu que tous les coups de feu avaient été tirés depuis le Texas School Book Depository, pas du talus herbeux ni du pont ferroviaire, comme le prétendent tant de théories conspirationnistes. « Personne n'aurait pu tirer de ces endroits sans être vu. »

Rankin et Goldberg ne trouvent pas d'éditeur et abandonnent le projet. « Les maisons d'édition n'étaient intéressées que par des livres conspirationnistes », dira Goldberg. « Ce n'était pas ce que nous voulions écrire. »

Au mois d'octobre 1968, à un mois de l'élection présidentielle qui désignera son successeur, Johnson accorde une grande interview à la chaîne de télévision ABC. Hors caméra, il annonce à Howard K. Smith, le présentateur, qu'il va lui révéler un secret, mais qu'il doit lui promettre de ne jamais en parler à personne : « Je vais vous dire quelque chose qui va vous faire tomber de votre chaise. » Selon lui, Fidel Castro est responsable de l'assassinat de Kennedy. « Kennedy a essayé de descendre Castro, mais Castro l'a eu avant. »

Smith, qui sait que Johnson est capable de raconter des « salades », lui demande des détails. « Tomber de ma chaise ? Tu parles. Je l'ai supplié de me donner des détails. Il a refusé et m'a dit que tout cela finirait par se savoir un jour. »

En septembre 1969, alors qu'il vit retiré sur son vaste ranch dans les environs d'Austin, Johnson accorde une interview à Walter Cronkite, de la chaîne CBS, dans le cadre d'une série d'émissions sur sa présidence. A un moment, Cronkite demande à Johnson, alors qu'ils évoquent l'assassinat de Kennedy, s'il croit que la commission Warren a eu raison de dire qu'il n'y avait pas de complot pour tuer Kennedy.

« En toute franchise, je ne peux pas affirmer que j'ai été absolument convaincu de l'absence de connexions internationales.

— Vous voulez dire que vous avez toujours le sentiment qu'il y a peut-être eu une conspiration ?

— Je ne peux pas totalement l'écarter à ce jour. »

Cronkite a l'air surpris.

« Cela voudrait donc dire que vous n'avez pas entièrement confiance dans le rapport de la commission Warren ? »

Johnson : « Non, je pense que le rapport de la commission Warren... » Une pause. « Je pense tout d'abord que la commission était composée des hommes les plus capables, les plus judicieux [...] que compte ce pays. Ensuite, je pense qu'ils avaient un seul but, découvrir la vérité. Enfin, je pense qu'ils étaient compétents et qu'ils ont fait de leur mieux. Mais ni eux ni moi ni quiconque ne peut prétendre savoir avec certitude ce qui a pu pousser Oswald ni si d'autres étaient impliqués. »

Cronkite se dit qu'il tient un scoop, et un scoop historique, de surcroît. Mais au bout du compte, Johnson insistera pour que ses commentaires sur la commission soient coupés pour des motifs de « sécurité nationale ». Après d'âpres débats internes, CBS accédera à ses demandes, mais les propos de Johnson finiront par parvenir aux oreilles du *New York Times* et du *Washington Post*, entre autres[11].

On n'a jamais bien compris ce qui avait conduit Johnson à exprimer des doutes si graves sur la commission Warren. Joseph Califano, son conseiller politique de 1965 à 1969, se souvient que Johnson disait souvent en privé à ses proches collaborateurs qu'il était persuadé qu'Oswald faisait partie d'un complot[12]. Ce point de vue était partagé par Califano, qui avait été juriste en chef de l'armée sous Kennedy et faisait partie du groupe de conseillers sur lesquels Robert Kennedy s'était appuyé pour mettre au point des complots visant à renverser Castro – et si possible à le tuer – dans le cadre de l'« opération Mangouste ». « Robert Kennedy était décidé à assassiner Castro », dira Califano des années plus tard. « Les Kennedy étaient obsédés par ça. » Califano a toujours soupçonné qu'il y avait une part de vérité dans les rumeurs selon lesquelles Castro, ayant appris qu'on cherchait à l'assassiner, s'était vengé en assassinant Kennedy en premier. Selon Califano, Robert Kennedy était de cet avis. « J'en suis venu à penser que le chagrin insondable de Bobby Kennedy après l'assassinat de son frère s'explique par son intime conviction qu'il était lié à ses tentatives infructueuses de tuer Castro. »

Cynthia Thomas est encore plus choquée que Charles lorsqu'elle apprend que sa carrière au département d'Etat est finie[13]. En tout cas, elle est bien plus furieuse que lui. Charles a toujours été un fataliste. Ils savent tous les deux que cela ne rime à rien. Charles n'a reçu que des éloges – enthousiastes – des ambassadeurs pour lesquels il a travaillé au cours de ses dix-huit années dans le corps diplomatique. La mauvaise nouvelle lui tombe dessus alors qu'il est rentré à Washington en 1969. Il n'a pas obtenu à temps une promotion, et il est donc renvoyé – la formule exacte est « sélectionné pour le départ ».

« C'était absurde, dira Cynthia. Charles était un diplomate hors pair. »

C'est alors, dans un dernier geste en tant qu'employé du département d'Etat, que Thomas rédige sa lettre adressée au secrétaire d'Etat William Rogers, insistant une dernière fois pour que l'on se penche sur les affirmations d'Elena Garro[14]. « Une investigation sérieuse de ces allégations suffirait peut-être à les expliquer, écrit Thomas. Mais leur révélation pourrait rouvrir le débat sur la véritable nature de l'administration Kennedy et porter atteinte à la crédibilité du rapport Warren. »

Dans sa lettre, Thomas se livre, apparemment pour la première fois, à des spéculations sur les raisons pour lesquelles la CIA n'a pas voulu aller au fond des choses. « Certaines des personnes qui figurent dans le scénario de Garro pourraient être des agents de la CIA. » Il ne dit pas à qui il pense, ni si ces personnes auraient pu interagir avec Oswald à Mexico.

Un mois plus tard, le 29 août, le département d'Etat transmet sa lettre à la CIA accompagnée d'un mémorandum demandant à l'Agence d'envisager une enquête. La réponse de la CIA est datée du 16 septembre. Elle pouvait difficilement être plus courte[15] : « OBJET : Charles William Thomas. Référence est faite à votre mémorandum du 29 août 1969. Nous avons examiné les pièces jointes et ne voyons pas de motifs pour des actions supplémentaires. Une copie de cette réponse a été transmise au FBI et au Secret Service. »

Le mémo est signé par le directeur du contre-espionnage, James Angleton, et son adjoint Raymond Rocca. Le nom d'Angleton ne signifie rien pour Cynthia Thomas, ni sans doute pour son mari[16]. « Je pense que nous n'avions pas la moindre idée de qui il s'agissait. Pourquoi aurions-nous dû le savoir ? »

Cet été-là, Thomas s'engage sur la voie qui s'achèvera par son suicide deux ans plus tard. La recherche d'un nouvel emploi s'avère beaucoup plus difficile qu'il ne l'avait pensé. Lorsqu'un employeur potentiel lui demande pourquoi il a quitté le département d'Etat avant l'âge de la retraite, il se sent tenu de dire la vérité et confie qu'il a été poussé vers la sortie. Il essaie sans succès de trouver du travail dans d'autres organismes gouvernementaux, dont la CIA. Win Scott lui avait proposé « de rédiger des lettres de recommandation pour lui », mais « il ne l'a jamais fait », dira Cynthia. Elle finira par comprendre qu'il existe « un effort délibéré de la part du département d'Etat » pour l'empêcher de trouver du travail au Capitole. Très vite, les problèmes d'argent s'accumulent. La famille n'a pas vraiment d'économies. Les Thomas et leurs deux filles louent une maison à Washington. Pour se procurer au moins de modestes revenues, Thomas ressort son diplôme de droit et défend à temps partiel des accusés sans ressources devant les tribunaux municipaux. Il est payé 7,50 dollars de l'heure. Il est « trop fier » pour demander à qui que ce soit de l'aider à trouver un vrai travail, selon Cynthia.

Thomas s'efforce de poursuivre lui-même l'enquête que le département d'Etat et la CIA refusent de rouvrir[17]. A la fin 1969, il se lance à la recherche de Garro. Elle a quitté Mexico une année plus tôt après avoir déclenché une violente polémique par des déclarations sur la responsabilité des intellectuels dans la répression sanglante de manifestations antigouvernementales. Thomas finit par retrouver Garro à New York, où elle vit chichement avec sa fille.

Les notes manuscrites de Thomas sur ses conversations téléphoniques avec Garro – classées dans un dossier intitulé KENNEDY que l'on retrouvera rangé dans une sacoche de cuir noir après sa mort – laissent penser que Garro n'a plus grand-chose à dire sur sa rencontre avec Oswald des années plus tôt. Elle a peur et se sent persécutée. « Elle se cache », parce qu'elle pense être menacée à Mexico, écrit Thomas. « Elle dit qu'ils sont à ses trousses. » A la demande de Thomas, un de ses amis new-yorkais invite Garro et sa fille à dîner. « [Je n'ai] jamais vu quelqu'un d'aussi terrorisé », dira-t-il.

Le 12 avril 1971, le jour où Thomas se tire une balle dans la tête, trois nouvelles lettres de refus arrivent par la poste, dont une concernant le poste de directeur du personnel de la commission des affaires étrangères de la Chambre des représentants. La lettre informe Thomas que le choix de la commission s'est arrêté sur homme plus jeune que lui. Thomas met fin à ses jours avec un pistolet souvenir qu'il a acheté lors d'un voyage à Cuba, dans les années 1950[18].

Après sa mort, Cynthia trouvera le dossier KENNEDY, mais elle dit ne pas avoir compris son importance à l'époque. Le dossier contient de nombreuses coupures jaunies de journaux et de magazines sur les polémiques autour du rapport Warren.

Il y a aussi des articles sur Richard Russell – qui pensait que la commission se trompait. Des années plus tard, Cynthia Thomas dira qu'elle « ne savait rien » au sujet des allégations de Garro sur Oswald et Silvia Duran. Ce refus de partager avec elle à l'époque des informations aussi sensibles était caractéristique de son mari. Selon Cynthia : « Il a eu raison de ne rien me dire. Cela concernait son travail à l'ambassade, des affaires sensibles. Mon Dieu, ça avait à voir avec l'assassinat du président ! Charles n'avait pas à partager des choses de cette nature avec sa famille. »

Après le suicide de son mari, elle mène une campagne solitaire visant à démontrer qu'il a été la victime d'une injustice afin d'obtenir sa réintégration à titre posthume dans le corps diplomatique ainsi que ses arriérés de salaire et de retraite[19]. Cette campagne est en partie motivée par la situation financière désespérée de sa famille. A trente-cinq ans, Cynthia se retrouve avec deux enfants, une berline Plymouth modèle 1967 valant 500 dollars et 15 000 dollars de dettes, dont 774,02 dollars qu'elle doit à l'entreprise funéraire de Washington qui s'est chargée de l'enterrement de son mari.

Presque tout de suite, des rumeurs lui parviennent selon lesquelles tout n'a pas été dit sur la mise à la porte de son mari par l'administration : la CIA y serait pour quelque chose, tout comme elle l'aurait été pour sa nomination à Mexico. Ses notes de l'époque montrent qu'un journaliste européen disposant de connexions à Washington lui a dit que des « sources de haut niveau » pensent que Thomas a été renvoyé parce que quelqu'un avait propagé de fausses rumeurs sur son compte. On lui explique plus précisément que Stanley Watson, l'adjoint de Scott à la station de Mexico, avait « pourri » en sous-main les perspectives professionnelles de Charles. On raconte dans les milieux diplomatiques à Mexico que Watson, peut-être à la demande de Scott, avait lancé une campagne de rumeurs affirmant que Thomas était proche des socialistes mexicains. Des dizaines d'années plus tard, Guadalupe Rivera, l'amie des Thomas, qui enseignait le droit à l'université et serait plus tard élue au Sénat mexicain, se souviendra d'avoir pensé, en apprenant la mort de Thomas en 1971 : « C'est à cause de ce chien de Watson. » Cynthia s'interroge sur les raisons de cette vindicte. Pourquoi Watson, Scott ou d'autres à la CIA en voulaient-ils à son mari au point de le faire chasser de l'administration ?

Après son suicide, des collègues du département d'Etat se diront surpris d'apprendre que la carrière de Thomas avait peut-être déraillé en raison d'une banale erreur de classement d'une évaluation professionnelle élogieuse datant de 1966, lorsque Thomas était en poste à Mexico. Cette évaluation décrivait Thomas comme « un des meilleurs éléments » du corps diplomatique et recommandait sa promotion immédiate. Selon le département d'Etat, le rapport avait été classé par erreur dans le dossier d'un autre diplomate qui s'appelait également Charles Thomas. L'erreur de classement avait été rectifiée... deux jours après la décision négative de la commission d'avancement. La commission avait décidé de ne pas revenir sur sa décision, estimant que l'erreur n'était pas de son fait.

La campagne menée par Cynthia Thomas, en même temps que l'indignation suscitée au sein du département d'Etat par la manière dont son mari a été traité, finit par contraindre le département d'Etat à revoir l'ensemble de ses procédures de promotion dans le corps diplomatique. En 1973, un juge fédéral de Washington décrétera que le processus d'avancement, en tant qu'il viole la garantie constitutionnelle d'un procès équitable, est inconstitutionnel. Cette décision intervient dans une plainte financée par des dons au Fonds de défense de Charles William Thomas, qui a été créé par sa veuve et certains de ses anciens collègues.

En janvier 1975, le Congrès accordera à Mme Thomas la justice qui lui est due. Il adoptera une loi dite « privée » réintégrant son époux dans le corps diplomatique : elle bénéficiera, ainsi que ses deux enfants, des arriérés de salaire de son époux ainsi que de son assurance. Le montant de cette indemnisation atteindra 51 000 dollars. Mme Thomas sera aussi engagée en tant qu'officier du service diplomatique et deviendra diplomate en Inde et en Thaïlande avant de prendre sa retraite en 1993[20].

Après l'adoption de cette loi en 1975, elle recevra une lettre d'excuses officielle de la Maison-Blanche concernant le traitement dont son mari a fait l'objet de la part de l'administration : « Les mots ne suffiront jamais à effacer le fardeau que vous portez depuis des années », commence la lettre. « Les circonstances entourant la mort de votre époux sont une source de profonds regrets pour le gouvernement qu'il a si loyalement servi, et j'espère seulement que les mesures prises en raison de cette tragédie empêcheront des situations de ce type de se reproduire à l'avenir. » La lettre est signée par le président Gerald R. Ford[21].

Charles Thomas n'est pas le seul ancien de l'ambassade de Mexico à mourir en ce mois d'avril 1971. Deux semaines après le suicide de Thomas, Winston Scott meurt chez lui, à Mexico, à l'âge de soixante-deux ans, des suites d'une chute accidentelle. Il semble avoir succombé à ses blessures après être tombé d'une échelle dans son jardin[22].

Les nouvelles de la mort de Scott parviennent à Langley presque aussitôt et un de ses anciens adjoints à Mexico, Anne Goodpasture, qui vit dorénavant aux Etats-Unis, se dit qu'il faut agir vite. En quelques heures, elle prend contact avec Angleton pour le prévenir que Scott conservait très certainement chez lui des documents confidentiels[23]. Les adjoints de Scott savent qu'il avait l'habitude d'emporter des dossiers chez lui et qu'il ne les rapportait pas toujours. Goodpasture se souvient que Scott avait un coffre-fort blindé dans sa maison. Elle n'exclut pas qu'il ait « emprunté » au moins une copie des enregistrements réalisés par la CIA de certains des appels téléphoniques passés par Oswald à Mexico.

Angleton s'envole pour Mexico et arrive à temps pour les funérailles. Des années plus tard, il expliquera aux enquêteurs du Congrès que c'est Richard Helms – un autre vieil ami de Scott – qui l'a envoyé là-bas. « C'est Dick qui m'a demandé d'y aller à titre officiel », comme marque de respect de la part de l'Agence, dira Angleton[24]. Mais il reconnaîtra que le voyage avait aussi un autre but. « Win était en train d'écrire un livre, un manuscrit », dira Angleton. « C'était une sorte de testament d'un agent. » Puisque Scott n'avait pas soumis le texte à l'Agence avant sa parution, une vérification de sécurité était nécessaire. « Mon but était d'en récupérer tous les exemplaires », dira Angleton. « J'étais un proche et je connaissais sa femme. » Helms prétendra ensuite n'avoir qu'un vague souvenir du voyage d'Angleton – et de ce qui l'a motivé. « On avait peut-être peur que Scott n'ait gardé dans son coffre-fort quelque chose qui aurait pu nuire au travail de l'Agence », dira

Helms, laissant entendre que la décision de pénétrer dans le domicile de Scott et de vider son coffre était une affaire de routine. « L'Agence voulait juste s'assurer qu'il n'y avait rien de tout ça là-bas. »

La famille de Scott se souvient bien de ces coups inattendus frappés à la porte de leur maison et de la mine de Janet, sa femme, découvrant Angleton sur le seuil. Il est venu, dit-il, récupérer des documents confidentiels que Scott gardait peut-être chez lui. La famille n'émet pas d'objections à cette inspection et Angleton repart pour Langley avec plusieurs cartons de documents, dont deux exemplaires de ses Mémoires.

Une grande partie du manuscrit de Scott reste dans les archives de la CIA pendant des dizaines d'années après sa mort, mais un chapitre où il est question de la surveillance d'Oswald à Mexico est discrètement déclassifié en 1994 et remis à sa famille, un des très nombreux documents concernant l'assassinat de Kennedy rendus accessibles dans les années 1990 en réponse à la popularité du film d'Oliver Stone, *JFK*.

Lorsqu'ils prendront connaissance du contenu de ce chapitre, en 2012 et 2013, les anciens enquêteurs de la commission Warren seront choqués*. Loin de confirmer que la CIA n'avait pas de secrets à cacher, les Mémoires de Scott permettent de se faire une idée précise de l'ampleur de l'entreprise de dissimulation. Il y a des différences frappantes entre ce que Scott raconte dans son livre et ce que la CIA racontait à la commission des années plus tôt.

En 1964, Scott avait assuré à la commission que le gouvernement n'avait pas découvert de preuves tangibles, en tout cas pas à Mexico, permettant de penser qu'il y avait eu un complot visant à tuer le président[25]. Or dans ses Mémoires, il défend un point de vue diamétralement opposé. Ce qui s'est passé à Mexico imposait de se demander si Oswald n'était pas en fait « l'agent » d'un gouvernement communiste – Scott penche pour l'Union soviétique – à qui on aurait donné l'ordre de tuer Kennedy. « Les visites d'Oswald tant à l'ambassade cubaine qu'à l'ambassade soviétique pendant son bref séjour de cinq jours en septembre-octobre 1963 suffisent, lorsque l'on sait ce

* C'est l'auteur de ce livre qui leur a permis de le lire.

qui s'est passé lors de ces visites, à le faire suspecter d'avoir été un agent pour le compte des Soviétiques dans divers domaines, dont l'assassinat de Kennedy. » Scott disait : « Au vu des faits, il est au moins légitime de se demander si Oswald travaillait pour les Russes. »

Ses Mémoires révèlent qu'en dépit de son insistance à dire à la commission qu'il n'y avait pas de photos d'Oswald à Mexico, la CIA avait en fait obtenu des clichés de lui à l'extérieur des ambassades cubaine et soviétique. « Les équipes qui surveillaient ces ambassades ont photographié Oswald en train d'entrer et de sortir, et ont vérifié combien de temps il y a passé lors de chaque visite. » Il suggère aussi que les écoutes de la CIA ont saisi la voix d'Oswald au téléphone avec les deux ambassades – des bandes dont Scott avait prétendu en 1963 et 1964 qu'elles avaient été effacées. « Oswald nous intéressait beaucoup », écrit Scott. « Ses conversations avec les employés de ces ambassades ont été analysées en détail. »

En 1976, la Chambre des représentants forme une commission spéciale pour rouvrir le dossier des assassinats du président Kennedy et du dirigeant noir Martin Luther King. Au cours des deux années suivantes, des enquêteurs travaillant pour cette commission réussissent à retrouver au moins trois responsables de la CIA qui se rappellent avoir vu des photos d'Oswald prises à Mexico, dont Stanley Watson, le bras droit de Scott, qui se souvient d'une seule photo, de dos – « en gros une oreille et une vue de son dos[26] ». Selon Watson, Scott aurait été capable de cacher ou de détruire du matériel qu'il ne souhaitait pas montrer à ses collègues. Il se souviendra qu'au moment de prendre sa retraite, Scott avait embarqué le contenu de son coffre. Il pensait aussi que Scott était capable de « fabriquer » des preuves. « Je ne croyais jamais Win Scott la première fois qu'il me racontait quelque chose. »

En 1992, le Congrès crée le Comité d'examen des dossiers relatifs à l'assassinat du président Kennedy pour accélérer le processus de déclassification de presque toutes les archives sur le sujet. Ce comité obligera la CIA à rendre publics certains des dossiers du réseau d'informateurs de Scott et de la station de Mexico à l'époque de l'assassinat. Sur la liste des informateurs figure le nom d'un ancien fonctionnaire du ministère de l'Intérieur mexicain, Manuel Calvillo – un nom qu'auraient reconnu

Elena Garro et sa fille[27]. Calvillo est l'homme qui, tout de suite après l'assassinat, leur a ordonné de se cacher. Si le récit fait par Garro à Charles Thomas est vrai, cela veut dire que le responsable mexicain qui a enjoint à Elena Garro et à sa fille de ne rien dire au sujet d'Oswald, de ses deux « amis beatniks », de Silvia Duran et de la « twist party » travaillait également pour la CIA*.

---

* Les archives de la CIA identifient Calvillo comme un agent « involontaire », car il ne savait pas que son officier traitant était un agent. Les enquêteurs de la commission spéciale de la Chambre sur les assassinats (HSCA), travaillant de conserve avec le gouvernement mexicain, n'ont pas réussi à retrouver Calvillo, qui est mort depuis.

CHAPITRE 58

1975 et après

En février 1975, David Slawson, qui enseigne à présent le droit à l'University of Southern California, se félicite de ne pas avoir accepté, dix ans plus tôt, le travail que lui proposait Robert Kennedy[1]. C'est son ami Joe Dolan qui l'avait contacté, alors que Slawson travaillait encore au département de la Justice. Kennedy voulait embaucher Slawson en tant que conseiller juridique, l'idée étant qu'il participerait ensuite à sa campagne présidentielle en 1968. La simple idée qu'il aurait pu être présent lors de l'assassinat de Kennedy à l'hôtel Ambassador de Los Angeles, à deux pas de son bureau à l'université, le fait frémir.

Il est aussi heureux de ne pas avoir fait partie de l'entourage politique de Kennedy lors des révélations déplaisantes sur son rôle dans les complots ourdis par la CIA pour assassiner Castro. Au début des années 1970, une commission spéciale du Sénat, présidée par le sénateur Frank Church, a confirmé que la CIA avait tenté d'assassiner plusieurs dirigeants étrangers. L'inspecteur général de l'Agence a identifié huit tentatives visant Castro sous Eisenhower et Kennedy, dont certaines semblent tout droit sorties d'un mauvais roman d'espionnage, avec des stylos empoisonnés, des pilules de poison, une tenue de plongée contaminée par un microbe et un cigare explosif.

La responsabilité de James Angleton, un des principaux témoins appelés à déposer devant la commission Church, n'a pu être établie, mais un responsable de haut rang a déclaré qu'il était persuadé de son implication. John Whitten, qui avait été écarté de l'enquête sur Oswald par Angleton en 1964, dira aux enquêteurs de la commission qu'Angleton « était une des personnes à la CIA qui essayaient d'utiliser la Mafia pour les opérations à Cuba[2] ». Selon Whitten, bien avant l'assassinat de Kennedy, il avait dû interrompre une opération de la CIA sur les comptes bancaires de gangsters américains au Panamá « parce que Angleton y avait opposé son veto ». Selon Whitten, on lui aurait dit qu'« Angleton avait lui-même des liens avec la Mafia et ne voulait pas leur causer de problèmes ». Angleton sera contraint de démissionner de la CIA fin 1974 lorsqu'on aura la preuve qu'il a conduit, durant des années, des opérations illégales de surveillance de citoyens américains sur le sol américain.

A l'époque, Slawson ne suit pas de près l'enquête du Congrès sur les méfaits de la CIA car il est très pris par ses cours et aussi, comme il le dira, parce que le sud de la Californie est un monde à part, bien éloigné de la capitale. Mais il est sidéré à chaque nouvelle révélation sur des activités de l'Agence dont il aurait dû avoir connaissance dix ans plus tôt, à la commission Warren, surtout en ce qui concerne les tentatives d'assassinat de Castro. Il n'y avait pas nécessairement un lien avec l'assassinat de Kennedy, mais la CIA avait choisi de faire fi de son obligation d'en informer la commission. « La décision de retenir ces informations était une faute morale », dira Slawson.

Pendant un moment, sa colère n'est pas telle qu'il soit disposé à se laisser happer par « le cirque » qu'est devenu le débat national sur l'assassinat. Depuis des années, il est ravi de laisser les anciens de la commission s'en charger, en particulier David Belin, qui est régulièrement invité sur les plateaux et finira par écrire deux livres sur le sujet.

Mais Slawson décide de rompre son silence en février 1975 lorsque le correspondant à Washington du *New York Times* lui demande s'il veut bien jeter un œil sur un document étonnant du FBI qui vient de refaire surface aux Archives nationales. Il s'agit d'un mémorandum de J. Edgar Hoover concernant Oswald – qui à l'époque se trouvait en URSS – adressé au département d'Etat en 1960[3]. Le mémorandum demande si un « imposteur » ne s'est pas servi de l'acte de naissance d'Oswald – apparemment, l'information avait été livrée au FBI de Dallas par la mère d'Oswald, Marguerite, visiblement déjà la proie de ses lubies conspirationnistes.

Slawson en sait alors assez sur la mère d'Oswald pour être pratiquement sûr qu'il n'y a rien derrière cette histoire vieille de quinze ans. Jamais personne n'a prétendu, au temps de la commission, que quelqu'un se faisait passer pour Oswald en Russie. Mais Slawson est tout de même en colère parce que si on lui avait montré ce mémo à l'époque de la commission, il s'en souviendrait.

Il accepte donc de répondre au *New York Times*, et dans ses propos il critique la CIA et réclame une nouvelle investigation sur l'assassinat de Kennedy, ne serait-ce que pour déterminer pour quelles raisons ce document comme tant d'autres, surtout ceux sur les complots visant Castro, leur avait été caché. Pour les autres anciens de la commission, les déclarations de Slawson représentent un tournant – le principal enquêteur de la commission sur la question du complot international estime à présent que la question mérite d'être posée à nouveau : « Je ne sais pas où cette histoire d'imposteur nous aurait conduits, peut-être nulle part, comme tant d'autres pistes », déclare Slawson au *New York Times*. « Le fait demeure que nous n'en avons rien su. Pourquoi ? » Il se demande si la CIA ne se trouve pas derrière la décision de ne pas communiquer le mémo de 1960, comme pour les complots visant Castro. La CIA peut avoir « voulu étouffer ça ».

Le dimanche suivant la publication de l'article, le téléphone sonne chez Slawson, à Pasadena. Il ne reconnaît pas la voix, affectée, de son interlocuteur. Au début, le ton est amical.

« Je suis James Angleton », dit la voix.

Slawson dira qu'à l'époque il ne se rappelle plus exactement qui est Angleton. « Je crois que je savais que c'était quelqu'un de haut placé à la CIA. » Le rôle d'Angleton dans l'opération massive d'espionnage menée par la CIA sur le territoire national avait été révélé par le *New York Times* quelques mois plus tôt, et avait conduit à sa démission en décembre 1974.

Angleton est peut-être démissionnaire, mais il est toujours à Langley. Et il fait comprendre à Slawson que, même à la retraite, il continue de surveiller la manière dont l'Agence et lui-même sont dépeints dans la presse, surtout s'agissant de l'assassinat de Kennedy.

Angleton veut lui parler de l'article sur Oswald et Hoover paru dans le *New York Times*. Il lui explique brièvement qui il est. « Il a lourdement insisté sur son pedigree, son importance et son sang aristocratique », dit Slawson.

Angleton s'efforce ensuite de lui faire comprendre qu'il est un vieil ami de John Hubbard, un ancien diplomate à présent président d'USC, l'université de Slawson, et donc son patron, en quelque sorte. « Il m'a demandé comment se portait Hubbard, comme si c'était un de mes amis », dit Slawson, qui le connaît à peine.

A ce moment, la conversation prend une tournure menaçante. Angleton veut savoir si Slawson a été correctement cité dans l'article. Il veut savoir ce qu'il a dit exactement au journaliste et s'il est vrai qu'il souhaite une nouvelle enquête sur l'assassinat de Kennedy.

Selon Slawson, davantage que ses propos, c'est le ton sinistre d'Angleton qui est inquiétant.

Angleton lui suggère que la CIA a besoin de son aide, qu'il est leur « partenaire ». Un partenaire dans quoi ? se demande Slawson.

« Nous voulons que vous sachiez que nous avons apprécié le travail que nous avons accompli ensemble », dit Angleton. Slawson sait bien qu'il n'a jamais travaillé avec la CIA, il a enquêté sur la CIA.

« Nous espérons que vous resterez notre ami », dit Angleton. « Nous espérons que vous resterez notre partenaire. » Angleton fait une pause, pour laisser le temps à Slawson de bien comprendre ce qu'il dit. Slawson est glacé.

Le message est clair : « Nous savons tout ce que vous faites. Nous savons tout. Ne l'oubliez pas. La CIA vous surveille. » Ce coup de fil les inquiète sérieusement, lui et sa femme. Comment se fait-il qu'un personnage si important l'appelle un beau matin pour lui faire comprendre qu'il pose trop de questions sur l'assassinat de Kennedy ? Slawson est convaincu qu'il s'agit d'un avertissement : « Bouclez-la. »

Cet été-là, Clarence Kelley entame sa troisième année à la tête du FBI en se disant qu'il fait enfin des progrès dans l'apurement de l'héritage sinistre de son prédécesseur, J. Edgar Hoover[4]. « Nous sommes sincèrement désolés », déclarera publiquement Kelley pour s'excuser du flot de révélations posthumes sur les abus de pouvoir de Hoover, notamment le harcèlement durant des dizaines d'années des dirigeants du mouvement pour les droits civiques et des manifestants anti-gouvernementaux, abus qui n'ont pris fin qu'à la mort de Hoover en 1972. « Aucun directeur du FBI ne peut tolérer des atteintes aux libertés du peuple », dira Kelley[5].

Et pourtant, au cours de ces années au FBI, l'ancien chef de la police de St Louis se trouvera confronté, encore et encore, à des enquêtes internes sur les méfaits et souvent les crimes commis par des agents et des employés du FBI au cours des années Hoover. Parmi ces crimes, Kelley aura la surprise de découvrir au cours de l'été 1975 la destruction par des agents du FBI à Dallas d'indices matériels essentiels concernant l'assassinat de Kennedy.

Au mois de juillet, Tom Johnson, le directeur du *Dallas Times Herald*, le deuxième quotidien de la ville, demande à rencontrer Kelley de toute urgence. Kelley accepte, et le lendemain Johnson est assis en face de lui, dans son bureau. Il ne perd pas de temps et lui explique que son journal prépare un article qui prouve que le FBI a tout fait pour cacher ce qu'il savait d'Oswald dans les semaines précédant l'assassinat.

Après toutes ces années « d'histoires délirantes, de théories absurdes » au sujet de l'assassinat, Johnson pense que cette histoire « terrifiante » est vraie. Le journal a appris qu'au début de novembre 1963, quelques semaines avant l'assassinat, un Oswald furieux est entré en trombe dans l'antenne du FBI de Dallas et y a laissé une note menaçante. Oswald se serait plaint dans cette note de la surveillance dont sa famille faisait l'objet, mais les termes précis de sa menace et sa cible étaient un mystère, puisque la note, sans que l'on sache trop comment, avait disparu après l'assassinat. Le FBI avait dissimulé la visite d'Oswald et n'en avait jamais rien dit à la commission. C'est Johnson lui-même qui a été averti de l'existence de la note et de sa disparition par un responsable du FBI à Dallas (qu'il refuse de nommer), et l'article sera cosigné par lui et Aynesworth, l'artiste du scoop du *Dallas Morning*, qui travaillait à présent pour le *Times Herald*.

« Kelley m'a regardé et son étonnement se lisait sur son visage. Il avait l'air perdu. » Kelley promet à Johnson d'enquêter sur le sujet. Il demande à Johnson de « lui envoyer le texte intégral de l'article et de lui laisser un peu de temps pour tout vérifier ».

Il ne faut pas longtemps à Kelley pour comprendre que « le pire de l'histoire, c'est qu'elle est malheureusement vraie[6] ». Oswald a effectivement remis une note manuscrite à l'antenne du FBI à Dallas au début du mois de novembre 1963 et celle-ci a été déchirée et jetée dans les toilettes par l'agent spécial James Hosty, sur ordre de son supérieur, Gordon Shanklin, dans les heures qui ont suivi la mort d'Oswald.

Kelley est atterré. « Cette opération de camouflage du FBI était là, enterrée depuis douze ans », écrira-t-il plus tard. « Pourquoi avaient-ils fait cela ? On comprenait bien ce qui avait pu les pousser, au départ : il fallait le cacher à Hoover. » Il imagine sans mal qu'après l'assassinat Hosty et Shanklin ont paniqué à cause de l'existence de la note. « Ils ont dû penser qu'aux yeux du monde cela donnerait l'impression que le FBI avait eu l'assassin à portée de main, puis l'avait laissé filer. En tout cas, c'est ce qu'aurait très certainement pensé J. Edgar Hoover. » Kelley pense que la découverte de la note « aurait déclenché la vindicte de Hoover ».

Kelley appelle Johnson à Dallas et lui dit qu'il peut publier l'article – parce que l'histoire est vraie. Il paraît le 31 août et « déclenche des réactions spectaculaires à travers tout le pays », dira Kelley.

L'incident conduit Kelley à se lancer dans une investigation personnelle, informelle de ce qui est resté caché dans les dossiers sur l'assassinat. Qu'y a-t-il d'autre dont la commission Warren n'a pas eu connaissance ? L'assassinat de Kennedy est un sujet dont il se considère depuis longtemps un spécialiste. « C'était pour moi presque une affaire personnelle », dira-t-il. Comme la plupart des policiers, Kelley a été, au cours de sa carrière, « témoin de terribles drames… On n'y devient pas nécessairement insensible, mais on se protège, on se fabrique une carapace ». Mais le 22 novembre 1963, dit-il, « la mort du président Kennedy m'a bouleversé ».

Il s'intéresse aux théories conspirationnistes. « J'ai lu quantité de livres sur l'assassinat », écrira-t-il plus tard. « Le dossier du FBI sur le sujet est le plus volumineux que possède le Bureau sur un crime donné… En tant que directeur, j'y avais librement accès. Dès que j'avais un moment, je me plongeais dedans. »

Au fil des ans, il finit par être troublé par un sujet : le voyage d'Oswald à Mexico. Kelley sait à présent qu'Oswald a été la cible d'une opération de surveillance sur place de la CIA – et que la transmission de cette information après que la CIA en a informé le FBI à l'automne 1963 a été entachée d'erreurs. Kelley est persuadé que quelque chose d'important s'est passé à Mexico. Pour lui, « le séjour d'Oswald à Mexico change de façon irrévocable sa façon de penser ».

Kelley découvre la lettre top secret adressée par Hoover à la commission au mois de juin 1964 – lettre que les enquêteurs diront n'avoir jamais reçue – selon laquelle Oswald aurait déclaré à l'ambassade cubaine qu'il avait l'intention de tuer Kennedy. Pour Kelley, il ne fait pas de doute que l'incident a bien eu lieu. « Oswald a bien proposé de tuer Kennedy », dira-t-il. Et ce qu'il lit à d'autres endroits l'incite à croire qu'Oswald a réitéré ses menaces lorsqu'il a rencontré des diplomates soviétiques – et des espions, dont le redoutable agent du KGB Valery Kostikov.

« On ne peut que souligner l'importance de Kostikov », dit Kelley. Depuis longtemps, bien avant l'assassinat de Kennedy, tant la CIA que le FBI savent que c'est un spécialiste des assassinats.

Cela ne veut pas dire pour autant que les Cubains ou les Soviétiques se trouvent derrière l'assassinat de Kennedy, insiste Kelley. Kostikov a des activités diplomatiques normales correspondant à sa couverture. « Je pense pour ma part que les Soviétiques ont dit à Oswald qu'ils ne voulaient pas être mêlés à ses projets », dit Kelley. Quant à Castro, le FBI a établi qu'à l'époque « il pensait que l'offre était une provocation américaine ou bien qu'Oswald était un fou » et les diplomates cubains à Mexico ne voulaient sans doute pas avoir affaire à lui.

Cela dit, ce qui se trouve dans les dossiers du FBI – et n'a jamais été communiqué à la commission – est étonnant en soi. De toute évidence, les ambassades soviétique et cubaine à Mexico savaient depuis des semaines qu'Oswald parlait ouvertement de son intention de tuer le président.

Ensuite, une série de retards et d'erreurs bureaucratiques au sein du FBI ont eu pour résultat qu'une partie importante des informations, parmi lesquelles le fait qu'Oswald avait rencontré un expert ès assassinats du KGB, n'est jamais parvenue à l'antenne de Dallas. Le FBI et la CIA disposaient « de suffisamment d'informations sur le séjour d'Oswald à Mexico pour faire inscrire son nom tout en haut de la liste des menaces potentielles », dira Kelley. Mais Hosty a été « laissé dans le noir ». L'agent de Dallas a reçu des informations très sommaires sur le voyage à Mexico, et on ne lui a rien dit de la véritable identité de Kostikov. « Personne dans la machinerie du Bureau n'a été fichu de raisonner par a + b suffisamment vite », dira Kelley.

Après l'assassinat, apprend Kelley, des responsables du FBI et, pense-t-il, la Maison-Blanche ont décidé de ne pas faire part de ces détails à Hosty et à ses collègues de Dallas par crainte d'une crise généralisée au sujet de la possibilité d'un complot communiste. Kelley établira qu'au moins deux mémos sur les événements de Mexico avaient été retirés du dossier Oswald à Dallas tout de suite après l'assassinat dans l'espoir que Hosty ne les aurait pas déjà lus. Selon Kelley, l'ordre venait de Washington, et plus précisément du numéro trois du FBI, William Sullivan, lequel semblait avoir agi sur ordre de la Maison-Blanche, qui paraissait considérer que « le risque d'une confrontation avec l'Union soviétique au sujet de Kennedy était trop grand ». Dans ses Mémoires parus en 1979, deux ans après sa mort au cours d'un accident de chasse, Sullivan ne répond pas aux allégations de Kelley, mais il reconnaissait que le FBI et la CIA n'avaient jamais creusé les nombreux mystères qui subsistaient au sujet de la mort du président, surtout ceux ayant à voir avec le séjour d'Oswald à Mexico. « Il y avait d'énormes lacunes, des lacunes que nous n'avons jamais comblées », dira Sullivan. « Nous n'avons jamais réussi à savoir ce qui s'est passé entre Oswald et les Cubains à Mexico. »

Pour Kelley, Hosty est une victime. Il est persuadé que si Hosty avait su tout ce que savait la direction du FBI, il aurait alerté le Secret Service de la menace évidente représentée par Oswald. Il ne fait pas de doute, dira Kelley, que le FBI « aurait pris toutes les mesures nécessaires pour neutraliser Oswald ». C'est d'ailleurs la conclusion générale que tire Kelley : l'assassinat du président aurait pu être évité, peut-être même facilement. N'en déplaise à Hoover, qui soutenait qu'Oswald était un loup solitaire dont les projets d'assassinat n'auraient jamais pu être détectés par le Bureau. Si l'antenne de Dallas, dira Kelley, avait été informée de ce qu'on savait sur Oswald au FBI et à la CIA, « il ne fait pas de doute que Kennedy ne serait pas mort à Dallas le 22 novembre 1963. Le cours de l'histoire aurait été changé ».

Epilogue

En 1977, Thomas Mann, l'ancien ambassadeur américain au Mexique, a demandé quelque chose d'extraordinaire aux enquêteurs du Congrès. De sa retraite au Texas, il a fait savoir à la commission spéciale de la Chambre sur les assassinats (HSCA) qu'il était prêt à révéler ce qui s'était passé à Mexico dans les jours qui avaient suivi l'assassinat – informations qu'il s'était bien gardé de communiquer à la commission Warren – si le président Carter lui accordait l'immunité contre toutes poursuites. Comme Angleton, Mann savait qu'il y avait beaucoup de choses sur l'assassinat de Kennedy que le pouvoir – et en particulier la CIA – ne laisserait jamais dévoiler sans l'accord du Bureau ovale.

Le rapport des enquêteurs de la Chambre, qui est resté classifié pendant des années après leur voyage au Texas pour interroger Mann, montre que l'ancien ambassadeur leur avait donné un avant-goût de ce qu'il pourrait déclarer sous serment si on lui accordait l'immunité, à savoir que le secrétaire d'Etat Dean Rusk lui avait personnellement ordonné, tout de suite après l'assassinat, d'interrompre toute investigation à Mexico visant à « confirmer ou réfuter les rumeurs d'une implication cubaine ». Mann pensait que le même ordre « invraisemblable » avait été donné à Winston Scott, le chef de station de la CIA, et à Clark Anderson, le *legal attaché* du FBI, par leurs supérieurs. « Mann ne pense pas que les Etats-Unis ont interrompu l'investigation simplement pour éviter un problème avec les Cubains », dit le résumé de l'entretien resté longtemps confidentiel. « Mann dit que... s'il devait deviner, il y a 99 % de chances que l'investigation a été interrompue parce qu'elle risquait de lever le voile sur des opérations clandestines de la CIA à Mexico », sans doute contre Castro. Il en conclut que Silvia Duran « était probablement un agent de la CIA ». Il avait aussi ajouté qu'en 1964 Robert Kennedy « était très impliqué dans l'activité de contre-espionnage », mais le résumé n'en dit pas plus long sur ce point.

Mann est mort en 1999, et les deux enquêteurs de la Chambre qui l'ont interrogé sont aussi décédés. Les membres de la commission de la Chambre encore en vie disent ne plus se souvenir de la raison pour laquelle la Maison-Blanche n'a pas accordé à Mann l'immunité qui lui aurait permis de témoigner. Mann a donné un bref entretien à la commission Warren, qui n'était pas une déposition officielle sous serment. C'est Dean Rusk qui a témoigné au nom du département d'Etat, et il a déclaré sous serment qu'il n'avait connaissance d'aucune information accréditant l'idée d'un complot cubain ou autre. Il est mort en 1994.

En revanche, la commission d'enquête de la Chambre a recueilli en 1978 la déposition sous serment de Ray Rocca, lequel a involontairement fourni de nouvelles preuves des mensonges de la CIA à la commission Warren. Au moment où Win Scott affirmait à la commission Warren en 1964 que la station de Mexico de la CIA n'avait jamais soupçonné un complot, il racontait exactement l'inverse à ses collègues de la CIA. Scott n'a pas réservé ses doutes exclusivement à ses Mémoires, il s'est aussi confié à Rocca. « Il était entièrement convaincu – Win, je veux dire – de l'implication des Cubains », a déclaré Rocca, qui ne semblait pas se douter que Scott avait dit exactement le contraire à la commission Warren. « Je ne peux pas croire, vraiment pas, qu'il l'aurait gardé pour lui. »

J'ai parlé une fois avec James Angleton, à l'époque où j'étais un jeune journaliste du bureau du *New York Times* à Washington. Je ne me souviens plus du sujet sur lequel je travaillais, ça s'est passé dans les années 1980, et la CIA devait être concernée à un titre ou un autre. Mon supérieur a dû se dire qu'Angleton, qui connaissait beaucoup de monde au *Times*, avait certainement des choses intéressantes à dire. Comme Angleton et tant d'autres de la CIA, mon patron était un fier diplômé de Yale. Angleton avait été contraint de prendre sa retraite quelques années plus tôt.

Je me souviens surtout qu'Angleton s'exprimait de manière énigmatique, ne répondait jamais directement à mes questions et semblait sous-entendre que je devais m'efforcer de comprendre quelque vérité supérieure sur la nécessaire protection des Etats-Unis contre leur adversaire derrière le Rideau de fer. La conversation avait été parfaitement bizarre (et assez semblable à celle décrite par David Slawson). J'ai fini par penser qu'Angleton devait être ivre : son alcoolisme invétéré n'était un secret pour personne dans les milieux du renseignement. Il est mort en 1987, à l'âge de soixante-neuf ans.

Toutes sortes de détails sont connus aujourd'hui sur les trente années de carrière d'Angleton dans le renseignement. Personne ne conteste plus que son bilan à la CIA a été catastrophique. Angleton, c'est le chasseur de taupes qui n'a jamais débusqué la moindre taupe. Mais sa paranoïa carburant à l'alcool et à la nicotine a détruit de nombreuses vies, dont celles de collègues de la CIA qu'il a effectivement accusés de trahison. Parmi les gens qu'il a soupçonnés d'être des agents soviétiques on trouve Henry Kissinger, le Premier ministre britannique Harold Wilson et son dernier patron à la CIA, William Colby.

Angleton adorait entretenir une atmosphère de menace et de mystère autour de sa personne et cultivait une sorte de romantisme tragique autour du contre-espionnage – sur ces points, il faut le reconnaître, ses efforts ont été couronnés de succès. Depuis sa mort, il est devenu une figure de la culture populaire, et son personnage a été interprété à l'écran entre autres par Matt Damon dans le film de Robert De Niro *The Good Shepherd (Raisons d'Etat)*. Plusieurs biographies lui ont été consacrées et d'autres sont en préparation. Je me dis qu'il aurait été amusé – et sans doute satisfait – de constater qu'un demi-siècle après l'assassinat de Kennedy, un journaliste a passé des années dans la « jungle de miroirs » qu'il avait créée.

Au moment de me lancer dans cette entreprise, je ne me doutais absolument pas – et je pense qu'aucun historien ne s'en serait douté – qu'Angleton avait joué le moindre rôle dans l'enquête sur l'assassinat de Kennedy. Pas plus d'ailleurs que David Slawson et les autres juristes enquêteurs de la commission, dont les informations que la CIA leur transmettait étaient préalablement filtrées par Angleton et son équipe. C'est seulement lorsque j'ai partagé avec Slawson les résultats de mon enquête qu'il a réalisé l'emprise d'Angleton – dont il ne connaissait même pas le nom en 1964 – sur le travail de la commission.

Ce ne sont pas des spéculations. Angleton et ses collègues, principalement son vieil ami Win Scott à Mexico, ont effectivement brouillé les pistes à un point tel qu'il est aujourd'hui impossible de connaître toute la vérité sur l'assassinat de Kennedy, à commencer par la plus importante de toutes les questions : quelqu'un a-t-il encouragé ou donné des ordres à Oswald ? Les exemples abondent quant à la manière dont Angleton et Scott ont tenté de façonner – ou, plutôt, de déformer – l'histoire officielle de l'assassinat. Il est établi que :

— Au début de 1964, Angleton a joué des coudes pour retirer à un collègue de même rang que lui le contrôle des informations transmises à la commission Warren, alors même qu'il gardait ouvertes de discrètes voies de communication avec ses amis au FBI et un membre de la commission, Allen Dulles, qui avait été son patron à la CIA. John Whitten, le collègue écarté par ses soins, était persuadé qu'Angleton avait été impliqué dans les complots de la CIA et de la Mafia pour se débarrasser de Castro.

— Dans les jours qui ont suivi la mort de Scott en 1971, Angleton s'est précipité à Mexico pour s'emparer du manuscrit de ses Mémoires, dans lesquels il dévoilait l'étendue de ce qui avait été caché à la commission, ainsi que ses soupçons au sujet de l'existence d'un complot international pour assassiner Kennedy.

— En 1969, Angleton a signé la lettre de refus s'opposant à la demande du diplomate Charles Thomas d'une investigation poussée des allégations d'Elena Garro au sujet de la « twist party » de Mexico et de l'existence d'une relation sexuelle entre Oswald et Silvia Duran. Cette simple action d'Angleton a eu pour conséquence d'empêcher que les allégations de Garro soient examinées à nouveau. Elles ne le seront qu'après sa mort, ainsi que celle de la plupart des personnes pouvant les confirmer.

Quant à Scott, ses anciens collègues de la CIA à Mexico se souviennent des enregistrements et des photos d'Oswald dont il prétendait qu'ils n'avaient jamais existé. Tout montre qu'il a écarté à plusieurs reprises le témoignage d'Elena Garro même après avoir obtenu une confirmation indépendante de certaines parties de son histoire, dont « le fait » d'une liaison entre Oswald et Duran. Pendant tout ce temps, Scott s'est employé à coucher par écrit ses doutes concernant l'équilibre mental de Garro, tandis que son ancien adjoint lançait une campagne de rumeurs visant à discréditer Charles Thomas.

Ce qui suit sont des spéculations, je le reconnais. Est-il possible qu'Angleton ou Scott aient été impliqués dans la disparition de la lettre explosive de J. Edgar Hoover à la commission Warren en juin 1964, dans laquelle le patron du FBI rapportait qu'Oswald s'était présenté à l'ambassade cubaine à Mexico et avait déclaré qu'il avait l'intention de tuer Kennedy – information qui, selon le FBI, venait directement de Fidel Castro lui-même ? La lettre de Hoover, qui n'est jamais parvenue à la commission, a refait surface, des dizaines d'années plus tard, dans les archives de la CIA.

Il existe un autre document stupéfiant de la CIA, rédigé après 1968, qui mérite que l'on s'y attarde. Il s'agit d'une chronologie méticuleuse, longue de 132 pages, de tout ce que la station de Mexico avait appris au sujet d'Oswald. La première date est le 27 septembre 1963, lorsque Oswald est aperçu pour la première fois à l'ambassade soviétique. Les archives de la CIA laissent penser que la chronologie a été préparée à la demande de Scott par Anne Goodpasture, son ancienne adjointe. Cette chronologie établit la séquence des événements, du moins telle que Scott l'a présentée, concernant les allégations de Garro au sujet de la « twist party » et du fait que Duran était « la maîtresse » d'Oswald. Dans la marge, on peut lire les brefs commentaires dactylographiés de l'auteur de la chronologie, qui s'interroge – parfois en se désolant, semble-t-il – sur les raisons pour lesquelles l'Agence n'a pas cru Garro, même après confirmation indépendante de certains de ses dires. « Comment Elena GARRO savait-elle que Silvia était la maîtresse d'OSWALD ? – Nous sommes en 1965 ! » lit-on dans un de ces commentaires, qui rappelle que la CIA serait mise au courant par un de ses informateurs en

1967. La chronologie note que le FBI a aussi fini par confirmer les affirmations de Garro selon lesquelles elle s'était cachée – à l'instigation d'un homme identifié par la suite comme un informateur de la CIA – dans un petit hôtel de Mexico, pendant huit jours après l'assassinat. « C'est ce qu'avait raconté Elena, et personne n'a voulu la croire », lit-on en marge de cette entrée. A un autre endroit de la chronologie, son auteur écrit : « La commission Warren n'a pas bien enquêté... Quand on pense que la commission prétendait avoir œuvré dans l'intérêt du public... Au lieu de mettre un point final à toutes les rumeurs, ils ont pavé la voie pour des années de spéculations de plus en plus graves. »

D'autres documents déclassifiés de la CIA montrent de manière concluante qu'Angleton aurait préféré garder secret un autre fait concernant Oswald : son propre département, le très sélect service de contre-espionnage, surveillait Oswald – illégalement – depuis 1959, un mois après son arrivée à Moscou, lorsqu'il avait annoncé qu'il voulait vivre en Union soviétique. L'équipe d'Angleton avait placé Oswald sur une liste de surveillance avec un statut de confidentialité élevé (SECRET EYES ONLY) qui recensait environ trois cents citoyens américains dont les lettres à destination de l'étranger pouvaient être ouvertes. Cela s'est passé un an avant la date officielle de l'ouverture d'un dossier sur Oswald à la CIA que l'Agence a communiquée à la commission Warren. On comprend pourquoi Angleton tenait à garder le secret sur cette surveillance préalable d'Oswald, puisqu'au sein même de l'Agence on savait que le programme d'ouverture de la correspondance connu sous le nom de code « HK-LINGUAL » était illégal, la CIA ne disposant pas de mandats judiciaires lui permettant de lire la correspondance de citoyens américains. (Au fil des années, des figures comme Martin Luther King, John Steinbeck et l'ancien vice-président Hubert Humphrey figureront sur la liste.) Pourquoi l'équipe d'Angleton avait-elle ciblé Oswald tout de suite après son arrivée en URSS, alors que d'autres militaires américains ayant fait défection n'avaient pas fait l'objet de telles attentions ? C'est encore une question sans réponse.

J'ai commencé à enquêter pour ce livre en 2008, et j'écris cette note à la fin de l'été 2013. Pendant cette période, j'ai interviewé des centaines de personnes, souvent plus d'une fois, j'ai fait le tour du pays et me suis même rendu à l'étranger. J'ai pu consulter des documents confidentiels, des lettres, des procès-verbaux, des photographies, des films et tout un ensemble d'éléments qu'aucun autre auteur d'un livre sur l'assassinat de Kennedy n'a vu avant moi. J'ai référencé avec soin la moindre affirmation ou citation, comme en témoigne le volumineux appareil critique. Pour moi, il est clair qu'au cours des cinquante dernières années – et même davantage, puisque certaines parties de ce récit se déroulent avant le 22 novembre 1963 – de très hauts responsables, en particulier à la CIA, ont menti sur l'assassinat et les événements qui y ont conduit.

Plusieurs d'entre eux ont une responsabilité particulière dans le foisonnement de théories conspirationnistes dont nous ne verrons sans doute jamais la fin. Tout en haut de cette liste, je placerais un vieux routier de la CIA, son ancien directeur Richard Helms, qui a pris la décision de ne pas informer la commission Warren des projets d'assassinat de Fidel Castro. Et c'est Helms, bien sûr, qui a confié au pernicieux James Angleton le contrôle de l'information qui serait transmise à la commission. Au FBI, J. Edgar Hoover et ses adjoints ont fait tout leur possible – dès les premières heures – pour ne pas enquêter sur des pistes qui auraient peut-être permis de déterminer si Oswald avait des complices. Il était bien plus facile pour Hoover de faire porter le chapeau à un jeune déséquilibré sans passé violent que de reconnaître qu'un complot que le FBI aurait pu facilement déjouer avait peut-être abouti à la mort du président. Le propre successeur de Hoover, Clarence Kelley, a affirmé que le président ne serait pas mort si le FBI avait agi sur la base des informations dont il disposait en novembre 1963.

Deux autres noms méritent de figurer sur cette liste, même s'il s'agit de figures publiques dont on vante en général l'action : le *chief justice* Earl Warren, et Robert Kennedy. Earl Warren avait raison de ne pas vouloir accepter la présidence de la commission. Il avait raison de craindre que l'enquête de la commission ternisse son héritage, car c'est effectivement ce qui s'est produit, au grand regret de tous ceux qui, comme moi, ont été élevés dans la vénération de son œuvre en tant que *chief justice.* N'est-il pas symptomatique que le président Johnson lui-même ait fini par rejeter les conclusions de la commission qu'il avait créée ? La faute en revient à Warren, qui a refusé aux enquêteurs l'accès à des preuves et à des témoins essentiels. Parmi ces erreurs colossales, il y a son refus de permettre à la commission d'examiner les photographies et les radiographies prises lors de l'autopsie – décision à cause de laquelle les preuves médicales restent confuses à ce jour – et son refus encore plus incompréhensible de permettre aux enquêteurs d'interroger Silvia Duran.

Je garde toute mon admiration pour la plupart des jeunes juristes qui ont travaillé pour la commission. Ils se sont battus pour découvrir la vérité. Je pense en particulier à des hommes comme David Slawson, Burt Griffin et David Belin. Ils sont arrivés à Washington sans avoir la moindre idée de ce qu'ils devraient affronter. En ce qui concerne Wesley Liebeler, il m'est difficile de faire son éloge si le dixième de ce que l'on dit sur ses tentatives de séduction de témoins est vrai, mais je reste également persuadé qu'il aurait voulu découvrir d'éventuels complices d'Oswald et les faire arrêter. Arlen Specter n'a pas hésité à tenir tête – allant même jusqu'à l'offenser – au magistrat le plus important du pays afin de se procurer les preuves qu'il estimait nécessaires pour effectuer son travail. Si Specter avait pu examiner les photos et les radiographies de l'autopsie, bien des débats sur les preuves médicales et la théorie de la balle unique auraient été clos depuis longtemps.

Si une majorité d'Américains estime encore aujourd'hui qu'on ne leur a pas tout dit sur la mort de Kennedy, c'est en grande partie à cause de son frère Robert. Personne n'était mieux placé que lui – d'abord en tant qu'*attorney general*, ensuite en tant que sénateur et enfin en tant que frère de l'homme assassiné – pour réclamer que toute la lumière soit faite. Et pourtant, tout au long des cinq années qui séparent la mort de son frère de la sienne, Robert Kennedy n'a cessé d'affirmer publiquement qu'il approuvait les conclusions de la commission Warren tout en disant en privé qu'elle avait tout faux. Même ceux qui doutent encore de la duplicité de Kennedy sur le sujet n'ont pu qu'être sidérés d'entendre son propre fils, Robert Jr., révéler lors d'une réunion en l'honneur de son père à Dallas en janvier 2013 que celui-ci pensait que le rapport de la commission était « assez lamentable ». Selon lui, son père pensait que l'assassinat pouvait être l'œuvre de la Mafia, qui aurait cherché à se venger du combat contre le crime organisé mené par le gouvernement Kennedy, ou bien qu'il avait ses origines à Cuba, ou même qu'il s'agissait du travail de « renégats de la CIA ».

Pour Robert Jr., si son père a menti en public pendant des années en faisant semblant de croire aux conclusions de la commission, c'est parce qu'il n'avait pas les moyens, à cette époque, de mener lui-même l'enquête, et il craignait, en faisant part publiquement de ses soupçons, de détourner l'attention du pays de questions plus importantes, comme celle des droits civiques. « Il ne pouvait rien faire. Quand Jack a été tué, il a perdu tout pouvoir. »

Le seul endroit où l'on peut encore espérer trouver une réponse à certains des mystères entourant l'assassinat de Kennedy, c'est Mexico. Quand j'ai commencé à travailler sur ce livre, je ne savais presque rien du voyage d'Oswald à Mexico. Je m'y suis rendu longuement par deux fois pour essayer d'y retracer ses mouvements. J'ai fait ce que le FBI et la CIA avaient refusé de faire, apparemment, dans les semaines qui ont suivi l'assassinat : j'ai voulu retrouver Silvia Duran, pour lui parler. J'ai aussi cherché à rencontrer des personnes qui avaient connu Elena Garro, décédée en 1998, à l'âge de soixante-dix-sept ans.

En avril 2013, mon merveilleux contact à Mexico, Alejandra Xanic von Bertrab, qui a reçu cette année un prix Pulitzer pour son travail pour le *New York Times*, a retrouvé Silvia Duran. Duran fêtera ses soixante-seize ans le 22 novembre 2013 – par un hasard étrange, son anniversaire tombe le jour de la mort de Kennedy. Dans un premier temps, elle a refusé de répondre à mes lettres et appels téléphoniques. Je lui ai donc envoyé un paquet contenant une partie de la documentation que j'ai assemblée sur elle à partir des archives déclassifiées aux Etats-Unis et au Mexique. Dans un long rapport datant de 1967, un informateur de la CIA – il s'agit de l'artiste mexicain dont Duran reconnaît qu'il était un de ses amis – rapportait que Duran lui avait confié qu'elle avait eu une brève liaison avec Oswald. Je lui ai également fourni les documents de surveillance de la police secrète mexicaine qui dressent la liste de ses relations extraconjugales l'année précédant l'assassinat de Kennedy, dont au moins deux autres Américains de passage à Mexico. J'y ai joint les rapports de la CIA faisant état de sa liaison avec l'ancien ambassadeur cubain au Mexique. Elle semble avoir été surveillée par la CIA et le ministère mexicain de l'Intérieur bien avant l'assassinat parce qu'elle travaillait au consulat cubain et, préalablement, dans un centre culturel cubano-mexicain. Les rapports de surveillance étaient déplaisants et montraient qu'on avait violé son intimité de manière scandaleuse, des années durant. Mais je pensais qu'elle devait voir de ses propres yeux ce qui m'avait intrigué à son sujet. Si elle souhaitait réfuter ces informations, j'étais disposé à l'écouter.

En attendant la réponse éventuelle de Duran, Xanic m'a aidé à retrouver la fille d'Elena Garro, Helena Paz, qui à soixante-quatorze ans vit dans une maison de retraite médicalisée à une heure de voiture de Mexico. Bien qu'ayant toutes ses facultés, Helena souffre depuis des années des conséquences d'une attaque. Par l'intermédiaire d'une cousine qui est sa tutrice, elle nous a fait savoir qu'elle ne voulait pas être interviewée. Nous avons demandé à sa cousine si elle voulait bien lui demander si elle maintenait son récit – et celui de sa mère – de la « twist party », d'Oswald, des deux « beatniks » et de Silvia Duran. Elle nous a fait savoir que oui. « Ce qu'elle a dit dans les années 1960 était la vérité », nous a rapporté sa cousine. « Et ça n'a pas changé. »

J'ai prolongé mon séjour à Mexico dans l'espoir que Duran accepterait de me rencontrer, mais elle n'a jamais réagi à mon envoi de documents. En désespoir de cause, nous nous sommes présentés chez elle le mardi 9 avril. Des personnes de sa famille nous ont dit qu'elle était sortie pour l'après-midi, et nous avons décidé de l'attendre dans la rue. Elle a fini par arriver en taxi, chargée de sacs de supermarché. Elle était furieuse de nous voir, et s'est précipitée vers le grand portail en fer forgé comme si nous n'étions pas là. Nous avons plaidé notre cause, et en faisant la moue elle a accepté de nous accorder quelques minutes, en espérant sans doute que nous la laisserions tranquille ensuite.

Cinquante ans avaient passé, mais c'était bien Duran qui se tenait devant nous. Son visage était celui que l'on voit sur les photos prises dans les années 1960. Elle portait de beaux vêtements à la mode, un foulard aux tons pastel autour du cou, ainsi que des lunettes de soleil de chez Chanel. Elle a aujourd'hui les cheveux gris, mais sa coupe de cheveux n'a pas changé. Son anglais est bon, mais pendant notre conversation elle passait souvent à l'espagnol. Elle est restée une heure devant le portail métallique, à discuter avec nous, ses cabas à ses pieds. Elle contestait nos affirmations mais s'est montrée charmante, drôle et intelligente. A notre grande surprise, elle a accepté de se laisser prendre en photo.

Elle a démenti, comme elle le fait depuis de nombreuses années, avoir jamais couché avec Oswald – pour la simple raison, a-t-elle dit, qu'elle n'était pas attirée par lui. Qu'on puisse penser qu'ils avaient été amants était en soi une insulte. « Je vous en prie ! » nous a-t-elle dit en anglais d'un ton sarcastique. « On prétend que c'était mon amant ! Je vous en supplie. Oswald était grand comme ça », a-t-elle dit, tendant sa main pour suggérer qu'Oswald était petit. (Il mesurait un mètre soixante-quinze.) « Comment aurais-je pu être la maîtresse d'un homme aussi insignifiant ? » Elle a démenti les nombreux rapports et rumeurs dont la commission Warren et d'autres n'avaient jamais pu établir la véracité, selon laquelle elle était un agent cubain, ou mexicain, voire de la CIA.

Elle nous a dit se souvenir de la soirée décrite par Elena Garro, mais a prétendu qu'Oswald ne s'y trouvait pas. Il y avait bien des Américains, dont une « vedette de cinéma » qu'elle n'a pas voulu nommer parce qu'elle pense que cet acteur est toujours en vie et ne souhaite pas lui causer de problèmes. Lorsque je lui ai demandé pourquoi sa cousine Elena aurait inventé tout ça, Duran a dit que sa cousine était « folle, totalement cinglée… Je ne pense pas qu'elle me détestait à ce point, je pense qu'elle était folle ». Mais pourquoi la fille de Garro racontait-elle la même histoire ? « Elle avait beaucoup de problèmes psychologiques », a répondu Duran. Elena et sa fille « étaient assez dingues toutes les deux, elles avaient toujours été comme ça ».

Je lui ai dit que les Garro n'étaient pas les seules à prétendre qu'Oswald et elle avaient eu une liaison. Les rapports de la police mexicaine montrent qu'elle avait été interrogée de manière répétée sur ce sujet, comme si la police avait des preuves. Et pourquoi son ami artiste avait-il prétendu en 1967 qu'elle lui avait confié avoir couché avec Oswald ? Sa réponse était qu'elle était peut-être la cible de mensonges d'hommes envieux parce qu'elle avait refusé de coucher avec eux. « J'étais mariée, voilà pourquoi ça me fait enrager de lire tout ça. Ce ne sont que des ragots... Pour eux, je couchais avec tout le monde, l'ambassadeur, le consul. » Elle a redit, comme elle le répète depuis des années, que sa seule rencontre avec Oswald s'est déroulée entre les murs du consulat, lors des deux visites qu'il a effectuées au cours de la même journée de septembre 1963. « Je n'ai rien fait qui sortait de l'ordinaire pour l'aider à obtenir son visa », a-t-elle dit. « Je ne l'ai vu qu'au consulat. Je ne l'ai jamais vu à l'extérieur. Jamais, jamais, jamais. »

Quelques semaines plus tard, nous avons retrouvé un témoin qui a contredit une partie importante de l'histoire de Duran : son ex-belle-sœur, Lidia Duran Navarro, une chorégraphe réputée. A quatre-vingt-cinq ans, elle ne se souvenait plus bien de ce qui s'était passé pendant les semaines avant et après l'assassinat. Son frère – décédé depuis – et Silvia ont divorcé il y a bien longtemps, mais elle n'a que de l'affection pour Silvia. Lidia disait n'avoir jamais cru qu'elle avait eu une histoire avec Oswald. Elle raisonnait comme son ex-belle-sœur : selon Lidia, Oswald était trop quelconque pour être son amant. « C'est absurde, c'était un pauvre type à l'air idiot. »

Mais Lidia se souvenait clairement de quelque chose que Silvia lui avait confié des dizaines d'années plus tôt – contrairement à ce qu'elle avait prétendu devant nous, elle était sortie avec Oswald au moins une fois. Selon Lidia, un Oswald fasciné par elle l'avait invitée à déjeuner dans un restaurant Sanborns non loin du consulat cubain. (Elle se souvenait parfaitement qu'il s'agissait d'un des restaurants de l'importante chaîne mexicaine portant ce nom.) Selon elle, Silvia avait accepté l'invitation. « Elle n'aurait pas dû », a dit Lidia. Les Cubains de l'ambassade avaient été furieux d'apprendre que Duran s'était exhibée en public avec un Américain, même si celui-ci se disait un admirateur de leur révolution. « Ils l'ont réprimandée », selon Lidia.

Si Lidia a dit vrai, Silvia n'a pas dit la vérité en affirmant que « jamais, jamais, jamais » elle n'a vu Oswald à l'extérieur du consulat, et qu'ils n'avaient fait que discuter de sa demande de visa. Selon Lidia, Silvia aurait accepté de sortir au moins une fois avec un homme qui semblait soucieux de l'impressionner en affichant son soutien à la révolution cubaine et qui, moins de deux mois plus tard, assassinerait le président des Etats-Unis.

En juin 2013, Xanic et moi avons retrouvé deux hommes – deux importants journalistes mexicains amis de Silvia Duran dans les années 1960 – qui ont contredit son histoire sur d'autres points. Le premier, Oscar Contreras, un chroniqueur du quotidien *El Mañana*, est ce journaliste qui en 1967 avait raconté au consul américain de Tampico que quatre ans plus tôt, à l'époque où il étudiait le droit à l'université de Mexico et était un fervent castriste, il avait passé du temps avec Oswald, qui cherchait de l'aide pour obtenir un visa cubain.

Ce qu'il nous a raconté était beaucoup plus intéressant et laissait supposer qu'Oswald avait eu des contacts bien plus poussés avec des agents cubains, contacts dont Duran nie l'existence. Contreras nous a dit qu'il avait non seulement rencontré Oswald à l'université, mais qu'il l'avait revu lors d'une réception à l'ambassade cubaine, quelques jours plus tard. « Je l'ai vu de loin, il parlait avec des gens », nous a dit Contreras, qui n'a pas cherché à lui parler parce que des amis cubains lui avaient dit qu'Oswald travaillait peut-être pour la CIA. Pourquoi Contreras n'avait-il pas raconté cette histoire aux responsables américains à Mexico ? La réponse était simple : les diplomates américains ne lui avaient jamais posé de questions. « Ils n'avaient pas l'air vraiment intéressés de savoir ce qu'Oswald faisait à Mexico. »

Puis nous avons trouvé le témoin sans doute le plus important et le plus crédible confirmant le récit d'Elena Garro. Il s'agit de son neveu, Francisco Guerrero Garro, un important homme de presse mexicain qui avait vingt-trois ans à l'époque de l'assassinat et étudiait à l'université. Pendant cinquante ans, il a gardé le silence sur Lee Harvey Oswald.

Guerrero a aujourd'hui soixante-treize ans. Il est le fondateur et le directeur honoraire de *La Jornada*, un important journal de gauche. Il n'a jamais parlé d'Oswald jusqu'à ce jour, parce qu'il avait peur pour sa famille. « Je n'ai jamais rien dit. A l'époque, lorsqu'on a compris que beaucoup de gens mêlés à l'affaire Kennedy étaient morts » dans des circonstances mystérieuses, « on a pris peur ».

Quel est le secret de Guerrero ? Il était à la « twist party » où sa tante disait avoir rencontré Oswald et Silvia Duran. Il y avait accompagné sa mère, Deva Guerrero, la sœur d'Elena. Et il se souvient d'y avoir vu Oswald : « Il était là, près de la cheminée. Son visage était reconnaissable... Il avait l'air d'humeur très sombre. Il se tenait là, et il regardait les gens, comme s'il les scrutait... Je peux jurer que je l'ai vu. »

Quelques heures après l'assassinat de Kennedy, lorsque les premières images d'Oswald sont apparues, il a été témoin d'une conversation téléphonique paniquée entre sa mère et sa tante.

« Ma mère a dit au téléphone : "Ce n'est pas possible ! Ce n'est pas possible ! Vraiment, Elena, ce n'est pas possible ! Tu es sûre ? J'arrive tout de suite." » Selon Guerrero, sa mère lui aurait alors ordonné de la conduire en voiture : « Elle m'a dit : "Conduis-moi chez Elena." » Guerrero dit avoir protesté car il devait se rendre en cours, mais sa mère lui a répondu : « Je m'en moque. Emmène-moi chez Elena. »

Ils sont arrivés chez elle, la télévision était allumée et ils ont regardé ensemble les images en provenance de Dallas, dont les premières apparitions d'Oswald après son arrestation. Selon Guerrero, sa mère et sa tante se sont regardées et sont devenues hystériques : l'assassin de Kennedy était présent à une fête familiale, quelques semaines plus tôt ! Elles criaient : « Oui, oui, c'est lui, c'est lui ! » Le visage d'Oswald est apparu plusieurs fois à l'écran : « Ma mère n'arrêtait pas de répéter : "C'est lui ! C'est lui !" »

Et si la police secrète cherchait à les impliquer ? se souvient s'être dit Guerrero. « On n'avait rien à voir avec tout ça ! On était allés à une fête où se trouvait ce type. Ce n'était pas nous qui l'avions invité. »

Selon Guerrero, sa mère a juré qu'elle ne parlerait jamais de ce qu'elle avait vu. C'était une communiste fervente – politiquement à l'opposé de sa sœur – et elle savait garder des secrets à une époque où cela pouvait être dangereux d'être cataloguée comme marxiste. Selon Francisco, tous les autres participants à la fête ont également fait vœu de garder le silence. « Tout le monde était d'accord pour dire que c'était lui, et tout le monde était d'accord qu'il ne fallait rien dire. Tout le monde avait peur. Moi aussi j'avais peur. »

Le sujet est devenu tabou : « Personne n'en parlait. »

Selon lui, la seule personne à en avoir parlé était sa tante. Elle s'était adressée à l'ambassade américaine – « à qui, exactement, je ne sais pas » – le lendemain de l'assassinat, ou le surlendemain. Un de ses oncles, Albano Garro, l'avait conduite en voiture. Selon Guerrero, son oncle était furieux parce que Elena, qui pensait en avoir pour un quart d'heure, était restée plus de quatre heures. Par la suite, sa mère lui avait dit qu'Elena avait reçu « plusieurs appels » de l'ambassade, « comme si c'était une affaire importante ».

Rien dans les archives de la CIA ni du gouvernement mexicain ne permet d'affirmer que Silvia Duran était une espionne, même si beaucoup de gens le croyaient fermement en 1963-1964. Duran continue d'affirmer qu'elle n'a jamais rencontré Oswald à l'extérieur du consulat cubain. Mais si Duran dit la vérité depuis tant d'années, alors beaucoup, beaucoup de gens mentent, dont certains de ses parents et amis. Je ne peux m'empêcher de m'interroger : pourquoi, cinquante ans après les faits, continueraient-ils à mentir ?

La crédibilité des gens que j'ai retrouvés à Mexico est renforcée par le fait que, à la différence de tant d'autres aux Etats-Unis et ailleurs, aucun d'entre eux n'a tenté de tirer profit de ce qu'ils savaient. Ils n'ont pas écrit de livre à scandale ni tenté de monnayer des interviews. Il en va de même pour les proches de Charles Thomas. Sa veuve comme d'autres membres de sa famille ont refusé toute interview pendant des dizaines d'années. Je suis honoré que ces gens aient pris le risque de me parler, alors que je n'avais rien d'autre à leur offrir que ma ferme intention de déterminer si ce que racontait Elena Garro était vrai : Lee Harvey Oswald avait été invité à une soirée dansante à Mexico par Silvia Duran, soirée où se trouvaient aussi des diplomates et des espions cubains, dont certains avaient par le passé exprimé publiquement leur vœu que quelqu'un assassine le président Kennedy, l'homme qui cherchait à écraser leur révolution. « C'est comme ça : nous avons vu Oswald à cette fête », insiste encore aujourd'hui Francisco Guerrero Garro. « Nous y avons croisé l'homme qui a ensuite assassiné le président des Etats-Unis. »

Washington
Septembre 2013

NOTES

La commission Warren (officiellement, la « Commission présidentielle sur l'assassinat du président Kennedy ») a publié un rapport final long de 888 pages, ainsi que vingt-six tomes d'appendices contenant les transcriptions des auditions et les rapports ainsi que les documents concernant les pièces à conviction. Par souci de simplicité, il y est fait référence dans ces notes sous les termes « rapport Warren » (pour le principal volume) et « appendices Warren » (pour les vingt-six volumes). Deux enquêtes du Congrès se sont penchées sur le travail de la commission Warren, l'une est la Commission spéciale du Sénat pour l'étude des opérations gouvernementales en matière de renseignement (Senate Select Committee to Study Governmental Operations with Respect to Intelligence Activities), mieux connue sous le nom de commission Church, car présidée par le sénateur démocrate de l'Idaho, Frank Church, et la Commission spéciale de la Chambre sur les assassinats (House Select Committee on Assassinations). Dans les notes, ces deux commissions sont nommées « commission Church » et « HSCA ». En 1992, avant tout pour répondre à la prolifération de théories conspirationnistes qui ont suivi la sortie du film d'Oliver Stone, *JFK,* le Congrès a mis sur pied le Comité de révision des archives concernant l'assassinat (Assassination Records Review Board), pour examiner et rendre publics les documents existants ayant trait à l'assassinat. Dans les notes, ce comité est désigné par l'abréviation ARRB. La plus grande partie des archives de la commission Warren est entreposée aux Archives nationales (National Archives and Records Administration), désignées dans les notes par l'abréviation NARA. D'autres documents importants se trouvent à la Bibliothèque du Congrès (Library of Congress, LOC), la bibliothèque présidentielle Gerald R. Ford, sise à Ann Arbor dans le Michigan (la Ford Library dans les notes), la bibliothèque présidentielle Lyndon Baynes Johnson, sise à Austin aux Texas (la LBJ Library dans les notes), la bibliothèque présidentielle John Fitzgerald Kennedy, sise à Boston (la JFK Library dans les notes), et la bibliothèque Richard B. Russell sise à Athens en Géorgie (la Russell Library dans les notes).

Au cours des décennies ayant suivi l'assassinat, presque toutes les archives internes du FBI concernant la commission Warren et l'assassinat de Kennedy ont été rendues publiques. La plupart sont conservées sous forme numérique, pour l'essentiel dans l'ordre chronologique, par la fondation Mary Ferrell et d'autres organismes privés de recherches sur l'assassinat, ainsi que par les Archives nationales. Les archives du FBI sur d'autres questions liées à l'assassinat (ci-dessous FBI) sont accessibles en ligne, jusqu'à un certain point, sur le site de la fondation Mary Ferrell : http://www.maryferrell.org/wiki/index.php/JFK_Documents_-_FBI.

Je suis le premier chercheur à avoir eu accès aux retranscriptions non censurées des entretiens réalisés par le regretté sénateur Arlen Specter pour ses Mémoires publiés en 2000, *Passion for Truth*, qui sont conservés au Arlen Specter Center for Public Policy de l'université de Philadelphie. Le centre a ouvert ses portes en 2013. Ces transcriptions contiennent des éléments que le sénateur a décidé de ne pas publier dans son livre, dont certaines de ses critiques les plus sévères à l'égard du *chief justice* Earl Warren et de certaines parties du travail de la commission Warren. J'ai moi-même interviewé Specter. Pour ces notes, les entretiens de Specter pour ses Mémoires sont désignés par l'expression « Specter Memoir Transcripts » et mes entretiens par l'expression « Entretiens avec Specter ».

Prologue

1. Certificat de décès, District of Columbia Department of Health ; entretiens avec Cynthia Thomas.

2. La description de l'expression « sélectionné pour le départ » provient d'un article non signé, « Undiplomatic Reforms », *Time*, 15 novembre 1971.

3. Entretiens avec Cynthia Thomas.

4. Des copies des mémos de Thomas nous ont été fournies par sa veuve, Cynthia. On trouve aussi des copies dans les archives du House Select Committee on Assassinations, NARA.

5. Entretiens avec Cynthia Thomas.

6. Le dossier personnel de Charles Thomas a été obtenu du département d'Etat par Cynthia Thomas ; entretiens avec Cynthia Thomas.

7. Rapport Warren, pp. 21, 24.

8. Différentes sources donnent des éléments biographiques sur Garro dont : Cypess, *Uncivil Wars*, ainsi que sa nécrologie parue dans le *New York Times*, 28 août 1998.

9. Pour le matériel biographique sur Scott et des informations sur son amitié avec Angleton, voir Morley, *Our Man in Mexico*, la biographie de référence.

10. *Washington Post*, 14 avril 1971.

11. Entretien avec un ancien enquêteur de la Chambre des représentants. La source s'est exprimée sous condition d'anonymat.

12. Entretien avec Bayh.

13. Entretien avec un ancien juriste-enquêteur de la commission Warren. La source a demandé à ne pas être nommée.

14. Entretiens avec Hosty.

15. Rapport Warren, p. 1.

16. "Introduction to the Records of the Warren Commission", site web NARA, http://www.archives.gov/research/jfk/warren-commission-report/intro.html (consulté le 10 juin 2013).

17. *Washington Post*, 5 février 2011. Le commentaire du président Kennedy est rapporté dans "Remembering Jackie", *New Yorker*, 30 mai 1994.

18. Associated Press, 2 avril 1997.

19. "Récapitulatif de la collection Earl Warren, 1864-1974", LOC Web site, http://lccn.loc.gov/mm82052258.

Première partie
22-29 novembre 1963

Chapitre premier

1. Déposition du Dr James Joseph Humes, ARRB, 13 février 1996, p. 138 (ci-après nommée déposition Humes). Humes a témoigné et répondu à des questions concernant l'autopsie lors de plusieurs enquêtes officielles, notamment un entretien avec un groupe d'experts médicaux devant la HSCA le 16 septembre 1977, à Washington (ci-après nommé entretien Humes) et un témoignage moins fourni devant la HSCA le 7 septembre 1978 (ci-après nommé témoignage Humes).

2. Déposition Humes, p. 135. Description de la maison tirée de l'entretien avec le fils de Humes, James Jr.

3. Jacqueline Kennedy, citée par Burkley dans un entretien pour la JFK Library, 17 octobre 1967, p. 8.

4. Le récit le plus digne de foi des propos échangés à bord d'Air Force One est celui rapporté par William Manchester dans son livre *Mort d'un président*, initialement autorisé par la famille Kennedy, pp. 349-50. Voir aussi l'entretien de Burkley avec la JFK Library, passim.

5. Déposition de J. Thornton Boswell, ARRB, 26 février 1996, p. 15 (ci-après nommée déposition Boswell).

6. *Ibid.*, p. 18.

7. Déposition Humes, p. 51.

8. *Ibid.*, p. 57.

9. Déposition Boswell, p. 14.

10. *Ibid.*, p. 46. Voir aussi déposition et entretien Humes.

11. Déposition Boswell, p. 101.

12. *Ibid.*, p. 24. Voir aussi entretien Burkley avec la JFK Library.

13. Manchester, *Mort d'un président*, p. 348.

14. Déposition Humes, p. 29.

15. Déposition Boswell, p. 11.

16. Déposition Humes, p. 38.

17. *Ibid.*, p. 148.

18. Déposition Boswell, p. 109

19. Entretien Humes, p. 243.

20. Déposition Humes, pp. 34, 113.

21. Entretien Humes, p. 257.

22. Déposition Humes, pp. 125, 126 ; Déposition Boswell, p. 111.

23. Témoignage Humes, p. 5.

24. Déposition Humes, p. 126.

25. *Ibid.*, pp. 133-35.

26. Témoignage de Mme Lee Harvey Oswald, 5 février 1964, appendices Warren, vol. 1, p. 79. Voir aussi pièce à conviction de la commission 1788 des appendices Warren, vol. 23, « FBI report setting forth circumstances surrounding the publication in *Life Magazine* and other publications of Oswald holding rifle », pp. 400-401.

27. Témoignage de Mme Marguerite Oswald, 10 février 1964, appendices Warren, vol. 1, p. 152.

28. Entretiens avec Hosty ; Hosty, *Assignment : Oswald*, pp. 59, 29.

29. Hosty, *Assignment*, pp. 16, 83.

Chapitre 2

1. Warren, *The Memoirs of Chief Justice Earl Warren*, p. 351.

2. Le texte de la note est reproduit dans Warren, *Memoirs*, p. 351. (Dans *Obituaries*, McHugh en offre une version légèrement différente : « On nous informe qu'on a tiré sur le président alors qu'il se trouvait dans un convoi motorisé à Dallas, Texas. »)

3. Warren, *Memoirs*, p. 352.

4. *Ibid.*, pp. 351-52.

5. *Ibid.*

6. Manchester, *Mort d'un président*, p. 205.

7. Warren, cité dans Weaver, *Warren, the Man, the Court, the Era*, p. 300.

8. Lettre non datée de Warren au journaliste Jim Bishop, correspondance de la commission Warren, archives Warren, LOC.

9. Warren, *Memoirs*, p. 260.

10. Le commentaire sur la « plus grosse bêtise » a régulièrement été attribué à Eisenhower, jusque dans la notice nécrologique d'Earl Warren parue dans le *New York Times* le 10 juillet 1974. Les amis et les conseillers d'Eisenhower confirment que la citation reflète bien le sentiment que lui inspirait Warren, mais la question demeure de savoir si l'ancien président a vraiment prononcé ces mots-là.

11. Déclaration de Warren, 22 novembre 1963, archives Warren, LOC.

12. Warren, *Memoirs*, p. 352 ; Johnson, *The Vantage Point*, p. 26.

13. Warren, *Memoirs*, pp. 352-53.

14. Reproduit dans Warren, *Memoirs*, pp. 353-54.

15. Schlesinger, *Robert Kennedy and His Times*, p. 611. (Schlesinger laisse entendre qu'il a eu accès à la transcription des interviews de Kennedy réalisées par William Manchester pour *Mort d'un président*. Ces transcriptions n'ont pas été rendues publiques par la JFK Library de Boston.)

16. Note de Russell, 5 décembre 1963, Russell Library.

17. Mudd, *The Place to Be*, p. 127.

18. Holland, *The Kennedy Assassination Tapes*, pp. 196-206.

19. Thomas, *Robert Kennedy : His Life*, p. 276.

20. Manchester, *Mort d'un président*, p. 196.

21. Schlesinger, *Robert Kennedy*, p. 608.

22. Manchester, *Mort d'un président*, p. 196.

23. Guthman, *We Band of Brothers*, p. 244.

24. *New York Times*, 25 avril 1966. Selon l'article : « Quand il a pris conscience de l'énormité de la catastrophe de la baie des Cochons, le président Kennedy a dit à l'un des principaux responsables de son administration qu'il entendait "briser la CIA en mille morceaux et les jeter aux quatre vents". »

25. Walter Sheridan, RFK Oral History Project, JFK Library, 12 juin 1979. Cité dans Schlesinger, *Robert Kennedy*, p. 616.

26. Thomas, *His Life*, p. 277.

Chapitre 3

1. Le recours à l'expression « Tonton Péquenot » (« Uncle Cornpone ») par les collaborateurs de Kennedy apparaît à plusieurs reprises dans Caro, *The Passage of Power*, passim.

2. Raconté par Johnson lui-même lors d'une conversation téléphonique avec son assistant Bill Moyers, le 26 décembre 1966, et reproduit dans Holland, *The Kennedy Assassination Tapes*, p. 363.

3. Manchester, *Mort d'un président*, p. 220.

4. Johnson, *The Vantage Point*, p. 12.

5. Certains éléments de cette scène proviennent de Johnson, *The Vantage Point* ; Manchester, *Mort d'un président* ; et Caro, *Passage.*

6. Manchester, *Mort d'un président*, p. 320.

7. Certains éléments de cette scène proviennent de Johnson, *The Vantage Point* ; Manchester, *Mort d'un président* ; et Caro, *Passage.*

8. Caro, *Passage*, p. 410.

9. Guthman and Shulman (sous la direction de), *Robert Kennedy, in His Own Words*, pp. 417, 411.

10. Journaux intimes de Pearson, novembre 1963, dossiers Pearson, LBJ Library. (Pearson s'est trompé dans la date, faisant du 21 novembre un vendredi. C'était en fait un jeudi.)

11. Woods, *LBJ : Architect of American Ambition*, p. 533. Voir aussi Caro, *Master of the Senate*.

12. Remarques de Johnson rendant hommage à Hoover, 8 mai 1964, disponibles à l'American Presidency Project, http://www.presidency.ucsb.edu/ws/?pid=26236. Voir aussi « President Johnson's Dogs, » sur le site Internet de la LBJ Library, http://www.lbjlib.utexas.edu/johnson/archives.hom/faqs/dog/doghouse.asp.

13. *Time*, 5 février 1973.

14. Conversation téléphonique entre Johnson et Hoover, 29 novembre 1963, dans Holland, *The Kennedy Assassination Tapes*, p. 147.

15. Caro, *Passage*, p. 374.

16. Holland, *The Kennedy Assassination Tapes*, pp. 68-73.

17. *Ibid.*, pp. 87-89.

18. Conversation téléphonique entre Johnson et le journaliste Joseph Alsop, 25 novembre 1963, dans Holland, *The Kennedy Assassination Tapes*, p. 98.

19. Johnson, *The Vantage Point*, p. 26.

Chapitre 4

1. L'histoire de la famille Oswald, Marguerite Oswald comprise, figure en détail dans le rapport Warren, pp. 69-80.

2. Robert Oswald, *Lee : A Portrait of Lee Harvey Oswald*, pp. 32-33.

3. *Ibid.*, p. 33.

4. Bob Schieffer, « A Ride for Mrs. Oswald », *Texas Monthly*, janvier 2003.

5. Oswald, *Lee : A Portrait*, p. 178.

6. Témoignage de Robert Edward Lee Oswald, 20 février 1964, appendices Warren, vol. 1, p. 346.

7. Déclaration de Marina Oswald, 19 février 1964, Dallas, Texas, transcription du FBI, reproduit dans Aynesworth, *JFK : Breaking the News*, p. 146.

8. Lewis, *The Scavengers and Critics of the Warren Report*, p. 65.

9. Interview de Lane dans Lewis, *Scavengers*, p. 24.

Chapitre 5

1. Martin, *A Hero for Our Times*, p. 159, cité dans Caro, *Passage*, p. 115.

2. Johnson, *The Vantage Point*, pp. 26-27.

3. Warren, *Memoirs*, pp. 355-56.

4. *Time*, 17 novembre 1967.

5. Warren, *Memoirs*, p. 356.

6. Conot, *Justice at Nuremberg*, p. 63.

7. Johnson, *The Vantage Point*, p. 27.

8. Warren, *Memoirs*, p. 356.

9. Pour une description du « traitement de Johnson », voir Tom Wicker, « Remembering the Johnson Treatment », *New York Times*, 9 mai 2002.

10. Warren, *Memoirs*, p. 357.

11. Johnson, *The Vantage Point*, p. 27 ; Warren, *Memoirs*, p. 357.

12. Warren, *Memoirs*, p. 357.

13. Johnson, *The Vantage Point*, p. 27 ; Warren, *Memoirs*, p. 358.

14. Warren, *Memoirs*, p. 358.

15. Conversation téléphonique entre Johnson et le sénateur Thomas Kuchel, 29 novembre 1963, citée dans Holland, *The Kennedy Assassination Tapes*, p. 193. Voir aussi l'interview de Johnson par Drew Pearson, dossiers Pearson, LBJ Library. Dans cet entretien non daté, Johnson dit avoir informé Warren qu'on parlait d'un versement de 6 500 dollars à Oswald

16. Warren, *Memoirs*, p. 358.

17. Johnson, *The Vantage Point*, p. 27.

18. *Ibid.*

19. Holland, *The Kennedy Assassination Tapes*, pp. 153-59.

20. Holland, *The Kennedy Assassination Tapes*, pp. 196-206.

21. *Ibid.*, pp. 196-206.

22. Warren, *Memoirs*, p. 356.

23. Journaux intimes de Pearson, novembre 1963, dossiers Pearson, LBJ Library.

Deuxième partie
Enquête

Chapitre 6

1. Entretiens avec Robert Warren (28 janvier 1971) et Earl Warren Jr. (8 juillet 1970), conduits pour le Regional Oral History Office de la Bancroft Library, University of California, Berkeley, consultable sur le site de la bibliothèque : http://archive.org/stream/warrengovfamilywaooearlrich/warrengov familywaooearlrich_djvu.txt.

2. Note de Hoover adressée à Tolson et al., 22 juin 1964 (« Re : Justice Edward Tamm »), FBI.

3. Gentry, *J. Edgar Hoover : The Man and the Secrets*, p. 410.

4. « The 'Chief' », portrait inédit de Warren par Drew Pearson fondé sur des entretiens approfondis, dossiers Pearson, LBJ Library.

5. Conversation téléphonique entre Johnson et Hoover, 25 novembre 1963, dans Holland, *The Kennedy Assassination Tapes*, p. 95.

6. Note de DeLoach adressée à Mohr, 7 février 1964, « Subject : Assassination of the President – allegations that Oswald was an FBI Informant, » FBI. Hoover niera toute intervention du FBI pour saborder la désignation d'Olney, mais la note de DeLoach et d'autres documents attestent le contraire.

7. Sténographie de la session exécutive de la commission Warren, 5 décembre 1963, NARA.

8. Note de Belmont adressée à Tolson, 3 décembre 1963, FBI.

9. Associated Press, « FBI Report on Oswald Nearly Ready », paru dans le *Star News* de Pasadena, Californie, le 3 décembre 1963 (trouvé sur le site newspaperarchive.com).

10. Session exécutive de la commission Warren, 5 décembre 1963, NARA.

11. Session exécutive de la commission Warren, 6 décembre 1963, p. 8.

12. Session exécutive de la commission Warren, 5 décembre 1963, p. 8

13. *Ibid.*, p. 1.

14. *Ibid.*, pp. 1-3.

15. *Ibid.*, pp. 1-2.

16. *Ibid.*, p. 2.

17. *Ibid.*, p. 40.

18. *Ibid.*, pp. 40, 2.

19. *Ibid.*, p. 2.

20. *Esquire*, mai 1962. L'article se veut humoristique, mais il ne fait guère de doute que McCloy mérite ce titre.

21. Session exécutive de la commission Warren, 5 décembre 1963, p. 37.

22. *Ibid.*

23. *Ibid.*

24. *Ibid.*

25. *Ibid.*

26. *Ibid.*, p. 39.

27. *Ibid.*, p. 53.

28. *Ibid.*

29. *Ibid.*, p. 39.

30. *Ibid.*, pp. 43-46, 55.

31. *Ibid.*, p. 45.

32. *Ibid.*, pp. 46-47.

33. *Ibid.*, p. 46.

34. *Ibid.*, p. 48.

35. *Ibid.*, p. 50.

36. *Ibid.*, pp. 55, 62.

37. *Ibid.*, p. 62.

38. *Ibid.*, p. 68.

39. Session exécutive de la commission Warren, 6 décembre 1963, p. 21.

40. *Ibid.*, pp. 4-6.

41. *Ibid.*, p. 4.

42. *Ibid.*, p. 6.

43. *Ibid.*, p. 6.

44. *Brown v. Board of Education*, 347 U.S. 483 (1954).

45. Session exécutive de la commission Warren, 6 décembre 1963, p. 6.

46. *Ibid.*, p. 10.

47. *Ibid.*, p. 20.

48. *Ibid.*, p. 12.

49. *Ibid.*
50. *Ibid.*
51. *Ibid.*

Chapitre 7

1. Note de DeLoach adressée à Mohr, 12 décembre 1963, FBI. Lorsque cette note a été rendue publique plusieurs décennies plus tard, Ford n'en a pas contesté le contenu, mais il a toutefois affirmé qu'il n'avait pas eu de contact sérieux avec le FBI concernant les travaux de la commission à partir de décembre 1963.
2. Biographie de Gerald R. Ford, Ford Library, http://www.fordlibrarymuseum.gov/grf/fordbiop.asp.
3. Discours de Ford le 3 juillet 1949, Congressional Record, House of Representatives. 17 500 dollars de salaire annuel en 1949 équivaudraient plus ou moins à 171 000 dollars aujourd'hui.
4. Note DeLoach à Mohr, 12 décembre 1963, FBI.
5. Sullivan, *The Bureau*, p. 53.
6. Note de Jenkins pour les archives, 24 novembre 1963, seize heures, cité dans la commission Church, vol. 5, pp. 32-43.
7. Hoover, rapport final du HSCA, p. 244.
8. *Ibid.*
9. Le rapport intégral du FBI, « Investigation of Assassination of President John F. Kennedy, » 9 décembre 1963, est disponible en ligne sur le site de la Fondation Mary Ferrell, http://www.maryferrell.org/mffweb/archive/viewer/showDoc.do?docId=10402&relPageId/=4.
10. Session exécutive de la commission Warren, 16 décembre 1963, NARA.
11. *Ibid.*, pp. 1-2.
12. *Ibid.*, p. 2.
13. *Ibid.*, p. 12.
14. *Ibid.*, p. 11.
15. *Ibid.*, p. 12.
16. *Ibid.*
17. *Ibid.*, p. 33.
18. *Ibid.*, pp. 19-20.
19. *Ibid.*, p. 22.
20. *Ibid.*, p. 24.
21. *Ibid.*, pp. 25-26.
22. *Ibid.*, p. 10.
23. *Ibid.*, pp. 35, 55.
24. *Ibid.*, p. 54.
25. *Ibid.*, p. 55.
26. *Ibid.*, p. 57.
27. *Ibid.*, p. 59.
28. Note de Hoover à Tolson, 22 décembre 1963, FBI.
29. Note de Tolson à Mohr, 17 décembre 1963, FBI.

Chapitre 8

1. Entretien avec James Rankin.
2. Entretien avec Sara Rankin.
3. *New York Times*, 30 juin 1996.
4. Entretiens avec James et Sara Rankin.
5. Entretien avec Sara Rankin.
6. Déposition de J. Lee Rankin, HSCA, 17 août 1978 (ci-après nommée déposition Rankin), NARA.
7. Entretiens avec James et Sara Rankin.
8. Témoignage de Howard P. Willens, HSCA, 17 novembre 1977, p. 312.
9. *Ibid.*, p. 327.
10. *Ibid.*, p. 322.
11. Redlich a reconnu sa méconnaissance du droit pénal et du travail d'investigation lors de son témoignage devant le HSCA, 8 novembre 1978, p. 109.
12. Voir l'éloge de Redlich écrit par le doyen Richard Reversz de la faculté de droit de la New York University, 13 juin 2011, disponible en ligne : https://www.law.nyu.edu/ecm_dlv3/groups/public/@nyu_law_website__news__media/documents/documents/ecm_pro_069050.pdf.

Chapitre 9

1. Warren, *Memoirs*, p. 371.
2. « Autopsy of Body of President John Fitzgerald Kennedy », FBI, 26 novembre 1963. Accessible sur le site Internet history-matters.com : http://www.history-matters.com/archive/jfk/arrb/master_med_set/md44.html/ Imageo.htm.
3. Warren, *Memoirs*, pp. 371-72.
4. Entretiens avec Specter. Voir aussi Specter, *Passion for Truth*, p. 36. Voir aussi « Court Refuses Appeal of 6 Convicted for Union Fraud », *New York Times*, 10 novembre 1964.
5. Entretiens avec Specter ; voir aussi Specter, *Passion*, pp. 43-45.
6. Entretiens avec Specter ; voir aussi Specter, *Passion*, passim.

Chapitre 10

1. Entretiens avec Slawson.
2. Entretiens avec Slawson.
3. Entretiens avec Coleman. Voir aussi Coleman, *Counsel for the Situation*, pp. 171-78.
4. Guthman and Shulman, *Robert Kennedy*, p. 252.
5. Helms, *A Look over My Shoulder*, pp. 59-60.
6. Schlesinger, *Robert Kennedy*, p. 446.

Chapitre 11

1. On trouve les détails de la réunion dans le témoignage de Whitten devant la commission Church, le 7 mai 1976 (ci-après nommé témoignage de Whitten

au Sénat) et devant le HSCA, le 16 mai 1978 (ci-après nommé témoignage de Whitten à la Chambre), NARA.

2. Témoignage de Whitten au Sénat, passim.

3. La description de la personnalité et du passé de Whitten provient de Jefferson Morley, « The Good Spy », *Washington Monthly*, décembre 2003, pp. 40-44 ; celle de son emploi et de ses responsabilités à la CIA proviennent du témoignage de Whitten au Sénat.

4. Le fait que Whitten ait consulté le dossier de l'Agence sur Oswald provient du témoignage de Whitten à la Chambre et du témoignage de Whitten au Sénat, passim.

5. Témoignage de Whitten à la Chambre, passim.

6. Témoignage de Whitten au Sénat, p. 76000140417.

7. Témoignage de Whitten à la Chambre, p. 1-136/001918.

8. Citations tirées du témoignage de Whitten à la Chambre, p. 1-112/001894.

9. Témoignage de Whitten au Sénat, p. 76000140429.

10. Témoignage de Whitten au Sénat, p. 76000140459 ; témoignage de Whitten à la Chambre p. 1-71. 001852.

11. Témoignage de Whitten à la Chambre, p. 1-74/001 855.

12. Témoignage de Whitten à la Chambre, p. 1-167/001 949.

13. Témoignage de Whitten à la Chambre, p. 1-167/001 949.

14. Martin, *Wilderness of Mirrors*, p. 10.

15. Les deux citations de ce paragraphe proviennent du témoignage de Whitten à la Chambre, p. 1-71/001852.

16. Les citations à propos des liens d'Angleton avec Hoover et le FBI viennent du témoignage de Whitten à la Chambre, p. 1-169/001951.

17. Témoignage de Whitten au Sénat, p. 76000140472.

18. *Ibid.*, p. 76000140473.

19. Sur la proximité d'Angleton et Allen Dulles : témoignage de Whitten au Sénat, p. 76000140469 ; témoignage de Whitten à la Chambre p. 1-73/001854.

20. Témoignage de Whitten au Sénat, p. 76000140459.

21. Témoignage de Whitten à la Chambre, p. 1-131/001913.

22. *Ibid.*

23. *Ibid.*, p. 1-135/001917.

24. Témoignage de Whitten au Sénat, p. 76000140473 ; témoignage de Whitten à la Chambre, pp. 1-30/001811 et 1-47/001828.

25. Témoignage de Whitten à la Chambre, pp. 1-15/001796 et 1-103-A. 001885.

26. *Ibid.*, p. 1-50/001831.

27. *Ibid.*, p. 1-50/001832.

28. *Ibid.*, p. 1-18/001799.

29. Témoignage de Whitten au Sénat, p. 76000140458.

30. Témoignage de Whitten à la Chambre, pp. 1-51/001833 et 1-56/001837.

31. *Ibid.*, pp. 1-58/001839 et 1-51/001833.

32. *Ibid.*, pp. 1-129/001911 through 1-131/0013.

33. *Ibid.*, p. 1-163/001945.

34. *Ibid.*, p. 1-161/001943.

35. *Ibid.*

36. Témoignage de Whitten à la Chambre, p. 1-18/001799.

37. Témoignage de Whitten à la Chambre, pp. 1-61/001837 through 1-68/001849.

38. Voir Morley, *Our Man in Mexico*, pour la biographie définitive de Scott.

39. Entretien d'Anne Goodpasture, HSCA, 20 novembre 1978, JFK Records, RIF : 180-10110-10028, NARA (ci-après nommé entretien de Goodpasture à la Chambre).

40. Morley, *Our Man*, p. 84.

41. Déposition d'Anne Goodpasture, ARRB, p. 36, NARA (ci-après nommée déposition de Goodpasture). Voir aussi Morley, *Our Man*, pour la biographie définitive de Goodpasture.

42. Entretien de Goodpasture à la Chambre, p. 31.

43. Déposition de Goodpasture, p. 14.

44. Voir Morley, *Our Man*, passim. Voir déposition de Goodpasture, entretien de Goodpasture à la Chambre, passim.

45. Entretien de Morley avec Goodpasture, 2-3 mai 2005, cité dans *Our Man*, p. 257.

46. Rapport de l'agent de la CIA Scott Breckinridge, « Memo for the Record : Conversation with Ann [*sic*] Goodpasture », 18 juillet 1978, NARA (document : 1993.08.09.10 h 37 min 28 s : 500060). Voir aussi déposition Goodpasture, pp. 27, 32. Voir aussi Morley, *Our Man*, passim.

Chapitre 12

1. Témoignage de John Scelso (pseudonyme de John Whitten), témoignage de Whitten au Sénat, p. 76000140416, NARA, disponible sur www.maryferrell.org (vérifié le 13 mai 2013).

2. Témoignage de John Scelso, témoignage de Whitten à la Chambre, pp. 1-114/001896 à 1-116/001898.

3. Témoignage de Whitten au Sénat, pp. 76000140443 et 76000140446.

4. Témoignage de Whitten à la Chambre, p. 1-18/001799 ; témoignage de Whitten au Sénat, p. 76000140458.

5. Témoignage de Whitten au Sénat, p. 76000140417 ; témoignage de Whitten à la Chambre, p. 1-73/001854.

6. Témoignage de Whitten à la Chambre, p. 1-74/001855.

7. Témoignage de Whitten au Sénat, p. 76000140469 ; témoignage de Whitten à la Chambre, pp. 1-73/001854 à 1-74/001855.

8. Témoignage de Whitten à la Chambre, p. 1-74/001855.

9. Témoignage de Whitten à la Chambre, pp. 1-74/1855 et 1-114/001896 à 1-116/001898 ; témoignage de Whitten au Sénat, pp. 76000140417 à 76000140418.

10. Témoignage de Whitten à la Chambre, p. 1-114/001896.

11. Témoignage de Whitten au Sénat, p. 76000140473 ; p. 76000140469 ; p. 76000140470. L'épisode est aussi mentionné dans le témoignage de Whitten à la Chambre, pp. 1-115/001897 à 1-116/001898.

12. L'épisode est décrit dans le témoignage de Whitten à la Chambre, pp. 1-115/001897 à 1-116/001898 ; p. 76000140470.

13. Témoignage de Whitten au Sénat, p. 76000140472.

14. *Ibid.* pp. 76000140441, 76000140466, et 76000140495 ; témoignage de Whitten à la Chambre, pp. 1-137/001918 et 1-153/001935.

15. Témoignage de Richard Helms, HSCA, 1978, JFK Assassination Files, CIA NARA, numéro d'enregistrement : 104-10051-10025, p. 9 (ci-après nommé témoignage de Helms à la Chambre). Voir aussi le témoignage de Whitten au Sénat, pp. 76000140471 à 76000140471 et le témoignage de Whitten à la Chambre, pp. 1-115/001897 à 1-116/001898.

16. Témoignage de Whitten à la Chambre, pp. 1-4/001784 et 1-5/001785 ; témoignage de Whitten au Sénat, pp. 76000140471 à 76000140472 et témoignage de Whitten à la Chambre, pp. 1-135/001917 à 1-138/001920.

17. Powers, *The Man Who Kept the Secrets*, p. 3.

18. Témoignage de Helms à la Chambre, p. 10.

19. *Ibid.*, 22 septembre 1978, HSCA, p. 172.

20. Entretiens avec Slawson. Voir aussi le témoignage de W. David Slawson, 15 novembre 1977, HSCA. Le texte de son témoignage confidentiel devant le HSCA (*HSCA Security Classified Testimony*) est disponible à l'Assassination Archives and Research Center (consulté le 22 mai 2013).

21. Entretiens avec Slawson.

22. Entretiens avec Slawson. Voir aussi le témoignage de Raymond Rocca, 17 juillet 1978, HSCA. Le texte de son témoignage confidentiel devant le HSCA (*HSCA Security Classified Testimony*) est disponible à l'Assassination Archives and Research Center (consulté le 22 mai 2013).

23. Voir la notice nécrologique de Rocca, « Raymond Rocca, CIA Deputy and Specialist on Soviets, 76 », *Washington Post*, 14 novembre 1993.

24. Entretiens avec Slawson.

25. Commission Church, vol. 5, pp. 57-58.

26. « Memorandum for Chief, Subject ; Documents Available in Oswald's 201 file », 20 février 1964, reproduit dans la transcription du témoignage de Helms à la Chambre, 22 septembre 1978.

Chapitre 13

1. Entretien de Warren avec Alfred Goldberg, 26 mars 1974, archives de la commission Warren, archives Warren, LOC.

2. *Ibid.*

3. Déposition de Rankin.

4. Belin, *Final Disclosure*, p. 50.

5. Belin, *November 22, 1963 ; You Are the Jury*, p. 4.

6. Entretiens avec Griffin.

7. Entretiens avec Griffin.

8. Entretiens avec Griffin. Voir aussi le témoignage de Griffin devant le HSCA, 17 novembre 1977.

9. Entretiens avec Griffin.

10. Entretiens avec Griffin.

11. Entretiens avec Griffin.

12. Entretiens avec Eisenberg.

13. Entretiens avec Griffin, Slawson et Specter.
14. Entretiens avec Specter.

Chapitre 14

1. Entretiens avec Aynesworth. Voir aussi Aynesworth, *JFK : Breaking the News*, passim.
2. Entretiens avec Aynesworth.
3. Entretiens avec Aynesworth ; Aynesworth, *JFK : Breaking*, p. 7.
4. Entretiens avec Aynesworth ; Aynesworth, *JFK : Breaking*, pp. 6-7.
5. Le lecteur trouvera l'histoire du *Dallas Morning News* sur le site de la Texas State Historical Association, http://www.tshaonline.org/handbook/online/articles/eed12 (consulté le 15 juin 2013).
6. Manchester, *Mort d'un président*, p. 121.
7. Description d'Aynesworth empruntée à William Broyles, « The Man Who Saw Too Much », *Texas Monthly*, mars 1976.
8. Entretiens avec Aynesworth ; Aynesworth, *JFK : Breaking*, p. 22.
9. Entretiens avec Aynesworth ; Aynesworth : *JFK : Breaking*, p. 29.
10. Aynesworth, *JFK : Breaking*, p. 33.
11. Entretiens avec Aynesworth ; Aynesworth, *JFK : Breaking*, p. 47.
12. Entretiens avec Aynesworth ; Aynesworth, *JFK : Breaking*, pp. 104-16.
13. Entretiens avec Aynesworth.
14. Aynesworth, *JFK : Breaking*, p. 69.
15. *Ibid.*, p. 217 ; Entretiens avec Aynesworth.
16. Entretiens avec Aynesworth ; Aynesworth, *JFK : Breaking*, pp. 222-23.
17. Aynesworth, *JFK : Breaking*, pp. 126-27.
18. *Houston Post*, 1er janvier 1964.
19. « Le manège de Washington », 2 décembre 1963, disponible dans les archives de Drew Pearson tenues par l'American University, http://dspace.wrlc.org/doc/bitstream/2041/50086/b18f09-1202zdisplay.pdf#search = ''.
20. Témoignage de James Rowley, appendices Warren, vol. 5, 18 juin 1964, passim.
21. Journaux intimes de Pearson, décembre 1963, dossiers Pearson, LBJ Library.
22. « Le manège de Washington », 14 décembre 1963, http://dspace.wrlc.org/doc/bitstream/2041/50099/b18f09-1214zdisplay.pdf#search = ''.

Chapitre 15

1. Note de Willens à Rankin, « Outline of Commission's Work », 30 décembre 1963, dossiers internes, commission Warren, NARA.
2. Note de Rankin au personnel, 13 janvier 1964, dossiers internes, commission Warren, NARA.
3. Session exécutive de la commission Warren, 21 janvier 1963, NARA, p. 8.
4. *Ibid.*, pp. 34-35.
5. *Ibid.*, p. 12.
6. *Ibid.*, pp. 24-25.

7. Commission Church, vol. 5, p. 47.
8. Déposition de Rankin, pp. 15-16.
9. *Ibid.*, p. 129. Voir aussi Session exécutive de la commission Warren, 22 et 27 janvier 1964, NARA.
10. Ford, *Portrait of the Assassin*, pp. 15-16.
11. *Ibid.*, p. 21.
12. Session exécutive de la commission Warren, 22 janvier 1964, NARA, p. 6.
13. *Ibid.* (La transcription n'identifie pas l'auteur du propos.)
14. *Ibid.*, p. 12.
15. Session exécutive de la commission Warren, 27 janvier 1964, NARA, p. 152.
16. *Ibid.*, p. 139.
17. *Ibid.*, pp. 160, 137.
18. *Ibid.*, p. 137.
19. *Ibid.*, pp. 152-54.
20. *Ibid.*, p. 158.
21. *Ibid.*, p. 164.
22. *Ibid.*, p. 171.

Chapitre 16

1. Carnet de rendez-vous de Hoover, 24 janvier 1964, FBI, consulté par la Mary Ferrell Foundation, http://www.maryferrell.org/mffweb/archive/viewer/showDoc.do?docId=141177&relPageId=16.
2. DeLoach, *Hoover's FBI*, p. 12.
3. *Ibid.*, p. 29.
4. *Ibid.*, p. 13.
5. *Ibid.*, p. 24.
6. Témoignage de J. Lee Rankin, HSCA, 21 septembre 1978 (ci-après nommé témoignage de Rankin), p. 19.
7. Note de Hoover à M. Tolson, 31 janvier 1964, FBI.
8. Témoignage de Rankin, p. 19.
9. Voir la biographie de Hoover sur le site de la J. Edgar Hoover Foundation, http://www.jehooverfoundation.org/hoover-bio.asp (consulté le 15 juin 2013).
10. Témoignage de J. Edgar Hoover, 14 mai 1964, appendices Warren, vol. 5, p. 112.
11. Commission Church, vol. 5, p. 50.
12. Description de Gales comme « le Barracuda » tirée d'entretiens avec Hosty. Voir aussi Hosty, *Assignment : Oswald*, p. 179.
13. Commission Church, vol. 5, pp. 50-51.
14. DeLoach, *Hoover's FBI*, p. 149.
15. Commission Church, vol. 5, pp. 51-52.
16. Témoignage de J. Edgar Hoover, appendices Warren, vol. 5, p. 159.
17. Commission Church, vol. 5, p. 37.
18. « Castro Blasts Raids on Cuba », *New Orleans Times-Picayune*, 9 septembre 1963.

19. Témoignage de Clark Anderson, 4 février 1976, commission Church (ci-après nommé témoignage d'Anderson).

20. *Ibid.*, p. 15.

21. Témoignage d'Anderson, p. 59.

22. *Ibid.*, p. 24.

23. *Ibid.*, p. 22.

24. Nom et tarif de l'Hotel del Comercio, rapport Warren, p. 433.

25. Témoignage d'Anderson, p. 32.

26. Câble de Mann au département d'Etat, « AMEMBASSY MEXICO CITY to SECSTATE », 28 novembre 1963, RIF : 104-10438-10208, NARA (ci-après nommé câble de Mann).

27. *Ibid.*

28. Commission Church, vol. 5, p. 40.

29. Concernant le parcours d'Alvarado, voir Bugliosi, *Reclaiming History*, p. 1286.

30. Câble de Mann.

31. « Câble : Translation of a Transcript of Telephone Conversation Between Cuban President and Cuban Ambassador », 26 novembre 1963, CIA, RIF : 14-10429-10227, NARA.

32. Câble de Mann.

33. Commission Church, vol. 5, p. 42.

34. Entretien avec Keenan. Bon nombre des affirmations de Keenan ont d'abord été rendues publiques dans un documentaire allemand de 2006, « Rendez-vous avec la mort », de Wilfried Huismann, diffusé sur la chaîne allemande ARD en janvier 2006. Voir *Financial Times*, 6 janvier 2006.

35. Témoignage de Laurence P. Keenan, 8 avril 1976, commission Church, vol. 1, p. 7, RIF : 157-10014-10091, NARA.

36. *Ibid.*, pp. 42, 9, 10, 83, 61

37. « Câble : Re Gilberto Alvarado Story re Lee Oswald Received Money in Cuban Embassy Being False », 30 novembre 1963, RIF : 104-10404-10098, NARA.

38. Témoignage de Keenan, commission Church, vol. 1, p. 58.

39. *Ibid.*, pp. 71, 53.

40. *New York Times*, 15 décembre 1963.

41. « Telegram : Mexican Authorities Have Informed Us That the Nicaraguan », Mann au département d'Etat, 30 novembre 1963, RIF : 104-104380-10210, NARA.

42. Interview de Thomas Mann par Dick Russell, 5 juillet 1992, citée dans Morley, *Our Man*, p. 334. Voir aussi Russell, *The Man Who Knew Too Much*.

Chapitre 17

1. Entretiens avec Specter ; Specter, *Passion*, pp. 49-58.

2. Voir la notice nécrologique d'Adams dans le *New York Times*, 21 avril 1990.

3. Specter, *Passion*, pp. 49-58.

4. Joseph Ball et Judith Fischer, « A Century in the Life of a Lawyer », *California Western Law Review*, automne 1999.

5. Entretiens avec Specter.

6. Belin, *You Are the Jury*, p. 15.

7. Specter, *Passion*, pp. 57, 76-78.

8. « Proposed Questioning of Marina Oswald », document non daté trouvé dans les archives chronologiques du personnel de la commission Warren, NARA.

9. Note de Specter à Rankin, « Subject : Suggestions on Questioning of Marina Oswald », 30 janvier 1964, archives du personnel, commission Warren, NARA.

10. Entretiens avec Goldberg.

11. Entretiens avec Slawson.

Chapitre 18

1. *New York Times*, 15 janvier 1964.

2. *New York Times*, 8 janvier 1964.

3. *Time*, 14 février 1964.

4. Toutes citations du témoignage de Marina Oswald, 3 février 1964, appendices Warren, vol. 1, pp. 1-126.

5. Voir « Telephone Conversation between M. Norman Redlich and Mrs. Margaret [*sic*] Oswald », 4 février 1964, dossier interne sur Marguerite Oswald, commission Warren, NARA.

6. « Conversation between M. Rankin and Mrs. Margaret [*sic*] Oswald », 5 février 1964, dossier interne sur Marguerite Oswald, commission Warren, NARA.

7. « Testimony of Mrs. Marguerite Oswald », 10 février 1964, appendices Warren, vol. 1, pp. 127-264.

8. Ford, *Portrait*, pp. 61-62.

9. *Time*, 21 février 1964.

10. *New York Times*, 19 février 1964.

11. Voir les commentaires de McCloy dans les transcriptions des sessions exécutives de la commission Warren de décembre 1963 et janvier 1964, NARA.

12. Voir la notice nécrologique de Jacqueline Kennedy, *New York Times*, 20 mai 1994.

13. Télégramme de Kennedy à Warren, correspondance, archives Earl Warren, LOC.

14. Manchester, *Controversy and Other Essays in Journalism*, p. 5.

15. *Ibid.*, pp. 6-7.

16. Voir la note interne non signée adressée à Warren à la Cour suprême, 21 mai 1964. « M. Rankin ne partageait apparemment pas votre point de vue concernant la mise à disposition de M. Manchester de certains documents de la commission. Manchester dit à ce propos qu'il y renoncera à moins que vous-même ou M. Rankin lui signifiiez le contraire. » Archives de la commission Warren, archives Earl Warren, LOC.

Chapitre 19

1. Voir la lettre de Russell à Paul R. Eve, 17 janvier 1967, dans les archives de la correspondance personnelle, Russell Library.

2. Note de Russell, 7 janvier 1964, Russell Library.
3. Brouillon d'une lettre de Russell au president Johnson, 24 février 1964, trouvé dans les archives de bureau de Russell à la Russell Library.
4. Histoire orale du *chief justice* Earl Warren, 21 septembre 1971, LBJ Library, p. 13. Voir aussi l'entretien de Warren avec Alfred Goldberg, 26 mars 1974, dans les archives Earl Warren, LOC.
5. Déposition de Rankin, p. 6.
6. Voir la notice nécrologique d'Alfredda Scobey dans l'*Atlanta Constitution*, 9 décembre 2001.
7. « Boy, Don't You Know I'm on Camera ? » *New Republic*, 29 février 1964.
8. *New York Times*, 6 mars 1964.
9. Belli, *Dallas Justice*, passim.
10. *Ibid.* Voir aussi Brown, *Dallas and the Jack Ruby Trial*, p. 60.
11. Associated Press, 19 février 1964.
12. *New York Times*, 15 mars 1964.
13. Entretiens avec Griffin.
14. Note de Hubert et Griffin aux « Membres de la commission présidentielle », 20 mars 1964, dossiers internes, commission Warren, NARA.
15. Entretiens avec Griffin.
16. Note de Hubert et Griffin aux membres de la commission, 20 mars 1964, dossiers internes, commission Warren, NARA.
17. Entretiens avec Griffin.
18. Note de Hubert à Rankin, « Checking persons who left or entered the United States », 19 février 1964. Voir aussi note de Hubert à Rankin, 27 février 1964, dossiers internes, commission Warren, NARA.
19. Entretiens avec Griffin.

Chapitre 20

1. Earl Warren Oral History for the LBJ Library, 21 septembre 1971, p. 14.
2. Note de Willens à Rankin, « Re : Mark Lane », 26 février 1964, dossiers internes, commission Warren, NARA.
3. Note de Willens à Rankin, « Re : Interrogation of Mark Lane », 27 février 1964, dossiers internes, commission Warren, NARA.
4. Entretien téléphonique de Lane avec Helen Markham publié dans les appendices Warren, vol. 20, p. 571.
5. Témoignage de Mark Lane, 4 mars 1964, appendices Warren, vol. 2, p. 51.
6. Entretiens avec Eisenberg. Voir aussi les notes d'Eisenberg sur la criminologie, 4 mars 1964 (balistique) et 7 mars 1964 (valeur des dépositions de témoins), dossiers internes, commission Warren, NARA.

Chapitre 21

1. Note de Willens à Rankin, 9 mars 1964, dossiers internes, commission Warren, NARA.
2. Lettre de Rankin à McCone, 12 février 1964, dossiers internes, commission Warren, NARA.

3. Note de Willens à Rankin, 9 mars 1964, dossiers internes, commission Warren, NARA.

4. Note de Slawson pour archives, « Conference with the CIA », 12 mars 1964, dossiers internes, commission Warren, NARA.

5. Entretiens avec Stern ; note de Stern à Rankin, « CIA file on Oswald », 27 mars 1964, dossiers internes, commission Warren, NARA.

6. Entretiens avec Slawson.

7. Pour plus d'éléments sur Nosenko, voir la nécrologie du *New York Times* du 28 août 2008. Voir aussi Martin, *Wilderness*.

8. *New York Times*, 15 février 1964.

9. Martin, *Wilderness*, passim.

10. Entretiens avec Slawson.

11. *Washington Post*, 1er septembre 2008.

12. Témoignage de W. David Slawson, HSCA, 15 novembre. 1977, passim.

Chapitre 22

1. Témoignage de Norman Redlich, HSCA, 8 novembre 1977.

2. Entretiens avec Slawson.

3. Specter, *Passion*, p. 93 ; entretiens avec Specter.

4. Entretiens avec Griffin. Voir aussi le témoignage de Griffin devant la HSCA, 17 novembre 1977.

5. Lettre de Rankin à Hoover, 20 février 1964.

6. Entretiens avec Hosty ; Hosty, *Assignment: Oswald*, p. 234.

7. Lettre de Hoover à Hosty, 13 décembre 1963, reprise dans Hosty, *Assignment: Oswald*, p. 101.

8. Hosty, *Assignment: Oswald*, p. 118.

9. *Ibid.*, p. 36.

10. *Ibid.*, p. 83.

11. *Ibid.*, pp. 132-134.

12. Témoignage de Silvia Odio, 9 juillet 1964, appendices Warren, vol. 11, p. 367 et passim.

13. Note de Griffin à Slawson, 12 juillet 1964, dossiers internes, commission Warren, NARA. Voir aussi Hosty, *Assignment: Oswald*, p. 132 et passim.

14. Témoignage du Dr. Burton Einspruch, HSCA, 11 juillet 1978, passim.

15. Hosty, *Assignment: Oswald*, p. 133.

Chapitre 23

1. Entretiens avec Slawson.

2. Note de Redlich à Rankin, 11 février 1964, dossiers internes, commission Warren, NARA.

3. Voir la photocopie de la première page de *Tocsin* retrouvée dans les fichiers de correspondance parlementaire, Ford Library.

4. Lettre de Baldwin à Ford, 12 février 1964, fichiers de correspondance parlementaire, Ford Library.

5. Voir lettre de Francis J. McNamara de la commission parlementaire des activités anti-américaines à Ford, 27 février 1964, fichiers de correspondance parlementaire, Ford Library.

6. *New York Times*, 5 février 1964.

7. Entretiens avec Specter ; Specter, *Passion*, p. 59.

8. Joint à une lettre de Harold Callaway à Ford, 10 février 1964, fichiers de correspondance parlementaire, Ford Library.

9. Voir la transcription des réflexions de Johansen, 6 février 1964, consulté dans les dossiers de correspondance parlementaire, Ford Library.

10. Lettre de Graham à Warren, 18 février 1964, et lettre de Bernstein à Warren, 14 février 1964, correspondance, archives Warren, LOC.

11. Lettre de Hoover à Rankin, 17 février 1964, dossiers internes, commission Warren, NARA.

12. Lettre de Rankin à Hoover, 18 février 1964, dossiers internes, commission Warren, NARA.

13. Voir la note de Charles N. Schaffer, « Memorandum for the Record », 17 février 1964, dossiers internes, commission Warren, NARA.

14. Déclaration de Marina Oswald au FBI, 19 février 1964, reprise dans Aynesworth, *JFK: Breaking*. Voir aussi la lettre de Hoover à Rankin, 20 février 1964, dossiers internes, commission Warren, NARA.

15. Lettre de Hoover à Rankin, 20 février 1964, dossiers internes, commission Warren, NARA.

16. Ford, *Portrait*, p. 511.

17. Témoignage de Robert Oswald, 20 février 1964, appendices Warren, vol. 1, pp. 264-502.

18. Note de Hoover à Tolson et al., 24 février 1964, FBI.

19. Note du bureau local du FBI à Dallas au siège du FBI, « Recommendations for Installation of Telephone and Microphone Surveillance », 2 mars 1964, FBI.

20. Témoignage de James Herbert Martin, 27 février 1964, appendices Warren, vol. 1, pp. 469-502.

21. Note de Redlich à Rankin, 28 février 1964, dossiers internes, commission Warren, NARA.

22. Note de DeLoach à Ford, 14 février 1964, correspondance parlementaire, Ford Library.

Chapitre 24

1. Entretiens avec Stern.

2. Pour l'histoire du Secret Service, voir Kessler, *In the President's Secret Service*, passim.

3. Pour des éléments de contexte sur la limousine de Kennedy, voir le site Internet du Henry Ford Museum, www.thehenryford.org/research/kennedy-limo.aspx.

4. Entretiens avec Stern ; note de Stern à Rankin, « Report on Security Measures to Protect the President », 17 février 1964, dossiers internes, commission Warren, NARA.

5. Entretiens avec Stern.

6. Rapport Warren, p. 430 ; note de Stern pour archive, 17 février 1964, et le « Memorandum of Interview » de Stern, 20 mars 1964, dossiers internes, commission Warren, NARA.

7. Entretiens avec Stern.

8. Entretiens avec Stern. On trouvera une description de la soirée au Metropolitan Club dans Peppers et Ward, *In Chambers: Stories of the Supreme Court Law Clerks and Their Justices.*

Chapitre 25

1. Lettre de Ford à Rankin, 28 mars 1964, dossiers internes, commission Warren, NARA.

2. Specter, *Passion*, p. 56.

3. Pour plus d'éléments sur Stiles, voir sa nécrologie dans le *Grand Rapids (Michigan) Press*, 15 avril 1970.

4. « Checklist of Questions Raised by Mark Lane », 6 mars 1964, correspondance parlementaire, Ford Library.

5. Lettre de Weaver à Ford, 23 avril 1964, correspondance parlementaire, Ford Library.

6. Note non signée à Ford, « Memorandum for Honorable Gerald R. Ford », 17 mars 1964, correspondance parlementaire, Ford Library.

7. Lettre de Poff à Ford, 20 avril 1964, correspondance parlementaire, Ford Library.

8. Note de George H. Kakaska, docteur en médecine, à Ford, 23 avril 1964, correspondance parlementaire, Ford Library.

9. Lettre de Rankin à Ford, 3 avril 1964, correspondance parlementaire, Ford Library.

10. Lettre de Ford à Rankin, 7 avril 1964, correspondance parlementaire, Ford Library.

11. Lettre de Ford à Rankin, 24 avril 1964, correspondance parlementaire, Ford Library.

12. Note non datée de Ray à Ford, non daté, correspondance parlementaire, Ford Library.

13. « Observations : Re : Mr. R », 7 avril 1964, correspondance parlementaire, Ford Library.

14. Lettre de H. L. Hunt à Ford, 25 janvier 1964, correspondance parlementaire, Ford Library.

15. Entretiens avec Goldberg.

16. Voir des éléments de contexte sur le livre de Ford, *Portrait of the Assassin*, dans la correspondance de Ford, Ford Library. Une copie du contrat du livre de Ford figure aussi dans les archives.

Chapitre 26

1. Lettre de Belin à ses confrères chez Herrick, Langdon, Sandblom & Belin, 27 janvier 1964, dossiers Belin de la commission Warren, Ford Library.

2. Belin, *You Are the Jury*, p. 175.

3. *Ibid.*, pp. 5-8.

4. Lettre de Belin à ses confrères chez Herrick, Langdon, Sandblom & Belin, 26 mars 1964, dossiers Belin de la commission Warren, Ford Library.

5. Voir *New York Times*, 25 novembre 1963, ainsi que des éléments biographiques complets sur un site familial à la mémoire de Tippit : www.jdtippit.com.

6. Belin, *You Are the Jury*, pp. 139-140.

7. *Ibid.*, pp. 261-263.

8. *Ibid.*, p. 42.

9. Témoignage de Howard Brennan, 24 mars 1964, appendices Warren, vol. 3, pp. 140-211.

10. Belin, *You Are the Jury*, p. 136.

11. Témoignage de S. M. Holland, 8 avril 1964, appendices Warren, vol. 6, pp. 239-248.

12. Entretiens avec Stern.

13. Belin, *You Are the Jury*, p. 69.

14. Ce mot manuscrit non daté se trouve dans la correspondance parlementaire, Ford Library. Il a été identifié comme étant de la main du *chief justice* et transmis à Ford pendant la déposition de Helen Markham.

15. Témoignage de Helen Markham, 26 mars 1964, appendices Warren, vol. 3, pp. 304-322.

16. Belin, *You Are the Jury*, pp. 340-342.

17. *Ibid.*, pp. 302-305.

Chapitre 27

1. Entretiens avec Specter ; Specter, *Passion*, p. 107.

2. Note de Specter à Rankin, « Outline of Suggested Questions for Mrs. Jacqueline Kennedy », 31 mars 1964, dossiers internes, commission Warren, NARA.

3. Entretiens avec Specter. Voir aussi Specter, *Passion*, passim.

4. Entretiens avec Specter ; Specter, *Passion*, pp. 66-69.

5. Gallagher, *My Life with Jacqueline Kennedy*, p. 341. Mary Barelli Gallagher était la secrétaire personnelle de Mme Kennedy à la Maison-Blanche.

6. Manchester, *Mort d'un président*, p. 290.

7. Specter, *Passion*, pp. 63-69.

8. Témoignage de Clint Hill, 9 mars 1964, appendices Warren, vol. 2, pp. 132-143.

9. Manchester, *Mort d'un président*, p. 222.

10. *Ibid.*, p. 165.

11. Specter, *Passion*, p. 77.

12. Le premier rapport du FBI sur l'autopsie, source de l'information essentielle reprise dans les rapports de décembre et janvier, a été préparé par les agents Francis X. O'Neill et James W. Sibert, qui ont assisté à son déroulement. Le rapport complet, daté du 26 novembre 1963, a été publié par l'ARRB et est accessible en ligne à l'adresse http://www.history-matters.com/archive/jfk/arrb/master_med_set/md44/html/Imageo.htm.

13. Specter, *Passion*, p. 78. Voir aussi témoignage Humes, entretien Humes.

14. Specter, *Passion*, p. 80.

15. Témoignage de James J. Humes, 16 mars 1964, appendices Warren, vol. 2, pp. 347-376.

16. Belin, *You Are the Jury*, pp. 345-346.

17. Specter, *Passion*, p. 84.

Chapitre 28

1. Entretiens avec Specter ; Specter, *Passion*, pp. 90-99.

2. Témoignage du Dr. Ronald Coy Jones, 24 mars 1964, appendices Warren, vol. 6, pp. 51-57.

3. Témoignage de Darrell Tomlinson, 20 mars 1964, appendices Warren, vol. 6, pp. 128-134.

4. Entretiens avec Specter ; Specter, *Passion*, pp. 69-75.

5. Nellie Connally, *From Love Field*, p. 119.

6. *Ibid.*, pp. 120-121.

7. Entretiens avec Specter ; Specter, *Passion*, p. 72.

8. Belin, *You Are the Jury*, pp. 308-309.

9. Connally, *From Love Field*, p. 120.

10. Entretiens avec Specter.

11. Témoignage du gouverneur John Connally, 16 mars 1964, appendices Warren, vol. 4, pp. 131-146.

12. Entretiens avec Specter.

13. Entretien de Warren avec Alfred Goldberg, 26 mars 1974, retrouvé dans les dossiers « Commission Warren », archives Warren, LOC.

Chapitre 29

1. Entretiens avec Pollak.

2. Entretiens avec Goldberg.

3. Entretiens avec Pollak.

4. Entretiens avec Mosk.

5. Note de Mosk à Slawson, 23 avril 1964, dossiers internes, commission Warren, NARA.

6. Voir la nécrologie d'Ely dans le *New York Times*, 27 octobre 2003.

7. Note d'Ely à Jenner et Liebeler, « Lee Harvey Oswald's Marine Career », 22 avril 1964, dossiers internes, commission Warren, NARA.

8. Note d'Ely à Rankin, 5 mai 1964, dossiers internes, commission Warren, NARA.

Chapitre 30

1. Témoignage de Patrick T. Dean, 24 mars 1964, appendices Warren, vol. 12, pp. 415-449. Voir aussi *Dallas Morning News*, 25 mars 1979.

2. Aynesworth, *JFK : Breaking*, pp. 176-179. Voir aussi Huffaker, *When the News Went Live*, passim.

3. Témoignage de Patrick T. Dean, 24 mars 1964, appendices Warren, vol. 12, pp. 415-449.

4. *Dallas Morning News*, 25 mars 1979.

5. Déposition de Patrick T. Dean, 8 juin 1964, appendices Warren, vol. 5, pp. 254-258.

6. Note de Griffin à Willens, 4 avril 1964, dossiers internes, commission Warren, NARA.

7. *Ibid.*

8. Note de Willens à Rankin, 6 avril 1964, dossiers internes, commission Warren, NARA.

9. Note de Hubert et Griffin à Rankin, « Adequacy of Ruby Investigation », 14 mai 1964, dossiers internes, commission Warren, NARA.

10. Note de Willens à Griffin, « Re : Adequacy of Ruby Investigation », 1er juin 1964, dossiers internes, commission Warren, NARA.

11. Note de Hubert à Rankin, 1er juin 1964, dossiers internes, commission Warren, NARA.

12. Belin, *Final Disclosure*, p. 46.

13. Lettre du Dr Louis West à Henry Wade, 7 mai 1964, dossiers internes, commission Warren, NARA.

14. Lettre du Dr Robert Stubblefield au juge Joe B. Brown, 15 mai 1964, dossiers internes, commission Warren, NARA.

Chapitre 31

1. Entretiens avec Slawson.

2. Note de Slawson pour archive, « Trip to Mexico City », 22 avril 1964, dossiers internes, commission Warren, NARA.

3. Entretiens avec Slawson. Voir aussi témoignage de W. David Slawson, HSCA, 15 novembre 1977.

4. Note de Slawson pour archive, « Trip to Mexico City », 22 avril 1964, dossier internes, commission Warren, NARA.

5. Entretiens avec Slawson.

6. Entretiens avec Coleman.

7. Entretiens avec Slawson.

Chapitre 32

1. Manchester, *Controversy*, pp. 11-15.

2. Manchester, *Mort d'un président*, pp. x-xiii.

3. Déclaration du président Lyndon B. Johnson, 10 juillet 1964, appendices Warren, vol. 5, pp. 561-564.

4. Histoire orale du *Chief Justice* Earl Warren, 21 septembre 1971, Bibliothèque Lyndon B. Johnson, p. 12.

5. Déclaration de Mrs. Lyndon B. Johnson, 16 juillet 1964, appendices Warren, vol. 5, pp. 564-565.

6. Manchester, *Mort d'un président*, pp. x-xi.

7. Manchester, *Controversy*, p. 10.

8. Journaux intimes de Pearson, novembre et décembre 1963, dossiers Pearson, LBJ Library.

9. Washington Merry-Go-Round, 10 décembre 1963, accessible dans les archives de Drew Pearson conservées par l'American University. La chronique proprement dite se trouve à l'adresse http://dspace.wrlc.org/doc/bitstream/2041/ 50094/b18f09-1210zdisplay.pdf#search=".

10. Journaux intimes de Pearson, novembre et décembre 1963, dossiers Pearson, LBJ Library.

11. Manchester, *Controversy*, p. 8.

12. Entretiens avec Goldberg.

13. Note de Goldberg à Rankin, « Proposed Outline of Report », 13 avril 1964, dossiers internes, commission Warren, NARA.

14. Note de Goldberg à Rankin, 16 mars 1964, dossiers internes, commission Warren, NARA.

15. Entretiens avec Goldberg.

16. Lettre de Belin à Willens, 19 mars 1964, dossiers internes, commission Warren, NARA.

17. Note de Goldberg à Rankin, 28 avril 1964, dossiers internes, commission Warren, NARA.

Chapitre 33

1. Entretiens avec Slawson.

2. Entretien de Warren avec Alfred Goldberg, 26 mars 1974, retrouvé dans les dossiers « commission Warren », archives Warren, LOC.

3. Note de Slawson à Hubert et Griffin, « Re : Silvia Odio », 6 avril 1964, dossiers internes, commission Warren, NARA.

4. Note de Griffin à Slawson, « Interview with Dr. Burton C. Einspruch », 16 avril 1964, dossiers internes, commission Warren, NARA.

Chapitre 34

1. Déposition de Rankin, passim.

2. Témoignage de Wesley Liebeler, HSCA, 16 novembre 1977 (ci-après témoignage de Liebeler).

3. Entretiens avec Slawson, Griffin, Specter.

4. Déposition de Rankin.

5. Entretien avec Eric Liebeler.

6. Témoignage de Liebeler.

7. Entretiens avec Specter.

8. Pour davantage d'informations sur Jenner, voir la nécrologie du *New York Times*, 25 juin 1974.

9. Entretiens avec Goldberg, Specter, Slawson.

10. Note d'Ely à Jenner et Liebeler, 9 mars 1964, dossiers internes, commission Warren, NARA.

11. Note d'Ely à Jenner et Liebeler, « Lee Harvey Oswald's Military Career », 22 avril 1964, dossiers internes, commission Warren, NARA.

12. Témoignage de Guy Rose, 8 avril 1964, appendices Warren, vol. 7, pp. 227-231.

13. Témoignage de George S. De Mohrenschildt, 22 avril 1964, appendices Warren, vol. 9, pp. 166-264.

14. Témoignage de Ruth Hyde Paine, 18 mars 1964, appendices Warren, vol. 2, pp. 430-517.

15. Témoignage de George S. De Mohrenschildt, 22 avril 1964, appendices Warren, vol. 9, pp. 166-264.

16. Bien que Moore n'ait pas été nommément identifié dans le volume principal du rapport final de la commission, apparemment par égard pour la CIA, son nom apparaît bel et bien dans les documents internes et dans le compte-rendu public officiel du témoignage de Mohrenschildt.

Chapitre 35

1. Entretiens avec Specter.
2. Entretiens avec Slawson, entretiens avec Specter.
3. Specter, *Passion*, pp. 83-84.
4. Entretiens avec Specter.
5. Specter, *Passion*, p. 87 ; entretiens avec Specter.
6. Belin, *You Are the Jury*, p. 347.
7. Entretiens avec Specter.
8. Note de Specter à Rankin, « Autopsy Photographs and X-Rays of President John F. Kennedy », 30 avril 1964, dossiers internes, commission Warren, NARA.
9. Session exécutive de la commission Warren, 30 avril 1964, pp. 5860-5892.
10. Specter, *Passion*, pp. 88-89 ; entretiens avec Specter.
11. Entretiens avec Goldberg.

Chapitre 36

1. Pour les citations de Gurney, voir la chronique de Fulton Lewis Jr., publiée dans le *Lebanon Daily News*, Lebanon, Pennsylvanie, 8 mai 1964 (consultée sur www.newspaperarchive.com).
2. Voir la reprise de l'éditorial *St. Louis Globe-Democrat* dans le *News Tribune* de Jefferson City, Missouri, 10 mai 1964 (consulté sur www.newspaperarchive.com).
3. Entretiens avec Eisenberg.
4. Un exemplaire non daté du modèle figure dans les dossiers internes, commission Warren, NARA.
5. Pour d'autres précisions biographiques, voir la nécrologie de Redlich dans le *New York Times*, 11 juin 2011.
6. Entretiens avec Eisenberg, entretiens avec Slawson.
7. Entretien avec Evelyn Redlich.
8. Session exécutive de la commission Warren, 19 mai 1964.
9. Entretien avec Griffin.

Chapitre 37

1. Entretiens avec Hosty ; Hosty, *Assignment : Oswald*, pp. 117-120.
2. Hosty, *Assignment : Oswald*, pp. 139-156.
3. Déposition de James Hosty, 5 mai 1964, appendices Warren, vol. 4, pp. 440-476.
4. Lettre de Rankin à Hoover, 5 mai 1965, dossiers internes, commission Warren, NARA.
5. Témoignage de J. Edgar Hoover, 14 mai 1964, appendices Warren, vol. 5, pp. 97-119.
6. Témoignages de John A. McCone et Richard M. Helms, 14 mai 1964, appendices Warren, vol. 5, pp. 120-129.
7. *Dallas Morning News*, 27 juin 1964.
8. *Life*, 10 juillet 1964.
9. Note de Slawson à Rankin, « Publication of Oswald's Historic Diary », 6 septembre 1964, dossiers internes, commission Warren, NARA.
10. *Life*, 10 juillet 1964.
11. Lettre de Hart au capitaine W. P. Gannaway des services de police de Dallas, 8 juillet 1964, Archives municipales de Dallas, cabinet du secrétaire général de la ville.
12. Note de DeLoach à Mohr, « Lee Harvey Oswald », 24 août 1964 (se référant à l'entretien avec Ford du 17 août 1964), FBI.

Chapitre 38

1. Entretiens avec Specter.
2. Rapport Warren, p. 95.
3. Olivier et Dziemian, *Wound Ballistics of 6.5-MM. Mannlicher-Carcano Ammunition*, mai 1964, publié par Edgewood Arsenal, département de l'Armée de Terre, consulté dans dossiers internes, commission Warren, NARA.
4. Entretiens avec Specter.
5. Lettre de Belin à Willens, 20 octobre 1966. Correspondance Belin, documents Belin, Ford Library.
6. Note de Belin à Rankin, « Examination of Marina Oswald », 29 janvier 1964, dossiers internes, commission Warren, NARA.
7. Belin, *You Are the Jury*, pp. 431-433.

Chapitre 39

1. Entretien avec Slawson.
2. Note de Willens à Rankin, « Proposed Exchange of Letters », 4 juin 1964, et note de Willens à Katzenbach, « Proposed letters to the President's Commission », 12 juin 1964, dossiers internes, commission Warren, NARA.
3. Lettre de Warren à Robert Kennedy, 11 juin 1964, dossier internes, commission Warren, NARA.
4. Specter, *Passion*, pp. 120-122.

5. Témoignage de Kenneth P. O'Donnell, 18 mai 1964, appendices Warren, vol. 7, pp. 440-457.

6. Specter, *Passion*, pp. 120-122.

7. *Ibid.*, p. 107.

8. Témoignage de Mme John F. Kennedy, 5 juin 1964, appendices Warren, vol. 5, pp. 178-181.

9. Cette citation figure dans le manuscrit original de *Mort d'un président* de Manchester, mais a été coupée en 1966, au terme de tractations entre Manchester et la famille Kennedy. Manchester a interviewé Ethel Kennedy en avril 1964. Voir Thomas, *Robert Kennedy*, pp. 278, 451.

10. Pour une évocation de la manière dont la formulation exacte issue du procès-verbal a été obtenue grâce à une demande en application du Freedom of Information Act déposée par un cinéaste canadien, voir *Ottawa Citizen*, Ottawa, Canada, 14 août 2001.

Chapitre 40

1. Histoire orale du *Chief Justice* Earl Warren, 21 septembre 1971, Bibliothèque LBJ, p. 12. Voir aussi Warren, *Memoirs*.

2. Specter, *Passion*, pp. 105-108.

3. Récit du voyage et témoignage de Ruby par Ford, « Dallas Trip, June 7, 1964 », correspondance parlementaire, Ford Library.

4. Specter, *Passion*, p. 112.

5. Témoignage de Jack Ruby, 7 juin 1964, appendices Warren, vol. 5, pp. 181-213.

6. Entretiens avec Specter ; Specter, *Passion*, p. 113.

7. Récit du voyage par Ford, « Dallas Trip, June 7, 1964 », correspondance parlementaire, Ford Library.

8. Specter, *Passion*, p. 114.

9. Entretiens avec Specter.

10. Specter, *Passion*, p. 115.

Chapitre 41

1. Voir la nécrologie de Rowley dans le *New York Times*, 3 novembre 1992.

2. Témoignage de James Rowley, 18 juin 1964, appendices Warren, vol. 5, pp. 449-85.

3. Rapport Warren, p. 113. Le montant exact était de 435,71$.

4. Voir la nécrologie de Rusk dans le *New York Times*, 22 décembre 1994.

5. Entretiens avec Slawson.

6. Schlesinger, *A Thousand Days*, p. 435.

7. Michael Beschloss, ed., *Jacqueline Kennedy : Historic Conversations on Life with John F. Kennedy*, p. 112.

8. Mémo de Slawson à Rankin, “Subject : Taking Testimony of Remaining State Department Witnesses”, 12 juin 1964, dossiers internes, commission Warren, NARA.

Chapitre 42

1. Entretiens avec Eisenberg, entretiens avec Slawson, entretiens avec Griffin.

2. Lettre de Hoover à Rankin, 17 juin 1964, CIA, NARA. (Ce document se trouve dans les archives déclassifiées de la CIA, non pas dans les archives de la commission entreposées aux Archives nationales.)

3. Barron, *Operation Solo*, pp. 112-14. Le FBI a déclassifié beaucoup de documents internes de l'opération Solo, on peut les consulter en ligne sur le site du FBI, http://vault.fbi.gov/solo.

4. Voir la nécrologie de Phillips dans le *New York Times*, 10 juillet 1988.

5. Témoignage de David Atlee Phillips, 25 avril 1998, HSCA.

6. Témoignage de David Atlee Phillips, 27 novembre 1976, HSCA.

7. Phillips, *The Night Watch*, pp. 162-64.

8. Témoignage de David Atlee Phillips, 27 novembre 1976, HSCA, pp. 103-35.

9. Témoignage de David Atlee Phillips, 25 avril 1978, HSCA, pp. 51-53.

10. Morley, *Our Man*, p. 336. Voir également Kaiser, *The Road to Dallas*, p. 288 (qui dit avoir obtenu le synopsis de Morley).

Chapitre 43

1. Entretiens avec Coleman.

2. Coleman, *Counsel*, p. 58.

3. Entretiens avec Coleman ; Coleman, *Counsel*, passim.

4. Coleman, *Counsel*, p. 149.

5. Coleman, *Counsel*, passim.

6. Voir la nécrologie de Lewis dans le *New York Times*, 25 mars 2013.

7. *New York Times*, 1er juin 1964.

8. Agenda et liste des appels de Julia Eide pour Rankin, 29 mai 1964, 2:00-2:40 p.m., dossiers internes, commission Warren, NARA.

9. Session exécutive de la commission Warren, 4 juin 1964.

10. Manchester, *Death*, p. 635.

11. Témoignage de Mme Lee Harvey Oswald, 11 juin 1964, appendices Warren, vol. 5, pp. 387-408.

12. Témoignage de Mark Lane, 2 juillet 1964, appendices Warren, vol. 5, pp. 546-61.

Troisième partie
Rapport

Chapitre 44

1. Transcription d'un entretien avec Cavanaugh trouvé dans Fry, *Hunting and Fishing with Earl Warren*, pp. 1-69. Disponible en ligne sur www.openli-

brary.org, http://openlibrary.org/books/OL7213177M/Hunting_and_fishing_with_Earl_Warren.

2. Témoignage de Howard Willens, 17 novembre 1977, HSCA.

3. Lettre de Warren à Carl L. Shipley, 6 juillet 1964, correspondance personnelle, archives Warren, LOC.

4. *New York Times Co. v. Sullivan*, 376 U.S. 254 ; *Escobedo v. Illinois*, 378 U.S. 478.

5. Entretien de Warren avec Alfred Goldberg, 26 mars 1974, consulté dans le dossier commission Warren, archives Warren, LOC.

6. Témoignage de J. Lee Rankin, 17 août 1978, HSCA.

7. En tenant compte de l'inflation, 1 million de dollars de 1964 valent environ 7,5 millions de 2013.

8. Entretiens avec Laulicht.

9. Entretiens avec Weinreb.

10. Mémo de Mosk à Redlich, 7 juin 1964, dossiers internes, commission Warren, NARA.

Chapitre 45

1. Témoignage de Silvia Odio, 22 juillet 1964, appendices Warren, vol. 11, pp. 367-89.

2. *Dallas Morning News*, 5 mai 1962.

3. Projet de chapitre de Liebeler, "Possible Personal Motive", 23 juin 1964, commission Warren, NARA.

4. Rapport Warren, pp. 407, 727-29.

5. Témoignage de Carlos Bringuier, 7-8 avril 1964, appendices Warren, vol. 10, pp. 32-50.

6. Témoignage de Dean Adams Andrews Jr., 21 juillet 1964, appendices Warren, vol. 11, pp. 325-39.

7. Témoignage d'Evaristo Rodriguez, 21 juillet 1964, appendices Warren, vol. 11, pp. 339-45.

8. Témoignage de Silvia Odio, 22 juillet 1964, appendices Warren, vol. 11, p. 383.

Chapitre 46

1. Mémo de l'antenne de Baltimore du FBI au siège du FBI "TO : DIRECTOR FBI, FROM SAC BALTIMORE, RE : ASSASSINATION OF PRESIDENT JOHN FITZGERALD KENNEDY", 7 avril 1964, FBI. Voir également mémo de l'antenne de Washington du FBI au siège du FBI, "TO DIRECTOR FBI, FROM SAC WFO," 8 avril 1964, FBI.

2. Mémo de Belmont à Rosen ("Subject : James R. David, Information Concerning Security Violation"), 9 juin 1964, FBI.

3. Lettre de Hoover à James R. David, 9 juin 1964, FBI.

4. Entretiens avec Slawson.

5. Témoignage de Wesley J. Liebeler, 15 novembre 1977, HSCA.

6. Mémo de Fallon à Ford, 31 juillet 1964, correspondance parlementaire, Ford Library.

7. Témoignage de Silvia Odio, 22 juillet 1964, appendices Warren, vol. 11, pp. 367-89.

8. Lettre de Hoover à Rankin, 7 août 1964, dossiers internes, commission Warren, NARA.

9. Notes prises par l'enquêteur du HSCA Gaeton Fonzi de son entretien avec Silvia Odio, 16 janvier 1976, dossiers internes, HSCA, RIF : 180-10001-10132, NARA.

10. Entretiens avec Slawson ; entretiens avec d'autres membres de l'équipe sous conditions d'anonymat.

Chapitre 47

1. Témoignage d'Abraham Zapruder, 22 juillet 1964, appendices Warren, vol. 7, pp. 569-76.

2. *Los Angeles Times*, 4 août 1999.

3. Richard Stolley, "Shots Seen Round the World", *Entertainment Weekly*, 17 janvier 1992.

4. Voir la nécrologie de Walker dans le *New York Times*, 2 novembre 1993.

5. Témoignage du *major general* Edwin A. Walker, 23 juillet 1964, appendices Warren, vol. 11, pp. 404-28

6. Entretiens avec Specter.

7. Témoignage de Jack Ruby, 18 juillet 1964, rapport Warren, pp. 807-13.

8. Entretiens avec Specter ; Specter, *Passion*, pp. 116-17.

9. Rapport de l'entretien avec le capitaine W. B. Frazier par les agents spéciaux du FBI James W. Bookhout et George W. H. Carlson, à Dallas, 7 décembre 1963, FBI ; Lettre de Hoover à Rankin, 30 juillet 1964, dossiers internes, commission Warren, NARA.

Chapitre 48

1. Lettre de Belin à Willens, 25 août 1964, dossiers internes, commission Warren, NARA.

2. Session exécutive de la commission Warren, 23 juin 1964.

3. Le résumé a été trouvé dans les papiers légués par J. Lee Rankin aux Archives nationales en 1999, boîte 22, classeur 350, commission Warren, NARA.

4. Mémo de Slawson à Rankin et Willens, "Re : Possible Medical Testimony on Oswald", 2 juin 1964, dossiers internes, commission Warren, NARA.

5. Mémo de Pollak à Rankin, "Subject : Comments on Volumes 1-4, 6, 7", 18 juin 1964, dossiers internes, commission Warren, NARA.

6. Mémo de Rankin à Willens, 17 août 1964, dossiers internes, commission Warren, NARA.

7. Mémo de Rankin à Stern, 30 juin 1964, dossiers internes, commission Warren, NARA.

Chapitre 49

1. *New York Times*, 30 juin 1964.
2. Voir Thomas, *Robert Kennedy*, pp. 282, 333.
3. Rapport de la commission Church, "Alleged Assassination Plots Involving Foreign Leaders", 20 novembre 1975, pp. 98, 126-34.
4. *Ibid.*, pp. 88-89.
5. Associated Press, 12 octobre 2012.
6. Schlesinger, *Robert Kennedy*, pp. 649, 615.
7. Thomas, *Robert Kennedy*, p. 284. Basé sur un mémo de Harold Reis, assistant au département de la Justice, à l'*attorney general*, 12 juin 1964.
8. Lettre de Kennedy à Warren, 4 août 1964, dossiers internes, commission Warren, NARA.

Chapitre 50

1. Lettre de Rankin à Hoover, 24 juillet 1964, commission Warren, NARA.
2. Lettre de Hoover à Rankin, 12 août 1964, commission Warren, NARA.
3. Lettre de Rankin à Hoover, XXX, commission Warren, NARA.
4. Entretiens avec Hosty.
5. La note manuscrite de Hoover a été découverte sur un câble de l'antenne de Dallas au siège du FBI, "TO DIRECTOR FBI, FROM DALLAS", 14 mars 1964, FBI.
6. La note manuscrite de Hoover a été découverte sur un mémo de l'antenne de Dallas à Sullivan, 13 février 1964, FBI.
7. La note manuscrite de Hoover a été découverte sur une lettre de Rankin à Hoover, 3 mars 1964, FBI.
8. La note manuscrite de Hoover a été découverte sur un mémo de Branigan à Sullivan, "RE : LEE HARVEY OSWALD INTERNAL SECURITY", 3 mars 1964, FBI.
9. La note manuscrite de Hoover a été découverte sur un mémo de Jevons à Conrad, "RE : ASSASSINATION OF PRESIDENT JOHN F. KENNEDY", 12 mars 1964, FBI.
10. Mémo de Rosen à Belmont, 16 mars 1964. Voir aussi mémo de Rosen à Belmont, "Subject : President's Commission", 4 avril 1964, FBI.
11. Mémo from Rosen to Belmont, 16 mars 1964. Voir aussi mémo de Rosen à Belmont, "Subject : President's Commission", 4 avril 1964, FBI.
12. Lettre de Hoover à Ford, 17 avril 1964, FBI.
13. Mémo de DeLoach à Mohr, 22 avril 1964, FBI.
14. Mémo de DeLoach à Mohr, "Subject : William Manchester, Author of Kennedy Book", 4 juin 1964, FBI.

Chapitre 51

1. Voir la nécrologie de McCloy dans le *New York Times*, 12 mars 1989.
2. Lettre de McCloy à Rankin, 21 juillet 1964, commission Warren, NARA.
3. Entretiens avec Slawson.

4. Projet de chapitre non signé intitulé "Foreign Conspiracy", 15 juillet 1964, commission Warren, NARA. Voir aussi mémo non daté de Coleman et Slawson à Rankin, "Subject : Suggested Changes in the Foreign Conspiracy [*sic*], 15 juilletl 1964", commission Warren, NARA.

5. Rapport Warren, p. 305.

6. Entretiens avec Coleman.

7. Mémo de Coleman, "Oswald's Trip to Mexico City September 26, 1963, to October 3, 1963", 20 juillet 1964, commission Warren, NARA.

8. Entretiens avec Specter. Voir également Specter, *Passion*, passim.

9. Lettre de McCloy à Rankin, 24 juin 1964, commission Warren, NARA.

10. Lettre et mémo de Cooper à Rankin, 20 août 1964, commission Warren, NARA.

11. Lettre de Belin à Rankin, 7 juillet 1964, commission Warren, NARA.

12. Belin, *Final Disclosure*, pp. 213-16. Voir aussi Belin, *You Are the Jury*, pp. 425-40.

13. Entretiens avec Goldberg.

14. Mémo de l'antenne de Washington du FBI au siège, "SAC WFO TO DIRECTOR, FBI RE : LEE HARVEY OSWALD", 17 septembre 1964, FBI. Voir aussi mémo de Rosen à Belmont, "SUBJECT : LEE HARVEY OSWALD", 21 septembre 1964, FBI.

15. Entretiens avec Goldberg.

16. *New York Times*, 26 novembre 1963.

17. Mémo de Barson et Mosk à Rankin, 9 juillet 1964, commission Warren, NARA.

18. Entretiens avec Griffin.

19. Mémo de Griffin à Willens, "Re : Memo on Ruby Conspiracy Portion of Chapter VI", 14 août 1964, commission Warren, NARA.

Chapitre 52

1. Entretien avec Evelyn Redlich.

2. Entretiens avec Weinreb.

3. Témoignage de Liebeler, HSCA, 15 novembre 1977, pp. 209-61.

4. Mémo de Liebeler à Rankin, 28 août 1964, commission Warren, NARA. Voir également témoignage de Liebeler, HSCA, 15 novembre 1977, passim.

5. Mémo de Liebeler à Willens et Redlich, "Subject : Conspiracy", 27 août 1964, commission Warren, NARA.

6. Mémo à Rankin de Hoover, 3 septembre 1964, commission Warren, NARA. Voir également mémo de Liebeler à Willens, "Re : Relevant Property Remaining in Possession of Marina Oswald", 2 septembre 1964, commission Warren, NARA.

7. Mémo de Liebeler, "Memorandum re : Galley Proofs of Chapter IV", 6 septembre 1964, commission Warren, NARA.

8. Témoignage de Wesley Liebeler, HSCA, 15 novembre 1977, pp. 209-61.

9. Associated Press, 18 juin 1964.

10. *Richard B. Russell, Jr., Senator from Georgia*, p. 46.

11. Lettre de Russell à C. R. Nichols, 30 juin 1964, correspondance, Russell Library.

12. Holland, *The Kennedy Assassination Tapes*, p. 240.

13. *Atlanta Constitution*, 28 septembre 1964.

14. Entretien avec Powell A. Moore, "Oral History Interview #7", 6 mars 1971, Russell Library.

15. Entretien avec Barboura G. Raesly, "Oral History Interview #157", 16 juin 1974, Russell Library.

16. *Dallas Morning News*, 7 septembre 1964.

17. Témoignage de Marina Oswald, 6 septembre 1964, appendices Warren, vol. 5, pp. 588-620.

18. Note manuscrite de Russell sur papier à en-tête du Sénat des Etats-Unis, 5 décembre 1963, dossiers personnels, Russell Library.

19. Projet d'avis discordant de Russell, "Assassination Commission", 16 septembre 1964, Russell Library.

20. Lettre de Hoover à Rankin, 21 septembre 1964, commission Warren, NARA.

21. Entretiens avec Slawson.

22. Rapport Warren, pp. 322-24.

23. Témoignage de Loran Hall, 5 et 6 octobre 1977, HSCA, RIF : 180-10118-10115, NARA

24. Voir appendice des auditions, vol. 10, "Anti-Castro Activities and Organizations", mars 1979, HSCA, pp. 19-35.

Chapitre 53

1. "Publishing Agreement between Simon and Schuster and Gerald R. Ford", 9 octobre 1964, dossier commission Warren, Ford Library. Le contrat et d'autres documents ayant trait au livre se trouvent à la Ford Library.

2. "Editorial Department Report, Simon and Schuster", 29 juillet 1964, dossiers commission Warren, Ford Library.

3. Lettre de Thompson à Peter Schwed, Simon and Schuster, 8 juillet 1964, dossiers commission Warren, Ford Library.

4. *New York Times*, 7 juillet 1964.

5. Mémo de Fallon à Ford, 3 septembre 1964, dossiers commission Warren, Ford Library.

6. Mémo de Stiles à Ford, 4 septembre 1964, dossiers commission Warren, Ford Library.

7. Notes manuscrites de Ford, "Gene Roberts, *Detroit Free Press*, 5/9/64", dossiers de la commission Warren, Ford Library.

8. *New York Times*, 23 février 1967.

9. Ford, *Portrait*, pp. 53-60.

10. *Ibid.*, pp. 335, 483, 301-14, 90-99.

11. Entretien avec Gerald R. Ford, "Oral History Interview by Vicki Daitch", 18 juillet 2003, JFK Library.

12. Lettre de Ford à Rankin, 2 septembre 1964, commission Warren, NARA.

13. Associated Press, 2 juillet 1997.

14. Témoignage du Dr. Michael Baden, 17 septembre 1978, HSCA.

15. Journaux intimes de Pearson, octobre 1966, dossiers Pearson, LBJ Library.

16. Warren, *Memoirs*, p. 3.

17. Entretien avec Barboura G. Raesly, "Oral History Interview #157", 16 juin 1974, Russell Library.

18. Lettre de Russell à Alfredda Scobey, 24 décembre 1966, correspondance personnelle, Russell Library.

19. Rapport Warren, p. 19.

20. Projet de livre de Howard Willens intitulé *The Assassination*, sans date. Willens a annoncé en 2013 qu'il avait l'intention d'écrire un livre sur la commission Warren, avec un autre titre : *History Will Prove Us Right : Inside the Warren Commission Investigation into the Assassination of John F. Kennedy.*

21. Rapport Warren, p. 24.

22. *Ibid.*, p. 26.

23. *Ibid.*, p. 451.

24. Article soumis par Ford à la chambre de commerce de l'Etat de Californie, "Why the President Died", 30 décembre 1964, dossiers commission Warren, Ford Library. L'article est basé sur un discours prononcé par Ford devant la chambre de commerce.

25. Session exécutive de la commission Warren, 18 septembre 1964, NARA.

Chapitre 54

1. Holland, *The Kennedy Assassination Tapes*, pp. 247-51.

2. Entretiens avec Slawson.

3. Entretien avec John McCloy, "*Face the Nation*, 2 juillet 1967", CBS News.

4. Journaux intimes de Pearson, octobre 1966, dossiers Pearson, LBJ Library.

5. Lettre d'Oscar Collier à la commission, 14 août 1964, commission Warren, NARA.

6. *Esquire*, mai 1964.

7. *New York Times*, 25 septembre 1964.

8. *Ibid.*

9. *New York Times*, 28 septembre 1964.

10. *Time*, 2 octobre 1964.

11. *New York Times*, 28 septembre 1964.

12. *Ibid.*

13. *Public Perspective*, octobre-novembre 1998.

14. *National Observer*, 5 octobre 1964.

15. *Atlanta Constitution*, 27 septembre 1964.

16. Note manuscrite de Hoover sur mémo de DeLoach à Mohr, "Subject : THE PRESIDENT'S COMMISSION", 25 septembre 1964, FBI.

17. Mémo de Gale à Tolson, "Subject : SHORTCOMINGS IN HANDLING LEE HARVEY OSWALD MATERIAL BY FBI PERSONNEL", 30 septembre 1964, FBI.

18. Mémo de Belmont à Tolson, 1er octobre 1964, FBI.

19. Note manuscrite de Hoover sur mémo de Belmont à Tolson, 1er octobre 1964, FBI.

20. Note manuscrite de Hoover sur mémo de DeLoach à Mohr, "SUBJECT : CRITICISM OF THE FBI", 6 octobre 1964, FBI.

21. Lettre de Hoover à Walter Jenkins, assistant spécial du président, 30 septembre 1964, FBI.

22. Mémo de Rosen à Belmont, "SUBJECT : PRESIDENT'S COMMISSION", 2 octobre 1964, FBI.

23. *Washington Post*, 29 septembre 1964.

24. Mémo de Rosen à Belmont, "SUBJECT : PRESIDENT'S COMMISSION", 2 octobre 1964, FBI.

25. Lettre de Hoover à Rankin, 23 octobre 1964, commission Warren, NARA.

26. Lettre de Rankin à Hoover, 18 novembre 1964, commission Warren, NARA.

27. Mémo de Eide à Rankin, 7 décembre 1964, commission Warren, NARA.

Quatrième partie
Conséquences

Chapitre 55

1. "SILVIA TIRADO BOZAN DE DURAN", sans date, Russ Holmes Work File, CIA, RIF : 104-10404-10123. Voir aussi "Mexico City Chronology", sans date, CIA, RIF : 104-10086-10001, NARA.

2. "MEXICAN COMMUNISTS WHO HAD CONTACT WITH OSWALD", 5 octobre 1964, CIA, RIF : 104-10404-10332. Voir aussi "SILVIA TIRADO BOZAN DE DURAN", sans date, Russ Holmes Work File, CIA, RIF : 104-10404-10123 ; "Mexico City Chronology", sans date, CIA, RIF : 104-10086-10001. June Cook a été identifiée par la Commission spéciale de la Chambre sur les assassinats (HSCA) dans son "Report on Lee Harvey Oswald's Trip to Mexico City" par les enquêteurs Dan Hardway and Edwin Lopez, sans date, HSCA, RIF : 180-10110-10484 (ci-dessous rapport Lopez, comme l'appelle l'équipe du HSCA).

3. Mémo par *legal attaché* du FBI, "Lee Harvey Oswald", 11 décembre 1964, RIF : 104-10404-10330.

4. Voir aussi "Mexico City Chronology", sans date, CIA, RIF : 104-10086-10001, NARA. La note de l'auteur faisant référence à ce document : "WHY WAS THIS NOT SENT TO HQ??" (Pourquoi n'a-t-on pas transmis ceci au quartier général ?)

5. Epstein, *Inquest*, p. 3.

6. *Ibid.*, p. 20

7. "Wesley Liebeler : The File Keeper, 30 juin 1965", article disponible sur le site web d'Epstein: http://edwardjayepstein.com/liebeler.htm.

8. *New York Times*, 24 avril 1966.

9. Epstein, *Inquest*, pp. ix-xiv.

10. *New York Times*, 6 juillet 1966.

11. Lettre de Jenner à Belin, 13 juillet 1966, dossiers de Belin, Ford Library.

12. Lettre de Redlich à Andrew Hacker, université Cornell, 2 juin 1966, jointe à lettre de Redlich à Belin, 15 juillet 1966, dossiers de Belin, Ford Library.

13. *New York Times*, 24 juillet 1966.

14. *New York Times*, 1er juillet 1966.

15. Entretiens avec Slawson.

16. Voir nécrologie de Dolan parue dans le *Denver Post*, 5 septembre 2008.

17. Entretiens avec Cynthia Thomas.

18. Entretien avec Elena Poniatowska.

19. Les copies de mémos de Thomas nous ont été communiquées par sa veuve, Cynthia. On trouve aussi des copies dans les archives du HSCA, NARA.

20. Rapport Lopez, p. 225.

21. Mémo de Ferris à Freeman, "INTERVIEW WITH MRS. ELENA GARRO DE PAZ", 27 décembre 1965, trouvé dans rapport de la CIA intitulé « SILVIA TIRADO BOZAN DE DURAN", sans date, Russ Holmes Work File, CIA, RIF : 104-10404-10123.

22. Câble de la CIA, Mexico, à la CIA, "CABLE RE ; LEGAL ATTACHE MEXI INTERVIEW ELENA GARRO DE PAZ", 29 décembre 1965, CIA, RIF : 104-10404-10320, NARA.

Chapitre 56

1. *Washington Post*, 3 octobre 1966.

2. Holland, *The Kennedy Assassination Tapes*, pp. 312-313.

3. *New York Times*, 17 décembre 1966.

4. "A Clash of Camelots", *Vanity Fair*, octobre 2009.

5. Journaux intimes de Pearson, octobre 1966, dossiers Pearson, LBJ Library.

6. Journaux intimes de Pearson, janvier 1967, dossiers Pearson, LBJ Library.

7. Témoignage d'Edward P. Morgan, 19 mars 1976, commission Church, RIF : 157-10011-10040.

8. Journaux intimes de Pearson, janvier 1967, dossiers Pearson, LBJ Library.

9. Témoignage de James J. Rowley, 13 février 1976, commission Church, RIF : 157-10014-10011.

10. Journaux intimes de Pearson, janvier 1967, dossiers Pearson, LBJ Library.

11. Holland, *The Kennedy Assassination Tapes*, pp. 389-398.

12. *New York Times*, 2 mars 1967.

13. « Le manège de Washington », 3 mars 1967, disponible aux archives Drew Pearson de l'American University. On peut consulter l'article original ici : http://dspace.wrlc.org/doc/bitstream/2041/53102/b20f02-0303zdisplay.pdf#search="

14. Journaux intimes de Pearson, mars 1967, dossiers Pearson, LBJ Library.

15. "Central Intelligence Agency's Intentions to Send Hoodlums to Cuba to Assassinate Castro", 6 mars 1967, FBI, tel que cité dans "SUMMARY OF FACTS : INVESTIGATION OF CIA INVOLVEMENT IN PLOTS TO ASSASSINATE FOREIGN LEADERS", sans date, trouvé dans les dossiers de Richard

Cheney, directeur de cabinet à la Maison-Blanche sous Ford, Ford Library. On peut consulter le document en ligne sur le site de la Ford Library : http://www.fordlibrarymuseum.gov/library/document/0005/7324009.pdf.

16. Journaux intimes de Pearson, avril 1967, dossiers Pearson, LBJ Library.

17. *New York Times*, 17 juin 1973.

18. Témoignage de J. Lee Rankin, 21 septembre 1978, HSCA. Voir aussi témoignage devant la session exécutive, 17 août 1978, HSCA.

19. Témoignage de Whitten devant la Chambre, 16 mai 1978. Voir également témoignage de Whitten devant le Sénat, 7 mai 1976.

20. Témoignage de Helms devant la Chambre, 22 septembre 1978.

21. Entretiens avec Aynesworth.

22. Aynesworth, *JFK : Breaking*, p. 232.

23. Phelan, *Scandals, Scamps, and Scoundrels*, pp. 150-151.

24. *Ibid.*, p. 235.

25. *New York Times*, 23 février 1967.

26. Aynesworth, *JFK : Breaking*, p. 244.

27. *New York Times*, 2 mars 1967.

Chapitre 57

1. Câble de Scott au chef de la division Hémisphère occidental, CIA, "The LIRING/3 Operation", 13 juin 1978, CIA, RIF : 104-10437-10102.

2. Lettre de Thomas W. Lund, CIA, à Scott, "LETTER: AS YOU ARE AWARE, THE GARRISON INVESTIGATION OF THE KENNEDY ASSASSINATION HAS PROMPTED A RASH OF SPECTACULAR ALLEGATIONS AND CHARGES", 14 juin 1967, CIA, RIF : 104-10247-10418, NARA.

3. Câble de Scott au chef de la division Hémisphère occidental, CIA, "The LIRING/3 Operation", 13 juin 1978, CIA, RIF : 104-10437-10102.

4. Lettre de Benjamin Ruyle, Consulat US à Tampico, à Wesley Boles, département d'Etat, 11 mai 1967, CIA, RIF : 104-10433-10011.

5. Lettre de Scott à John Barron, Reader's Digest, 25 novembre 1970, trouvée dans "INFORMATION FOR HSCA FROM WIN SCOTT'S PERSONAL FILE", HSCA, RIF : 1993.08.12.15:08:41 :650024.

6. Morley, *Our Man in Mexico*, p. 276.

7. *Los Angeles Times*, 25 mars 1968. Voir également United Press International, 25 mars 1968.

8. Newton, *Justice for All*, p. 490.

9. Entretien de Warren avec Alfred Goldberg, 26 mars 1974, trouvé dans dossiers commission Warren, archives Warren, LOC.

10. *New York Times*, 10 juillet 1974.

11. *New York Times*, 29 avril 1970 ; *Washington Post*, 28 avril 1970.

12. Entretien avec Califano. Voir aussi Califano, *Inside : A Public and Private Life*, pp. 124-127.

13. Entretiens avec Cynthia Thomas.

14. Des copies des mémorandums de Thomas m'ont été confiées par sa veuve, Cynthia. On trouve aussi des copies dans les archives du House Select Committee on Investigations, NARA.

15. Lettre de Bert M. Benningham, département d'Etat, au directeur adjoint de la planification, CIA, 28 août 1969, telle que trouvée dans "CHARLES THOMAS," sans date, CIA, RIF : 1993.06.22.19:24:22 :430330.

16. Entretiens avec Cynthia Thomas.

17. Notes manuscrites de Thomas, telles que trouvées dans le dossier "KENNEDY" dans sa sacoche. Cynthia Thomas a permis à l'auteur de consulter ce dossier et d'autres documents.

18. Certificat de décès, District of Columbia Department of Health.

19. *Washington Post,* 12 décembre 1973.

20. "Private Bill for the Relief of Charles William Thomas", 2 janvier 1975, 93.18-JAN. 2 1975

21. Lettre de Ford à Cynthia Thomas, 2 janvier 1975. Cynthia Thomas a fourni à l'auteur une copie de la lettre de Ford.

22. Morley, *Our Man in Mexico*, pp. 256-257.

23. Témoignage d'Ann (sic) Goodpasture, 20 novembre 1978, HSCA, RIF : 180-10110-10028.

24. Témoignage de James Angleton, 5 octobre 1978, HSCA, RIF : 180-10110-10006.

25. "CHAPTER XXIV FROM DRAFT MANUSCRIPT OF 'THE FOUL FOE", CIA, RIF : 1993.08.12.15:27:41 :250024. NARA.

26. Rapport Lopez, pp. 90-100.

27. "CALVILLO, MANUEL (LICHANT-1)", sans date, CIA, RIF : 104-10174-10067.

Chapitre 58

1. Entretiens avec Slawson.
2. Témoignage de Whitten devant la Chambre.
3. *New York Times*, 23 février 1975 ; entretiens avec Slawson.
4. Voir la nécrologie de Kelley dans le *New York Times* du 6 août 1997.
5. *Washington Post*, 9 mai 1976.
6. Kelley et Davis, *Kelley : The Story of an FBI Director*, pp. 249-97.

Bibliographie

LIVRES

Anson, Robert Sam. « *They've Killed the President !* » *The Search for the Murderers of John F. Kennedy*. New York : Bantam Books, 1975.

Arévalo, Juan José. *The Shark and the Sardines*. New York : Lyle Stuart, 1961.

Aynesworth, Hugh. *JFK : Breaking the News*. Richardson, Texas : International Focus Press, 2003.

Baden, Michael M. M.D. *Unnatural Death : Confessions of a Medical Examiner*. New York : Random House, 1989.

Bagley, Tennent H. *Spy Wars : Moles, Mysteries and Deadly Games*. New Haven : Yale University Press, 2007.

Barron, John. *Operation Solo : The FBI's Man in the Kremlin*. Washington : Regnery Publishing, 1995.

Belin, David. *Final Disclosure : The Full Truth about the Assassination of President Kennedy*. New York : Charles Scribner's Sons, 1988.

Belin, David. *November 22, 1963 ; You Are the Jury*. New York : Quadrangle, 1973.

Belli, Melvin M., avec Maurice C. Carroll. *Dallas Justice : The Real Story of Jack Ruby and his Trial.* New York : David McKay Company Inc., 1964.

Benson, Michael. *Who's Who in the JFK Assassination*. New York : Citadel Press, 1993.

Beschloss, Michael R. *Taking Charge : The Johnson White House Tapes, 1963-1964.* New York : Simon & Schuster, 1997.

Bird, Kai. *The Chairman : John J. McCloy and the Making of the American Establishment*. New York : Simon & Schuster, 1992.

Bishop, Jim. *The Day Kennedy was Shot*. New York : Funk & Wagnalls, 1968.

Bissell, Richard. *Reflections of a Cold Warrior : From Yalta to the Bay of Pigs*. New Haven : Yale University Press, 1996.

Blaine, Gerald, avec Lisa McCubbin. *The Kennedy Detail*, New York : Gallery Books, 2010.

Blakey, G. Robert, et Richard N. Billings. *Fatal Hour : The Assassination of President Kennedy by Organized Crime*. New York : Times Books, 1992. (Publié également sous le titre *The Plot to Kill the President*. New York : Berkley Books, 1992.)

Brennan Howard L., et J. Edward Cherryholmes. *Eyewitness to History : As Seen by Howard Brennan*. Waco, Texas : Texan Press, 1987.

Brinkley, Douglas. *Cronkite*. New York : HarperCollins, 2012.

Brinkley, Douglas. *Gerald R. Ford*. New York : Times Books, 2007.

Brown, Joe E. Sr., et Diane Holloway, éd. *Dallas and the Jack Ruby Trial*. Lincoln, Nebraska : Authors Choice Press, 2001.

Brownell, Herbert, et John P. Burke. *Advising Ike : The Memoirs of Howard Brownell*. Lawrence, Kansas : University Press of Kansas, 1993.

Buchanan, Thomas G. *Who Killed Kennedy ?* New York : G.P. Putnam, 1964. (Also published as *Who Killed Kennedy ?* New York : MacFadden Books, 1965.) [Trad. fr. *Les Assassins de Kennedy*, Julliard, 1964.]

Bugliosi, Vincent. *Reclaiming History : The Assassination of President John F. Kennedy. New York :* W. W. Norton & Company, 2007.

Burden, Wendy. *Dead End Gene Pool : A Memoir. New York :* Gotham Books, 2012.

Burleigh, Nina. *A Very Private Woman : The Life and Unsolved Murder of Presidential Mistress Mary Meyer*. New York : Bantam Books, 1998.

Califano, Joseph A. J.-R. *Inside : A Public and Private Life*. New York : PublicAffairs, 2004.

Cannon, James. *Time and Chance : Gerald Ford's Appointment with History*. Ann Arbor, Michigan : University of Michigan Press, 1998.

Caro, Robert A. *Master of the Senate*. New York : Alfred A. Knopf, 2002.

Caro, Robert A. *The Passage of Power*. New York : Alfred A. Knopf, 2012.

Colby, William, et Peter Forbath. *Honorable Men : My Life in the CIA*. New York : Simon & Schuster, 1978. (Trad. fr. *30 ans de CIA*, Presses de la Renaissance, 1978.)

Coleman, William T. J.-R., et Donald T. Bliss. *Counsel for the Situation : Shaping the Law to Realize America's Promise*. Washington : Brookings Institution Press, 2010.

Compston, Christine. *Earl Warren : Justice for All*. New York : Oxford University Press, 2011.

Connally, Nellie, et Mickey Herskowitz. *From Love Field : Our Final Hours with President John F. Kennedy*. New York : Rugged Land, 2003.

Connolly, John, et Mickey Herskowitz. *In History's Shadow : An American Odyssey*. New York : Hyperion, 1993.

Conot, Robert. *Justice at Nuremberg*. New York : Harper & Row, 1983.

Cornwell, Gary. *Real Answers : The True Story*. Spicewood, Texas : Paleface Press, 1998.

Corry, John. *The Manchester Affair*. New York : G. P. Putnam's Sons, 1967.

Cray, Ed. *Chief Justice*. New York : Simon & Schuster, 1997.

Cronkite, Walter. *A Reporter's Life*. New York : Alfred A. Knopf, 1996.

Cypess, Sandra Messinger. *Uncivil Wars. Elena Garro, Octavio Paz, and the Battle for Cultural Memory*. Austin : University of Texas Press, 2012.

Dallek, Robert. *Lyndon B. Johnson : Portrait of a President*. New York : Oxford University Press, 2004.

Dallek, Robert. *An Unfinished Life : John F. Kennedy*. Boston : Little, Brown & Company. 2003.

Davison, Jean. *Oswald's Game*. New York : W. W. Norton & Company, 1983.

DeFrank, Thomas M. *Write It When I'm Gone : Remarkable Off-the-Record Conversations with Gerald R. Ford*. New York : G.P. Putnam's Sons, 2007.

DeLillo, Don. *Libra*. New York : Viking, 1988. (Trad. fr. *Libra,* Actes Sud, 2001.)

DeLoach, Cartha ("Deke") D. *Hoover's FBI*. Washington : Regnery Publishing, 1995.

DiEugenio, James et Lisa Pearse, éds. T*he Assassinations : Probe Magazine on JFK, RFK, MLK and Malcolm X*. New York : Feral House, 2012.

Dulles, Allen. *The Craft of Intelligence*. New York : Signet Books, 1965. (Trad. fr. *La Technique du renseignement*, Robert Laffont, 1964.)

Epstein, Edward Jay. *The Assassination Chronicles : Inquest, Counterplot and Legend*. New York : Carroll & Graf Pub, 1992.

Epstein, Edward Jay. Epstein, Edward Jay. *Inquest : The Warren Commission and the Establishment of Truth*. New York : Bantam 1966. (Also published as *Inquest : The Warren Commission and the Establishment of Truth,* New York : Viking, 1966.) [Trad. fr. *Le Rapport Epstein : Contre-enquête sur le rapport Warren et l'assassinat du président Kennedy*, Robert Laffont, 1966.]

Feldstein, Mark. *Poisoning the Press : Richard Nixon, Jack Anderson, and the Rise of Washington's Scandal Culture*. New York : Farrar, Straus & Giroux, 2010.

Fenster, Mark. *Conspiracy Theories : Secrecy and Power in American Culture*. Minneapolis : University of Minnesota Press, 1999.

Fite, Gilbert C. *Richard B. Russell Jr., Senator from Georgia*. Chapel Hill : University of North Carolina Press, 1991.

Fonzi, Gaeton. *The Last Investigation : A Former Federal Investigator Reveals the Man Behind the Conspiracy to Kill JFK*, New York : Thunder's Mouth Press, 1994.

Ford, Gerald R. *A Time to Heal : The Autobiography of Gerald R. Ford*. New York : Harper & Row, 1979.

Ford, Gerald R., et John R. Stiles. *Portrait of the Assassin*. New York : Ballantine Books, 1965. (Also published as *Portrait of the Assassin*, New York : Simon & Schuster, 1965.)

Fox, Sylvan. *The Unanswered Questions about President Kennedy's Assassination*. New York : Award Books, 1965.

Fuhrman, Mark. *A Simple Act of Murder : November 22, 1963*. New York : William Morrow, 2006.

Gallagher, Mary Barelli. *My Life with Jacqueline Kennedy*. New York : Paperback Library, 1970.

Garrison, Jim. *On the Trail of the Assassins : My Investigation and Prosecution of the Murder of President Kennedy*. New York : Warner Books, 1988. (Trad. fr. *JFK. Affaire non classée*, J'ai lu, 1999.)

Gentry, Curt. *J. Edgar Hoover : The Man and the Secrets*. New York : W. W. Norton & Company, 1991.

Goldberg Robert Alan. *Enemies Within : The Culture of Conspiracy in Modern America*. New Haven : Yale University Press, 2001.

Goldsmith, John A. *Colleagues : Richard B. Russell and his Apprentice, Lyndon B. Johnson*. Macon, Georgia : Mercer University Press, 1998.

Groden, Robert J. *The Killing of a President*. New York : Viking Penguin, 1993

Grose, Peter. *Gentleman Spy : The Life of Allen Dulles*. New York : Houghton Mifflin Company, 1994.

Guthman, Edwin. *We Band of Brothers : A Memoir of Bobby Kennedy*. New York : Harper & Row, 1971.

Guthman, Edwin O., et Jeffrey Shulman, éds. *Robert Kennedy, in His Own Words*. New York : Bantam Books, 1988.

Helms, Richard, avec William Hood. *A Look over My Shoulder : A Life in the Central Intelligence Agency*. New York : Random House, 2003.

Hersh, Seymour M. *The Dark Side of Camelot*. Boston : Little, Brown & Company, 1997. (Trad. fr. *La Face cachée du clan Kennedy*, L'Archipel, 1998.)

Hill, Clinton. *Mrs. Kennedy and Me : An Intimate Memoir*. New York : Gallery Books, 2012.

Hofstadter, Richard. *The Paranoid Style in American Politics*. New York : Alfred A. Knopf, 1965.

Holland, Max. *The Kennedy Assassination Tapes. New York : Alfred A. Knopf, 2004.*

Hosty, James, avec Thomas Hosty. *Assignment : Oswald.* New York : Arcade Publishing, 1996.

Huffaker, Bob, et Bill Mercer, George Phenix et Wes Wise. *When the News Went Live.* Lanham, Md. : Taylor Trade Publishing, 2007.

Hurt, Henry. *Reasonable Doubt : An Investigation into the Assassination of John F. Kennedy*. New York : Holt, Rinehart & Winston, 1985.

Hutchinson, Dennis J. *The Man Who Once Was Whizzer White : A Portrait of Justice Byron R. White*. New York : Free Press, 1998.

Isaacson, Walter, et Evan Thomas. *The Wise Men*. New York : Simon & Schuster, 1986.

Joesten, Joachim. *Oswald : Assassin or Fall Guy ?* New York : Marzani & Munsell, 1964.

Johnson, Lyndon Baines. *The Vantage Point : Perspectives of the Presidency, 1963-1969. New York : Holt, Rinehart & Winston, 1971.*

Kaiser, David. *The Road to Dallas : The Assassination of John F. Kennedy.* Cambridge : Belknap Press of Harvard University Press, 2008.

Kantor, Seth. *The Ruby Cover-Up*. New York : Kensington Publishing, 1978.

Kantor, Seth. *Who Was Jack Ruby ?* New York : Everest House, 1978.

Kearns, Doris. *Lyndon Johnson & the American Dream.* New York : Signet, 1977.

Kelley, Clarence M., et James Kirkpatrick Davis. *Kelley : The Story ofr an FBI Director.* Kansas City : Andrews McMeel Publishing, 1987.

Kelley, Kitty. *His Way : The Unauthorized Biography of Frank Sinatra*. New York : Bantam Books, 1986.

Kennedy, Edward M. *True Compass : A Memoir*. New York : Twelve, 2009. (Trad. fr. *Mémoires*, Albin Michel, 2010.)

Kennedy, Jacqueline (conversations avec Arthur M. Schlesinger Jr.). *Historic Conversations on Life with John F. Kennedy*. New York : HarperCollins, 2011. (Trad. fr. *Avec John Kennedy, Conversations inédites avec Arthur M. Schlesinger, 1964*, Flammarion, 2011.)

Kennedy, John F. *Listening In : the Secret White House Recordings of John F. Kennedy,* New York : Hyperion, 2012.

Kessler, Ronald. *The Bureau : The Secret History of the FBI*. New York : St. Martin's Press, 2002.

Kirkwood, James. *American Grotesque : An Account of the Clay Shaw-Jim Garrison Affair in the City of New Orleans.* New York : Simon & Schuster, 1968.

Kluckhorn, Frank, et Jay Franklin. *The Drew Pearson Story.* Chicago : Chas. Halberg & Company, 1967.

Klurfeld, Herman. *Behind the Lines : The World of Drew Pearson.* Englewood Cliffs, New Jersey : Prentice-Hall, 1968.

Lambert, Patricia. *False Witness : The Real Story of Jim Garrison's Investigation and Oliver Stone's Film JFK.* New York : M. Evans & Company, 1998.

Lane, Mark. *Citizen Lane.* Chicago, Lawrence Hill Books, 2012.

Lane, Mark. *A Citizen's Dissent : Mark Lane Replies.* New York : Holt, Rinehart & Winston, 1968.

Lane, Mark. *Rush to Judgment.* New York : Holt, Rinehart & Winston, 1966. (Trad. fr. *L'Amérique fait appel*, Julliard, 1966.)

Latrell, Brian. *After Fidel.* New York : Palgrave Macmillan, 2005.

Latrell, Brian. *Castro's Secrets : The CIA and Cuba's Intelligence Machine.* New York : Palgrave Macmillan, 2012.

Lewis, Anthony. *Gideon's Trumpet.* New York : Random House, 1964.

Lewis, Richard Warren, et Lawrence Schiller. *The Scavengers and Critics of the Warren Report.* New York : Dell, 1967.

Lifton, Davis S. *Best Evidence : Disguise and Deception in the Assassination of John F. Kennedy.* New York : Macmillan, 1980.

McAdams, John. *JFK Assassination Logic : How to Think About Claims of Conspiracy*, Washington : Potomac Books, 2011.

McKnight, Gerald. *Breach of Trust : How the Warren Commission Failed the Nation and Why.* Lawrence : University of Kansas Press, 2005.

McMillan, Priscilla Johnson. *Marina and Lee.* New York : Harper & Row, 1977.

Mailer, Norman. *Oswald's Tale : An American Mystery.* New York : Random House, 1995. (Trad. fr. *Oswald, un mystère américain*, Plon, 1995.)

Mallon, Thomas. *Mrs. Paine's Garage and the Murder of John F. Kennedy.* New York : Pantheon Books, 2002.

Manchester, William. *Controversy and Other Essays in Journalism.* Boston : Little, Brown and Company, 1975.

Manchester, William. *The Death of a President.* New York : Harper & Row, 1967. (Trad. fr. *Mort d'un président*, Robert Laffont, 1967.)

Manchester, William, *Portrait of the President.* Boston : Little, Brown & Company, 1962.

Mangold, Tom. *Cold Warrior : James Jesus Angleton.* London, Simon & Schuster, 1991.

Marrs, Jim. *Crossfire : The Plot That Killed Kennedy,* Carroll & Graf, 1989.

Martin, David C. *Wilderness of Mirrors.* Guilford, Connecticut : Lyons Press, 1980. (Also published as *Wilderness of Mirrors : how the Byzantine Intrigues of the Secret War between the CIA and KGB Seduced and Devoured Key Agents James Jesus Angleton and William King Harvey.* New York : Harper & Row, 1980.)

Martin, Ralph G. *A Hero for Our Times : An Intimate Story of the Kennedy Years.* New York : Scriber, 1983.

Meagher, Sylvia. *Accessories after the Fact : The Warren Commission, the Authorities and the Report.* New York : Vintage, 1976.

Mellen, Joan. *Our Man in Haiti : George de Mohrenschildt and the CIA in the Nightmare Republic.* Walterville, Oregon. : Trine Day, 2012.

Morley, Jefferson. *Our Man in Mexico : Winston Scott and the Hidden History of the CIA.* Lawrence, Kansas : University Press of Kansas, 2008.

Mudd, Roger. *The Place to Be : Washington, CBS and the Glory Days of Television News.* New York : PublicAffairs, 2008

Newman, Albert H. *The Assassination of John F. Kennedy.* New York : Clarkson N. Potter Inc., 1970.

Newman, John. *Oswald and the CIA.* New York : Carroll & Graf Publishers, 1995.

Newton, Jim. *Justice for All : Earl Warren and the Nation He Made.* New York : Riverhead Books, 2006.

O'Donnell, Kenneth P., et David F. Powers avec Joe McCarthy. *Johnny, We Hardly Knew Ye : Memories of John Fitzgerald Kennedy.* Boston : Little, Brown, 1972.

O'Neill, Francis X. O'Neill Jr. *A Fox Among Wolves : The Autobiography of Francis X. O'Neill Jr., Retired FBI Agent.* Brewster, Massachusetts : Codfish Press, 2008.

O'Reilly, Bill, et Martin Dugard. *Killing Kennedy.* New York : Henry Holt & Company, 2012.

Oswald, Robert L., avec Myrick Land et Barbara Land. *Lee : A Portrait of Lee Harvey Oswald by his Brother.* New York : Coward-McCann, 1967. (Trad. fr. *Portrait de Lee Oswald par son frère Robert Oswald,* Buchet-Chastel, 1968.)

Pearson, Drew. *Diaries : 1949-1959.* New York : Holt, Rinehart & Winston, 1974.

Phelan, James. *Scandals, Scamps and Scoundrels : The Casebook of an Investigative Reporter.* New York : Random House, 1982.

Philby, Kim. *My Secret War : The Autobiography of a Spy.* New York : Modern Library, 2002. (Also published as *My Secret War.* London : MacGibbon & Kee, 1968.) [Trad. fr. *Ma guerre silencieuse,* Robert Laffont, 1969.]

Phillips, David Atlee. *The Night Watch*. New York : Ballantine Books, 1977. (Also published as *The Night Watch : 25 Years of Peculiar Service,* New York : Atheneum, 1977.)

Pilat, Oliver. *Drew Pearson : An Unauthorized Biography*. New York : Pocket Books, 1973.

Popkin, Richard H. *The Second Oswald*. New York : Avon Books, 1966.

Posner, Gerald. *Case Closed : Lee Harvey Oswald and the Assassination of JFK.* New York : Anchor Books, 1994 (Also published as *Case Closed : Lee Harvey Oswald and the Assassination of JFK.* New York, Random House, 1993.)

Powers, Thomas. *The Man Who Kept the Secrets : Richard Helms and the CIA. New York :* Alfred A. Knopf, 1979.

Rather, Dan, avec Mickey Herskowitz. *The Camera Never Blinks : Adventures of a TV Journalist.* New York : William Morrow, 1977.

Reston, James. *Deadline : A Memoir*. New York, Random House, 1991.

Russell, Dick. *The Man Who Knew Too Much : Hired to Kill Oswald and prevent the Assassination of JFK.* New York : Carroll & Graf Publishers, 1992.

Russo, Guy, et Stephen Molton. *Brothers in Arms : The Kennedys, the Castros, and the Politics of Murder.* New York : Bloomsbury, 2008.

Schieffer, Bob. *This Just In : What I Couldn't Tell You on TV.* New York : Putnam, 2003.

Schlesinger, Arthur M. Jr. *Robert Kennedy and His Times.* New York : First Mariner Books, 2002. (Also published as *Robert Kennedy and His Times.* Boston : Houghton Mifflin, 1978.) [Trad. fr. *Robert Kennedy et son temps*, Orban, 1989.]

Schlesinger, Arthur M. Jr. *A Thousand Days : John F. Kennedy in the White House*, Boston : Houghton Mifflin Company, 1965. (Trad. fr. *Les 1000 Jours de Kennedy*, Denoël, 1966.)

Schorr, Daniel. *Clearing the Air*. Boston : Houghton Mifflin Company, 1978.

Scott, Peter Dale. *Deep Politics and the Death of JFK.* Berkeley : University of California Press, 1993.

Semple, Robert B., éd. *Four Days in November : The Original Coverage of the John F. Kennedy Assassination by the Staff of* The New York Times. New York : St. Martin's Press, 2003.

Shesol, Jeff. *Mutual Contempt : Lyndon Johnson, Robert Kennedy and the Feud that Defined a Decade*. New York : W. W. Norton & Company, 1997.

Specter, Arlen, et Charles Robbins. *Passion for Truth : From Finding JFK's Single Bullet to Questioning Anita Hill to Impeaching Clinton.* New York : William Morrow, 2000.

Stafford, Jean. *A Mother in History : Three Incredible Days with Lee Harvey Oswald's Mother*. New York : Farrar, Straus & Giroux, 1966.

Stone, Oliver, et Zachary Sklar. *JFK : The Book of the Film*. New York : Applause Books, 1992.

Sullivan, William C., et Bill Brown. *The Bureau : My Thirty Years in Hoover's FBI*. New York : W. W. Norton & Company, 1979.

Summers, Anthony. *Conspiracy*. New York : Paragon House, 1989.

Summers, Anthony. *Not in Your Lifetime*. New York : Marlowe, 1998.

Talbot, David. *Brothers : The Hidden History of the Kennedy Years*. New York : Free Press, 2007.

Thomas, Evan. *Robert Kennedy : His Life*. New York : Simon & Schuster, 2000.

Thomas, Evan. *The Very Best Men*. New York : Simon & Schuster, 1995.

Thompson, Josiah. *Six Seconds in Dallas : A Micro-study of the Kennedy Assassination*. New York : Bernard Geis Associates, 1967.

Toruno-Haensly, Rhina. *Encounter with Memory*. Bloomington, Indiana : Palibrio, 2011.

Waldron, Lamar, avec Thom Hartmann. *Ultimate Sacrifice : John and Robert Kennedy, the Plan for a Coup in Cuba and the Murder of JFK*. New York : Carroll & Graf, 2005.

Warren, Earl. *The Memoirs of Chief Justice Earl Warren*. Langham, Maryland : Madison Books, 2001. (Also published as *The Memoirs of Earl Warren*. Garden City, N.Y. : Doubleday, 1977.)

Weaver, John Downing. *Warren, the Man, the Court, the Era*. Boston : Little, Brown & Company, 1967.

Weisberg, Harold. *Case Open*. New York : Carroll & Graf, 1994.

Weisberg, Harold. *Never Again ! The Government Conspiracy in the JFK Assassination*. New York : Carroll & Graf, 1995.

Weisberg, Harold. *Whitewash : The Report on the Warren Commission*. Hyattstown, Md. : Self-published, 965.

Weiner, Tim. *Enemies : A History of the FBI*. New York, Random House, 2012.

Weiner, Tim. *Legacy of Ashes : The History of the CIA*. New York : Random House, 2007. (Trad. fr. *Des cendres en héritage : l'histoire de la CIA*, de Fallois, 2009.)

White, G. Edward. *Earl Warren : A Public Life*. New York : Oxford University Press, 1982.

Woods, Randall B., *LBJ : Architect of American Ambition*, Cambridge : Harvard University Press, 2007.

RAPPORTS GOUVERNEMENTAUX

Alleged Assassination Plots Involving Foreign Leaders, An Interim Report of the Select Committee to Study Governmental Operations with Respect to Intelligence Activities, United States Senate, Together with Additional Supplemental and Separate Views. 94th Congress, 1st session, Senate Report No. 94-465. Washington : Government Printing Office, 1975. (Commission Church.)

Final Report of the Assassination Records Review Board. Washington : Government Printing Office, 1998. (ARRB.)

Final Report of the Select Committee on Assassinations, U.S. House of Representatives, Ninety-fifth Congress, Second Session, Summary of Findings and Recommendations. House Report 95-1828. Washington : Government Printing Office, 1979. (HSCA.)

Hearings Before the President's Commission on the Assassination of President Kennedy, Volumes 1-26. Washington : Government Printing Office, 1964. (Appendices Warren, volumes 1-26.)

The Investigation of the Assassination of President John F. Kennedy : Performance of the Intelligence Agencies. Book V. Final Report of the Select Committee to Study Governmental Operations with Respect to Intelligence Activities. 94th Congress, 2nd session, Senate Report No. 94-755. Washington : Government Printing Office, 1976. (Commission Church.)

Report of the President's Commission on the Assassination of President Kennedy. Washington : Government Printing Office, 1964. (Rapport Warren.)

Report to the President by the Commission on CIA Activities within the United States. New York : Manor Books, June 1975. (Commission Rockefeller.)

Remerciements

Je me suis lancé dans ce projet avec inquiétude. L'assassinat de Kennedy est l'événement contemporain sur lequel on a le plus écrit, et souvent approximativement. Bien des mystères qui entourent le 22 novembre 1963 ne seront sans doute jamais résolus. Comme je l'explique ailleurs dans ces pages, c'est parce que mon premier livre était une histoire de la commission d'enquête sur les attentats du 11-Septembre que je me suis intéressé à la commission Warren, l'autre grande enquête sur une tragédie nationale ayant eu lieu de mon vivant. Pourtant, je me faisais du souci. Allais-je me perdre en cherchant la vérité absolue, ultime, sur cette histoire insondable ? Lorsque je me lance dans une enquête, je pense généralement que la réponse à la plupart des questions que je me pose existe, et que je finirai par la trouver. Rien de tel dans ce cas, même si après cinq ans de travail je pense que ce livre apporte des éléments nouveaux et surprenants sur l'assassinat de Kennedy.

Dès que je me suis mis au travail, j'ai réalisé que l'histoire de la commission d'enquête sur le 11-Septembre était d'une grande simplicité à côté de celle-ci. Le débat sur l'assassinat de Kennedy est un vrai bourbier, en partie en raison des défaillances de la commission Warren, qui est allée trop vite en besogne et a laissé bien des questions en suspens alors même que ses jeunes enquêteurs ne demandaient qu'à découvrir la vérité. (Je suis frappé par le fait que la commission sur le 11-Septembre a eu vingt mois pour mener son enquête et ne s'est mise au travail qu'après que le Congrès a achevé la sienne. A titre de comparaison, la commission Warren a mis moitié moins de temps pour « en finir », et elle a été établie sept jours seulement après les coups de feu de Dealey Plaza.)

Certaines théories conspirationnistes sur l'assassinat de Kennedy ne sont pas totalement à côté de la plaque, surtout si l'on considère que, selon la définition légale, il y a complot dès lors que deux personnes s'associent pour commettre un acte criminel. Il suffit qu'une autre personne ait incité Oswald à tuer Kennedy pour qu'il y ait eu complot.

Je commencerai donc par remercier ici une poignée d'auteurs, de chercheurs et d'historiens dont les livres et travaux m'ont permis, d'entrée de jeu, d'y voir un peu plus clair dans ce qui est à n'en pas douter l'histoire la plus compliquée sur laquelle il m'ait été donné d'enquêter. Puisque je cherche des superlatifs, je commencerai par mentionner le travail des auteurs du plus époustouflant rapport gouvernemental que je connaisse, Dan Hardway et Edwin Lopez-Soto, deux très jeunes étudiants en droit de l'université Cornell qui avaient été recrutés dans les années 70 en tant qu'enquêteurs de la commission spéciale de la Chambre sur les assassinats (le HSCA). Leur rapport, intitulé « Oswald, la CIA et Mexico », n'a été déclassifié que dans les années 90, mais il a été la feuille de route qui m'a mis sur la piste de Charles Thomas, d'Elena Garro et de la « twist party » de Mexico. Dan et Ed m'ont aidé sans compter en m'accordant autant d'entretiens que nécessaire.

Plus de deux mille livres ont été publiés sur l'assassinat de Kennedy, mais seule une poignée d'entre eux sera encore lue par les générations futures. Et même si je suis fondamentalement en désaccord avec certains d'entre eux, je sais que cette bibliothèque essentielle contiendra toujours le remarquable *Our Man in Mexico*, de Jefferson Morley, qui m'a permis de mieux saisir les questions restées sans réponse au sujet du voyage d'Oswald à Mexico ; *The Last Investigation*, de Gaeton Fonzi ; *Case Closed*, de Gerald Posner ; *Brothers in Arms*, de Gus Russo et Stephen Molton ; *Castro's Secrets*, de Brian Latell ; *Conspiracy*, d'Anthony Summers ; *Inquest*, d'Edward Jay Epstein ; *Oswald and the CIA*, de John Newman ; *Brothers*, de David Talbot, et *Robert Kennedy : His Life*, la biographie élégante et intelligente d'Evan Thomas. J'admire profondément le travail des deux grands historiens de l'assassinat du président Kennedy – Max Holland, dont le livre, *The Kennedy Assassination Tapes*, est sans doute le meilleur point de départ pour qui travaille sur ce sujet, et Vincent Bugliosi, dont l'opus de 1 612 pages, *Reclaiming History*, n'a pas quitté mon bureau au cours des quatre dernières années. J'ai lu et relu le brillant roman de

Don DeLillo, *Libra*, et je ne cesse de m'émerveiller que cette œuvre de fiction se soit peut-être autant approchée de la vérité.

Ma principale partenaire dans cette entreprise, Kathy Robbins, est ma très chère amie et mon agent, dans cet ordre. Kathy est une éditrice-née, et elle a contribué à donner forme à ce livre d'innombrables et indispensables manières, tout en me remontant le moral lorsque je me sentais submergé par l'ampleur de la tâche. A la maison et dans la vie, Kathy sait pouvoir compter sur le soutien d'un autre merveilleux éditeur, son mari Richard Cohen, dont les suggestions ont grandement contribué à rendre ce livre plus lisible.

Je tiens à remercier particulièrement le légendaire Stephen Rubin, qui dirige les éditions Henry Holt & Company. Il a compris la promesse de ce projet et sa patience a été infinie. Steve est quelque chose de rare : un vrai gentleman. D'autres personnes qui travaillent aux côtés de Steve chez Holt doivent être remerciées ici, dont Maggie Richards, John Sterling, Phyllis Grann, Pat Eisemann, Kenn Russell, Muriel Jorgensen, Emi Ikkanda, Meryl Levavi et Michael Cantwell.

Du côté de l'agence de Kathy, The Robbins Office, je dois remercier pour leurs sages conseils David Halpern, Louise Quayle, Katherine DiLeo et leurs anciens collègues Micah Hauser et Mike Gillespie. Merci à Laura Wyss pour ses recherches iconographiques, à Matthew Brazier pour son travail de restauration, et aux deux pour avoir obtenu des images aussi puissantes. Laura et moi-même sommes reconnaissants à Rex Bradford, de la fondation Mary Ferrell, et à Mark Davies, du Sixth Floor Museum de Dallas, pour leur aide concernant les clichés. JoAnne Hakala-Applebaugh a été une assistante de recherche intelligente et réfléchie – avec toujours une touche de bonne humeur.

Ma plus grande chance a été de rencontrer, grâce à mon amie et ancienne collègue du *New York Times* Ginger Thompson, Alejandra Xanic von Bertrab. Xanic, qui travaille souvent pour le *Times* à Mexico, est une journaliste exceptionnelle qui a réussi à retrouver bien des personnages qui occupent une place centrale dans l'histoire embrouillée de la visite d'Oswald à Mexico. Ce sont ces personnes que la CIA et le FBI ont ignorées ou délibérément négligées il y a cinquante ans. Cela ne m'a pas vraiment surpris – mais immensément réjoui – qu'Alejandra remporte un prix Pulitzer en 2013 pour sa contribution à une enquête du *Times* qui a révélé comment la chaîne de grande distribution Wal-Mart avait fait main basse sur une grande partie du commerce de détail au Mexique à grand renfort de pots-de-vin.

Le talentueux écrivain Charles Robbins a aimablement accepté de partager avec moi sa connaissance du fonctionnement interne de la commission Warren, connaissance qu'il a acquise en tant que principal collaborateur du sénateur Arlen Specter et coauteur de ses Mémoires, *A Passion for Truth*. Charles m'a aidé à organiser les deux derniers entretiens accordés par Specter, décédé en 2012, au cours desquels il a discuté de son rôle fondamental dans l'équipe de la commission. Charles m'a aussi aidé à retrouver certains juristes de l'équipe et des témoins qu'il avait interviewés pour le livre du sénateur.

J'ai eu la chance de pouvoir travailler avec des archivistes et des bibliothécaires talentueux qui m'ont guidé dans le dédale de la documentation sur l'assassinat : Mary Kay Schmidt des Archives nationales de College Park, Maryland ; William H. McNitt de la Gerald Ford Presidential Library à Ann Arbor ; Karen M. Albert du Arlen Specter Center for Public Policy de l'université de Philadelphie ; Sheryl B. Vogt de la Richard B. Russell Library de l'université de Géorgie ; Brian C. McNerney de la Lyndon Baines Johnson Library à Austin ; et également à Austin, Stefanie Lapka, Margaret L. Schlankey et Aryn Glazier du Briscoe Center de l'université du Texas. Marie Fonzi, la veuve de Gaeton, a en sa possession une importante collection de documents rassemblés par son mari au cours de son travail pour la Commission de la Chambre sur les assassinats (HSCA).

J'ai été soulagé de découvrir l'existence de groupes de recherche privés qui ont créé des bibliothèques numériques de matériel déclassifié sur l'assassinat, parmi lesquels la Fondation Mary Ferrell (www.maryferrell.org), dont le fonds consultable en ligne contient plus d'un million de documents concernant les assassinats de John et de Robert Kennedy, ainsi que celui de Martin Luther King. Les 99 dollars de frais annuels de consultation sont sans doute l'investissement le plus sage que j'aie jamais réalisé. Parmi les autres groupes disposant de fonds numériques imposants sur ce sujet on trouve les Assassination Archives and Research Center (www.aarclibrary.org) et History Matters (www.history-matters.com).

Les familles de plusieurs de mes sources m'ont traité avec une amabilité sans faille alors même que j'envahissais leur existence, je pense surtout à Kaaren Slawson, l'épouse de David, à Paula Aynesworth, l'épouse de Hugh, ainsi qu'à Laura et Tom Belin, le fils et la fille de David. L'amour et la dévotion de Laura et Tom pour la mémoire de leur père est une vraie source d'inspiration. J'ai une dette particulière envers la famille de Charles Williams Thomas – surtout sa veuve Cynthia, qui a accepté de prendre un grand risque en s'ouvrant à moi après avoir toujours refusé de parler au moindre journaliste ou auteur de livre au sujet des événements les plus traumatisants de son existence. J'ai une énorme admiration pour sa fille, Zelda Thomas-Curti, qui a un vrai flair de journaliste et avait perçu il y a des années de cela qu'on cachait la véritable histoire de son père. J'ai aussi été ravi de faire la connaissance de la deuxième fille de Charles, Jeanne-Marie Thomas Byron, alors que je terminais la rédaction de ce livre, et d'apprendre qu'elle aussi s'efforçait de découvrir la vérité.

Je sais que Mark Lane ne sera pas d'accord avec le portrait que je dresse de lui dans ces pages, mais je tiens à le remercier de m'avoir accueilli chez lui en Virginie pour un très long entretien. Quels que soient nos désaccords, je sais aujourd'hui que le titre de son plus célèbre livre sur la commission Warren, *Rush to Judgment* (« Jugement précipité »), correspondait à la réalité.

Je demande à ma mère, Philippa Monsey Shenon, et au reste de ma famille en Californie et ailleurs de m'excuser pour mes absences répétées lors des repas de famille à cause de ce projet que j'ai dû garder secret pendant de longues années.

Quant à mes amis de Washington, Desmond Davis, Darnell Harvin, Betty Russell, Dino Sciulli et Julian Wells, qu'ils soient ici remerciés de m'avoir tenu compagnie pendant les longues journées et soirées d'écriture.

Index

MIXTE
Issu de sources responsables
FSC® C003309
FSC
www.fsc.org

Composé par Nord Compo Multimédia
7, rue de Fives, 59650 Villeneuve-d'Ascq

Achevé d'imprimer en octobre 2013
sur les presses de Normandie Roto Impression s.a.s.
61250 Lonrai
N° d'impression : 133900
Dépôt légal : octobre 2013

Imprimé en France